AF809843

Die
Strafprozeßordnung
für das Deutsche Reich
vom 1. Februar 1877

in der Fassung vom 22. März 1924

und das

Gerichtsverfassungsgesetz
vom 27. Januar 1877

in der Fassung vom 22. März 1924

Mit den

Entscheidungen des Reichsgerichts

Von

Dr. P. Daude

weiland Geheimem Regierungsrat und Universitätsrichter der Friedrich-Wilhelms-Universität Berlin

Zwölfte, verbesserte Auflage

von

Dr. E. Daude

Amtsgerichtsdirektor

Berlin und München, 1925.

Verlag von H. W Müller.

Vorwort zur ersten Auflage.

Die überaus wohlwollende Aufnahme, welche der von mir bearbeiteten Ausgabe des Strafgesetzbuchs bei der gesamten Deutschen Juristenwelt zuteil geworden ist, hat mich zu der vorliegenden Bearbeitung der Strafprozeßordnung und des Gerichtsverfassungsgesetzes für das Deutsche Reich veranlaßt.

Wie meine Ausgabe des Strafgesetzbuchs ist auch diese Ausgabe der vorgedachten Gesetze aus meiner langjährigen staatsanwaltschaftlichen Praxis entstanden und wesentlich für die Praxis bestimmt.

Auch sie soll das eingehendere Studium der reichsgerichtlichen prozeßrechtlichen Entscheidungen durchaus nicht entbehrlich machen, sondern vorwiegend nur dazu bestimmt sein, dem Praktiker das zeitraubende Nachsuchen in den umfangreichen Sammlungen der reichsgerichtlichen Entscheidungen zu ersparen und ihm die vom Reichsgericht angenommenen prozeßrechtlichen Grundsätze in gedrängter Fassung vorzuführen.

Mein Bestreben ist dahin gerichtet gewesen, auch für das Gebiet des Reichs-Strafprozeßrechts dem Praktiker einen willkommenen Wegweiser durch die gerade hier besonders umfangreiche Rechtsprechung des Reichsgerichts zu schaffen, und mein aufrichtiger Wunsch geht dahin, daß es dem vorliegenden Buche vergönnt sein möge, diesen Zweck in einer die richtige Handhabung des Deutschen Strafprozeßrechts fördernden Weise zu erfüllen.

Berlin, im August 1886.

Daude.

Vorwort zur elften und zwölften Auflage.

Die Umgestaltung des Strafprozesses durch die Verordnung über Gerichtsverfassung und Strafrechtspflege vom 4. Januar 1924 und die Veröffentlichung des mit der Verordnung in Einklang gebrachten Gesetzestextes erforderten auch eine Neubearbeitung des vorliegenden Kommentars. Die jetzt geltenden Paragraphenzahlen sind überall eingesetzt, im Text sind zum leichteren Verständnis des früheren Schrifttums auch die bisherigen in Klammern beibehalten. Die Entscheidungen des Reichsgerichts sind bis auf die jüngsten Veröffentlichungen verarbeitet, überflüssig gewordene und veraltete dabei ausgeschieden. Auch der Anhang ist neu gesichtet und den Bedürfnissen der heutigen Praxis angepaßt. Dabei sind die prozessualen Bestimmungen des Gesetzes zum Schutze der Republik vom 21. Juli 1922 und die über die Entschädigung der Schöffen, Geschworenen und Vertrauenspersonen erlassene Verordnung vom 18. März 1924 neu aufgenommen worden.

Halle a. S., im April 1924/25.

E. Daude.

Inhalt.

3. Buch. Rechtsmittel.

Anhang.

Verzeichnis der Abkürzungen.

E = Entscheidungen des Reichsgerichts in Strafsachen. Herausgegeben von den Mitgliedern des Gerichtshofes und der Reichsanwaltschaft.
EZ = Entscheidungen des Reichsgerichts in Zivilsachen. Herausgegeben von den Mitgliedern des Gerichtshofes.
LZ = Leipziger Zeitschrift für deutsches Recht.
DJZ = Deutsche Juristenzeitung. Herausgegeben v. Dr. Otto Liebmann.
G = Goltdammers Archiv für Strafrecht.
DR = Das Recht, Rundschau für den Deutschen Juristenstand. Herausgegeben v. Dr. Hs. Th. Soergel.
JW = Juristische Wochenschrift. Organ des Deutschen Anwaltvereins.
Pr = Preußisches.
R = Rechtsprechung des Deutschen Reichsgerichts in Strafsachen. Herausgegeben von den Mitgliedern der Reichsanwaltschaft.
RZBl = Zentralblatt für das Deutsche Reich.
U = Urteil.

I.

Einführungsgesetz zur Strafprozeßordnung.

Vom 1. Februar 1877.

(RGBl S. 346.)

---

§ 1. Die Strafprozeßordnung tritt im ganzen Umfange des Reichs gleichzeitig mit dem Gerichtsverfassungsgesetze in Kraft.

§ 2. Kommt nicht mehr in Frage.

§ 3. Die Strafprozeßordnung findet auf alle Strafsachen Anwendung, welche vor die ordentlichen Gerichte gehören.

Insoweit die Gerichtsbarkeit in Strafsachen, für welche besondere Gerichte zugelassen sind, durch die Landesgesetzgebung den ordentlichen Gerichten übertragen wird, kann diese ein abweichendes Verfahren gestatten.

Die Landesgesetze können anordnen, daß Forst- und Feldrügesachen durch die Amtsgerichte in einem besonderen Verfahren,[1]) sowie ohne Zuziehung von Schöffen verhandelt und entschieden werden.[2])

§ 4. Veraltet.

§ 5. Die prozeßrechtlichen Vorschriften der Reichsgesetze werden durch die Strafprozeßordnung nicht berührt.

Wird in den Fällen des § 101 der Seemannsordnung[3])

---

1) Der Ausdruck „Verfahren" bezieht sich auf das gesamte Gebiet des Strafverfahrens, umfaßt also insbes. auch das Gebiet der Beschlagnahme, U 24/10 84 E 11, 175; U 20/11 84, E 11, 321, und die Regelung der Durchsuchungen, U 28/11 05, E 38, 218.

2) Die Amtsgerichte gehören alsdann zu den ordentlichen Gerichten; Forst- und Feldrügesachen können deshalb gemäß § 2 StPO mit anderen vor ein Gericht höherer Ordnung gehörigen Strafsachen verbunden werden. U 4/1 81, E 3, 157; U 18/6 81, R 3, 424.

3) Jetzt: § 122 SeemO v. 2/6 02 (RGBl S. 175).

gegen den Bescheid des Seemannsamtes auf gerichtliche Entscheidung angetragen, so finden auf das weitere Verfahren die §§ 455—458 der Strafprozeßordnung entsprechende Anwendung.[4])

§ 6. Die prozeßrechtlichen Vorschriften der Landesgesetze treten für alle Strafsachen, deren Entscheidung in Gemäßheit des § 3 nach den Vorschriften der Strafprozeßordnung zu erfolgen hat, außer Kraft, insoweit nicht in der Strafprozeßordnung auf sie verwiesen ist.[5])

Unberührt bleiben die landesgesetzlichen Bestimmungen:

1. über die Voraussetzungen, unter welchen gegen Mitglieder einer gesetzgebenden Versammlung während der Dauer einer Sitzungsperiode eine Strafverfolgung eingeleitet oder fortgesetzt werden kann;[6])

---

4) Jetzt §§ 415—418 StPO Bedeutung der Strafbescheide der Seemannsämter für die Anwendung des Grundsatzes vom Strafverbrauch. U 23/11 91, E 22, 232.

5) Vgl. die Sonderentscheidungen im U 25/6 81, E 4, 335 (Meineid § 1405 PrALR II, 20). U 24/4 83, E 8, 225; R 5, 227 (§ 14 PrGes betr. die Erweiterung des Rechtsweges v. 24/5 61). U 22/5 85, E 12, 212 (§ 59 PrGes wegen Untersuchung und Bestrafung der Zollvergehen v. 23/1 38).

6) Vgl. z. B. Art. 35 der Verf des Freistaats Preußen v. 30/11 20 wegen der Mitglieder des pr. Staatsrats. Wegen der Mitglieder des Reichstags und der Landtage s. Art 36 u. 37 der Reichsverfassung v. 11/8 19, welche lauten:

Art. 36: Kein Mitglied des Reichstags oder eines Landtags darf zu irgendeiner Zeit wegen seiner Abstimmung oder wegen der in Ausübung seines Berufs getanen Äußerungen gerichtlich oder dienstlich verfolgt oder sonst außerhalb der Versammlung zur Verantwortung gezogen werden.

Art. 37: Kein Mitglied des Reichstags oder eines Landtags kann ohne Genehmigung des Hauses, dem der Abgeordnete angehört, während der Sitzungsperiode wegen einer mit Strafe bedrohten Handlung zur Untersuchung gezogen oder verhaftet werden, es sei denn, daß das Mitglied bei Ausübung der Tat oder spätestens im Laufe des folgenden Tages festgenommen ist.

Die gleiche Genehmigung ist bei jeder anderen Beschränkung der persönlichen Freiheit erforderlich, die die Ausübung des Abgeordnetenberufs beeinträchtigt.

Jedes Strafverfahren gegen ein Mitglied des Reichstags oder eines Landtags und jede Haft oder sonstige Beschränkung seiner persön-

2. aufgehoben durch § 23 Vereinsges v. 19/4 08 (RGBl S. 151);

3. über das Verfahren im Verwaltungswege bei Übertretungen, wegen deren die Polizeibehörden zum Erlaß einer Strafverfügung befugt sind, und bei Zuwiderhandlungen gegen die Vorschriften über die Erhebung öffentlicher Abgaben und Gefälle,[7]) insoweit nicht die §§ 453, 454, 455 und 459 bis 463 der Strafprozeßordnung abändernde Bestimmungen treffen.[8])

§ 7. Gesetz im Sinne der Strafprozeßordnung und dieses Gesetzes ist jede Rechtsnorm.[9])

§ 8—10 u. 12 kommen nicht mehr in Frage.

§ 11. Die Verfolgung von Beleidigungen und Körperverletzungen findet nur nach den Vorschriften der Strafprozeßordnung statt.[10])

Insoweit diese Verfolgung nach der Gesetzgebung eines Bundesstaates im Wege des Zivilprozesses stattfand, richtet sich die Erledigung eines anhängigen Verfahrens nach den Vorschriften des Einführungsgesetzes zur Zivilprozeßordnung.

---

lichen Freiheit wird auf Verlangen des Hauses, dem der Abgeordnete angehört, für die Dauer der Sitzungsperiode aufgehoben.

Die im § 69 StGB enthaltene Voraussetzung des Ruhens der Verjährung ist vorhanden, wenn die Tatsache feststeht, daß der Reichstag die Genehmigung zur Strafverfolgung eines Mitgliedes nicht erteilt hat. U 15/2 95, E 27, 10.

7) Unberührt geblieben ist deshalb z. B. auch § 28 PrGes wegen Unterdrückung und Bestrafung der Zollvergehen v. 23/1 38, nach welchem die mit der Wahrnehmung der Zollangelegenh. beauftragten Beamten sich der Gegenstände des Vergehens durch Beschlagnahme versichern müssen. U 4/7 90, E 21, 47. Wenn eine Steuerstrafsache zur gerichtlichen Verhandlung und Entscheidung gelangt, so greifen lediglich die Bestimmungen der StPO Platz. U 19/4 88, E 18, 14 (Württ Steuerstrafrecht). U 13/10 99, E 32, 304 (§ 44 SächsZollstrafges v. 3/4 38).

8) Jetzt §§ 413, 414, 415 u. 419 bis 423.

9) Vgl. § 12 EG z. ZPO und insbesondere § 337 StPO.

10) Wegen der Verfolgung von Beleidigungen usw. im Privatklageverfahren s. §§ 374ff. StPO.

II.

Strafprozeßordnung.

Vom 1. Februar 1877 (RGBl S. 253)
in der Fassung vom 22. März 1924 (RGBl I S. 322).

1. Buch. Allgemeine Bestimmungen.

1. Abschnitt. Sachliche Zuständigkeit der Gerichte.

§ 1. Die sachliche Zuständigkeit der Gerichte wird durch das Gesetz über die Gerichtsverfassung bestimmt.[1])

§ 2.[2]) Zusammenhängende Strafsachen,[3]) welche einzeln zur Zuständigkeit von Gerichten verschiedener Ordnung gehören würden, können verbunden bei demjenigen Gericht anhängig gemacht werden, welchem die höhere Zuständigkeit beiwohnt.

Aus Gründen der Zweckmäßigkeit kann durch Beschluß

---

1) Vgl. §§ 24—28, 73—74, 78, 80, 120, 121, 134, 135, 157, 159, 181 Abs. 3 GVG und die Vorschriften der StPO über die sachliche Zuständigkeit in den §§ 98 Abs. 2, 100 Abs. 3, 125 Abs. 2, 128, 162, 178, 209, 210 Abs. 2, 269, 270, 338 Nr. 4, 348, 354 Abs. 3, 355, 430, 462 Abs. 3.

2) Der § 2 bezieht sich nur auf die ordentlichen Gerichte, so daß auch nur die zu deren sachlicher Zuständigkeit gehörigen Sachen verbunden werden dürfen. In Preußen gehören zu den ordentl. Gerichten auch die Amtsgerichte, welchen gemäß § 3 Abs. 3 EG z. StPO die Forst- und Feldrügesachen (§§ 20, 21 Forstdiebstahlsges v. 15/4 78 i. d. Fassg. v. 12/3 24) zugewiesen sind. Es können deshalb hier Forst- und Feldrügesachen mit anderen vor ein Gericht höherer Ordnung gehörigen Strafsachen verbunden werden. U 4/1 81, E 3 157. U 18/6 81, R 3, 424.

Über den Einfluß des Zusammenhanges auf die örtliche Zuständigkeit s. § 13.

3) Wegen der zusammenhängenden Strafsachen s. § 3. Jugendsachen sollen mit Strafsachen gegen Erwachsene nicht verbunden werden. § 26 Jugendgerichtsges v. 26/2 23 (RGBl I S. 135).

dieses Gerichts die Trennung der verbundenen Strafsachen angeordnet werden.[4])

§ 3.[5]) Ein Zusammenhang ist vorhanden, wenn eine Person mehrerer strafbarer Handlungen beschuldigt wird,[6]) oder wenn bei einer strafbaren Handlung mehrere Personen als Täter, Teilnehmer, Begünstiger oder Hehler beschuldigt werden.[6a])

§ 4.[7]) Eine Verbindung zusammenhängender oder eine Trennung verbundener Strafsachen kann auch nach

---

4) Die Trennung erfordert einen besonderen Gerichtsbeschluß. U 7/11 02, DR 6, 594. Das Reichsgericht kann die Trennung bei ihm anhängiger verbundener Strafsachen und die Eröffnung des Hauptverfahrens betr. des zusammenhängenden Vergehens vor dem für dasselbe zuständigen Gericht beschließen. Beschl 29/7 u. 20/9 80, R 2, 219.

5) Über die Verbindung mehrerer zusammenhängender Strafsachen zum Zwecke gleichzeitiger Verhandlung, auch wenn der Zusammenhang nicht der im § 3 bezeichnete ist, s. § 237 und über die Unanwendbarkeit des § 357 in den Fällen der gemeinschaftlichen Verhandlung auf Grund dieses § 237: U 5/5 82, E 6, 257. Beachte auch § 28 des Ges betr. Aufhebung der Militärgerichtsbarkeit v. 17/8 20; s. Anh. III.

6) Beschuldigt wird, d. h. wenn gegen eine Person die Anklage erhoben ist (§ 157 verbunden mit § 3). U 30/6 87, R 9, 387.

6a) Täter sind hier die Urheber eines und desselben strafbaren Vorkommnisses, welche nicht im gewollten und bewußten Zusammenhange gehandelt haben. U 22/4 01, E 34, 256. Ein Zusammenhang i. S. § 3 ist z. B. vorhanden, wenn eine Schrift beleidigenden Inhalts von zwei Personen an verschiedenen Orten verbreitet wurde und ein gemeinschaftliches Handeln i. S. § 47 StGB nicht vorliegt. U 19/12 93, E 25, 15. U 4/11 07, G 55, 109.

7) Die Bestimmung des § 4 bezieht sich sowohl, soweit sie von Verbindung zusammenhängender Strafsachen, als von Trennung verbundener Strafsachen handelt, nur auf solche i. S. § 2 zusammenhängende Strafsachen, welche einzeln zur Zuständigkeit von Gerichten verschiedener Ordnung gehören würden. Eines Gerichtsbeschlusses i. S. § 4 bedarf es also nicht, wenn die zusammenhängenden oder verbundenen Strafsachen auch einzeln zur Zuständigkeit des nämlichen Gerichts gehören. U 15/12 83, E 10, 10. Vgl. U 16/12 95, G 43, 401. Wenn von mehreren an sich zur Zuständigkeit verschiedener Gerichte gehörigen, bei dem Schwurgericht zur gemeinsamen Verhandlung verbunden anhängig gemachten Strafsachen eine derselben abgetrennt und zur Aburteilung vor das für sie zuständige Gericht verwiesen wird, so ist für letzteres der schwurgerichtl. Trennungsbeschluß, solange er nicht von einem dem Schwurgericht übergeordneten Gericht im geordneten Instanzenzuge außer Wirksamkeit gesetzt ist, bindend und

Eröffnung der Untersuchung auf Antrag der Staatsanwaltschaft oder des Angeschuldigten oder von Amts wegen durch gerichtlichen Beschluß angeordnet werden.

Zuständig für den Beschluß ist dasjenige Gericht, zu dessen Bezirk die übrigen Gerichte gehören. In Ermangelung eines hiernach zuständigen Gerichts erfolgt die Beschlußfassung durch das gemeinschaftliche obere Gericht.

§ 5. Für die Dauer der Verbindung ist der Straffall, welcher zur Zuständigkeit des Gerichts höherer Ordnung gehört, für das Verfahren maßgebend.[8])

§ 6. Das Gericht hat seine sachliche Zuständigkeit in jeder Lage des Verfahrens von Amts wegen zu prüfen.[9])

2. Abschnitt. Gerichtsstand.

§ 7. Der Gerichtsstand ist bei demjenigen Gerichte begründet, in dessen Bezirk die strafbare Handlung begangen ist.[10])

---

kann von ihm nicht auf seine Gesetzmäßigkeit nachgeprüft werden. U 20/11 02, DR 6, 619.

Gleiche Verfahrenslage ist für die Anordnung einer Verbindung zusammenhängender Strafsachen nicht erforderlich. U 30/12 89, E 20, 161. U 28/1 14, E 48, 119.

8) Der § 5 bezieht sich nicht auf die dem materiellen Verfahrensrecht angehörenden Bestimmungen, insbesondere nicht auf die Vorschriften über die Verjährung der Strafverfolgung. Wegen der Verbindung einer Übertretung mit einem Vergehen greift deshalb in Ansehung der ersteren keine andere als die dreimonatige Verjährung (§ 67 Abs. 3 StGB) Platz. U 25/5 83, E 8, 310. Dagegen folgt aus § 5, daß bei einer schwurgerichtl. Verhandlung auch bezüglich der mit dem Verbrechen gleichzeitig zur Aburteilung kommenden Vergehen und Übertretungen die Verteidigung eine notwendige ist. U 28/1 81, R 2, 764.

9) Überzeugt sich das Gericht während der Hauptverhandlung, daß die vor dasselbe verwiesene Sache außerhalb seiner sachlichen Zuständigkeit liegt, so hat es, abgesehen von der einschränkenden Bestimmung des § 269, anstatt der sachlichen Entscheidung seine Unzuständigkeit auszusprechen. U 9/7 88, E 18, 51. Wegen der örtlichen Zuständigkeit vgl. § 18.

10) Für Jugendsachen ist auch das Jugendgericht örtlich zuständig, in dessen Bezirk die vormundschaftsgerichtliche Zuständigkeit für den Beschuldigten begründet ist und sich der Angeschuldigte zur Zeit der Erhebung der Anklage aufhält. § 25 Jugendgerichtsges v. 16/2 23.

Wird der Tatbestand der strafbaren Handlung durch den Inhalt einer im Inland erschienenen Druckschrift begründet, so ist als das nach Abs. 1 zuständige Gericht nur dasjenige Gericht anzusehen, in dessen Bezirk die Druckschrift erschienen ist.[10a]) Jedoch ist in den Fällen der Beleidigung, sofern die Verfolgung im Wege der Privatklage stattfindet, auch das Gericht, in dessen Bezirk die Druck-

Eine strafbare Handlung wird da begangen, wo die zum Begriff der Straftat erforderlichen Handlungen vorgenommen werden. U 15/3 80, E 1, 279. Bei denjenigen strafb. Handlungen, bei welchen eine durch die Tätigkeit des Angekl. erzielte und beabsichtigte Wirkung zum Tatbestand gerechnet wird, ist Ort der Begehung derjenige, an dem die vom Angekl. erzielte Wirksamkeit mit seinem Willen in die Erscheinung tritt. U 13/3 80, E 1, 274. U 24/2 80, E 1, 219. U 15/16 Nov. 83, R 5, 704. Wegen des Ortes der Begehung bei solchen Straftaten, zu deren Tatbestand weder ein Erfolg, noch eine gewollte Wirksamkeit gehört s. U 23/12 89, E 20, 146. Im übrigen vgl. U 10/3 84, R 6, 183 (Vertreibung verbotener Lotterielose); U 3/2 81, E 3, 316. U 17/6 92, E 23, 155 (Verbreitung verbotener Druckschriften); U 15/3 80, E 1, 279; R 1, 471 (Hehlerei); U 25/9 84, E 11, 246 (Betrug); U 11/2 86, R 8, 113 (Landesverrat); U 17/6 92, E 23, 155 (Beleidigung durch Verbreitung von Druckschriften); U 6/5 97, E 30, 98 (Erpressung durch briefliche Drohungen). Wenn zum Tatbestand einer strafb. Handlung mehrere Handlungen gehören, welche in verschiedenen Gerichtsbezirken begangen sind, so ist jedes der verschiedenen Gerichte zuständig. U 25/1 87, E 15, 232; R 9, 93. U 15/5 91, EZ 27, 418. — Wegen der örtl. Zuständigkeit der Beamten der Staatsanwaltschaft s. § 143 Abs. 1 GVG.

10a) Die Sondervorschrift des Abs. 2 Satz 1 des § 7 bildet für Preßdelikte lediglich eine Einschränkung oder Ausnahme gegenüber dem Abs. 1; sie betrifft also nur die Auswahl unter solchen Gerichten, in deren Bezirk die strafb. Handlung begangen ist, und ihre Anwendung hat zur Voraussetzung, daß die Handlung auch am Orte des Erscheinens der Druckschrift als Straftat begangen ist, um das Gericht dieses Bezirks als zuständig erscheinen zu lassen. U 25/5 03, E 36, 257 (Versendung von Prospekten und Bestellscheinen auf Hamburger Lose nach preuß. Orten). U 29/10 07, E 40, 354 (Versendung von Druckschriften, wenn zum Tatbestande der durch ihren Inhalt begründeten strafbaren Handlung die Ankündigung und Anpreisung dem Publikum gegenüber gehören).

§ 7 Abs. 2 bleibt ausgeschlossen, wenn die strafbare Handlung nicht unmittelbar durch den Inhalt der Druckschrift begründet, sondern erst durch eine anderweitige Tätigkeit hervorgerufen wird. U 21/5 09, G 56, 322. Er ist aber auch maßgebend für die Ordnung der Zuständigkeit in den §§ 21, 17 RepSchutzG. U 9/323, E 57, 137.

schrift verbreitet worden ist, zuständig, wenn in diesem Bezirk die beleidigte Person ihren Wohnsitz oder gewöhnlichen Aufenthalt hat.

§ 8. Der Gerichtsstand ist auch bei demjenigen Gerichte begründet, in dessen Bezirk der Angeschuldigte zur Zeit der Erhebung der Klage[11]) seinen Wohnsitz hat.

Hat der Angeschuldigte einen Wohnsitz im Deutschen Reich nicht, so wird der Gerichtsstand auch durch den gewöhnlichen Aufenthaltsort[12]) und, wenn ein solcher nicht bekannt ist, durch den letzten Wohnsitz bestimmt.

§ 9. Wenn die strafbare Handlung im Auslande[13]) begangen[14]) und ein Gerichtsstand in Gemäßheit des § 8 nicht begründet ist, so ist dasjenige Gericht zuständig, in dessen Bezirk die Ergreifung[15]) erfolgt. Hat eine Ergreifung nicht stattgefunden, so wird das zuständige Gericht von Reichsgerichte bestimmt.

Gleiches gilt, wenn eine strafbare Handlung im Inlande begangen ist, jedoch weder der Gerichtsstand der begangenen Tat noch der Gerichtsstand des Wohnsitzes ermittelt ist.[16])

---

11) Vgl. §§ 170 Abs. 1, 198 Abs. 2, 381 und betr. der amtsrichterlichen Strafbefehle §§ 407, 408.

12) Vgl. §§ 7 ff. der Verordnung über die Fürsorgepflicht, vom 13. 2. 1924 (RGBl I, 100 und JW 54, 339.

13) Ausland ist jedes nicht zum Deutschen Reiche gehörige Gebiet. S. § 8 StGB und U 6/2 80, R 1, 322. Maßgebend ist, daß der Ort zur Zeit der Begehung der Straftat Ausland war. U 26/2 21, E 55, 267.

14) Eine strafbare Handlung ist im Inlande begangen, auch wenn die Tätigkeit des Angekl. hier nur zum Teil erfolgte, und der zum Tatbestande gehörige Erfolg im Auslande zur Erscheinung kam. U 19/5 84, E 10, 420. Auch im Inlande verübte Beihilfe zu einer im Auslande von einem Ausländer begangenen Haupttat ist als eine im Gebiet des Deutschen Reiches begangene strafb. Handlung anzusehen, und es gilt andererseits die im Auslande geleistete Beihilfe zu der im Inlande begangenen Haupttat als eine im Inlande begangene. U 24/6 84, E 11, 20. Vgl. § 3 StGB; U 14/6 83, E 9, 10; R 5, 434. U 30/6 85, R 7, 445. U 18/3 89, E 19, 147. U 30/12 89, E 20, 169.

Die Vorschrift des Abs. 1 bezieht sich nicht auf in den Konsulargerichtsbezirken begangene strafbare Handlungen; für diese greift § 7 Platz. Beschl 24/10 07, E 40, 349.

15) Der Grund der Ergreifung ist gleichgültig. Beschl 2/1 82, R 4, 7.

§ **10.** Ist die strafbare Handlung auf einem deutschen Schiffe[17]) im Ausland oder in offener See begangen, so ist dasjenige Gericht zuständig, in dessen Bezirk der Heimatshafen[18]) oder derjenige deutsche Hafen liegt, welchen das Schiff nach der Tat zuerst erreicht.[19])

§ **11.** Deutsche, welche das Recht der Exterritorialität genießen, sowie die im Ausland angestellten Beamten des Reichs oder eines Bundesstaates behalten in Ansehung des Gerichtsstandes den Wohnsitz, welchen sie in dem Heimatsstaate hatten. In Ermangelung eines solchen Wohnsitzes gilt die Hauptstadt des Heimatsstaats als ihr Wohnsitz; ist die Hauptstadt in mehrere Gerichtsbezirke geteilt, so wird der als Wohnsitz geltende Bezirk von der Landesjustizverwaltung durch allgemeine Anordnung bestimmt. Gehört ein Deutscher einem Bundesstaate nicht an, so gilt als sein Wohnsitz die Stadt Berlin; ist die Stadt Berlin in mehrere Gerichtsbezirke geteilt, so wird der als Wohnsitz geltende Bezirk von dem Reichskanzler durch allgemeine Anordnung bestimmt.

Auf Wahlkonsuln finden diese Bestimmungen keine Anwendung.[20])

§ **12.** Unter mehreren nach den Vorschriften der §§ 7 bis 11 zuständigen Gerichten[21]) gebührt demjenigen der Vorzug, welches die Untersuchung zuerst eröffnet hat. Jedoch kann die Untersuchung und Entscheidung einem

---

16) Besondere Zuständigkeitsbestimmungen betr. im Auslande begangener strafb. Handlungen s. § 10 StPO u. § 121 SeemO.

17) Die Desertion aus dem Schiffsdienst gilt als eine auf dem Schiffe begangene strafb. Handlung. U 27/9 80, R 2, 261.

18) Heimatshafen ist derjenige Hafen, von welchem aus mit dem Schiffe die Seefahrt betrieben werden soll (Registerhafen). § 480 HGB. Vgl. § 6 Ges betr. das Flaggenrecht der Kauffahrteischiffe v. 22/6 99.

19) In betreff des Verfahrens bei Verletzung der Dienstpflichten der Schiffsleute u. dgl. (§§ 93 ff. SeemO) s. §§ 122—127 SeemO. Vgl. auch § 5 EG z. StPO. — Fremden Handelsschiffen, welche in Häfen des Deutschen Reichs einlaufen, kommt daselbst keine Exterritorialität zu. U 22/4 80, E 2, 17.

20) Vgl. § 21 GVG. Über die inländische Gerichtsbarkeit gegen fremde Konsuln und die Bedeutung der persönlichen Unverletzlichkeit der letzteren von Verhaftungen usw. s. U 27/1 88, E 17, 51.

21) d. h. Gerichten gleicher Ordnung. Beschl 21/9 11. E 45, 166.

anderen der zuständigen Gerichte durch das gemeinschaftliche obere Gericht übertragen werden.[22])

§ 13. Für zusammenhängende Strafsachen, welche einzeln nach den Vorschriften der §§ 7 bis 11 zur Zuständigkeit verschiedener Gerichte gehören würden, ist ein Gerichtsstand bei jedem Gerichte begründet, welches für eine der Strafsachen zuständig ist.

Sind mehrere zusammenhängende Strafsachen bei verschiedenen Gerichten anhängig gemacht worden, so können dieselben sämtlich oder zum Teil durch eine den Anträgen der Staatsanwaltschaft entsprechende Vereinbarung dieser Gerichte bei einem unter ihnen verbunden werden. Kommt eine solche Vereinbarung nicht zustande, so entscheidet, wenn die Staatsanwaltschaft oder ein Angeschuldigter hierauf anträgt, das gemeinschaftliche obere Gericht darüber, ob und bei welchem der Gerichte die Verbindung einzutreten habe.[23])

In gleicher Weise kann die Verbindung wieder aufgehoben werden.

§ 14. Besteht zwischen mehreren Gerichten Streit über die Zuständigkeit, so bestimmt das gemeinschaftliche obere Gericht dasjenige Gericht, welches sich der Untersuchung und Entscheidung zu unterziehen hat.[24])

---

22) Eröffnung der Untersuchung ist hier nur Eröffnung der Voruntersuchung oder des Hauptverfahrens. Nach ergangenem Urteil darf die im Abs. 2 erwähnte Übertragung nicht mehr erfolgen. Beschl 22/2 86, E 13, 365; auch nicht schon, ehe eines der zuständigen Gerichte die Untersuchung eröffnet hat. Beschl 5/10 11, E 45, 174.

23) Vgl. die Sonderfälle im U 11/10 86, E 14, 396 und Beschl 8/6 14, E 48, 297. — Stellen sich der gleichzeitigen Verhandlung der rechtmäßig (§§ 3—13) verbundenen Strafsachen Hindernisse in den Weg, oder wird eine Strafsache, die den Zusammenhang oder die Wahl des bestimmten Gerichts bedingte, erledigt, während die anderen Strafsachen noch in der Schwebe sind, so bleibt das gemäß § 13 mit der Gesamtheit der Strafsachen befaßte Gericht für die nicht erledigten Sachen zuständig, bis für diese auf einem der im Gesetz (§ 13 Abs. 3 in Verbindung mit § 12 Abs. 2, §§ 14, 15, 354 Abs. 2 StPO) zugelassenen Wege die Untersuchung und Entscheidung einem anderen Gerichte übertragen wird. U 27/10 14, E 49, 9.

24) Über die Nichtanwendbarkeit des § 14 bei Streit zwischen mehreren Oberlandesgerichten in anderen als bürgerl. Rechtsstreitigkeiten und Strafsachen (Disziplinarsachen) s. Beschl 29/7 91, E 22, 111.

§ 15. Ist das an sich zuständige Gericht in einem einzelnen Falle an der Ausübung des Richteramts rechtlich oder tatsächlich verhindert, oder ist von der Verhandlung vor diesem Gerichte eine Gefährdung der öffentlichen Sicherheit zu besorgen, so hat das zunächst obere Gericht die Untersuchung und Entscheidung dem gleichstehenden Gericht eines anderen Bezirks zu übertragen.[25])

§ 16. Der Angeschuldigte muß den Einwand der Unzuständigkeit bei Verlust desselben bis zum Schlusse der Voruntersuchung, falls aber eine solche nicht stattgefunden hat, in der Hauptverhandlung[26]) bis zur Verlesung des Beschlusses über die Eröffnung des Hauptverfahrens[27]) geltend machen.

§ 17. Durch eine Entscheidung, welche die Zuständigkeit für die Voruntersuchung feststellt,[28]) wird die Zuständigkeit auch für das Hauptverfahren festgestellt.

---

25) War das verhinderte Gericht gemäß § 12 Abs. 2 durch Beschluß des gemeinschaftlichen oberen Gerichts mit der Sache befaßt worden, so ist zur Übertragung aus § 15 nicht dieses, sondern das zunächst obere Gericht berufen. Beschl 15/6 11, E 45, 67. — Ob eine Gefährdung der öffentlichen Sicherheit zu besorgen ist, muß nach freiem Ermessen unter Berücksichtigung aller Umstände des Falles, namentlich auch der zur Beseitigung der Gefahr vorhandenen Mittel und deren zweckmäßiger Anwendung beurteilt werden. — Dem Gericht, welchem die Sache auf Grund des § 15 übertragen ist, steht auf Einwand des Angeklagten (§ 18) eine Prüfung darüber zu, ob das übertragende Gericht zu dem Beschluß zuständig war, und ob es innerhalb der durch § 15 gesetzten Grenze gehandelt hat, nicht aber darüber, ob ausreichende Gründe für die Annahme der tatsächlichen Voraussetzungen des Beschlusses vorlagen. Der Nachprüfung in der Revisionsinstanz sind diese tatsächlichen Unterlagen nicht unterworfen. U 9/5 84, E 10, 381.

26) Durch Geltendmachung vor der Hauptverhandlung, insbesondere durch eine bei Zustellung der Ladung abgegebene Erklärung wird der Einwand der örtlichen Zuständigkeit nicht gewahrt, U 1/6 88, E 17, 412, wohl aber durch Geltendmachung bei der Vernehmung nach § 233, U 29/10 07, E 40, 354. Der im früheren Verfahren bereits verlorene Einwand kann in einer nach Aufhebung des Urteils stattfindenden Hauptverhandlung nicht erneut erhoben werden. U 3/6 10, E 43, 358.

Die Frist ist auch maßgebend für eine Veränderung der örtlichen Zuständigkeit infolge vom Eröffnungsbeschl. abweichender rechtlicher Würdigung der Tat. U 27/2, 11, E 59, 138.

27) Über die Verlesung dieses Beschlusses s. § 243.

28) Unter der Entscheidung ist hier nicht die Verfügung des Un-

§ 18.[29]) Nach Eröffnung des Hauptverfahrens[30]) darf das Gericht seine Unzuständigkeit nur auf Einwand des Angeklagten aussprechen.[31])

§ 19. Haben mehrere Gerichte, von denen eines das zuständige ist, durch Entscheidungen, welche nicht mehr anfechtbar sind, ihre Unzuständigkeit ausgesprochen, so bezeichnet das gemeinschaftliche obere Gericht das zuständige Gericht.

§ 20. Die einzelnen Untersuchungshandlungen eines unzuständigen Gerichts sind nicht schon dieser Unzuständigkeit wegen ungültig.

§ 21. Ein unzuständiges Gericht hat sich den innerhalb seines Bezirks vorzunehmenden Untersuchungshandlungen zu unterziehen, bei denen Gefahr im Verzug obwaltet.

3. Abschnitt. Ausschließung und Ablehnung der Gerichtspersonen.

§ 22. Ein Richter ist von der Ausübung des Richteramts kraft Gesetzes ausgeschlossen:[32])

---

tersuchungsrichters, durch welche die Voruntersuchung eröffnet wird (§ 181), sondern nur ein Ausspruch des Gerichts zu verstehen, mag derselbe auf einen nach § 175 gestellten Antrag oder auf einen in der Voruntersuchung erhobenen Unzuständigkeitseinwand erfolgen. U 22/9 85, R 7, 521.

29) Der § 18 ist für sämtliche nach der StPO zu erledigenden Strafsachen maßgebend, sofern nicht besondere Vorschriften entgegenstehen, U 19/5 81, E 4, 232, desgl. für das auf Grund des § 42 StGB eingeleitete sog. objektive Verfahren. An die Stelle des Angeschuldigten (§ 16 StPO) treten hier die Einziehungsbeteiligten. U 3/10 89, E 19, 428.

30) Über die Eröffnung des Hauptverfahrens s. §§ 203, 207.

31) Aus § 18 folgt zugleich, daß die Frage der örtlichen Zuständigkeit oder Unzuständigkeit des Gerichts nach Eröffnung des Hauptverfahrens nur noch seitens des Angeklagten bis zu dem in § 16 vorgesehenen Zeitpunkt zur Erörterung gebracht und daß, sofern dies nicht geschehen, die Zuständigkeit des Gerichts im Laufe des Verfahrens nicht mehr in Frage gestellt werden kann. Zum Gegenstand richterl. Prüfung in der Revisionsinstanz kann die örtliche Zuständigkeit also nur dann gemacht werden, wenn der Angekl. den Einwand der Unzuständigkeit rechtzeitig erhoben hat und dieser Einwand vom Gericht verworfen ist. U 20/11 80, E 3, 136. U 16/1 11, DR 15, 1081.

Wenn mehrere Angeklagte vorhanden sind, so genügt es, daß auch nur einer die Zuständigkeit des Richters bestreitet. U 17/6 92, E 23,155.

32) Wegen der Schöffen und Geschworenen und des Gerichts-

1. wenn er selbst durch die strafbare Handlung verletzt ist;[33])
2. wenn er Ehemann oder Vormund der beschuldigten oder der verletzten Person ist oder gewesen ist;
3. wenn er mit dem Beschuldigten oder mit dem Verletzten in gerader Linie verwandt, verschwägert, oder durch Annahme an Kindes Statt verbunden, in der Seitenlinie bis zum dritten Grade verwandt, oder bis zum zweiten Grade verschwägert ist, auch wenn die Ehe, durch welche die Schwägerschaft begründet ist, nicht mehr besteht;

---

schreibers s. §§ 31, 32. Vgl. § 41 ZPO. Die Ausübung des Richteramts umfaßt nicht nur die Mitwirkung bei irgendwelchen Entscheidungen in der Sache, sondern jede Art der richterl. Tätigkeit, also auch die Vernehmung eines Zeugen. U 4/5 97, E 30, 70.

33) Als Verletzter ist im allgemeinen nur derjenige anzusehen, welcher in seinen Rechten durch die Straftat unmittelbar gekränkt ist. U 16/4 80, E 1, 370. U 7/5 83, R 5, 333. Deshalb kann z. B. ein Mitglied einer eingetragenen Genossenschaft, gegen welche eine Unterschlagung verübt ist, infolge seiner Mitgliedschaft allein nicht als Verletzter i. S. § 22 Ziff. 1 angesehen werden. U 16/12 92, E 23, 361. Dasselbe gilt von den Mitgliedern einer Feuerversicherungsgesellschaft auf Gegenseitigkeit. U 7/7 03, DR 7, 435. Dagegen ist bei einem Strafverfahren wegen Bankerottes auch derjenige als verletzt anzusehen, welcher als Gläubiger bei dem Konkursverfahren beteiligt ist, selbst wenn er z. Z. der Aburteilung des Bankerottes schon befriedigt sein sollte. U 7/10 84, E 11, 223, U 13/1 91, E 21, 291. Für die Frage, ob ein Richter selbst durch die strafbare Handlung verletzt ist, ist lediglich die Sachlage beim Eintritt in die Hauptverhandlung maßgebend, d. h. ob dem Angekl. im Eröffnungsbeschluß eine den Richter verletzende strafb. Handlung zur Last gelegt wird. U 5/10 86, R 8, 583. Bei Beleidigung einer Gerichtsbehörde sind nicht von selbst alle richterlichen Mitglieder derselben betroffen, es ist vielmehr eine persönliche Beteiligung der Richter an der Sache erforderlich, d. h. der einzelne Richter muß als Kläger, Nebenkläger oder Antragsteller aufgetreten sein, oder es muß in der beleidigenden Kundgebung selbst oder in dem Vorfall, der sie veranlaßt hat, irgendeine besondere Beziehung auf die Person des Richters erkennbar sein. In allen übrigen Fällen der Behördenbeleidigung kann nur eine Ablehnung von Richtern wegen möglicher Befangenheit (§ 24) in Frage kommen. Das gleiche gilt, wenn ein Angriff sich gegen einen aus zahlreichen Mitgliedern bestehenden Stand und nur mittelbar gegen einzelne Mitglieder, lediglich als Angehörige dieses Standes, richtet (Juristenstand). U 24/10

4. wenn er in der Sache[34]) als Beamter der Staatsanwaltschaft,[35]) als Polizeibeamter,[36]) als Anwalt des Verletzten[37]) oder als Verteidiger tätig gewesen ist;[38])

93, E 24, 342. Vgl. Beschl 15/3 94, E 25, 179. — Ein richterlicher Beamter, welcher als amtlicher Vorgesetzter (§ 196 StGB) die Bestrafung beantragt hat, ist nicht als der durch die strafbare Handlung Verletzte anzusehen. U 25/2 82, R 4, 207. U 7/5 83, R 5, 333. In allen Fällen genügt übrigens das objektive Vorhandensein einer Verletzung zur Anwendung des § 22 Nr. 1; es ist nicht erforderlich, daß der Richter von seiner Verletzung Kenntnis hatte. U 8/6 00, E 33, 309.

34) Unter der Sache i. S. § 22 ist nur die anhängige „Strafsache" zu verstehen, d. h. das Verfahren, welches die strafrechtliche Verfolgung einer Tat zum Gegenstande hat. U 12/6 00, G 47, 377. Das dem Wiederaufnahmeverfahren vorangehende, mit der ersten Hauptverhandlung abschließende Verfahren bildet mit dem Wiederaufnahmeverfahren „eine Sache". U 4/5 97, E 30, 70. Vgl. U 30/4 88, R 10, 353.

35) Beamte der Staatsanwaltschaft sind auch die Hilfsarbeiter der Staatsanwaltschaft, insbesondere die als Hilfsarbeiter in der betr. Sache tätig gewesenen Gerichtsassessoren, selbst wenn sie keine selbständigen Verfügungen erlassen, sondern solche nur entworfen haben. U 13/11 82, E 7, 236. U 6/12 95, E 28, 53. Die einem Teilnehmer gegenüber entfaltete Tätigkeit als Beamter der StA. schließt von der Ausübung des Richteramts gegen einen anderen Teilnehmer derselben Tat aus. U 28/3 23, E 57, 275.

36) Polizeibeamte sind die Beamten, welche zur Erforschung des Sachverhalts einzelner Strafprozeßsachen tätig werden. U 8/7 02, E 35, 319. Ihre Ablehnung kann nur stattfinden, wenn ihre Tätigkeit gerade in der Erforschung der anhängigen Untersuchungssache bestanden hat. U 30/4 88, E 17, 415. (Bahnpolizeibeamter.) Die den Polizeibeamten im § 159 StPO zur Pflicht gemachte Anzeige an die Staatsanwaltschaft oder das Amtsgericht genügt nicht, um den Begriff des Tätigseins i. S. § 22 Ziff. 4 zu erfüllen. U 7/1 02, G 49, 118. Im übrigen vgl. über den Begriff des Tätigseins als Polizeibeamter U 18/2 21 E 55, 251. Ein Stadt- oder Gerichtschemiker kann nicht um deswillen abgelehnt werden, weil er im Auftrage der Polizeibehörde eine Untersuchung von Nahrungsmitteln vorgenommen hat, die den Anlaß zu strafrechtlichem Einschreiten gab. U 6/4 03, E 36, 208.

37) Anwalt des Verletzten ist nur der Rechtsanwalt, der ihm bedienstet gewesen ist. Sache, in der er tätig gewesen ist, ist nur die anhängige Strafsache. U 12/6 00, G 47, 377.

38) Unter den Begriff des Tätigseins fällt nicht die Anzeige an die Staatsanwaltschaft oder den Richter gemäß § 159. U 7/1 02, G 49, 118; R 6, 81.

5. wenn er in der Sache als Zeuge oder Sachverständiger vernommen ist.[39])

§ 23.[40]) Ein Richter, welcher bei einer durch ein Rechtsmittel angefochtenen Entscheidung mitgewirkt hat, ist von der Mitwirkung bei der Entscheidung in höherer Instanz kraft Gesetzes ausgeschlossen.

Der Untersuchungsrichter[41]) darf in den Sachen, in

---

39) Es wird hier die persönliche Vernehmung eines Richters als Zeuge usw. vorausgesetzt. Bloße schriftliche, z. B. auf Ersuchen des Staatsanwalts oder Untersuchungsrichters abgegebene Erklärungen genügen nicht. Eine Ausnahme macht nur der Fall, wenn ein Richter im Vorverfahren auf Erfordern des Gerichts ein schriftliches Gutachten abgegeben hat (§§ 76 Abs. 4, 82 StPO). U 1/5 85, E 12, 180. U 26/9 24, E 58, 286. Der Umstand allein, daß der Richter als Zeuge vorgeschlagen und geladen ist, begründet seine Ungeeignetheit noch nicht. U 24/2 88, E 17, 173; U 4/2 07, G 54, 292; U 30/1 11, G 59, 126. Aus § 22 Ziff. 5 folgt aber auch, daß ein in der Sache tätiger Richter bei Vermeidung seiner Ausschließung vom Richteramt nicht befugt ist, über seine private Kenntnis von Tatsachen, welche für die Entscheidung wesentlich sind, in der Hauptverhandlung zu bekunden. U 3/12 94, E 26, 272.

40) Vgl. § 41 Nr. 6 ZPO. — Die Ausnahmebestimmung des § 23 kann nicht entsprechend auf andere Fälle angewandt werden. Insbesondere trifft sie nicht zu, wenn das Revisionsgericht die Verhandlung der Sache an ein anderes Gericht verwiesen hat, und an der erneuten Hauptverhandlung ein Richter teilnimmt, der auch bei der aufgehobenen Entscheidung mitgewirkt hat, U 9/6 93, G 41, 139; oder wenn der Richter, welcher einen Strafbefehl erlassen und bei dem auf Einspruch ergangenen schöffengerichtl. Urteil mitgewirkt hat, nach Aufhebung dieses Urteils in der Berufungsinstanz und Zurückverweisung der Sache an der neuen Entscheidung teilnimmt. U 28/6 98, E 31, 225. Auch der in den Abs. 2 und 3 des § 23 vorgeschriebene Ausschluß der betr. Richter von der Urteilsfällung soll sich „kraft Gesetzes" d. h. ohne Anregung seitens der Parteien und unabhängig von einem etwaigen Verzichte derselben von selbst vollziehen. Die Außerachtlassung des § 23 Abs. 2 u. 3 begründet deshalb die Revision (§ 338 Nr. 2). U 10/5 80, E 2, 209.

41) Untersuchungsrichter ist nur derjenige Richter, welcher die Voruntersuchung selbständig geführt hat, nicht auch der Richter (Amtsrichter), welcher im Ermittlungsverfahren Untersuchungshandlungen vorgenommen hat, U 30/10 80, R 2, 409. U 16/5 85, R 7, 303, oder der vom Gericht mit Vornahme einzelner — bestimmt bezeichneter oder nach eigenem Plan und Ermessen auszuführender — Beweiserhebungen beauftragte Richter. U 20/10 80, R 2, 361; U 8/1 98, E 30, 400. Vgl. U 10/6 80, R 2, 52. Zur Führung der Voruntersuchung gehört die Vornahme eines wesentlichen Aktes derselben, U 8/5 96,

welchen er die Voruntersuchung geführt hat, nicht Mitglied des erkennenden Gerichts sein, auch nicht bei einer außerhalb der Hauptverhandlung erfolgenden Entscheidung der Strafkammer mitwirken.[42])

§ 24.[43]) Ein Richter kann sowohl in den Fällen, in

E 28, 358, insbesondere die Aufnahme von Beweisakten durch Vernehmungen des Angekl., der Zeugen und Sachverständigen, durch Augenscheinseinnahme usw.; jedoch ist es nicht erforderlich, daß der Untersuchungsrichter diese Akte selbst vorgenommen hat; es genügt, wenn er die Erhebung der von ihm aufgesuchten Beweismittel durch andere Beamte oder Behörden veranlaßt. U 3/2 91, G 39, 63. Daß die fraglichen Akte bei einer gegen mehrere geführten Voruntersuchung unmittelbar nur später außer Verfolgung gesetzte Mitangeschuldigte betrafen, ist unerheblich. U 11/11 10, G 58, 455. Die bloße Ladung von Zeugen und Angekl. ist keine Untersuchungshandlung, welche den betr. Richter, der sie vornimmt, von der Teilnahme an der späteren Hauptverhandl. ausschließt. U 21/3 81, R 3, 155; ebensowenig die Vernehmung des später noch vom Untersuchungsrichter eingehend gehörten Angekl. ausschließlich gemäß § 115 StPO, U 29/2 04, G 51, 193, oder der bloße Beschluß über die Eröffnung der Voruntersuchung und die Fortdauer der Untersuchungshaft, U 3/12 83, E 9, 285, oder den Schluß der Voruntersuchung. U 15/1 91, E 21, 285. Dagegen ist der stellvertretende Untersuchungsrichter, welcher eine eingeleitete und nur zum Teil durchgeführte Untersuchung beendigt hat, von der Teilnahme an der Aburteilung des Angekl. ausgeschlossen. U 6/12 88, E 18, 269. U 23/4 20, E 54, 317. Die Mitwirkung des Untersuchungsrichters bei dem Eröffnungsbeschluß kann die Revision nur dann begründen, wenn das Endurteil auf dieser Verletzung des § 23 Abs. 2 beruht (§ 336 StPO). U 24/6 80, R 2, 104. U 29/1 84, E 10, 56.

42) Dies trifft auch zu, wenn die Tat sich als die gleiche herausstellt, derentwegen der Richter in einem bereits rechtskräftig erledigten Verfahren die Voruntersuchung geführt hat. U 16/12 12, G 60, 421, und ebenso, wenn der Richter in einer sachlich gleichen Sache die Voruntersuchung geführt hat, die eingestellt wurde, weil die Straftaten bereits in anderen Akten verfolgt wurden. U 6/7 22, JW 53, 1758. Werden in einer Hauptverhandlung mehrere verbundene Sachen verhandelt, so darf kein Richter mitwirken, der auch nur in einer einzelnen der verbundenen Strafsachen die Voruntersuchung geführt hat. U 19/2 23. E 57, 248. Das Verfahren und die Entscheidung über die Ablehnung eines Richters gehört nicht zum Hauptverfahren. U 22/1 86, E 13, 302. U 8/1 98, G 46, 113.

43) Ablehnungsgesuche i. S. § 24 sind auf Richter und Schöffen beschränkt. U 1/11 88, E 18, 238. Die Ablehnung aller einzelnen Richter eines bestimmten Gerichts steht der unstatthaften Ablehnung dieses Gerichts als solchen rechtlich nicht gleich. U 19/10 23, JW 53, 1252.

denen er von der Ausübung des Richteramts kraft Gesetzes ausgeschlossen ist, als auch wegen Besorgnis der Befangenheit abgelehnt werden.[44])

Wegen Besorgnis der Befangenheit findet die Ablehnung statt, wenn ein Grund vorliegt, welcher geeignet ist, Mißtrauen gegen die Unparteilichkeit eines Richters zu rechtfertigen.[45])

Das Ablehnungsrecht steht der Staatsanwaltschaft, dem Privatkläger[46]) und dem Beschuldigten zu. Den zur Ablehnung Berechtigten sind auf Verlangen die zur Mitwirkung bei der Entscheidung berufenen Gerichtspersonen namhaft zu machen.[47])

---

44) Die Geltendmachung des Ablehnungsrechts unterliegt dem Belieben und dem Verzichte der im Abs. 3 aufgeführten Prozeßbeteiligten bzw. dem eigenen Ermessen der betr. Gerichtsperson (§ 30); die Nichtgeltendmachung gilt deshalb als wirksamer Verzicht, der zum Zwecke der Anfechtung der demnächst ergangenen Entscheidung durch ein Rechtsmittel nicht widerrufen werden kann. U 26/8 85, R 7, 501.

45) Die allgemeine politische Parteistellung eines Richters kann die Besorgnis der Befangenheit nicht begründen, wenn nicht konkrete Umstände vorhanden sind, auf Grund deren befürchtet werden könnte, daß diese Parteistellung auf die Unparteilichkeit des Richters gerade dem einzelnen Angekl. gegenüber nachteilig einwirken könne. U 30/11 82, E 7, 340. Ebensowenig bildet die Teilnahme eines Richters an dem Beschlusse, durch welchen die demnächst auf Beschwerde eröffnete Untersuchung abgelehnt war, einen Ablehnungsgrund. U 6/6 82, R 4, 527. Darüber, inwieweit die Mitwirkung eines Mitgliedes des Oberlandesgerichts als Berichterstatter bei einer Entscheidung, durch welche gemäß §§ 172 ff. die Erhebung der öffentl. Klage angeordnet wurde, als Ablehnungsgrund gegen denselben Richter in seiner Eigenschaft als Mitglied des erkennenden Gerichts verwertet werden kann, s. U 20/6 89, E 19, 332. Die Erklärung eines Richters, welcher bei einem in der Revisionsinstanz aufgehobenen Urteil mitgewirkt hat, daß er bei dem zu erwartenden gleichen tatsächlichen Ergebnisse der neuen Hauptverhandlung ebenso wie früher erkennen werde, kann ein Ablehnungsgesuch wegen Besorgnis der Befangenheit nicht begründen. U 10/2 82, E 5, 437; desgl. nicht die Bildung und Äußerung einer vorläufigen Meinung über die Schuld des Angekl. seitens eines Richters. U 9/1 14, LZ 8, 190.

46) und auch dem Nebenkläger, vgl. § 397, nicht aber dem Verletzten im ehrengerichtlichen Verfahren, Beschl 23/10 18, E 52, 291.

47) Nichtbeachtung dieser Vorschrift führt nicht zur Aufhebung des Urteils, da dem Angekl. die Beschwerde nach §§ 304, 305 zusteht und der-

§ 25. Die Ablehnung eines Richters wegen Besorgnis der Befangenheit ist in der Hauptverhandlung erster Instanz nur bis zur Verlesung des Beschlusses über die Eröffnung des Hauptverfahrens,[48]) in der Hauptverhandlung über die Berufung und die Revision nur bis zum Beginne der Berichterstattung[49]) zulässig.[50])

§ 26.[51]) Das Ablehnungsgesuch ist bei dem Gerichte, welchem der Richter angehört, anzubringen;[52]) es kann vor dem Gerichtsschreiber zu Protokoll erklärt werden.[53])

---

selbe auch beim Beginn der Hauptverhandlung sein Gesuch wiederholen und Aussetzung des Termins beantragen kann. U 18/9 96, E 29, 62.

48) Wegen des Zeitpunktes der Verlesung s. § 243 Abs. 2 und wegen desjenigen der Ablehnung U 30/1 11, E 44, 312 Nach erfolgter Verlesung ist die Ablehnung auch dann unzulässig, wenn der Ablehnungsgrund erst nach diesem Zeitpunkt eingetreten ist, U 14/5 86, R 8, 356, oder der Angekl. erst nachher von dem ihm zur Seite stehenden Ablehnungsgrunde Kenntnis erlangt hat. U 6/4 03, DR 7, 242. Die Prozeßbeteiligten, welche in einer früheren Hauptverhandlung ein Ablehnungsgesuch nicht vorgebracht hatten, sind hierdurch nicht behindert, in einer späteren Hauptverhandlung gegen früher nicht abgelehnte Richter von ihrem Ablehnungsrechte Gebrauch zu machen. U 20/6 89, E 19, 332.

49) Wegen des Zeitpunkts der Berichterstattung s. §§ 324, 351.

50) Die in der Hauptverhandlung erfolgte bloße Wiederholung eines bereits vor der Hauptverhandlung gegen erkennende Richter angebrachten, aber in einer zurzeit unanfechtbaren Weise als unbegründet verworfenen Ablehnungsgesuches enthält keine formell statthafte Stellung eines anderweiten Ablehnungsantrages, auf welchen das Gericht unter Einhaltung des im § 27 vorgeschriebenen Verfahrens eine anderweite materielle Entscheidung erteilen müßte. U 3/11 84, E 11, 224. Wenn aber vor der Entscheidung über ein in der Hauptverhandlung angebrachtes Ablehnungsgesuch eine Vertagung der Hauptverhandlung eintritt, so bedarf es bei der neuen Hauptverhandlung einer Erneuerung des Gesuches nicht, das letztere muß vielmehr auch ohne weiteren Antrag berücksichtigt werden. U 5/4 92, G 40, 43.

51) Vgl. § 44 ZPO.

52) Hieraus ergibt sich, daß das zunächst höhere Gericht im Falle des § 27 Abs. 1 die erst bei ihm geltend gemachten Ablehnungsgründe nicht in Betracht zu ziehen hat. U 17/10 81, E 5, 134. Das bei Beginn der Hauptverhandlung angebrachte Ablehnungsgesuch wird zum Protokoll über die Hauptverhandlung erklärt und muß danach als bei dem Gerichte, dem der Richter angehört, angebracht gelten. U 22/1 86, R 8, 89.

53) In dem Ablehnungsgesuch muß der betr. Richter namhaft gemacht werden. U 27/1 88, R 10, 86.

Der Ablehnungsgrund ist glaubhaft zu machen; der Eid ist als Mittel der Glaubhaftmachung ausgeschlossen. Zur Glaubhaftmachung kann auf das Zeugnis des abgelehnten Richters Bezug genommen werden.[54])

Der abgelehnte Richter hat sich über den Ablehnungsgrund dienstlich zu äußern.

§ 27. Über das Ablehnungsgesuch entscheidet das Gericht, welchem der Abgelehnte angehört.[55])

Wird ein richterliches Mitglied der erkennenden Strafkammer abgelehnt, so entscheidet die Strafkammer in der für Entscheidungen außerhalb der Hauptverhandlung vorgeschriebenen Besetzung. Wird ein richterliches Mitglied des Schwurgerichts abgelehnt, so entscheiden während der Tagung die richterlichen Mitglieder des Schwurgerichts; außerhalb der Tagung entscheidet die Strafkammer.

Wird ein Untersuchungsrichter oder ein Amtsrichter abgelehnt, so entscheidet das Landgericht. Einer Entscheidung bedarf es nicht, wenn der Abgelehnte das Ablehnungsgesuch für begründet hält.[56])

---

54) Welche Mittel sonst zur Glaubhaftmachung dienen sollen, ist in der StPO nicht vorgeschrieben. Vgl. jedoch Mot. S. 26: „Sind die dem Ablehnungsgesuch zugrunde gelegten Tatsachen nicht gerichtskundig, so soll es dem verständigen Ermessen des Gerichts überlassen sein, ob dieselben für wahr zu halten oder nicht. Eine förmliche Beweisaufnahme über den Zwischenpunkt muß, weil die Hauptsache verzögernd, wenn möglich vermieden werden, und es ist deshalb dem Gericht die Wahl der Mittel überlassen, durch die es sich von dem Bestehen oder Nichtbestehen der behaupteten Tatsachen Kenntnis verschaffen will." Insbesondere ist die Benutzung privatschriftl. Erklärungen oder etwa hinzugefügter eidesstattl. Versicherungen eines Zeugen zulässig. U 29/10 95, E 28, 8.

55) Über Ablehnungsgesuche, welche an die Strafkammer außerhalb der Hauptverhandlung gelangen, kann diese ohne mündliche Verhandlung gemäß § 76 GVG in der Besetzung von drei Richtern entscheiden, U 28/9 91, E 22, 135. Wegen Entscheidung über Ablehnungsgesuche gegen Mitglieder der bei einem Amtsgericht gebildeten Strafkammer s. U 22/2 08, E 41, 117.

56) Auch eine förmliche Entscheidung ist jedoch in diesem Falle nicht ausgeschlossen, wenn gegenüber der Erklärung des Abzulehnenden gegen die Begründetheit des Antrages Bedenken obwalten. Im übrigen bezieht sich die Bestimmung des Schlußsatzes des Abs. 3 nur auf Ab-

Wird das zur Entscheidung berufene Gericht durch Ausscheiden des abgelehnten Mitglieds beschlußunfähig, so entscheidet das zunächst obere Gericht.[57])

§ 28. Gegen den Beschluß, durch welchen das Ablehnungsgesuch für begründet erklärt wird, findet kein Rechtsmittel, gegen den Beschluß, durch welchen das Gesuch für unbegründet erklärt wird, findet sofortige Beschwerde statt.[58])

Der Beschluß, durch welchen ein gegen einen erkennenden Richter[59]) angebrachtes Ablehnungsgesuch für unbe-

---

lehnungsanträge, welche sich gegen den Untersuchungsrichter oder einen Amtsrichter richten. Wenn die richterliche Besetzung der Strafkammern in Frage steht, so muß stets eine förmliche Entscheidung des Gerichts ergehen. U 10/2 82, E 5, 438. U 7/10 90, G 38, 426.

57) Wegen der Grundlagen für die Entscheidung des oberen Gerichts s. Anm. 52 zu § 26. — Eine mündliche Verhandlung ist für die nach § 27 zu treffende Entscheidung nicht vorgeschrieben; namentlich folgt aus § 26 Abs. 1 nicht, daß der für die Entscheidung neu eintretende Richter bei der Anbringung und Begründung des Gesuchs zugegen sein, bzw. daß das Gesuch und seine Begründung nach seinem Eintritt wiederholt werden muß. U 22/1 86, R 8, 89. — Durch § 27 Abs. 4 ist nicht ausgeschlossen, daß der Richter ein gegen ihn gerichtetes Ablehnungsgesuch selbst zurückweisen kann, wenn die Nichternstlichkeit der Ablehnung und das ausschließliche Streben der Verschleppung außer Zweifel steht. U 8/10 97, E 30, 273. U 11/3 98, G 46, 201. Auch kann über ein durch Beschluß des höheren Gerichts bereits zurückgewiesenes, lediglich wiederholtes Ablehnungsgesuch das niedere Gericht einschließlich des abgelehnten Richters selbständig entscheiden. U 10/12 96, G 44, 385, vgl. auch U 22/9 24, JW 54, 489. — Beschlußunfähigkeit liegt erst vor, wenn Ergänzung nach § 67 GVG nicht möglich ist. U 10/2 07, E 40, 436.

58) Wegen der sofortigen Beschwerde s. § 311.

59) Erkennender Richter ist nur der nach Eröffnung des Hauptverfahrens mit der Sache befaßte Richter. U 27/9 82, E 7,175.

60) Ob das Ablehnungsgesuch noch vor der Hauptverhandlung, oder ob es erst in derselben angebracht und verworfen worden war, ist gleichgültig. U 27/9 82, E 7, 175.

61) Der Beschluß einer Strafkammer muß also der Form nach mittels der Revision angefochten werden. Durch diese Form wird jedoch die Natur des Rechtsmittels nicht berührt. Dieses bleibt Beschwerde und das Revisionsgericht hat demgemäß sachlichen Bescheid zu erlassen, ohne an die tatsächlichen Feststellungen gebunden zu sein. U 28/9 91, E 22, 135. Vgl. U 20/6 89, E 19, 333. U 30/11 82, E 7, 341. U 22/1 86, E 13, 303. Bei der Prüfung der Beschwerde durch das Revisionsgericht

gründet erklärt wird,[60]) kann nicht für sich allein, sondern nur mit dem Urteil angefochten werden.[61])

§ **29.** Ein abgelehnter Richter hat vor Erledigung[62]) des Ablehnungsgesuchs nur solche Handlungen vorzunehmen, welche keinen Aufschub gestatten.

§ **30.**[63]) Das für die Erledigung eines Ablehnungsgesuchs zuständige Gericht hat auch dann zu entscheiden, wenn ein solches Gesuch nicht angebracht ist, ein Richter aber von einem Verhältnis Anzeige macht, welches seine Ablehnung rechtfertigen könnte, oder wenn aus anderer Veranlassung Zweifel darüber entstehen, ob ein Richter kraft Gesetzes ausgeschlossen sei.

§ **31.** Die Bestimmungen dieses Abschnitts finden auf Schöffen und Gerichtsschreiber[64]) entsprechende Anwendung.

Über die Ausschließung oder Ablehnung eines Schöffen entscheidet der Vorsitzende; in der großen Strafkammer entscheiden die richterlichen Mitglieder.[65]) Über die Aus-

---

kommen aber stets nur die zur Zeit der Verwerfung des Ablehnungsgesuches rechtzeitig (§ 25) angebrachten Ablehnungsgründe in Betracht. In der Revisionsschrift neu vorgebrachte und unter Beweis gestellte Anführungen bleiben außer Erwägung. U 6/6 82, R 4, 527. Im übrigen werden auch Beschlüsse des Oberlandesgerichts (im Falle des § 27 Abs. 1) von der Bestimmung des § 28 Abs. 2 betroffen. U 16/6 00, E 33, 314.

62) Darüber, wann „Erledigung" vorliegt, s. U 17/10 11, G 59, 351.

63) Vgl. § 48 ZPO. Eine Anfechtung der nach § 30 getroffenen Entscheidung des Gerichts ist in entsprechender Anwendung des § 28 grundsätzlich ausgeschlossen. U 21/5 97, E 30, 123.

64) Diese entsprechende Anwendung auf den Gerichtsschreiber hat, soweit es die Ausschließung anlangt, zur Voraussetzung, daß einer der Gründe der §§ 22 und 23 in den persönlichen oder Dienstverhältnissen oder Amtsverrichtungen des Gerichtsschreibers zutage treten kann. Deshalb findet die Vorschrift des § 23 Abs. 2, welche ausschließlich nur denjenigen richterlichen Beamten betrifft, welcher die Voruntersuchung geführt hat, auf den Gerichtsschreiber keine entsprechende Anwendung. U 10/12 81, R 3, 789. Inwieweit der Umstand, daß ein gesetzlich ausgeschlossener Gerichtsschreiber das Protokoll der Hauptverhandlung geführt hat, einen Revisionsgrund abgeben kann, s. U 12/11 85, E 13, 76.

65) Wegen der Ersetzung eines ausgeschlossenen oder abgelehnten Schöffen s. § 49 GVG.

schließung oder Ablehnung eines Gerichtsschreibers entscheidet das Gericht oder der Richter, welchem er beigegeben ist.

§ 32. Die Bestimmungen über die Ausschließung und Ablehnung der Schöffen finden auf Geschworene entsprechende Anwendung. Die Entscheidungen treffen die richterlichen Mitglieder des Schwurgerichts.

4. Abschnitt. Gerichtliche Entscheidungen und ihre Bekanntmachung.

§ 33. Die Entscheidungen[66]) des Gerichts werden, wenn sie im Laufe einer Hauptverhandlung ergehen, nach Anhörung der Beteiligten,[67]) wenn sie außerhalb einer Hauptverhandlung ergehen, nach erfolgter schriftlicher oder mündlicher Erklärung der Staatsanwaltschaft erlassen.[68])

§ 34.[69]) Die durch ein Rechtsmittel anfechtbaren Ent-

---

66) Zu den Entscheidungen i. S. § 33 gehören auch die Beschlüsse des Gerichts über Ausschließung der Öffentlichkeit, U 9/1 80, E 1, 50, sowie die Gerichtsbeschlüsse betr. die Nichtbeeidigung von Zeugen. U 14/1 82, E 6, 3. Auf Verfügungen des Vorsitzenden findet § 33 keine Anwendung. Mot. S. 29.

67) Beteiligte sind die Staatsanwaltschaft, bzw. der Privatkläger oder Nebenkläger und der Angeklagte. Die Nichtanhörung dieser Personen kann jedoch die Revision nicht begründen, wenn ihnen vor Ausführung der Beschlüsse die Möglichkeit gegeben war, ihre etwaigen Einwendungen vorzubringen. U 24/1 82, E 6, 3.

68) Betr. der Beurkundung des Urteils und der sonstigen in der Hauptverhandlung ergehenden Entscheidungen vgl. §§ 271, 273, 275. Für die außerhalb einer Hauptverhandlung ergehenden Entscheidungen (Beschlüsse) des Gerichts bedarf es nicht der Unterschrift aller beschließenden Richter. U 18/2 80, E 1, 210. U 29/4 80, E 1, 402; ihre Wirksamkeit hängt nicht von ihrer Bekanntmachung durch Zustellung ab. U 17/1 22, E 56, 359.

69) Die Regel des § 34 ist nicht unterschiedslos auf alle im Laufe der Hauptverhandlung ergehenden Verfügungen oder auf jede von dem Vorsitzenden oder dem Gericht erlassene Anordnung oder Gewährung gestellter Anträge zu beziehen. Prozeßleitende Anordnungen bedürfen vielmehr nur dann einer besonderen Begründung, wenn Anträge abgelehnt werden, oder wenn ein Widerspruch der Prozeßbeteiligten vorliegt, oder wenn es sich um Beweismittel handelt, deren Gebrauch das Gesetz an gewisse Vorbedingungen geknüpft hat. U 15/4 82, R 4, 324. Überhaupt bezieht sich § 34 nicht auf ablehnende Entschei-

scheidungen sowie die, durch welche ein Antrag[70]) abgelehnt wird, sind mit Gründen[71]) zu versehen.

§ 35. Entscheidungen,[72]) welche in Anwesenheit der davon betroffenen Person ergehen, werden ihr durch Verkündung[73]) bekannt gemacht. Auf Verlangen ist ihr eine Abschrift zu erteilen.[74])

Andere Entscheidungen werden durch Zustellung bekanntgemacht.[75])

---

dungen, aus deren Inhalt sich die Begründung von selbst ergibt (z. B. Ablehnung einer Verbindung zusammenhängender Strafsachen). U 3/4 22, E 57, 44.

70) Unter Antrag ist nicht auch die verfahrensrechtliche Einwendung gegen einen Antrag zu verstehen, sondern nur der Antrag selbst. Das Gericht, welches einem von der Staatsanwaltschaft widersprochenen Antrag auf Beweisaufnahme stattgibt, ist also nicht verpflichtet, die Nichtberücksichtigung dieses Widerspruchs besonders zu begründen. U 13/5 81, R 3, 295. U 28/11 11, G 59, 454.

71) Der Inhalt der Gründe ist besonders vorgeschrieben bei den Beschlüssen über die Eröffnung des Hauptverfahrens (§§ 204, 207) und bei dem Urteil (§ 267). Im übrigen muß die Begründung stets erkennen lassen, ob der Beschluß, durch welchen ein Antrag abgelehnt wird, auf rechtlichen oder tatsächlichen Erwägungen beruht. U 26/6 80, R 2, 126. U 30/4 81, R 3, 259. Die allgemeine Begründung: „daß das Gericht die Sache für genügend aufgeklärt erachte", oder: „daß der betr. Antrag unerheblich sei" genügt nicht. U 17/4 80, R 1, 613. U 10/2 80, R 1, 332. Sonderentscheidungen s. insbesondere bei § 244.

72) Zu den Entscheidungen i. S. § 35 gehören auch die prozeßleitenden Verfügungen des Vorsitzenden. U 6/4 80, R 1, 543. Der abweisende Beschluß betr. Ablehnung eines Schwurgerichtsvorsitzenden kann durch diesen selbst verkündet werden. U 26/924, E. 58, 288.

73) Betr. der Verkündung des Urteils und der Gründe s. §§ 268, 332, 356. Auch andere Entscheidungen müssen mit ihrer Begründung verkündet werden. U 16/12 79, R 1, 156. U 15/4 80, E 1, 366. S. unten A. 75.

74) Dem Verlangen auf Erteilung einer Abschrift eines in der Hauptverhandlung verkündeten Beschlusses schon während der letzteren braucht nicht entsprochen zu werden. U 26/7 10, E 44, 53. Ein Recht, Abschrift der als Beweismittel bezeichneten Schriftstücke zu verlangen, hat der Angeklagte nicht. U 16/10 23, JW 53, 322[45].

75) Wegen der Zustellung s. § 37. Die Zustellung des Urteils an den vom Erscheinen in der Hauptverhandlung erster Instanz entbundenen und in ihr nicht erschienenen Angekl. muß an diesen selbst erfolgen; eine Zustellung an den Verteidiger ist ohne rechtliche Wirkung, selbst wenn derselbe zur Empfangnahme der Urteilsausfertigung vom

Dem nicht auf freiem Fuße Befindlichen ist das zugestellte Schriftstück auf Verlangen vorzulesen.[76])

§ **36.** Entscheidungen, die einer Zustellung oder Vollstreckung bedürfen, sind der Staatsanwaltschaft zu übergeben, welche das Erforderliche zu veranlassen hat.[77]) Auf Entscheidungen, die lediglich den inneren Dienst der Gerichte oder die Ordnung in den Sitzungen betreffen,[78]) findet diese Bestimmung keine Anwendung.

Der Untersuchungsrichter und der Amtsrichter können Zustellungen aller Art sowie die Vollstreckung von Beschlüssen und Verfügungen unmittelbar veranlassen.

§ **37.** Auf das Verfahren bei Zustellungen finden die Vorschriften der Zivilprozeßordnung über Zustellungen entsprechende Anwendung.[79])

§ **38.** Die bei dem Strafverfahren beteiligten Personen, denen die Befugnis beigelegt ist, Zeugen und Sach-

---

Angekl. ermächtigt war. Beschl 24/9 89, E 19, 390. — Eine Verpflichtung des Gerichts, auch solchen Beteiligten, welche formell außerhalb des Strafprozesses stehen, das Urteil zuzustellen, besteht nicht. Nur die zur Hauptverhandlung geladenen oder sonst zu dieser zugelassenen Einziehungsbeteiligte werden als Prozeßbeteiligte vom Urteil betroffen und können daraufhin ein Recht auf Zustellung geltend machen. U 26/1 85, E 11, 414. Vgl. A. 76 zu § 432. Im übrigen muß stets auch die Begründung der Entscheidung verkündet und zugestellt werden. U 16/12 79, E 1, 34. U 15/4 80, E 1, 366.

76) Dem nicht auf freiem Fuße Befindlichen muß also die nicht in seiner Anwesenheit ergangene Entscheidung ordnungsmäßig zugestellt und auf Verlangen vorgelesen werden. U 6/4 80, E 1, 345.

77) Damit ist jedoch den Strafkammern die Befugnis, Zustellungen unmittelbar, d. h. ohne Vermittlung der StA zu veranlassen, nicht entzogen, zumal wenn es sich um eine Beschleunigung zum Zweck der Abkürzung der Haft handelt. Eine im Auftrage der Strafkammer durch einen zur Vornahme von Zustellungen befugten Beamten unmittelbar bewirkte Zustellung ist deshalb ebenfalls wirksam und geeignet, den Lauf gesetzlicher Fristen zu begründen. Beschl 14/4 82, E 6, 179, R 4, 323.

78) Vgl. § 179 GVG (unmittelbare Vollstreckung durch den Vorsitzenden).

79) Die Vorschriften der Zivilprozeßordnung über Zustellungen sind in den §§ 166—213 enthalten. Für die Zustellungen an Gefangene gelten die allgemeinen Vorschriften, § 35 Abs. 3 StPO kommt nur bei Bekanntgabe von Entscheidungen, die in Abwesenheit Verhafteter ergangen sind, in Betracht. U 14/7 21, DR 25, 2689.

verständige unmittelbar zu laden,[80]) haben mit der Zustellung der Ladung den Gerichtsvollzieher zu beauftragen.

§ **39.** Für das die öffentliche Klage vorbereitende Verfahren, für die Voruntersuchung und für das Verfahren bei der Strafvollstreckung können durch Anordnung der Landesjustizverwaltung einfachere Formen für den Nachweis der Zustellung zugelassen werden.

§ **40.** Kann eine Zustellung an einen Beschuldigten, welchem eine Ladung zur Hauptverhandlung noch nicht zugestellt war, nicht in der vorgeschriebenen Weise im Deutschen Reich bewirkt werden, und erscheint die Befolgung der für Zustellungen im Auslande bestehenden Vorschriften unausführbar oder voraussichtlich erfolglos, so gilt die Zustellung als erfolgt, wenn der Inhalt des zuzustellenden Schriftstücks durch ein deutsches oder ausländisches Blatt bekannt gemacht worden ist und seit dem Erscheinen dieses Blattes zwei Wochen verflossen sind oder wenn das zuzustellende Schriftstück zwei Wochen an der Gerichtstafel des Gerichts erster Instanz angeheftet gewesen ist. Die Auswahl des Blattes steht dem die Zustellung veranlassenden Beamten zu.

War die Ladung zur Hauptverhandlung dem Angeklagten schon vorher zugestellt, so gilt eine weitere Zustellung an ihn, wenn sie nicht in der vorgeschriebenen Weise im Deutschen Reich bewirkt werden kann, als erfolgt, sobald das zuzustellende Schriftstück zwei Wochen an der Gerichtstafel des Gerichts erster Instanz angeheftet gewesen ist. Von Urteilen und Beschlüssen wird nur der entscheidende Teil angeheftet.

§ **41.** Zustellungen an die Staatsanwaltschaft erfolgen durch Vorlegung der Urschrift des zuzustellenden Schriftstücks. Wenn mit der Zustellung der Lauf einer Frist beginnt, so ist der Tag der Vorlegung von der Staatsanwaltschaft auf der Urschrift zu vermerken.[81])

---

80) Die unmittelbare Ladung erfolgt ohne Mitwirkung des Gerichts oder der Staatsanwaltschaft. Die Befugnis zu solcher Ladung ist beigelegt: dem Angeschuldigten bzw. Angeklagten in den §§ 195, 220, 386, dem Privatkläger und dem Nebenkläger in den §§ 386, 397 und der Verwaltungsbehörde in den §§ 426, 427.

5. Abschnitt. Fristen und Wiedereinsetzung in den vorigen Stand.

§ 42. Bei der Berechnung einer Frist, welche nach Tagen bestimmt ist, wird der Tag nicht mitgerechnet, auf welchen der Zeitpunkt oder das Ereignis fällt, nach welchem der Anfang der Frist sich richten soll.[82])

§ 43. Eine Frist, welche nach Wochen oder Monaten bestimmt ist, endigt mit Ablauf desjenigen Tages der letzten Woche oder des letzten Monats, welcher durch seine Benennung oder Zahl dem Tage entspricht, an welchem die Frist begonnen hat; fehlt dieser Tag in dem letzten Monate, so endigt die Frist mit Ablauf des letzten Tages dieses Monats.

Fällt das Ende einer Frist auf einen Sonntag oder allgemeinen Feiertag,[83]) so endigt die Frist mit Ablauf des nächstfolgenden Werktages.

§ 44.[84]) Gegen die Versäumung einer Frist kann die Wiedereinsetzung in den vorigen Stand beansprucht werden,

---

81) In Preußen ist regelmäßig der Zeitpunkt der Vorlegung an den Sekretär der StA für den Beginn der Frist maßgebend. Die Wirksamkeit der Zustellung ist von der Beurkundung nicht abhängig. U 21/4 22, E 57, 55 u. 26/2 23, DR 27 1494.

82) Wahrung der Rechtsmittelfrist: § 341 A. 43.

Auch auf die im § 42 gedachten Fristen findet § 43 Abs. 2 Anwendung Dies folgt aus U 2/6 81, E 4, 240.

83) Allgemeine Feiertage sind solche, die für jedermann ohne Unterschied der Konfession ein Ruhen der bürgerlichen Geschäfte und somit auch derjenigen Handlungen bewirken, die zur Wahrung einer Frist notwendig sind. Welchen Tagen diese Bedeutung zukommt, ist nach dem Rechte des Einzelstaates, bzw. des Ortes, wo die Handlung vorzunehmen war, zu beantworten. Beschl 27/6 98, E 31, 221 (allgem. Feiertage der Pr. Rheinprovinz). Beschl 8/11 00, E 33, 438 (Bayern: Mariä Geburt). Beschl 8/11 00, G 47, 444 (ebenda: Mariä Geburt an Orten mit konfessionell gemischter Bevölkerung). U 2/6 81, E 4, 240 (Bayern: Karfreitag). U 2/11 80, E 2, 398 (Preußen: Epiphaniastag). Beschl 19/1 88, E 17, 56 (Bayern: Allerheiligen). Wegen des Karfreitags in Preußen s. Ges v. 2/9 99 (GS S. 161).

84) Vgl. §§ 391, 412, 415, 421. Voraussetzung der Wiedereinsetzung ist lediglich die Versäumung einer Frist; es kann also W. nicht erwirkt werden, wenn zwar an sich die Frist zur Einlegung und Begründung des Rechtsmittels gewahrt, die Frist zur rechtzeitigen Anbringung einzelner

wenn der Antragsteller durch Naturereignisse oder andere unabwendbare Zufälle an der Einhaltung der Frist verhindert worden ist. Als unabwendbarer Zufall ist es anzusehen, wenn der Antragsteller von einer Zustellung ohne sein Verschulden keine Kenntnis erlangt hat.[85])

§ 45. Das Gesuch um Wiedereinsetzung in den vorigen Stand muß binnen einer Woche nach Beseitigung des Hindernisses bei dem Gerichte, bei welchem die Frist

---

Prozeßbeschwerden aber versäumt ist. Beschl 25/9 93, E 24, 250. Wegen der W. bei Versäumung von Terminen s. §§ 235, 315, 329, 342, 391, 412. Über Verschulden des Verteidigers und seines Geschäftspersonals vgl. U 23/5 19, DR 23, 1229 u. Beschl. 4/2 02, E 35, 109.

85) Als unabwendbarer Zufall ist ein Ereignis anzusehen, das unter den gegebenen, nach der Besonderheit des Falles zu berücksichtigenden Umständen auch durch die äußerste diesen Umständen angemessene und vernünftigerweise zu erwartende Sorgfalt weder abzuwehren noch in seinen schädlichen Folgen zu vermeiden ist. Beschl VerZivSen 22/5 01, EZ 48, 409. Beschl 9/4 07, E 40, 118. Hierunter fällt es, wenn ein Verhafteter, der rechtzeitig seine Vorführung behufs Protokollierung der Revisionsanträge verlangt hat, hierzu erst nach Ablauf der Rechtsmittelfrist vorgeführt und vernommen wurde. U 2/1 80, R 1, 179. Beschl 11/1 98, G 46, 113. Desgl. wenn ein die Revisionsanmeldung enthaltender Brief, falls er durch die gewöhnliche Briefbestellung an das Gericht gelangt sein würde, rechtzeitig bei dem letzteren eingegangen wäre, dies aber durch die Einrichtung des Abholens der Postsachen verhindert ist. Beschl 28/9 80, E 2, 271. Beschl 14/2 98, E 31, 19. Desgl. Generalstreik. Beschl 10/9 19. DR 24, 236.

Dagegen ist als unabwendbarer Zufall nicht anerkannt: Irrtümliche Einreichung der Revisionsanträge bei einem unzuständigen Gericht, Beschl 19/1 14, LZ 8, 783. Der Umstand, daß der Gerichtsschreiber eine Revisionsanzeige des Angekl. nicht ohne weiteres in ein besonderes Protokoll aufgenommen, Beschl 2/11 93, E 24, 355, oder die Protokollierung überhaupt verweigert hat. Beschl 9/8 97, G 45, 365; desgl. Unregelmäßigkeiten im Geschäftsbetriebe der Staatsanwaltschaft für diese selbst. U 6/12 21, DR 26, 353; desgl. der Irrtum des Angekl. über die bei dem Gericht für den Geschäftsbetrieb bestehenden Einrichtungen, Beschl 5/2 84, E 10, 74 (Einhändigung der schriftlichen Revisionsanträge an den Hauswart des Gerichts. Niederlegung ders. auf den Tisch des Gerichtsschreibers); desgl. die Behinderung des Verteidigers an Einsicht der Gerichtsakten, U 25/9 93, E 24, 250; desgl. das Versehen des Rechtsanwalts, sich nicht rechtzeitig mit dem gehörigen Ausweis zur Anmeldung eines Rechtsmittels versehen zu haben, Beschl 28/4 80, R 1, 689; sowie überhaupt ein Verschulden des Verteidigers an dem verspäteten Eingang der Revisionsanträge, Beschl

wahrzunehmen gewesen wäre, unter Angabe und Glaubhaftmachung[86]) der Versäumungsgründe angebracht werden.

Mit dem Gesuch ist zugleich die versäumte Handlung selbst nachzuholen[86]).

§ **46.** Über das Gesuch entscheidet das Gericht, welches bei rechtzeitig erfolgter Handlung zur Entscheidung in der Sache selbst berufen gewesen wäre.[87])

Die dem Gesuche stattgebende Entscheidung unterliegt keiner Anfechtung.

Gegen die das Gesuch verwerfende Entscheidung findet sofortige Beschwerde statt.

§ **47.** Durch das Gesuch um Wiedereinsetzung in den vorigen Stand wird die Vollstreckung einer gerichtlichen Entscheidung nicht gehemmt.

Das Gericht kann jedoch einen Aufschub der Vollstreckung anordnen.

6. Abschnitt. Zeugen.*)

§ **48.** Die Ladung der Zeugen geschieht unter Hinweis auf die gesetzlichen Folgen des Ausbleibens.[88])

5/2 84, E 10, 74; Beschl 1/7 86, R 8, 508; es sei denn, daß die Versäumung der Frist lediglich auf ein von dem Verteidiger nicht zu vertretendes Verschulden seines Geschäftspersonals zurückzuführen ist. Beschl 4/2 02, E 35, 109. Auch der Umstand endlich, daß das Urteil dem Angekl. persönlich zugestellt ist, trotzdem er einen Verteidiger zur Empfangnahme der Urteilsausfertigung ermächtigt und die Zustellung an diesen speziell beantragt hatte, kann als unabwendbarer Zufall nicht angesehen werden. Beschl 8/1 84, R 6, 32. Vgl. Beschl 10/3 82, E 6, 93 u. 13/3 06, DR 10, 454.

86) Wegen der Glaubhaftmachung s. oben A. 54 zu § 26. Glaubhaftmachung durch eidesstattl. Versicherung des Beschuldigten ist unzulässig. U 11/4 22, E 57, 53. Auch eine jede innerhalb der neuen Frist bei Gericht angebrachte Revisionsbegründung (§ 345 Abs. 1) ist als rechtzeitig anzusehen. U 28/4 24, E 58, 156.

87) Über die Wiedereinsetzungsgesuche bei verspätet eingelegter Revision entscheidet also das Revisionsgericht. Beschl 12/11 86, R 8, 704. Vgl. Beschl 24/9 07, E 40, 272 (Rechtskraft des von einem unzuständigen Gericht erlassenen Beschlusses).

*) Abgesehen von der im § 54 enthaltenen beschränkten Ausnahme ist nach der StPO niemand unfähig, als Zeuge vernommen zu werden. Nur die allgemeine Eidesfähigkeit ist im § 57 beschränkt.

Die Ladung eines Soldaten[89]) als Zeugen erfolgt durch Ersuchen der Militärbehörde.

§ **49.** Der Reichspräsident und der Präsident eines deutschen Landes sind in ihrer Wohnung zu vernehmen. Zur Hauptverhandlung werden sie nicht geladen. Das Protokoll über ihre gerichtliche Vernehmung ist in der Hauptverhandlung zu verlesen.

§ **50 (49)**[90]). Die Mitglieder der Reichsregierung oder einer Landesregierung sind an ihrem Amtssitz[91]) oder, wenn sie sich außerhalb ihres Amtssitzes aufhalten, an ihrem Aufenthaltsorte zu vernehmen.

Die Mitglieder des Reichsrats oder des Staatsrats eines deutschen Landes sind während ihres Aufenthalts

---

Auch die Ehefrau oder der Sohn des Beschuldigten können deshalb als Zeugen vernommen werden; ihre Vernehmung darf nicht deshalb, weil sie verdächtig seien, abgelehnt werden. U 17/11 80, R 2, 523. U 30/11 80, R 2, 588. Desgl. kann der Dolmetscher Zeuge sein. U 12/12 11, E 45, 304. Nur der Angeklagte kann in derselben Sache nicht zugleich als Zeuge vernommen werden, und zwar auch nicht gegen einen Mitangeklagten, selbst wenn seine Vernehmung Tatsachen betreffen soll, in Ansehung deren eine Beschuldigung gegen ihn selbst nicht erhoben ist. U 9/5 82, E 6, 279. Wohl aber kann ein Mitbeschuldigter, gegen welchen das Hauptverfahren noch nicht eröffnet ist, in dem Hauptverfahren gegen einen anderen Mitbeschuldigten als Zeuge vernommen werden. U 11/8 83, R 5, 528. U 27/6 93, G 41, 147. Wegen Vernehmung des in der Hauptverhandlung fungierenden Staatsanwalts als Zeugen s. U 11/12 96, E 29, 236 und wegen solcher Vernehmung der in der Hauptverhandlung auftretenden Einziehungsbeteiligten U 2/5 12, E 46, 88.

Taubstumme, welche des Lesens und Schreibens sowie der Zeichensprache des Dolmetschers unkundig sind und deshalb nicht vernommen und nicht beeidigt werden können, sind zwar keine Zeugen im technischen Sinne, ihre mimische Darstellung der von ihnen wahrgenommenen Vorgänge kann jedoch neben anderen Beweisgründen dem Urteil zugrunde gelegt werden. U 15/10, 00, E 33, 403.

Vernehmung von „Auskunftspersonen" kennt die StPO nicht. U 1/3 09, E 42, 219.

88) Die gesetzlichen Folgen des Ausbleibens s. im § 51. Vgl. auch §§ 377, 378 ZPO.

89) Nach § 1 des Reichswehrgesetzes v. 23/3 21 (RGBl S. 329) 18/6 21 (RGBl S. 787) gehören zu den Soldaten die Offiziere aller Gattungen, die Deckoffiziere, Unteroffiziere und Mannschaften.

90) Vgl. § 382 ZPO. Die Bestimmungen des § 50 gelten für alle Vernehmungen ohne Unterschied der Prozeßlage. Die kommissarische

am Sitze des Reichsrats oder des Staatsrats an diesem Sitze, und die Mitglieder des Reichstags, des Reichswirtschaftsrats oder eines Landtags während der Tagung[92]) und ihres Aufenthalts am Orte der Versammlung an diesem Orte zu vernehmen.

Zu einer Abweichung von den vorstehenden Bestimmungen bedarf es:

für die Mitglieder der Reichsregierung der Genehmigung der Reichsregierung,

für die Mitglieder einer Landesregierung der Genehmigung der Landesregierung,

für die Mitglieder des Reichstags, des Reichsrats, des Reichswirtschaftsrats, eines Landtags oder eines Staatsrats der Genehmigung dieser Versammlungen.

§ 51 (50). Ein ordnungsmäßig geladener Zeuge, welcher nicht erscheint,[93]) ist in die durch das Ausbleiben verursachten Kosten, sowie zu einer Ordnungsstrafe in Geld und für den Fall, daß diese nicht beigetrieben werden kann, zur Strafe der Haft bis zu sechs Wochen zu verurteilen. Auch ist die zwangsweise Vorführung des Zeugen zulässig. Im Falle wiederholten Ausbleibens kann die Strafe noch einmal erkannt werden.

Die Verurteilung in Strafe und Kosten unterbleibt, wenn das Ausbleiben des Zeugen genügend entschuldigt ist. Erfolgt nachträglich genügende Entschuldigung, so werden die gegen den Zeugen getroffenen Anordnungen wieder aufgehoben.[94])

Vernehmung und somit die Verlesung des Vernehmungsprotokolls soll die Vernehmung im Hauptverfahren ersetzen. Die Verlesung ist also nicht dadurch bedingt, daß zuvor die im Abs. 3 gedachte Genehmigung nachgesucht und verweigert ist. U 24/11 94, E 26, 253.

91) Amtssitz d. h. dienstlicher Wohnsitz.

92) Unter dem Ausdruck „Sitzungsperiode" der früheren Fassung dieses § ist die Zeit der ruhenden Tätigkeit des Landtages während seiner Vertagung nicht mitverstanden. U 24/11 94, E 26, 253.

93) oder sich ohne Erlaubnis vom Orte der Vernehmung (Gerichtsstelle) entfernt. Vgl. § 248.

94) Wegen des Vorschützens unwahrer Tatsachen als Entschuldigung s. § 138 StGB.

Die Befugnis zu diesen Maßregeln steht auch[95]) dem Untersuchungsrichter, dem Amtsrichter im Vorverfahren, sowie dem beauftragten und ersuchten Richter zu.[96])

Angehörige der Reichswehr werden durch die Militärbehörde vorgeführt.

§ 52 (51).[97]) Zur Verweigerung des Zeugnisses sind berechtigt:

1. der Verlobte[98]) des Beschuldigten;[99])

---

95) „auch" d. h. außer den beschließenden und erkennenden Schöffen-, Land- und Schwurgerichten. U 22/11 83, E 9, 434.

96) Dagegen ist der Staatsanwaltschaft oder den Polizeibehörden die Befugnis zu diesen Maßregeln gegen Zeugen, welche auf ihrerseits ergangene Ladung vor ihnen nicht erscheinen, nicht gegeben. U 22/11 83, E 9, 434. Vgl. jedoch A. 97 zu § 161.

97) Vgl. § 383 Nr. 1—3 ZPO. — Die StPO hat die Berechtigung zur Verweigerung des Zeugnisses in den §§ 52, 53 erschöpfend behandelt. Es bestehen daher nur die von ihr selbst vorgesehenen Ausnahmen von der allgemeinen, jedermann obliegenden Zeugnispflicht. Insbesondere hat auch der Wähler trotz der Geheimheit der Wahl kein Recht, die Namhaftmachung des von ihm Gewählten als Zeuge vor Gericht zu verweigern. Ebensowenig kann der Absender oder Empfänger eines Briefes aus dem gesetzlichen Schutz des Briefgeheimnisses ein Recht herleiten, als Zeuge Auskunft über den Inhalt des Briefes zu verweigern. U 7/7 84, R 6, 517. Andrerseits beschränkt sich das Zeugnisverweigerungsrecht eines Angehörigen nicht auf die Aussage gegen den Angekl., mit dem er verwandt ist. U 11/10 83, R 5, 600; U 11/9 24, JW 54, 370. — Wegen der Beeidigung der im § 52 gedachten Personen s. § 58.

98) Die Entscheidung darüber, ob ein Ablehnungsrecht auf Grund eines Verlöbnisses gegeben ist, gebührt dem Gericht. Die Notwendigkeit einer solchen Entscheidung wird jedoch erst dann eintreten, wenn entweder sie ausdrücklich verlangt wird oder die Zweifelhaftigkeit des Falles sie erheischt (bloßes Liebesverhältnis). U 10/7 80, R 2, 182. Im übrigen ist der Ausdruck Verlobte nicht in dem juristisch technischen Sinne zu verstehen, daß darunter nur die Personen fallen, welche ein nach den geltenden landesgesetzlichen Zivilrechtsnormen gültiges Verlöbnis geschlossen haben, sondern es werden damit die Personen bezeichnet, welche sich gegenseitig ein ernstlich gemeintes Eheversprechen gegeben haben. U 28/1 84, E 10, 117; R 6, 50. U 14/2 87, R 9, 130. U 30/12 01, E 35, 49. Das Ehehindernis des Ehebruchs (§ 1312 BGB) schließt ein Verlöbnis selbst bei schon erfolgter Ablehnung eines Befreiungsgesuchs nicht aus. U 7/12 07, E 40, 420. U 1/5 09, G 56, 318. Ein Verlöbnis i. S. § 52 Nr. 1 kann jedoch als bestehend nicht anerkannt werden, wenn einer der Beteiligten noch

2. der Ehegatte des Beschuldigten, auch wenn die Ehe nicht mehr besteht;[100])
3. wer mit dem Beschuldigten[1]) in gerader Linie verwandt, verschwägert[2]) oder durch Annahme

verheiratet ist, selbst wenn eine Heirat nach erfolgter Scheidung vereinbart ist. U 22/3 07, DR 11, 588. Auch ein bedingtes Eheversprechen begründet kein Verlöbnis. U 24/4 02, G 49, 266. In allen Fällen muß übrigens das Verlobungsverhältnis zur Zeit der Zeugnisablegung noch bestehen. U 9/5 98, E 31, 142.

99) Als Beschuldigter i. S. § 52 ist je nach der Lage des Verfahrens derjenige anzusehen, gegen den als Verdächtigen das Ermittlungsverfahren schwebt oder derjenige, gegen welchen die öffentl. Klage erhoben oder endlich nur derjenige, gegen den die Eröffnung des Hauptverfahrens bereits beschlossen ist. U 23/8 97, G 45, 366. Bei Anwendung des § 52 auf eine Mehrzahl von Beschuldigten kommt es darauf an, daß eine materielle Gleichheit der Straftat und zugleich eine prozessuale Gemeinsamkeit der Anschuldigung im weiteren Sinne in irgendeinem Prozeßstadium vorliegt. Ist beides der Fall, dann ist es für die fortdauernde Eigenschaft als Mitbeschuldigte gleichgültig, ob derselbe Prozeß sie gleichzeitig und gleichmäßig umfaßt, ob die einen von ihnen in einem früheren, die anderen in einem späteren Prozeßabschnitt zur Aburteilung gelangen und ob die einen Beschuldigten schon rechtskräftig verurteilt sind, während gegen die anderen erst am Schlusse verhandelt wird. U 29/5 95, E 27, 270. U 2/3 99, E 32, 72. U 6/7 00, E 33, 350. Vgl. U 24/10 80, E 3, 161. U 11/10 83, R 5, 599. U 12/2 80, E 1, 207. U 29/12 83, R 5, 809. U 24/6 87, E 16, 154. U 24/1 88, R 10, 59. U 8/7 02, G 49, 281. U 9/5 05, DR 9, 318. U 6/11 05, DR 9, 653.

100) Der Ehegatte des Beschuldigten ist zur Zeugnisverweigerung schlechthin, nicht nur betr. gewisser Gegenstände (§ 53), berechtigt. U 30/11 80, R 2, 588. Die im § 52 Abs. 2 vorgeschriebene Rechtsbelehrung muß auch stattfinden, wenn die Ehefrau des Angekl., mit welcher er in Doppelehe lebt, als Zeugin vernommen werden soll. U 28/6 88, E 18, 42. Vgl. U 21/2 08, E 41, 113. Gleichgültig ist es auch, ob die Ehe für nichtig erklärt ist. U 12/2 07, DR 11, 323, G 54, 294.

1) Die Verwandtschaft muß mit dem Beschuldigten bestehen. Der Umstand, daß ein Zeuge wegen Verdachts der Teilnahme unbeeidigt bleibt, berechtigt dessen Angehörige in der gleichen Untersuchung noch nicht zur Verweigerung des Zeugnisses, solange nicht das eingeleitete Strafverfahren den betr. Verwandten mitumfaßt und gegen ihn, wenn auch nur während eines Teiles des Verfahrens, mitgerichtet ist. U 10/11 02, DR 6, 619.

2) Als Schwägerschaftsverhältnis ist nur das zwischen einem Ehegatten und den Blutsverwandten des anderen Ehegatten, nicht aber das zwischen einem Ehegatten und dem Ehegatten des Bluts-

an Kindes Statt verbunden,[3]) oder in der Seitenlinie[4]) bis zum dritten Grade verwandt oder bis zum zweiten Grade verschwägert ist, auch wenn die Ehe, durch welche die Schwägerschaft begründet ist, nicht mehr besteht.[5])

Die bezeichneten Personen[6]) sind vor jeder Vernehmung[7]) über ihr Recht zur Verweigerung des Zeugnisses

---

verwandten des anderen Ehegatten (Ehemänner zweier Schwestern) bestehende Verhältnis anzusehen. U 13/12 86, E 15, 78. U 6/2 03, DR 7, 162. Das Verhältnis der Schwägerschaft erlischt nicht durch Endigung der es begründenden Ehe (Tod des betr. Ehegatten). U 1/12 81, E 5, 200. U 7/4 80, R 1, 548. Auch durch Doppelehe wird Schwägerschaft begründet, U 21/2 08, E 41, 113. Die Vorschrift des § 1589 Abs. 2 BGB, wonach ein uneheliches Kind und sein Erzeuger nicht als verwandt gelten, ist nach Art. 33 EGBGB in strafprozessualer Beziehung maßgebend. U 21/2 08, E 41, 115; U 2/10 22, DR 27, 405.

3) Die Annahme an Kindes Statt begründet das Zeugnisverweigerungsrecht nur dann, wenn sie in gerader Linie vorliegt. Das Verhältnis des einen Ehegatten zu dem Adoptivkinde des anderen fällt nicht unter § 52 Nr. 3 und ist auch kein Verschwägertsein. U 4/5 97, E 30, 75. U 9/4 07, G 54, 305.

4) Der Ausdruck Seitenlinie umfaßt alle diejenigen Blutsgenossen, also Verwandte, welche nicht zur auf- oder absteigenden Linie gehören. U 17/4 85, E 12, 143. Vgl. auch hierzu jetzt Art. 33 EG z. BGB und §§ 1589, 1590, 1705 BGB.

5) Bei den im § 52 bezeichneten nahen Blutsverwandten des Angekl. bleibt das Recht der Zeugnisverweigerung auch noch nach dessen Tode fortbestehen. U 6/7 00, E 33, 350. Der Umstand, daß das Gericht der falschen Angabe eines Zeugen, er sei mit dem Beschuldigten in einer Weise verwandt, daß er nach § 52 Nr. 3 zur Zeugnisverweigerung berechtigt wäre, Glauben geschenkt hat, kann, wenn der Beschuldigte eine Einwendung nicht erhoben hat, die Revision nicht begründen. U 2/7 80, R 2, 156; dagegen U 8/15 Mai 99, E 32, 157; vgl. auch U 14/2 87, R 9, 129.

6) Nur die im § 52 bezeichneten, als Zeugen zu vernehmenden Personen, nicht auch die nach § 55 zur Verweigerung einer Auskunft berechtigten Zeugen müssen über das Recht der Zeugnisverweigerung belehrt werden. U 31/5 81, R 3, 350. Auch auf die Beschuldigten und Mitangeklagten bezieht sich die Vorschrift des § 52 Abs. 2 nicht. U 4/5 97, G 45, 290.

7) Die Vorschrift des § 52 bezieht sich nicht auf polizeiliche, sondern nur auf gerichtliche Vernehmungen. U 28/6 86, R 8, 502. U 8/12 96, G 44, 379. U 8/4 02, DR 6, 245. Hier muß die Belehrung aber vor jeder Vernehmung und insbesondere auch dann, wenn sie bereits

zu belehren.[8]) Sie können den Verzicht auf dieses Recht[9]) auch während der Vernehmung widerrufen.[10])

---

in der Voruntersuchung stattgefunden hatte, trotz eines damals erklärten Verzichtes auf das Recht der Zeugnisverweigerung nochmals bei der Hauptverhandlung erfolgen. U 5/7 80, E 2, 192. Ob die Belehrung vor oder nach der Stellung der Personal- und Generalfragen erfolgt, ist belanglos, U 25/9 88, R 10, 516, wenn sie nur mindestens vor der Vernehmung zur Sache erfolgt. U 19/1 92, G 39, 419. Erfolgt sie erst während der Vernehmung zur Sache, so ist es empfehlenswert, die Vernehmung ganz von neuem vorzunehmen. U 16/4 94, E 25, 262. Jedenfalls ist es nicht erforderlich, daß die Belehrung unmittelbar vor der Vernehmung des Zeugen geschieht, U 12/2 83, R 5, 99, so daß z. B. eine am ersten Tage einer mehrtägigen Verhandlung erfolgte Belehrung eines Zeugen sich auch auf die Vernehmung an einem folgenden Verhandlungstage erstreckt, es sei denn, daß der Zeuge nach seiner ersten Vernehmung förmlich entlassen und später zu nochmaliger Vernehmung wieder geladen wird. U 17/9 85, E 12,403.

8) Das Erfordernis der Belehrung erstreckt sich auch auf diejenigen Personen, welche nach § 57 uneidlich zu vernehmen sind, namentlich also auch auf die, welche zur Zeit der Vernehmung das 16. Lebensjahr noch nicht vollendet haben. U 7/9 80, E 2, 228 u. U 17/9 85, R 7, 512. Wenn diese letztgedachten Personen über ihr Recht belehrt sind und nicht erklärt haben, von dem Rechte Gebrauch machen zu wollen, so müssen sie auch vernommen werden. Die Annahme des Gerichts, daß sie noch zu unentwickelt seien, um ein Verständnis über ihre Berechtigung zu haben, kann die Abstandnahme von der Vernehmung nicht rechtfertigen. U 14/7 81, E 4, 398. Der Umstand, daß das Gericht von dem Verwandtschaftsverhältnisse keine Kenntnis hatte, kann nicht in Betracht kommen, weil § 52 die Pflicht zur Belehrung nur von dem Bestehen eines der dort bezeichneten Verhältnisse abhängig macht, und das Gesetz selbst im § 68 den Weg zur Erforschung dieser Verhältnisse weist. U 2/6 85, R 7, 346.

Die erfolgte Belehrung muß durch das Protokoll beurkundet werden. U 20/9 80, R 2, 217. U 19/4 83, R 5, 266.

Die Unterlassung der Belehrung kann die Revision nur dann begründen, wenn das Urteil darauf beruht. U 5/7 80, E 2, 192. U 20/9 80, R 2, 217. U 2/12 02, DJZ 8, 62. Ob letzteres der Fall, ist in jeder einzelnen Sache nach den besonderen Umständen zu prüfen. U 7/9 80, E 2, 229. Vgl. U 2/6 85, R 7, 346, U 4/1 84, E 9, 385 und insbesondere U 3/10 87, E 16, 214, wo ausgeführt wird, daß die Pflicht des Richters zur Belehrung überhaupt auf den Fall beschränkt sei, daß eine besondere Veranlassung zu derselben für ihn vorlag, daß ihm also namentlich die verwandtschaftlichen Beziehungen des zu vernehmenden Zeugen zu dem Beschuldigten bekannt waren oder ihm nach den Akten bekannt sein mußten. Eine besondere förmliche Belehrung kann insbe-

§ 53 (52). Zur Verweigerung des Zeugnisses[11]) sind ferner berechtigt:

1. Geistliche über das, was ihnen bei Ausübung der Seelsorge anvertraut ist;[12])
2. Verteidiger des Beschuldigten über das, was ihnen in dieser ihrer Eigenschaft anvertraut ist;[13])

---

sondere unterbleiben, wenn die zur Zeugnisverweigerung berechtigte Person aus freiem Antriebe die Erklärung abgegeben hat, daß sie von ihrem Zeugnisverweigerungsrechte Gebrauch machen oder hierauf verzichten wolle. U 3/4 02, DR 6, 329. U 1/10 03, DR 7, 532. Vgl. U 19/1 97, E 29, 351 (Unterlassung der Belehrung, wenn sich das Zeugnisverweigerungsrecht erst nach Beginn der Vernehmung ergibt). Andererseits kann die Revision wirksam darauf gegründet werden, daß ein zur Hauptverhandlung vorgeladener und erschienener Zeuge, der auf Grund von ihm gemachter unrichtiger Angaben über sein Recht zur Zeugnisverweigerung vom Richter irrigerweise belehrt wurde, das Zeugnis verweigert hat und unvernommen geblieben ist. U 8/15. Mai 99, E 32, 157.

Jedenfalls ist aber die Aussage eines über sein Zeugnisverweigerungsrecht nicht belehrten Zeugen ein unstatthaftes Beweismittel; das Protokoll, welches diese Aussage enthält, darf also auch in der Hauptverhandlung nicht verlesen werden, und ebensowenig dürfen über den Inhalt dieser Aussage die beteiligten Gerichtspersonen (Urkundspersonen) vernommen werden. U 5/2 83, E 8, 122. U 19/4 83, R 5, 266.

9) Eines ausdrücklichen Verzichtes auf das Zeugnisverweigerungsrecht bedarf es nicht; es reicht mithin aus, wenn aus dem Hergange selbst erhellt, daß der Zeuge sein Recht nicht gebrauchen wolle, wenn er sich also trotz erfolgter Belehrung zur Sache ausläßt. U 28/1 81, E 3, 325.

10) Der Schlußsatz des § 52 bedeutet nur, daß der Zeuge mit seiner Bereitwilligkeit zur Vernehmung sein Recht zur Verweigerung des Zeugnisses nicht verliert, letzteres vielmehr noch zu jeder Zeit vor Beendigung der Vernehmung geltend machen darf. U 14/7 81, E 4, 398.

Andererseits kann ein Zeuge, welcher vom Rechte der Verweigerung des Zeugnisses Gebrauch machen zu wollen erklärt hat, doch noch vernommen werden, wenn er hinterher Verzicht auf dieses Recht leistet. U 7/5 80, E 2, 53. U 17/3 u. 2/5 84, R 6, 210 u. 337.

11) Das Recht der Zeugnisverweigerung enthebt die im § 52 bezeichneten Personen nicht von der Verpflichtung, als Gegenstand eines Augenscheins zu dienen und sich einer körperlichen Untersuchung zu unterwerfen. U 8/7 89, E 19, 364.

12) Vgl. U 26/6 08, G 55, 325 (nicht nur auf Mitteilungen des Beichtkindes beschränkt).

13) Hieraus folgt, daß der Verteidiger — wenigstens soweit es sich nicht um eine notwendige Verteidigung handelt — grundsätzlich als Zeuge vernommen werden kann. U 20/10 91, G 39, 312.

3. Rechtsanwälte[14]) und Ärzte[15]) über das, was ihnen bei Ausübung ihres Berufs anvertraut ist.

Die unter Nr. 2, 3 bezeichneten Personen dürfen das Zeugnis nicht verweigern, wenn sie von der Verpflichtung zur Verschwiegenheit entbunden sind.

§ 54 (53).[16]) Öffentliche Beamte, auch wenn sie nicht mehr im Dienste sind, dürfen über Umstände, auf welche sich ihre Pflicht zur Amtsverschwiegenheit bezieht, als Zeugen nur mit Genehmigung ihrer vorgesetzten Dienstbehörde oder der ihnen zuletzt vorgesetzt gewesenen Dienstbehörde vernommen werden. Für die Mitglieder der Reichsregierung bedarf es der Genehmigung der Reichsregierung, für die Mitglieder einer Landesregierung der Genehmigung der Landesregierung.

Die Genehmigung darf nur versagt werden, wenn die Ablegung des Zeugnisses dem Wohle des Reichs oder eines deutschen Landes Nachteil bereiten würde.[17])

---

14) Auch wenn nicht vom Auftraggeber anvertraute Dinge in Frage stehen. U 19/12 11, DJZ 17, 516.

15) Die Vernehmung eines behandelnden Arztes ist von vorgängiger Entbindung desselben von der Verpflichtung zur Amtsverschwiegenheit seitens des Patienten nicht abhängig; es ist vielmehr dem Ermessen des Arztes im einzelnen Fall anheimgestellt; ob und in welchem Umfang (U 16/5 14, E 48, 269) er dem Richter die gewünschte Aufklärung geben zu dürfen glaubt oder nicht. U 8/7 89, E 19, 364. Er darf sie verweigern nicht nur über das ihm bei Ausübung seines Berufs von Person zu Person Anvertraute, sondern auch über andere dabei infolge seiner Zuziehung als Arzt gemachte Wahrnehmungen. U 8/10 09, G 57, 207. Falsche Belehrung des Arztes über das Zeugnisverweigerungsrecht seitens des Vorsitzenden gibt dem Angekl. keinen Revisionsgrund. U 16/5 14, E 48, 269. Mit der zulässigen Erklärung des Widerrufs einer bereits abgegebenen Entbindungserklärung erlischt die unbedingte Zeugnispflicht des Arztes. U 12/5 22, E 57, 66.

16) Wegen der Reichsbeamten s. §§ 11, 12 Reichsbeamtenges v. 31/3 73 in der Fassung der Bekanntmachung v. 18/5 07 (RGBl S. 245). Wegen der Mitglieder des Reichstags und der Landtage s. Art. 38 der Reichsverfassung v. 11/8 19.

17) Ob die Umstände solche sind, auf welche sich die Pflicht zur Amtsverschwiegenheit bezieht, und ob und in welchem Umfange die Voraussetzungen der Versagung der Genehmigung i. S. § 54 gegeben sind, muß zunächst der Beamte selbst ermessen und im Zweifelsfalle die vorgesetzte Dienstbehörde entscheiden. Der Ausspruch der letz-

Der Reichspräsident und der Präsident eines deutschen Landes können unter der Voraussetzung des Abs. 2 das Zeugnis verweigern. Dies gilt auch für einen früheren Präsidenten, soweit es sich um Tatsachen handelt, die sich während seiner Amtsführung ereignet haben, oder die ihm infolge seiner Amtsführung bekannt geworden sind.

§ **55 (54).** Jeder Zeuge kann die Auskunft auf solche Fragen verweigern, deren Beantwortung ihm selbst oder einem der im § 52 Nr. 1—3 bezeichneten Angehörigen die Gefahr strafgerichtlicher Verfolgung zuziehen würde.[18])

---

teren ist in dieser Beziehung für den Richter maßgebend. Die Versagung der Genehmigung kann auf bestimmte Umstände beschränkt werden, deren Bekanntgabe nach Ansicht der vorgesetzten Dienstbehörde das Wohl des Reiches oder eines Bundesstaates gefährden würde. Ob die Beantwortung einer einzelnen Frage unter den von der vorgesetzten Behörde gemachten Vorbehalt falle, ist Sache tatsächlicher Würdigung, welche sich, insofern nicht ein in der Mitte liegender Rechtsirrtum erkennbar ist, der Nachprüfung des Revisionsgerichts entzieht. U 18/9 82, E 7, 74. Vgl. den Sonderfall im U 13/12 86, E 15, 85 (Eröffnungen des vorgesetzten Ministers an einen Beamten über dessen durch Königl. Befehl angeordnete Versetzung).

Eine Belehrung oder auch nur ein Hinweis des Beamten auf seine Pflicht zur Amtsverschwiegenheit ist nicht vorgeschrieben, aber auch nicht verboten. U 30/11 85, E 13, 154. Vor der Beschlußfassung über eine an den Beamten als Zeugen zu stellende, vom Gericht für erheblich erachtete Frage muß jedenfalls zunächst aufgeklärt werden, ob sich der Zeuge überhaupt auf das Dienstgeheimnis berufen will und bejahendenfalls, ob ihm nicht seine vorgesetzte Dienstbehörde ihre Genehmigung zur Beantwortung der streitigen Frage erteilt. U 11/4 01, G 48, 296. Vgl. U 5/5 01, G 49, 269 (Zulässigkeit einer Beschwerde des Angekl. zur Herbeiführung einer Abänderung des Bescheides seiner Dienstbehörde). Vernehmung eines Beamten ohne die im § 54 vorgesehene Genehmigung ist kein Revisionsgrund, U 9/12 13, E 48, 38; ebensowenig die Verletzung des § 54 Abs. 2 seitens der Dienstbehörde (Angabe eines unstatthaften Grundes für die Versagung). U 3/2 11, E 44, 291.

18) Die Auskunftsverweigerung kann sich gegebenenfalls auch über den Umfang einzelner Fragen hinaus auf das ganze Zeugnis beziehen. Hierüber, sowie über das Vorhandensein einer Gefahr strafgerichtlicher Verfolgung entscheidet das Ermessen des Gerichts. U 9/10 80 R 2, 305. U 24/4 91, G 39, 214. Im übrigen darf das Recht, gemäß § 55 die Auskunft zu verweigern, nicht durch Verschweigung einzelner Tatumstände, sondern nur durch ausdrückliche Verweigerung der Auskunft ausgeübt werden. Der Richter hat alsdann nicht nur die Befugnis, über Grund oder Ungrund der Verweigerung zu beschließen,

§ 56 (55). Die Tatsache, auf welche der Zeuge die Verweigerung des Zeugnisses in den Fällen der §§ 52, 53, 55 stützt, ist auf Verlangen[19]) glaubhaft zu machen. Es genügt die eidliche Versicherung des Zeugen.[20])

§ 57 (56). Unbeeidigt sind zu vernehmen:[21])

---

sondern auch Veranlassung, die Glaubwürdigkeit des Zeugen und das Gewicht der Aussage gegenüber jener Verweigerung besonders in Betracht zu ziehen. U 21/5 83, R 5, 372. Vgl. U 12/2 81, R 3, 42. Über die Wirkung nachträglicher Verweigerung seitens eines bereits vernommenen Zeugen s. U 5/7 10, E 44, 44. U 18/9 14, G 62, 319. — Eine Belehrung des Zeugen über sein Auskunftsverweigerungsrecht ist nicht erforderlich. U 28/2 84, E 10, 154. U 10/10 84, R 6, 617. U 21/3 95, G 43, 52. Eine etwaige falsche Belehrung begründet die Revision nur, wenn sie dahin geht, daß ein Verweigerungsrecht bestehe. U 12/1 06, E 38, 320. U 25/6 09, DR 13, 2761. Im übrigen begründet § 55 nur ein Recht des Zeugen, von dem derselbe nach seinem Ermessen Gebrauch machen kann oder nicht. Das Gericht darf die im § 55 gedachten Fragen nicht schon wegen der Möglichkeit, daß der Zeuge die Auskunft verweigern könnte, von vornherein abschneiden, und darf deshalb z. B. eine solche vom Verteidiger an den Zeugen gerichtete Frage durch Gerichtsbeschluß nicht zurückweisen, ohne den Zeugen darüber zu hören, ob er die Frage beantworten will. U 17/1 84, E 9, 426.

19) Auf Verlangen d. h. also nur nach dem Ermessen des Gerichts. U 9/10 80, R 2, 305.

20) Der Umstand, daß das Gericht der falschen Angabe (Versicherung) eines Zeugen, er sei auf Grund der §§ 52, 53, 55 zur Zeugnisverweigerung berechtigt, Glauben geschenkt und demgemäß verfahren hat, kann, auch wenn der Beschuldigte keine Einwendung erhoben hat, die Revision begründen, vgl. § 52 A 5.

21) Die Entscheidung über die Nichtbeeidigung liegt zunächst in der Hand des Vorsitzenden; ein Gerichtsbeschluß wird erst dann erforderlich, wenn die von ihm getroffene Anordnung von einem der Beteiligten oder aus der Mitte des Gerichts beanstandet wird. U 6/11 99, E 32, 339. Der Grund der unterlassenen Beeidigung muß in der Hauptverhandlung angegeben werden. U 22/6 06, DR 10, 947. — Grundsätzlich muß wenigstens im Hauptverfahren jeder Zeuge beeidigt werden, insofern nicht nach den §§ 57, 58 ein gesetzlicher Grund vorliegt, aus dem der Zeuge unbeeidigt bleiben muß oder unbeeidigt bleiben darf. U 27/2 85, R 7, 148. Die Beeidigung muß unabhängig von einem Antrag der Prozeßbeteiligten erfolgen; auch ein Verzicht der letzteren auf die Beeidigung kann die Unterlassung derselben nicht rechtfertigen. U 25/2 80, R 1, 398. Insbesondere darf die Beeidigung auch nicht aus dem Grunde unterbleiben, weil dem Zeugen auch ohne die Beeidigung unbedingt Glauben zu schenken sei. U 16/2 80, R 1, 359. Desgl. nicht, weil das

1. Personen, welche zur Zeit der Vernehmung das sechzehnte Lebensjahr noch nicht vollendet[22]) oder wegen mangelnder Verstandesreife oder wegen Verstandesschwäche[23]) von dem Wesen und der Be-

---

Gericht das Nachsprechen der Eidesformel oder das Ablesen der niedergeschriebenen Eidesformel nicht ermöglichen zu können annimmt, da in solchem Falle ein Dolmetscher zugezogen werden muß. U 27/2 85, R 7, 148. Das erkennende Gericht muß deshab bei Nichtbeeidigung eines Zeugen dieselbe stets in der Hauptverhandlung, und zwar vor dem Schluß der Beweisverhandlungen ausdrücklich beschließen und durch Angabe eines dem Gesetz entsprechenden Grundes rechtfertigen. Nachträgliche Anführung dieses Grundes in den Urteilsgründen genügt nicht. U 10/11 80, R 2, 489. U 21/4 93, E 24, 130. U 22/6 06, DR 10, 947. Dies gilt auch für den Fall eines nur „fürsorglich" (hilfsweise) gestellten Antrags aus § 57 Nr. 3. U 16/2 23, E 57, 262; anders liegt der Fall U 4/11, 24, E 58, 371. Ein bloßer Hinweis auf § 57 ist der Regel nach keine ausreichende Begründung; es muß vielmehr aus der Begründung der Nichtbeeidigung zu erkennen sein, daß eine derjenigen tatsächlichen Voraussetzungen angenommen worden ist, unter denen die Beeidigung des Zeugen nicht stattfinden soll. U 18/6 81, E 4, 324. Nur dann kann ausnahmsweise eine allgemeine Bezugnahme auf § 57 genügen, wenn sie keinen Zweifel darüber läßt, aus welchem der dort angeführten Gründe die Beeidigung unterblieben ist, U 11/3 82, R 4, 237; zB. wenn bei Nichtbeeidigung eines Zeugen auf Grund des § 57 Nr. 3 dem Angekl. schon bei Eintritt in die Hauptverhandlung bekannt war, daß dieser Zeuge wegen der den Gegenstand der Untersuchung bildenden Tat bereits verurteilt war. U 21/4 93, E 24, 130; vgl. auch U 9/4 23, JW 53, 313[24]. — Ein Urteil, welches auf einer Zeugenaussage beruht, die ohne gesetzl. Grund unbeeidigt geblieben ist, unterliegt der Anfechtung durch die Revision, U 21/4 80, R 1, 631, und zwar auch dann, wenn z. B. die Unterlassung der Beeidigung nur die Folge einer irrigen Annahme des Gerichts ist, daß der Zeuge das 16. Lebensjahr noch nicht vollendet habe. U 5/12 89, E 20, 163. Andererseits gibt die Beeidigung eines Zeugen, welcher nach § 57 unbeeidigt vernommen werden soll, nur dann einen Revisionsgrund ab, wenn das Urteil ausdrücklich auf diese Beeidigung begründet wird. U 16/2 82, R 5, 122. U 11/4 82, E 6, 155. U 6/2 85, R 7, 89. (Das Urteil muß das Vorhandensein des gesetzlichen Mangels und das Bewußtsein des Gerichts von diesem Mangel dartun und auch ersehen lassen, daß die Aussage des Zeugen nur als eine unbeeidete für den Beweis hat verwendet werden sollen und verwendet worden ist).

22) Die Eidesmündigkeit tritt mit dem Beginn des 17. Geburtstages ein. U 25/5 91, E 22, 29.

23) Der Mangel einer genügenden Vorstellung von dem Wesen und der Bedeutung des Eides muß auf mangelnder Verstandes-

deutung des Eides keine genügende Vorstellung haben;[24])

2. Personen, welche nach den Bestimmungen der Strafgesetze unfähig sind, als Zeugen eidlich vernommen zu werden;[25])

3. Personen, welche hinsichtlich der den Gegenstand der Untersuchung[26]) bildenden Tat[27]) als Teil-

---

reife oder auf Verstandesschwäche beruhen. Ob der eine oder der andere dieser Gründe vorliegt, muß in dem die Nichtbeeidigung anordnenden Beschlusse zum Ausdruck gebracht werden. Eine Ausdehnung auf andere Gründe ist unstatthaft. U 13/7 03, G 50, 398. Insbesondere genügt bloße Gedächtnisschwäche nicht, um die Nichtbeeidigung zu rechtfertigen. U 5/11 90, E 20, 60; desgl. nicht Trunkenheit. U 10/6 01, E 34, 283; auch nicht Zweifel an genügender Verstandesreife. U 21/8 13, E 47, 297. Geisteskranke können als Zeugen vernommen und auch beeidigt werden, sofern sie eine genügende Vorstellung von dem Wesen und der Bedeutung des Eides besitzen. Die Bestimmung des § 251 Abs. 1 steht dem nicht entgegen. U 9/10 00, E 33, 393.

24) Die Entscheidung über die Eidesfähigkeit liegt dem Richter ob, welcher zur Vernehmung des Zeugen berufen ist, im Falle der kommissarischen Vernehmung also dem ersuchten Richter. U 25/7 94, E 26, 97.

25) Da die im § 161 StGB vorgesehene Nebenstrafe der Ausschließung vom Zeugeneide nicht von selbst, sondern nur dann eintritt, wenn sie ausdrücklich durch Erkenntnis ausgesprochen ist, so gehören nur diejenigen zu den im § 57 Nr. 2 bezeichneten Personen, denen die Fähigkeit, als Zeuge eidlich vernommen zu werden, ausdrücklich abgesprochen ist. U 24/1 80, R 1, 269. — Personen, welche unter der Herrschaft des PrALR II, 20 § 1405 wegen Meineides verurteilt sind, können gegenwärtig als Zeugen eidlich vernommen werden, U 25/6 81, E 4, 335; nicht aber die unter der Herrschaft des PrStGB v. 14/4 51 wegen Meineides zu Zuchthausstrafe Verurteilten. U 28/10 87, R 9, 536. U 10/1 07, DR 11, 196. — Wenn die Beeidigung einer der im § 57 Nr. 2 bezeichneten Personen dennoch geschehen ist, namentlich weil der Richter nicht wußte, daß dem Zeugen die Fähigkeit zu beeidigter Aussage fehle, so führt dies zur Aufhebung des Urteils, solange die Möglichkeit besteht, daß das Urteil ein anderes dadurch geworden wäre, daß dem betr. Zeugen bei Nichtbeeidigung ein geringeres Gewicht beigelegt worden wäre. U 24/5 84, R 6, 370.

26) Den Gegenstand der Untersuchung bildet nur diejenige Tat, welche der Eröffnungsbeschluß zur Hauptverhandlung verwiesen und das erkennende Gericht demgemäß abzuurteilen hat. U 24/6 98, E 31, 219. Es kommt hierbei nicht der Deliktsbegriff in Betracht, unter welchen der Eröffnungsbeschluß die dem Angekl. zur Last gelegte Tat

nehmer,[28]) Begünstiger[29]) oder Hehler[30] verdächtig[31]) oder bereits verurteilt sind.

---

unterstellt hatte, sondern diese Tat selbst in der konkreten Gestalt, wie sie sich nach dem Ergebnisse der Verhandlung darstellte. U 15/3 86, R 8, 171.

27) Der Begriff der Tat ist wie der des Teilnehmens im weitesten Sinne zu verstehen, U 15/6 03, E 36, 310; er umfaßt die dem Angekl. zur Last gelegte Rechtsverletzung nach allen tatsächl. und rechtl. Gesichtspunkten und unabhängig von der Beurteilung, welche ihr im Eröffnungsbeschluß oder im Urteil gegeben wird. U 10/11 16, E 50, 163. U 30/4 20, E 54, 321. Eine Tat kann in mehrere strafrechtliche selbständige Akte zerfallen; diese Einzelhandlungen können aber einen solchen persönlichen oder tatsächlichen Zusammenhang haben, daß der innere Grund der Vorschrift des § 57 Nr. 3 auch auf diese Gesamtheit der tatsächlichen Vorgänge zutrifft. U 31/3 80, R 1, 523. Vgl. U 7/12 82, E 7, 331 (Schlägerei). U 24/6 84, R 6, 466. U 12/2 85, R 7, 98 (mehrere bei einer zusammenhängenden Schlägerei vorgekommene Körperverletzungen). U 9/1 88, E 17, 101 (Kauf und Verkauf von Wahlstimmen). U 20/2 99, E 32, 31 (Aufforderung zur Begehung eines Verbrechens). Vgl. U 30/6 u. 1/7 02, DR 6, 464.

28) Die Teilnahme i. S. § 57 Nr. 3 beschränkt sich nicht auf den Begriff der Teilnahme an einer strafb. Handlung i. S. §§ 47 ff. StGB, erfordert aber immer ein besonderes Verhältnis des Zeugen zu der den Gegenstand der Untersuchung bildenden Tat, vermöge dessen in der Handlung des Zeugen — wenn nicht eine die Schuld des Angekl. ausschließende Alleintäterschaft des Zeugen in Frage steht: U 4/7. Jan. 82, E 5, 362. U 11/3 82, R 4, 237 — eine strafbare und in derselben Richtung liegende Mitwirkung zu der Tat des Angekl. erblickt werden kann. Ob diese Mitwirkung unter denselben strafrechtl. Gesichtspunkt zu stellen ist, als die Tat des Angekl., ist gleichgültig, U 3/1 84, E 9, 370. U 1/12 84, E 11, 300. U 9/7 80, E 2, 217. U 4/10 81, R 3, 589. U 29/10 85, R 7, 627. U 15/4 87, R 9, 234. U 10/5 87, R 9, 312. U 9/6 87, R 9, 367. U 23/9 89, E 19, 391. U 15/5 06, DR 10, 698. U 1/10 06, DR 10, 1277, und auch der Umstand, daß der Zeuge wegen des Vorliegens eines Strafausschließungsgrundes (§ 46 Abs. 1, § 247, § 257 Abs. 2 StGB, Amnestie) der Bestrafung entzogen, oder seine Strafverfolgung wegen Verjährung ausgeschlossen ist, steht der Nichtbeeidigung nicht entgegen. U 11/1 86, R 8, 34. U 15/3 86, E 14, 25. U 8/2 21, E 55, 233. Desgl. ist die Nichtbeeidigung gerechtfertigt, wenn ein Zeuge, der in einem früher gegen ihn selbst anhängigen Strafverfahren von der Anklage der Teilnahme an einer bestimmten Straftat freigesprochen ist, in einem späteren Strafverfahren gegen einen weiteren Teilnehmer als der Teilnahme an der von diesem geübten Straftat verdächtig erscheint. U 11/12 02, DR 7, 47; desgl. wenn das Strafverfahren gegen einen der Teilnahme verdächtigen Zeugen gnadenweise niedergeschlagen ist. U 21/11 16, E 50, 158. Dagegen kann von einer strafbaren Mitwirkung nicht die Rede sein, wenn

der Tat des Angeklagten selbst durch Feststellung einer Notwehr der strafbare Charakter entzogen ist, U 24/6 98, E 31, 219, oder wenn bei Aufforderung zur Begehung eines Verbrechens (§ 49a StGB) jemand in Kenntnis der Absicht des Auffordernden, jene herbeizuführen, Handlungen mit dem Willen vornimmt, daß die Begehung des Verbrechens nicht stattfindet. U 13/12 10, E 44, 172. Ein Strafgefangener, der einen Fluchtversuch mit Unterstützung anderer vorbereitet hat, ist im Strafverfahren gegen diese nicht als Teilnehmer i. S. § 57 Nr. 3 anzusehen (sog. Selbstbegünstigung). U 15/11 23, E 57, 417. Auch bei mangelnder Strafbarkeitseinsicht des jugendlichen Teilnehmers ist dessen Beeidigung zulässig. U 8/S 14, LZ 8, 1715; desgl. eines Polizeibeamten, der zur Gesetzesübertretung Anlaß gab. U 9/11 15, LZ 10, 247. Der die Redaktionsgeschäfte leitende Redakteur, der die Aufnahme eines beleidigenden Artikels veranlaßt hat, kann in dem Verfahren gegen den verantwortlichen Redakteur als Zeuge nicht beeidigt werden. U 12/1 05, DR 9, 85. In dem Verfahren gegen den Begünstiger darf der als Zeuge vernommene Haupttäter nicht beeidigt werden. U 22/10 90, G 47, 438. Desgl. nicht der aus § 265 StGB Verurteilte in dem gegen den Eigentümer der versicherten Sache wegen eines behufs Erlangung der Brandentschädigung versuchten Betrugs eingeleiteten Verfahren. U 7/1 11, E 44, 254, oder der nach § 333 StGB schuldige Zeuge gegen den aus § 332 das. Angekl. U 23/6 13, DR 17, 2662, oder die aus § 218 StGB bestrafte Zeugin gegen den aus § 219 das. Angeklagten. U 30/11 22, E 57, 157. Bei Kuppelei ist die verkuppelte Person der Teilnahme an der sie betreffenden Kuppelei nicht verdächtig und kann als Zeuge eidlich vernommen werden. U 21/3 95, G 43, 51. Die Nichtbeeidigung ist jedoch in diesem Fall nicht zu beanstanden. U 11/6 06, DR 10, 870. Vgl. dazu auch U 15/12 22, JW 52, 994. Beim Zweikampf und im Fall des § 227 StGB ist auch der Gegner Teilnehmer i. S. § 57 Nr. 3. U 4/11 13, G 61, 349. U 18/9 08, G 55, 329. Die Tatsache allein, daß die strafb. Handlungen des Angekl. und des Zeugen gelegentlich desselben äußeren Vorkommnisses begangen wurden, kann die Nichtbeeidigung des Zeugen nicht rechtfertigen. U 10/2 88, E 17, 116. U 23/10 88, R 10, 587. U 23/3 11, DR 15, 1682 (gegenseitige Körperverletzung). Im übrigen bedarf es einer Klarstellung der besonderen Art der Teilnahme nicht. U 18/6 81, E 4, 324. U 26/6 83, R 5, 468. U 13/1 88, R 10, 36. U 4/7 89, E 19, 354.

Wegen eines Sonderfalls der Anwendung des § 57 Nr. 3 im Verfahren gemäß § 430 s. U 18/11 13, E 48, 84.

Die Begriffe der Tat und Teilnahme i. S. § 57 Nr. 3 finden auch da Anwendung, wo die Anklage eine nur aus Fahrlässigkeit begangene Tat betrifft. U 7/5 83, E 8, 299 (fahrl. Gefährdung eines Eisenbahntransports). Vgl. U 8/10 86, R 8, 601. U 11/7 87, R 9, 414. U 16/4 86, R 8, 294 (Verleitung zum fahrl. Falscheid). U 29/5 06, DR 10, 814 (Teilnahme am fahrl. Falscheid).

29) Begünstigung liegt auch in der von einem Zeugen im Vorverfahren zugunsten des Beschuldigten absichtlich unwahr gemachten

Aussage. U 13/12 95, E 28, 111. U 21/3 84, R 6, 214. U 19/3 07, DR 11, 588. — Die vor Begehung der Tat erfolgte Zusage der Begünstigung ist für sich allein keine Begünstigung. U 11/8 04, DJZ 10, 1092.

30) Wer die verhehlte Sache durch seine strafb. Handlung erlangt hatte (Haupttäter), ist in betreff des Hehlers Teilnehmer i. S. § 57 Nr. 3 und kann als solcher nicht beeidigt werden. U 4/10 81, R 3, 589. U 17/2 02, DR 6, 157. Teilnehmer und Hehler dürfen ferner auch dann nicht zum eidlichen Zeugnis für und gegeneinander zugelassen werden, wenn sie bereits verurteilt sind. Das Verbot der Beeidigung gilt auch in dem Fall, wenn in der Untersuchung gegen den Hehler der Urheber des Diebstahls als Zeuge vernommen werden soll; die Beeidigung des Diebes und ebenso eines anderen Hehlers ist unstatthaft, U 29/10 85, R 7, 627. U 16/3 09, E 42, 248, desgl. diejenige des Begünstigten. U 24/11 11, DR 16, 153. Auch der in bezug auf die Vortat verurteilte Hehler oder Begünstiger darf in dem Verfahren wegen Hehlerei od. Begünstigung als Zeuge nicht vereidigt werden. U 14/11 24, E 58, 374.

31) Der Verdacht i. S. § 57 Nr. 3 muß auf Tatsachen gestützt sein, welche der Vergangenheit so weit angehören, daß sie vor der Hauptverhandlung in das Dasein getreten oder wenigstens außerhalb der in der Hauptverhandlung gemachten Aussage des Zeugen gelegen sind. Es kann deshalb ebensowenig der Verdacht, daß der Zeuge in der Hauptverhandlung durch eine unwahre Aussage sich einer Begünstigung schuldig machen werde, noch auch — bei erfolgter vorläufiger Aussetzung der Beeidigung — der Verdacht, daß der Zeuge durch unwahres Zeugnis, das er zugunsten des Angekl. abgelegt, und um dessen eidliche Bekräftigung es sich handelt, sich der Begünstigung schuldig gemacht habe, die Nichtbeeidigung rechtfertigen. U 3/7 84, E 11, 29. U 21/5 83, E 8, 407. Vgl. U 19/11 83, R 5, 720. U 4/3 02, DR 6, 187. U 25/4 04, DR 8, 288. Ergibt sich der Verdacht erst nach der Vereidigung des Zeugen, so ist die Aussage als uneidliche zu behandeln. U 13/5 21, E 56, 94.

Stehen mehrere selbständige strafbare Handlungen zur Anklage, so rechtfertigt der gegen einen Zeugen festgestellte Verdacht der Teilnahme usw. an der einen Straftat nicht die Nichtbeeidigung wegen einer anderen Straftat, bezüglich dessen kein Verdacht der Teilnahme usw. festgestellt ist. U 12/2 85, R 7, 98. U 24/6 84, E 11, 1; R 6, 466. U 24/6 87, E 16, 154. U 18/11 23, DR 23, 841 (innerer Zusammenhang verbundener Sachen). Ein Mitangeklagter darf jedoch in demselben Verfahren überhaupt und selbst dann nicht als Zeuge bezüglich seines Mitangeklagten vernommen, geschweige denn beeidigt werden, wenn die Untersuchung mehrere selbständige Straffälle betrifft und der Mitangeklagte über einen Straffall Auskunft geben soll, bei welchem er selbst irgendeiner Beteiligung gar nicht beschuldigt oder auch nur verdächtig ist. U 9/5 82, E 6, 279. U 26/4 88, R 10, 343. U 23/10 91, G 39, 315. Immer aber ist im Einzelfall zu prüfen, ob der Zeuge für das Verfahren, um das es sich jeweilig handelt, als Mitschuldiger usw. in Betracht kommt. U 12/2 18, E 52, 138. Wegen Verdachts der Teilnahme an der

§ 58 (57). Stehen Personen zu dem Beschuldigten[32]) in einem Verhältnisse, welches sie nach § 52 zur Verweige-

---

zur Verhandlung stehenden Tat in der Hauptverhandlung muß auch die Beeidigung von Personen unterbleiben, welche durch Gerichtsbeschluß wegen mangelnden Beweises außer Verfolgung gesetzt sind, U 26/6 83, E 8, 382; wie denn auch andererseits die Beeidigung erfolgen kann, trotzdem gegen den Zeugen wegen der betr. Tat die Voruntersuchung eröffnet ist. U 4/7 87, E 16, 210.

In allen Fällen hat das Gericht auf Grund selbständiger Prüfung nach freiem Ermessen darüber zu befinden, ob der im § 57 Nr. 3 bezeichnete Verdacht vorliegt. U 26/6 83, E 8, 382. Zur Begründung eines die Beeidigung ablehnenden Beschlusses genügt nicht der Ausspruch, daß ein Verdacht der Teilnahme nicht ausgeschlossen erscheine; das Gericht muß vielmehr positiv aussprechen, daß die Voraussetzung der gesetzl. Ausnahme, also der Verdacht der Teilnahme vorliegt. U 28/3 11, E 44, 380. Vgl. U 18/6 81, E 4, 324. U 12/2 85, R 7. 98. U 24/3 85, E. 12, 122. U 15/3 86, E 14, 19. U 13/1 88, R 10, 36 Die Entscheidung über die Nichtbeeidigung ist grundsätzlich der Anfechtung in der Revisionsinstanz entzogen, es sei denn, daß sie durch Rechtsirrtum beeinflußt ist, z. B. wenn die Handlung des Zeugen unter eine bestimmte strafrechtl. Norm gestellt ist, welche bei richtiger Beurteilung überhaupt keine Anwendung finden kann. U 20/1 87, R 9, 76.

Im übrigen muß ein Zeuge, welcher in der Hauptverhandlung wegen Verdachtes der Teilnahme unbeeidigt geblieben ist, nachträglich beeidigt werden, wenn das Gericht bei der Urteilsberatung auf Grund des weiteren Ergebnisses der Beweisaufnahme diesen Verdacht für wieder beseitigt erachtet. U 16/4 03, DR 7, 269. Wird andrerseits beschlossen, einen zunächst eidlich vernommenen Zeugen weiterhin wegen Aufkommens eines Verdachts der Teilnahme uneidlich zu vernehmen, so muß gleichzeitig angeordnet werden, daß auch der erste Teil der Aussage als uneidlich zu gelten habe und zu würdigen sei. U 23/3 22, DR 26, 1031, auch U 13/12 95, E 28, 111.

32) Die Vorschrift des § 58 ist auch dann zu beachten, wenn mehrere Beschuldigte vorhanden sind und der Zeuge nur zu einem derselben in einem Verhältnisse steht, welches zur Verweigerung des Zeugnisses berechtigt. U 24/10 80, E 3, 161. Ob dieser Beschuldigte etwa bereits rechtskräftig verurteilt ist, und es sich jetzt nur noch um einen wegen Teilnahme (Anstiftung usw.) an derselben Tat Angeklagten handelt, ist gleichgültig. U 12/2 80, E 1, 207. Erforderlich ist aber, daß dieser Beschuldigte und der Angekl., gegen den verhandelt wird, in irgendeinem Abschnitt des Verfahrens gleichzeitig verfolgt worden sind. U 8/2 24, JW 54, 369[11]. Die Aussage des Zeugen bezüglich der Handlungen dieses Besch. nicht zu beeidigen, bezüglich der Handlungen des Mitbeschuldigten aber zu beeidigen, ist nur zulässig, wenn selbständige strafb. Handlungen abzuurteilen sind. U 24/10 05, E 53, 67.

rung des Zeugnisses berechtigt, so hängt es von dem richterlichen Ermessen ab, ob sie unbeeidigt zu vernehmen oder zu beeidigen sind.[33])

Sie können auch nach der Vernehmung die Beeidigung des Zeugnisses verweigern und sind über dieses Recht zu belehren.[34])

---

33) Die Beeidigung oder Nichtbeeidigung der im § 58 bezeichneten Personen ist in der Hauptverhandlung zunächst dem Ermessen des Vorsitzenden überlassen. Eines Gerichtsbeschlusses bedarf es nur, wenn die bezügliche Anordnung des Vorsitzenden beanstandet wird. U 15/11 80, R 2, 520. U 18/11 80, E 3, 46. U 20/9 10, E 44, 65. Vgl. auch A. 21 zu § 57 u. A. 29 zu § 238. Wenn ein solcher Gerichtsbeschluß ergeht, so bedarf er außer der Feststellung, daß die Voraussetzungen des § 52, bzw. des § 58 vorliegen, keiner weiteren Begründung. U 16/2 80, R 1, 358. Der Befragung der Staatsanwaltschaft oder des Angeklagten wegen der Beeidigung oder Nichtbeeidigung bedarf es nicht. U 28/5 90, G 38, 194.

Im übrigen wird das richterliche Ermessen, ob im Falle des § 58 ein Zeuge zu beeidigen oder unbeeidigt zu lassen ist, nicht dadurch beschränkt, daß bereits seine Beeidigung in der Voruntersuchung erfolgt ist. U 16/2 80, R 1, 358. Darüber, ob ein zur Verweigerung des Zeugnisses und des Eides berechtigter, kommissarisch vernommener Zeuge zu beeidigen ist, hat grundsätzlich das erkennende Gericht zu entscheiden. Ist aber der Zeuge nach erfolgter Belehrung und Verzicht auf sein Recht durch den ersuchten Richter beeidigt und diese Beeidigung von dem erkennenden Gericht ausdrücklich genehmigt, so erübrigt sich eine nachherige Befragung des Zeugen, ob er nicht seine Beeidigung ablehnen wolle. U 14/2 02, DR 6, 157.

Daß die Beeidigung der im § 58 bezeichneten Personen erst nach stattgehabter Vernehmung geschehen dürfe, ist nicht vorgeschrieben. Es ist vielmehr auch zulässig, Zeugen, von welchen zu vermuten ist, daß bei ihnen Verhältnisse vorliegen, welche sie nach §§ 52, 58 zur Verweigerung des Zeugnisses und dessen Beeidigung berechtigen, promissorisch zu beeidigen, da den Umständen nach die Beeidigung das einzige Mittel ist, das Gericht über das Bestehen einer der Voraussetzungen des § 52 sicher zu unterrichten. U 20/9 81, E 5, 16. U 18/3 87, E 15, 358. U 25/9 88, R 10, 516.

34) Die Belehrung der im § 58 gedachten Personen muß, wenn die Beeidigung derselben bis nach Abschluß der Vernehmung ausgesetzt worden ist (§ 61), ausdrücklich über das Recht der Eidesverweigerung erfolgen; die bloße Belehrung über das Recht der Zeugnisverweigerung genügt selbst dann nicht, wenn der Zeuge nach erfolgter Vernehmung sich zur Beeidigung seiner Aussage bereit erklärt hat. U 5/10 83, R 5, 576. U 8/6 85, R 7, 357. U 17/12 08, G 56, 89. Nur in denjenigen Fällen, wo ein zur Verweigerung des Zeugnisses berechtigter

§ 59 (58). Jeder Zeuge ist einzeln und in Abwesenheit der später[35]) abzuhörenden Zeugen zu vernehmen.[36])

Eine Gegenüberstellung mit anderen Zeugen oder mit dem Beschuldigten[37]) findet im Vorverfahren nur dann statt, wenn sie ohne Nachteil für die Sache nicht bis zur Hauptverhandlung ausgesetzt bleiben kann.

§ 60 (59). Vor der Leistung des Eides hat der Richter den Zeugen in angemessener Weise auf die Bedeutung des Eides hinzuweisen.[38])

§ 61 (60). Jeder Zeuge[39]) ist einzeln und vor seiner Vernehmung[40]) zu beeidigen. Die Beeidigung kann jedoch

---

Zeuge nach promissorischer Beeidigung über das Recht zur Zeugnisverweigerung belehrt worden ist und sich zur Ablegung des Zeugnisses bereit erklärt hat, bedarf es keiner weiteren Belehrung darüber, daß er die Beeidigung verweigern kann. U 18/3 87, E 15, 358. U 25/9 88, R 10, 516. Belehrung über das Eidesverweigerungsrecht ist erforderlich, wenn der Zeuge, welcher aus § 52 Abs. 2 belehrt, sich zur Aussage bereit erklärt hat, vor letzterer beeidet werden soll. U 22/4 09, E 42, 321.

35) Auch Vernehmung in Abwesenheit bereits abgehörter Zeugen ist zulässig. U 17/3 14, E 48, 211.

36) Die Bestimmung des § 59 Abs. 1 ist nur eine Ordnungsvorschrift; ihre Nichtbeachtung bildet keinen Revisionsgrund. U 10/12 96, E 44, 386. Auch ein bei anderen Vernehmungen anwesend gewesener Zeuge kann daher vernommen werden; es ist dann lediglich Sache des richterlichen Ermessens, wieweit diesem Zeugen voller Glauben zu schenken oder seine Glaubwürdigkeit für beeinträchtigt zu halten ist. U 15/4 80, E 1, 366. U 7/5 80, E 2, 53. U 13/5 81, R 3, 295. U 23/9 90, E 38, 354. Auf Sachverständige bezieht sich § 59 Abs. 1 nicht, und zwar auch dann nicht, wenn dieselben zugleich als Zeugen erschienen sind. U 25/3 91, E 22, 434. U 25/4 02, DR 6, 300. U 2/3 18, E 52, 161 (gleichzeitige Anwesenheit mehrerer Sachverst.).

37) Ein Anspruch auf Gegenüberstellung besteht für den Angekl. nicht. U 10/3 14, E 48, 201.

38) Die Nichtbeobachtung des § 60 kann die Revision nicht begründen, U 8/5 82, E 6, 267; desgl. kann eine Revision nicht darauf gestützt werden, daß der erfolgte Hinweis einem der deutschen Sprache unkundigen Zeugen nicht verdolmetscht ist. U 5/2 03, DR 7, 134.

39) Auch der Sachverständige, der Tatsachen bekundet, muß als Zeuge beeidigt werden. U 29/4 80, E 1, 402. S. A. 80 zu § 79.

40) Es muß eine wirkliche Vernehmung des Zeugen stattgefunden haben. Vor der eigentlichen Vernehmung auf Anregung des Vorsitzenden zu dessen allgemeiner Information über die Identität

aus besonderen Gründen,[41]) namentlich wenn Bedenken gegen ihre Zulässigkeit obwalten, bis nach Abschluß der Vernehmung[42]) ausgesetzt werden.[43])

§ **62 (61).**[44]) Der vor der Vernehmung zu leistende Eid lautet:

daß Zeuge nach bestem Wissen die reine Wahrheit sagen, nichts verschweigen und nichts hinzusetzen werde;

der nach der Vernehmung zu leistende Eid lautet:

daß Zeuge nach bestem Wissen die reine Wahrheit gesagt, nichts verschwiegen und nichts hinzugesetzt habe.

§ **63 (62).** Der Eid beginnt mit den Worten:

„Ich schwöre bei Gott dem Allmächtigen und Allwissenden"

---

usw. des Zeugen abgegebene Erklärungen des letzteren unterliegen nicht dem Beeidigungszwang. U 24/9 80, E 2, 267. U 26/6 91, E 22, 54.

41) Die Frage, ob besondere Gründe für die Nachbeeidigung vorliegen, unterliegt lediglich dem richterlichen Ermessen; eine Nachprüfung dieser Gründe im Wege der Revision ist unzulässig. U 4/3 81, E 3, 370. Vgl. U 12/9 81, R 3, 495. Im übrigen liegt die Frage als Bestandteil der Beweisaufnahme in der Hauptverhandlung in der Hand des Vorsitzenden. Eines Gerichtsbeschlusses bedarf es nur dann, wenn die Anordnung des Vorsitzenden von einer bei der Verhandlung beteiligten Person als unzulässig beanstandet wird. U 18/11 80, E 3, 46. U 4/3 81, E 3, 370. U 22/1 und 25/10 83, R 5, 640. U 4/7 89, E 19, 354. Vgl. A. 21 zu § 57 und A. 33 zu § 58. Einer besonderen Begründung dieses Beschlusses bedarf es nicht; es genügt die einfache Verweisung auf § 60. U 15/6 80, E 2, 109.

42) Da in jeder Hauptverhandlung die Veranlassung zur Vernehmung eines Zeugen sich wiederholt ergeben kann, so ist die Vernehmung erst dann abgeschlossen, wenn kein Grund zu der Unterstellung mehr vorliegt, daß der Zeuge noch weitere Auskunft zur Sache zu erteilen vermöge. Die Beeidigung des Zeugen kann also unter Umständen erst am Schluß der gesamten Beweisaufnahme erfolgen. U 12/7 80, E 2, 219.

43) Wegen der Beeidigung der Personal- und Generalfragen s. A. 62 zu § 68 und wegen der Beurkundung der erfolgten Beeidigung § 273. Vgl. U 22/5 80, R 1, 814 (Zulässigkeit einer der Vernehmung mehrerer Zeugen vorausgehenden allgemeinen Bemerkung im Protokoll, daß alle Zeugen beeidigt seien). U 15/6 81, E 4, 319 (Protokollvermerk: „daß die Zeugen, nachdem sie vor der Eidesleistung auf die Bedeutung des Eides hingewiesen waren, vernommen worden sind", genügt nicht zur Beurkundung der erfolgten Beeidigung).

44) Vgl. U 24/4 80, R 1, 655. U 27/5 07, DR 11, 844 (Handgelübde an Eidesstatt im Kanton Basel-Stadt als Beeidigung).

und schließt mit den Worten:

„So wahr mir Gott helfe."[45])

§ 64 (63). Der Eid wird mittels Nachsprechens oder Ablesens der die Eidesnorm enthaltenden Eidesformel geleistet.[46]) Der Schwörende soll bei der Eidesleistung die rechte Hand erheben.

Stumme, welche schreiben können, leisten den Eid mittels Abschreibens und Unterschreibens der die Eidesnorm enthaltenden Eidesformel.

Stumme, welche nicht schreiben können, leisten den Eid mit Hilfe eines Dolmetschers[47]) durch Zeichen.

§ 65 (64).[48]) Der Eidesleistung wird gleichgeachtet, wenn ein Mitglied einer Religionsgesellschaft, welcher das Gesetz den Gebrauch gewisser Beteuerungsformeln an Stelle des Eides gestattet, eine Erklärung unter der Beteuerungsformel dieser Religionsgesellschaft abgibt.

§ 66 (65). Die Beeidigung der Zeugen erfolgt, vorbehaltlich der Bestimmungen des § 223,[49]) in der Hauptverhandlung.

Sie kann schon in der Voruntersuchung erfolgen, wenn voraussichtlich der Zeuge am Erscheinen in der Hauptverhandlung verhindert oder sein Erscheinen wegen großer

45) Zusätze, welche weitere Beteuerungen enthalten („durch Jesum Christum usw."), machen die Eidesleistung nicht unwirksam. U 24/1 84, E 10, 181; R 6, 44.

46) Das freie Hersagen des Eides seitens einer Person, welcher die Eidesformel bekannt ist, kann jedoch nicht für ungesetzlich erachtet werden. U 29/7 91, E 22, 106.

47) Wegen des Dolmetschers s. § 186 GVG und U 12/12 11, E 45, 304.

48) Vgl. § 155 Nr. 1 StGB; § 484 ZPO und wegen der Beeidigung von Mennoniten in Bayern bzw. Preußen U 27/4 03, E 36, 203, U 27/11 17, E 52, 63, sowie der Mitglieder der bürgerl. religiösen Gemeinde Kronthal in Württemberg: U 27/3 93, E 24, 91. Die Angehörigkeit zu einer der im § 65 erwähnten Religionsgesellschaften ist nach den allgemeinen Bestimmungen der StPO über den Beweis festzustellen, namentlich auch durch eigene Angabe der zu vernehmenden Zeugen. U 27/4 03, E 36, 203. In das Sitzungsprotokoll braucht die Beteuerungsformel nicht aufgenommen zu werden; es genügt der Hinweis auf die Beachtung der gesetzlichen Form. U 26/6 23, E 57, 342.

49) Vgl. auch § 286 Abs. 2 (Verfahren gegen Abwesende).

Entfernung besonders erschwert sein wird,[50]) oder wenn die Beeidigung als Mittel zur Herbeiführung einer wahrheitsgemäßen Aussage erforderlich erscheint.

In dem vorbereitenden Verfahren ist die Beeidigung nur zulässig, wenn Gefahr im Verzug obwaltet, oder wenn die Beeidigung als Mittel zur Herbeiführung einer wahrheitsgemäßen Aussage über eine Tatsache, von der die Erhebung der öffentlichen Klage abhängig ist, erforderlich erscheint.[51])

Erfolgt die Beeidigung im Vorverfahren, so ist der Grund in dem Protokoll anzugeben.[52])

§ 67 (66). Wird der Zeuge, nachdem er eidlich vernommen worden ist,[53]) in demselben Vorverfahren[54]) oder in demselben Hauptverfahren[55]) nochmals vernommen,[56])

---

50) Wegen der großen Entfernung s. A. 82 zu § 223.

51) Die trotzdem erfolgte Beeidigung kann jedoch die Revision nicht begründen. U 24/4 80, R 1, 655.

52) Nur der Grund der Beeidigung, nicht auch die tatsächliche Unterlage desselben, ist zu protokollieren. U 29/2 84, E 10, 156.

53) Die Worte: „nachdem er eidlich vernommen ist" sind nicht wörtlich dahin zu verstehen, daß eine vorangegangene sachliche Vernehmung die Voraussetzung ihrer Anwendung ist; das entscheidende Gewicht ist auf die frühere Beeidigung zu legen. U 16/4 83, R 5, 250.

54) Vorverfahren umfaßt das ganze dem Hauptverfahren vorhergehende Verfahren (vorbereitendes Verfahren und Voruntersuchung) U 27/7 81, E 4, 437.

55) Hauptverfahren bedeutet hier im Gegensatz zur Hauptverhandlung den ganzen Prozeßabschnitt vom Eröffnungsbeschlusse an bis zum rechtskräftigen Urteil. Zu demselben Hauptverfahren gehört auch das Verfahren in der Berufungsinstanz sowie eine infolge Aufhebung des Urteils wiederholte Hauptverhandlung. U 17/9 80, E 2, 234. U 8/1 84, R 6, 29. U 26/7 02, DR 6, 487. U 14/12 05, DR 10, 195; G 53, 77. U 9/5 04, DR 8, 340 (auch Revisionsinstanz). Nicht aber die auf Grund einer Wiederaufnahme des Verfahrens angeordnete Hauptverhandlung. U 3/1 89, E 18, 417. Ebensowenig liegt „dasselbe Hauptverfahren" i. S. § 67 vor, wenn ein Strafverfahren wegen eines z. Z. bestehenden Hindernisses der Strafverfolgung (Auslieferung) durch Urteil für unzulässig erklärt und nach Beseitigung dieses Hindernisses das Strafverfahren wegen der betr. Tat wieder eingeleitet ist, U 28/11 98, G 46, 452, oder wenn verbundene Strafsachen wieder getrennt sind, U 10/3 11, E 44, 352, oder eine Strafsache nach darin erfolgter Vernehmung eines Zeugen mit einer anderen verbunden wird. U 12/5 15, LZ 9, 1164.

so kann der Richter statt der nochmaligen Beeidigung den Zeugen die Richtigkeit seiner Aussage unter Berufung auf den früher geleisteten Eid versichern lassen.[57])

§ 68 (67).[58]) Die Vernehmung beginnt damit, daß

Von der Ermächtigung des § 67 kann auch dann Gebrauch gemacht werden, wenn ein nach Eröffnung des Hauptverfahrens kommissarisch und beeidigt vernommener Zeuge nachher in der Hauptverhandlung erscheint und abgehört wird. U 27/7 81, E 4, 437; desgl. wenn ein Zeuge bei seiner ersten kommiss. Vernehmung förmlich beeidigt ist und später in demselben Hauptverfahren, z. B. wegen unterbliebener Benachrichtigung des Angekl., nochmals kommissarisch vernommen wird. U 28/6 81, E 4, 341. Dagegen muß der nach Eröffnung des Hauptverfahrens kommissarisch vernommene Zeuge stets von neuem beeidigt werden. U 24/9 85, E 12, 375. U 22/9 87, R 9, 453.

56) Bei wiederholten Vernehmungen eines promissorisch beeidigten Zeugen in derselben Hauptverhandlung ist die Versicherung des § 67 nicht erforderlich, U 12/5 80, R 1, 756; es sei denn, daß die Vernehmung des Zeugen bereits einmal in erkennbarer Weise (z. B. durch endgültige Entlassung oder förmliche Neuladung) abgeschlossen war. U 1/3 89, E 19, 27. U 6/2 03, DR 7, 162. U 26/4 07, DR 11, 716. Vgl. auch U 24/9 12, E 46, 196. Ist dagegen der Eid aus besonderen Gründen assertorisch geleistet, und wird nach der Eidesleistung der Zeuge abermals befragt, so bezieht sich der Eid auf die nachträgliche Aussage nicht; der Zeuge hat daher die Wahrheit dieser nachträglichen Aussage unter Berufung auf den geleisteten Eid zu versichern. U 25/2 80, R 1, 399. U 25/3 89, E 19, 84.

Der § 67 findet auch Anwendung, wenn ein promissorisch beeidigter Zeuge nach seiner Vernehmung, jedoch bevor er von der Erlaubnis zur Entfernung Gebrauch gemacht hat, unaufgefordert zur Berichtigung seiner Aussage Angaben macht. U 1/6 04, G 51, 396.

57) Die bloße Verweisung des Zeugen auf den bereits geleisteten Eid genügt nicht. U 1/3 89, E 19, 27. Es bedarf vielmehr stets einer die im § 67 gedachte Versicherung enthaltenden Erklärung des Zeugen, einer ausdrücklichen Berufung auf den geleisteten Eid. Eine bestimmte Form ist für dieselbe nicht vorgeschrieben; es ist auch nicht erforderlich, daß sie gerade mit den Worten des § 67 erfolgt. U 8/1 81, R 2, 704. U 16/4 83, R. 5, 250. U 4/1 84, R 6, 34. Gleichgültig ist es ferner, ob die Versicherung in promissorischer oder assertorischer Form erfolgt. Die Norm des früher geleisteten Eides ist in dieser Beziehung nicht entscheidend, da in der Berufung auf den früheren Eid nicht eine Bezugnahme auf die frühere Eidesnorm (§ 62), sondern nur eine Bezugnahme auf die für beide Eidesnormen gleiche Beteuerungsformel (§ 63) enthalten ist. U 28/3 82, E 6, 145. U 8/3 92, G 39, 442.

58) Die Bestimmung des § 68 enthält nur eine Ordnungsvorschrift; ihre Nichtbeachtung kann die Revision nicht begründen. U 7/5 07, E 40, 157. U 27/2 12 und 12/3 12, E 45, 405.

der Zeuge[59]) über Vornamen und Zunamen, Alter, Stand oder Gewerbe und Wohnort befragt wird. Erforderlichenfalls[60]) sind dem Zeugen Fragen über solche Umstände, welche seine Glaubwürdigkeit in der vorliegenden Sache betreffen,[61]) insbesondere über seine Beziehungen zu dem Beschuldigten oder dem Verletzten, vorzulegen.[62])

§ 69 (68).[63]) Der Zeuge ist zu veranlassen, das, was ihm von dem Gegenstande seiner Vernehmung bekannt ist, im Zusammenhange anzugeben.[64]) Vor seiner Vernehmung ist dem Zeugen der Gegenstand der Untersuchung und die Person des Beschuldigten, sofern ein solcher vorhanden ist, zu bezeichnen.

---

59) Wegen der Vorlegung von Personalfragen an den Dolmetscher s. U 19/3 86, R 8, 203 (A. 16 zu § 191 GVG).

60) D. h. also nur wenn der Richter es für angezeigt erachtet, oder von berechtigter Seite solche Fragen beantragt werden. U 10/12 80, E 3, 100. U 3/10 87, E 16, 214. U 25/9 88, R 10, 516. U 5/2 07, DJZ 12, 772 (Bedeutung des Protokollvermerks „ad gen. nein").

61) Dahin gehören auch Vorbestrafungen. U 5/5 80, E 2, 45. U 10/12 80, E 3, 100. U 9/4 86, R 8, 275.

62) Die Stellung und Beantwortung der im § 68 vorgeschriebenen Fragen über die persönlichen Verhältnisse des Zeugen ist im Sitzungsprotokoll zu beurkunden. U 10/12 80, E 3, 100.

Auch die Aussagen des Zeugen auf die ihm vorgelegten Personal- und Generalfragen müssen beeidet werden. Die Vorlegung dieser Fragen wird sich allerdings schon vor der Vereidigung empfehlen, um den Richter zur Prüfung in den Stand zu setzen, ob eine Vereidigung überhaupt zulässig erscheint, oder ob dieselbe bis nach der Vernehmung auszusetzen sei. In allen solchen Fällen muß aber bei promissorischer Beeidigung nach derselben eine wiederholte Vernehmung des Zeugen über die gedachten Fragen erfolgen. U 30/11 80, E 3, 79. U 18/6 15, LZ 9, 1387 (die Vernehmung vorbereitende Fragen unterliegen nicht dem Beeidigungszwang).

Über die Frage, ob und inwieweit die nicht erfolgte Beeidigung der Personal- oder Generalfragen die Revision begründen kann, s. die Urteile: 27/10 80, R 2, 401; 12/9 81, R 3, 495; 29/1 84, R 6, 64; 7/3 84, R 6, 176; 17/3 84, R 6, 205.

63) Vgl. § 396 ZPO. und §§ 185, 186 GVG. (Zeugen, welche der deutschen Sprache nicht mächtig oder taub oder stumm sind).

64) Die Zeugnispflicht umfaßt auch die Abgabe von Urteilen, welche der Zeuge auf Grund seiner Wahrnehmungen sich gebildet hat (Trunkenheit usw.). U 11/6 86, R 8, 459. Die Befragung eines Zeugen über Charaktereigenschaften des Angekl. ist zulässig. U 14/1 07 E 39, 363.

Zur Aufklärung und zur Vervollständigung der Aussage sowie zur Erforschung des Grundes, auf welchem die Wissenschaft des Zeugen beruht, sind nötigenfalls weitere Fragen zu stellen.[65])

§ 70 (69). Wird das Zeugnis oder die Eidesleistung ohne gesetzlichen Grund verweigert, so ist der Zeuge in die durch die Weigerung verursachten Kosten sowie zu einer Ordnungsstrafe in Geld und für den Fall, daß diese nicht beigetrieben werden kann, zur Strafe der Haft bis zu sechs Wochen zu verurteilen.

Auch kann[66]) zur Erzwingung des Zeugnisses die Haft angeordnet werden, jedoch nicht über die Zeit der Beendigung des Verfahrens in der Instanz, auch nicht über die Zeit von sechs Monaten, und bei Übertretungen nicht über die Zeit von sechs Wochen hinaus.

Die Befugnis zu diesen Maßregeln steht auch dem Untersuchungsrichter, dem Amtsrichter im Vorverfahren, sowie dem beauftragten und ersuchten Richter zu.

Sind die Maßregeln erschöpft, so können sie in demselben oder in einem anderen Verfahren, welches dieselbe Tat zum Gegenstande hat, nicht wiederholt werden.[67])

§ 71 (70). Jeder von dem Richter oder der Staatsanwaltschaft geladene Zeuge hat nach Maßgabe der Gebühren-

---

65) Die Vorschriften des § 69 sind nur instruktionelle; ihre Nichtbeachtung kann die Revision nicht begründen. U 8/5 82, E 6, 267. U 17/10 02, E 50, 107 (Zulässigkeit der Zuziehung eines Sachverständigen bei der Vernehmung). Wegen der protokoll. Beurkundung der Zeugenaussagen s. §§ 168, 188, 273.

66) Eine gesetzliche Nötigung des Richters, zur Anwendung dieser Zwangsmaßregel überhaupt zu schreiten oder gar sie bis zur Höchsthöhe der Haft zu erschöpfen, besteht nicht. U 19/2 94, E 25, 134. Es kann deshalb auch, wenn das Gericht sich bei der Verweigerung des Zeugnisses oder der Eidesleistung beruhigt, auf die Tatsache, daß von dem Zeugen eine Aussage nicht abgegeben ist oder eine Beeidigung des Zeugen nicht stattgefunden hat, die Revision nicht gegründet werden. U 13/2 03, E 36, 92. Auch die Unterlassung einer Bestrafung des Zeugen gemäß Abs. 1 gibt dem Angekl. keinen Revisionsgrund. U 23/3 22, E 57, 30.

67) Diese Vorschrift ist absolut bindend, U 13/7 92, E 23, 209, U 6/3 00, E 53, 177.

ordnung Anspruch auf Entschädigung aus der Staatskasse für Zeitversäumnis und, wenn sein Erscheinen eine Reise erforderlich macht, auf Erstattung der Kosten, welche durch die Reise und den Aufenthalt am Orte der Vernehmung verursacht werden.[68])

7. Abschnitt. Sachverständige und Augenschein.

§ 72. Auf Sachverständige finden die Vorschriften des sechsten Abschnitts über Zeugen entsprechende Anwendung, insoweit nicht in den nachfolgenden Paragraphen abweichende Bestimmungen getroffen sind.[69])

§ 73. Die Auswahl der zuzuziehenden Sachverständigen und die Bestimmung ihrer Anzahl erfolgt durch den Richter.[70])

---

68) Vgl. Gebührenordnung für Zeugen und Sachverständige vom 13/3 22 usw. im Anhang II.

69) Insbesondere finden auf Sachverständige auch die §§ 57, 58 Anwendung. U 22/10 95, E 27, 398. Dagegen ist die Bestimmung des § 59 über die Einzelvernehmung der Zeugen auf die Vernehmung von Sachverständigen nicht anwendbar, so daß auch eine gleichzeitige Beeidigung mehrerer Sachverständiger die Revision nicht begründen kann. U 8/5 80, E 2, 153. U 25/4 02, DR 6, 300.

Eine ordnungsmäßige Vernehmung eines Sachverständigen liegt vor, wenn ihm von dem nach § 223 ersuchten Richter ein früher von ihm schriftlich erstattetes Gutachten vorgelesen wird und er darauf erklärt, daß er das vorgelesene Gutachten zu seiner Aussage mache. U 28/12 06, G 54, 288.

Über die Anwendung der §§ 72ff. auf Dolmetscher s. U 19/3 86, R 8, 203 (s. A. 16 zu § 191 GVG.).

70) Abgesehen von dem Falle der Leichenöffnung und dem Falle des Verdachtes einer Vergiftung ist das Gericht selbst in Fällen, wo eine besondere Sachkunde zur Erforschung der Wahrheit erforderlich ist, nicht verpflichtet, Sachverständige zu hören. Das Gericht ist auch in keinem Falle gehalten, seine Überzeugung in Fragen sachverständigen Ermessens auf das Gutachten der gehörten Sachverständigen zu gründen; vielmehr liegt demselben auch in solchen Fällen ob, sich eine eigene Überzeugung zu bilden. U 5/1 81, E 3, 176. U 30/4 94, E 25, 326. U 23/11 17, E. 52, 61. Die erneute Befragung eines in der Hauptverhandlung bereits vernommenen Sachverständigen darf jedoch mit Rücksicht auf §§ 240 bis 242, 245 StPO nicht abgelehnt werden. U 15/10 20, E 55, 99. Wohl aber die Ladung von Ärzten als sachverst. Zeugen zur Vorbereitung eines Sachverständigengutachtens (Beweisermittlungsantrag) U 5/12 21, JW 53, 317 [33].

Sind für gewisse Arten von Gutachten Sachverständige öffentlich bestellt, so sollen andere Personen nur dann gewählt werden, wenn besondere Umstände es erfordern.[71])

§ 74. Ein Sachverständiger kann aus denselben Gründen, welche zur Ablehnung eines Richters berechtigen,[72]) abgelehnt werden. Ein Ablehnungsgrund kann jedoch nicht

---

Das Recht der Staatsanwaltschaft und des Angeklagten, Sachverständige zu laden und deren Vernehmung im Falle ihres Erscheinens zu verlangen, wird durch die Vorschrift des § 73 Abs. 1 nicht berührt. U 22/1 81, R 2, 754. Die Ablehnung eines auf die Vernehmung eines bestimmten Sachverst. gerichteten Antrags muß begründet werden. U 15/3 17, E 51, 42. Die Bestimmungen des § 73 gelten auch für den Fall der Leichenschau und bei Verdacht der Vergiftung. U 30/3 20, DR 24, 2185.

71) Zu den öffentlich bestellten Sachverständigen gehören auch die Sachverst.-Kammern und -Vereine, welche auf Grund der Urheberrechtsgesetze gebildet worden sind. U 28/10 81, E 5, 79 (in Preußen: Literarische und Musikalische, Künstl. und Photogr. Sachverständigen-Kammer und Gewerblicher Sachverständigen-Verein). Vgl. § 18 Patentges v. 7/4 91: „Das Patentamt ist verpflichtet, auf Ersuchen der Gerichte über Fragen, welche Patente betreffen, Gutachten abzugeben, sofern in dem gerichtl. Verfahren voneinander abweichende Gutachten mehrerer Sachverständigen vorliegen." Die badischen Bezirks- und Bezirksassistenzärzte sind öffentlich bestellte Sachverst. i. S. § 73 Abs. 2. U 12/12 95, E 28, 41. — Die Vorschrift des § 73 Abs. 2 enthält lediglich eine Anweisung, ihre Verletzung kann die Revision nicht begründen. U 28/10 81, E 5, 79. — Wegen der Einholung von Obergutachten s. § 83 und wegen der Vertretung von Gutachten einer kollegialen Fachbehörde durch eines ihrer Mitglieder § 256 Abs. 2.

72) Vgl. §§ 22—24. Der durch die strafbare Handlung Verletzte darf also, wenn der Angekl. widerspricht, als Sachverständiger nicht vernommen werden. U 22/12 85, R 7, 752. Die Verletzung muß aber eine unmittelbare sein, eine nur mittelbare Verletzung macht den Sachv. nicht unfähig, sondern kann lediglich als Ablehnungsgrund wegen Befangenheit geltend gemacht werden. U 10/5 94, G 42, 129. U 14/1 89, E 18, 402 (Verwaltungsbeamter, der in einer Strafsache wegen Kapitalsteuerhinterziehung vor der Erlassung des Strafbescheides die „Untersuchung im Verwaltungswege" geführt hat. § 22 Nr. 4, § 24 Abs. 1 StPO). U 16/6 06, DR 10, 1015 (Gewerbeaufsichtsbeamter bei fahrl. Tötung in einem gewerbl. Betriebe). U 25/6 07, DR 11, 996 (Baubeamter). U 3/10 12, JW 41, 1068 (Weinkontrolleur in Bayern). U 8/7 24, E 58, 262 (Angestellter der geschädigten Firma).

daraus entnommen werden, daß der Sachverständige als Zeuge vernommen worden ist.[73])

Das Ablehnungsrecht steht der Staatsanwaltschaft, dem Privatkläger und dem Beschuldigten zu. Die ernannten Sachverständigen sind den zur Ablehnung Berechtigten namhaft zu machen, wenn nicht besondere Umstände entgegenstehen.

Der Ablehnungsgrund ist glaubhaft zu machen; der Eid ist als Mittel der Glaubhaftmachung ausgeschlossen.[74])

§ 75. Der zum Sachverständigen Ernannte hat der Ernennung Folge zu leisten, wenn er zur Erstattung von Gutachten der erforderten Art öffentlich bestellt ist, oder wenn er die Wissenschaft, die Kunst oder das Gewerbe, deren Kenntnis Voraussetzung der Begutachtung ist, öffentlich zum Erwerb ausübt, oder wenn er zu ihrer Ausübung öffentlich bestellt oder ermächtigt ist.

Zur Erstattung des Gutachtens ist auch der verpflichtet, welcher sich hierzu vor Gericht bereit erklärt hat.

§ 76. Dieselben Gründe, welche einen Zeugen berechtigen, das Zeugnis zu verweigern,[75]) berechtigen einen Sachverständigen zur Verweigerung des Gutachtens. Auch aus anderen Gründen kann ein Sachverständiger von der Verpflichtung zur Erstattung des Gutachtens entbunden werden.

---

73) Vgl. § 22 Nr. 5. Die Ablehnung kann auch nicht damit begründet werden, daß der Sachverständige bereits im Vorverfahren als solcher vernommen ist. U 6/3 00, E 33, 198.

74) Die Ablehnung muß stets durch einen Prozeßbeteiligten erfolgen. U 18/6 07, DR 11, 996. Auf das Verfahren bei der Ablehnung finden lediglich die allgemeinen Verfahrensgrundsätze, nicht die für das Verfahren bei Ablehnung eines Richters gegebenen Vorschriften, insbesondere nicht § 28 und die sich hieraus ergebenden Folgerungen Anwendung. U 16/12 13, DR 18, 720. Ein vor der Hauptverhandlung angebrachtes, aber unerledigt gebliebenes Ablehnungsgesuch muß in der Hauptverhandlung wiederholt werden, andernfalls kann stillschweigender Verzicht angenommen werden. U 13/10 24, E 58, 301. Das Revisionsgericht hat sich mit einer sachlichen Prüfung der auf tatsächlichem Gebiete liegenden Gründe, welche für die Befangenheit geltend gemacht werden, nicht zu befassen. U 10/5 94, E 25, 362.

75) Vgl. hierüber §§ 52—55 und wegen des Vorschützens unwahrer Tatsachen als Entschuldigung § 138 StGB.

Die Vernehmung eines öffentlichen Beamten als Sachverständigen findet nicht statt, wenn die vorgesetzte Behörde des Beamten erklärt, daß die Vernehmung den dienstlichen Interessen Nachteil bereiten würde.[76])

§ 77. Im Falle des Nichterscheinens oder der Weigerung eines zur Erstattung des Gutachtens verpflichteten Sachverständigen wird dieser zum Ersatze der Kosten und zu einer Ordnungsstrafe in Geld verurteilt. Im Falle wiederholten Ungehorsams kann noch einmal auf eine Ordnungsstrafe erkannt werden.

§ 78. Der Richter hat, soweit ihm dies erforderlich erscheint, die Tätigkeit der Sachverständigen zu leiten.

§ 79. Der Sachverständige hat vor[77]) Erstattung des Gutachtens einen Eid dahin zu leisten:

daß er das von ihm erforderte Gutachten unparteiisch und nach bestem Wissen und Gewissen erstatten werde.[78])

---

76) Vgl. die im § 54 betr. der Vernehmung eines öffentlichen Beamten als Zeugen gegebenen Bestimmungen. Der Begriff der dienstlichen Interessen ist im weitesten Sinne zu verstehen; es fällt darunter z. B. auch das Interesse, welches eine Staatsbehörde daran hat, daß das Gericht über Fragen der ihr unterstellten Verwaltung von geeigneten Sachverständigen gutachtlich unterrichtet werde. U 29/6 06, G 53, 441. Der Abs. 2 greift auch gegenüber § 245 Platz. U 25/1 12, DR 16, 834.

77) Der Sachverständige, welcher mit dem förmlichen Eide belegt wird, hat solchen der Regel nach vor Erstattung des Gutachtens zu leisten. Die im § 61 für Zeugen vorgesehene Ausnahme der nachherigen Beeidigung kann hier nicht Platz greifen. U 6/4 80, E 1, 349. Anders bei der Berufung auf den geleisteten Eid (§ 79 Abs. 2). S. unten A. 80. Trotzdem kann auch die Beeidigung eines Sachverständigen in assertorischer Form für sich allein die Revision nicht begründen. U 4/6 83, E 8, 359. — Wegen der Unanwendbarkeit des § 59 (Einzelvernehmung) und wegen gleichzeitiger Beeidigung s. A. 69 zu § 72.

78) Dieser Eid bezieht sich nicht auf die Beantwortung der Personalfragen, mag derselbe vor oder nach der Auslassung des Sachverständigen über die letzteren geleistet sein. Erscheint die Beeidigung der Personalien, die bei der Vernehmung der Sachverständigen nicht vorgeschrieben ist (U 3/11 04, DR 8, 558), aus besonderen Gründen erforderlich, so hat der Sachverständige neben dem Sachverständigeneid auch den Zeugeneid zu leisten. U 31/3 85, E 12, 128. U 17/2 90, E 20, 235. Vgl. U 3/11 03, DR 7, 558.

Ist der Sachverständige für die Erstattung von Gutachten der betreffenden Art im allgemeinen beeidigt,[79]) so genügt die Berufung auf den geleisteten Eid.[80])

Soweit ein Sachverst. tatsächliche Angaben zur Begründung des Gutachtens macht, werden sie durch den Sachverständigeneid mit gedeckt. U 18/9 05, DR 9, 569. U 1/6 06, DR 10, 814. Vgl. A. 80.

79) Eine bestimmte Form ist für den allgemeinen Sachverständigeneid nicht vorgeschrieben. Gleichgültig ist es, ob dieser Eid vor einem Gericht oder vor einer Verwaltungsbehörde geleistet ist; desgl. ob er wörtlich die Eidesformel enthält, welche für die von den Sachverständigen vor Gericht in Sonderfällen abzuleistenden Eide vorgeschrieben ist, insofern nur der Inhalt des Eides die Annahme gestattet, daß durch die Berufung auf denselben das Gutachten als ein eidliches gelten muß. U 15/6 83, E 8, 357. Bei öffentlichen Beamten kann auch schon der allgemeine Beamten-Diensteid den allgemeinen Sachverständigeneid i. S. § 79 umfassen, so z. B. in Preußen bei den Kreis- und Gerichtsärzten, U 12/11 01, G 48, 442. U 18/6 09, E 42, 369, U 29/4 20, DR 25, 2289; in Sachsen bei den Gerichtsärzten (auch nach Wechsel der Dienststellung noch Berufung auf den Diensteid zulässig), U 27/10 14, DR 19, 274; in Württemberg bei den Oberamtsärzten, U 25/3 97, E 30, 33; in Baden bei den Bezirks- und Bezirksassistenzärzten, U 12/12 95, E 28, 41; in Mecklenburg-Schwerin beim Kreisphysikus, U 22/12 09, E 43, 158; in Bayern bei den Landgerichtsärzten, U 9/1 11, DR 15, 652. Vgl. wegen der im allgemeinen geleisteten Eide der Mitglieder der Sachverständigen-Kammern und -Vereine U 29/1 81, E 3, 326 und wegen der von den Handelskammern öffentlich angestellten und beeidigten Bücherrevisoren, sowie sonstigen Handelssachverständigen, U 18/12 11, E 45, 373; U 8/6 14, G 62, 159.

Daß der Sachverst. im allgemeinen beeidet ist, muß, bevor § 79 Abs. 2 zur Anwendung gebracht werden kann, im Einzelfall festgelegt werden. Wie dies geschehen soll, ist nicht vorgeschrieben; es kann also auch die eigene glaubhafte Angabe des Sachverst. oder die allgemeine Wissenschaft (Notorietät) für ausreichend erachtet werden. U 8/5 82, E 6, 267. Die Richtigkeit der bezüglichen Feststellung unterliegt jedoch stets der Nachprüfung des Revisionsgerichts. U 13/7 81, E 4, 388. Ein Sachverständiger, welcher nur für die Erstattung von Gutachten in den ihm von einem bestimmten Gericht zur Begutachtung übertragenen Sachen im allgemeinen beeidigt ist, kann sich vor anderen Gerichten auf diesen Eid nicht berufen. U 5/7 87 R 9, 408. U 12/11 01, G 48, 442. Vgl. U 15/12 04, E 37, 364. U 21/3 05, DR 9, 230 (Kreisarzt in Preußen). U 1/2 07, DR 11, 264 (Gerichtsarzt ebenda). Wenn ein kommissarisch vernommener Sachverst. bei dem ersuchten Gericht ein für allemal beeidigt ist, so genügt die Berufung auf den geleisteten Eid auch dann, wenn das Gutachten demnächst vor dem ersuchenden Gericht Verwendung findet.

§ **80.** Dem Sachverständigen kann auf sein Verlangen zur Vorbereitung des Gutachtens durch Vernehmung von Zeugen oder des Beschuldigten weitere Aufklärung verschafft werden.

Zu demselben Zwecke kann ihm gestattet werden, die Akten einzusehen, der Vernehmung von Zeugen oder des Beschuldigten beizuwohnen und an sie unmittelbar Fragen zu stellen.[81])

§ **81.** Zur Vorbereitung eines Gutachtens über den Geisteszustand des Angeschuldigten kann das Gericht auf Antrag eines Sachverständigen nach Anhörung des Verteidigers[82]) anordnen, daß der Angeschuldigte in eine öffentliche Irrenanstalt gebracht und dort beobachtet werde.[83])

U 20/11 94, E 26, 214. Vgl. U 11/6 94, G 42, 243. Mit der Niederlegung des Amtes als öffentlich bestellter Sachverst. verliert der Eid, welchen der betr. Sachverst. wegen dieses Amtes im allg. geleistet hat, seine Bedeutung und Wirkung. U 8/1 97, E 29, 300.

80) Der Sachverständige muß die Berufung auf den im allgemeinen geleisteten Eid selbst erklären; die bloße Verweisung desselben auf diesen Eid genügt nicht. U 10/12 80, E 3, 100. U 18/9 80, R 2, 216. U 27/4 82, E 6, 242. U 16/4 83, R 5, 250. U 14/1 84, R. 6, 34. Eine bestimmte Form ist für diese Berufung nicht vorgeschrieben, und es ist auch nicht notwendig, daß die Berufung dem Gutachten vorausgeht. U 6/4 80, E 1, 349. Das Protokoll muß die Angabe enthalten, daß der Sachverst. sich auf den Eid berufen hat. U 24/1 19, LZtg. 13, 717 Nr. 23.

Der Sachverständige, welcher nicht nur ein Gutachten erstattet, sondern zugleich als Zeuge über Tatsachen Auskunft gibt, muß sowohl den Sachverständigeneid als auch den Zeugeneid (§ 62) leisten. U 29/4 80, E 1, 402. U 23/12 80, R 2, 665 (Mitteilungen des Verletzten über die Entstehung seiner Verletzungen). Dagegen umfaßt der Sachverständigeneid alle Bekundungen des Sachverst. über Wahrnehmungen, die zur Begründung seines Gutachtens erforderlich sind. U 10/6 10, E 43, 437. U 24/6 10, E 44, 11. Andererseits deckt der Zeugeneid auch die Erstattung von Gutachten. U 17/12 20, E 55, 183. Vgl. A. 78.

81) Zum Zwecke der Vorbereitung des Gutachtens, bzw. der Aufklärung kann der Sachverständige auch dann der Vernehmung des Beschuldigten beiwohnen, wenn er zugleich als Zeuge vernommen werden soll. Die Bestimmung des § 243 ist hier nicht anwendbar. U 12/9 81, R 3, 496. Auch in der Hauptverhandlung ist die unmittelbare Befragung zulässig. U 28/8 13, G 61, 129.

82) Das Antragsrecht ist nur dem Sachverständigen, nicht auch dem Verteidiger eingeräumt. U 1/5 90, E 20, 378. Die Anhörung der Staatsanwaltschaft folgt aus § 33.

Dem Angeschuldigten, welcher einen Verteidiger nicht hat, ist ein solcher zu bestellen.[84])

Gegen den Beschluß findet sofortige Beschwerde statt. Sie hat aufschiebende Wirkung.[85])

Die Verwahrung in der Anstalt darf die Dauer von sechs Wochen nicht übersteigen[86])

§ 82) Im Vorverfahren hängt es von der Anordnung des Richters ab, ob die Sachverständigen ihr Gutachten schriftlich oder mündlich zu erstatten haben.

§ 83. Der Richter kann eine neue Begutachtung durch dieselben oder durch andere Sachverständige anordnen, wenn er das Gutachten für ungenügend erachtet.[87])

Der Richter kann die Begutachtung durch einen anderen Sachverständigen anordnen, wenn ein Sachverständiger nach Erstattung des Gutachtens mit Erfolg abgelehnt ist.[88])

In wichtigeren Fällen kann das Gutachten einer Fachbehörde eingeholt werden.[89])

---

83) Die Maßregel des § 81 Abs. 1 kann auf Antrag eines Sachverständigen auch dann getroffen werden, wenn es sich nur um denjenigen Geisteszustand des Angeschuldigten handelt, in welchem er sich zur Zeit der Tat befunden hat. U 1/5 90, E 20, 378.

84) Der hiernach bestellte Verteidiger ist ein notwendiger i. S. § 140. Vgl. § 218. U 10/12 03, E 37, 21.

85) Die Bestimmung des § 81 Abs. 3 wird durch § 305 eingeschränkt, so daß Beschlüsse, welche, der Urteilsfällung vorausgehend, von dem erkennenden Gericht gefaßt sind, nicht der Beschwerde, sondern nur den gegen das Endurteil zulässigen Rechtsmitteln unterliegen. U 1/5 90, E 20, 378.

86) Die sechswöchige Dauer der Verwahrung in einer öffentlichen Irrenanstalt darf nicht überschritten werden, selbst wenn auf Grund des § 83 eine neue Begutachtung über den Geisteszustand für notwendig erachtet werden sollte. U 13/7 92, E 23, 209. Ist letzteres der Fall, so kann der Angeschuldigte jedoch zur Vorbereitung eines anderweitigen Gutachtens über seinen Geisteszustand in Haft behalten und in ein anderes Gefängnis überführt werden. U 2/7 01, E 34, 306.

87) Ablehnung der Vernehmung neuer Sachverständigen aus dem Grunde, weil die Sache durch die bereits vernommenen Sachverständigen aufgeklärt sei, kann die Revision nicht begründen. U 20/5 80, R 1, 805.

88) Vgl. § 74.

89) Ablehnung eines auf Einholung eines solchen Gutachtens gerichteten Antrags kann die Revision nicht begründen. U 2/3 81, R, 3, 96.

§ **84.** Der Sachverständige hat nach Maßgabe der Gebührenordnung Anspruch auf Entschädigung für Zeitversäumnis, auf Erstattung der ihm verursachten Kosten und außerdem auf angemessene Vergütung für seine Mühewaltung.[90])

§ **85.** Soweit zum Beweise vergangener Tatsachen oder Zustände, zu deren Wahrnehmung eine besondere Sachkunde erforderlich war, sachkundige Personen zu vernehmen sind, kommen die Vorschriften über den Zeugenbeweis zur Anwendung.[91])

§ **86.**[92]) Findet die Einnahme eines richterlichen Augenscheins statt, so ist im Protokoll der vorgefundene Sachbestand festzustellen und darüber Auskunft zu geben, welche Spuren oder Merkmale, deren Vorhandensein nach der besonderen Beschaffenheit des Falles vermutet werden konnte, gefehlt haben.[93])

---

90) Vgl. § 413 ZPO und die Gebührenordnung für Zeugen und Sachverständige vom 13/3 22 usw. im Anhang II.

91) Vgl. A. zu § 79. Die Ablehnung eines Antrags auf Vernehmung eines sachverst. Zeugen ist unstatthaft, wenn sie eine unzulässige Vorwegnahme des Beweisergebnisses enthält. U 6/5 24, JW. 53, 1760.

92) Über das Recht der Staatsanwaltschaft, des Angeschuldigten und des Verteidigers auf Anwesenheit bei Einnahme des Augenscheins s. §§ 193, 224, 225, 369, 385 (Privatkläger), 397 (Nebenkläger) und über die Berechtigung des Angeschuldigten, seinerseits Sachverständige für die Einnahme des Augenscheins in Vorschlag zu bringen, bzw. selbst zu laden, § 195.

93) Ob überhaupt zur besseren Vorbereitung der Hauptverhandl. ein richterl. Augenschein aufzunehmen, hängt vom Ermessen des Gerichts ab, das auch da, wo die Feststellung örtlicher Verhältnisse in Frage steht, von richterl. Augenscheinseinnahme absehen und sich statt dessen anderer Beweismittel, insbesondere des Zeugenbeweises bedienen kann. U 28/9 81, R 3, 544. U 16/12 90, E 21, 225 (Kostenersparnis). U 7/10 02, DR 6, 561. S. A. 37 zu § 244. Der im § 86 angeordneten protokollar. Feststellung des Sachbestandes bedarf es nur dann, wenn die Einnahme des Augenscheins im Vorverfahren oder wenn sie im Hauptverf. nach Maßgabe des § 225 stattgefunden hat, nicht aber, wenn in der Hauptverhandl. von dem erkennenden Gericht ein Augenschein eingenommen wird. U 3/12 94, E 26, 277.

§ 87.[94]) Die richterliche Leichenschau wird unter Zuziehung eines Arztes, die Leichenöffnung im Beisein des Richters von zwei Ärzten, unter welchen sich ein Gerichtsarzt befinden muß, vorgenommen. Dem Arzte, welcher den Verstorbenen in der dem Tode unmittelbar vorausgegangenen Krankheit behandelt hat, ist die Leichenöffnung nicht zu übertragen. Er kann jedoch aufgefordert werden, der Leichenöffnung anzuwohnen, um aus der Krankheitsgeschichte Aufschlüsse zu geben.

Die Zuziehung eines Arztes kann bei der Leichenschau unterbleiben, wenn sie nach dem Ermessen des Richters entbehrlich ist.

Behufs der Besichtigung oder Öffnung einer schon beerdigten Leiche ist ihre Ausgrabung statthaft.

§ 88. Vor der Leichenöffnung ist, wenn nicht besondere Hindernisse entgegenstehen, die Persönlichkeit des Verstorbenen, insbesondere durch Befragung von Personen, welche den Verstorbenen gekannt haben, festzustellen. Ist ein Beschuldigter vorhanden, so ist ihm die Leiche zur Anerkennung vorzuzeigen.

§ 89. Die Leichenöffnung muß sich, soweit der Zustand der Leiche dies gestattet, stets auf die Öffnung der Kopf-, Brust- und Bauchhöhle erstrecken.

§ 90.[95]) Bei Öffnung der Leiche eines neugeborenen Kindes ist die Untersuchung insbesondere auch darauf zu richten, ob es nach oder während der Geburt gelebt habe, und ob es reif oder wenigstens fähig gewesen sei, das Leben außerhalb des Mutterleibes fortzusetzen.

§ 91.[96]) Liegt der Verdacht einer Vergiftung vor, so ist die Untersuchung der in der Leiche oder sonst gefundenen verdächtigen Stoffe durch einen Chemiker oder durch eine für solche Untersuchungen bestehende Fachbehörde vorzunehmen.

---

94) Wegen des Verfahrens bei Tötung auf Schiffen s. § 126 SeemO.

95) Vgl. § 217 StGB und hierzu über den Begriff: „während der Geburt" U 8/6 80, E 1, 44. U 29/9 83, E 9, 131.

96) Vgl. §§ 229, 230, 324, 367 Nr. 3 und 5 StGB.

Der Richter kann anordnen, daß diese Untersuchung unter Mitwirkung oder Leitung eines Arztes stattzufinden habe.

§ **92.**[97]) Bei Münzverbrechen und Münzvergehen sind die Münzen oder Papiere erforderlichenfalls der Behörde vorzulegen, von welcher echte Münzen oder Papiere dieser Art in Umlauf gesetzt werden. Das Gutachten dieser Behörde ist über die Unechtheit oder Verfälschung sowie darüber einzuholen, in welcher Art die Fälschung mutmaßlich begangen worden sei.

Handelt es sich um ausländische Münzen oder Papiere, so kann an Stelle des Gutachtens der ausländischen Behörde das einer deutschen erfordert werden.

§ **93.** Zur Ermittelung der Echtheit oder Unechtheit eines Schriftstücks, sowie zur Ermittelung seines Urhebers kann eine Schriftvergleichung unter Zuziehung von Sachverständigen vorgenommen werden.[98])

8. Abschnitt. Beschlagnahme und Durchsuchung.*)

§ **94.** Gegenstände, welche als Beweismittel für die Untersuchung von Bedeutung sein können oder der Ein-

---

97) Wegen der Münzverbrechen und Münzvergehen s. §§ 146 bis 152 StGB. Vgl. Gesetz betr. den Schutz des zur Anfertigung von Reichskassenscheinen verwendeten Papiers gegen unbefugte Nachahmung v. 26/5 85 (RGBl S. 165); Bundesratsbeschl 24/3 76 betr. die Behandlung gefälschter Kassenscheine; Bek. des Reichskanzlers betr. die Behandlung der bei Reichs- und Landeskassen eingehenden falschen Reichsmünzen v. 9/5 76 (RZBl S. 260) und V 6/6 76 (Reichsanz. 1876 Nr. 234) und betr. der Reichsbanknoten V. 20/3 77.

98) Wesentliches Erfordernis der Schriftvergleichung ist eine zur Vergleichung geeignete (§ 441 ZPO) Schrift. Geeignet ist aber nur eine solche Schrift, von der feststeht, daß sie von demjenigen geschrieben ist, dessen Handschrift in dem den Gegenstand der Beweisaufnahme bildenden Schriftstücke ermittelt und festgestellt werden soll. U 25/2 87, E 15, 319.

*) Die Bestimmungen der §§ 94 ff. betreffen lediglich die zum Zweck eines Strafverfahrens erforderlichen und zulässigen Beschlagnahmen und Durchsuchungen. U 16/11 85, E 13, 44. U 3/5 12, DR 16, 1861. Ein Beschlagnahmebeschluß kann daher auch im sog. objektiven Verfahren (§§ 430 ff.) erlassen werden. U 13/12 10, E 44, 279. Bei Maßregeln vorbeugender Natur, bei denen die Frage, ob eine strafbare

ziehung unterliegen, sind in Verwahrung zu nehmen oder in anderer Weise sicherzustellen.

Befinden sich die Gegenstände in dem Gewahrsam einer Person und werden sie nicht freiwillig herausgegeben, so bedarf es der Beschlagnahme.[99])

§ **95.** Wer einen Gegenstand der vorbezeichneten Art in seinem Gewahrsam hat, ist verpflichtet, ihn auf Erfordern vorzulegen und auszuliefern.

Er kann im Falle der Weigerung durch die im § 70 bestimmten Zwangsmittel hierzu angehalten werden. Gegen Personen, welche zur Verweigerung des Zeugnisses berechtigt sind,[100]) finden diese Zwangsmittel keine Anwendung.

Handlung begangen ist, zunächst ganz außer Betracht bleibt, sind die in den §§ 94ff. enthaltenen Bestimmungen über die Beschlagnahme überhaupt nicht heranzuziehen. Dies gilt z. B. betr. Beschlagnahmen von Nahrungsmitteln, welche die der Polizeibehörde zustehende Entscheidung über die Zulassung der letzteren zum Marktverkehr vorbereiten sollen, U 23/10 83, E 9, 121. Vgl. U 9/1 85, R 7, 25; desgl. betr. der Befugnis der Sicherheitsbeamten zur Festnahme einer Person zwecks Aufrechterhaltung der öffentlichen Ruhe und Sicherheit, U 13/4 81, E 4, 102. U 29/9 84, E 11, 102; desgl. betr. der Befugnis der Landjäger zur vorübergehenden Wegnahme eines im erlaubten Eigentumsbesitz befindlichen Gegenstandes, wenn sie zur Erhaltung der öffentlichen Ruhe, Sicherheit und Ordnung erforderlich wird. U 5/11 81, E 5, 297. U 20/3 83, E 8, 291; desgl. betr. der Befugnis eines Polizeibeamten zur Beschlagnahme von Waren, die einer Absatzbeschränkung unterliegen. U 26/6 18, E 52, 117. — Beschlagnahme und Durchsuchung sind übrigens durch das Gesetz vom 31/3 73 in dem Disziplinarverfahren gegen Reichsbeamte (jetzt Reichsbeamtengesetz vom 18/5 07) nicht ausgeschlossen und sind auch in dem Disziplinarverfahren gegen Rechtsanwälte gesetzlich zulässige Maßregeln. U 13/6 84, E 10, 425.

99) Die Beschlagnahme erfordert außer der Anordnung einen weiteren Ausführungsakt, durch welchen die erstere nach außen hin als eine in Vollzug gesetzte amtliche Maßregel zur Verstrickung der Sache gekennzeichnet wird. Besondere Förmlichkeiten, insbesondere Besitzergreifung der Sache, sind nicht erforderlich. U 19/6 88, E 18, 71. Im Falle der Verhaftung oder vorläufigen Festnahme einer Person findet eine besondere Beschlagnahme der Sachen, welche die Person im Augenblick der Verhaftung oder Festnahme bei sich trägt, nicht statt; diese Sachen gehen vielmehr mit dem Verhafteten von selbst in den polizeilichen, bzw. richterlichen Gewahrsam über. U 20/3 83, E 8, 288.

100) Vgl. §§ 52, 53.

§ **96.** Die Vorlegung oder Auslieferung von Akten oder anderen in amtlicher Verwahrung befindlichen Schriftstücken durch Behörden und öffentliche Beamte darf nicht gefordert werden, wenn deren oberste Dienstbehörde erklärt, daß das Bekanntwerden des Inhalts dieser Akten oder Schriftstücke dem Wohle des Reichs oder eines deutschen Landes Nachteil bereiten würde.

§ **97.** Schriftliche Mitteilungen zwischen dem Beschuldigten[1]) und den Personen, die wegen ihres Verhältnisses zu ihm nach §§ 52, 53 zur Verweigerung des Zeugnisses berechtigt sind, unterliegen der Beschlagnahme nicht, falls sie sich in den Händen der letzteren Personen befinden[2]) und diese nicht einer Teilnahme, Begünstigung oder Hehlerei verdächtig sind.[3])

§ **98.** Die Anordnung von Beschlagnahmen steht dem Richter,[4]) bei Gefahr im Verzug[5]) auch der Staatsanwaltschaft und den Polizei- und Sicherheitsbeamten zu, welche als Hilfsbeamte der Staatsanwaltschaft ihren Anordnungen Folge zu leisten haben.[6])

---

1) Der Ausdruck Beschuldigter ist hier im weiteren Sinne gebraucht und umfaßt auch den Verdächtigen. U 8/12 17, E 50, 241.

2) Unter den „letzteren Personen" sind nur solche Personen zu verstehen, welche die betreffende Mitteilung selbst erhalten haben. Auf Mitteilungen, welche an den Beschuldigten gerichtet waren und von diesem in die Hände einer dritten Person gelangten, findet das Verbot der Beschlagnahme keine Anwendung. U 27/3 96, E 28, 285.

3) Unter Verletzung des § 97 beschlagnahmte schriftliche Mitteilungen dürfen in der Hauptverhandlung z. B. bei der Schriftvergleichung und bei der Urteilsfällung nicht verwertet werden, selbst wenn ihr Inhalt für die Untersuchung nicht von Bedeutung sein sollte. U 7/11 89, E 20, 91. Vgl. ferner U 3/6 13, E 47, 195 (Briefe zwischen dem Beschuldigten und seiner Frau).

4) Während des Revisionsverfahrens ist die mit der Sache befaßte Strafkammer (das Schöffengericht) zu richterlichen Anordnungen betr. Beschlagnahme zuständig. Beschl 24/11 19, E 54, 165.

5) Darüber, ob für die Vornahme einer Beschlagnahme oder Durchsuchung eine Gefahr im Verzuge vorgelegen hat, steht dem Richter eine Nachprüfung nicht zu. U 1/12 92, E 23, 334.

6) Hilfsbeamte der Staatsanwaltschaft sind die Beamten des Polizei- und Sicherheitsdienstes (§ 152 GVG). Wegen der Zuständigkeit der Grenzzollbeamten und Landjäger für

Ist die Beschlagnahme ohne richterliche Anordnung erfolgt, so soll der Beamte, welcher die Beschlagnahme angeordnet hat, binnen drei Tagen die richterliche Bestätigung nachsuchen, wenn bei der Beschlagnahme weder der davon Betroffene noch ein erwachsener Angehöriger anwesend war, oder wenn der Betroffene und im Falle seiner Abwesenheit ein erwachsener Angehöriger des Betroffenen gegen die Beschlagnahme ausdrücklichen Widerspruch erhoben hat. Der Betroffene kann jederzeit die richterliche Entscheidung nachsuchen. Solange die öffentliche Klage noch nicht erhoben ist, erfolgt die Entscheidung durch den Amtsrichter, in dessen Bezirk die Beschlagnahme stattgefunden hat.

Ist nach erhobener öffentlicher Klage die Beschlagnahme durch die Staatsanwaltschaft oder einen Polizei- oder Sicherheitsbeamten erfolgt, so ist binnen drei Tagen dem Richter von der Beschlagnahme Anzeige zu machen und sind ihm die in Beschlag genommenen Gegenstände zur Verfügung zu stellen.

Beschlagnahmen in militärischen Dienstgebäuden, zu welchen auch Kriegsfahrzeuge gehören, erfolgen durch Ersuchen der Militärbehörde, und auf Verlangen der Zivilbehörde (Richter, Staatsanwaltschaft) unter deren Mitwirkung. Des Ersuchens der Militärbehörde bedarf es jedoch nicht, wenn die Beschlagnahme in Räumen vorzunehmen ist, welche in militärischen Dienstgebäuden ausschließlich von Zivilpersonen[7]) bewohnt werden.

§ **99.**[8]) Zulässig ist die Beschlagnahme der an den Beschuldigten gerichteten Briefe und Sendungen auf der Post sowie der an ihn gerichteten Telegramme auf den Telegraphenanstalten; desgleichen ist zulässig an den be-

die Beschlagnahme verbotswidrig aus dem Auslande eingeführter Gegenstände s. U 4/7 90, E 21, 47 und wegen der Zuständigkeit der Pr. Gemeindevorsteher zu Beschlagnahmen U 24/2 91, E 21, 424. Wegen einer Ausnahme von § 98 Abs. 1 s. § 108.

7) Als Zivilpersonen i. S. § 98 sind auch die Zivilbeamten der Verwaltungsbehörden des Reichsheeres anzusehen. Verordg. des Reichspräsidenten über Rang- und Dienstverhältnis der Reichsheeresbeamten, vom 19/2 21 zu B. (Heeresverordgsbl. S. 49.)

8) Vgl. § 5 Postges v. 28/10 71 und § 8 Telegraphen-Ges v. 6/4 92.

zeichneten Orten die Beschlagnahme solcher Briefe, Sendungen und Telegramme, in betreff derer Tatsachen vorliegen, aus welchen zu schließen ist, daß sie von dem Beschuldigten herrühren oder für ihn bestimmt sind und daß ihr Inhalt für die Untersuchung Bedeutung habe.

§ 100. Zu der Beschlagnahme (§ 99) ist nur der Richter, bei Gefahr im Verzug und, wenn die Untersuchung nicht bloß eine Übertretung betrifft, auch die Staatsanwaltschaft befugt. Die letztere muß jedoch den ihr ausgelieferten Gegenstand sofort, und zwar Briefe und andere Postsendungen uneröffnet, dem Richter vorlegen.

Die von der Staatsanwaltschaft verfügte Beschlagnahme tritt, auch wenn sie eine Auslieferung noch nicht zur Folge gehabt hat, außer Kraft, wenn sie nicht binnen drei Tagen von dem Richter bestätigt wird.

Die Entscheidung über eine von der Staatsanwaltschaft verfügte Beschlagnahme sowie über die Eröffnung eines ausgelieferten Briefes oder einer anderen Postsendung erfolgt durch den zuständigen Richter (§ 98).

§ 101. Von den getroffenen Maßregeln (§§ 99, 100) sind die Beteiligten zu benachrichtigen, sobald dies ohne Gefährdung des Untersuchungszweckes geschehen kann.

Sendungen, deren Eröffnung nicht angeordnet worden, sind den Beteiligten sofort auszuantworten. Dasselbe gilt, soweit nach der Eröffnung die Zurückbehaltung nicht erforderlich ist.

Der Teil eines zurückbehaltenen Briefes, dessen Vorenthaltung nicht durch die Rücksicht auf die Untersuchung geboten erscheint, ist dem Empfangsberechtigten abschriftlich mitzuteilen.

§ 102. Bei dem, welcher als Täter oder Teilnehmer einer strafbaren Handlung oder als Begünstiger oder Hehler[9]) verdächtig ist,[10]) kann eine Durchsuchung der

---

9) Die Aufzählung (Täter, Teilnehmer, Begünstiger, Hehler) bezweckt hier nur eine Bezeichnung aller derjenigen Personen, gegen welche als Beteiligte bei der festzustellenden Straftat das Verfahren schwebt oder gerichtet werden kann. Die Fälle der sog. notwendigen Teilnahme, in welchen der Teilnehmer straflos ist, sind vom § 102 nicht mitumfaßt. U 11/6 86, E 14, 189.

Wohnung und anderer Räume[11]) sowie seiner Person und der ihm gehörigen Sachen sowohl zum Zwecke seiner Ergreifung, als auch dann vorgenommen werden, wenn zu vermuten ist, daß die Durchsuchung zur Auffindung von Beweismitteln führen werde.

§ **103.** Bei anderen Personen sind Durchsuchungen nur behufs der Ergreifung des Beschuldigten oder behufs der Verfolgung von Spuren einer strafbaren Handlung[12]) oder behufs der Beschlagnahme bestimmter Gegenstände und nur dann zulässig, wenn Tatsachen vorliegen, aus denen zu schließen ist, daß die gesuchte Person, Spur oder Sache sich in den zu durchsuchenden Räumen befinde.

Diese Beschränkung findet keine Anwendung auf die Räume, in welchen der Beschuldigte ergriffen worden ist, oder welche er während der Verfolgung betreten hat, oder in welchen eine unter Polizeiaufsicht stehende Person[13]) wohnt oder sich aufhält.

§ **104.** Zur Nachtzeit dürfen die Wohnung, die Geschäftsräume und das befriedete Besitztum nur bei Verfolgung auf frischer Tat oder bei Gefahr im Verzug oder dann durchsucht werden, wenn es sich um die Wiederergreifung eines entwichenen Gefangenen[14]) handelt.

---

10) Für die Zulässigkeit der Durchsuchung einer Person wird nach § 102 vorausgesetzt, daß diese Person als Täter oder Teilnehmer einer bereits begangenen strafbaren Tat verdächtig ist; der Verdacht, daß eine strafbare Handlung erst begangen werde, berechtigt nicht zur Durchsuchung. Das Gegenteil folgt auch nicht aus Art. 102 des bayer. Ausführungsges z. StPO v. 18/8 79, da es sich dort nur um vorläufige, vorbeugend-polizeiliche Maßregeln handelt. U 1/5 82, R 4, 415.

11) Nicht jedes Eindringen eines Beamten in die Wohnungsräume eines anderen kann als Durchsuchung der letzteren angesehen werden, bei welcher die Vorschriften der StPO über Anordnung und Ausführung von Haussuchungen zu beobachten wären. U 22/2 81, R 3, 63 (Betreten einer Wohnung durch Beamte der Sittenpolizei zur Ermittlung des Aufenthalts liederlicher Frauenzimmer). Vgl. U 23/3 80, R 1, 502. U 20/3 83, E 8, 283 (A. * zu § 94).

12) Dahin gehört auch die ärztliche Untersuchung des Körpers zur Feststellung eines geschlechtl. Mißbrauchs. U 11/6 86, E 14, 189. Vgl. U 20/9 09, E 42, 440.

13) Wegen der unter Polizeiaufsicht stehenden Personen vgl. §§ 38, 39 StGB.

Diese Beschränkung findet keine Anwendung auf Wohnungen von Personen, welche unter Polizeiaufsicht stehen, sowie auf Räume, welche zur Nachtzeit jedermann zugänglich oder welche der Polizei als Herbergen oder Versammlungsorte bestrafter Personen, als Niederlagen von Sachen, welche mittels strafbarer Handlungen erlangt sind, oder als Schlupfwinkel des Glücksspiels oder gewerbsmäßiger Unzucht bekannt sind.

Die Nachtzeit umfaßt in dem Zeitraume vom ersten April bis dreißigsten September die Stunden von neun Uhr abends bis vier Uhr morgens und in dem Zeitraume vom ersten Oktober bis einunddreißigsten März die Stunden von neun Uhr abends bis sechs Uhr morgens.

§ **105.** Die Anordnung von Durchsuchungen steht dem Richter, bei Gefahr im Verzug auch der Staatsanwaltschaft und den Polizei- und Sicherheitsbeamten zu, welche als Hilfsbeamte der Staatsanwaltschaft ihren Anordnungen Folge zu leisten haben.

Wenn eine Durchsuchung der Wohnung, der Geschäftsräume oder des befriedeten Besitztums[15]) ohne Beisein des Richters oder des Staatsanwalts stattfindet, so sind, wenn dies möglich,[16]) ein Gemeindebeamter[17]) oder zwei Mit-

---

14) Gefangene sind alle diejenigen Personen, denen in förmlich gesetzlich gebilligter Weise (Haftbefehl oder vorläufige Festnahme) aus Gründen des öffentl. Interesses die persönliche Freiheit entzogen ist und die sich deshalb in der Gewalt der zuständigen Behörden oder Beamten befinden. U 19/4 82, R 4, 356. U 1/5 85, E 12, 162 (Personen, welche auf gerichtlichen Vorführungsbefehl zu einem Termin gebracht werden). U 12/10 85, E 12, 426. U 20/6 89, E 19, 330 (Untersuchungsgefangene während ihres Aufenthalts in einer Krankenanstalt. § 461 StPO.). U 12/10 85, E 12, 426 (von Polizeibeamten behufs Feststellung ihres Namens vorläufig festgenommene Personen). Der von einer Privatperson Festgenommene wird erst dann ein Gefangener, wenn er an einen Beamten abgeliefert und von diesem übernommen ist. U 1/5 85, E 12, 162. U 19/1 86, E 13, 254.

15) Die in einem befriedeten Besitztum vorgenommene Vergleichung des Viehbestandes mit dem zur Verhütung der Rinderpest aufgenommenen Viehregister ist keine Durchsuchung, bei welcher die Förmlichkeiten des § 105 zu beachten wären. U 19/10 80, R 2, 351.

16) Für die Gesetzmäßigkeit der Durchsuchung in diesem Fall ist nicht die absolute Unmöglichkeit der Zuziehung eines Gemeinde-

glieder der Gemeinde, in deren Bezirk die Durchsuchung erfolgt, zuzuziehen. Die als Gemeindemitglieder zugezogenen Personen dürfen nicht Polizei- oder Sicherheitsbeamte sein.

Die in den vorstehenden Absätzen angeordneten Beschränkungen der Durchsuchung finden keine Anwendung auf die im § 104 Abs. 2 bezeichneten Wohnungen und Räume.18)

Durchsuchungen in militärischen Dienstgebäuden erfolgen durch Ersuchen der Militärbehörde, und auf Verlangen der Zivilbehörde (Richter, Staatsanwaltschaft) unter deren Mitwirkung. Des Ersuchens der Militärbehörde bedarf es jedoch nicht, wenn die Durchsuchung von Räumen vorzunehmen ist, welche in militärischen Dienstgebäuden ausschließlich von Zivilpersonen19) bewohnt werden.

§ **106.** Der Inhaber der zu durchsuchenden Räume oder Gegenstände darf der Durchsuchung beiwohnen. Ist er abwesend, so ist, wenn dies möglich,20) sein Vertreter oder ein erwachsener Angehöriger, Hausgenosse oder Nachbar zuzuziehen.

Dem Inhaber oder der in dessen Abwesenheit zugezogenen Person ist in den Fällen des § 103 Abs. 1 der Zweck der Durchsuchung vor deren Beginn bekannt zu machen. Diese Vorschrift findet keine Anwendung auf die Inhaber der im § 104 Abs. 2 bezeichneten Räume.21)

§ **107.** Dem von der Durchsuchung Betroffenen22) ist

---

beamten usw. eine unerläßliche Voraussetzung; es genügt, wenn die Zuziehung ohne Gefährdung des Erfolges der Durchsuchung nicht möglich ist. U 24/1 05, DR 9, 113. Vgl. U 24/5 84, R 6, 366. U 29/9 85, R 7, 544. U 1/10 20, E 55, 165.

17) Die Zuziehung des Gemeindevorstandes ist nicht erforderlich. U 11/11 02, DR 6, 619.

18) Vgl. U 11/1 81, E 3, 185 (Durchsuchung von Schlupfwinkeln gewerbsmäßiger Unzucht durch Polizeibeamte).

19) Vgl. A. 7 zu § 98.

20) Der Inhaber der zu durchsuchenden Räume verliert das Recht, der Durchsuchung beizuwohnen, wenn er sich eines unter die Bestimmung des § 164 fallenden Verhaltens schuldig macht. U 4/5 00, E 33, 251.

21) Vgl. U 11/1 81, E 3, 185. S. A. 18 zu § 105.

22) Vgl. §§ 102 ff.

nach deren Beendigung auf Verlangen eine schriftliche Mitteilung zu machen, welche den Grund der Durchsuchung (§§ 102, 103) sowie im Falle des § 102[23]) die strafbare Handlung bezeichnen muß. Auch ist ihm auf Verlangen ein Verzeichnis der in Verwahrung oder in Beschlag genommenen Gegenstände, falls aber nichts Verdächtiges gefunden wird, eine Bescheinigung hierüber zu geben.

§ **108.** Werden bei Gelegenheit einer Durchsuchung Gegenstände gefunden, welche zwar in keiner Beziehung zu der Untersuchung stehen, aber auf die erfolgte Verübung einer anderen strafbaren Handlung hindeuten, so sind sie einstweilen in Beschlag zu nehmen. Der Staatsanwaltschaft ist hiervon Kenntnis zu geben.[24])

§ **109.** Die in Verwahrung oder in Beschlag genommenen Gegenstände sind genau zu verzeichnen und zur Verhütung von Verwechslungen durch amtliche Siegel oder in sonst geeigneter Weise kenntlich zu machen.[25])

§ **110.** Eine Durchsicht der Papiere des von der Durchsuchung Betroffenen steht nur dem Richter zu.

Andere Beamte sind zur Durchsicht der aufgefundenen Papiere nur dann befugt, wenn der Inhaber die Durchsicht genehmigt. Anderenfalls haben sie die Papiere, deren Durchsicht sie für geboten erachten, in einem Umschlage, welcher in Gegenwart des Inhabers[26]) mit dem Amtssiegel zu verschließen ist, an den Richter abzuliefern.

Dem Inhaber der Papiere oder dessen Vertreter ist die Beidrückung seines Siegels gestattet; auch ist er, falls demnächst die Entsiegelung und Durchsicht der Papiere angeordnet wird, wenn dies möglich, aufzufordern, ihr beizuwohnen.

Der Richter hat die zu einer strafbaren Handlung in Beziehung stehenden Papiere der Staatsanwaltschaft mitzuteilen.

---

23) Vgl. A. 10 zu § 102.

24) Ausnahme von § 98 Abs. 1. Wegen der auch hier erforderlichen richterlichen Bestätigung s. § 98 Abs. 2.

25) Wegen der Befugnis des Inhabers der in Verwahrung genommenen Sachen zur Beidrückung seines Siegels s. § 110 Abs. 2.

26) oder dessen Vertreters. Vgl. §§ 106, 110 Abs. 2.

§ 111. Gegenstände, welche durch die strafbare Handlung dem Verletzten entzogen wurden,[27]) sind, falls nicht Ansprüche Dritter entgegenstehen,[28]) nach Beendigung der Untersuchung und geeignetenfalls schon vorher von Amts wegen dem Verletzten zurückzugeben, ohne daß es eines Urteils hierüber bedarf.

Dem Beteiligten bleibt die Geltendmachung seiner Rechte im Zivilverfahren vorbehalten.

9. Abschnitt. Verhaftung und vorläufige Festnahme.*)

§ 112. Der Angeschuldigte darf nur dann in Untersuchungshaft genommen werden,[29]) wenn dringende Ver-

---

27) Die Bestimmung des § 111 bezieht sich lediglich auf solche Gegenstände, welche durch die strafb. Handlung dem Verletzten entzogen sind, nicht aber auf solche Sachen, welche vom Beschuldigten mit entwendetem Gelde angeschafft wurden. U 12/1 80, E 1, 144. Deshalb ist ein in gerichtl. Verwahrung genommener Geldbetrag, welchen Angekl. aus dem Erlöse von ihm unterschlagener und umgewechselter Banknoten empfangen hatte, nicht an den Verletzten zurückzugeben. U 3/6 80, R 2, 20. Dagegen fallen die auf die entzogenen und vom Täter versetzten Gegenstände sich beziehenden Pfandscheine, da sie unmittelbar den entwendeten Gegenstand vertreten, unter die Bestimmung des § 111. U 5/7 80, R 2, 163. Über die Anwendung des § 111 auf Hehlerei s. U 25/3 89, E 19, 98

28) Für die Fälle, in denen der Fiskus einen Anspruch auf den einzuziehenden Gegenstand hat, ist zu bemerken, daß dem Fiskus vor der Verurteilung noch kein erworbenes Recht zusteht, sein Recht auf die Sache vielmehr erst mit dem Ausspruch der Beschlagnahme als Nebenstrafe entsteht. Das Eigentum der beschlagnahmten Sache geht vor der Rechtskraft des auf Einziehung lautenden Urteils nicht auf den Fiskus über. U 2/7 88, E 18, 43.

*) Über Verhaftung und vorläufige Festnahme s. noch §§ 207, 212, 230, 236, 295 StPO und § 183 GVG. Wegen der Verhaftung von Mitgliedern des Reichstages s. Art. 37 ReichsVerf (abgedruckt S. 2) und betr. der auf Schiffen begangenen strafbaren Handlungen § 127 SeemO. Wegen der Vorführung des Beschuldigten s. §§ 133, 134 und wegen des sicheren Geleites § 295. Wegen der Militärpersonen vgl. § 9 Abs. 1 Ges. betr. Aufhebung der Militärgerichtsbarkeit. Anhang IV.

29) Wegen der Ausführung der Untersuchungshaft s. § 116. Für Jugendliche enthält § 28 Jugendgerichtsges v. 16/2 23 besondere Bestimmungen.

dachtsgründe gegen ihn vorhanden sind und entweder er der Flucht verdächtig ist oder Tatsachen vorliegen, aus denen zu schließen ist, daß er Spuren der Tat vernichten oder daß er Zeugen oder Mitschuldige zu einer falschen Aussage oder Zeugen dazu verleiten werde, sich der Zeugnispflicht zu entziehen. Diese Tatsachen sind aktenkundig zu machen.

Der Verdacht der Flucht bedarf keiner weiteren Begründung:

1. wenn ein Verbrechen[30]) den Gegenstand der Untersuchung bildet;
2. wenn der Angeschuldigte ein Heimatloser[31]) oder Landstreicher[32]) oder nicht imstande ist, sich über seine Person auszuweisen;
3. wenn der Angeschuldigte ein Ausländer[33]) ist und begründeter Zweifel besteht, daß er sich auf Ladung vor Gericht stellen und dem Urteile Folge leisten werde.

§ 113. Ist die Tat nur mit Haft oder mit Geldstrafe bedroht, so darf die Untersuchungshaft nur wegen Verdachts der Flucht und nur dann verhängt werden, wenn der Angeschuldigte zu den in § 112 Nr. 2 oder 3 bezeichneten Personen gehört, oder wenn er unter Polizeiaufsicht steht,[34]) oder wenn es sich um eine Übertretung handelt,

---

30) Ein Verbrechen ist nach § 1 Abs. 1 StGB: „jede mit dem Tode, mit Zuchthaus, oder mit Festungshaft von mehr als fünf Jahren bedrohte Handlung". Vgl. hierzu U 22/11 80, E 3, 52, wo ausgeführt wird, daß für die Einteilung der strafbaren Handlungen die an sich höchste Strafandrohung den maßgebenden Umstand bildet, und zwar die Strafandrohung, welche die Handlung, den Tätigkeitsakt als solchen trifft, daß dagegen neben diesen objektiven Merkmalen die in der Person des einzelnen Angeklagten etwa liegenden subjektiven Gründe (mildernde Umstände, jugendliches Alter) für die Strafbestimmung nicht in Betracht kommen.

31) Wegen des Begriffes Heimatloser vgl. die Vorschriften des Ges über die Freizügigkeit v. 1. Nov. 67 (BGBl S. 55).

32) Wegen des Landstreichens s. § 361 StGB.

33) Wegen des Begriffes Ausländer s. A. 13 zu § 9.

34) Wegen der Polizeiaufsicht s. § 38 StGB.

wegen deren die Überweisung an die Landespolizeibehörde erkannt werden kann.[35])

§ **114.** Die Verhaftung erfolgt auf Grund eines schriftlichen Haftbefehls des Richters.[36])

In dem Haftbefehl ist der Angeschuldigte genau zu bezeichnen und die ihm zur Last gelegte strafbare Handlung sowie der Grund der Verhaftung anzugeben.

Dem Angeschuldigten ist der Haftbefehl bei der Verhaftung[37]) und, wenn dies nicht tunlich ist, spätestens am Tage nach seiner Einlieferung in das Gefängnis, nach Vorschrift des § 35 bekannt zu machen und zu eröffnen, daß ihm das Rechtsmittel der Beschwerde zustehe.[38])

§ **115.** Der Verhaftete muß spätestens am Tage nach seiner Einlieferung in das Gefängnis durch einen Richter über den Gegenstand der Beschuldigung gehört werden.

§ **116.** Der Verhaftete soll, soweit möglich, von anderen gesondert und nicht in demselben Raume mit Strafgefangenen verwahrt werden. Mit seiner Zustimmung kann von dieser Vorschrift abgesehen werden.

Dem Verhafteten dürfen nur solche Beschränkungen auferlegt werden, welche zur Sicherung des Zweckes der Haft oder zur Aufrechthaltung der Ordnung im Gefängnisse notwendig sind.

Bequemlichkeiten und Beschäftigungen, die dem Stande und den Vermögensverhältnissen des Verhafteten entsprechen, darf er sich auf seine Kosten verschaffen, soweit sie mit dem Zwecke der Haft vereinbar sind und weder die Ordnung im Gefängnisse stören noch die Sicherheit gefährden.

---

35) Die Übertretungen, wegen deren die Überweisung an die Landespolizeibehörde erkannt werden kann, sind nach § 362 StGB die daselbst im § 361 Nr. 3 bis 8 vorgesehenen Übertretungen.

36) Vgl. wegen der Befugnis der Staatsanwaltschaft, zum Zweck der Strafvollstreckung einen Haftbefehl zu erlassen, § 457 und darüber, welcher Richter zur Erlassung des Haftbefehls befugt ist, § 124.

37) Die Rechtmäßigkeit der Verhaftung ist von der vorgängigen Zustellung bzw. Verkündung des Haftbefehls nicht abhängig. U 4/6 86, R 8, 424.

38) Wegen der Beschwerde s. §§ 304 ff.

Fesseln dürfen im Gefängnisse dem Verhafteten nur dann angelegt werden, wenn es wegen besonderer Gefährlichkeit seiner Person, namentlich zur Sicherung anderer erforderlich erscheint, oder wenn er einen Selbstentleibungs- oder Entweichungsversuch gemacht oder vorbereitet hat. Bei der Hauptverhandlung soll er ungefesselt sein.[39])

Die nach Maßgabe vorstehender Bestimmungen erforderlichen Verfügungen hat der Richter zu treffen. Die in dringenden Fällen von anderen Beamten getroffenen Anordnungen unterliegen der Genehmigung des Richters.

§ 117. Ein Angeschuldigter, dessen Verhaftung lediglich wegen des Verdachts der Flucht angeordnet ist, kann gegen Sicherheitsleistung mit der Untersuchungshaft verschont werden.[40])

§ 118. Die Sicherheitsleistung ist durch Hinterlegung in barem Gelde oder in Wertpapieren oder durch Pfandbestellung oder mittels Bürgschaft geeigneter Personen zu bewirken.

Die Höhe und die Art der zu leistenden Sicherheit wird von dem Richter nach freiem Ermessen festgesetzt.

§ 119. Der Angeschuldigte, welcher seine Freilassung gegen Sicherheitsleistung beantragt, ist, wenn er nicht im Deutschen Reich wohnt, verpflichtet, eine im Bezirk des zuständigen Gerichts wohnhafte Person zur Empfangnahme von Zustellungen zu bevollmächtigen.

§ 120. Der Sicherheitsleistung ungeachtet ist der Angeschuldigte zur Haft zu bringen, wenn er Anstalten zur Flucht trifft, wenn er auf ergangene Ladung ohne genügende Entschuldigung ausbleibt, oder wenn neu hervorgetretene Umstände seine Verhaftung erforderlich machen.

§ 121. Eine noch nicht verfallene Sicherheit wird frei, wenn der Angeschuldigte zur Haft gebracht, oder wenn der

---

39) Die Nichtbefolgung dieser Ordnungsvorschrift bildet keinen Revisionsgrund. U 29/3 20, E 54, 207.

40) Wegen der Zuständigkeit für die auf die Sicherheitsleistung bezüglichen Entscheidungen und wegen der Zustimmung der Staatsanwaltschaft in der Voruntersuchung s. § 124.

Haftbefehl aufgehoben worden ist, oder wenn der Antritt der erkannten Freiheitsstrafe erfolgt.

Diejenigen, welche für den Angeschuldigten Sicherheit geleistet haben, können ihre Befreiung dadurch herbeiführen, daß sie entweder binnen einer vom Gerichte zu bestimmenden Frist die Gestellung des Angeschuldigten bewirken, oder von den Tatsachen, welche den Verdacht einer vom Angeschuldigten beabsichtigten Flucht begründen, rechtzeitig dergestalt Anzeige machen, daß die Verhaftung bewirkt werden kann.

§ **122.** Eine noch nicht freigewordene Sicherheit verfällt der Staatskasse,[41]) wenn der Angeschuldigte sich der Untersuchung oder dem Antritt der erkannten Freiheitsstrafe entzieht.

Vor der Entscheidung sind der Angeschuldigte sowie die, welche für den Angeschuldigten Sicherheit geleistet haben, zu einer Erklärung aufzufordern. Gegen die Entscheidung steht ihnen nur die sofortige Beschwerde zu.[42]) Vor der Entscheidung über die Beschwerde ist den Beteiligten und der Staatsanwaltschaft Gelegenheit zur mündlichen Begründung ihrer Anträge sowie zur Erörterung über stattgehabte Ermittlungen zu geben.

Die den Verfall aussprechende Entscheidung hat gegen die, welche für den Angeschuldigten Sicherheit geleistet haben, die Wirkungen eines von dem Zivilrichter erlassenen, für vorläufig vollstreckbar erklärten Endurteils,[43]) und nach Ablauf der Beschwerdefrist die Wirkungen eines rechtskräftigen Zivilendurteils.

§ **123.** Der Haftbefehl ist aufzuheben, wenn der in ihm angegebene Grund der Verhaftung weggefallen ist, oder wenn der Angeschuldigte freigesprochen oder außer Verfolgung gesetzt wird.

Durch Einlegung eines Rechtsmittels darf die Freilassung des Angeschuldigten nicht verzögert werden.

---

41) In den in erster Instanz vor das Reichsgericht gehörigen Sachen tritt an Stelle der Staatskasse die Reichskasse. S. § 474.

42) Wegen der sofortigen Beschwerde s. § 311.

43) Wegen der vorläufigen Vollstreckbarkeit s. §§ 708 ff. ZPO.

§ **124.** Die auf die Untersuchungshaft, einschließlich der Sicherheitsleistung, bezüglichen Entscheidungen werden von dem zuständigen Gericht erlassen.[44])

In der Voruntersuchung[45]) ist der Untersuchungsrichter zur Erlassung des Haftbefehls und mit Zustimmung der Staatsanwaltschaft auch zur Aufhebung eines solchen sowie zur Freilassung des Angeschuldigten gegen Sicherheitsleistung befugt. Versagt die Staatsanwaltschaft diese Zustimmung, so hat der Untersuchungsrichter, wenn er die beanstandete Maßregel anordnen will, unverzüglich, spätestens binnen vierundzwanzig Stunden, die Entscheidung des Gerichts nachzusuchen.

Die gleiche Befugnis hat nach Eröffnung des Hauptverfahrens in dringenden Fällen der Vorsitzende des erkennenden Gerichts.

§ **125.** Auch vor Erhebung der öffentlichen Klage kann, wenn ein zur Erlassung eines Haftbefehls berechtigender Grund vorhanden ist, vom Amtsrichter auf Antrag der Staatsanwaltschaft oder, bei Gefahr im Verzuge, von Amts wegen ein Haftbefehl erlassen werden.

Zur Erlassung dieses Haftbefehls und der auf die Untersuchungshaft, einschließlich der Sicherheitsleistung, bezüglichen Entscheidungen ist jeder Amtsrichter befugt, in dessen Bezirk ein Gerichtsstand für die Sache begründet ist oder der zu Verhaftende betroffen wird.

Die Bestimmungen der §§ 114—123 finden entsprechende Anwendung.

---

44) Zuständiges Gericht ist das mit der bei ihm anhängigen Untersuchung zurzeit befaßte Gericht. Dies gilt auch für das Berufungsgericht, nicht aber für das Reichsgericht als Revisionsinstanz, welches außerhalb der vor dasselbe in erster Instanz gehörigen Straffälle (§§ 134, 137, 73 Abs. 1 GVG) weder zur Verhängung der Untersuchungshaft, noch zur Entscheidung auf Beschwerden wegen Haftverhängung zuständig ist. Diese Maßnahmen stehen auch im Revisionsverfahren dem Gericht erster Instanz zu. U 14/3 81, E 3, 421. U 27/5 87, R 9, 352.

45) Die Voruntersuchung endet erst mit dem Zeitpunkte, wo die StA die Akten mit ihren Anträgen über das Ergebnis der Voruntersuchung der Strafkammer vorlegt (§ 198 Abs. 2). Beschl 29/3 00, E 33, 201.

§ 126. Der vor Erhebung der öffentlichen Klage erlassene Haftbefehl ist aufzuheben, wenn die Staatsanwaltschaft es beantragt, oder wenn nicht binnen einer Woche[46]) nach Vollstreckung des Haftbefehls die öffentliche Klage erhoben und die Fortdauer der Haft von dem zuständigen Richter angeordnet, auch diese Anordnung zur Kenntnis des Amtsrichters gelangt ist.

Wenn zur Vorbereitung und Erhebung der öffentlichen Klage die Frist von einer Woche nicht genügt, so kann sie auf Antrag der Staatsanwaltschaft vom Amtsrichter um eine Woche und, wenn es sich um ein Verbrechen oder Vergehen[47]) handelt, auf erneuten Antrag der Staatsanwaltschaft um fernere zwei Wochen verlängert werden.

§ 127. Wird jemand auf frischer Tat betroffen oder verfolgt, so ist, wenn er der Flucht verdächtig ist oder seine Persönlichkeit nicht sofort festgestellt werden kann, jedermann befugt, ihn auch ohne richterlichen Befehl vorläufig festzunehmen.[48])

---

46) Wegen der Berechnung dieser Frist s. § 43.

47) Wegen des Begriffs des Verbrechens s. A. 30 zu § 112. Ein Vergehen ist nach § 1 Abs. 2 StGB: „jede mit Festungshaft bis zu fünf Jahren, mit Gefängnis oder mit Geldstrafe von mehr als einhundertfünfzig Goldmark oder mit Geldstrafe schlechthin bedrohte Handlung.“ Weitere Verlängerung für Jugendliche nach § 28 Abs. 4 Jugendgerichtsges v. 16/2 23.

48) Der Begriff der Verfolgung umfaßt alle diejenigen Maßnahmen, welche auf die Ergreifung der als Täter ins Auge gefaßten Person abzielen und ihrer Natur nach geeignet sind, diese zu ermöglichen, zu erleichtern oder zu sichern. U 13/12 97, E 30, 386 (Besetzen von Wegen, die der zu Ergreifende voraussichtlich passieren wird). Im übrigen ist die vorläufige Festnahme von einer amtlichen Befugnis des Festnehmenden nicht abhängig, steht vielmehr ganz allgemein jedermann zu. U 11/5 85, E 12, 194. Sie findet ferner Anwendung wegen aller strafbaren Handlungen (insbesondere auch bei Entwendung von Feldfrüchten oder bei Verübung groben Unfugs), und ist auch nicht von der strafrechtlichen Verfolgbarkeit (§§ 55, 56 StGB) des Täters abhängig. Dagegen darf der Zweck derselben, d. h. Ermöglichung oder Sicherung strafrechtlicher Verfolgung, niemals überschritten werden. Eine widerrechtliche und wissentliche Überschreitung dieses Zweckes kann sich als Freiheitsberaubung darstellen (Fesseln des Festgenommenen). U 13/2 88, E 17, 217. U 15/3 87, E 15, 356. Andererseits schließt aber auch das Recht zur vorläufigen Festnahme das Recht zur Vornahme von Hand-

Die Staatsanwaltschaft und die Polizei- und Sicherheitsbeamten sind auch dann zur vorläufigen Festnahme befugt, wenn die Voraussetzungen eines Haftbefehls vorliegen und Gefahr im Verzug obwaltet.[49])

Bei strafbaren Handlungen, deren Verfolgung nur auf Antrag eintritt, ist die vorläufige Festnahme von der Stellung eines solchen Antrags nicht abhängig.[50])

§ 128. Der Festgenommene ist unverzüglich,[51]) sofern er nicht wieder in Freiheit gesetzt wird, dem Amtsrichter des Bezirks, in welchem die Festnahme erfolgt ist, vorzuführen. Der Amtsrichter hat ihn spätestens am Tage nach der Vorführung zu vernehmen.[52])

---

lungen in sich, die, wenn die öffentl. rechtliche Befugnis nicht gegeben wäre, an sich als strafbar anzusehen wären, z. B. festes Anpacken der festzunehmenden Person als Mißhandlung. U 5/11 01, E 34, 444 (Irrtum über die Zulässigkeit der Mittel der vorl. Festnahme).

Wegen der Strafbarkeit des Widerstandes, welcher bei einer auf Grund des § 127 Abs. 1 erfolgten vorläufigen Festnahme geleistet wird, s. U 19/6 90, E 21, 10; und über die Bedeutung des § 163 gegenüber den Vorschriften des § 127 s. U 5/4 95, E 27, 153 (A. 98 zu § 163). — Eine Feststellung der Persönlichkeit liegt nicht stets schon dann vor, wenn der Betroffene die Fragen nach seinem Namen und seiner Wohnung beantwortet, da hierdurch ein Beweis für die Richtigkeit der Angaben nicht erbracht wird. U 2/5 95, E 27, 198.

49) Der betreffende Beamte hat zunächst nach seinem eigenen Ermessen darüber zu befinden, ob solche Tatsachen, wie das Gesetz sie erfordert, vorliegen; er befindet sich in rechtmäßiger Ausübung seines Amtes, wenn er nach seinem pflichtmäßigen Ermessen handelt. U 12/12 84, R 6, 807. Im übrigen kann die vorl. Festnahme gemäß § 127 an jedem Orte und zu jeder Zeit, also auch zur Nachtzeit, erfolgen. U 18/2 07, E 40, 65.

50) Dem auf frischer Tat Betroffenen, welcher sich der vorläufigen Festnahme nicht freiwillig unterwirft, können von dem zur Festnahme Berechtigten Sachen und insbesondere Überführungsstücke, welche er bei sich trägt, abgenommen werden. U 20/3 83, E 8, 288.

51) Unverzüglich, d. h. ohne jeden unnützen, ungerechtfertigten Verzug. U 12/12 84, R 6, 807. Es werden hierbei stets die Umstände des einzelnen Falles zu berücksichtigen sein, auf welche Weise am zweckmäßigsten und kürzesten gerade im Interesse des Festgenommenen diejenigen Umstände zu beseitigen sind, welche die Freilassung behinderten. Insbesondere kann der durch eine Privatperson Festgenommene zunächst der Polizeibehörde (Zollamt) vorgeführt werden. U 26/10 96, E 29, 136.

Hält der Amtsrichter die Festnahme nicht für gerechtfertigt oder ihre Gründe für beseitigt, so verordnet er die Freilassung. Anderenfalls erläßt er einen Haftbefehl, auf welchen die Bestimmungen des § 126 Anwendung finden.

§ 129. Ist gegen den Festgenommenen bereits die öffentliche Klage erhoben, so ist er entweder sofort oder auf Verfügung des Amtsrichters, welchem er zunächst vorgeführt worden, dem zuständigen Gericht oder Untersuchungsrichter vorzuführen, und haben diese spätestens am Tage nach der Vorführung über Freilassung oder Verhaftung des Festgenommenen zu entscheiden.

§ 130. Wird wegen Verdachts einer strafbaren Handlung, deren Verfolgung nur auf Antrag eintritt, ein Haftbefehl erlassen, bevor der Antrag gestellt ist, so ist der Antragsberechtigte, von mehreren wenigstens einer, sofort von dem Erlaß des Haftbefehls in Kenntnis zu setzen. Auf den Haftbefehl finden die Bestimmungen des § 126 gleichfalls Anwendung.

§ 131. Auf Grund eines Haftbefehls können von dem Richter sowie von der Staatsanwaltschaft Steckbriefe erlassen werden, wenn der zu Verhaftende flüchtig ist oder sich verborgen hält.[53])

Ohne vorgängigen Haftbefehl ist eine steckbriefliche Verfolgung nur dann statthaft, wenn ein Festgenommener aus dem Gefängnisse entweicht oder sonst sich der Bewachung entzieht. In diesem Falle sind auch die Polizeibehörden zur Erlassung des Steckbriefs befugt.

Der Steckbrief soll, soweit dies möglich, eine Beschreibung des zu Verhaftenden enthalten und die ihm zur Last gelegte strafbare Handlung sowie das Gefängnis bezeichnen, in welches die Ablieferung zu erfolgen hat.

---

52) Auch eine dem § 128 gemäß vorgenommene richterliche Vernehmung des ohne vorgängigen Strafantrag des Verletzten vorläufig festgenommenen Bezichtigten muß eine Unterbrechung der Strafverjährung nach § 68 StGB herbeiführen. U 13/2 82, E 6, 37.

53) Über die Befugnis der Staatsanwaltschaft bzw. des Amtsrichters, zum Zwecke der Strafvollstreckung Vorführungs- und Haftbefehle und Steckbriefe zu erlassen, s. § 457.

§ **132.** Ist jemand auf Grund eines Haftbefehls oder eines Steckbriefs ergriffen worden, und kann er nicht spätestens am Tage nach der Ergreifung vor den zuständigen Richter gestellt werden, so ist er auf sein Verlangen sofort dem nächsten Amtsrichter vorzuführen.

Seine Vernehmung ist spätestens am Tage nach der Ergreifung zu bewirken. Weist er bei der Vernehmung nach, daß er nicht die verfolgte Person oder daß die Verfolgung durch die zuständige Behörde wieder aufgehoben sei, so hat der Amtsrichter seine Freilassung zu verfügen.

10. Abschnitt. Vernehmung des Beschuldigten.*)

§ **133.** Der Beschuldigte ist zur Vernehmung schriftlich zu laden.

Die Ladung kann unter der Androhung geschehen, daß im Falle des Ausbleibens seine Vorführung erfolgen werde.

§ **134.** Die sofortige Vorführung des Beschuldigten kann verfügt werden, wenn Gründe vorliegen, welche die Erlassung eines Haftbefehls rechtfertigen würden.

In dem Vorführungsbefehle ist der Beschuldigte genau zu bezeichnen und die ihm zur Last gelegte strafbare Handlung sowie der Grund der Vorführung anzugeben.

§ **135.** Der Vorgeführte ist sofort von dem Richter zu vernehmen. Ist dies nicht ausführbar, so kann er bis zu seiner Vernehmung, jedoch nicht über den nächstfolgenden Tag hinaus, festgehalten werden.

§ **136.** Bei Beginn der ersten Vernehmung ist dem Beschuldigten zu eröffnen, welche strafbare Handlung ihm zur Last gelegt wird. Der Beschuldigte ist zu befragen, ob er etwas auf die Beschuldigung erwidern wolle.[54])

---

*) Wegen der Vernehmung von Personen, welche der deutschen Sprache nicht mächtig sind, s. § 185 GVG; von tauben oder stummen Personen § 186 ebenda und wegen der Beurkundung der Vernehmung des Beschuldigten §§ 168, 187, 188.

54) Hieraus ergibt sich, daß der Beschuldigte seine Verteidigung mündlich vorzutragen hat, und daß ihm die Vorlegung einer Verteidigungsschrift mit dem Verlangen, daß sie von dem Richter berücksichtigt werden solle, nicht gestattet ist. U 12/6 82, R 4, 563. U 10/7 03, DR 7, 486.

Die Vernehmung soll dem Beschuldigten Gelegenheit zur Beseitigung der gegen ihn vorliegenden Verdachtsgründe und zur Geltendmachung der zu seinen Gunsten sprechenden Tatsachen geben.

Bei der ersten Vernehmung des Beschuldigten ist zugleich auf die Ermittlung seiner persönlichen Verhältnisse Bedacht zu nehmen.[55])

11. Abschnitt. Verteidigung.

§ 137. Der Beschuldigte kann sich in jeder Lage des Verfahrens[56]) des Beistandes eines Verteidigers bedienen.[57])

Hat der Beschuldigte einen gesetzlichen Vertreter,[58]) so kann auch dieser selbständig einen Verteidiger wählen.[59])

---

55) Wegen Feststellung der Vorstrafen s. Bundesrats-Verordn. über die Strafregister v. 16/5 18 (RZBl S. 164).

56) Die Verteidigung kann sonach schon im Vorverfahren beginnen; sie wird mit der Hauptverhandlung und der Urteilsverkündung nicht abgeschlossen und kann sich auch in der Anmeldung, Begründung und Verfolgung des gegen das Urteil zulässigen Rechtsmittels fortsetzen. Sie umfaßt auch die Vertretung des Beschuldigten, insoweit eine solche nach der Natur des Strafprozesses oder nach positiven Bestimmungen überhaupt zulässig und nicht noch an die Beibringung schriftlicher Vollmacht (§§ 234, 329, 350) oder an eine ausdrückliche Genehmigung (§ 302 Abs. 2) geknüpft ist. Beschl 16/10 83, E 9, 78.

57) Das Recht des Beschuldigten auf Wahl eines Verteidigers darf nicht beschränkt werden. Unzulässige Beschränkung der Verteidigung liegt vor, wenn ein Brief des verhafteten Angekl., in welchem derselbe einen Rechtsanwalt um Übernahme der Verteidigung ersucht, ohne Verschulden des Angekl. dem Rechtsanwalt nicht vor dem Hauptverhandlungstermin zugeht. U 4/3 97, E 29, 440. Wegen der Zulässigkeit mehrerer Verteidiger in der Hauptverhandlung s. § 227 und wegen der Verteidigung mehrerer Beschuldigter durch einen gemeinschaftlichen Verteidiger § 146. — Die Wahl eines Verteidigers kann auch für einen einzelnen begrenzten Teil der Verteidigung (Revisionsbegründung) erfolgen. Beschl 16/10 83, E 9, 78.

58) Wegen des gesetzlichen Vertreters s. §§ 1626, 1630, 1685, 1773, 1896, 1906, 1909, 1911 BGB.

59) Wegen der sonstigen Rechte des gesetzlichen Vertreters s. §§ 140, 149, 298. In allen diesen Fällen handelt es sich nicht um eine notwendige Vertretung des Beschuldigten, so daß der gesetzliche Vertreter von Amts wegen zugezogen werden müßte, sondern das Gesetz ge-

§ **138.** Zu Verteidigern können die bei einem deutschen Gerichte zugelassenen Rechtsanwälte[60]) sowie die Rechtslehrer an deutschen Hochschulen gewählt werden.

Andere Personen können nur mit Genehmigung des Gerichts[61]) und, wenn der Fall einer notwendigen Verteidigung vorliegt[62]) und der Gewählte nicht zu den Personen gehört, welche zu Verteidigern bestellt werden dürfen, nur in Gemeinschaft mit einer solchen als Wahlverteidiger zugelassen werden.

§ **139.** Der als Verteidiger gewählte Rechtsanwalt

---

stattet nur den gesetzlichen Vertretern das Eingreifen in die Verhandlungen, wenn sie solches zum Zwecke der Wahrnehmung der Interessen ihrer Schutzbefohlenen für erforderlich erachten. U 12/6 85, R 7, 377.

60) Wegen der Rechtsanwälte vgl. § 26 RechtsanwOrdn v. 1/7 78 (RGBl S. 177): „Auf Grund der Zulassung bei einem Gericht ist der Rechtsanwalt befugt, in den Sachen, auf welche die StPO, die ZPO und die KonkOrdn Anwendung finden, vor jedem Gericht innerhalb des Reiches Verteidigung zu führen, als Beistand aufzutreten und, insoweit eine Vertretung durch Anwälte nicht geboten ist, die Vertretung zu übernehmen." — Rechtsanwälte, welche in der Hauptverhandlung als Zeugen auftreten, können grundsätzlich nicht als Verteidiger in derselben Hauptverhandl. mitwirken. Ob im einzelnen Ausnahmefall einem in derselben Verhandlung als Zeuge bereits vernommenen und als solcher entlassenen Rechtsanwalt die Übernahme der Verteidigung zu gestatten ist, unterliegt dem Ermessen des Gerichts. U 20/10 91, G 39, 312. U 2/10 93, E 24, 296. Das Gericht ist jedenfalls befugt, die Zulassung eines als Zeuge geladenen Verteidigers abzulehnen, selbst wenn er nach § 53 Nr. 3 sein Zeugnis verweigert. U 15/10 06, DJZ 12, 240.

61) Die Genehmigung des Gerichts kann auch in der Weise erfolgen, daß die Zulassung nur für einen einzelnen, begrenzten Teil der Verteidigung geschieht. Beschl 16/10 83, E 9, 78, und zwar auch stillschweigend und nachträglich, sofern sie nur noch in dem Verfahrensabschnitt erfolgt, für den die Prozeßhandlung bestimmt ist, und in dem sie wirksam werden soll. Beschl 7/1 21, E 55, 213. Für Militärstrafsachen s. § 10 des Ges., betr. Aufhebung der Militärgerichtsbarkeit v. 17/8 20 im Anhang IV.

62) Wenn nach dem Ergebnis der Hauptverhandlung die Verteidigung zu einer notwendigen (§ 140) wird, so muß neben dem etwa schon zugelassenen nicht sachverständigen Wahlverteidiger noch ein nach § 144 sachverständig gebildeter Verteidiger bestellt werden. U 26/6 96, E 29, 11.

kann mit Zustimmung des Angeklagten[63]) die Verteidigung einem Rechtskundigen, welcher die erste Prüfung für den Justizdienst bestanden hat und darin seit mindestens einem Jahr und drei Monaten beschäftigt ist, übertragen.[64])

§ 140. Die Verteidigung ist notwendig in den Sachen, welche vor dem Reichsgericht oder dem Oberlandesgericht in erster Instanz[65]) oder vor dem Schwurgerichte[66]) zu verhandeln sind.

In anderen Sachen ist die Verteidigung notwendig, wenn der Angeschuldigte taub oder stumm[67]) ist.

In den vor dem Amtsrichter oder dem Schöffengerichte zu verhandelnden Sachen ist die Verteidigung notwendig, wenn eine Tat den Gegenstand der Untersuchung bildet, die nicht nur wegen Rückfalls ein Verbrechen ist, und der Beschuldigte oder sein gesetzlicher Vertreter die Bestellung eines Verteidigers beantragt.[68])

---

63) Aus dem Worte Angeklagter ist zu entnehmen, daß die Vorschrift des § 139 erst dann Anwendung findet, wenn gegen den Beschuldigten oder Angeschuldigten das Hauptverfahren eröffnet ist. Vgl. § 157.

64) Abgesehen von dem Falle des § 139 ist grundsätzlich die Zustimmung des Angekl. zur Stellvertretung eines Rechtsanwalts nicht erforderlich. Ein bei dem Landgericht zugelassener RA kann deshalb, selbst wenn er vom Angekl. ohne ausdrückliche Vertretungsbefugnis zum Verteidiger bestellt war, die Vertretung des Angekl. in der Revisionsinstanz einem bei dem Reichsgericht zugelassenen RA übertragen. U 11/10 83, E 9, 279. U 20/12 07, E 41, 14 (Stellvertretung zwecks Einlegung der Revision). S. Verordnung betr. die Zulassung von Rechtskundigen im Vorbereitungsdienste zur Stellvertretung von Rechtsanwälten v. 1/6 20 (RGBl S. 1108). Für Militärstrafsachen vgl. § 10 des Ges. betr. Aufhebung der Militärgerichtsbarkeit v. 17/8 20 im Anh. IV.

65) Vgl. § 134 GVG.

66) Vgl. § 80 GVG. — Wenn in einer schwurgerichtl. Verhandlung gegen einen Angekl. außer einem Verbrechen auch ein Vergehen oder eine Übertretung zur Aburteilung gelangt, so ist die Verteidigung bezüglich sämtlicher Straffälle eine notwendige. U. 28/1 81, R 2, 764.

67) Über den Begriff „stumm" s. U 27/7 11, E 59, 337. Über die Bestellung eines Verteidigers und Beistands in Jugendsachen s. §§ 17, 29 Jugendgerichtsges. v. 16/2 23.

68) Ebenso muß, wenn sich die Tat erst in der Hauptverhandlung als Verbrechen herausstellt, auf den früheren rechtzeitigen Antrag hin ein Verteidiger bestellt werden. U 1/4 05, DJZ 10, 864. In den Fällen

In den Fällen der Abs. 1 und 2 ist dem Angeschuldigten, der noch keinen Verteidiger gewählt hat, ein Verteidiger von Amts wegen zu bestellen, sobald der Angeschuldigte gemäß § 201 zur Erklärung über die Anklageschrift aufgefordert worden ist, oder, wenn eine solche Aufforderung nicht vorgeschrieben ist, sobald dem Angeklagten der Eröffnungsbeschluß zugestellt worden ist.[69]) Der Antrag nach Abs. 3 ist binnen einer Frist von drei Tagen zu stellen, nachdem der Angeschuldigte gemäß § 201 zur Erklärung über die Anklageschrift aufgefordert worden ist.[70])

---

des § 140 Abs. 3 ist auch ein Verzicht auf die Verteidigung zulässig, der jedoch nicht ohne weiteres aus dem bloß verneinenden Verhalten des Angekl. gefolgert werden kann. U 28/1 81, R 2, 764. U 6/11 03, G 51, 52. U 7/12 08, E 42, 95.

69) Die Bestellung des Verteidigers nach Ablauf der gemäß § 201 bestimmten Frist kann die Revision nur dann begründen, wenn ein in der Hauptverhandlung wegen dieses gesetzwidrigen Vorgangs gestellter Antrag auf Aussetzung des Hauptverfahrens ohne genügenden Grund abgelehnt wurde. U 12/11 83, R 5, 682. Vgl. U 21/12 82, R 4, 890 u. U 11/7 82, E 6, 441. Dagegen begründet es die Revision, wenn in den Fällen des Abs. 1 und des Abs. 2 erst bei Beginn der Hauptverhandlung dem Angekl. von Amts wegen ein Verteidiger bestellt ist. U 8/11 89 E 20, 38. Für den Mitangekl. ist ein Verstoß gegen Abs. 2 kein Revisionsgrund. U 16/3 15, G 62, 347.

Die in den Fällen des § 140 einmal erfolgte Bestellung eines Verteidigers bleibt bestehen, auch wenn nach Art der Eröffnung des Hauptverfahrens der Grund zur Bestellung weggefallen ist. Der einmal bestellte Verteidiger muß also, wenn nicht die Zurücknahme der Bestellung erfolgt, als solcher geladen werden. U 3/1 91, E 21, 266.

Wenn die Bestellung eines Verteidigers in den Fällen des § 140 überhaupt unterlassen wurde, so unterliegt das Urteil — in den Fällen des Abs. 3 unter der Voraussetzung, daß der Antrag auf Bestellung des Verteidigers rechtzeitig gestellt war — der Aufhebung im Wege der Revision. U 6/10 80, R 2, 298. U 3/7 85, R 7, 467. Wegen Heilung des Verstoßes durch Verzicht s. U 7/12 08, E 42, 95.

70) Der Antrag muß innerhalb drei Tagen nach der vorgeschriebenen Aufforderung bei Gericht eingehen. Bei Fristversäumung ohne Verschulden Wiedereinsetzung möglich. U 11/3 24, E. 58, 102. Diese dreitägige Frist darf dem Angekl. durch Stellung einer kürzeren Erklärungsfrist nicht verkürzt werden, U 29/10 80, R 2, 406; sie gilt auch für den gesetzlichen Vertreter. U 16/4 12, G 60, 77. Wenn der Angekl. aber den Antrag auf Bestellung eines Verteidigers innerhalb der dreitägigen Frist, und zwar bei Gericht, nicht gestellt hat, so kann er dies

§ **141.** In anderen als den im § 140 bezeichneten Fällen kann das Gericht und bei vorhandener Dringlichkeit der Vorsitzende auf Antrag oder von Amts wegen einen Verteidiger bestellen.[71])

§ **142.** Die Bestellung des Verteidigers kann schon während des Vorverfahrens erfolgen

§ **143.** Die Bestellung ist zurückzunehmen, wenn demnächst ein anderer Verteidiger gewählt wird und dieser die Wahl annimmt.[72])

§ **144.** Die Auswahl des zu bestellenden Verteidigers erfolgt durch den Vorsitzenden des Gerichts aus der Zahl der am Sitze dieses Gerichts wohnhaften Rechtsanwälte. Für das vorbereitende Verfahren erfolgt die Bestellung durch den Amtsrichter.[73])

---

auch dann nicht nachholen, wenn die Wiederaufnahme des Verfahrens und die Erneuerung der Hauptverhandlung angeordnet ist (§ 370 Abs. 2). U 27/11 02, E 35, 409. U 14/10 12, G 60, 273.

71) Ein vor der Hauptverhandlung aus § 141 gestellter Antrag auf Bestellung eines Verteidigers, auf den ein Bescheid nicht erging, braucht nicht erneuert zu werden, wenn in der Hauptverhandlung infolge einer Klageänderung die Bestellung eines Verteidigers aus § 140 Abs. 3 notwendig wird. U 28/5 00, E 33, 302. Inwieweit Nichtbescheidung eines solchen Antrags die Revision begründet s. U 24/9 14, E 48, 386.

72) Die Bestellung eines Verteidigers auf Grund des § 141 dauert fort, nachdem das Urteil der Strafkammer (des Schöffengerichts, Amtsrichters) vom Revisionsgericht aufgehoben und die Sache zur anderweiten Verhandlung und Entscheidung in die Vorinstanz zurückgewiesen ist. U 26/2 07, E 40, 4. Wegen der Fortdauer für das Wiederaufnahmeverfahren s. U 20/6 01, E 22, 07. U 15/12 06, E 29, 278.

73) Der bestellte Verteidiger ist an sich nicht befugt, die Verteidigung einem anderen Anwalt zu übertragen; das Gericht, welches den Verteidiger bestellt hat, kann jedoch einen Vertreter zulassen, ohne daß es der Zustimmung des Angekl. bedarf. U 9/2 88, R 10, 104. Vgl. A. 64 zu § 139 und § 39 RechtsanwOrdn: „Für die Verpflichtung des Rechtsanwalts, in Strafsachen die Verteidigung zu führen, sind die Bestimmungen der StPO maßgebend. In denjenigen Fällen, in welchen nach § 144 StPO die Bestellung des Verteidigers durch den Vorsitzenden des Landgerichts oder den Amtsrichter zu erfolgen hat, stehen den am Sitze des Gerichts wohnhaften Rechtsanwälten die innerhalb des Bezirks desselben wohnhaften und bei demselben zugelassenen gleich. Auf Reisekosten und Tagegelder für die Reise nach dem Sitze des Gerichts haben dieselben keinen Anspruch. Ein nach § 12 widerruflich zugelassener

Auch Justizbeamte, welche nicht als Richter angestellt sind, sowie solche Rechtskundige, welche die vorgeschriebene erste Prüfung für den Justizdienst bestanden haben, können als Verteidiger bestellt werden.[74])

§ **145.** Wenn in einem Falle, in welchem die Verteidigung eine notwendige oder die Bestellung eines Verteidigers in Gemäßheit des § 141 erfolgt ist, der Verteidiger in der Hauptverhandlung ausbleibt,[75]) sich unzeitig entfernt[76]) oder sich weigert, die Verteidigung zu führen, so hat der Vorsitzende dem Angeklagten sogleich einen anderen Verteidiger zu bestellen. Das Gericht kann jedoch auch eine Aussetzung der Verhandlung beschließen.[77])

Rechtsanwalt kann in Ermangelung von Rechtsanwälten, welche im Bezirke des Gerichts wohnhaft sind, in den Fällen des § 144 StPO zum Verteidiger bestellt werden."

74) Die hier bezeichneten Rechtskundigen dürfen ohne Rücksicht auf die Zahl der am Sitze des Gerichts wohnhaften Rechtsanwälte mit Verteidigungen betraut werden. U 15/5 00, E 33, 330, s. auch Anm. 61. In Militärstrafsachen stehen den Justizbeamten i. S. des § 144 die bei den Heeres-(Marine)-Anwälten beschäftigten Sekretäre gleich (§ 10 Ges betr. Aufhebung der Mil.Gerichtsbark. v. 17/8 20; s. Anh. IV).

75) Eines besonderen Aufrufs der betreffenden Sache im Anwaltszimmer bedarf es nicht; zu einem solchen würde nur dann Anlaß vorliegen, wenn das Gericht Kenntnis davon hatte, daß der vorgeladene Verteidiger im Gerichtsgebäude sich aufhielt, und dazu ist erforderlich, daß derselbe sich in irgendeiner Weise bei dem im Sitzungssaal verhandelnden Gericht anmeldet. U 19/4 81, R 3, 236. Vgl. U 15/10 09, G 57, 208. Der Grund des Ausbleibens ist unerheblich. U 5/10 18, E 52, 247. Voraussetzung ist aber, daß der Verteidiger zur Hauptverhandlung geladen war. U 30/5 19, E 53, 264. Der als Beistand anwesende gesetzliche Vertreter ersetzt nicht den notwendigen Verteidiger des jugendlichen Angeklagten. U 6/3 18, E 52, 180.

76) Wegen unzeitiger Entfernung des Verteidigers vgl. U 30/3 20, E 54, 292.

77) Die Bestellung eines anderen Verteidigers oder die Aussetzung der Verhandlung ist nicht durch einen Antrag des Angekl. bedingt. Im schwurgerichtl. Verfahren ist auch ein Verzicht des letzteren auf Zuziehung eines anderen Verteidigers oder auf Aussetzung der Verhandlung unzulässig, U 14/6 80, E 2, 104, während ein solcher Verzicht in den Fällen des § 140 Abs. 3 gestattet ist. U 28/1 81, R 2, 764. Vgl. U 6/11 03, G 51, 52. Die Auswahl des anderen Verteidigers steht lediglich dem Vorsitzenden zu; ein Widerspruch des Angekl. gegen die vom Vorsitzenden gesetzmäßig erfolgte Bestellung ist unwirksam. Dem

Erklärt der neu bestellte Verteidiger, daß ihm die zur Vorbereitung der Verteidigung erforderliche Zeit nicht verbleiben würde, so ist die Verhandlung zu unterbrechen oder auszusetzen.[78])

Wird durch die Schuld des Verteidigers eine Aussetzung erforderlich, so sind ihm, vorbehaltlich dienstlicher Ahndung,[79]) die hierdurch verursachten Kosten aufzuerlegen.

§ **146.** Die Verteidigung mehrerer Beschuldigter kann, insofern dies der Aufgabe der Verteidigung nicht widerstreitet, durch einen gemeinschaftlichen Verteidiger geführt werden.[80])

§ **147.** Der Verteidiger ist nach dem Schlusse der Voruntersuchung und, wenn eine solche nicht stattgefunden hat, nach Einreichung der Anklageschrift bei dem Gerichte zur Einsicht der dem Gerichte vorliegenden Akten befugt.[81])

---

neuen, nach Beginn der Hauptverhandlung bestellten Verteidiger darf der Vorsitzende von dem bisherigen Verlaufe der Sache Mitteilung machen. U 15/5 00, E 33, 330.

Die Unterlassung der Bestellung eines anderen Verteidigers oder der Aussetzung der Verhandlung führt, wenn nicht ein nach dem Vorstehenden wirksamer Verzicht des Angekl. vorliegt, zur Aufhebung des Urteils oder wenigstens desjenigen Teiles der Verhandlung, in welchem der Angekl. ohne Verteidiger gewesen ist. U 14/6 80, E 2, 104.

Wenn das Gericht einen besonderen Termin zur Verkündung des Urteils angesetzt hat und in diesem nochmals in die Verhandlung eintreten will, so muß es, wenn der dem Angekl. bestellte Verteidiger nicht erschienen ist, sogleich einen anderen Verteidiger bestellen oder die Aussetzung der Verhandlung beschließen. U 15/10 96, G 44, 272.

78) Nur der von Gerichts wegen neu bestellte, nicht auch der neu eintretende Wahlverteidiger hat das Recht auf Unterbrechung oder Aussetzung der Verhandlung. U 18/4 87, E 16, 32.

79) Wegen der dienstlichen Ahndung s. §§ 62 ff. RechtsanwOrdn.

80) Über die Aufgaben der Verteidigung und die Fälle, in denen ein Verteidiger nicht gleichzeitig die Rechtszuständigkeiten mehrerer Angeklagter wirksam wahrnehmen kann, s. U 11/4 02, E 35, 189.

81) Vorausgesetzt wird, daß ein ordnungsmäßiges Gesuch des Verteidigers um Gestattung der Akteneinsicht vorliegt; die Akten brauchen dem Verteidiger nicht unausgesetzt auf der Gerichtsschreiberei zur Einsicht bereit gehalten zu werden. U 19/2 00, E 33, 168. Einsicht von Beiakten, welche dem Gericht nur unter Vorbehalt, insbes. bloß „vertraulich“ überlassen sind, steht dem Vert. nicht zu. U 6/4 09, E 42, 291.

Schon vor diesem Zeitpunkte ist ihm die Einsicht der gerichtlichen Untersuchungsakten insoweit zu gestatten, als dies ohne Gefährdung des Untersuchungszwecks geschehen kann.

Die Einsicht der Protokolle über die Vernehmung des Beschuldigten, der Gutachten der Sachverständigen und der Protokolle über die gerichtlichen Handlungen, denen der Verteidiger beizuwohnen befugt ist, darf ihm keinenfalls verweigert werden.

Nach dem Ermessen des Vorsitzenden können die Akten, mit Ausnahme der Überführungsstücke, dem Verteidiger in seine Wohnung verabfolgt werden.

§ **148.** Dem verhafteten Beschuldigten ist schriftlicher und mündlicher Verkehr mit dem Verteidiger gestattet.[82])

Solange das Hauptverfahren nicht eröffnet ist, kann der Richter schriftliche Mitteilungen zurückweisen, falls deren Einsicht ihm nicht gestattet wird.

Bis zu demselben Zeitpunkte kann der Richter, sofern die Verhaftung nicht lediglich wegen Verdachts der Flucht gerechtfertigt ist, anordnen, daß den Unterredungen mit dem Verteidiger eine Gerichtsperson beiwohne.[83])

§ **149.** Der Ehemann einer Angeklagten ist in der Hauptverhandlung als Beistand zuzulassen und auf sein Verlangen zu hören.

Dasselbe gilt von dem gesetzlichen Vertreter eines Angeklagten.[84])

---

82) Jedoch nur auf Verlangen. U 2/1 11, DJZ 16, 763.

83) Nach Eröffnung des Hauptverfahrens darf der Richter jene Beschränkung des Verkehrs nicht mehr anordnen, selbst wenn sie in der betr. Gefängnisordnung vorgeschrieben sein sollte. U 2/5 98, E 31, 128. Die Besprechung kann auch auf bestimmte Stunden beschränkt werden. Beschl. 28/4 21, E 56, 86.

84) Wegen des gesetzlichen Vertreters s. §§ 1626, 1630, 1685, 1773, 1896, 1906, 1909 BGB. Der Ehemann und der gesetzl. Vertreter haben keinen Anspruch auf Ladung zum Verhandlungstermin, solange sie nicht dem Gericht ihre Absicht als Beistand aufzutreten, angezeigt oder um Mitteilung des Termins gebeten haben. U 18/12 05, DJZ 11, 487. U 23/10 22, DR 27, 811. Ist dies aber geschehen, so wird § 149 verletzt, wenn der Verhandlungstermin zu einer früheren Stunde, als er angesetzt worden, ohne die vorgängige Benachrichtigung des zuzulassenden Beistandes ab-

In dem Vorverfahren unterliegt die Zulassung solcher Beistände dem richterlichen Ermessen.

§ 150. Dem zum Verteidiger bestellten Rechtsanwalte sind für die geführte Verteidigung die Gebühren nach Maßgabe der Gebührenordnung aus der Staatskasse zu bezahlen.[85])

Der Rückgriff an den in die Kosten verurteilten Angeklagten bleibt vorbehalten.

2. Buch. Verfahren in erster Instanz.

1. Abschnitt. Öffentliche Klage.

§ 151. Die Eröffnung einer gerichtlichen Untersuchung ist durch die Erhebung einer Klage bedingt.

---

gehalten wird. U 6/10 81, R 3, 607. Vgl. U 31/5 05, E 38, 106. Auch bei Anwesenheit des Ehemannes oder gesetzlichen Vertreters in der Hauptverhandlung hat das Gericht deren Zulassung nur auf Antrag auszusprechen. U 5/6 08, E 41, 348. Der gesetzliche Anspruch des Ehemannes oder gesetzl. Vertreters des Angekl. auf Zulassung als Beistand wird durch die Zeugeneigenschaft dieser Personen nicht ausgeschlossen. U 6/11 91, E 22, 198. Im übrigen gibt die Beistandschaft das Recht, während der ganzen Dauer der Hauptverhandlung das Wort zu verlangen, U 9/12 02, G 50, 120; der Beistand muß sich aber darauf beschränken, Anführungen tatsächlicher und rechtlicher Natur zu machen oder Anregungen, insbesondere zur Erhebung von Beweisen zu geben, wogegen ihm die förmlichen prozessualen Rechte des Angekl. wie das der Antragstellung, der Beanstandung von Maßnahmen des Vorsitzenden u. dgl. versagt sind. U 15/3 01, G 48, 132. Verletzung der Rechte des Beistands gibt dem Angekl. keinen Revisionsgrund. U 23/12 15, DR 20, 362.

85) Der § 150 Abs. 1 findet nur Anwendung, wenn der Verteidiger ein Rechtsanwalt und vom Gericht dem Angekl. bestellt worden ist, wobei es keinen Unterschied macht, ob die Verteidigung eine notwendige i. S. § 140 war, oder ob die Bestellung in Anwendung des § 141 erfolgt ist. Dem gewählten Verteidiger sind die Gebühren für die von ihm geführte Verteidigung selbst dann nicht aus der Staatskasse zu zahlen, wenn die Verteidigung eine notwendige war. U 29/11 83, R 5, 743. — Der dem Privatkläger auf Grund des Armenrechts (§ 379 Abs. 3) zur unentgeltlichen Wahrnehmung seiner Rechte als Vertreter beigeordnete Rechtsanwalt hat Anspruch auf Zahlung von Gebühren aus der Staatskasse gemäß § 2 Erstattungsges. v. $\frac{6.\ 2.}{13.\ 12.}$ 23 (RGBl. I, 103 u. 1188). Wegen der Höhe der Gebühren s. §§ 63 ff. Gebührenordn. für Rechtsanwälte v. 7/7 79 usw.

§ 152. Zur Erhebung der öffentlichen Klage ist die Staatsanwaltschaft berufen.

Sie ist, soweit nicht gesetzlich ein anderes bestimmt ist,[86]) verpflichtet,[87]) wegen aller gerichtlich strafbaren und verfolgbaren Handlungen[88]) einzuschreiten, sofern zureichende tatsächliche Anhaltspunkte vorliegen.

§ 153.[88a]) Übertretungen werden nicht verfolgt, wenn die Schuld des Täters gering ist und die Folgen der Tat unbedeutend sind, es sei denn, daß ein öffentliches Interesse an der Herbeiführung einer gerichtlichen Entscheidung besteht.

Ist bei einem Vergehen die Schuld des Täters gering und sind die Folgen der Tat unbedeutend, so kann die Staatsanwaltschaft mit Zustimmung des Amtsrichters von der Erhebung der öffentlichen Klage absehen.

Ist die Klage bereits erhoben, so kann das Gericht mit Zustimmung der Staatsanwaltschaft das Verfahren einstellen; der Beschluß kann nicht angefochten werden.

§ 154. Von Erhebung der öffentlichen Klage kann abgesehen werden, wenn die Strafe, zu der die Verfolgung führen kann, neben einer Strafe, zu der der Beschuldigte wegen einer anderen Tat rechtskräftig verurteilt worden ist, oder die er wegen einer anderen Tat zu erwarten hat, nicht ins Gewicht fällt.

---

86) Vgl. z. B. §§ 153, 154 (für die Strafzumessung unwesentliche Straffälle); § 376 (nur auf Antrag zu verfolgende Beleidigungen und Körperverletzungen); § 4 StGB (im Auslande begangene strafbare Handlungen).

87) Wegen der Privatklage s. §§ 374 ff.

88) Vgl. § 2 Jugendgerichtsges v. 16/2 23 (RGBl I S. 135): „Wer eine mit Strafe bedrohte Handlung begeht, ehe er vierzehn Jahre alt geworden ist, ist nicht strafbar" und § 66 StGB.: „Durch Verjährung wird die Strafverfolgung .... ausgeschlossen"; außerdem: §§ 5, 11, 12, 61 und §§ 99, 101, 102, 103, 104 StGB. Art. 36, 37 ReichsVerf. Eine weitere Ausnahme vom Verfolgungszwang s. außer §§ 153, 154 StPO in § 32 Abs. 2 Jugendgerichtsges. v. 16/2 23.

88a) § 153 StPO erstreckt sich auch auf polizeiliche Strafverfügungen. GV. d. preuß. JM, u. Min. d. J. v. 29/5 24 betr. Strafverfolgung bei geringfügigen Vergehen (pr. JMBl. S. 258).

Ist die öffentliche Klage bereits erhoben, so kann das Gericht auf Antrag der Staatsanwaltschaft das Verfahren vorläufig einstellen.

Ist das Verfahren mit Rücksicht auf eine wegen einer anderen Tat bereits rechtskräftig erkannte Strafe vorläufig eingestellt worden, so kann es, falls nicht inzwischen Verjährung eingetreten ist, wieder aufgenommen werden, wenn die rechtskräftig erkannte Strafe nachträglich in Wegfall kommt.

Ist das Verfahren mit Rücksicht auf eine wegen einer anderen Tat zu erwartende Strafe vorläufig eingestellt worden, so kann es, falls nicht inzwischen Verjährung eingetreten ist, binnen drei Monaten nach Rechtskraft des wegen der anderen Tat ergehenden Urteils wiederaufgenommen werden.

Hat das Gericht das Verfahren vorläufig eingestellt, so bedarf es zur Wiederaufnahme eines Gerichtsbeschlusses.

§ 155 (153). Die Untersuchung und Entscheidung erstreckt sich nur auf die in der Klage bezeichnete Tat[89]) und auf die durch die Klage beschuldigten Personen.

Innerhalb dieser Grenzen sind die Gerichte zu einer selbständigen Tätigkeit berechtigt und verpflichtet;[90]) insbesondere sind sie bei Anwendung des Strafgesetzes an die gestellten Anträge nicht gebunden.[91])

---

89) Die Tat ist nicht nur das einzelne in der Anklageschrift bzw. dem Eröffnungsbeschlusse hervorgehobene historische Vorkommnis, sondern die gesamte hiermit in Verbindung stehende, etwa sonst noch stattgehabte Tätigkeit des Angekl., insoweit diese Tätigkeit mit jenem Vorkommnisse als eine und dieselbe Handlung anzusehen ist. U 1/11 93, E 24, 370.

90) Insbesondere sind die Gerichte berechtigt und verpflichtet, auch ohne Anträge der Prozeßbeteiligten nach Maßgabe der Anklage die Wahrheit vollständig zu ermitteln und erforderlichenfalls von Amts wegen die Beweisaufnahme zu ergänzen, U 23/3 82, E 6, 135, selbst bei Parteiverzicht auf weitere Beweiserhebung. U 7/11 13, E 47, 417.

91) Insbesondere ist das erkennende Gericht verpflichtet, die unter Anklage gestellte Tat von Amts wegen auch aus anderen rechtlichen Gesichtspunkten, als den von der StA hervorgehobenen, zu beurteilen. U 29/3 81 E 4, 34. U 8/10 81, E 5, 97. U 8/12 80, E 3, 95 u. a. Vgl. die Anmerkungen zu § 264.

§ 156 (154). Die öffentliche Klage kann nach Eröffnung der Untersuchung[92]) nicht zurückgenommen werden.[93])

§ 157 (155). Im Sinne dieses Gesetzes ist:

Angeschuldigter der Beschuldigte, gegen welchen die öffentliche Klage erhoben ist,

Angeklagter der Beschuldigte oder Angeschuldigte, gegen welchen die Eröffnung des Hauptverfahrens beschlossen ist.

2. Abschnitt. Vorbereitung der öffentlichen Klage.

§ 158 (156). Anzeigen strafbarer Handlungen oder Anträge auf Strafverfolgung können bei der Staatsanwaltschaft, den Behörden und Beamten des Polizei- und Sicherheitsdienstes und den Amtsgerichten mündlich oder schriftlich angebracht werden. Die mündliche Anzeige ist zu beurkunden.[94])

Bei strafbaren Handlungen, deren Verfolgung nur auf Antrag eintritt, muß der Antrag bei einem Gericht[95]) oder der Staatsanwaltschaft schriftlich oder zu Protokoll, bei einer anderen Behörde schriftlich angebracht werden.[96])

---

92) Eine solche liegt nicht in der Anordnung einzelner Beweiserhebungen gemäß § 202. U 12/3 08, JW 37, 590.

93) Ausnahmen von dem Grundsatz des § 156 s. im § 411 (Fallenlassen der Klage im Verfahren bei amtsrichterl. Strafbefehl); § 414 (Zurücknahme der polizeil. Strafverfügung); § 420 (Zurücknahme des Strafbescheides der Verwaltungsbehörde bei Zuwiderhandlungen gegen die Vorschriften über die Erhebung öffentlicher Abgaben und Gefälle). Wegen Zurücknahme der Privatklage und der Nebenklage s. §§ 391, 402, 404 Abs. 2.

94) Bei der Beurkundung sind besondere Förmlichkeiten nicht zu beobachten; die Angaben des Erschienenen brauchen weder in direkter Redeform niedergeschrieben, noch von ihm unterschrieben, noch ihm vorgelesen zu werden. U 30/4 85, E 12, 173. U 22/7 04, DR 8, 487 (Niederschrift des Strafantrags eines zur Antragstellung berechtigten Vorstandes einer Polizeibehörde in die daselbst befindlichen Akten). Für Militärstrafsachen vgl. § 6 Ges betr. Aufhebung der Mil. Gerichtsbark. v. 17/8. 20 (s. Anh. IV).

95) Örtliche oder sachliche Zuständigkeit des Gerichts wird nicht gefordert, so daß der Strafantrag bei jedem Gericht, erfolgen kann. U 20/9 87, R 9, 446. U 24/11 03, DR 7, 610. Vgl. über Antragstellung in der Hauptverhandlung U 1/5 05, E 38, 39.

§ 159 (157). Sind Anhaltspunkte dafür vorhanden, daß jemand eines nicht natürlichen Todes gestorben ist, oder wird der Leichnam eines Unbekannten gefunden, so sind die Polizei- und Gemeindebehörden zur sofortigen Anzeige an die Staatsanwaltschaft oder an den Amtsrichter verpflichtet.

Die Beerdigung darf nur auf Grund einer schriftlichen Genehmigung der Staatsanwaltschaft oder des Amtsrichters erfolgen.

§ 160 (158). Sobald die Staatsanwaltschaft durch eine Anzeige oder auf anderem Wege von dem Verdacht einer strafbaren Handlung Kenntnis erhält, hat sie behufs ihrer Entschließung darüber, ob die öffentliche Klage zu erheben sei, den Sachverhalt zu erforschen.

---

96) Als schriftlicher Antrag gilt auch der vor einer anderen Behörde als dem Gericht oder der StA mündlich vorgetragene, von der Behörde niedergeschriebene und von dem Verletzten unterschriebene Antrag. U 28/6 80, E 2, 253. U 2/2 81, R 3, 3 (Polizeibeamte, Landjäger). U 30/1 88, R 10, 90 (Schiedsmann). Dagegen ist ein nur mündlicher Antrag, welcher in einer vom Antragsteller nicht unterschriebenen Verhandlung von Beamten des Polizei- und Sicherheitsdienstes entgegengenommen ist, selbst dann unwirksam, wenn diese Beamten Hilfsbeamte der StA sind. U 23/11 80, E 3, 55. U 5/1 82, R 4, 17. Auch ein mittels Telegramms gestellter Strafantrag ist zulässig und als schriftlicher Strafantrag i. S. § 158 zu erachten. U 16/10 84, R 6, 624. Unterschrift des Antragstellers ist stets erforderlich; jedoch genügt Unterkreuzung, Stempelung usw., wenn sie für sich allein oder in Verbindung mit dem sonstigen Inhalt des Schriftstücks zum Ausdruck bringt, daß der Inhalt des letzteren dem wirklichen Willen des Ausstellers entspricht. Eine Nachholung der fehlenden Unterschrift nach Ablauf der dreimonatl. Antragsfrist ist unzulässig. U 20/3 81, E 3, 110. U 6/5 81, R 3, 281. Ein Strafantrag gilt auch dann als schriftlich gestellt, wenn er im mündlichen Auftrage des Berechtigten von einem Dritten nicht bloß geschrieben, sondern auch mit der Namensunterschrift des Berechtigten versehen ist. U 24/2 82, E 6, 69. Vgl. auch U 10/12 80, R 2, 625 u. U 21/3 81, E 3, 425, wonach in allen Fällen zum Ausweis des Dritten schriftliche Vollmacht nicht erforderlich ist. Vgl. U 3/2 88, R 10, 92 (Unterkreuzung eines protokoll. Strafantrags durch einen Dritten im mündlichen, durch unzweideutige Zeichen erteilten Auftrage des Antragstellers). U 3/7 90, G 38, 337 u. U 8/7 98 (beglaubigte Abschrift eines von einem Beamten bei seiner vorgesetzten Dienstbehörde schriftlich gestellten Strafantrages genügt zur Wahrung der Schriftform); vgl. jedoch U 20. 4/18. 5. 14, E 48, 274. U 16/5 05, DR 9, 348 (schriftliche Nachfrage bei der StA nach dem Eingang einer einen ausreichenden Straf-

Die Staatsanwaltschaft hat nicht bloß die zur Belastung, sondern auch die zur Entlastung dienenden Umstände zu ermitteln und für die Erhebung derjenigen Beweise Sorge zu tragen, deren Verlust zu besorgen steht.

§ 161 (159). Zu dem im vorstehenden Paragraphen bezeichneten Zwecke kann die Staatsanwaltschaft von allen öffentlichen Behörden Auskunft verlangen und Ermittlungen jeder Art, mit Ausschluß eidlicher Vernehmungen, entweder selbst vornehmen oder durch die Behörden und Beamten des Polizei- und Sicherheitsdienstes vornehmen lassen. Die Behörden und Beamten des Polizei- und Sicherheitsdienstes sind verpflichtet, dem Ersuchen oder Auftrage der Staatsanwaltschaft zu genügen.[97])

§ 162 (160). Erachtet die Staatsanwaltschaft die Vornahme einer richterlichen Untersuchungshandlung für er-

---

antrag nicht enthaltenden Strafanzeige unter Darstellung der Tat usw. kann als schriftl. Antrag gelten, ebenso regelmäßig die Beschwerde gegen einen Einstellungsbeschluß des StA. U 10/6 14, DR 18, 2578). Über den Strafantrag einer beleidigten Staatsanwaltschaft s. U 16/6 81, E 4, 264. Im Übrigen beziehen sich die Vorschriften des § 158 nur auf die Anbringung von Strafanträgen, nicht auch auf die Zurücknahme. U 4/6 20, E 55, 24.

97) Eine allgemeine Rechtspflicht, von den Polizeibehörden und den Organen der Polizei in betreff begangener Straftaten sich als Zeuge vernehmen zu lassen oder anfragenden Beamten derselben Rede und Antwort zu stehen, besteht nicht; die Polizeibehörden haben keinen Zeugniszwang. Wo deshalb der Erforschung strafb. Handlungen durch die Polizeibehörden oder der Ausführung der ihnen von der StA übertragenen Erörterungen, bzw. der Vornahme einzelner Akte Hindernisse in den Weg treten, muß sich die StA wegen Vornahme der betr. Handlung an den Richter wenden. In Fällen, wo Gefahr im Verzuge obwaltet, darf auch die Polizeibehörde einen solchen Antrag unmittelbar und mit Umgehung der StA bei dem Amtsrichter anbringen und der letztere ausnahmsweise die erforderlichen Maßnahmen selbst verfügen und ausführen. U 12/11 83, E 9, 433, U 30/9 80, E 2, 281. Vgl. jedoch auch U 19/3 86, R 8, 204, wo ausgeführt wird, daß die Beamten des Polizei- und Sicherheitsdienstes behufs Feststellung der Persönlichkeit der bei einer Straftat gegenwärtig gewesenen Personen zum Festhalten derselben schreiten können, falls sie die Absicht, sich dem Zeugnisse zu entziehen, an den Tag legen, und diese Absicht nur durch ein sofortiges Einschreiten der Beamten vereitelt werden kann. Ebenso: U 25/5 86, R 8, 390; s. auch U 1/2 15, DR 19, 997.

forderlich, so stellt sie ihre Anträge bei dem Amtsrichter des Bezirks, in welchem diese Handlung vorzunehmen ist.

Der Amtsrichter hat zu prüfen, ob die beantragte Handlung nach den Umständen des Falles gesetzlich zulässig ist.

§ **163 (161).** Die Behörden und Beamten des Polizei- und Sicherheitsdienstes haben strafbare Handlungen zu erforschen und alle keinen Aufschub gestattenden Anordnungen zu treffen, um die Verdunkelung der Sache zu verhüten.[98])

Sie übersenden ihre Verhandlungen ohne Verzug der Staatsanwaltschaft. Erscheint die schleunige Vornahme richterlicher Untersuchungshandlungen erforderlich, so kann die Übersendung unmittelbar an den Amtsrichter erfolgen.

§ **164 (162).** Bei Amtshandlungen an Ort und Stelle ist der Beamte, welcher sie leitet, befugt, Personen, welche seine amtliche Tätigkeit vorsätzlich stören oder sich den von ihm innerhalb seiner Zuständigkeit getroffenen Anordnungen widersetzen, festnehmen und bis zur Beendigung seiner Amtsverrichtungen, jedoch nicht über den nächstfolgenden Tag hinaus, festhalten zu lassen.[99])

§ **165 (163).** Wenn Gefahr im Verzug obwaltet, hat der Amtsrichter die erforderlichen Untersuchungshandlungen von Amts wegen vorzunehmen.[100])

---

98) Vgl. A. 97 zu § 161. Wegen der sonstigen Befugnisse der Polizeibehörden s. §§ 98 (Beschlagnahmen); 105 (Durchsuchungen); 127 (vorläufige Festnahme); 131 (Steckbrief) und 164 (Befugnis zum Festhalten von Personen, welche die amtliche Tätigkeit stören). Hierbei ist zu beachten, daß die Befugnisse der Polizeibehörden und Beamten nicht über die im § 127 gezogenen Grenzen hinausgehen. U 11/6 99, E 32, 270. Diesen Grenzen gegenüber darf dem § 163 nicht die Bedeutung zugemessen werden, daß diejenigen Akte, welche gemäß § 127 nur unter genau festgelegten gesetzlichen Vorbehalten für zulässig erklärt sind, aus dem Gesichtspunkte des § 163 betrachtet, einem an diese Vorbehalte nicht gebundenen freien Ermessen jener Beamten unterliegen sollen. U 5/4 95, E 27, 153. Die letzteren sind vielmehr stets an die sich aus dem Gesetze, insbesondere aus §§ 94ff., §§ 112ff. ergebenden Beschränkungen gebunden. U 2/3 06, E 38, 373. U 4/10 06, E 39, 189. Daher genügt zur vorläufigen Festnahme aus § 127 nicht die allgemeine Besorgnis, daß Verdunkelung eintreten könne. U 14/6 12, DR 16, 2618.

99) Der Inhaber zu durchsuchender Räume verliert das Recht, der Durchsuchung beizuwohnen (§ 106 Abs. 1), wenn er sich eines unter § 164 fallenden Verhaltens schuldig macht. U 4/5 00, E 33, 251.

§ **166 (164).** Wird der Beschuldigte von dem Amtsrichter vernommen und beantragt er bei dieser Vernehmung zu seiner Entlastung einzelne Beweiserhebungen, so hat der Amtsrichter sie, soweit er sie für erheblich erachtet, vorzunehmen, wenn der Verlust der Beweise zu besorgen steht oder die Beweiserhebung die Freilassung des Beschuldigten begründen kann.

Der Richter kann, wenn die Beweiserhebung in einem anderen Amtsbezirke vorzunehmen ist, den Amtsrichter des letzteren um ihre Vornahme ersuchen.

§ **167 (165).** In den Fällen der §§ 165, 166 gebührt der Staatsanwaltschaft die weitere Verfügung.

§ **168 (166).** Die Beurkundung der von dem Amtsrichter vorzunehmenden Untersuchungshandlungen und die Zuziehung eines Gerichtsschreibers erfolgt nach den für die Voruntersuchung geltenden Vorschriften.[1])

§ **169 (167).** Für die Teilnahme der Staatsanwaltschaft an den richterlichen Verhandlungen kommen die für die Voruntersuchung geltenden Vorschriften zur Anwendung.[2])

Das gleiche gilt für den Beschuldigten, seinen Verteidiger und die von ihm benannten Sachverständigen, wenn der Beschuldigte als solcher vom Richter vernommen ist oder sich in Untersuchungshaft befindet.

§ **170 (168).** Bieten die angestellten Ermittlungen genügenden Anlaß zur Erhebung der öffentlichen Klage, so erhebt die Staatsanwaltschaft sie entweder durch einen Antrag auf gerichtliche Voruntersuchung oder durch Einreichung einer Anklageschrift bei dem Gerichte.[3])

Anderenfalls verfügt die Staatsanwaltschaft die Einstellung des Verfahrens und setzt hiervon den Beschuldigten

---

100) Wegen der dem Richter bei Vornahme von Amtshandlungen zustehenden Maßregeln zur Aufrechterhaltung der Ordnung usw. s. §§ 176ff. GVG. Wegen der Befugnis des Amtsrichters, bei Gefahr im Verzuge einen Haftbefehl zu erlassen, s. § 125 Abs. 1. Vgl. auch § 128.

1) Vgl. §§ 187, 188. Auch die Förmlichkeiten des Vorverfahrens sind entsprechend dem Grundsatz des § 274 nur durch die hierüber aufgenommenen Protokolle zu erweisen. U 19/4 83, R 5, 266.

2) Vgl. §§ 192—195.

in Kenntnis, wenn er als solcher vom Richter vernommen oder ein Haftbefehl gegen ihn erlassen war.

§ 171 (169). Gibt die Staatsanwaltschaft einem bei ihr angebrachten Antrage auf Erhebung der öffentlichen Klage keine Folge, oder verfügt sie nach dem Abschlusse der Ermittlungen die Einstellung des Verfahrens, so hat sie den Antragsteller unter Angabe der Gründe zu bescheiden.

§ 172 (170). Ist der Antragsteller zugleich der Verletzte,[4]) so steht ihm gegen diesen Bescheid binnen zwei Wochen nach der Bekanntmachung die Beschwerde an den vorgesetzten Beamten der Staatsanwaltschaft und gegen dessen ablehnenden Bescheid binnen einem Monate nach der Bekanntmachung der Antrag auf gerichtliche Entscheidung zu.

Der Antrag muß die Tatsachen, welche die Erhebung der öffentlichen Klage begründen sollen, und die Beweismittel angeben, auch von einem Rechtsanwalt unterzeichnet sein. Der Antrag ist bei dem für die Entscheidung zuständigen Gericht einzureichen.

Zur Entscheidung ist in den vor das Reichsgericht gehörigen Sachen[5]) das Reichsgericht, in anderen Sachen das Oberlandesgericht zuständig.

§ 173 (171). Auf Verlangen des Gerichts hat ihm die Staatsanwaltschaft die bisher von ihr geführten Verhandlungen vorzulegen.

Das Gericht kann den Antrag unter Bestimmung einer Frist dem Beschuldigten zur Erklärung mitteilen.

---

3) Vgl. § 179 (Antrag auf Voruntersuchung) und § 199 (Einreichung der Anklageschrift). Besondere Bestimmungen über die Art der Erhebung der öffentlichen Klage s. im § 212 (mündliche Anklage vor dem Amtsrichter und dem Schöffengericht); im § 266 Abs. 1 (Antrag der StA in der Hauptverhandlung auf Aburteilung einer ferneren Tat des Angekl.); in den §§ 407, 408 (Antrag auf Erlaß eines Strafbefehls) und im § 430. Wegen der Privatklage s. § 381.

4) Wegen des Begriffes des Verletzten s. A. 33 zu § 22. Vgl. dazu § 8 Abs. 3 des Ges, betr. Aufhebung der Militärgerichtsbarkeit v. 17/8 20 s. Anh. IV.

5) Unter den vor das Reichsgericht gehörigen Sachen sind nur diejenigen zu verstehen, welche in erster Instanz zur Zuständigkeit des Reichsgerichts gehören (§ 134 GVG.). Beschl 6/11 79, R 1, 41.

Das Gericht kann zur Vorbereitung seiner Entscheidung Ermittlungen anordnen und mit ihrer Vornahme eines seiner Mitglieder, den Untersuchungsrichter oder den Amtsrichter beauftragen.

§ 174 (172). Ergibt sich kein genügender Anlaß zur Erhebung der öffentlichen Klage, so verwirft das Gericht den Antrag und setzt den Antragsteller, die Staatsanwaltschaft und den Beschuldigten von der Verwerfung in Kenntnis.

Ist der Antrag verworfen, so kann die öffentliche Klage nur auf Grund neuer Tatsachen oder Beweismittel erhoben werden.

§ 175 (173). Erachtet dagegen das Gericht den Antrag für begründet, so beschließt es die Erhebung der öffentlichen Klage. Die Durchführung dieses Beschlusses liegt der Staatsanwaltschaft ob.

§ 176 (174). Dem Antragsteller kann vor der Entscheidung über den Antrag die Leistung einer Sicherheit für die durch das Verfahren über den Antrag und durch die Untersuchung der Staatskasse und dem Beschuldigten voraussichtlich erwachsenden Kosten durch Beschluß des Gerichts auferlegt werden. Die Sicherheitsleistung ist durch Hinterlegung in barem Gelde oder in Wertpapieren zu bewirken. Die Höhe der zu leistenden Sicherheit wird von dem Gerichte nach freiem Ermessen festgesetzt. Es hat zugleich eine Frist zu bestimmen, binnen welcher die Sicherheit zu leisten ist.

Wird die Sicherheit binnen der bestimmten Frist nicht geleistet, so hat das Gericht den Antrag für zurückgenommen zu erklären.

§ 177 (175). Die durch das Verfahren über den Antrag veranlaßten Kosten sind in dem Falle des § 174 und des § 176 Abs. 2 dem Antragsteller aufzuerlegen.[6])

---

6) Vgl. § 57 Gerichtskostengesetz v. 21/12 22 bezw. 13/12 23 im Anhang I; ferner § 8 Abs. 3 Ges. betr. Aufhebung der Militärgerichtsbarkeit v. 17/8 20 im Anhang IV.

3. Abschnitt. Gerichtliche Voruntersuchung.

§ 178 (176). Die Voruntersuchung findet in den Strafsachen statt, welche zur Zuständigkeit des Reichsgerichts, der Oberlandesgerichte oder der Schwurgerichte gehören.[7]

In den zur Zuständigkeit der Amtsgerichte gehörenden Sachen findet, abgesehen von Übertretungen, eine Voruntersuchung statt:

1. wenn die Staatsanwaltschaft es beantragt;
2. wenn der Angeschuldigte in der Erklärung über die Anklageschrift (§ 201) es beantragt und erhebliche Gründe geltend macht, aus denen eine Voruntersuchung zur Vorbereitung seiner Verteidigung erforderlich erscheint.[8]

§ 179 (177). Der Antrag der Staatsanwaltschaft auf Eröffnung der Voruntersuchung muß den Beschuldigten und die ihm zur Last gelegte Tat bezeichnen.

§ 180 (178). Der Antrag kann nur wegen Unzuständigkeit des Gerichts oder wegen Unzulässigkeit der Strafverfolgung[9] oder der Voruntersuchung (§ 178), oder weil die in dem An-

---

7) Wegen der Zuständigkeit des Reichsgerichts und der Schwurgerichte s. §§ 134 und 80 GVG.

In den zur Zuständigkeit des Reichsgerichts oder der Schwurgerichte gehörenden Strafsachen muß die Voruntersuchung stets rücksichtlich aller Angeklagten stattfinden, auch wenn die Zuständigkeit des Schwurgerichts wegen einzelner derselben nur durch den Zusammenhang begründet wird. U 8/7 81, E 4, 365. Eine Voruntersuchung ist nicht nötig, wenn in einer schwurgerichtl. Sache das Schöffengericht oder das Landgericht sich für unzuständig erklärt und die Sache vor das Schwurgericht verwiesen hat. U 2/2 81, E 3, 311. U 21/11 81, E 5, 243. Im übrigen kann der Mangel einer Voruntersuchung bei den zur Zuständigkeit des Schwurgerichts gehörigen Sachen die Revision nur dann begründen, wenn der Angekl. den Verweisungsbeschluß nach § 201 Abs. 2 und § 183 durch sofortige Beschwerde vergeblich angefochten hatte. U 2/3 81, R 3, 91. U 29/2 84, R 6, 161.

Im Wiederaufnahmeverfahren findet § 178 Abs. 1 keine Anwendung. U 3/12 97, E 46, 39.

8) In den zur Zuständigkeit der Landgerichte (jetzt der Amtsgerichte) gehörigen Sachen wird durch die Einleitung der Voruntersuchung gegen einen Angeklagten auch die Notwendigkeit der Voruntersuchung gegen den Mitangeklagten begründet. U 8/7 81, E 4, 365.

9) Vgl. A. 88 zu § 152.

trage bezeichnete Tat unter kein Strafgesetz fällt, abgelehnt werden. Hierzu bedarf es eines Beschlusses des Gerichts.[10])

Der Angeschuldigte kann vor der Beschlußfassung gehört werden.

§ 181 (179). Gegen die Verfügung, durch welche auf Antrag der Staatsanwaltschaft die Voruntersuchung eröffnet worden ist, kann der Angeschuldigte aus einem der im § 180 Abs. 1 bezeichneten Gründe Einwand erheben. Über den Einwand entscheidet das Gericht.[11])

Diese Bestimmung findet nicht Anwendung, wenn die Voruntersuchung infolge des Beschlusses des Gerichts eröffnet und der Angeschuldigte vorher gehört worden ist.

§ 182 (180). Gegen den Beschluß des Gerichts, durch welchen der von dem Angeschuldigten in dem Falle des § 180 Abs. 2 und in dem Falle des § 181 Abs. 1 erhobene Einwand der Unzuständigkeit (§ 16) verworfen wird, steht dem Angeschuldigten die sofortige Beschwerde zu.[12])

Im übrigen kann der Beschluß des Gerichts, durch welchen der Einwand des Angeschuldigten verworfen oder die Eröffnung der Voruntersuchung angeordnet ist, nicht angefochten werden.

§ 183 (181). Gegen den Beschluß des Gerichts, durch welchen der Antrag der Staatsanwaltschaft oder des Angeschuldigten auf Eröffnung der Voruntersuchung abgelehnt worden ist, findet sofortige Beschwerde statt.[13])

§ 184 (182)[14]). Die Voruntersuchung wird von dem Untersuchungsrichter eröffnet und geführt.

---

10) Für diesen Beschluß sind die Strafkammern der Landgerichte zuständig. § 73 Abs. 1 GVG.

11) Für diese Entscheidung sind die Strafkammern der Landgerichte zuständig. § 73 Abs. 1 GVG.

12) Wegen der sofortigen Beschwerde s. § 311. Der auf diese Beschwerde ergehende Beschluß des Oberlandesgerichts unterliegt keiner weiteren Anfechtung im Wege der Revision. U 8/3 01, E 34, 215. Vgl. U 24/4 80, E 2, 19. U 14/12 94, E 26, 340.

13) Andere Rechtsmittel sind gegen den ablehnenden Beschluß nicht gegeben. U 7/3 02, DR 6, 217.

14) Zu §§ 184, 185 s. wegen der dem Untersuchungsrichter zu leistenden Rechtshilfe §§ 156ff. GVG.

§ 185 (183). Durch Beschluß des Landgerichts kann auf Antrag der Staatsanwaltschaft die Führung der Voruntersuchung einem Amtsrichter übertragen werden. Um die Vornahme einzelner Untersuchungshandlungen kann der Untersuchungsrichter die Amtsrichter ersuchen. Auf Amtsrichter, welche mit dem Untersuchungsrichter denselben Amtssitz haben, finden diese Bestimmungen keine Anwendung.

§ 186 (184). Bei dem Reichsgerichte wird der Untersuchungsrichter für jede Strafsache aus der Zahl der Mitglieder durch den Präsidenten bestellt.

Der Präsident kann auch jedes Mitglied eines anderen deutschen Gerichts und jeden Amtsrichter zum Untersuchungsrichter, oder für einen Teil der Geschäfte des Untersuchungsrichters zu seinem Vertreter bestellen.

Der Untersuchungsrichter und dessen Vertreter können um die Vornahme einzelner Untersuchungshandlungen die Amtsrichter ersuchen.[15])

Auf die zur Zuständigkeit der Oberlandesgerichte gehörigen Strafsachen finden die Vorschriften mit der Maßgabe Anwendung, daß der Präsident des Oberlandesgerichts jeden Richter, der in dem dem Oberlandesgerichte zugewiesenen Bezirke (§ 120 Abs. 2 des Gerichtsverfassungsgesetzes) angestellt ist, zum Untersuchungsrichter bestellen kann.

§ 187 (185). Bei der Vernehmung des Angeschuldigten, der Zeugen und Sachverständigen sowie bei der Einnahme des Augenscheins[16]) hat der Untersuchungsrichter einen Gerichtsschreiber zuzuziehen. In dringenden Fällen kann der Untersuchungsrichter eine von ihm zu beeidigende Person als Gerichtsschreiber zuziehen.[17])

---

15) Für die Entscheidung über Beschwerden des Untersuchungsrichters in den zur Zuständigkeit des Reichsgerichts gehörigen Sachen ist ein durch den Geschäftsverteilungsplan bestimmter Strafsenat des Reichsgerichts zuständig (§ 137 GVG).

16) Vgl. § 86 und insbesondere § 87 (richterliche Leichenschau) und §§ 88 ff. (Leichenöffnung).

17) Die im § 187 angeordnete Zuziehung eines Gerichtsschreibers muß sich nicht bloß auf die Aufnahme des Protokolls, sondern auch auf den zu beurkundenden Hergang selbst, auf die Verneh-

§ 188 (186). Über jede Untersuchungshandlung ist ein Protokoll aufzunehmen. Das Protokoll ist von dem Untersuchungsrichter und dem zugezogenen Gerichtsschreiber zu unterschreiben.[18])

Das Protokoll muß Ort und Tag der Verhandlung sowie die Namen der mitwirkenden oder beteiligten Personen angeben und ersehen lassen, ob die wesentlichen Förmlichkeiten des Verfahrens beobachtet sind.

Das Protokoll ist den bei der Verhandlung beteiligten Personen, soweit es sie betrifft, behufs der Genehmigung vorzulesen oder zur eigenen Durchlesung vorzulegen. Die erfolgte Genehmigung ist zu vermerken, und das Protokoll von den Beteiligten entweder zu unterschreiben, oder darin anzugeben, weshalb die Unterschrift unterblieben ist.[19])

§ 189 (187). Die Behörden und Beamten des Polizei- und Sicherheitsdienstes sind verpflichtet, Ersuchen oder Aufträgen des Untersuchungsrichters um Ausführung einzelner Maßregeln oder um Vornahme von Ermittlungen zu genügen.[20])

mung des Angeschuldigten, der Zeugen und Sachverständigen, bzw. die Einnahme des Augenscheins erstrecken. Insbesondere hat das vom Richter und Gerichtsschreiber unterschriebene Protokoll über die Einnahme des Augenscheins nur insoweit die Kraft eines Beweismittels über letzteren, als es die von beiden Gerichtspersonen gemeinschaftlich und übereinstimmend gemachten Wahrnehmungen beurkundet. U 21/6 87, E 16, 147. Wegen der Zulässigkeit der kommissarischen Vernehmung eines Zeugen durch einen Vizekonsul allein ohne Zuziehung eines Gerichtsschreibers (§ 20 Ges v. 8/11 67) s. U 25/1 07, DR 11, 323.

18) Auch unterkreuzte Protokolle sind zulässig und verlesungsfähig. U 10/3 02, DR 6, 187; nicht aber solche in Kurzschrift U 5/7 20, E 55, 1. U 23/4 23, DR 27, 1075.

19) Zu den beteiligten Personen i. S. § 188 gehören außer den bei der Verhandlung tätig gewesenen Gerichtspersonen gegebenenfalls der Angeklagte, der Verteidiger, die Zeugen und Sachverständigen usw. U 28/4 98, E 31, 135. Die Benutzung der in der Voruntersuchung aufgenommenen Protokolle als Beweismittel statt der unmittelbaren Vernehmung der Auskunftspersonen in der Hauptverhandlung (§ 251) ist durch die Beobachtung der im § 188 Abs. 1 u. 2 vorgeschriebenen Förmlichkeiten bedingt. U 30/4 81, R 3, 259. Die Nichtbeobachtung des letzten Satzes in Abs. 3 des § 188 oder ein sonstiger Mangel des Protokolls, z. B. Rasuren, Durchstreichungen usw. kann die Zulässigkeit der Verlesung desselben nicht ausschließen. U 18/10 01, E 34, 396. U 18/11 13, JW 43, 429.

§ 190 (188). Die Voruntersuchung ist nicht weiter auszudehnen, als erforderlich ist, um eine Entscheidung darüber zu begründen, ob das Hauptverfahren zu eröffnen oder der Angeschuldigte außer Verfolgung zu setzen sei.[21])

Auch sind Beweise, deren Verlust für die Hauptverhandlung zu besorgen steht, oder deren Aufnahme zur Vorbereitung der Verteidigung des Angeschuldigten erforderlich erscheint, in der Voruntersuchung zu erheben.[22])

§ 191 (189). Ergibt sich im Laufe der Voruntersuchung Anlaß zu ihrer Ausdehnung auf eine in dem Antrag der Staatsanwaltschaft nicht bezeichnete Person oder Tat, so hat der Untersuchungsrichter in dringenden Fällen die in dieser Beziehung erforderlichen Untersuchungshandlungen von Amts wegen vorzunehmen.

Die weitere Verfügung gebührt auch in solchen Fällen der Staatsanwaltschaft.

§ 192 (190). Der Angeschuldigte ist in der Voruntersuchung zu vernehmen, auch wenn er schon vor ihrer Eröffnung vernommen worden ist.[23]) Ihm ist hierbei die Verfügung, durch welche die Voruntersuchung eröffnet worden, bekannt zu machen.

Die Vernehmung erfolgt in Abwesenheit der Staatsanwaltschaft und des Verteidigers.

§ 193 (191). Findet die Einnahme eines Augenscheins statt,[24]) so ist der Staatsanwaltschaft, dem Angeschuldigten und dem Verteidiger die Anwesenheit bei der Verhandlung zu gestatten.

Dasselbe gilt, wenn ein Zeuge oder Sachverständiger vernommen werden soll, welcher voraussichtlich am Er-

---

20) Vgl. § 161 (Aufträge der Staatsanwaltschaft).

21) Wegen Unzulässigkeit der Zurückweisung der Sache in die Voruntersuchung nach eröffnetem Hauptverfahren s. A. 38 zu § 244 und wegen Beeidigung der Zeugen in der Voruntersuchung § 66 Abs. 2.

22) Vgl. § 160 Abs. 2.

23) Für die Vernehmung des Angeschuldigten gelten die Vorschriften des § 136. S. die Anmerkungen zu demselben.

24) Vgl. §§ 86, 87, 195. § 193 bezieht sich nur auf gerichtliche Augenscheinseinnahmen. U 9/2 12, DR 16, 959.

scheinen in der Hauptverhandlung verhindert, oder dessen Erscheinen wegen großer Entfernung besonders erschwert sein wird.[25])

Von den Terminen sind die zur Anwesenheit Berechtigten[26]) vorher zu benachrichtigen, soweit dies ohne Aufenthalt für die Sache geschehen kann.[27])

Einen Anspruch auf Anwesenheit hat der nicht auf freiem Fuße befindliche Angeschuldigte nur bei solchen Terminen, welche an der Gerichtsstelle[28]) des Orts abgehalten werden, wo er sich in Haft befindet.[29])

Auf die Verlegung eines Termins wegen Verhinderung haben die zur Anwesenheit Berechtigten keinen Anspruch.

§ **194 (192).** Der Richter kann einen Angeschuldigten von der Anwesenheit bei der Verhandlung ausschließen, wenn zu befürchten ist, daß ein Zeuge in seiner Gegenwart die Wahrheit nicht sagen werde.

§ **195 (193).** Findet die Einnahme eines Augenscheins unter Zuziehung von Sachverständigen statt, so kann der An-

---

25) Vgl. §§ 223, 224, 251 Abs. 2.

26) Die zur Anwesenheit bei der Augenscheinseinnahme Berechtigten, welche nach Abs. 3 benachrichtigt werden müssen, sind die im Abs. 1 aufgeführten Beteiligten. U 10/24. Mai 92, E 23, 142.

27) D. h. soweit nicht durch die Benachrichtigung unnötige, den raschen Fortgang und Erfolg der Untersuchung gefährdende Hemmnisse entstehen. U 21/4 80, R 1, 634.

28) Unter der Gerichtsstelle ist nur die Örtlichkeit zu verstehen, welche das regelmäßige Geschäftslokal des betreffenden Gerichts an dem Orte bildet, wo der Angeschuldigte in Haft ist. Ob der in Haft befindliche Angeschuldigte zu Beweisaufnahmen an anderen Punkten des Ortes oder des Gerichtsbezirks zuzuziehen ist, unterliegt dem richterlichen Ermessen. U 21/4 80, R 1, 634. U 18/2 80, E 1, 210.

29) Der nicht auf freiem Fuße befindliche Angeschuldigte muß aber wenigstens von dem Augenscheinseinnahmetermin, der nicht an der Gerichtsstelle, wo er sich in Haft befindet, abgehalten wird, benachrichtigt werden. Die unterbliebene Benachrichtigung führt jedoch nur dann zur Aufhebung des Urteils, wenn die Verlesung der betr. Augenscheinseinnahmeverhandlung trotz eines von dem Angekl. dagegen erhobenen Widerspruchs erfolgt ist. U. 10/24. Mai 92, E 23, 142.

Stillschweigender Verzicht auf Verletzung des § 193 kann nicht anerkannt werden, wenn nicht ersichtlich ist, daß der Angekl. bereits in der Hauptverhandlung von der Unterlassung Kenntnis hatte. U 21/9 03, DR 7, 508.

geschuldigte beantragen, daß die von ihm für die Hauptverhandlung in Vorschlag zu bringenden Sachverständigen zu dem Termine geladen werden und, wenn der Richter den Antrag ablehnt, sie selbst laden lassen.

Den von dem Angeschuldigten benannten Sachverständigen ist die Teilnahme am Augenschein und an den erforderlichen Untersuchungen insoweit zu gestatten, als dadurch die Tätigkeit der vom Richter bestellten Sachverständigen nicht behindert wird.

§ **196 (194).** Die Staatsanwaltschaft kann stets, ohne daß jedoch das Verfahren dadurch aufgehalten werden darf, von dem Stande der Voruntersuchung durch Einsicht der Akten Kenntnis nehmen und die ihr geeignet scheinenden Anträge stellen.

§ **197 (195).** Erachtet der Untersuchungsrichter den Zweck der Voruntersuchung[30]) für erreicht, so übersendet er die Akten der Staatsanwaltschaft zur Stellung ihrer Anträge.

Beantragt die Staatsanwaltschaft eine Ergänzung der Voruntersuchung, so hat der Untersuchungsrichter, wenn er dem Antrage nicht stattgeben will, die Entscheidung des Gerichts[31]) einzuholen.

Von dem Schlusse der Voruntersuchung ist der Angeschuldigte in Kenntnis zu setzen.

4. Abschnitt. Entscheidung über die Eröffnung des Hauptverfahrens.

§ **198 (196).** Hat eine Voruntersuchung stattgefunden, so entscheiden in den zur Zuständigkeit des Reichsgerichts oder der Oberlandesgerichte gehörigen Sachen diese Gerichte, sonst das Landgericht darüber,[32]) ob das Hauptverfahren zu eröffnen oder der Angeschuldigte außer Verfolgung zu setzen oder das Verfahren vorläufig einzustellen sei.[33])

Die Staatsanwaltschaft legt zu diesem Zwecke die Akten mit ihrem Antrag dem Gerichte vor. Der Antrag auf

---

30) Über den Zweck der Voruntersuchung s. § 190.

31) Zuständig für diese Entscheidung ist die Strafkammer. § 73 Abs. 1 GVG.

32) Zuständig für diese Entscheidung ist die Strafkammer, der Strafsenat und, wenn die Voruntersuchung bei dem Reichsgericht

Eröffnung des Hauptverfahrens erfolgt durch Einreichung einer Anklageschrift.

§ **199 (197).** Erhebt die Staatsanwaltschaft, ohne daß eine Voruntersuchung stattgefunden, die Anklage, so ist die Anklageschrift mit den Akten bei dem Amtsrichter einzureichen.[34])

§ **200 (198).** Die Anklageschrift hat die dem Angeschuldigten zur Last gelegte Tat unter Hervorhebung ihrer gesetzlichen Merkmale und des anzuwendenden Strafgesetzes zu bezeichnen, sowie die Beweismittel und das Gericht, vor welchem die Hauptverhandlung stattfinden soll, anzugeben.[35])

In den vor dem Reichsgerichte, den Oberlandesgerichten oder den Schwurgerichten zu verhandelnden Strafsachen sind außerdem die wesentlichen Ergebnisse der stattgehabten Ermittlungen in die Anklageschrift aufzunehmen. Das gleiche gilt in den vor dem Schöffengericht oder dem Amts-

---

geführt war (§ 186), der durch den Geschäftsverteilungsplan bestimmte Strafsenat des Reichsgerichts. §§ 72 u. 137 GVG.

33) Vgl. § 203 (Eröffnung des Hauptverfahrens); § 204 (Beschluß, den Angeschuldigten außer Verfolgung zu setzen); § 205 (vorläufige Einstellung des Verfahrens). Das Gericht kann außerdem auch zur besseren Aufklärung der Sache eine Ergänzung der Voruntersuchung beschließen: § 202.

34) Wegen Anordnung einer Voruntersuchung oder einzelner Beweiserhebungen in diesen Fällen s. § 202. Über den Wegfall der Anklageschrift und des in §§ 199ff. vorgeschriebenen Verfahrens bei Verweisung einer Strafsache durch ein ao. Kriegsgericht an den ordentlichen Richter s. U 1/10 18, E 52, 209.

35) Zur Bezeichnung der dem Angeschuldigten zur Last gelegten Tat unter Hervorhebung ihrer gesetzl. Merkmale genügt die bloße Hervorhebung der gesetzl. Tatbestandsmerkmale und eine Anführung des Strafgesetzes nicht, sondern es bedarf auch einer Bezeichnung der Tat durch Darstellung des Sachverhalts, d. h. der Vorgänge, in welchen die gesetzl. Tatbestandsmerkmale gefunden werden, insoweit, daß die dem Angekl. zur Last gelegte Tat von anderen Taten unterschieden werden kann, damit dem Angekl. darüber Gewißheit verschafft werde, wessen er angeklagt sei, und welche Tatsachen als diejenigen angesehen werden, durch welche die Anklage begründet werde. Die Grenzen der hiernach erforderlichen besonderen Kennzeichnung unterliegen der tatsächlichen Würdigung des einzelnen Falles. U 8/3 81, E 3 406.

richter zu verhandelnden Strafsachen, wenn ein Verbrechen den Gegenstand der Anklage bildet.[36])

§ 201 (199). Der Vorsitzende des Gerichts hat die Anklageschrift dem Angeschuldigten mitzuteilen und ihn zugleich aufzufordern, sich innerhalb einer zu bestimmenden Frist[37]) zu erklären, ob er eine Voruntersuchung oder die Vornahme einzelner Beweiserhebungen vor der Hauptverhandlung beantragen, oder Einwendungen gegen die Eröffnung des Hauptverfahrens vorbringen wolle. Diese Vorschrift findet in den vor dem Schöffengericht oder dem Amtsrichter zu verhandelnden Sachen nur Anwendung, wenn ein Verbrechen den Gegenstand der Anklage bildet; hat in diesem Falle keine Voruntersuchung stattgefunden, so ist der Angeschuldigte zugleich zur Erklärung darüber aufzufordern, ob er eine Voruntersuchung beantragen wolle.[38]) [39])

---

36) Wegen der Zulässigkeit der Revision bei Nichtbeachtung des § 200 Abs. 2 s. U 1/5 80, E 2, 33.

Das Fehlen der Unterschrift unter der Anklageschrift ist ein Mangel, dem durch nachträgliche Unterzeichnung oder durch den Nachweis abgeholfen werden kann, daß das Schriftstück mit Wissen und Willen der StA als Anklage zu den Akten gelangt ist. U 18/2 04, E 37, 407.

37) Die Bestimmung dieser Erklärungsfrist ist von dem Vorsitzenden nach Lage des einzelnen Falles zu treffen. U 29/10 80, R 2, 406. Vor Ablauf der gestellten Frist darf das Gericht pflichtmäßig das Hauptverfahren nicht eröffnen; auf die verfrühte Eröffnung kann jedoch die Revision nicht gestützt werden. U 24/4 80, E 2, 19.

38) Die Mitteilung der Anklageschrift und der im § 201 Abs. 1 gedachten Aufforderung an den Angeschuldigten muß mittels Zustellung erfolgen (§ 35). U 6/4 80, E 1, 345. Insbesondere genügt die bloße Vorlesung der Anklageschrift nicht; es ist vielmehr die Zustellung einer Abschrift derselben gesetzlich erforderlich. U 29/10 80, R 2, 406. Bei einem in Haft befindl. Angesch. genügt die Vorlesung und Übergabe der Anklageschrift durch den Gerichtsschreiber bei gleichzeitiger Aufforderung zur Erklärung nach § 201 Abs. 1. U 6/6 03, DR 7, 345. Auf den Mangel der Zustellung bzw. Übergabe kann jedoch die Revision nur gegründet werden, wenn einem bei der Hauptverhandlung gestellten Antrage des Angekl. auf nachträgliche Zustellung oder Übergabe der Anklageschrift nicht stattgegeben ist. U 6/4 80, E 1, 345. U 13/7 81, R 3, 482. U 23/1 80, R 1, 262. U 14/6 98, G 46, 337.

Wenn infolge einer dahin gehenden Erklärung des Angekl. die Voruntersuchung angeordnet ist, so muß nach Abschluß derselben das Verfahren als § 201 wiederholt werden. Die Unterlassung dieser Wiederholung begründet jedoch die Revision nur dann, wenn sie vom Angekl. in der Hauptverhandlung gerügt ist. U 27/4 92, G 40, 52.

Über die Anträge und Einwendungen beschließt das Gericht.[40]) Beantragt der Angeschuldigte eine Voruntersuchung, so hat der Amtsrichter die Akten mit dem Antrag des Angeschuldigten durch Vermittlung der Staatsanwaltschaft dem Landgerichte zur Entscheidung darüber vorzulegen, ob eine Voruntersuchung zu eröffnen sei. Eine Anfechtung der Beschlüsse findet nur nach Maßgabe der Bestimmungen im § 182 Abs. 1 und § 183 statt.[41])

§ **202 (200).** Zur besseren Aufklärung der Sache kann das Gericht eine Ergänzung der Voruntersuchung anordnen.

Hält der Amtsrichter zur besseren Aufklärung der Sache eine Voruntersuchung für nötig, so hat er die Akten mit einer Begründung seiner Auffassung durch Vermittlung der Staatsanwaltschaft dem Landgerichte zur Entscheidung darüber vorzulegen, ob eine Voruntersuchung zu eröffnen sei.

Einzelne Beweiserhebungen kann auch der Amtsrichter anordnen.

Eine Anfechtung der Beschlüsse findet nicht statt.

---

39) In den Fällen der notwendigen Verteidigung muß dem Angeschuldigten, welcher einen Verteidiger noch nicht selbst gewählt hat, ein solcher von Amts wegen bestellt werden, „sobald der Angeschuldigte gemäß § 201 zur Erklärung über die Anklageschrift aufgefordert worden ist" (§ 140). Nichtbeachtung dieser Vorschrift kann jedoch die Revision nicht begründen. U 21/12 82, R 4, 890.

40) Über die Anträge und Einwendungen des Angeschuldigten muß das Gericht stets nach § 34 durch einen mit Gründen versehenen Beschluß entscheiden; die nur stillschweigende Ablehnung der gestellten Beweisanträge durch bloßes Hinweggehen über dieselben und Eröffnung des Hauptverfahrens verstößt gegen das Gesetz. U 21/1 80, R 1, 257. Vgl. U 10/12 79, R 1, 136. Die Revision kann indes hierauf nicht gestützt werden. U 28/3 11, E 44, 380. Im übrigen beschränkt sich die Aufgabe des Gerichts in dieser Lage des Prozesses auf die Entscheidung über Anträge und Einwendungen, die der Angesch. rechtzeitig auf Vornahme von Beweiserhebungen vor der Hauptverhandlung oder gegen die Eröffnung des Hauptverfahrens vorgebracht hat, nicht aber auch über die von dem Angesch. auf Erhebung von Beweisen in der Hauptverhandlung gestellten Anträge. Das Gericht hat dem Angesch. event. nur zu erkennen zu geben, daß Anträge der letztgedachten Art bei dem Vorsitzenden des erkennenden Gerichts zu stellen seien. U 21/1 80, R 1, 251.

41) Dem Angekl. ist also nach § 201 Abs. 2 außer dem Falle der Unzuständigkeit des Gerichts (§ 182 Abs. 1) auch im Falle der Ablehnung

§ 203 (201).[42]) Das Gericht beschließt die Eröffnung des Hauptverfahrens, wenn nach den Ergebnissen der Voruntersuchung oder, falls eine solche nicht stattgefunden hat, nach den Ergebnissen des vorbereitenden Verfahrens der Angeschuldigte einer strafbaren Handlung hinreichend verdächtig erscheint.

§ 204 (202). Beschließt das Gericht, das Hauptverfahren nicht zu eröffnen, so muß aus dem Beschlusse hervorgehen, ob derselbe auf tatsächlichen oder auf Rechtsgründen beruht.[43])

Hat eine Voruntersuchung stattgefunden, so ist auszusprechen, daß der Angeschuldigte außer Verfolgung zu setzen sei.[44])

---

des Antrages auf gerichtliche Voruntersuchung (§ 183) die sofortige Beschwerde (§ 311) gegeben. Eine anderweite Anfechtung des Beschlusses im Wege der Revision ist ausgeschlossen. U 24/4 80, E 2, 19. Wird die sofortige Beschwerde erhoben, so ist dieselbe dem Oberlandesgericht als Beschwerdegericht vorzulegen. Vor der Entscheidung des letzteren kann zur Hauptverhandlung nicht geschritten werden. U 7/3 99, E 32, 79.

42) Wegen der Ausnahmefälle, in denen das Gesetz von einem Eröffnungsbeschlusse absieht, s. §§ 212, 266, 411, 416, 422. Bei einer Nachtragsanklage wegen der zu einem fortgesetzten Vergehen, wegen dessen das Hauptverfahren bereits eröffnet ist, gehörigen Tat ist ein Eröffnungsbeschluß nicht erforderlich. U 25/11 02, DJZ 8, 56. In allen anderen Fällen begründet der Mangel eines Eröffnungsbeschlusses die Aufhebung des in der Sache ergangenen Urteils. U 29/1 84, E 10, 56. U 3/2 10, E 43, 217. Im übrigen hat der das Hauptverfahren eröffnende Beschluß nur die Bedeutung einer prozeßleitenden Verfügung, wodurch die Anerkennung eines bisher gewonnenen hinreichenden Verdachts einer strafb. Handlung gegen den Angesch. ausgesprochen und die Stellung desselben als Angeklagter vor das erkennende Gericht angeordnet wird, um über dessen Schuld und die nach den Gesetzen zu verhängende Strafe auf Grund einer Hauptverhandlung zu entscheiden. Verfahrensrechtliche Verstöße bei Erlassung des Eröffnungsbeschlusses können die Revision gegen das demnächst ergehende Endurteil nur begründen, wenn das letztere auf diesen Verstößen beruht. U 24/6 80, E 2, 120. U 29/1 84, E 10, 56 (Mitwirkung des Untersuchungsrichters). U 26/3 95, E 27, 125 (Vorsitzender, der nicht Direktor ist. § 69 GVG).

43) Die Eröffnung des Hauptverfahrens gegen einen der bei einem Antragsvergehen Beteiligten kann nicht deshalb abgelehnt werden, weil nicht auch gegen die übrigen Beteiligten die öffentliche Klage erhoben ist. U 5/7 92, E 23, 202.

Der Beschluß ist dem Angeschuldigten bekanntzumachen.[45])

§ **205 (203).** Vorläufige Einstellung des Verfahrens kann beschlossen werden, wenn dem weiteren Verfahren Abwesenheit des Angeschuldigten[46]) oder der Umstand entgegensteht, daß er nach der Tat in Geisteskrankheit[47]) verfallen ist.[48])

§ **206 (204).** Das Gericht ist bei der Beschlußfassung an die Anträge der Staatsanwaltschaft nicht gebunden.[49])

§ **207 (205).** In dem Beschlusse, durch welchen das Hauptverfahren eröffnet wird,[50]) ist die dem Angeklagten zur

---

44) Wie der Beschluß auf Eröffnung des Hauptverfahrens, so kann auch die Ablehnung des staatsanwaltschaftl. Antrages auf dessen Eröffnung, bzw. der Beschluß, den Angeschuldigten außer Verfolgung zu setzen, sich nur auf einzelne selbständige Straffälle, auf die Straftat als solche beziehen, nicht auf einzelne rechtl. Gesichtspunkte, welche eine und dieselbe Tat verschiedenen Strafgesetzen unterstellen, oder auf einzelne, größere oder geringere Strafbarkeit begründende, die Gleichheit der Tat aber nicht berührende Beurteilungspunkte. U 15/4 82, R 4, 326.

45) Die Bekanntmachung erfolgt durch Zustellung. § 35.

46) Vgl. §§ 277, 285.

47) Die Beurteilung der Frage, ob ein Angekl. sich in einem solchen Zustande geistiger Freiheit befinde, daß mit ihm in gültiger Weise strafrechtlich verhandelt werden könne, steht lediglich dem erkennenden Richter zu. U 8/1 97, E 29, 324; vgl. auch U 8/12 13, DJZ 19, 755. U 17/1 80, E 1, 149 (teilweise Geistesstörung). U 5/10 17, E 52, 36 (ein Ruhen der Verjährung findet gegenüber einem Geisteskranken auf Grund des § 69 StGB nicht statt).

48) Entsprechend dem § 205 ist zu verfahren, wenn eine Verständigung mit einem taubstummen Angeklagten durch den in der Hauptverhandlung zugezogenen Dolmetscher unmöglich ist. U 10/11 80, E 3, 29.

Nach Beseitigung der im § 205 gedachten Hindernisse kann das Verfahren jederzeit wieder aufgenommen werden. U 10/11 80, E 3, 29.

49) Vgl. § 155 Abs. 2.

50) Der Eröffnungsbeschluß unterscheidet sich bezüglich seines Inhalts von der Anklageschrift nur dadurch, daß in ihn die Beweismittel und die wesentlichen Ergebnisse der stattgehabten Ermittlungen nicht aufzunehmen sind; in Ansehung der Bezeichnung der Tat stellt das Gesetz an ihn die gleichen Anforderungen wie an die Anklageschrift. U 8/3 81, E 3, 406. Vgl. A. 35 zu § 200. — Die richtige Bedeutung und Begrenzung des Eröffnungsbeschlusses kann deshalb nur aus

Last gelegte Tat unter Hervorhebung ihrer gesetzlichen Merkmale und des anzuwendenden Strafgesetzes,[51]) sowie das Gericht zu bezeichnen, vor welchem die Hauptverhandlung stattfinden soll.[52])

Das Gericht hat zugleich von Amts wegen über die Anordnung oder Fortdauer der Untersuchungshaft zu beschließen.

§ **208 (206)**. Wenn von der Staatsanwaltschaft beantragt ist, den Angeschuldigten außer Verfolgung zu setzen, von dem Gerichte aber die Eröffnung des Hauptverfahrens beschlossen wird, so hat die Staatsanwaltschaft eine dem Beschlusse entsprechende Anklageschrift einzureichen.[53])

Die Bestimmungen des § 201 finden hier gleichfalls Anwendung; es ist jedoch die Aufforderung auf die Erklärung zu beschränken, ob der Angeklagte die Vornahme einzelner Beweiserhebungen vor der Hauptverhandlung beantragen wolle.

---

einer Vergleichung desselben mit der Anklageschrift entnommen, U 21/5 86, R 8, 377, und ein mangelhafter Eröffnungsbeschluß kann aus der Anklageschrift ergänzt werden. U 8/3 81, E 3, 406. U 17/3 93, E 24, 64. Wenn jedoch aus dem Eröffnungsbeschluß auch in Verbindung mit der Anklageschrift nicht entnommen werden kann, welche Tat den Gegenstand der Urteilsfindung bilden soll, so begründet dies die Revision. Bedeutungslos kann solcher Mangel des Eröffnungsbeschlusses nur dann werden, wenn der Vorsitzende auf ihn hingewiesen und der Angekl. durch Unterlassung der Stellung eines Vertagungsantrages zu erkennen gegeben hat, daß nach seiner Ansicht eine weitere Vorbereitung der Verteidigung nicht erforderlich sei. U 7/10 90, E 21, 64. U 5/11 95, E 43, 395. S. ferner U 10/5 12, DR 16, 1985.

51) Unter dem anzuwendenden Strafgesetz sind nur diejenigen Bestimmungen zu verstehen, welche den Begriff der für angezeigt erachteten, einfachen oder qualifizierten Straftat aufstellen. In den Eröffnungsbeschluß gehören also nicht die Bestimmungen über die strafvermindernden Umstände (z. B. §§ 157, 158 StGB bei Zeugenmeineid), U 2/7 97, E 30, 209, und ebensowenig solche Bestimmungen, welche bei der Entscheidung des Falles neben dem zur Anwendung kommenden Strafgesetz zwar zu berücksichtigen sind, aber eine Veränderung des (straf-)rechtlichen Gesichtspunktes nicht zur Folge haben. U 31/3 81, E 4, 40 (§ 4 Ziff. 3 StGB). U 20/10 81, E 5, 137 (Einziehung nach § 15 Nahrungsmittelges).

52) Bei Antragsdelikten ist die Erwähnung des Strafantrages nicht erforderlich. U 21/7 87, R 9, 83.

53) Der Staatsanwaltschaft steht in diesem Falle keine Beschwerde zu. Vgl. § 210 Abs. 2.

§ 209 (207). Das Landgericht kann das Hauptverfahren vor den erkennenden Gerichten jeder Ordnung, nicht aber vor dem Reichsgericht eröffnen. Erachtet das Landgericht die Zuständigkeit des Reichsgerichts für begründet, so legt es die Akten durch Vermittlung der Staatsanwaltschaft diesem Gerichte zur Entscheidung vor.[54])

Ebenso hat der Amtsrichter, wenn er findet, daß eine bei ihm eingereichte Sache die Zuständigkeit des Amtsgerichts übersteige, die Akten durch Vermittelung der Staatsanwaltschaft dem Landgerichte zur Entscheidung vorzulegen.[55])

§ 210 (209). Der Beschluß, durch welchen das Hauptverfahren eröffnet worden ist, kann von dem Angeklagten nicht angefochten werden.[56])

Gegen den Beschluß, durch welchen die Eröffnung des Hauptverfahrens abgelehnt oder abweichend von dem Antrage der Staatsanwaltschaft die Verweisung an ein Gericht niederer Ordnung ausgesprochen worden ist, steht der Staatsanwaltschaft die sofortige Beschwerde zu.[57])

§ 211 (210). Ist die Eröffnung des Hauptverfahrens durch

---

54) Das Reichsgericht kann die Trennung bei ihm anhängiger verbundener Strafsachen und die Eröffnung des Strafverfahrens betr. des zusammenhängenden Vergehens vor dem für dasselbe zuständigen Gericht beschließen. Beschl 29/7 u. 20/9 80, R 2, 219.

55) Die Bestimmungen des § 201 müssen auch im Falle des § 209 Abs. 2 beobachtet werden. U 25/26. Okt. 82, R 4, 767.

56) Wenn jedoch der Eröffnungsbeschluß neben der Entscheidung, daß das Hauptverfahren eröffnet werde, zugleich die Ablehnung eines Antrags auf Voruntersuchung enthält, so ist hiergegen nach § 201 Abs. 2 die sofortige Beschwerde zulässig. U 5/4 06, DR 10, 633. Vgl. U 16/11 11, E 45, 260 (Aufhebung des Beschlusses, weil geschäftsplanmäßig eine andere Strafk. zur Entscheidung berufen gewesen wäre, ist unzulässig).

57) Wegen der sofortigen Beschwerde s. § 311. — Durch § 210 Abs. 2 sind die Fälle der staatsanwaltschaftlichen Beschwerde begrenzt. Der StA steht also auch in dem Falle eine Beschwerde nicht zu, wenn durch Beschluß des Gerichts zwar das Hauptverfahren wegen der in der Anklageschrift bezeichneten Tat eröffnet, die letztere aber abweichend von dem Antrage der StA qualifiziert ist. U 15/4 82, R 4, 325. Durch die Beschwerde wird das Beschwerdegericht in gleichem Umfange wie die Strafkammer mit der Prüfung der Anklage befaßt; es kann daher auch zur besseren Aufklärung der Sache nach § 202 die

einen nicht mehr anfechtbaren Beschluß abgelehnt, so kann die Klage nur auf Grund neuer Tatsachen oder Beweismittel wieder aufgenommen werden.[58])

§ 212 (211).[59]) Vor dem Amtsrichter oder dem Schöffengerichte kann ohne schriftlich erhobene Anklage

---

Voruntersuchung anordnen, nach deren Abschluß dann wieder gemäß §§ 201, 203, 204 von der Strafkammer und nicht vom Beschwerdegericht zu verfahren ist. U 14/10 98, E 46, 428. Wegen des Beschwerderechts des Nebenklägers gegen die Ablehnung der Eröffnung des Hauptverfahrens s. § 401 Abs. 1.

58) § 211 findet nur dann Anwendung, wenn durch den ablehnenden Beschluß eine sachliche Erledigung der Entscheidung über die Anklage getroffen ist. Ein die Eröffnung des Hauptverfahrens nur wegen Unzuständigkeit ablehnender Beschluß steht der Erneuerung der öffentl. Klage nicht entgegen. U 20/2 99, E 32, 50. Dasselbe gilt, wenn das Gericht einen wirksam gestellten Strafantrag irrtümlich als nicht rechtswirksam angesehen und deshalb die Eröffnung des Hauptverfahrens abgelehnt hat, U 21/1 05, DR 9, 171, oder wenn der Beschluß den Angesch. nur bez. bestimmter Gesichtspunkte der Tat außer Verfolgung setzt, U 7/1 14, E 48, 89, selbst wenn diese Beschränkung in der sachlichen Beurteilung prozeßrechtlich zulässig war, U 3/5 15, E 49, 243. Dagegen ist § 211 auch auf Verweisungsbeschlüsse (§ 270) anwendbar. U 14/10 13, E 47, 335. Die Entscheidung über die Zulässigkeit der Wiederaufnahme erfolgt durch die aus drei Mitgliedern bestehende Strafkammer (§ 76 GVG), die aber eine andere sein kann, als diejenige, die ursprünglich die Eröffnung des Hauptverfahrens abgelehnt hatte. U 30/10 91, E 22, 187; U 23/2 23, DR 27, 954; vgl. dazu U 16/4 12, E 46, 67 (Nachprüfung der Entscheidung durch das erkennende bzw. das Revisionsgericht) und U 16/9 15, LZ 9, 1531.

Neue Tatsachen oder Beweismittel sind solche, welche „nach Lage der Akten zur Zeit der Entscheidung über die Eröffnung des Hauptverfahrens unbekannt waren, gleichviel, ob sie früher oder später zur Entstehung gekommen sind" (Prot. der RJK S. 329); U 10/5 21, E 56, 91 (Nichtvorhandensein einer früher angenommenen Geisteskrankheit als neue Tatsache). U 1/12 22, E. 57, 158 (Gutachten eines Sachverständigen als neues Beweismittel). Eine Erhebung der neuen Beweise und insbesondere einer richterl. Beurkundung der neuen Beweisergebnisse braucht der auf Grund der wieder aufgenommenen Klage erfolgenden Eröffnung des Hauptverfahrens nicht voranzugehen. Die §§ 367 ff. finden auf die Fälle des § 211 keine Anwendung. U 26/1 86, E 13, 295. Im übrigen äußert der nicht mehr anfechtbare Einstellungsbeschluß seine im § 211 vorgeschriebene Wirkung stets nur derjenigen Person gegenüber, in bezug auf welche er ergangen ist, bleibt aber für die Zulässigkeit der Verfolgung anderer Personen (Anstifter, Teilnehmer) ohne Bedeutung. U 7/10 84, R 6, 603.

und ohne eine Entscheidung über die Eröffnung des Hauptverfahrens zur Hauptverhandlung geschritten werden, wenn der Beschuldigte entweder sich freiwillig stellt oder infolge einer vorläufigen Festnahme dem Gerichte vorgeführt oder nur wegen Übertretung verfolgt wird. Der wesentliche Inhalt der Anklage ist in den Fällen der freiwilligen Stellung oder der Vorführung in das Sitzungsprotokoll, anderenfalls in die Ladung des Beschuldigten aufzunehmen.

5. Abschnitt. Vorbereitung der Hauptverhandlung.

§ 213 (212) Der Termin zur Hauptverhandlung wird von dem Vorsitzenden des Gerichts anberaumt.[60])

§ 214 (213). Die zur Hauptverhandlung erforderlichen Ladungen und die Herbeischaffung der als Beweismittel dienenden Gegenstände bewirkt[61]) die Staatsanwaltschaft.

Ist anzunehmen, daß die Hauptverhandlung sich auf längere Zeit erstreckt, so kann der Vorsitzende bestimmen, daß sämtliche oder einzelne Zeugen und Sachverständige zu einem späteren Zeitpunkt als dem Beginne der Hauptverhandlung geladen werden.

§ 215 (214). Der Beschluß über die Eröffnung des Hauptverfahrens ist dem Angeklagten spätestens mit der Ladung zuzustellen.

§ 216 (215). Die Ladung eines auf freiem Fuße befindlichen Angeklagten geschieht schriftlich unter der Warnung,

---

59) § 212 findet gegenüber Jugendlichen keine Anwendung; § 38 Jugendgerichtsgesetz v. 16/2 23.

60) Die Angabe einer Terminsstunde hat nicht die Bedeutung, daß die Verhandlung zur bestimmten Zeit beginnen müsse, sondern nur die, daß die Beteiligten sich von da ab der Hauptverhandlung gewärtig halten müssen. U 6/11 05, G 53, 69.

61) Der Begriff des Bewirkens steht im Gegensatz zu der im § 222 Abs. 2 hervorgehobenen Anordnung der Ladungen und begreift in sich alle diejenigen Akte, welche zur Ausführung einer, sei es vom Gericht oder dessen Vorsitzenden angeordneten oder von der StA von Amtswegen für erforderlich erachteten Ladung notwendig sind, insbesondere also auch die Anfertigung und Vollziehung des die Ladung, also das Gebot des Erscheinens, und die Androhung der Strafen für Ungehorsam enthaltenden Schriftstücks. U 6/13. Juli 88, E 18, 76.

daß im Falle seines unentschuldigten Ausbleibens seine Verhaftung oder Vorführung erfolgen werde. Die Warnung kann in den Fällen des § 232 unterbleiben.[62])

Die Ladung des nicht auf freiem Füße befindlichen Angeklagten erfolgt durch Bekanntmachung des Termins zur Hauptverhandlung in Gemäßheit des § 35.[63]) Dabei ist der Angeklagte zu befragen, ob und welche Anträge er in bezug auf seine Verteidigung für die Hauptverhandlung zu stellen habe.[64])

§ 217 (216). Zwischen der Zustellung der Ladung (§ 216) und dem Tage der Hauptverhandlung muß eine Frist von mindestens einer Woche liegen.[65])

Ist diese Frist nicht eingehalten worden, so kann der Angeklagte die Aussetzung der Verhandlung verlangen, solange mit der Verlesung des Beschlusses über die Eröffnung des Hauptverfahrens nicht begonnen ist.[66])

---

62) Vgl. § 230. Auch wenn der Angekl. nach § 233 Abs. 1 (wegen großer Entfernung) von der Verpflichtung zum Erscheinen in der Hauptverhandlung entbunden ist, kann die Warnung fortfallen. Die Ladung selbst darf jedoch in diesen Fällen ebensowenig wie in den Fällen des § 232 unterbleiben. U 7/3 82, R 4, 230. U 17/10 90, E 21, 100. Ein etwaiger Irrtum oder Schreibfehler bei der Angabe der Straffolgen hebt die Rechtsgültigkeit der Ladung nicht auf. U 6/13. Juli 88, E 18, 76. Gegen einen ohne Ladung erschienenen Angekl. kann verhandelt werden. U 28/12 09, E 43, 161. Wegen Zustellung der Ladung an einen Zustellungsbevollmächtigten s. U 17/3 10, E 43, 321.

63) Die bloße Vorführung eines nicht auf freiem Fuße befindlichen Angekl. zur Hauptverhandlung genügt nicht; die Unterlassung der Ladung kann jedoch die Revision nicht begründen, wenn der Angekl. sich auf die Hauptverhandlung eingelassen hat, ohne eine Beschränkung seiner Verteidigung zu rügen. U 22/10 83, R 5, 630.

64) Eine mangelhafte Befragung des Angeklagten bei der Bekanntmachung des Hauptverhandlungstermins kann nicht zur Aufhebung des Urteils führen, wenn der Angekl. im Hauptverhandlungstermin deswegen keine Anträge gestellt, insbesondere nicht die Aussetzung des Termins beantragt hat. U 30/1 80, R 1, 299.

65) Wenn infolge unentschuldigten Ausbleibens des Angekl. in der Hauptverhandlung die Vorführung desselben (§ 230) beschlossen wird, so ist eine Ladung des Angekl. zur neuen Verhandlung überhaupt nicht zu erlassen, und deshalb auch die Verstattung der nur für den Fall der Ladung vorgeschriebenen Frist ausgeschlossen. U 5/3 81, R 3, 113.

§ 218 (217). Neben dem Angeklagten ist der bestellte Verteidiger stets,[67] der gewählte Verteidiger dann zu laden, wenn die Wahl dem Gerichte angezeigt worden ist.[68]

66) Nach § 228 soll der Vorsitzende den Angekl. im Falle des § 217 Abs. 2 mit der Befugnis, Aussetzung der Verhandlung zu verlangen, bekannt machen. Die Außerachtlassung dieser Vorschrift kann jedoch eine Nichtigkeit des Verfahrens nicht begründen, U 30/1 80, R 1, 299; und ebensowenig kann überhaupt die Nichtinnehaltung der einwöchigen Ladungsfrist einen Revisionsgrund abgeben, wenn der Angekl. von seinem Recht auf Vertagung keinen Gebrauch gemacht, auf die Ladungsfrist also stillschweigend verzichtet hat. U 23/1 80, R 1, 262. U 23/2 80, R 1, 376 u. U 8/5 80, R 1, 743.

Durch die Aussetzung der Verhandlung erwächst dem Angekl. kein Recht, von neuem die Einhaltung der Frist des § 217 Abs. 1 zu verlangen. U 6/12 86, E 15, 113. U 14/3 87, R 9, 177. Die Ladungsfrist zur zweiten Verhandlung ist jedoch innezuhalten, wenn der erste unter Beobachtung der Ladungsfrist anberaumte Termin vorher wieder aufgehoben ist. U 3/3 05, DJZ 11, 699; desgl. zu der nach einer nebst Feststellungen erfolgten Aufhebung des Urteils angesetzten Hauptverhandlung. U 24/9 09, E 42, 407. Auch bei Entbindung des Angekl. vom Erscheinen zu einem neuen Termin muß die Ladung so zeitig erfolgen, daß ihm die Ausübung seiner Rechte (Erscheinen, Vertretung) möglich bleibt. U 4/11 13, DJZ 19, 441.

67) Die Ladung des bestellten Verteidigers muß stets erfolgen, z. B. auch in dem Falle, wo das Hauptverfahren nicht, wie in der Anklageschrift beantragt war, vor dem Schwurgericht, sondern vor dem Landgericht (Schöffengericht) eröffnet und eine Zurücknahme der von Amtswegen stattgefundenen Bestellung des Verteidigers nicht erfolgt ist. U 16/9 89, E 19, 373. Auch der vom gesetzl. Vertreter des Angekl. bestellte Verteidiger muß stets geladen werden. U 12/6 03, E 36, 316. Desgl. der im Vorverfahren bestellte oder in einer früheren Hauptverhandlung als solcher aufgetretene Verteidiger. U 18/11 19, DR 24, 807.

68) Die Anzeige von der Wahl eines Verteidigers muß von dem Angekl. selbst oder von seinem nachgewiesenen Vertreter ausgehen. Die bloße Anzeige eines Rechtsanwalts, er sei als Verteidiger gewählt, ohne sich als solcher durch Vollmacht auszuweisen, kann deshalb auch dann nicht genügen, wenn der Rechtsanwalt Beweisanträge gestellt hat. U 22/10 80, E 2, 375. U 20/9 81, R 3, 516. U 3/1 87, R 9, 4. Vgl. U 8/1 06, DR 10, 195. Wenn ein Verteidiger, der von dem Angekl. durch eine Vollmacht zur Verteidigung in zwei getrennten Strafsachen ermächtigt ist, sich dieser Vollmacht auch für beide Sachen bedienen will, so muß er zwei getrennte Anzeigen nach § 218 erstatten oder wenigstens in der erstatteten einen Anzeige unzweideutig zu erkennen geben, daß sie für beide Sachen Geltung haben solle. U 22/1 01, G 48, 118. Eine besondere Form ist für die Anzeige nicht vorgeschrieben.

§ 219 (218). Verlangt der Angeklagte die Ladung von Zeugen oder Sachverständigen oder die Herbeischaffung anderer Beweismittel zur Hauptverhandlung, so hat er unter Angabe der Tatsachen, über welche der Beweis er-

Es genügt insbesondere auch, wenn der Angekl. mit einem Verteidiger in der Hauptverhandlung erscheint und dessen Auftreten als Verteidiger durch seine Anwesenheit ohne Widerspruch und dadurch billigt, daß er ihn Handlungen vornehmen läßt, welche nur dem Verteidiger zustehen. U 1/3 94, E 25, 152. Dagegen genügt es nicht, wenn der Verteidiger seine Vollmacht stillschweigend zu den Akten legt. U 13/1 10, DJZ 15, 484. Ein RA, welcher mit dem Angekl. als dessen Beistand in einer demnächst vertagten Hauptverhandlung erschienen war, kann seine Ladung zu dem neuen Termin nur beanspruchen, wenn er oder der Angekl. seine Wahl zum Verteidiger dem Gericht ordnungsmäßig angezeigt hat. U 13/11 82, R 4, 813.

Die Ladung muß rechtzeitig, d. h. unter billiger Rücksicht auf die anderweiten Berufsgeschäfte des Anwalts erfolgen. U 12/7 05, DR 9, 535. Wenn die Vollmacht auf zwei beruflich vereinte Anwälte lautet, ist nur derjenige zu laden, dessen Bestellung angezeigt ist. U 13/3 03, E 50, 144. U 5/1 00, E 47, 156. Auch bei einer bez. beider erfolgten Anzeige genügt regelmäßig die Ladung nur eines von ihnen. U 7/7 14, E 48, 377. Die unterlassene Ladung eines dem Gericht rechtzeitig angezeigten Wahlverteidigers (bloße Benennung seitens des Angekl. genügt nur, falls die Verteidigung auch übertragen und angenommen ist, U 15/3 12, E 60, 71) enthält eine unzulässige Beschränkung der Verteidigung und begründet die Revision, U 8/7 81, R 3, 472. U 29/4 80, E 1, 405. U 17/9 80, E 2, 233; es sei denn, daß der Verteidiger aktenmäßig auf andere Weise Kenntnis von dem Termin erhalten und den letzteren trotzdem nicht wahrgenommen hat. U 10/13. Jan. 88, E 17, 45. U 18/5 03, DR 7, 320. Ein Verstoß gegen § 218 wird dadurch nicht geheilt, daß der Angekl. ohne Kenntnis von dem stattgehabten Verstoße auf die Anwesenheit des Verteidigers in der Hauptverhandlung verzichtet, U 18/10 89, E 19, 436. U 28/12 09, E 43, 161; und es kann auch ein Antrag des Angeklagten auf Vertagung nicht deshalb abgelehnt werden, weil ein Fall der notwendigen Verteidigung nicht vorliege oder eine Verteidigung nach Lage der Sache nicht nötig sei. U 5/1 06, DR 10, 195. Wenn in der Hauptverhandlung statt des geladenen Verteidigers mit Genehmigung des Angekl. ein anderer Verteidiger auftritt, so liegt darin, daß das Gericht zu einer ferneren Hauptverhandlung nur den letzteren ladet, keine Verletzung des § 218. U 1/6 93, E 41, 262.

Was von der gänzlich unterlassenen Ladung gilt, gilt auch dann, wenn die Hauptverhandlung, zu welcher der Verteidiger geladen war, zu einer früheren als der in der Ladung angegebenen Stunde ohne vorgängige Benachrichtigung des Verteidigers und in dessen Abwesenheit abgehalten wird. U 1/12 91, E 39, 340. U 31/1 08, E 41, 72. Wegen des Beruhens auf dem Verstoß s. U 17/12 14, LZ 9, 555.

hoben werden soll,[69]) seine Anträge bei dem Vorsitzenden des Gerichts zu stellen.[70]) Die hierauf ergehende Verfügung ist ihm bekannt zu machen.[71])

Beweisanträge des Angeklagten sind, soweit ihnen stattgegeben ist, der Staatsanwaltschaft mitzuteilen.

§ 220 (219). Lehnt der Vorsitzende den Antrag auf Ladung einer Person ab, so kann der Angeklagte sie unmittelbar laden lassen.[72]) Hierzu ist er auch ohne vorgängigen Antrag befugt.

Eine unmittelbar geladene Person ist nur dann zum Erscheinen verpflichtet, wenn ihr bei der Ladung die gesetzliche Entschädigung für Reisekosten und Versäumnis bar dargeboten oder deren Hinterlegung bei dem Gerichtsschreiber nachgewiesen wird.

Ergibt sich in der Hauptverhandlung, daß die Vernehmung einer unmittelbar geladenen Person zur Aufklärung der Sache dienlich war, so hat das Gericht auf Antrag

---

69) Die Unterlassung dieser Angabe und der Formulierung eines bestimmten Beweissatzes entzieht dem Antrage das Wesen eines Beweisantrages nicht; es muß deshalb stets auch über einen solchen Antrag ein Beschluß ergehen. U 2/5. Jan. 86, R 8, 4.

70) Dem Ermessen des Vorsitzenden ist es überlassen, ob er den Beweisanträgen des Angekl. stattgeben oder sie ablehnen will. Gegen die Verfügung des Vorsitzenden steht dem Angekl. nach § 305 keine Beschwerde zu, und insbesondere enthält die Ablehnung eines Beweisantrages keine die Revision begründende Beschränkung der Verteidigung, weil einerseits der Angekl. nach § 220 das Recht hat, die von ihm vorgeschlagenen Zeugen oder Sachverständigen unmittelbar zu laden, andererseits es ihm nach §§ 244, 246 unbenommen bleibt, die desfallsigen Anträge in der Hauptverhandlung zu wiederholen. U 29/11 79, E 1, 106. U 16/12 79, R 1, 158. U 20/1 80, R 1, 250. U 23/9 80, R 2, 246.

71) Die Unterlassung der Bekanntmachung verletzt den § 219; der Angekl. kann jedoch daraufhin die Revision nicht begründen, wenn er in der Hauptverhandlung Aussetzung zum Zwecke der Ladung der abgelehnten Zeugen usw. nicht beantragt, sondern nur denselben Beweisantrag wiederholt hat, und dieser durch einen genügend begründeten Beschluß des Gerichts abgelehnt ist. U 18/12 80, R 2, 649.

72) Wegen der unmittelbaren Ladung s. § 38. Die erfolgte unmittelbare Ladung muß dem Gericht von dem Angekl. mitgeteilt werden. U 7/4 80, R 1, 549. Eine gleiche Mitteilung muß nach § 222 an die Staatsanwaltschaft erfolgen.

anzuordnen, daß ihr die gesetzliche Entschädigung aus der Staatskasse zu gewähren sei.[73])

§ 221 (220). Der Vorsitzende des Gerichts kann auch von Amts wegen die Ladung von Zeugen und Sachverständigen sowie die Herbeischaffung anderer Beweismittel anordnen.

§ 222 (221). Der Angeklagte hat die von ihm unmittelbar geladenen oder zur Hauptverhandlung zu stellenden Zeugen und Sachverständigen rechtzeitig der Staatsanwaltschaft namhaft zu machen und ihren Wohn- oder Aufenthaltsort anzugeben.

Dieselbe Verpflichtung hat die Staatsanwaltschaft gegenüber dem Angeklagten, wenn sie außer den in der Anklageschrift benannten oder auf Antrag des Angeklagten geladenen Zeugen oder Sachverständigen die Ladung noch anderer Personen, sei es auf Anordnung des Vorsitzenden (§ 221) oder aus eigener Entschließung, bewirkt.[74])

§ 223 (222). Wenn dem Erscheinen eines Zeugen oder Sachverständigen[75]) in der Hauptverhandlung für eine längere oder ungewisse Zeit[76]) Krankheit oder Gebrechlich-

---

73) Die Bestimmung des § 220 Abs. 3 ist dahin zu verstehen, daß unter den dort hervorgehobenen Voraussetzungen die gesetzliche Entschädigung gleich den übrigen Kosten des Verfahrens aus der Staatskasse **ausgelegt** werden solle, vorbehaltlich der späteren endgültigen Entscheidung darüber, von wem nach §§ 464 ff. die Kosten des Verfahrens zu tragen seien. U 29/9 87, E 16, 212. Vgl. **Gebührenordnung für Zeugen und Sachverständige** v. 13/3 22 usw. im **Anhang** II.

74) Dagegen ist es nicht erforderlich, daß dem Angekl. von der **Unterlassung** der Ladung eines in der Anklageschrift aufgeführten Zeugen vor der Hauptverhandlung Nachricht gegeben wird. U 23/2 80, R 1, 376.

75) Der § 223 findet sinngemäße Anwendung auch auf Zeugen, die zwar erschienen, aber wegen Krankheit usw. nicht vernehmungsfähig und deshalb einem nicht erschienenen Zeugen gleichzustellen sind. U 28/7 06, DR 10, 1093; DJZ 12, 68. Er bezieht sich nur auf **Zeugen und Sachverständige**, nicht auch auf **Mitbeschuldigte**. U 30/6 87, E 16, 232.

76) Die Beantwortung der Frage, ob die **Zeit**, innerhalb deren die Hebung des Hindernisses zu erwarten ist, eine längere oder kürzere sei, unterliegt dem Ermessen des Gerichts. U 25/6 88, R 10, 451.

keit[77]) oder andere nicht zu beseitigende Hindernisse[78]) entgegenstehen, so kann das Gericht seine Vernehmung durch einen beauftragten oder ersuchten Richter[79]) anordnen. Die Vernehmung erfolgt, soweit die Beeidigung zulässig ist,[80]) eidlich.[81])

Dasselbe gilt, wenn ein Zeuge oder Sachverständiger vernommen werden soll, dessen Erscheinen wegen großer Entfernung besonders erschwert sein wird.[82])

---

77) Als Gebrechlichkeit kann auch der Zustand vorgerückter Schwangerschaft einer Zeugin angesehen werden. U 25/6 88, R 10, 451. U 7/8 06, DR 10, 1093. Schwangerschaft an sich ohne jede Rücksicht auf ihre Fortgeschrittenheit ist kein Hindernis i. S. § 223. U 1/3 06, DR 10, 454.

78) Vgl. über den Fall einer vorübergehenden dienstlichen Unabkömmlichkeit eines Beamten: U 29/11 83, R 5, 737. Auf einer Ordensregel beruhende Lebensgewohnheiten bilden kein Hindernis. U 22/9 13, G 61, 336.

79) Wenn das erkennende Gericht beschließt, die Vernehmung durch eines seiner Mitglieder bewirken zu lassen, so hat der Vorsitzende das betreffende Mitglied zu bestimmen. U 15/11 86, R 8, 712. Auch der Untersuchungsrichter kann mit der kommiss. Vernehmung beauftragt werden, U 24/3 81, E 4, 91; desgl. mit der in einer Schwurgerichtsverhandlung beschlossenen kommiss. Vernehmung ein nicht dem Schwurgericht angehöriges Mitglied des Landgerichts, bei welchem sich das Schwurgericht befindet. U 22/9 02, DR 6, 514. Eine vom ersuchten Richter über den Beweisbeschluß hinaus unter Vorbehalt und in Erwartung nachträglicher Genehmigung vorgenommene Zeugenvernehmung kann das Gericht nachträglich genehmigen. U 6/3 24, E 58, 100. Wenn es sich um kommiss. V. von im Auslande befindlichen Personen handelt, so hat auch die vor einem Deutschen Konsul stattgefundene Zeugenvernehmung die Bedeutung einer richterl. Vernehmung. U 29/8 82, R 4, 697. Vgl. dazu U 9/4 23, DR 27, 1073 u. 1076: bei Verlesung von Übersetzungen der im Ausland aufgenommenen Vernehmungsprotokolle muß der Dolmetscher in der Regel mündlich und eidlich gehört werden, wobei sich die Vernehmung darauf beschränken kann, daß die Richtigkeit der Übersetzung bestätigt wird.

80) Wegen der Zulässigkeit der Beeidigung s. §§ 57 ff. Zur Ausübung des richterlichen Ermessens, ob die Vereidigung stattfinden soll, ist das ersuchende Gericht berufen, das hierüber schon vor der Hauptverhandlung Beschluß fassen kann. U 13/11 23, E 57, 416.

81) Die Vernehmung muß, wenn sie überhaupt zulässig ist, stets eidlich erfolgen. Die bloße Verweisung des Zeugen auf den Eid, welchen derselbe bei einer vorausgegangenen Vernehmung im Vorverfahren geleistet hat, ist unstatthaft (§ 61). U 24/4 80, R 1, 655. Wegen Zulässigkeit des Handgelübdes an Eides Statt bei kommiss. Vernehmungen in Basel s. U 26/8 85, R 7, 503. U 27/5 07, DR 11, 844.

§ 224 (223). Von den zum Zwecke dieser Vernehmung anberaumten Terminen sind die Staatsanwaltschaft, der Angeklagte [83]) und der Verteidiger [84]) vorher zu benachrich-

82) Bei Prüfung der Frage, ob ein Zeuge usw. wegen großer Entfernung kommissarisch zu vernehmen sei, hat das Gericht zunächst zu beachten, daß auch hier, wie im Abs. 1 des § 223, nur ein längeres oder ungewisses Entferntsein des Zeugen usw. vom Sitze des Gerichts die Vernehmung desselben durch einen beauftragten oder ersuchten Richter rechtfertigen kann, U 4/12 80, R 2, 602, und daß zu der bloßen großen Entfernung auch noch hinzutreten muß, daß das Erscheinen des Zeugen wegen derselben „besonders erschwert" ist. U 20/11 88, E 18, 261. Dies ist nicht ohne weiteres bei jeder großen Entfernung anzunehmen; die letztere kann vielmehr durch eine regelmäßige, leicht benutzbare Verbindung zwischen beiden Orten ausgeglichen werden. U 13/5 81, E 4, 174. U 3/2 82, R 4, 120. Vgl. U 20/11 88, E 18, 261. U 20/5 89, E 19, 246 (Berücksichtigung der Körperbeschaffenheit des Vorgeladenen). U 24/9 03, DR 7, 508 (Angaben des Angekl. nicht maßgebend, sondern objektive Prüfung der großen Entfernung notwendig). Was große Entfernung sei, ist nicht nur eine tatsächliche Frage, sondern auch eine Rechtsfrage, welche vom Revisionsrichter nachzuprüfen ist. U 13/5 81, E 4, 174. U 3/2 82, R 4, 120. U 15/1 94, G 42, 35. Es begründet die Revision, wenn mangels Anhalts im Sachverhalt, daß besondere Erschwerung vorliegt, der Beschluß die für die Anordnung bestimmend gewesenen Verhältnisse nicht ersichtlich macht. Der Verstoß wird auch nicht durch Einverständnis der Prozeßbeteiligten mit der Verlesung des Vernehmungsprotokolls geheilt (§ 251 Abs. 2). U 20/6 10, E 44, 8.

Im allgemeinen ist endlich zu bemerken, daß für dieselbe Hauptverhandlung nicht notwendig alle in demselben Orte entfernt vom Gerichtssitze wohnenden Zeugen oder Sachverständigen nach § 223 vernommen werden müssen. Der Gegenstand der Untersuchung oder die Bedeutung des Zeugnisses für die Entscheidung (U 20/7 05, DR 9, 477) kann vielmehr das Gericht veranlassen, von der Ermächtigung der §§ 223, 251 in bezug auf einzelne Zeugen usw. abzusehen, sie aber in bezug auf andere Zeugen aus demselben Ort zur Geltung zu bringen. U 14/6 86, R 8, 358. U 24/1 88, R 10, 63. U 15/1 02, DR 6, 107.

83) Sind mehrere Angeklagte vorhanden, so ist jeder von ihnen zu benachrichtigen, auch wenn die kommiss. Vernehmung nur auf Antrag eines Angeklagten angeordnet war. U 18/2 80, E 1, 210. U 15/1 02, DR 6, 107. — Die Unterlassung der Benachrichtigung des Angekl. bildet keinen Revisionsgrund, wenn der Angekl. in der Hauptverhandlung hieran keine Anträge geknüpft und damit auf das Recht, benachrichtigt zu werden, verzichtet hat. U 24/5 02, DR 6, 377.

84) Einen Anspruch auf Benachrichtigung hat der Verteidiger nur dann, wenn seine Wahl dem Gerichte angezeigt ist. U 20/1 98, G 46, 114. Ist dies der Fall, so muß er stets neben dem Angekl. besonders

tigen,[85]) insoweit dies nicht wegen Gefahr im Verzug[86]) untunlich ist; ihrer Anwesenheit bei der Vernehmung bedarf es nicht. Das aufgenommene Protokoll ist der Staatsanwaltschaft und dem Verteidiger vorzulegen.[87])

---

benachrichtigt werden, U 24/11 80, R 2, 563, und zwar selbst dann, wenn zu der Zeit, als seine Wahl dem Gericht angezeigt wurde, die Benachrichtigung des Angekl. bereits erfolgt war. U 9/3 97, G 45, 52. Ist die Benachrichtigung unterlassen, so darf das Protokoll über die kommiss. Vernehmung nicht verlesen werden, es sei denn, daß der Angekl. die an sich unzulässige Verlesung widerspruchslos geschehen läßt, obwohl er von der Nichtbenachrichtigung des Verteidigers Kenntnis hatte. U 21/12 87, R 9, 745. Vgl. U 7/12 86, R 8, 731. U 21/9 03, DR 7, 508 und wegen eines Sonderfalls bei notwendiger Verteidigung U 13/9 13, E 47, 303.

85) Die Benachrichtigung muß in den Formen des § 35 (Zustellung) geschehen, U 20/6 93, G 41, 146; sie darf nicht deshalb unterbleiben, weil die Nähe des Verhandlungstermins sie unausführbar erscheinen läßt. U 21/9 03, DR 7, 508. Im übrigen genügt die bloße Benachrichtigung; einer besonderen Belehrung des Angekl. über die rechtliche Bedeutung einer kommiss. Zeugenvernehmung bedarf es nicht. U 16/6 81, E 4, 264. Die Unterlassung der Benachrichtigung kann nur dann zur Aufhebung des Urteils führen, wenn der Angekl. in der Hauptverhandlung einen erfolglosen Antrag auf Wiederholung der Vernehmung gestellt hat. U. 24/6 81, E 4, 301. U 18/9 83, R. 5, 535. U 7/12 86, R 8, 731. U 18/2 80, E 1, 210. U 24/4 23, DR 27, 1398. Wenn eine kommissarische Vernehmung im Auslande stattfindet und das ausländische Gesetz die Gegenwart der Prozeßbeteiligten bei derselben ausschließt, so reicht es hin, wenn das ersuchende Deutsche Gericht seinerseits tut, was nach den Umständen geschehen kann, um die Benachrichtigung und Zulassung der Prozeßbeteiligten zu erwirken. U 5/1 85, R 7, 11.

86) Gefahr im Verzug ist nicht gleichbedeutend mit „Aufenthalt für die Sache" im § 193 Abs. 3. Die Unterlassung der Benachrichtigung darf also nur unterbleiben, wenn ein Verlust des Beweismittels oder eine andere Gefahr im Verzuge angezeigt ist; eine bloße Verzögerung der Sache genügt nicht. U 18/2 80, R 1, 362. U 24/4 80, R 1, 655. Insbesondere kann eine Gefahr im Verzuge nicht schon dann angenommen werden, wenn die Hauptverhandlung schon auf einen so nahen Tag anberaumt ist, daß die Vernehmung mit Benachrichtigung nicht mehr erfolgen konnte. U 26/4 82, R 4, 385. U 21/9 03, DR 7, 508. Ob Gefahr in Verzug vorlag, hat das Gericht in der Hauptverhandlung zu prüfen. U 4/4 10, E 43, 336.

87) Auf die Vorlegung des aufgenommenen Protokolls kann verzichtet werden; ein solcher Verzicht ist anzunehmen, wenn in der Hauptverhandlung vor der Verlesung des betr. Protokolls dessen nachträgliche Vorlegung nicht verlangt ist. U. 2/7 80, R 2, 156. Die Vor-

Der nicht auf freiem Fuße befindliche Angeklagte hat einen Anspruch auf Anwesenheit nur bei solchen Terminen, welche an der Gerichtsstelle des Orts abgehalten werden, wo er sich in Haft befindet.[88])

§ 225 (224). Ist zur Vorbereitung der Hauptverhandlung noch ein richterlicher Augenschein einzunehmen, so finden die Bestimmungen des vorhergehenden Paragraphen gleichfalls Anwendung.[89])

6. Abschnitt. Hauptverhandlung.*)

§ 226 (225). Die Hauptverhandlung erfolgt in ununterbrochener Gegenwart der zur Urteilsfindung berufenen Personen[90]) sowie der Staatsanwaltschaft[91]) und eines Gerichtsschreibers.[92])

---

legung des Protokolls an den Angekl. ist nicht vorgeschrieben; derselbe kann, selbst wenn er Rechtsanwalt ist und sich selbst verteidigt, diese Vorlegung nicht beanspruchen. U 19/4 82, R 4, 351.

88) Vgl. insbes. wegen der Gerichtsstelle A. 28 zu § 193.

89) Wenn die Einnahme eines richterlichen Augenscheins — insoweit nicht Gefahr im Verzug war — ohne die in den §§ 224, 225 vorgeschriebene Benachrichtigung stattgefunden hat, so darf die Verlesung des betr. Protokolls nicht erfolgen, wenn seitens der nicht benachrichtigten Beteiligten dagegen Einspruch erhoben wird. U 9/3 80, E 1, 256.

*) Wegen der Öffentlichkeit der Hauptverhandlung s. §§ 169—175, wegen der Sitzungspolizei §§ 176—183 GVG und wegen der Hauptverhandlungen in Jugendsachen § 33 Jugendgerichtsges. v. 16/2 23.

90) Auch an einem zur Urteilsverkündung besonders anberaumten Termine müssen dieselben Richter teilnehmen, welche in der Hauptverhandlung mitgewirkt haben. U 11/12 80, E 3, 116.

91) Die Staatsanwaltschaft muß insbesondere auch bei der Urteilsverkündung vertreten sein. Diese Vorschrift ist eine wesentliche; ihre Verletzung fällt unter § 338 Nr. 5. U 11/10 83, E 9, 275. Wegen der Vertretung der StA durch die ihr „zur Beschäftigung überwiesenen" Gerichtsassessoren (Hamburg) s. U 11/11 89, E 20, 40 und wegen Vertretung durch einen nicht der Staatsanwaltschaft des Gerichts, vor dem die Hauptverhandlung stattfindet, angehörigen StA infolge Auftrags der Landesjustizverwaltung s. U 11/10 10, E 44, 75. In Preußen kann ein als Hilfsarbeiter bei der Staatsanwaltschaft beschäftigter Referendar den Sitzungsdienst bei der Strafkammer nicht versehen. U 2/5 22, DR 26, 1227. Die Verbindung von Anklagevertretung und Zeugenaussage des vertretenden Staatsanwalts ist verfahrenswidrig. Dies ist jedoch kein absoluter Revisionsgrund. U 25/2 24, JW 53, 1761.

§ 227 (226). Es können mehrere Beamte der Staatsanwaltschaft und mehrere Verteidiger in der Hauptverhandlung mitwirken und ihre Verrichtungen unter sich teilen.[93])

§ 228 (227). Über Anträge auf Aussetzung einer Hauptverhandlung entscheidet das Gericht.[94]) Kürzere Unterbrechungen ordnet der Vorsitzende an.

Eine Verhinderung des Verteidigers gibt, unbeschadet der Bestimmung des § 145, dem Angeklagten kein Recht, die Aussetzung der Verhandlung zu verlangen.[95])

Ist die Frist des § 217 Abs. 1 nicht eingehalten worden, so soll der Vorsitzende den Angeklagten mit der Befugnis, Aussetzung der Verhandlung zu verlangen, bekannt machen.[96])

§ 229 (228). Eine unterbrochene Hauptverhandlung muß spätestens am vierten Tage nach der Unterbrechung fortgesetzt werden, widrigenfalls mit dem Verfahren von neuem zu beginnen ist.[97])

---

92) Die Amtshandlungen des Gerichtsschreibers können in Preußen auch Referendare wahrnehmen. U 10/1 80, R 1, 208.

Der Verteidiger gehört nicht zu den Personen, deren ununterbrochene Anwesenheit erforderlich ist. U 6/6 96, E 28, 413. Wegen der Anwesenheit des Angeklagten s. §§ 230, 231. Gegen einen erschienenen Angekl. kann verhandelt werden, auch wenn ein Mitangekl. ausgeblieben ist. U 2/1 06, E 38, 272.

93) Die mehreren Beamten der Staatsanwaltschaft können in der Hauptverhandlung nicht nur gleichzeitig, sondern auch nacheinander wirken. U 28/4 87, R 9, 292. U 5/7 87, E 16, 180.

94) Die Aussetzung der Hauptverhandlung kann insbesondere beantragt werden in den Fällen der §§ 145, 230, 236, 244, 246, 265. In allen Fällen, wo ein solcher Vertagungsantrag gestellt wird, bedarf es eines gerichtlichen Beschlusses, selbst wenn der Antrag vom Antragsteller nicht näher begründet ist. Der gefaßte Beschluß muß dem Antragsteller vor der Urteilsfällung bekannt gemacht werden. U 13/5 92, E 23, 136. U 10/11 02, DR 6, 594 (Recht des Angekl. auf Aussetzung im Falle der notwendigen Verteidigung).

95) Insbesondere gibt auch die Vornahme der Hauptverhandlung zu einer späteren, als in der Ladung angegebenen Stunde dem Angekl., dessen Verteidiger sich in der Zwischenzeit entfernt hat, kein Recht auf Aussetzung der Verhandlung. U 1/3 80, E 1, 235. Der Verteidiger hat dafür zu sorgen, daß ihm der Beginn der Verhandlung rechtzeitig gemeldet wird. U 6/11 05, G 53, 69.

96) Die Bestimmung des § 228 Abs. 3 ist nur eine Dienstvorschrift für den Vorsitzenden, deren Außerachtlassung eine Nichtigkeit des Verfah-

§ 230 (229). Gegen einen ausgebliebenen Angeklagten findet eine Hauptverhandlung nicht statt.[98])

Ist das Ausbleiben des Angeklagten nicht genügend entschuldigt, so ist die Vorführung anzuordnen oder ein Haftbefehl zu erlassen.[99])

§ 231 (230). Der erschienene Angeklagte darf sich aus der Verhandlung nicht entfernen. Der Vorsitzende kann die geeigneten Maßregeln treffen, um die Entfernung zu verhindern; auch kann er den Angeklagten während einer Unterbrechung der Verhandlung in Gewahrsam halten lassen.[100])

---

rens nicht begründet. U 30/1 80, R 1, 299. Vgl. U 23/1 80, R 1, 262. U 23/2 80, R 1, 376. U 8/5 80, R 1, 743. Vgl. A. 66 zu § 217.

97) Die fortgesetzte Hauptverhandlung muß mit der abgebrochenen Verhandlung ein organisches Ganzes bilden, so daß die zum ersten Termine vorgeladenen und erschienenen Zeugen und Sachverständigen, auf deren Vernehmung der Angekl. nach § 245 Abs. 1 ein Recht erworben hatte, das ihm durch die erfolgende Unterbrechung nicht wieder entzogen werden kann, vernommen werden müssen. Abgesehen davon besteht jedoch hinsichtlich der neu zu beginnenden Hauptverhandlung kein Zwang, solche auf derselben Beweisgrundlage vor sich gehen zu lassen, welche für die frühere, abgebrochene Verhandlung in Aussicht genommen war. U 15/6 80, E 2, 109. Die Frage, ob eine unterbrochene Verhandlung demnächst fortgesetzt werden darf oder erneuert werden muß, hängt lediglich von der tatsächlichen Dauer der Unterbrechung ab. U 28/10 24, E 58, 358. Auf die Aussetzung der Urteilsverkündung findet § 229 keine Anwendung. Wird jedoch in der zur letzteren anberaumten Hauptverhandlung in eine weitere sachliche Verhandlung eingetreten, sei es auch nur durch Hinweise auf veränderte rechtliche Gesichtspunkte, so kann dies nur unter Beobachtung der Frist des § 229 geschehen. U 29/12 04, E 37, 365 u. U 30/9 19, DR 24, 1077. Es handelt sich hier nicht um eine Frist i. S. der §§ 42ff. StPO, sondern um eine sog. Zwischenfrist mit der Höchstdauer von drei Kalendertagen. Nichtbeachtung führt jedoch nur zur Aufhebung des Urteils, wenn dieses darauf beruhte. U 27/2 23, E 57, 266.

98) Ausnahmen von § 230 Abs. 1 s. in den §§ 231 Abs. 2, 232, 233; 276ff. (Verfahren gegen Abwesende). — Aus § 230 folgt, daß ausnahmsweise die Hauptverhandlung auch an einem anderen Orte des Gerichtsbezirks zulässig ist, wenn das Erscheinen des Angekl. dort, nicht aber am Sitze des Gerichts zu ermöglichen ist. U 23/2 92, E 22, 396.

99) Über Vorführung und Haftbefehl s. §§ 134, 114.

100) Die Vorschriften der §§ 230 und 231 sind zwingend und unverzichtbar. U 17/1 22, DR 26, 693, U 11/4 24, E 58, 149.

Entfernt der Angeklagte sich dennoch, oder bleibt er bei der Fortsetzung einer unterbrochenen Hauptverhandlung aus, so kann diese in seiner Abwesenheit zu Ende geführt werden, wenn seine Vernehmung über die Anklage schon erfolgt war[1]) und das Gericht seine fernere Anwesenheit nicht für erforderlich erachtet.[2])

§ 232 (231). Beim Ausbleiben des Angeklagten kann zur Hauptverhandlung geschritten werden, wenn die den Gegenstand der Untersuchung bildende Tat nur mit Geldstrafe,[3]) Haft oder Einziehung, allein oder in Verbindung miteinander, bedroht ist.

In solchen Fällen muß der Angeklagte in der Ladung auf die Zulässigkeit dieses Verfahrens ausdrücklich hingewiesen werden.[4])

---

1) Wegen des Zeitpunktes der Vernehmung des Angeklagten s. § 243. Vgl. auch § 136. Im allgemeinen ist dem § 231 schon dann genügt, sobald dem Angekl. Gelegenheit gegeben worden ist, sich über die Anklage zu erklären und alle die Anführungen zu machen, welche er zu seiner Verteidigung für erforderlich hält. U 19/3 86, R 8, 213.

2) Bei einer nur zum Zwecke der Urteilsverkündigung anberaumten Fortsetzung der unterbrochenen Verhandlung bedarf es keines ausdrücklichen Gerichtsbeschlusses, daß die Urteilsverkündigung bei Abwesenheit des Angekl. zu erfolgen habe. U 3/12 83, E 9, 341. U 22/12 98, E 31, 398.

Der § 231 Abs. 2 ist nicht zur Anwendung zu bringen gegen einen Angekl., der sich in Haft befindet und zum Termin nicht vorgeführt ist, U 22/12 98, E 31, 398; desgl. nicht gegen einen Angekl., dessen Entfernung durch eine plötzlich eingetretene Krankheit bedingt wird. U 1/12 91, E 22, 247. U 4/3 95, G 43, 37. U 15/3 09, E 42, 244. Unzulässig ist es auch, daß das Gericht schon im voraus vor der Entfernung oder vor dem Ausbleiben eines Angekl. allgemein erklärt, es erachte dessen fernere Anwesenheit nicht für erforderlich. U 11/4 24, E 58, 151.

Wenn sich übrigens nach Entfernung des Angekl. eine Veränderung des rechtlichen Gesichtspunktes ergibt, muß § 265 Abs. 1 beobachtet, also eine neue Hauptverhandlung anberaumt werden. U 16/19. März 99, E 32, 96.

3) Daß die in dem anzuwendenden Strafgesetz angedrohte Geldstrafe für den Fall der Uneinbringlichkeit in Gefängnisstrafe umgewandelt werden kann oder muß, steht der Zulässigkeit des Ungehorsamsverfahrens nicht entgegen. U 9/16. Febr. 85, R 7, 93.

4) Nach der Bestimmung des § 216 Abs. 1 kann in diesen Fällen die sonst in die Ladung aufzunehmende Warnung: daß im Falle unent-

§ 233 (232). Der Angeklagte kann im Verfahren vor dem Amtsrichter und dem Schöffengericht auf seinen Antrag von der Verpflichtung zum Erscheinen in der Hauptverhandlung entbunden werden.[5])

Dies gilt nicht bei Verbrechen, die nicht nur wegen Rückfalls Verbrechen sind.[6])

Wird der Angeklagte von der Verpflichtung zum Erscheinen in der Hauptverhandlung entbunden, so muß er, wenn seine richterliche Vernehmung[7]) nicht schon im Vorverfahren erfolgt ist, durch einen beauftragten oder ersuchten Richter über die Anklage vernommen werden.[8])

---

schuldigten Ausbleibens des Angekl. dessen Verhaftung oder Vorführung erfolgen werde, unterbleiben. U 7/3 82, R 4, 230. U 17/10 90, E 21, 100.

Wenn der Angekl. rechtzeitig vor dem Termin die Erklärung an das Gericht gelangen läßt, daß er persönlich erscheinen werde und um Vertagung bitte, so darf ohne Beachtung und Bescheidung des Vertagungsgesuchs in Abwesenheit des Angekl. nicht verhandelt werden. U 25/10 98, G 46, 436.

Die Vorschrift des § 265 ist auch in den Fällen des § 232 zu beachten; es muß Vertagung beschlossen und in der Ladung zur neuen Hauptverhandlung dem neuen rechtlichen Gesichtspunkte Ausdruck gegeben werden. U 16/1 02, E 35, 66.

5) Wegen der Wirkung des Antrags und des ihm stattgebenden Beschlusses für weitere Hauptverhandlungen s. U 1/3 10, DR 14, 1313. U 7/1 20, E 54, 210 (kein selbständiges Recht des Verteidigers auf Stellung des Antrags aus § 233).

6) Der Beschluß, durch welchen Angekl. vom Erscheinen entbunden wird, muß ihm selbst zugestellt werden. U 11/7 10, E 44, 47. Ohne daß der Angekl. auf seinen Antrag einen Bescheid erhalten hat, darf in seiner Abwesenheit überhaupt nicht verhandelt werden. U 24/9 96, E 29, 69. U 25/10 98, G 46, 436. U 17/5 01, G 48, 307. Zu der Hauptverhandl. muß der Angekl. trotz seiner Entbindung vom Erscheinen geladen werden; nur kann hier die im § 216 Abs. 1 vorgeschriebene Warnung unterbleiben. U 7/3 82, R 4, 230. U 17/10 90, E 21, 100. U 15/1 07, DR 11, 323.

7) Die richterliche Vernehmung des Angekl. braucht nicht in seiner Eigenschaft als Angeklagter erfolgt zu sein. U 20/5 89, E 19, 246.

8) Die kommiss. Vernehmung muß erfolgen, wenn Angekl. nach Zustellung des Entbindungsbeschlusses seine nochmalige Vernehmung über die Anklage ausdrücklich beantragt, mag er auch schon im Vorverfahren vernommen sein. U 28/1 87, E 15, 202. U 17/5 01, G 48, 307. U 24/3 03, DJZ 8, 322. Beweisanträge, welche Angekl. bei dieser seiner kommiss. Vernehmung gestellt hat, sind als an das erkennende

Von dem zum Zwecke der Vernehmung anberaumten Termine sind die Staatsanwaltschaft und der Verteidiger vorher zu benachrichtigen; ihrer Anwesenheit bei der Vernehmung bedarf es nicht. Das Protokoll über die Vernehmung ist in der Hauptverhandlung zu verlesen.[9])

§ **234 (233).** Insoweit die Hauptverhandlung ohne Anwesenheit des Angeklagten stattfinden kann, ist er befugt, sich durch einen mit schriftlicher Vollmacht versehenen Verteidiger vertreten zu lassen.[10])

§ **235 (234).**[11]) Hat die Hauptverhandlung ohne Anwesenheit des Angeklagten stattgefunden, so kann er gegen

---

Gericht gebracht anzusehen. Sie können deshalb nicht von dem Vorsitzenden abgelehnt werden, sondern es muß über dieselben von dem erkennenden Gericht beschlossen werden. Dies gilt auch dann, wenn der in der Hauptverhandlung anwesende Vertreter des Angekl. die betreffenden Anträge nicht wiederholt hat. U 4/2 84, E 10, 135.

9) Die Verlesung der kommissarischen Vernehmung des Angekl. tritt an die Stelle des mündlichen Verhörs desselben; sie muß deshalb zu dem im § 243 Abs. 3 bestimmten Zeitpunkt erfolgen. U 4/2 84, E 10, 135. U 24/5 89, E 19, 249. Die Unterlassung der Verlesung begründet die Revision. U 15/6 91, G 39, 234.

Wenn in der Hauptverhandlung neue Beweismittel (in der Anklageschrift nicht benannte Zeugen) bezüglich der Anklage vorgebracht werden, so ist die Vernehmung des Angekl. über dieselben erforderlich, U 17/10 90, E 21, 100, und wenn in der Hauptverhandlung eine Verurteilung des Angekl. auf Grund eines anderen, als des bei der kommissarischen Vernehmung für anwendbar erachteten Strafgesetzes erfolgen soll, so muß vor Erlaß des Urteils, falls nicht das persönl. Erscheinen des Angekl. in einer neuen Sitzung angeordnet wird, eine anderweite kommiss. Vernehmung desselben über die neue Beschuldigung erfolgen. Dies gilt selbst dann, wenn der Verteidiger, in der Hauptverhandlung auf die Veränderung des rechtl. Gesichtspunktes gemäß § 265 hingewiesen, hiergegen nichts einzuwenden hatte. U 20/2 85, E 12, 45. U 18/2 87, R 9, 144. U 14/5 03, DR 7, 320. Vgl. A. 2 zu § 231.

10) Die Erklärungen des Verteidigers sind selbst, wenn sie Zugeständnisse enthalten, als Erklärungen des Angekl. zu behandeln, vorausgesetzt, daß der letztere selbst vorschriftsmäßig über die Anklage vernommen ist. Zu einem Verzicht auf diese Vernehmung ist der Verteidiger jedoch keinesfalls ermächtigt. U 20/2 85, E 12, 45. U 4/2 84, E 10, 135 (Beweisanträge des Angekl.). U 16/1 02, E 35, 66. Vgl. A. 8 zu § 233.

11) Vgl. §§ 315, 342 und §§ 44ff. Nicht anwendbar für die Revisionsinstanz. U 24/3 22 DR 26, 913.

das Urteil binnen einer Woche nach der Zustellung die Wiedereinsetzung in den vorigen Stand unter gleichen Voraussetzungen wie gegen die Versäumung einer Frist nachsuchen.

War jedoch der Angeklagte auf seinen Antrag von der Verpflichtung zum Erscheinen in der Hauptverhandlung entbunden worden, oder hatte er von der Befugnis, sich vertreten zu lassen, Gebrauch gemacht, so findet eine Wiedereinsetzung in den vorigen Stand nicht statt.

§ 236 (235). Das Gericht ist stets befugt, das persönliche Erscheinen des Angeklagten anzuordnen und durch einen Vorführungsbefehl oder Haftbefehl zu erzwingen.[12])

§ 237 (236). Das Gericht kann im Falle eines Zusammenhangs zwischen mehreren bei ihm anhängigen Strafsachen ihre Verbindung zum Zwecke gleichzeitiger Verhandlung anordnen, auch wenn dieser Zusammenhang nicht der im § 3 bezeichnete ist.[13])

§ 238 (237). Die Leitung der Verhandlung,[14]) die Ver-

---

12) Wegen des persönlichen Erscheinens in der Berufungsinstanz s. §§ 329, 330; in der Revisionsinstanz § 350.

13) Die Verbindung ist zulässig, auch wenn die mehreren Strafsachen sich nicht in der gleichen Prozeßlage befinden. U 30/12 89, E 20, 161. Die Verbindung hängt von dem pflichtmäßigen Ermessen des Gerichts ab und ist jeder Anfechtung durch die Prozeßbeteiligten entzogen. U 24/3 02 u. 5/6 02, DR 6, 441. Insbesondere enthält die Verbindung auch keine unzulässige Beschränkung der Verteidigung, wenn der in der einen Sache Angeklagte nunmehr als Mitangekl. nicht mehr als Zeuge vernommen werden kann. U 1/10 06, DR 10, 1277. Über die Unanwendbarkeit des § 357 auf Fälle der gemeinschaftlichen Aburteilung aus § 237 s. U 5/5 82, E 6, 257. Vgl. noch A. 12 zu § 264.

14) Wegen der Sitzungspolizei s. §§ 176—179 GVG. Über das Verhältnis der sachleitenden zu den sitzungspolizeilichen Befugnissen des Vorsitzenden s. U 2/7 19, E 54, 111. Der Vorsitzende ist befugt, unnötige, weitschweifige, den Fortgang der Verhandlung sachwidrig hemmende Ausführungen der Prozeßbeteiligten einzuschränken. U 1/2 82, R 4, 151. Er kann deshalb auch dem Verteidiger das Wort entziehen, um unsachlichen Argumentationen desselben ein Ende zu machen, U 9/4 86, R 8, 271, insbesondere wenn der Verteidiger tatsächliche Anführungen macht, die nicht Gegenstand der Hauptverhandlung und Beweisaufnahme gewesen sind. U 29/9 91, G 39, 308. Dies darf jedoch nicht schon dann geschehen, wenn der Verteidiger bei Gelegenheit seiner Ausführungen über die

nehmung des Angeklagten[15]) und die Aufnahme des Beweises[16]) erfolgt durch den Vorsitzenden.

Schuldfrage von der Strafe spricht, welche das Gesetz dem Angekl. androht. U 29/11 87, R 9, 679. Wegen der Zulässigkeit wiederholter Wortentziehung gegenüber dem Verteidiger, Aussetzung der Bescheidung auf dessen Anträge usw. s. U 9/7 97, E 30, 216. Der Staatsanwaltschaft darf der Vorsitzende das Wort nicht entziehen, ihr auch sonst keine Anordnungen erteilen; wegen eines dem Gesetz widersprechenden Verfahrens der StA kann er vielmehr nur die Verhandlung abbrechen. U 2/3 81, R 3, 96. U 19/6 11, JW 40, 856.

Die Übertragung der Leitung der Verhandlung an einen beisitzenden Richter ist unzulässig. U 11/1 83, E 9, 310.

15) Wegen der Vernehmung des Angeklagten vgl. §§ 136, 243, 257. Auch diese muß ausschließlich durch den Vorsitzenden geschehen und kann weder auf einen beisitzenden Richter, noch auf einen Prozeßbeteiligten übertragen werden. U 1/11 83, E 9, 310. Eine Einmischung des Verteidigers in die Vernehmung des Angekl. ist unzulässig. U 25/9 99, E 32, 276. Der Vorsitzende kann es also insbesondere ablehnen, eine von dem Verteidiger verlangte Frage an den Angekl. zu stellen; dem Verteidiger steht es alsdann frei, die Anordnung des Vorsitzenden zu beanstanden und die Entscheidung des Gerichts herbeizuführen (§ 238 Abs. 2). U 14/12 83, R 5, 784. U 8/4 13, E 47, 139. U 8/5 14, E 48, 247 (Ablehnung unmittelbarer Stellung nach Zahl und Inhalt unbestimmter Fragen durch das Gericht zulässig). Vgl. U 27/9 80, R 2, 264. U 24/11 22, E 57, 147 (Pflicht des Vorsitzenden zur Belehrung des rechtsunkundigen Angeklagten über verfahrensrechtl. Befugnisse).

16) Auch die Aufnahme des Beweises ist — abgesehen von dem Verlesen von Urkunden, welches auch durch den Gerichtsschreiber oder einen beisitzenden Richter geschehen darf — ausschließlich durch den Vorsitzenden zu bewirken; sie darf auch nicht in einzelnen Teilen über die Grenzen des § 240 Abs. 1 hinaus einem beisitzenden Richter übertragen werden. U 1/11 83, E 9, 310. Bei Aufnahme des Beweises ist der Vorsitzende insbesondere befugt, auch ohne Gerichtsbeschluß Beweisanträgen, welche in der Hauptverhandlung gestellt werden, stattzugeben und seinerseits Beweise, deren Aufnahme sofort tunlich, aufzunehmen (vgl. § 244 Abs. 2), sofern eine Beanstandung nicht erfolgt. Desgl. kann er selbständig Schriftstücke, welche sich bereits bei den Akten befinden, zum Gegenstand einer Beweisaufnahme auch dann machen, wenn die Anklage sie als Beweismittel nicht besonders bezeichnet hat. Er kann dieselben sonach ohne Gerichtsbeschluß auch zur Verlesung bringen, sofern nicht nach sonstigen Vorschriften ihre Verlesung unzulässig (z. B. § 256: Leumundszeugnisse), oder (wie im Falle des § 251 Abs. 3) nur auf Grund eines Gerichtsbeschlusses zulässig ist. U 5/7 80, E 2, 194. Vgl. U 6/12 80, E 3, 141. U 20/1 81, E 3, 282 (Befugnis des Vorsitzenden, als Beweismittel angerufene und anderweite Schriftstücke durch

Wird eine auf die Sachleitung bezügliche Anordnung des Vorsitzenden von einer bei der Verhandlung beteiligten Person als unzulässig beanstandet, so entscheidet das Gericht.[17])

§ **239 (238).** Die Vernehmung der von der Staatsanwaltschaft und dem Angeklagten benannten Zeugen und Sachverständigen ist der Staatsanwaltschaft und dem Verteidiger auf deren übereinstimmenden Antrag von dem Vorsitzenden zu überlassen. Bei den von der Staatsanwaltschaft benannten Zeugen und Sachverständigen hat diese, bei den von dem Angeklagten benannten der Verteidiger in erster Reihe das Recht zur Vernehmung.

Der Vorsitzende hat auch nach dieser Vernehmung die ihm zur weiteren Aufklärung der Sache erforderlich scheinenden Fragen an die Zeugen und Sachverständigen zu richten.[18])

§ **240 (239).**[19]) Der Vorsitzende hat den beisitzenden

Feststellung ihres wesentlichen Inhalts zur Kenntnis zu bringen). Vgl. auch U 4/11 80, E 3, 161 (Befugnis des Vorsitzenden, über den Inhalt von Akten zu berichten). U 9/4 89, G 37, 185 (Durchgehen einer von einem Zeugen aufgenommenen polizeil. Verhandlung mit demselben). An die verlesenen Urkunden kann der Vorsitzende Bemerkungen knüpfen, in welchen er deren Inhalt zusammenfaßt und zum Ausdruck bringt; jedoch darf er aus nicht verlesenen Schriftstücken eine Tatsache oder einen Umstand nicht feststellen. Wenn aus Prozeßakten Tatsachen festzustellen sind, welche durch Verlesung von Schriftstücken nicht festgestellt werden können, so ist die Augenscheinseinnahme durch Vorlegung des Schriftstücks herbeizuführen. U 29/10 80, E 2, 408.

Die Beeidigung oder Nichtbeeidigung von Zeugen bzw. die Aussetzung der Beeidigung bis nach erfolgter Vernehmung unterliegt ferner zunächst dem Ermessen des Vorsitzenden; eines Gerichtsbeschlusses bedarf es auch hier nur bei Beanstandung seiner Anordnung. U 4/3 81, E 3, 370. U 18/9 83, R 5, 535. U 25/10 83, R 5, 639. U 6/11 99, E 32, 339. U 20/9 10, E 44, 65. Vgl. auch A. 33 zu § 58. Desgl. entscheidet über die Reihenfolge der einzelnen Vernehmungen lediglich das Ermessen des Vorsitzenden. U 16/4 86, R 8, 286.

17) § 238 Abs. 2 findet auf Fragen des Vorsitzenden an Zeugen, Sachverständige oder den Angekl. keine Anwendung. U 28/1 09, E 42, 157; vgl. jedoch U 5/5 84, E 10, 378, s. auch A. 23 zu § 242.

18) Wegen der Befugnisse des Vorsitzenden betr. die Überwachung des Kreuzverhörs s. § 241.

19) Der § 240 beschränkt das Fragerecht der dort bezeichneten Personen ausdrücklich auf Fragen an die Zeugen und Sachverstän-

Richtern auf Verlangen zu gestatten, Fragen an die Zeugen und Sachverständigen zu stellen.[20])

Dasselbe hat der Vorsitzende der Staatsanwaltschaft, dem Angeklagten und dem Verteidiger sowie den Geschworenen und den Schöffen zu gestatten.[21])

§ **241 (240).** Dem, welcher im Falle des § 239 Abs. 1 die Befugnis der Vernehmung mißbraucht, kann sie von dem Vorsitzenden entzogen werden.

In den Fällen des § 239 Abs. 1 und des § 240 Abs. 2 kann der Vorsitzende ungeeignete oder nicht zur Sache gehörige Fragen zurückweisen.[22])

---

digen. Ob der Vorsitzende den frageberechtigten Personen auch gestatten will, Fragen an den Angeklagten zu stellen, ist lediglich seinem Ermessen anheimgestellt. U 14/12 83, R 5, 784 Vgl. A. 15 zu § 238.

20) Das Fragerecht der Gerichtsbeisitzer ist völlig unbeschränkt und jeder Einwirkung des Vorsitzenden entzogen, so daß letzterer dem Verlangen des Beisitzers bei Vermeidung der Aufhebung des Urteils unbedingt stattgeben muß. U 5/5 84, E 10 378. Vgl. § 241 Abs. 2, wo § 240 Abs. 1 nicht in bezug genommen ist, und A. 23 zu § 242.

21) Durch § 240 Abs. 2 ist den Parteien nur das Recht der ihrerseits zu bewirkenden unmittelbaren Befragung der Zeugen usw. gegeben; sie sind nicht befugt, vom Vorsitzenden zu fordern, daß er statt ihrer die von ihnen bezeichneten, bestimmt formulierten Fragen an die Zeugen richte. U 28/10 96, E 29, 147. Andererseits besteht auch kein allgemeines Recht des Vorsitzenden, von dem Verteidiger zu verlangen, daß dieser ihm die an die Zeugen usw. zu stellenden Fragen vorher mitteile; im Falle des Mißbrauchs der unmittelbaren Befragung nach § 240 Abs. 2 hat der Vorsitzende nur das Recht, einzelne Fragen des Verteidigers als ungeeignet zurückzuweisen. Die völlige Entziehung des Fragerechts (§ 241) ist unzulässig. U 16/5 05, E 38, 58. Anders früher: U 4/1 89, E 18, 365. Ein Recht, während der Vernehmung eines Zeugen an denselben Fragen zu stellen, steht dem Angekl. nicht zu. U 8/12 05, DR 10, 131.

Der Vorsitzende kann auch einem Zeugen die Stellung einer Frage an einen anderen Zeugen sowie überhaupt die unmittelbare Aussprache zweier Zeugen untereinander gestatten. U 2/4 03, G 50, 274. U 15/3 06, DR 10, 512; DJZ 11, 764.

22) Die tatsächliche Unerheblichkeit einer gestellten Frage ist dagegen kein gesetzlicher Grund zur Zurückweisung derselben. Insbesondere wird eine Frage dadurch allein noch nicht „ungeeignet", daß sie zu einem abgelehnten Beweisantrage in Beziehung steht und ihre Beantwortung zu dem Ergebnis führen kann, welches der Beweisantrag herbeiführen wollte. U 8/3 83, E 8, 161. U 14/1 86, R 8, 45. U

§ 242 (241).[23]) Zweifel über die Zulässigkeit einer Frage entscheidet in allen Fällen das Gericht.

§ 243 (242). Die Hauptverhandlung beginnt mit dem Aufrufe der Zeugen und Sachverständigen.[24])

Hieran schließt sich die Vernehmung des Angeklagten über seine persönlichen Verhältnisse[25]) und die Verlesung des Beschlusses über die Eröffnung des Hauptverfahrens.[26])

25/11, 5/12 90, E 21, 237. U 3/12 97, G 46, 40. U 30/6 02, DR 6, 460. U 30/3 09, G 56, 229. U 14/6 09, G 56, 324 (Frage nach der Glaubwürdigkeit eines anderen Zeugen). Die Vorlegung oder Zurückweisung von Fragen über Umstände, welche die Glaubwürdigkeit des Zeugen betreffen, insbesondere auch über seine Vorstrafen ist nach § 68 Satz 2 dem Ermessen des Gerichts überlassen. U 5/2 06, DR 10, 321; G 53, 171. Auch die Befragung eines Zeugen über die politische Parteistellung anderer Personen ist zulässig. U 18/9 94, E 26, 70; ebenso eine Frage, deren Beantwortung möglicherweise ein Geschäftsgeheimnis offenbaren würde. U 11/4 11, DJZ 16, 1093. Ungeeignet und grundsätzlich unstatthaft ist dagegen die an einen Richter gerichtete Frage über die Art und Weise des Zustandekommens eines Spruches, bei welchem er beteiligt gewesen ist, U 13/11 94, E 26, 202; desgl. die Frage an einen Zeugen, ob jemand auf ihn eingewirkt habe, das Zeugnis nicht zu verweigern, U 5/11 07, DJZ 13, 364; desgl. Fragen über dem Zeugen von Dritten mitgeteilte Tatsachen, welche die Glaubwürdigkeit eines anderen Zeugen erschüttern sollen, U 2/5 13, G 61, 121; ebenso eine Frage, die sich auf Rechtsfragen bezieht, U 25/2 15, JW 44, 1371; wie überhaupt solche Fragen, deren Beantwortung ausschließlich dem Gericht zukommt. U 8/9 17, E 51, 217.

23) § 242 betrifft nur die Fälle, in denen es sich um Zulässigkeit einer von den in §§ 239 Abs. 1, 240 Abs. 2 erwähnten Personen gestellten Fragen handelt. U 28/1 09, E 42, 157. Vgl. jedoch U 5/5 84, E 10, 378; s. auch A. 17 zu § 238.

24) Der Eröffnung der Hauptverhandlung muß ein Aufruf der Sache vorhergehen. Die Art des Aufrufs, sowie der Ort, wo solcher zu geschehen hat, steht im pflichtmäßigen, in allen Fällen gleichmäßig zu übenden Ermessen des Vorsitzenden, bzw. des Gerichts. U 19/4 81, R 3, 236. Wegen des Aufrufs im Anwaltszimmer s. A. 75 zu § 145.

Protokollvermerk, daß sich die Zeugen usw. im Vorraum befinden, genügt nicht. U 25/9 11, DJZ 16, 1448.

25) Die hier und im § 244 angegebene Reihenfolge der Prozeßakte ist keine notwendige und unabänderliche; es liegt vielmehr innerhalb der Befugnisse des Vorsitzenden, von ihr abzuweichen, sobald er eine Änderung für erforderlich oder angemessen erachtet. U 25/3 84, R 6, 223. U 7/6 89, G 37, 201. Vor der Vernehmung des Angekl. kann deshalb der Vorsitzende — ohne daß er jedoch auf die bisherigen Er-

Sodann erfolgt die weitere Vernehmung des Angeklagten nach Maßgabe des § 136.[27])

mittlungsergebnisse in der Sache selbst eingehen darf — eine allgemeine Sachdarstellung geben, um die Richter bzw. Geschworenen darüber zu unterrichten, um was es sich bei der Anschuldigung überhaupt handelt, worin das Beweisthema besteht, nach welchen Gesichtspunkten und in welcher Reihenfolge er die Beweise zu erheben beabsichtigt usw. U 27/10 99, E 32, 318. U 27/4 88, R 10, 348. Vgl. U 25/3 84, R 6, 223 (Zulässigkeit einer Erläuterung und Verdeutlichung des Eröffnungsbeschlusses vor Vernehmung des Angekl.). U 28/1 07, DR 11, 323 (desgl. nach Vernehmung des Angekl.). U 24/1 80, R 1, 269 (Verlesung von Aktenstücken vor Vernehmung des Angekl.). U 7/6 89, G 37, 201 (Vornahme einzelner Akte der Beweisaufnahme vor Vernehmung des Angekl.). U 24/11 11, G 59, 453 (sukzessive Verhandlung verschiedene Mitangekl. betreffender Fälle). U 7/11 84, R 6, 714 (Verlesung des im Eröffnungsbeschlusse nicht enthaltenen Textes einer gefälschten Urkunde). U 10/3 93, E 24, 60 (vorausgeschickte Erläuterung einer bei einer Augenscheinseinnahme gerichtlich aufgenommenen Handzeichnung).

26) Die Verlesung des Eröffnungsbeschlusses muß sich auch dann an die erste Vernehmung des Angekl. anschließen, wenn der Einwand der Unzuständigkeit erhoben ist. Diese Verlesung darf nicht etwa bis nach der Verhandlung und Beweisaufnahme über diesen Einwand hinausgeschoben werden. U 29/10 86, R 8, 651. Abschnittsweise, je eine selbständige Straftat umfassende Verlesung ist zulässig. U 30/1 11, E 44, 312. Die Unterlassung der Verlesung führt zur Aufhebung des Urteils, U 22/2 83, E 8, 144; und das gleiche gilt, wenn dem Eröffnungsbeschluß nicht der ihm nach § 242 Abs. 2 u. 3 gebührende Platz gelassen wird. U 17/11 92, E 23, 310. Bei Verweisung einer Sache durch das ao. Kriegsgericht an das ordentliche Gericht bedarf es keines Eröffnungsbeschlusses. U 30/3 20, E 54, 293 u. U 8/3 21, E 55, 278. Der Beschluß, durch den die Wiederaufnahme des Verfahrens und die Erneuerung der Hauptverhandlung angeordnet wird steht dem Beschluß über die Eröffnung des Hauptverfahrens nicht gleich und braucht deshalb nicht verlesen zu werden. U 4/6 07, DR 11, 844. Ein Bericht des Vorsitzenden über die Ergebnisse des Vorverfahrens ist unzulässig. U 8/3 20, DR 24, 1768.

27) Vgl. § 238. Der Vorsitzende ist befugt, bei Vernehmung des Angekl. zum Gegenstand eines Vorhalts an denselben auch solche Zeugenaussagen zu machen, welche bei der Verhandlung weder durch Vernehmung der Zeugen, noch durch Verlesung erhoben werden. U 20/10 85, R 7, 605.

Die Nichtbeobachtung des § 243 Abs. 3 kann die Revision nicht begründen, wenn dem Angekl. bei Beobachtung der §§ 257, 258 nochmals volle Gelegenheit zur Beseitigung der gegen ihn vorliegenden Verdachtsgründe und zur Geltendmachung der zu seinen Gunsten sprechen-

Die Verlesung des Beschlusses und die Vernehmung des Angeklagten geschieht in Abwesenheit der zu vernehmenden Zeugen.[28])

§ **244 (243).** Nach der Vernehmung des Angeklagten[29]) folgt die Beweisaufnahme.[30])

---

den Tatsachen (§ 136) gegeben ist. U 18/6 00, G 47, 378. Im übrigen muß der Angekl. seine Verteidigung mündlich vortragen; die Vorlegung oder Vorlesung einer Verteidigungsschrift ist ihm nicht gestattet. Wenn er wegen Unwohlseins nicht in der Lage ist, sich mündlich zu verteidigen, so muß er einen Antrag auf Aussetzung der Hauptverhandlung stellen. U 12/6 82, R 4, 563. U 10/7 03, DR 7, 486. Vgl. aber U 18/5 12, G 60, 86 (Erschwerung mündlicher Auslassung wegen Sprachfehlers).

28) § 243 Abs. 4 ist nur eine Ordnungsvorschrift; ihre Nichtbeachtung bildet keinen Revisionsgrund. U 10/12 96, G 44, 386. Es kann deshalb auch ein bei der Verlesung des Eröffnungsbeschlusses und bei der Vernehmung des Angekl. anwesend gewesener Zeuge vernommen werden, und es ist in solchem Fall lediglich Sache des richterl. Ermessens, inwieweit dem Zeugen trotz seiner Anwesenheit voller Glaube zu schenken sei. U 15/5 80, E 1, 366. U 7/5 80, E 1, 409. U 3/11 81, R 3, 685. U 7/11 05, DR 9, 653 (Anwesenheit eines als Zeuge geladenen Rechtsanwalts, der die Verteidigung des Angekl. übernommen hat). U 20/5 14, G 62, 154 u. U 8/1 21, E 55, 219 (Zulässigkeit der Ausschließung des als Zeuge zu vernehmenden Verteidigers von der Anwesenheit im Sitzungssaal).

Sachverständige können im Interesse der Aufklärung des Sachverhalts selbst dann der Verlesung des Eröffnungsbeschlusses und der Vernehmung des Angekl. beiwohnen, wenn sie zugleich als Zeugen geladen und abzuhören sind. U 12/9 81, R 3, 496. U 25/3 91, E 22, 434. U 12/1 00, G 47, 156.

29) Wegen der Zulässigkeit der Vornahme einzelner Akte der Beweisaufnahme vor der Vernehmung des Angekl. s. A. 25 zu § 243.

30) Die Vorschriften der §§ 244ff. gelten nur für die Entscheidung der Schuld- und der Straffrage, nicht auch für den Nachweis der Prozeßvoraussetzungen. U 1/2 21, E 55, 231. Gegenstand der Beweisaufnahme sind nur tatsächliche Vorgänge und Zustände der Vergangenheit oder Gegenwart. Dahin gehört aber unter Umständen nicht nur ausländisches, sondern auch inländisches Recht, insoweit es auf Gewohnheit und ihr etwa gleichgestellten ähnlichen Rechtsquellen beruht, nicht aber inländisches oder ausländisches, auf verkündeten gesetzlichen Vorschriften beruhendes Recht, weshalb auch der Antrag auf Vernehmung eines ausländischen Beamten als Sachverständigen über ausländisches Recht kein Beweisantrag i. S. § 244 ist und die rechtsgutachtliche Äußerung eines solchen Beamten ungeachtet § 250 verlesen werden kann. U 5/4 87, R 9, 241. U 6/11 08. E 42, 54. Vgl. auch Ue 5/5 11 u. 12/[illegible] 15, DR 15, 2267 und 19, 998. Betr. sittl. Verderbnis u. Trunkenheit U 28/10 05, E 37, 371 u U 30/1 22, DR 26, 511.

Es bedarf eines Gerichtsbeschlusses,[31]) wenn ein Beweisantrag[32]) abgelehnt werden soll,[33]) oder wenn die Vornahme einer Beweishandlung eine Aussetzung der Hauptverhandlung erforderlich macht.

Einer Beweisaufnahme bedarf es nicht, wenn der Angekl. ein ausreichendes Geständnis abgelegt hat. Wenn jedoch das Gericht neben dem Geständnis noch anderer Umstände bedarf, um sich eine Überzeugung zu bilden, so kann die tatsächliche Unterlage solcher Umstände nur aus dem Ergebnis einer in der Hauptverhandlung vorzunehmenden Beweisaufnahme entnommen werden. U 16/1 80, E 1, 81.

Über die Zulässigkeit einer Beweisaufnahme außerhalb der Gerichtsstelle s. U 22/12 06, E 39, 348.

31) Das erkennende Gericht hat diesen Beschluß alsbald und jedenfalls vor dem im § 258 erwähnten Schlusse der Beweisaufnahme zu fassen und mit Gründen (§ 34) zu verkünden, damit dem Antragsteller nicht die Befugnis entzogen wird, in dem späteren Verfahren anderweitige Anträge zu seiner Verteidigung mit Rücksicht auf die Ablehnung des Antrages und die dafür geltend gemachten Gründe zu stellen. U 16/12 79, E 1, 34. U 21/1 80, E 1, 171. U 4/3 80, R 1, 424. U 15/4 80, E 1, 366. U 1/5 85, R 7, 272 und U 15/3 86, R 8, 168. U 8/6 86, R 8, 445. U 1/10 86, R 8, 581. Eine Aussetzung der Beschlußfassung bis zur Urteilsverkündung ist unzulässig, mag die Entscheidung über den Beweisantrag erst in den Urteilsgründen oder gleichzeitig mit denselben durch einen besonderen Beschluß verkündet werden. U 22/2 97, E 29, 438. Eine Ausnahme findet nur statt, wenn ein nur für den Fall nicht erfolgender Freisprechung (oder im „Notfall", U 21/2 11, G 59, 133), also nur eventuell gestellter Beweisantrag vorliegt. Hier muß zwar ebenfalls die Ablehnung des Beweisantrages stets durch Beschluß erfolgen, U 5/4 95, E 27, 152; die Beschlußfassung des Gerichts kann jedoch mit der Urteilsfällung verbunden werden. U 22/4 80, E 1, 394. U 13/1 81, E 3, 222. U 23/3 81, R 3, 157. Vgl. U 2/2 80, R 1, 310 (bedingter Beweisantrag der StA). U 14/11 02, DR 6, 620 (Antrag auf Erhebung eines Sachverständigenbeweises). In allen sonstigen Fällen führt diese Verbindung zur Aufhebung des Urteils. U 13/3 80, R 1, 456. Einen in derselben Hauptverhandlung wiederholten Beweisantrag, der bereits durch verkündeten Gerichtsbeschluß abgelehnt worden war, kann der Vorsitzende aber stets ohne Herbeiführung eines abermaligen Gerichtsbeschlusses zurückweisen. U 4/3 98, E 31, 62; vgl. hierzu unten A. 33 Abs. 3 a. E.

Der Beschluß muß mit den Gründen gemäß § 273 im Sitzungsprotokoll beurkundet werden. U 16/12 79, E 1, 35.

32) „Beweisantrag" bedeutet den Antrag auf Beweiserhebung über einen bestimmten Beweissatz, von dem behauptet wird, daß er wahr sei und durch das Beweismittel nachgewiesen werde. U 4/2 24, JW 53, 1252. Der Begriff des Beweisantrages erfordert aber nicht

die ausdrückliche Angabe der zu beweisenden Tatsache; es genügt, daß diese dem Gericht erkennbar gemacht wird. U 24/6 05, E 38, 127. Wegen der von dem Angeklagten bei seiner kommiss. Vernehmung gestellten Beweisanträge A. 8 zu § 233. Andere vor der Hauptverhandlung gestellte Beweisanträge (auch ein Beweisantrag des Nebenklägers: U 3/5 06, DR 10, 760) sind nur dann gemäß § 244 Abs. 2 zu prüfen, wenn sie in der Hauptverhandlung wiederholt werden. U 21/1 80, R 1, 251. U 18/2 80, R 1, 376. Der alsdann zu erlassende Gerichtsbeschluß kann durch die Verlesung eines denselben Beweisantrag früher ablehnenden Beschlusses nicht ersetzt werden. U 18/3 80, R 1, 492.

Die Erklärung des Verteidigers, daß er sich einem Antrage der StA auf Beweisaufnahme anschließe, enthält einen selbständigen Beweisantrag, auf den § 244 Abs. 2 Anwendung findet. U 5/5 90, G 38, 183, wie denn auch sonst in einem Beweisantrage der Staatsanwaltschaft ein zugunsten des Angeklagten gestellter Antrag zu erblicken sein kann, dessen Ablehnung der Angeklagte rügen kann. U 26/10 23, DR 28, 82. In der bloßen Überreichung eines Schriftstücks kann die Stellung eines Beweisantrages nicht gefunden werden. U 2/6 96, E 28, 394.

Ein vom Angekl. gestellter Antrag auf Vornahme einer Durchsuchung bei einem Dritten ist kein Beweisantrag i. S. § 244, sondern hat nur die Bedeutung einer Anregung. U 24/9 06, DR 10, 1277; ebenso ein Antrag, Personalakten eines Zeugen vorzutragen. U 5/4 10, DR 14, 1695; wohl aber ein Antrag auf Heranziehung von Akten der Irrenanstalten oder Lazarette zum Zwecke der Benutzung bei dem zu erstattenden ärztl. Gutachten. U 27/1 22, DR 26, 1479.

Unzulässig ist ein Antrag auf Beweisaufnahme über rechtskräftig entschiedene Straftaten des Angekl. zwecks Nachweises seiner zu Unrecht erfolgten Verurteilung. U 27/5 10, E 43, 359.

33) Die Ablehnung eines Beweisantrages muß (s. darüber im allgemeinen U 6/12 15, DR 20, 152 — das Beweisrecht bezieht sich nicht auf nur verfahrensrechtlich bedeutsame Tatsachen) derartig begründet werden, daß dem höheren Richter eine Nachprüfung ermöglicht wird. Es muß also aus der Begründung hervorgehen, ob die Ablehnung aus tatsächlichen oder aus rechtlichen Gründen erfolgt ist. U 6/2 80, E 1, 189. U 5/4 92, G 40, 43. Wenn die Ablehnung aus tatsächlichen Gründen erfolgt, so müssen die Tatumstände, welche dem Gericht die zu beweisende Tatsache unerheblich erscheinen lassen, besonders angeführt werden; die bloße Begründung mit „tatsächlicher Unerheblichkeit" genügt nicht. U 10/2 80, R 1, 332. U 18/6 86, R 8, 462. U 25. Nov./5. Dez. 90, E 21, 237. U 12/6 02, DR 6, 399. Auch die allgemein gehaltene Erwägung, „es sei die Sache genügend aufgeklärt", genügt nicht; jedoch kann die unvollständige Begründung des Beschlusses in den Urteilsgründen eine ausreichende Ergänzung finden. U 17/4 80, E 1, 417. U 20/4 86, R 8, 306.

Im einzelnen darf ein Beweisantrag nicht deshalb abgelehnt werden, weil er zu unbestimmt gefaßt sei, U 1/10 86, R 8, 581; U 15/3 17, E 51, 42 (Fragepflicht des Gerichts zur Klarstellung); oder die zur

Begründung überreichten schriftlichen Anführungen unverständlich seien, U 10/3 14, LZ 8, 963; oder der Angekl. sich nicht vorher darüber unterrichtet habe, was die Zeugen bekunden werden, U 7/12 81, R 3, 768; oder weil aus dem Beweisantrag nicht ersichtlich sei, daß und wie die benannten Zeugen auch imstande sein würden, die in ihre Wissenschaft gestellten Tatsachen zu bekunden, U 9/1 80, E 1, 51. U 9/11 86, R 8, 693. U 25/1 02, DR 6, 134; oder weil Angekl. selbst nicht glaubwürdig und die von ihm unter Beweis gestellte Tatsache offenbar erdichtet sei, U 23/12 85, R 7, 761; oder weil der Antrag mit den eigenen Angaben des Angekl. in Widerspruch stehe, U 6/10 05, DR 9, 598, U 16/1 11, G 59, 120, oder weil Angekl. den Aufenthalt des Zeugen nicht anzugeben vermöge, es sei denn, daß das Gericht der Ansicht ist, daß eine Ladung überhaupt nicht bewerkstelligt werden könne, U 23/1 82, R 4, 63; U 23/10 17, E 52, 43; oder weil der Name des Zeugen vom Antragsteller nicht genannt worden, sobald nur der Zeuge so genau bezeichnet ist, daß das Gericht in den Stand gesetzt ist, mit den ihm zu Gebote stehenden Mitteln den Namen desselben in Erfahrung zu bringen und seine Ladung zu bewerkstelligen. U 2/7 86 u. 14/3 90, G 38, 60. Vgl. U 30/9 04, DR 8, 534 (Ablehnung der Ladung eines Zeugen, dessen Aufenthalt der Angekl. nicht angeben kann, erst zulässig, wenn die Unauffindbarkeit des Zeugen feststeht). Vgl. U 18/2 05, DR 9, 171, U 17/10 05, DR 9, 598, U 28/2 11 G 59, 138 (auf Vertagung, um die Nachforschungen selbst fortzusetzen, hat Angekl. keinen Anspruch). Vgl. U 10/13. Jan. 88, R 10, 30 (Ablehnung, weil das Beweisthema ein Urteil enthalte). U 19/10 09, G 57.212 (Ablehnung der Einholung eines Sachverständigengutachtens als unerheblich ist keine unzulässige Vorwegnahme des Beweisergebnisses). U 28/1 05, E 37, 371 (Antrag auf Vernehmung von Zeugen darüber, daß ein Kind verdorben und insbesondere lügenhaft sei, ist genügend begründet). U 13/1 05, DR 9, 113 (desgl. ein Antrag auf Vernehmung von Zeugen darüber, daß eine andere Zeugin eine Trinkerin sei). U 14/1 07, E 39, 363 (desgl. ein Antrag auf Vernehmung von Zeugen über gewisse Charaktereigenschaften des Angekl.). Über Ablehnung eines Antrags auf Einholung der gegen einen Zeugen erwachsenen Strafakten und auf Gegenüberstellung von Zeugen s. U 26/5 10, G 58, 184 u. U 21/6 12, G 60, 93.

Die Ablehnung eines Beweisantrages kann erfolgen, wenn die Tatsache, über welche Beweis erhoben wird, gleichviel ob sie bewiesen wird oder nicht, nach Ansicht des Gerichts für das tatsächliche Ergebnis der Beweiswürdigung ohne Bedeutung ist, U 30/1 97, E 29, 368 oder wenn der Beweis durch den benannten Zeugen unmöglich geführt werden kann U 5/12 19, E 54, 181; vgl. dazu U 9/7 21, E 56, 134, oder wenn die Wahrheit der behaupteten Tatsachen vom Gericht unterstellt wird, U 30/10 06, E 39, 231; dies gilt aber nicht bei Beweisanträgen des StA über Tatsachen, die für die Schuld des Angekl. in Betracht kommen, U 14/10 15, DR 19, 2781, auch nicht bei bloßer Unterstellung, daß die behaupteten Tatsachen von den Zeugen als wahr bestätigt werden würden, U 26/1 17, E 51, 3. Über eine zweifellos erhebliche Tatsache angetretene Entlastungsbeweisanträge dürfen nicht deshalb abgelehnt werden, weil der Gerichtshof durch die Aussagen der Belastungszeugen bereits die Überzeugung von der Schuld des Angekl. gewonnen habe. U 6/2 80, E 1, 189. U 7/12 81, R 3, 768. U 20/6 84, R 6, 453, U 15/5 85, R 7, 296; wie denn überhaupt die Ablehnung eines Antrages auf Vernehmung von Entlastungszeugen deshalb, weil davon kein Erfolg zu erwarten sei, nur insoweit zulässig ist, als nach dem Ergebnis der bisherigen Beweisaufnahme die Glaubwürdigkeit der benannten Entlastungszeugen derart bedenklich ist, daß von der Vernehmung der letzteren gegenüber den schon vorliegenden glaubwürdigen Ermittlungen kein Erfolg zu erwarten ist. U 5/3 18, E 52, 178. So kann auch die beantragte Vernehmung eines Zeugen deshalb abgelehnt werden, weil dieselbe wegen des vorliegenden Verwandtschaftsverhältnisses des Zeugen mit dem Angekl. nicht geeignet sein würde, das bisherige Ergebnis der Beweisaufnahme zu erschüttern, U 29/6 82, R 4, 633. U 18/9 02, DR 6, 486 (Ablehnung des Ehemannes), U 6/2 03, DR 7, 162 (Schwägerschaft) — wegen der Begründung in solchen Fällen U 14/6 12, JW 41, 946 u. U 18/3 13, DR 17, 1407 —; oder weil die als Zeuge benannte Person wegen des nämlichen Vergehens, das dem Angekl. zur Last gelegt wird, rechtskräftig verurteilt ist, U 5/5 98, E 31, 138. U 18/9 03, DJZ 8, 574; oder weil die allein mögliche kommissarische Vernehmung des Zeugen keine genügende Grundlage für die Beurteilung seiner Glaubwürdigkeit schaffen würde, U 6/12 12, E 46, 383; oder weil den benannten Zeugen die zur Wahrnehmung der zu beweisenden Tatsachen erforderliche Sachkunde abgehe. U 18/4 02, G 49, 264 (Feststellung von Krankheitserscheinungen). Vgl. U 3/2 88, R 10, 92. U 5/5 91, G 39, 219, U 22/2 15, DR 19, 1256, (Ablehnung eines Antrags auf Vernehmung eines 3 Jahre alten Kindes bzw. eines Taubstummen als Zeugen) U 5/12 19, E 54, 181 (zu lange zurückliegende Ereignisse; U 28/3 23, DR 27, 955 (Ablehnung eines Antrags auf Vernehmung eines Sachverst., wenn das Gericht sich für befähigt erachtet, auf Grund eigener Sachkunde zu urteilen); U 24/1 24, DR 28, 368 (Ablehnung bewußt wahrheitswidriger Beweisanträge als nicht ernst gemeint zulässig). Die Ablehnung eines ohne Beifügung eines Beweisthemas gestellten Antrags auf Vernehmung von Entlastungszeugen muß durch einen mit Gründen versehenen Gerichtsbeschluß erfolgen. U 30/9 86, E 14, 406. Nochmalige persönliche Vernehmung eines bereits kommissarisch vernommenen Zeugen in der Hauptverhandlung darf nicht abgelehnt werden, wenn die kommiss. Vernehmung keine erschöpfende war. U 25/11 04, DR 9, 22. Die Ladung von Zeugen, die vor der Hauptverhandlung von ihrem Zeugnisverweigerungsrecht Gebrauch gemacht haben, kann abgelehnt werden, U 19/12 05, E 38, 256 (vgl. jedoch U 24/10 07, E 40, 345); desgl. wenn die Genehmigung zur Aussage gemäß § 54 Abs. 2 bereits versagt ist. U 3/2 11, E 44, 291. Wegen Ablehnung des Antrags auf wiederholte Vernehmung eines bereits gehörten Zeugen s. U 19/9 13, E 47, 321, U 23/11 17, E 52, 61 (die Vernehmung eines Sachverständigen darf nicht abgelehnt werden, weil das Gegenteil bereits durch Zeugen bewiesen sei).

Das Gericht[34]) kann[35]) auf Antrag[36]) und von Amts wegen die Ladung von Zeugen und Sachverständigen sowie die Herbeischaffung anderer Beweismittel[37]) anordnen.[38])

Über die Ablehnung von Beweisanträgen, welche lediglich zur Verschleppung der Sache gestellt sind, s. A. 44 zu § 246. Vgl. ferner U 16/9 15, LZ 9, 1670 (unzulässige Unterstellung, daß die Zeugen das im Beweisantrag Behauptete bekunden werden). U 15/12 19, DR 24,529.

Im allgemeinen ist endlich noch zu bemerken, daß es zur Ablehnung eines bloßen Erbietens (s. hierzu U 21/12 14, LZ 9, 556), einen Beweis zu führen, eines Gerichtsbeschlusses nicht bedarf, U 30/5 84, R 6, 391, und daß das Verständnis eines Beweisantrags nicht lediglich aus dessen Wortlaut, sondern aus dem Zusammenhange entnommen werden muß, in welchem sich der Antrag mit den übrigen Erklärungen des Angekl. und mit dem Gange der Hauptverhandlung befindet. U 29/4 84, R 6, 322. Vgl. U 25/9 85, R 7, 534. U 29/1 86, E 13, 316. — Über Widersprüche zwischen den Gründen des ablehnenden Beschlusses mit der Urteilsbegründung: U 10/5 82, R 4, 465. U 20/5 82, R 4, 501. Berechtigt zur Rüge der Ablehnung eines Beweisantrages ist nur derjenige Angeklagte, der ihn gestellt oder sich dem Antrage eines anderen Angeklagten ausdrücklich angeschlossen hat. U 18/6 19, DR 24, 1433.

34) Insbesondere kann der Vorsitzende auch ohne einen Gerichtsbeschluß seinerseits Beweise, deren Aufnahme sofort tunlich ist, aufnehmen, sofern nicht eine Beanstandung erfolgt oder, wie im § 251 Abs. 3, ein Gerichtsbeschluß ausdrücklich vorgeschrieben ist. U 5/7 80, E 2, 194.

35) Die Anordnung weiterer Beweisaufnahme liegt also zunächst lediglich im Ermessen des Gerichts. U 7/12 85, E 13, 158. Dieses Ermessen muß jedoch durch die Pflicht bestimmt werden, wenn das vorgeführte Beweismaterial genügende Aufklärung noch nicht bietet, aber andere zur Erforschung der Wahrheit dienende Beweismittel vorhanden und dem Gericht bekannt sind, durch Herbeischaffung derselben die noch erforderliche Aufklärung zu versuchen. U 4/6 88, R 10, 421; U 19/10 96, G 44, 273; U 7/11 13, E 47, 417 (auch bei Parteiverzicht auf weitere Beweiserhebung). Andererseits ist das Gericht aber auch an seine eigenen Beweisbeschlüsse in der nämlichen Hauptverhandlung nicht gebunden, wenn in dieser sich die Sachlage so ändert, daß ihre Begründung weggefallen ist. U 5/5 98, E 31, 98 (Nichtvollziehung eines Beschlusses auf Einnahme des Augenscheins, nachdem er entbehrlich geworden). U 4/3 86, E 13, 150. U 1/4 98, G 46, 208. S. A. 43 zu § 245. Inwieweit der Zweck der Beweisaufnahme die Anwesenheit des Sachverständigen in der Hauptverhandlung nötig macht, unterliegt dem Ermessen des Gerichts. U 5/6 24, DR 28, 1180.

36) Der Verteidiger ist befugt, zugunsten des Angekl. auch gegen dessen Widerspruch Beweisanträge zu stellen. U 1/5 88, E 17, 314. U 13/7 88, R 10, 484. Der Verteidiger kann auch sich selbst als Zeugen benennen, ebenso der Nebenkläger oder sein Vertreter. U 21/9 05, DR 9, 569.

§ 245 (244). Die Beweisaufnahme ist auf die sämtlichen vorgeladenen Zeugen und Sachverständigen[39]) sowie auf

---

37) Zu diesen anderen Beweismitteln gehört insbesondere auch der Augenschein. U 30/12 89, E 20, 149. Einem Antrag auf Augenscheinsaufnahme braucht jedoch nicht stattgegeben zu werden, wenn das Gericht dieselbe nach der gegebenen Sachlage und gegenüber den sonstigen Beweisergebnissen für bedeutungslos erachtet. U 6/5 10, JW 40, 248. U 28/1 11, DR 15, 1082. U 18/3 13, E 47, 100; U 16/3 14, LZ 8, 933. U 25/10 15, DR 20, 152 (einschränkend). S. A. 93 zu § 86. Der Antrag auf Verlesung einer Urkunde kann nicht deshalb abgelehnt werden, weil ihr behaupteter Inhalt nicht das beweise, was sie beweisen solle. U 6/11 06; E 39, 258 (Verlesung erforderlich).

38) Eine Zurückverweisung der Sache in die Voruntersuchung ist unzulässig. Vielmehr hat das Gericht, wenn eine Vervollständigung des Beweismaterials für erforderlich erachtet wird, sich darauf zu beschränken, unter Aussetzung der Hauptverhandlung die Ladung von Zeugen und Sachverständigen oder die Herbeischaffung anderer Beweismittel und, soweit es noch eines weiteren Vorbeweises bedarf, die Vornahme dieser vorbereitenden Handlungen durch einen einzelnen Richter oder ein anderes Gericht anzuordnen. U 1/5 80, E 2, 34.

39) Vorgeladene Zeugen und Sachverständige sind sowohl die von der Staatsanwaltschaft unmittelbar oder auf Beschluß des Gerichts vorgeladenen, als auch die, welche der Angekl. nach § 220 Abs. 1 selbst hat laden lassen, sofern dem Gericht ihre förmliche Ladung (§ 38) nachgewiesen ist. U 10/2 80, E 1, 198. U 16/1 93, E 23, 400. U 18/6 88, E 17, 440. Auch die vorgeladenen Zeugen sind aber nur dann unbedingt, d. h. ohne Rücksicht auf die Erheblichkeit ihrer Aussage zu vernehmen, wenn sie in der Hauptverhandlung gegenwärtig sind und zur Verfügung des Gerichts stehen. U 16/4 07, E 40, 138. U 9/2 22, E 56, 432. Ebenso findet § 245 keine Anwendung, wenn ein Mitglied des erkennenden Gerichts oder der auftretende Staatsanwalt als Zeuge geladen, aber nicht als solcher, sondern in seiner amtlichen Eigenschaft gegenwärtig ist. U 9/10 08, E 42, 1, U 25/2 24, JW 53, 1761; desgl. nicht, wenn der erschienene Zeuge, dem die Ladung irrtümlich behändigt wurde, nicht der in ihr Benannte ist. U 16/2 14, LZ 8, 756. Falls einzelne geladene Zeugen ausbleiben, haben die Prozeßbeteiligten keinen Anspruch auf Aussetzung der Verhandlung; das Gericht hat vielmehr über die Erheblichkeit der Vernehmung dieser Zeugen zu entscheiden. Hat das Gericht die Ladung eines ausgebliebenen Zeugen und deswegen die Vertagung angeordnet, so kann es zwar diesen Beschluß aus sachlichen Gründen und wenn die Prozeßbeteiligten auf die Vernehmung verzichten, wieder aufheben, muß aber dann nach § 244 Abs. 2 in einem besonderen Beschluß die Gründe angeben, aus denen es nunmehr die Abhörung des Zeugen

die anderen herbeigeschafften[40]) Beweismittel[41]) zu erstrecken.[42]) Von der Erhebung einzelner Beweise kann

---

nicht mehr für nötig erachtet. U 18/6 96, G 44, 160. Bei Verzicht auf die Vernehmung eines geladenen und erschienenen Zeugen bedarf es keines die Nichtvernehmung anordnenden Gerichtsbeschlusses. U 3/10 03, DJZ 9, 72. Anfänglicher Verzicht auf Vernehmung eines geladenen und nicht erschienenen Zeugen rechtfertigt nicht die Ablehnung eines im Laufe der Hauptverhandlung gestellten Antrags, den Zeugen doch noch über eine bestimmte Tatsache zu vernehmen. U 16/6 06, DR 10, 947. Wegen Trunkenheit oder aus anderen Ursachen vernehmungsunfähige Zeugen stehen den nicht erschienenen Zeugen gleich; die Beweisaufnahme braucht sich auf sie nicht zu erstrecken. U 13/10 02, E 35, 398. Auch auf Beamte, denen die Genehmigung zur Vernehmung untersagt ist, bezieht sich § 245 nicht, U 27/2 02, G 49, 133; desgl. nicht auf Zeugen, deren Vernehmung aus sonstigen Gründen unzulässig ist. U 9/1 02, DR 6, 81. Zeugen, die nur versehentlich geladen sind, können ohne ausdrückliches Einverständnis der Parteien unvernommen entlassen werden. U 7/5 07, DR 11, 716, G 54, 418.

Gestellte Zeugen sind keine „vorgeladenen" i. S. § 245; bezüglich ihrer hat vielmehr das Gericht die Erheblichkeit ihrer Vernehmung zu prüfen. U 14/2 80, E 1, 297. Vgl. U 9/1 85, R 7, 24. U 9/1 02, DR 6, 81. U 27/2 02, G 49, 133.

Vom Angekl. oder dessen Verteidiger geladene und erschienene Sachverständige müssen, wenn das Gericht von ihrer Ladung und ihrem Erscheinen Kenntnis hat, ohne Rücksicht darauf, ob ihre Vernehmung für erheblich erachtet wird, vernommen werden. U 26/6 02, DR 6, 465.

Auf die als Dolmetscher geladenen Personen findet § 245 keine Anwendung. U 26/1 86, R 8, 97. S. A. 11 zu § 185 GVG.

Im übrigen sind die geladenen und erschienenen Zeugen nicht nur nach § 245 sämtlich zu vernehmen, sondern sie werden auch nach §§ 240, 241 den Prozeßbeteiligten und den außer dem Vorsitzenden zur Urteilsfindung berufenen Personen behufs vollständiger Ausnutzung — mit der Beschränkung der §§ 241, 242 — zur Verfügung gestellt. U 7/7 03, DR 7, 460.

40) Der Grundsatz des § 245 bezieht sich nur auf die wirklich bereits herbeigeschafften Beweismittel, nicht auf erst herbeizuschaffende Beweise, erst zu ladende Zeugen usw. U 11/5 20, E 55, 10.

41) Unter den anderen herbeigeschafften Beweismitteln sind nicht etwa alle in der Hauptverhandlung vorgeführten Beweismittel, sondern nur solche zu verstehen, welche durch die Tätigkeit der StA (§ 214), des Angekl. (§§ 219, 220), des Vorsitzenden (§ 221) oder des Gerichts (§ 244) dem letzteren unmittelbar vorgeführt sind. U 10/2 80, E 1, 196. U 19/4 80, E 1, 383. Bei den Akten befindliche Urkunden sind nicht schon deshalb für herbeigeschaffte Beweismittel i. S. § 245 zu erachten, weil die StA auf sie in der Anklageschrift als Beweis-

mittel Bezug genommen hat. U 16/12 81, E 5, 268. U 8/1 85, R 7, 21, U 16/6 94, G 42, 247 (Augenscheinsprotokolle) u. U 5/5 91, G 39, 220. U 15/10 07, DJZ 13, 251 (Reichsgerichtsurteile). Vgl. U 9/6 85, R 7, 364, wo ganz allgemein ausgeführt wird, daß Urkunden erst dann als „herbeigeschaffte Beweismittel" gelten können, wenn das erkennende Gericht Kenntnis davon erhielt, daß die fraglichen Schriftstücke als Beweismittel in Bezug genommen und zur Verhandlung herbeigeschafft worden sind. Die bloße Überreichung eines Schriftstücks im Verhandlungstermin macht es nicht ohne weiteres zu einem „herbeigeschafften Beweismittel", wenn nicht mit der Überreichung irgendeine den Gebrauchszweck kennzeichnende Kundgebung verbunden und die Benutzung beantragt wird, U 24/2 88, R 10, 189. U 26/6 80, R 2, 122. U 2/6 96, E 28, 394. U 20/12 07, E 41, 4; und ebenso werden andere Überführungsgegenstände erst dadurch zu herbeigeschafften Beweismitteln, daß in der Hauptverhandlung der Antrag gestellt wird, den Augenschein an ihnen einzunehmen. U 30/5 02, DR 6, 354. U 10/12 03, DJZ 9, 268; vgl. jedoch U 15/11 10, G 58, 459. Handelsbücher, welche dem Gericht in der Hauptverhandlung vorliegen, sind in ihrer Gesamtheit als „herbeigeschaffte Beweismittel" nicht zu erachten, U 13/10 90, E 21, 108; ebensowenig Prozeß- oder andere Akten als solche. Aus den Handelsbüchern bzw. zusammenhängenden Aktenbänden müssen vielmehr dem Gericht die einzelnen Stellen, Urkunden usw., welche als Beweismittel dienen sollen, besonders bezeichnet werden. U 27/9 81, E 5, 27. U 15/1 81, E 3, 250. U 12/2 81, R 3, 42. U 7/12 85, E 13, 158. U 17/10 98, G 46, 430. U 4/3 24, JW 53, 1250. Bei den Akten befindliche Protokolle über die kommissarische Vernehmung eines Zeugen sind an sich keine „herbeigeschafften Beweismittel", U 24/10 82, E 7, 217, U 9/11 86, R 8, 694, U 29/11 89, G 37, 429; es sei denn, daß das erkennende Gericht selbst die kommiss. Vernehmung beschlossen hatte. U 10/3 87, R 9, 176. U 9/6 21, E 56, 103. Das gleiche gilt für Augenscheinsprotokolle. U 22/9 08, DR 12, 580.

Im übrigen hängt bezüglich der wirklich herbeigeschafften Beweismittel die Beweisaufnahme nicht von einer Prüfung der Beweiserheblichkeit ab, U 24/2 80, E 1, 225. U 15/4 80, E 1, 366; das Gericht ist jedoch auch gegenüber der Bestimmung des § 245 befugt, Beweise, welche völlig ungleichartige, zu der vorliegenden Untersuchung in gar keiner Beziehung stehende Gegenstände betreffen, unter genügender entsprechender Begründung abzuschneiden. U 13/7 11, E 45, 138.

Beweismittel, die nicht herbeigeschafft werden sollten, aber aus Versehen zur Stelle gebracht sind, fallen nicht unter § 245. U 7/5 07, G 54, 418.

42) Es genügt, wenn das Beweismittel überhaupt benutzt wird. U 8/4 19, DR 23, 1903. Über den Umfang der bei einer erneuten Verhandlung des Instanzgerichts stattfindenden Beweisaufnahme wenn die Aufhebung des erstinstanzlichen Urteils unter Aufrechterhaltung der ihm zugrunde liegenden Feststellungen erfolgt ist, s. U 16/5 90, E 20, 411.

jedoch abgesehen werden, wenn die Staatsanwaltschaft und der Angeklagte hiermit einverstanden sind.[43])

43) Das Einverständnis muß ausdrücklich erklärt werden; ein stillschweigender Verzicht kann nur dann angenommen werden, wenn die Beteiligten ausdrücklich zu einer Erklärung über die Nichterstreckung der Beweisaufnahme aufgefordert sind und solche nicht abgegeben haben. U 14/7 81, E 4, 398. U 28/2 84, R 6, 160. U 31/1 88, R 10, 91. U 16/3 03, DR 7, 188. Bloße „Anhörung" genügt nicht. U 21/9 09, G 57, 203; jedoch kann die Erklärung des Angekl., daß er es in das Ermessen des Gerichts stelle, einen geladenen und erschienenen Zeugen zu vernehmen, als ausreichender Verzicht gelten. U 23/6 05, DR 9, 437. Mehrere Mitangeklagte müssen sämtlich auf die betr. Beweiserhebung verzichten, es sei denn, daß die Umstände, welche der eine Mitangeklagte für sich geltend gemacht und unter Beweis gestellt hat, für die anderen Mitangeklagten — mögen sie selbst bei derselben Tat als mitbeteiligt in Anspruch genommen sein — gar keine Bedeutung besitzen. U 4/4 84, E 10, 300. U 6/3 88, R 10, 217. Es genügt dann, wenn lediglich der beteiligte Angekl. verzichtet. U 16/10 02, DR 6, 561. Vgl. U 16/6 80, R 2, 70. Das Einverständnis muß auch dann erklärt werden, wenn auf Grund einer Vorfrage, z. B. wegen fehlenden Strafantrages, das Verfahren ohne Eingehen auf den Schuldbeweis beendet werden kann. U 13/11 88, R 10, 649. Ein vom Verteidiger in Anwesenheit des Angekl. abgegebener Verzicht genügt, wenn ihm vom Angekl. nicht widersprochen wird. U 10/2 80, E 1, 198. U 18/5 01, G 48, 308. U 12/4 02, DR 6, 300. Verzichte, welche der Angekl. in der Hauptverhandl. abgibt, binden auch den Verteidiger, wenn derselbe nicht widerspricht. U 7/11 87, E 16, 376. Die StA und der Angekl. bzw. dessen Verteidiger müssen auf die betr. Beweiserhebung verzichten; insbesondere werden auch die vom Angekl. geladenen und erschienenen Entlastungszeugen ein gemeinschaftliches Beweismittel, auf dessen Erhebung die StA ebenso wie der Angekl. verzichten muß. U 28/2 84, R 6, 160. Zulässig ist auch ein Verzicht auf einen Zeugen, dessen Vernehmung noch nicht beendet ist. U 3/6 04, E 37, 194. Wegen der Aufhebung des Urteils bei Nichtvernehmung geladener Zeugen ohne Verzicht der Parteien s. U 11/12 88, R 10, 718, und wegen der Zulässigkeit einer nur teilweisen Verlesung des Protokolls über eine kommissarische Zeugenvernehmung bei Verzicht der Prozeßbeteiligten auf Verlesung des Restes. U 18/5 01, G 48, 308.

Eine Beschlußfassung des Gerichts über die Nichtvernehmung von Zeugen, auf die von den Beteiligten verzichtet ist, ist nicht erforderlich. U 3/10 03, DJZ 9, 72.

Das Gericht kann übrigens die in der Hauptverhandlung verkündeten Beweisbeschlüsse auch selbst abändern oder zurücknehmen. U 4/3 86, E 13, 150. U 5/5 98, E 31, 98. U 1/4 98, G 46, 208. Wenn die Vernehmung z. B. eines unmündigen Kindes, oder eines Geisteskranken oder weil der Zeuge plötzlich erkrankt, erfolglos bleibt oder wenn sie

In den Verhandlungen vor dem Amtsrichter und den Schöffengerichten sowie vor den Landgerichten, sofern die Verhandlung vor letzteren eine Übertretung betrifft oder auf erhobene Privatklage erfolgt, bestimmt das Gericht den Umfang der Beweisaufnahme, ohne hierbei durch Anträge, Verzichte oder frühere Beschlüsse gebunden zu sein.

§ 246 (245). Eine Beweiserhebung darf nicht deshalb abgelehnt werden, weil das Beweismittel oder die zu beweisende Tatsache zu spät vorgebracht worden sei.[44])

Ist jedoch ein zu vernehmender Zeuge oder Sachverständiger dem Gegner des Antragstellers so spät namhaft gemacht oder eine zu beweisende Tatsache so spät vorgebracht worden, daß es dem Gegner an der zur Einziehung von Erkundigungen erforderlichen Zeit gefehlt hat, so kann er bis zum Schlusse der Beweisaufnahme die Aussetzung der Hauptverhandlung zum Zwecke der Erkundigung beantragen.

Dieselbe Befugnis haben die Staatsanwaltschaft und der Angeklagte in betreff der auf Anordnung des Vorsitzenden oder des Gerichts geladenen Zeugen oder Sachverständigen.

---

für unvollständig gehalten wird, so liegt es lediglich dem Angekl. ob, wenn er eine weitere Vernehmung für nötig und erfolgreich hält, dieselbe zu beantragen, event. die Vertagung in Antrag zu bringen. U 4/10 88, R 10, 546.

44) Die Ablehnung des Beweisantrages ist jedoch nicht ausgeschlossen, wenn die Prüfung desselben dem Gericht die Überzeugung gewährt, daß der Antragsteller mit dem Beweisantrage nur beabsichtigt, seine Verurteilung hinauszuschieben, in diesem Sinne also die Sache zu verschleppen. Ob dies zutrifft, hat das Gericht nach § 261 nach seinem Ermessen zu beurteilen und in dem betr. Gerichtsbeschluß zu begründen. U 24/6 85, E 12, 335. U 14/2 88, R 10, 148 (Notwendigkeit so eingehender Begründung, daß auch dem Revisionsrichter erkennbar bleibt, ob die Annahme einer Verschleppung auf rechtlich nicht anfechtbaren Voraussetzungen beruht). U 24/1 90, E 20, 206. U 9/2 92, E 22, 335. U 8/1 10, G 57, 229 u. U 27/8 23, JW 53, 316[31] (bereits geführter Gegenbeweis kein Rechtfertigungsgrund). Die Stellung von Beweisanträgen ist bis zum Beginn der Urteilsverkündung zulässig. U 14/2 22, JW 53, 974.

Über die Anträge entscheidet das Gericht nach freiem Ermessen.

§ **247 (246)**. Das Gericht kann den Angeklagten, wenn zu befürchten ist, daß ein Mitangeklagter oder ein Zeuge bei seiner Vernehmung in Gegenwart des Angeklagten die Wahrheit nicht sagen werde, während dieser Vernehmung[45]) aus dem Sitzungszimmer abtreten lassen.[46]) Der Vorsitzende hat jedoch den Angeklagten, sobald dieser wieder vorgelassen worden,[47]) von dem wesentlichen Inhalt dessen zu unter-

---

45) Der Begriff der Vernehmung eines Zeugen umfaßt auch die Befragung über seine Personalien und die seine Glaubwürdigkeit betreffenden Umstände, insbes. über seine Beziehungen zu dem Beschuldigten oder dem Verletzten (Zeugnisverweigerungsrecht). Die Entfernung des Angekl. kann also auch für die Dauer der Vernehmung über diese Punkte erfolgen. U 5/5 05, DR 9, 318. U 27/3 05, E 38, 10.

46) Über diese Entfernung des Angeklagten muß stets ein Gerichtsbeschluß nach § 33 gefaßt und nach §§ 34, 35 mit Gründen verkündet werden. U 28/2 90, E 20, 273, während die Zurückweisung eines Antrags aus § 247 Abs. 1 S. 1 keiner weiteren Begründung bedarf, als daß zu der beantragten Maßregel nach Lage der Sache kein Anlaß vorhanden ist, U 3/2 22, E 56, 377. Nach U 28/1 24, JW 53, 1765 kann die Revision auf den Mangel eines förmlichen Beschlusses nur gestützt werden, wenn das Urteil darauf beruht. Die Entfernung kann aber auch für mehrere Zeugen durch einen Beschluß angeordnet werden. U 24/4 91, G 48, 300. Vor der Beschlußfassung muß Angekl. gehört werden; die Unterlassung kann jedoch die Revision nicht begründen, wenn Angekl. nach der Verkündung des Beschlusses seiner Ausführung nicht widersprochen hat. U 24/4 91, G 48, 302. U 6/10 02, G 50, 101.

Auf andere Teile der Beweiserhebung als die „Vernehmung" eines Zeugen oder Mitangekl., insbesondere auf den Urkundenbeweis durch Verlesung ist § 247 nicht auszudehnen. U 25/7 96, E 29, 30. U 4/1 07, E 39, 356, ebenso nicht auf Vernehmungen durch den ersuchten Richter. U 13/7 14, DR 18, 2810.

Während der Vernehmung eines Sachverständigen ist die Entfernung des Angekl. unzulässig. U 11/5 00, G 47, 296. Vgl. jedoch U 17/11 14, E 49, 40 (Vernehmung eines Sachverst. über den Gesundheitszustand des Angekl.).

47) „Sobald dieser wieder vorgelassen worden", d. h. es darf zwischen dem Eintritt des Angekl. und der vorgeschriebenen Mitteilung nichts anderes verhandelt, insbesondere nicht die Vernehmung des Angekl. über die Beschuldigung vorgenommen werden. U 13/12 89, E 20, 123. U 14/4 99, E 32, 120. Wenn die im § 247 vorgesehene Maßregel gegen mehrere Angeklagte zur Anwendung gebracht wird, so hat der Vorsitzende die Angeklagten erst dann, wenn sie sämtlich wieder

richten, was während seiner Abwesenheit ausgesagt oder sonst verhandelt worden ist.

In gleicher Weise ist zu verfahren, wenn das Gericht wegen ordnungswidrigen Benehmens des Angeklagten zeitweise dessen Entfernung aus dem Sitzungszimmer angeordnet hat.[48])

§ 248 (247). Die vernommenen Zeugen und Sachverständigen dürfen sich nur mit Genehmigung oder auf Anweisung des Vorsitzenden von der Gerichtsstelle[49]) entfernen. Die Staatsanwaltschaft und der Angeklagte sind vorher zu hören.[50])

---

vorgelassen sind, von dem wesentlichen Inhalt desjenigen zu unterrichten, was während ihrer Abwesenheit ausgesagt oder sonst verhandelt ist. U 30/3 83, E 8, 153. U 1/3 95, G 43, 34. U 23/2 06, E 38, 348. Vgl. U 27/7 01, E 34, 332. In welchem Umfange und in welcher Art die dem Angekl. zu machende Mitteilung zu geschehen hat, hängt von dem pflichtmäßigen Ermessen des Vorsitzenden ab. Nicht erforderlich ist jedenfalls die Mitteilung der Ausführungen, mit denen die StA ihre Anträge begründet hat. U 9/3 99, E 32, 88 und U 25/6 12, DR 16, 2780; desgl. nicht der Ablehnung einzelner vom Verteidiger beantragten Vorhaltungen an einen Zeugen, U 12/2 06, DR 10, 321, oder über getroffene Maßnahmen der Sitzungspolizei, bes. verhängte Ordnungsstrafen. U 25/1 09, G 56, 214. In Abwesenheit des Angekl. verlesene Protokolle müssen nochmals verlesen werden. U 11/5 06, E 38, 433.

48) Die Unterlassung der im § 247 vorgeschriebenen Mitteilung begründet stets die Revision, U 6/2 83, E 8, 49. U 13/12 89, E 20, 123; bei mehreren Angeklagten aber nur für den, welchem nach seinem Wiedereintritt von den inzwischen erfolgten Angaben des nicht entfernten Mitangekl. keine Kenntnis gegeben ist. U 4/1 04, DR 8, 84. S. dagegen: U 27/7 01, E 34, 332. Über die verfahrensrechtliche Stellung des wegen ordnungswidrigen Benehmens aus dem Sitzungssaal entfernten Angeklagten vgl. U 2/7 19, E 54, 110.

49) D. i. das Gerichtsgebäude, nicht der Sitzungssaal; über zeitweilige Entfernung aus diesem entscheidet das Ermessen des Vorsitzenden. U 21/11 11, DR 16, 155.

50) Es genügt hier, wenn der Angeklagte nach der Vernehmung der Zeugen und vor ihrer Entlassung zufolge § 257 befragt wird, ob er auf deren Aussage etwas zu erklären habe. Wird eine Erklärung nicht abgegeben, so wird dadurch zum Ausdruck gebracht, daß Angekl. weitere Fragen an die Zeugen nicht zu richten und deshalb gegen deren Entlassung nichts zu erinnern habe. U 7/5 85, R 7, 279. U 21/3 07, DR 11, 588. Satz 2 findet auf Zeugen, die ihr Zeugnis aus einem gesetzlichen Grunde verweigert haben oder noch nicht vernommen sind, keine An-

§ **249 (248).** Urkunden[51]) und andere als Beweismittel dienende Schriftstücke[52]) werden in der Hauptverhandlung

wendung, U 2/1 08, E. 41, 32. U 2/2 08, JW 37, 386; dagegen bei Vertagung nach § 229. U 18/5 08, DJZ 13, 1036.

51) Daß die Urkunde eine öffentliche sei, ist nicht erforderlich. U 9/10 94, E 26, 139. Zu den Urkunden gehören auch die von der StA nach § 171 erlassenen Einstellungsbeschlüsse, U 22/9 93, E 24, 263; desgl. gerichtliche Einstellungsbeschlüsse, U 31/3 98, G 46, 207; desgl. Zeugenvernehmungsprotokolle, sofern durch ihre Verlesung nicht festgestellt werden soll, welche Wahrnehmungen der Zeuge gemacht hat, sondern nur die Tatsache, daß der Zeuge früher gewisse Wahrnehmungen bekundet hat, U 23/11 86, R 8, 718; desgl. auch solche Schriftstücke, welche nicht Wahrnehmungen ihrer Aussteller enthalten, sondern den unmittelbaren Beweis der in ihnen niedergelegten Willenserklärungen bilden, U 10/13. Jan. 88, R 10, 29, z. B. Protokolle über Beschlüsse einer Gesellschaft, Korporation usw. U 14/10 02, G 50, 106; desgl. eine vom Angekl. früher bei Gericht eingereichte Eingabe, U 30/4 88, E 18, 23, oder ein vom Angekl. herrührendes Schriftstück, welches ein Schuldbekenntnis enthält. U 9/5 02, E 35, 234. Desgl. eine Quittung als Urkunde über die in ihr abgegebenen rechtsgeschäftl. Erklärungen. U 4/2 24, DR 28, 492. Der Bericht eines Richters über eine im Auftrage des Oberlandesgerichtspräsidenten bei einem Notar vorgenommene Revision ist keine Urkunde und darf deshalb nicht verlesen werden. U 9/10 94, E 26, 139.

Auch einfache Abschriften von Urkunden können verlesen werden. U 19/6 91, G 39, 234. U 2/10 03, E 36, 372.

52) Schriftstücke, welche in der Anklageschrift als Beweismittel angerufen sind, müssen der Regel nach verlesen werden; der Inhalt weiterer Schriftstücke kann vom Vorsitzenden durch Feststellung ihres wesentlichen Inhalts zur Kenntnis des Gerichts gebracht werden, solange von irgendeiner Seite eine Einwendung nicht erhoben und ein förmlicher Antrag auf vollständige Verlesung dieser Schriftstücke nicht gestellt wird. U 6/12 80, E 3, 142. U 3/7 94, E 26, 32. U 15/4 02, E 35, 198. U 3/1 05, DR 9, 85. Gleichwohl kann auch die Nichtverlesung der in der Anklageschrift bezeichneten Schriftstücke die Revision nicht begründen, wenn sonst der wesentliche Inhalt der Schriftstücke in einer die wörtliche Verlesung ersetzenden Weise bekanntgegeben ist. U 20/1 81, E 3, 282; R 2, 746. Dagegen ist es nicht zulässig, daß der Vorsitzende einen Umstand oder eine Tatsache aus einem nicht verlesenen Schriftstücke nur feststellt und seine Ansicht über den Inhalt und die Tragweite dieses Schriftstücks kundgibt. U 29/10 80, E 2, 408. U 16/2 94, E 25, 125 (Zeitungsartikel). Im übrigen wird durch die Vorschrift der Verlesung von Beweisurkunden eine andere zweckentsprechende Art der Benutzung, wie Vorlage zur Einsicht, nicht ausgeschlossen. U 10/12 81, R 3, 789. U 25/1 82, E 5, 398. Die Verlesung des den In-

verlesen.[53]) Dies gilt insbesondere von früher ergangenen Strafurteilen,[54]) von Straflisten und von Auszügen aus

---

halt des Schriftstücks wiedergebenden Eröffnungsbeschlusses kann jedoch die Verlesung des Schriftstücks selbst nicht ersetzen, U 23/10 00, G 47, 439, und ebensowenig macht die bloße Vorlegung von Akten deren Inhalt beweisfähig, U 30/4 81, R 3, 259; jedoch kann der Vorsitzende, falls nicht von den Prozeßbeteiligten einzelne Schriftstücke als zu verlesende Urkunden oder Beweismittel bezeichnet werden, aus vorliegenden Akten berichten. U 4/11 80, E 3, 161. U 3/1 05, DR 9, 85.

53) Der Zweck der Verlesung braucht nicht ausdrücklich angegeben zu werden; auch ist die Protokollierung einer solchen Angabe nicht erforderlich. U 15/12 05, E 38, 254. Ob es im einzelnen Fall überhaupt angezeigt erscheint, die Verlesung der im § 249 gedachten Urkunden usw. zum Zwecke der Beweisaufnahme zu betätigen, hat das Gericht nach freiem Ermessen zu entscheiden, sofern nicht etwa die Vorschrift des § 245 eine Ausnahme begründet. U 19/4 80, E 1, 383. U 9/6 80, R 2, 45. Insbesondere hat das Gericht über den Umfang der Verlesung der Urkunden zu entscheiden. U 5/12 05, DR 10, 67. Vgl. U 19/2 83, E 8, 128. U 6/10 98, G 46, 424 (Zulässigkeit einer nur teilweisen Verlesung unzüchtiger Schriften). In fremder Sprache abgefaßte und als Beweismittel dienende Schriftstücke können in der Hauptverhandlung durch einen Dolmetscher mündlich übersetzt werden. U 22/6 99, E 32, 239. U 2/7 83, E 9, 51; R 5, 478, und diese mündliche Übersetzung kann durch Verlesung einer vorher vom Dolmetscher gefertigten schriftlichen Übersetzung in der Regel nicht ersetzt werden. U 19/4 94, E 25, 353. U 9/4 95, E 27, 161. Vgl. U 3/10 02, DR 6, 537. Eine vorhandene deutsche Übersetzung — auch unbeglaubigte — eines fremdsprachigen Schriftstücks kann aber unter Feststellung der Herkunft und Richtigkeit zum Zwecke des Beweises in der Hauptverhandlung verlesen werden. U 5/6 17, E 51, 94. Zulässig ist auch die Verlesung deutscher Übersetzungen fremdsprachiger Zeugenvernehmungsprotokolle, die in dem auf diplomat. Wege um Bewirkung der Zeugenvernehmung angegangenen Staate zur Erledigung des Ersuchens amtlich angefertigt sind. U 2/10 03, E 36, 371.

54) Unter früher ergangenen Strafurteilen sind nur die in einer anderen Strafsache ergangenen, nicht auch die in dem vorliegenden Verfahren ergangenen Urteile zu verstehen. U 1/4 82, R 4, 300; jedoch steht es selbstverständlich dem Vorsitzenden kraft seiner Leitungsgewalt frei, auch die letzteren (z. B. in einem wiederaufgenommenen Verfahren) verlesen zu lassen. U 19/1 82, E 5, 429. U 11/2 90, G 38, 42. Auch die Gründe früherer — auch noch nicht rechtskräftiger: U 30/3 83, E 8, 153 — Strafurteile können verlesen werden, selbst wenn im Tatbestand die Zeugenaussagen wiedergegeben sind. U 7/1 88, R 10, 16. Wenn aber die auf Grund der Aussagen der damals vernommenen Zeugen in dem verlesenen früheren Urteil festgestellten Tatsachen in der Hauptverhandlung des späteren Verfahrens verwertet werden

Kirchenbüchern und Personenstandsregistern und findet auch Anwendung auf Protokolle über die Einnahme des richterlichen Augenscheins.[55])

---

sollen, so müssen die betr. Zeugen von neuem vernommen werden. U 16/2 03, DR 7, 163. Wegen der Zulässigkeit der Verlesung von Protokollen über eine schöffengerichtl. Hauptverhandlung s. A. 61 zu § 273.

Die Verlesung der Aussage, die ein Zeuge in einer Zivilprozeßsache gemacht hat und die zum Beweise des Inhalts der Aussage im Zivilprozesse dient, ist zulässig. U 5/10 05, DJZ 11, 148.

55) Protokolle über einen richterlichen Augenschein, insbesondere auch richterliche Protokolle über die Vornahme einer Haussuchung können verlesen werden. U 14/8 93, E 24, 233; ihre Verlesung ist nur dann unzulässig, wenn sie an einem erheblichen Mangel leiden. U 9/3 80, E 1, 256. Als ein solcher Mangel ist es insbesondere anzusehen, wenn das Protokoll nicht die vom Richter und Gerichtsschreiber gemeinschaftlich und übereinstimmend gemachten Wahrnehmungen beurkundet. U 21/6 87, R 9, 376. S. A. 17 zu § 187. Im übrigen können auch die in dem Protokoll über eine richterliche Ortsbesichtigung enthaltenen Bekundungen über die Wahrnehmungen u. Anschauungen von Personen (Angekl. u. Zeugen) verlesen werden, U 15/12 83, E 10,10. U 11/6 85, E 12, 308; wie denn auch bei Vernehmung der Zeugen oder Angekl. zur Herbeiführung präziser Aussagen über Ortsverhältnisse Handzeichnungen, Grundrisse usw. benutzt werden können. U 24/1 87, R 9, 89. Auch Photographien des Tatortes können als Beweismittel in der Hauptverhandlung benutzt werden. Eine Beeidigung des Verfertigers solcher Photographien als Zeuge oder Sachverständiger ist nicht erforderlich. U 5/1 03, E 36, 55. Zum Augenscheinsprotokoll gehörige Zeichnungen können als Hilfsmittel zum Verständnis der Beweiserhebung auf die Gerichtstafel übertragen und vorgeführt werden. U 30/3 03, DJZ 8, 322. U 12/3 09, G 56, 226. Den Zeichnungen, Photographien usw. beigefügte Vermerke können, soweit sie zur Erläuterung der Zeichnungen usw. dienen, verlesen werden. U 7/2 07, G 54, 294. Vgl. noch U 24/6 13, E 47, 235. Auch Protokolle über eine gerichtliche Leichenschau können verlesen werden, nicht aber Protokolle über gerichtliche Leichenöffnungen; die Ärzte, welche die Sektion gemacht haben, müssen vielmehr in der Hauptverhandlung vernommen werden, und eine Verlesung des Protokolls läßt sich nur auf § 253 stützen. U 8/5 80, E 2, 153. U 29/8 82, R 4, 699. Im übrigen ist die Verlesung nicht auf die Augenscheinsprotokolle beschränkt, welche im Vorverfahren oder bei Vorbereitung der Hauptverhandlung entstanden sind; das Gericht kann vielmehr auch in der Hauptverhandlung die Aufnahme eines Augenscheins anordnen, mit der Vornahme einen der erkennenden Richter beauftragen und das von diesem aufgenommene Protokoll in der fortgesetzten Hauptverhandlung verlesen. U 30/12 89, E 20, 149.

§ 250 (249).[56]) Beruht der Beweis einer Tatsache auf der Wahrnehmung einer Person, so ist diese in der Hauptverhandlung zu vernehmen. Die Vernehmung darf nicht durch Verlesung des über eine frühere Vernehmung aufgenommenen Protokolls[57]) oder einer schriftlichen Erklärung[58]) ersetzt werden.[59])

Die Verlesung der im § 249 gedachten Urkunden ist ein Akt der Beweisaufnahme und darf deshalb nur während derselben durch das Gericht erfolgen, nicht aber von den Parteien ausgehen in der Weise, daß die Urkunden auf Anordnung des Vorsitzenden vom Verteidiger während seines Schlußvortrages verlesen werden. U 30/6 90, E 21, 69.

56) Ausnahmen: §§ 251, 256. Vgl. §§ 253 u. 254 Abs. 2. Zur Auslegung von § 250 s. U 8/10 12, E 46, 200.

57) Die Verlesung des Protokolls über die frühere richterl. Vernehmung eines Zeugen ist zulässig behufs Feststellung, daß nach der Auffassung des Vorderrichters der Zeuge bereits eine gerade mit den Erklärungen in der Hauptverhandlung übereinstimmende Aussage gemacht hat. U 24/11 04, E 37, 317. Unzulässig ist die Verlesung, wenn sie nur erfolgt, um die Erklärungen des Zeugen in der Hauptverhandlung zu unterstützen und glaubwürdiger erscheinen zu lassen. U 2/2 00, E. 33, 128.

58) Der Zeuge darf jedoch Aufzeichnungen, welche er s. Z. über seine Wahrnehmungen gemacht hat, bei der Vernehmung benutzen. Auch ist der Vorsitzende zur Verlesung dieser Aufzeichnungen befugt. U 9/12 89, E 20, 105.

59) Insbesondere können in einem anderen Verfahren bzw. von einer anderen Behörde getroffene Feststellungen über Wahrnehmungen einer Person die unmittelbare Vernehmung der letzteren in der Hauptverhandlung nicht ersetzen. U 6/3 80, E 1, 299. U 9/6 80, R 2, 45. U 16/2 03, G 50, 138. U 27/6 05, DR 9, 437 (Polizeiermittlungen). S. A. 31 zu § 256. Dagegen ist auf Grund der Verlesung eines Strafurteils die Feststellung ohne weiteres zulässig, daß der Verurteilte die Straftat auch begangen hat. U 18/11 13, G 61, 509. Schriftliche Erklärungen eines Gerichtsschreibers über Wahrnehmungen, welche derselbe hinsichtlich einer Örtlichkeit gemacht hat, können nicht verlesen werden, U 27/9 88, E 18, 186; desgl. nicht die von einem Richter erstatteten Berichte über eine bei einem Notar vorgenommene Geschäftsprüfung, U 9/10 94, E 26, 139; desgl. nicht die von einem Rechtsanwalt aufgenommene protokollarische Erklärung des Angekl. über die Anerkennung der Vaterschaft eines unehel. Kindes, U 7/3 98, G 46, 193; desgl. nicht Briefe, wenn und insoweit sie zum Beweise der in ihnen erwähnten oder angedeuteten früheren tatsächlichen Vorgänge dienen und in dieser Hinsicht eine Vernehmung des betr. Briefschreibers als Zeugen ersetzen sollen. Die Verlesung solcher Briefe ist dagegen zulässig, wenn sie nur dazu

§ 251 (250). Ist ein Zeuge, Sachverständiger oder Mitbeschuldigter verstorben[60]) oder in Geisteskrankheit[61]) verfallen, oder ist sein Aufenthalt nicht zu ermitteln gewesen,[62])

---

dienen soll, die eigene Erinnerung des Zeugen an einen bestimmten Vorgang zu bestärken, U 18/501, G 48, 308, oder wenn durch die Verlesung nur dargetan werden soll, daß tatsächlich Briefe des verlesenen Inhalts von gewissen Personen an andere geschrieben sind. U 19/6 91, E 22, 51. U 30/12 98, E 31, 407. U 22/6 99, E 32, 239. U 7/12 99, E 33, 35 (Zulässigkeit der Verlesung von Briefen, soweit sie etwas anderes als Mitteilungen des Verfassers über von ihm wahrgenommene Dinge enthalten, wie z. B. Willenserklärungen, Vorschläge, Aufforderungen usw., Zulässigkeit der Verlesung, wenn daneben zugleich die persönliche Vernehmung des Verfassers, sei es als Zeuge, sei es als Angeklagter erfolgt). Vgl. U 11/7 00, E 33, 356. Die Vernehmung von Zeugen über Hörensagen ist zulässig, U 12/5 80, E 2, 160. U 1/7 85, R 7, 457. U 28/6 86, R 8, 502; und ebenso können Zeugen über Tatsachen vernommen werden, zu deren Bekundung dieselben nur mittels einer urteilenden Tätigkeit gelangen können (sinnlose Trunkenheit). U 20/12 81, R 3, 812. U 11/6 86, R 8, 459.

Im übrigen muß § 250 von dem Gericht ohne Rücksicht auf Verzichtleistungen oder sonstige Erklärungen der Beteiligten befolgt werden; der in einer unzulässigen Verlesung von Zeugenaussagen bestehende Verstoß gegen § 250 (251) kann dadurch, daß die Verlesung von dem Verteidiger beantragt und von den Prozeßbeteiligten nicht beanstandet wurde, nicht geheilt werden. U 16/6 85, R 7, 401. Vgl. U 20/9 87, R 9, 448 (Unzulässigkeit der Verlesung der von einem Angekl. als Zeuge in einer anderen Strafsache abgegebenen polizeilichen Aussage zum Nachweis dessen, was er vor dem vernehmenden Beamten bekundet hat).

60) Verlesung des Protokolls über die Vernehmung eines Zeugen usw., von dem irrtümlicherweise angenommen ist, daß er verstorben sei, begründet die Revision. U 6/4 05, DR 9, 286.

61) Unter „Verfallen in Geisteskrankheit" ist eine solche geistige Erkrankung der Beweisperson zu verstehen, die eine erfolgreiche Vernehmung des Erkrankten in der Hauptverhandlung für absehbare Zeit nicht erwarten läßt. U 26/4 21, DR 25, 2290. Unheilbarkeit der Geisteskrankheit ist nicht erforderlich. U 31/3 87, E 15, 409. Vgl. auch U 5/1 15, G 62, 341 (zulässige Verlesung bei Unmöglichkeit nochmaliger Vernehmung wegen andauernd damit für den Zeugen usw. verbundener Lebensgefahr).

62) Daß die Möglichkeit, den Aufenthalt des Zeugen usw. zu ermitteln, unbedingt und für alle Zeiten ausgeschlossen ist, wird nicht erfordert; es genügt, daß die Erfolglosigkeit der vorgenommenen Ermittlungsversuche die Annahme begründet, daß fernere Nachforschungen zu keinem Ergebnis mehr führen können. U 31/3 80, E 1, 285. U 4/3 81, E 3, 367. U 11/9 81, E 4, 416. U 26/7 83, E 9, 88. U 11/6 86,

so kann[63]) das Protokoll über seine frühere richterliche Vernehmung[64]) verlesen werden. Dasselbe gilt von dem bereits verurteilten Mitschuldigen.

R 8, 459. U 15/1 94, G 42, 35. Auswanderung nach Amerika schließt allein die Möglichkeit der Aufenthaltsermittlung nicht aus. U 21/4 02, DR 6, 272. Vgl. U 26/1 06, E 38, 323 (Benutzung von Konsulatsauskünften zur Feststellung der Voraussetzungen des § 251). Die bloße Unbestellbarkeit der Ladung kann die Verlesung nicht rechtfertigen, U 5/5 85, E 12, 104, und jedenfalls darf die letztere nicht erfolgen, wenn zur Zeit der Hauptverhandlung noch Aufenthaltsermittlungen schweben, U 13/10 03, DR 7, 532. Eine entsprechende Anwendung kann § 251 Abs. 1 finden, wenn jede Vernehmung eines Zeugen usw. — in der Hauptverhandlung oder vor dem beauftragten oder ersuchten Richter — mit Beobachtung der im § 224 bzw. § 193 vorgeschriebenen Formen für längere oder ungewisse Zeit durch die Sachlage unmöglich gemacht ist. U 31/3 87, E 15, 409.

63) Die Befugnis des Gerichts zur Verlesung der Protokolle über die frühere richterliche Vernehmung von verstorbenen usw. Zeugen usw. ist bei dem Vorhandensein der im § 251 angegebenen Voraussetzungen an keine Schranken gebunden. U 8/1 83, E 7, 416. Das Wort „kann" bedeutet, daß die Vernehmung zulässig sein soll. Steht die Zulässigkeit fest, so ist die Notwendigkeit zu prüfen. Stehen hiernach verfahrensrechtliche Bedenken der Verlesung nicht entgegen, so muß sie auf Antrag erfolgen, sofern nicht sonstige Rechtsgründe entgegenstehen. Geisteskrankheit zur Zeit der Vernehmung ist an sich kein solcher Grund. U 5/1 23, E. 57, 188.

64) Die Vernehmung durch einen Gerichtsoffizier ist eine richterliche Vernehmung. U 1/3 18, E 52, 1. Die Verlesung polizeilicher Protokolle ist dagegen — soweit nicht etwa in späteren gerichtlichen Protokollen darauf Bezug genommen ist und sie also als ergänzende Bestandteile der letzteren gelten — selbst bei Zustimmung der StA und des Angeklagten unstatthaft. U 20/9 80, E 2, 235. U 11/8 83, E 9, 49. Gleichgültig ist es, ob das Protokoll über die richterl. Vernehmung im Inlande oder im Auslande aufgenommen ist, U 15/5 85, R 7, 293; ob es in derselben, oder in einer anderen Strafsache, oder in einer Zivilprozeßsache erwachsen, U 5/1 84, E 10 30. U 25/11 81, R 3, 739. U 10/11 82, E 7, 156 (dagegen: U 31/1 81, E 3, 307); ob die Vernehmung als Beschuldigter oder als Zeuge erfolgt ist, U 23/4 07, DR 11, 716 und ob die Vernehmung eine eidliche gewesen ist oder nicht. U 30/6 82, R 4, 659. U 5/11 89, E 20, 60. Bei den innerhalb des Geltungsbereichs der StPO aufgenommenen Protokollen ist aber die Statthaftigkeit der Verlesung jedenfalls davon abhängig, daß das Protokoll von einem nicht kraft des Gesetzes vom Richteramt ausgeschlossenen Richter aufgenommen ist, U 4/5 97, E 30, 70, und daß die für die Aufnahme des Protokolls vorgeschriebenen Förmlichkeiten

In den im § 223 bezeichneten Fällen ist die Verlesung des Protokolls über die frühere Vernehmung statthaft, wenn sie nach Eröffnung des Hauptverfahrens, oder

---

beobachtet sind. U 30/4 81, R 3, 259. U 30/9 18, E 53, 107 (Unterschrift des Gerichtsschreibers). Hierbei ist jedoch zu beachten, daß die Nichtbeobachtung der Vorschrift des letzten Satzes im Abs. 3 des § 188 oder das Vorhandensein von Rasuren, Durchstreichungen usw. die Zulässigkeit der Verlesung nicht ausschließen kann. U 18/10 01, E 34, 396. Vgl. U 10/3 02, DR 6, 187 (Zulässigkeit der Verlesung auch nur unterkreuzter Protokolle). Die Verwendung von Kurzschrift in den Protokollen ist unzulässig. U 5/7 20, E 55, 1. Bei ausländischen Protokollen genügt es, daß sie den am Orte ihrer Aufnahme geltenden Prozeßvorschriften entsprechen, U 15/5 85, R 7, 293; sie können insbesondere auch verlesen werden wenn bei ihnen die Formen der §§ 193, 224 nicht beobachtet sind weil das ausländische Recht diese Beobachtung ausgeschlossen hatte. U 5/1 85, E 11, 391; R 7, 11. U 31/3 87, E 15, 409. U 26/2 00, E 47, 164. Vgl. U 23/12 04, DR 9, 113 u. U 14/12 06, E 39, 318 (Zulässigkeit der Verlesung des von einem zur Abhörung von Zeugen durch den Reichskanzler ermächtigten Konsul über die Vernehmung eines Nichtdeutschen). U 31/5 07, E 40, 189 (unerheblich für die Zulässigkeit der Verlesung, ob die unter Berufung auf das ausländische Gesetz erfolgte Nichtbeobachtung der Form nach jenem zu Recht geschehen ist). U 30/3 12, E 46, 50 (gemäß § 223 in Frankreich vernommener Zeuge).

Unter früherer Vernehmung versteht das Gesetz nicht etwa alle einzelnen, zeitlich getrennten früheren Vernehmungen; die Verlesung ist vielmehr auf die Protokolle zu beschränken, welche nach der Ansicht des Antragstellers oder nach dem Ermessen des Gerichts als ein zur Sache geeignetes, erhebliches Beweismittel anzusehen sind. U 27/2 85, R 7, 153. Protokollarische Erklärungen anderer Personen, auf welche ein kommissarisch vernommener Zeuge bei seiner Vernehmung Bezug genommen hat, dürfen nicht verlesen werden, U 3/5 88, R 10, 374; es sei denn, daß der Zeuge ausdrücklich erklärt hat, daß er das Protokoll über die Vernehmung eines anderen Zeugen genehmigt habe. U 23/9 04, DR 8, 535. Unzulässig ist es endlich auch, bloße schriftliche Erklärungen (Aufzeichnungen) einer verstorbenen Person über Tatsachen, die Gegenstand ihrer Wahrnehmung gewesen sind, zum Zwecke des Beweises dieser Tatsachen zu verlesen. U 25/10 98, E 46, 435.

Die Vorschrift des § 251 Abs. 1 findet in betreff der nahen Angehörigen des Angekl. durch § 52 ihre Beschränkung darin, daß die Aussagen derselben nicht verlesen werden können, wenn die Belehrung über das Recht zur Verweigerung des Zeugnisses vor der Vernehmung unterblieben ist. U 17/1 90, E 20, 186, auch wenn der Angekl. zur Zeit der Vernehmung noch nicht Beschuldigter war. U 15/6 14, E 48, 359.

wenn sie in dem Vorverfahren unter Beobachtung der Vorschriften des § 193 erfolgt ist.[65])

---

65) Der § 251 Abs. 2 bezieht sich auf die Fälle, in welchen die Vernehmung eines Zeugen usw. in der Hauptverhandlung an sich ausführbar, aber aus den im § 223 angegebenen Gründen mit besonderen Schwierigkeiten verknüpft sein würde. In diesen Fällen ist die Verlesung des Protokolls über die frühere Vernehmung nur statthaft, wenn die letztere nach Eröffnung des Hauptverfahrens, oder wenn sie in dem Vorverfahren unter Beobachtung der Vorschriften des § 193 erfolgt ist und die Bestimmungen über die Notwendigkeit der Beeidigung (§§ 57, 58, 61) beobachtet sind (§ 251 Abs. 3 Satz 2). U 30/6 82, R 4, 659. Vgl. unten A. 68. Für den Fall des § 270 s. U 19/2 15, E 49, 193. Zeugnisse, deren Beeidigung im Vorverfahren ohne gesetzlichen Grund stattgehabt hatte, können verlesen werden. U 29/2 84, E 10, 156. Das Protokoll über eine nach Eröffnung des Hauptverfahrens erfolgte kommiss. Zeugenvernehmung kann, wenn das frühere Urteil in der Revisionsinstanz aufgehoben ist, auch in der erneuten Hauptverhandlung verlesen werden. U 8/1 97, E 29, 302. Wegen der bei kommiss. Vernehmungen zu beobachtenden Formen s. §§ 223, 224 und die Anmerkungen dazu. Wenn die im § 224 vorgeschriebene Benachrichtigung der Parteien unterblieben ist, so ist die Verlesung des betr. Protokolls unstatthaft und die erneute Vernehmung des Zeugen unter Beobachtung der vorgeschriebenen Formen erforderlich, sobald der nicht benachrichtigte Prozeßbeteiligte die nochmalige ordnungsmäßige Vernehmung verlangt. U 18/9 83, R 5, 536. U 24/6 81, E 4, 301. U 21/12 87, R 9, 745. U 12/2 24, E 58, 90 (bei Nichtberuhen des Urteils auf dem Verstoße ist jedoch die nicht statthafte Protokollverlesung unschädlich). U 21/9 03, DR 7, 508 (Nichtbenachrichtigung des Verteidigers. S. A. 84 zu § 224). Vgl. jedoch auch U 18/2 80, E 1, 210. U 3/4 80, R 1, 533.

Wenn die Vernehmung eines Zeugen im Vorverfahren unter Zuziehung eines Dolmetschers erfolgt ist, so ist die Verlesung des betr. Protokolls nur zulässig, wenn eine Beeidigung des Dolmetschers stattgefunden hat. U 12/9 03, DR 7, 486.

Vernehmungsprotokolle, bei denen die Vorschriften des § 193 nicht beobachtet worden sind, können, wenn bei einer kommiss. Vernehmung auf sie bezug genommen ist, als Teile der letzteren zur Verlesung gebracht werden. U 22/4 80, E 1, 391.

In fremder Sprache aufgenommene Protokolle müssen in der Hauptverhandlung durch einen Dolmetscher übersetzt werden. Schriftliche Übersetzungen solcher Protokolle dürfen nur dann verlesen werden, wenn sie mit einem die Herkunft der Übersetzung und deren Richtigkeit gewährleistenden Beglaubigungsvermerk versehen sind. U 19/4 94, E 25, 353. Wegen der Verlesung deutscher Übersetzungen fremdsprachiger Zeugenprotokolle, die in dem auf diplomat. Wege er-

Die Verlesung[66]) kann nur durch Gerichtsbeschluß[67]) angeordnet, auch muß ihr Grund verkündet und bemerkt werden, ob die Beeidigung der vernommenen Personen stattgefunden hat. An den Bestimmungen über die Notwendigkeit der Beeidigung wird hierdurch für die

suchten Staate amtlich angefertigt sind, s. U 2/10 03, E 36, 371. A. 52 zu § 249.

66) Es muß die Verlesung der vollständigen Aussagen erfolgen; die bloße Verlesung einzelner Stücke davon ist unstatthaft. U 24/4 80, R 1, 655. Insbesondere müssen auch sämtliche bei der Aussage in bezug genommenen früheren Bekundungen des Zeugen (nicht anderer Personen, s. oben A. 64) zur Verlesung kommen. U 2/3 86, E 14, 1. U 10/3 87, R 9, 176. Nur mit Genehmigung der Prozeßbeteiligten würde hiervon abgesehen werden können. U 24/4 80, R 1, 655. Nicht verlesbar ist ein Schriftstück, das bei der Vernehmung vom Zeugen mit der Erklärung, es enthalte seine Aussage, überreicht, aber inhaltlich nicht wiederholt ist. U 29/11 04, E 37, 330. U 2/5 11, DR 15, 2024.

67) Die Verlesung setzt in allen Fällen, also auch bei einer auf Gerichtsbeschluß erfolgten kommiss. Vernehmung, den im § 251 Abs. 3 gedachten Gerichtsbeschluß voraus. Die Verlesung ohne Gerichtsbeschluß begründet die Revision, selbst wenn gesetzl. Gründe für die Verlesung vorlagen. U 10/12 79, E 1, 119. U 2/3 80, E 1, 236. Der Gerichtsbeschluß muß als solcher bezeichnet werden; die bloße Angabe im Protokoll, daß die Verlesung „von Gerichts wegen" erfolgt sei, genügt nicht. U 3/3 80, E 1, 242.

Der Gerichtsbeschluß muß mit Gründen, welche die gesetzl. Voraussetzungen der Verlesung feststellen, versehen und den Parteien verkündet werden. U 24/4 80, R 1, 655. Insbesondere muß in dem Beschluß die Fortdauer der Gründe, welche die kommiss. Vernehmung veranlaßt haben, festgestellt werden, U 24/11 80, R 2, 562; und wenn z. B. ein wegen Krankheit kommissarisch zu vernehmender Zeuge vom ersuchten Gericht nicht in seiner Wohnung, sondern an Gerichtsstelle vernommen ist, so müssen auch die Umstände angeführt werden, aus welchen gefolgert ist, daß der Zeuge infolge neuer Erkrankung usw. nicht in der Hauptverhandlung erscheinen könne. U 22/6 93, G 41, 271; vgl. U 7/6 12, E 46, 114.

Nichtverkündung der Gründe kann die Revision nicht begründen, wenn kein Zweifel daran besteht, daß der Angekl. von dem Grunde der Verlesung Kenntnis hatte. U 16/9 97, G 45, 370. U 31/1 98, G 46, 120. Im Protokoll sind der ergangene Gerichtsbeschluß über die Verlesung und die Gründe desselben zu vermerken. Die ausdrückliche Erwähnung der erfolgten Verkündung ist entbehrlich. U 7/9 80, R 2, 204. Die Nichtbeurkundung der Gründe kann zur Urteilsaufhebung führen. U 21/12 14, DR 19, 745. Außerdem ist im Protokoll zu vermerken, ob die verlesene Vernehmung des Zeugen usw. eine eidliche oder uneidliche

Fälle, in denen die nochmalige Vernehmung ausführbar ist, nichts geändert.[68])

§ 252 (251). Die Aussage eines vor der Hauptverhandlung vernommenen Zeugen, welcher erst in der Hauptverhandlung von seinem Rechte, das Zeugnis zu verweigern, Gebrauch macht, darf nicht verlesen werden.[69])

---

war. Die Unterlassung dieses Vermerks begründet die Revision. U 15/1 80, R 1, 230. U 3/3 80, E 1, 242. U 5/4 80, R 1, 538. Der gänzlichen Unterlassung steht die unrichtige Angabe über die Beeidigung gleich. U 20/9 80, E 2, 237.

68) Der Grundsatz der Strafprozeßordnung, wonach „in den Strafsachen, welche zum Hauptverfahren gelangen, jede Zeugenaussage zu beschwören ist, wenn nicht ein vom Gesetze vorgesehener Grund für die Nichtbeeidigung vorliegt" (Motive S. 45, §§ 57, 58, 61 StPO), ist also der Regel nach auch dann maßgebend, wenn die unmittelbare Vernehmung der Zeugen durch die Verlesung von Protokollen über richterliche Vernehmungen ersetzt wird, und es folgt hieraus, wie die Motive ausdrücklich hervorheben, „daß unbeeidigte Aussagen eidesfähiger Personen in der Hauptverhandlung nicht verlesen werden dürfen, falls die nochmalige Vernehmung und die Beeidigung noch ausführbar ist" (Motive S. 141). U 26/8 85, E 12, 347. U 25/10 09, G 57, 214 (nach der Vernehmung eingetretene Eidesfähigkeit). Die Prüfung und Entscheidung über die Eidesfähigkeit liegt bei kommissarischen Vernehmungen lediglich dem ersuchten Richter ob. U 25/7 94, E 26, 97. Soweit richterliches Ermessen für die Vereidigung in Frage kommt, hat es das ersuchende Gericht auszuüben. U. 13/11 23, E. 57, 416. Das Protokoll über die kommiss. Vernehmung eines Zeugen, den der ersuchte Richter mit Rücksicht auf § 57 Ziff. 3 nicht beeidigt hat, darf nicht verlesen werden, ohne daß das erkennende Gericht selbst in der Hauptverhandlung in genügender Weise begründet, daß von der Beeidigung Abstand zu nehmen ist. U 3/6 07, DR 11, 844. Die nicht beeidigte Aussage eines im Auslande kommiss. vernommenen Zeugen kann jedoch verlesen werden, wenn nach der Gesetzgebung des Vernehmungsortes eine eidliche Vernehmung außerhalb der Hauptverhandlung nicht erfolgen konnte. U 29/5 03, DR 7, 346. Vgl. U 23/12 04, G 52, 95.

69) Das Verbot der Verlesung ist ein absolutes; die im § 252 gedachte Aussage darf weder unmittelbar aus den darüber aufgenommenen Protokollen, noch etwa mittelbar unter Zugrundelegung der Anklageschrift oder unter der Form von Vorhaltungen bekannt gegeben werden, U 20/12 86, E 15, 100. U 14/2 95, E 27, 29; und zwar auch dann nicht, wenn sie von dem Zeugen s. Z. in der Lage eines Beschuldigten gemacht ist. U 21/11 01, E 35, 5. Auch darf das Verbot der Verlesung nicht dadurch umgangen werden, daß dem Zeugen unmittelbar vor oder bei seiner Vernehmung das Protokoll zu seiner Unterrichtung hingegeben wird, U 5/2 83, E 8, 123. U 21/11 01, E 35, 5; oder

§ 253 (252). Erklärt ein Zeuge oder Sachverständiger,

---

daß dem Zeugen Fragen gestellt werden, welche in der wörtlichen Anführung ganzer Sätze aus seiner früheren Aussage bestehen. U 3/4 02, DR 6, 329. Auch die Verlesung von Schriftstücken, auf welche der Zeuge bei seiner Vernehmung im Vorverfahren Bezug genommen hat, ist unzulässig. U 22/10 97, G 45, 440. Dagegen ist es zulässig, über die Aussage, welche die zur Zeugnisverweigerung berechtigte Person unter Verzicht auf ihr Recht in der Voruntersuchung abgegeben hat, den Untersuchungsrichter zu vernehmen, U 1/11 81, E 5, 142. U 7/5 85, R 7, 278. U 28/5 85, R 5, 336. U 4/3 87, R 9, 170. U 30/9 01, G 48, 367. U 16/6 17, E 51, 123; jedoch dürfen ihm Teile der Aussagen aus dem aufgenommenen Protokoll nicht vorgehalten oder zur Einsicht vorgelegt werden. U 25/4 07, DR 11, 780. U 5/2 07, E 39, 433. Auch Personen, welche in einer früheren Hauptverhandlung als Geschworene tätig gewesen sind, können über die im § 252 gedachte Aussage gehört werden, U 26/5 87, E 16, 119, und zulässig ist endlich auch die Vernehmung dritter Personen als Zeugen über Mitteilungen, welche ihnen von der zur Zeugnisverweigerung berechtigten Person außerhalb der Hauptverhandlung über den Gegenstand der Untersuchung gemacht sind. U 17/12 80, R 2, 644. U 28/5 85, R 7, 366 (Vernehmung des Gerichtsarztes über Mitteilungen, welche ihm bei einer gerichtsärztlichen Verrichtung gemacht sind). U 29/6 86, R 8, 502. U 1/7 86, E 14, 266. U 29/1 92, G 39, 422. U 8/12 96, G 44, 379. U 5/5 14, E 48, 246. (Vernehmung von Polizeibeamten über die vor ihnen abgegebenen Erklärungen eines sein Zeugnis verweigernden Zeugen). U 5/2 07, E 39, 433 (Unzulässigkeit der Vorlegung der früheren Protokolle in diesem Fall). Nicht verboten, soweit nicht besondere Vorschriften (§ 97) entgegenstehen, ist endlich auch die Benutzung schriftlicher Mitteilungen zwischen dem Angekl. und den zur Zeugnisverweigerung wegen ihres Verhältnisses zu diesem berechtigten Personen, namentlich auch dann nicht, wenn tatsächlich von dem fraglichen Rechte Gebrauch gemacht ist. U 19/6 91, E 22, 51.

Im übrigen ist § 252 nur dann anwendbar, wenn es sich um die Aussage eines Zeugen handelt, welche derselbe bei einer zeugenschaftlichen Vernehmung gemacht hat. Auf Erklärungen, welche eine zur Verweigerung des Zeugnisses berechtigte Person bei einer anderen Gelegenheit, z. B. vor dem Vormundschaftsgericht gemacht hat, bezieht sich § 252 nicht, U 15/5 02, E 35, 247; desgl. nicht auf Briefe, die von einer solchen Person an Dritte gerichtet sind. U 21/8 13, DR 17, 2665. Die Vorschrift des § 252 ist ferner nur dann zu beachten, wenn der Zeuge in der Hauptverhandlung anwesend ist und hier sein Zeugnis verweigert. Ist er nicht anwesend (§ 251), so ist die Verlesung seiner früheren Aussage zulässig, U 26/7 83, E 9, 88; und auch der Umstand, daß der Zeuge früher einmal in der Voruntersuchung sein Zeugnis verweigert hat, steht der vom § 252 geforderten Voraussetzung nicht gleich. U 1/7 85, R 7, 457. Auch der Verlesung der Aussage eines Mitbeschuldigten, der in der

daß er sich einer Tatsache nicht mehr erinnert, so kann[70]) der hierauf bezügliche Teil[71]) des Protokolls über seine frühere Vernehmung[72]) zur Unterstützung seines Gedächtnisses verlesen werden.[73])

Hauptverhandlung ausgeblieben ist, steht § 252 nicht entgegen. U 26/7 83, E 9, 88.

70) Die Anordnung der Verlesung steht dem Vorsitzenden zu; eines Gerichtsbeschlusses bedarf es nicht. U 17/3 84, R 6, 210.

71) Die Verlesung kann sich auch auf sämtliche von dem Zeugen usw. abgegebenen Erklärungen erstrecken, wenn letzterer sich bezüglich sämtlicher früher von ihm bestätigter Umstände auf mangelnde Erinnerung beruft. U 7/5 80, E 1, 409. U 17/3 84, R. 6, 210.

72) Auf Protokolle über richterliche Vernehmungen ist die Verlesung nicht beschränkt, U 7/5 80, E 1, 409. U 23/10 80, R 2, 377; desgl. nicht auf solche, welche in der vorliegenden Untersuchung aufgenommen sind. U 29/4 84, E 10, 358. Gleichgültig ist es hier auch, ob die frühere Vernehmung des Zeugen in einer Strafsache oder in einem Zivilprozesse erfolgt, und ob der Zeuge früher ebenfalls als Zeuge oder als Beschuldigter vernommen ist, U 23/3 85, E 10, 118, U 14/1 21 E 55, 223, oder ob die früher abgegebene Aussage eine eidliche oder uneidliche war, U 28/3 95, E 27, 163, und ersterenfalls, ob der Zeuge in der Hauptverhandlung beeidigt wird oder nicht, U 25/4 11, DR 15, 2025. Auch die früher von einem Zeugen in amtlicher Eigenschaft erstatteten Berichte (Landjäger) können zur Unterstützung seines Gedächtnisses verlesen werden. U 3/12 86, R 8, 722. U 21/6 87, R 9, 379. U 29/9 87, R 9, 475. In allen Fällen ist aber nur die Verlesung einer früheren Vernehmung gestattet, bei welcher der Vernommene selbst seine eigenen Wahrnehmungen zu Protokoll gegeben hatte, U 3/5 88, E 18, 24; unerheblich ist es, ob das frühere Vernehmungsprotokoll in Urschrift oder in bedenkenfreier, auch unbeglaubigter, Abschrift verlesen wird. U 4/7 16, E 50, 129.

73) Die Wiedergabe der früheren Aussage des Zeugen usw. muß in Form der Verlesung erfolgen, sobald es auf den besonderen Inhalt der früheren Aussage ankommt. U 1/3 83, R 5, 145. U 28/3 95, E 27, 163. U 4/7 95, G 43, 242. Im übrigen kann sich jedoch der Vorsitzende auch auf bloße Vorhalte aus der früheren Aussage beschränken, U 10/2 87, R 9, 123, und es ist andererseits auch die Vorlegung des Protokolls an den Zeugen oder Sachverständigen behufs Einsichtnahme zulässig. U 2/1 03, E 36, 53. Vgl. U 22/9 81, E 5, 129. U 17/3 84, R 6, 210 (Sachverständige. Vorlegung früherer Gutachten). Desgl. kann dem Polizeibeamten, welcher als Zeuge über ein von ihm früher zu Protokoll genommenes Geständnis des Angekl. vernommen wird, dieses Protokoll vorgelegt werden. U 3/12 86, R 8, 723. U 9/12, 89, E 20, 105. U 8/6 94, G 42, 240.

Die in den früheren Protokollen enthaltenen Aussagen können

Dasselbe kann geschehen, wenn ein in der Vernehmung hervortretender Widerspruch mit der früheren Aussage nicht auf andere Weise ohne Unterbrechung der Hauptverhandlung festgestellt oder gehoben werden kann.[74])

§ 254 (253). Erklärungen des Angeklagten,[75]) welche in einem richterlichen Protokolle[76]) enthalten sind, können zum

---

bei der Entscheidung in Betracht gezogen werden, auch wenn sich der Zeuge in der Hauptverhandlung nicht mehr zu ihnen bekennt. U 30/1 90, E 20, 220. U 16/6 06, DR 10, 947.

74) Vgl. A. 72 zu § 253 Abs. 1 und insbesondere U 29/4 84, E 10, 358. Wegen der Protokollierung der erfolgten Verlesung s. § 255.

75) Nur diejenigen Erklärungen, welche der in der gegenwärtigen Strafsache Angeklagte abgegeben hat, nicht auch die in einer anderen Strafsache von dem dortigen Angekl. abgegebenen Erklärungen dürfen verlesen werden. U 4/12 93, G 41, 416. Im übrigen gelten als Erklärungen des Angekl. auch Aussagen, die er bei seiner früheren Vernehmung als beeidigter Zeuge und selbst in einer anderen Strafsache oder in einem vorausgegangenen bürgerl. Rechtsstreite abgegeben hat. U 3/5 82, R 4, 427. U 7/6 83, R 5, 410. U 20/9 83, E 9, 174. U 1/11 89, E 20, 23. U 25/5 03, DR 7, 320.

76) Richterliche Protokolle sind nicht nur im Verfahren der ordentlichen Gerichte, in der streitigen oder auch in der freiwilligen Gerichtsbarkeit, sondern auch die in einem Disziplinarverfahren durch die dazu als Richter und Gerichtsschreiber berufenen Urkundspersonen aufgenommenen Protokolle. U 14/1 07, G 54, 290. Alle diese Protokolle müssen, um verlesen werden zu können, den Vorschriften der §§ 168, 187, 188 entsprechen. U 15/12 21, E 56, 257. U 9/5 90, G 38, 187 (fehlende Unterschrift des Richters). Erklärungen des Angeklagten, welche in einem nicht richterlichen Protokoll (staatsanwaltschaftliches Protokoll: U 27/3 93, E 24, 94; polizeiliche Protokolle: U 12/6 96, G 44, 156. U 7/11 19 E 54, 17) enthalten sind, dürfen nicht verlesen werden, U 18/6 86, E 14, 258; und zwar auch dann nicht, wenn sie einem Zeugen zur Unterstützung des Gedächtnisses vorgehalten werden sollen. U 3/5 88, E 18, 24. Die in richterlichen Protokollen in bezug genommenen nichtrichterlichen Protokolle dürfen nur verlesen werden, wenn sie einen ergänzenden Teil des richterlichen Protokolls bilden. U 5/1 94, E 25, 32. U 6/12 07, E 40, 425. Sollen die zu nichtrichterlichem Protokoll abgegebenen Erklärungen des Angekl. bei der Schuldfrage verwertet werden, so kann dies nur durch Vernehmung der bei der betr. Verhandlung zugegen gewesenen Personen, insbesondere des protokollierenden Beamten selbst, geschehen (§ 250), U 12/6 96, G 44, 156; und zwar müssen die früheren Erklärungen des Angekl. als solche dergestalt zum Gegenstand der Vernehmung gemacht werden, daß der materielle Inhalt der

Zwecke der Beweisaufnahme über ein Geständnis[77]) verlesen werden.[78])

Dasselbe kann geschehen, wenn ein in der Vernehmung hervortretender Widerspruch mit der früheren Aussage nicht auf andere Weise ohne Unterbrechung der Hauptverhandlung festgestellt oder gehoben werden kann.[79])

§ 255 (254). In den Fällen der §§ 253, 254 ist die Verlesung und ihr Grund auf Antrag der Staatsanwaltschaft oder des Angeklagten im Protokolle zu erwähnen.[80])

§ 256 (255). Die ein Zeugnis oder ein Gutachten enthaltenden Erklärungen öffentlicher Behörden,[81]) mit Aus-

---

Zeugenaussage die ausschließliche Grundlage für die Annahme eines außergerichtlichen Geständnisses bilden kann. U 10/3 90, E 20, 321.

Der § 254 bezieht sich nur auf Protokolle und schließt die Zulässigkeit der Verlesung solcher Schriftstücke nicht aus, die der Angekl. selbst verfaßt und in denen er Geständnisse abgelegt hat. U 9/7 07, DR 11, 1034.

77) Hier handelt es sich nur um ein Geständnis des Angekl., welches er vor einer Behörde oder vor einem Beamten abgegeben hat. U 9/5 02, E 35, 234. Als Geständnis gilt nicht nur das förmliche Schuldbekenntnis des Angeklagten, sondern jedes Zugeständnis bezüglich der ihm zur Last gelegten strafbaren Handlung, also auch das Zugestehen von Tatsachen, aus welchen seine Schuld gefolgert werden kann. U 28/7 08, G 55, 328. U 19/11 19, E 54, 127. U 22/4 11, DJZ 16, 1220 (Angaben des Angekl. über seine persönlichen Verhältnisse). Auf die Behauptung, das verlesene Protokoll enthalte kein Geständnis, kann die Revision nicht gestützt werden. U 10/10 11, E 45, 196. Auch das Protokoll über Zurücknahme des Geständnisses ist verlesbar. U 27/6 11, DR 15, 3143.

78) Die Befugnis zur Verlesung von Erklärungen des Angekl., welche in Protokollen über Hauptverhandlungen enthalten sind, ist nicht davon abhängig, daß der Wortlaut jener Erklärung nach Maßgabe des § 273 Abs. 3 festgestellt ist. U 1/11 89, E 20, 23.

79) An Stelle der Verlesung kann auch eine bloße Vorhaltung der betreffenden Stellen aus den früheren Aussagen für ausreichend erachtet werden; es entscheidet in dieser Beziehung das Ermessen des Vorsitzenden bzw. des Gerichts. U 31/3 85, R 7, 212. U 23/9 18, E 52, 243.

80) Die in den Fällen der §§ 253, 254 erfolgte Verlesung und der Grund derselben ist, da diese Verlesung nur Bestandteil einer Vernehmung ist, nur auf Antrag zu protokollieren. Der § 273 steht nicht entgegen, da dieser nur Verlesungen betrifft, die selbständige Akte der Beweisaufnahme sind. U 27/10 99, E 32, 315. U 28/6 88, G 36, 321.

81) Für den Begriff der öffentlichen Behörde kommt es

hier nicht darauf an, ob die Dienststelle staatsrechtlich nach allen Richtungen als solche vollständig durchgebildet ist. Entscheidend ist, ob sie im Sinne dieser Vorschrift nach ihrer wesentlichen Gestaltung und Wirksamkeit die begrifflichen Merkmale einer öffentlichen Behörde aufweist, nämlich einer in den Organismus der Staatsbehörden eingegliederten, ihrem Bestande nach von der physischen Person der Beamten unabhängigen Amtsstelle, die zuständig ist, nach eigenem Ermessen und unter staatlicher Autorität öffentliche Rechte auszuüben. U 19/6 23, E 57, 324. Ein Zeugnis enthaltende Erklärungen öffentlicher Behörden sind amtliche, in der für ihre amtlichen Kundgebungen vorgeschriebenen Vertretung abgegebene Erklärungen jener Behörden über Wahrnehmungen, welche sie oder die Personen, aus denen sie bestehen, innerhalb ihres Amtsbereiches und vermöge ihres Amtes gemacht haben. Auch bei den Einzelbeamten ist die schriftliche Ablegung ihres Zeugnisses in dem vorgedachten Sinne und die Verlesung gestattet. Eine Unterscheidung nach dem Gegenstande, worauf sich das Zeugnis oder die Wahrnehmung der Behörde bzw. des Beamten bezieht, ist, abgesehen von dem im § 256 selbst hervorgehobenen Punkte, nicht zu machen. U 26/7 83, E 9, 88. U 4/10 87, R 9, 489. U 12/4 89, G 37, 187 u. U 4/7 90, G 38, 341. Insbesondere können deshalb z. B. auch Erklärungen öffentlicher Behörden, welche keine Äußerung über Lebenswandel und sittlichen Charakter, sondern eine Zusammenstellung von Tatsachen und Vorgängen enthalten, aus welchen sich die im Interesse politischer (revolutionärer) Bestrebungen aufgewendete Tätigkeit und deren Einfluß auf die Parteigenossen ergibt, verlesen werden. U 22/6 88, R 10, 450. Daß die Erklärungen der Behörden auf Ansuchen des Gerichts abgegeben sind, ist nicht erforderlich. U 31/5 89, E 19, 264. Ebensowenig ist die Beobachtung der für deren Ausstellung vorgeschriebenen oder üblichen Form unerläßlich. U 3/6 10, E 43, 405.

Berichte, welche ein Beamter der Staatsanwaltschaft über die Ergebnisse seiner Ermittlungen im Vorverfahren an seinen ihm vorgesetzten StA erstattet hat, gehören nicht zu den Erklärungen öffentl. Behörden, welche nach § 256 verlesen werden können. U 1/10 80, E 2, 301. U 8/4 86, R 8, 264. Dasselbe gilt von Registraturvermerken über die Glaubwürdigkeit eines Zeugen, welche von dem im Vorverfahren tätigen Amtsrichter und dem zugezogenen Gerichtsschreiber unterzeichnet sind, U 27/3 85, R 7, 199, und von Berichten eines Polizeibeamten über von ihm angestellte Ermittlungen, U 7/7 03, DR 7, 435. U 27/6 05, DR 9, 437.

Die Ältesten der Kaufmannschaft zu Berlin bilden i. S. § 256 eine öffentliche Behörde, U 3/10 84, E 11, 132; desgl. die Reichsdruckerei (bei Fälschung von Postfreimarken), U 31/5 89, E 19, 264; desgl. das Reichsbankdirektorium U 17/1 22, DR 26, 513, und die Reichsbankstellen U 27/6 22, DR 26, 1620; desgl. die Pr. Handelskammern U 29/6 18, E 52, 198; desgl. die Verwaltungen der Pr. Kreissparkassen und das Direktorium der Pr. Zentralgenossen-

schluß von Leumundszeugnissen,[82]) desgleichen ärztliche

schaftskasse. U 22/1 07, E 39, 391; desgl. die Liter., Musikal. usw. Sachverständigen-Kammern und -Vereine. U 23/11 91, E 22, 259. U 29/1 81, E 3, 326; desgl. das Medizinalkomitee einer bayerischen Universität, U 26/9 95, E 27, 359, und der für chemische oder mikroskopische Untersuchungen bei diesem Medizinalkomitee bestellte Gutachter. U 30/4 04, E 37, 166. Desgl. die Kreisgesundheitsämter (Kreisärzte in) Hessen. U 29/6 96, E 29, 26. U 13/6 22, DR 26, 1331. Desgl. die deutschen Berufskonsuln. U 12/2 09, G 56, 222. Desgl. die Eisenbahnhauptkassen im Bereiche der ehemal. Preußisch-Hessischen Eisenbahngemeinschaft. U 19/6 23, E 57 324. Vgl. dazu Reichsbahngesetz v. 30/8 24 (RGBl II, 272) und Reichsbahn-Personalgesetz v. 30/8 24 (RGBl II, 287); desgl. eine Postagentur U 19/6 24, DR 28, 1183. Die bayerischen Distrikts- oder Bezirkstechniker sind dagegen keine öffentlichen Behörde i. S. § 256, U 5/3 94, E 25, 140; desgl. nicht die badischen Waisenrichter bei Abschätzung beschlagnahmter Sachen, U 13/11 99, E 32, 365; und ebensowenig die preuß. Richter, welche im Auftrage des Oberlandesgerichtspräsidenten bei einem Notar eine Revision vornehmen. U 9/10 94, E 26, 138. Auch der Vorstand einer Berufsgenossenschaft ist als eine öffentl. Behörde nicht anzusehen. U 1/10 01, E 34, 367.

82) Die Verlesung von Leumundszeugnissen ist unbedingt unzulässig, wenn sie die Vernehmung des Ausstellers ersetzen soll, wobei es gleichgültig ist, ob das Zeugnis den Angekl. oder eine andere Person betrifft. U 4/2 98, E 30, 439. Vgl. U 3/10 08, E 41, 429. Wenn es sich dagegen darum handelt, die Tatsache, daß überhaupt und von wem die Zeugnisse ausgestellt sind, festzustellen, sie also nur nach ihrem allgemeinen Charakter als nach § 249 verlesbare Beweismittel in Betracht kommen, so können sie auch verlesen werden. U 25/1 94, E 25, 94. Auch diejenigen Teile einer zu verlesenden Urkunde, welche zugleich ein Leumundszeugnis enthalten, sind von der Verlesung auszuschließen. U 31/3 80, R 1, 523. So dürfen z. B. Schulzeugnisse bezüglich der auf das sittliche Verhalten des Schülers sich beziehenden Stellen nicht zur Verlesung gelangen, U 23/6 19, E 53, 280; jedoch ist ein von der Schulinspektion ausgestelltes Zeugnis über die geistigen Fähigkeiten eines Schülers (Auffassungskraft, um die Wahrheit sagen zu können) kein Leumundszeugnis. U 2/2 80, E 1, 234. Führungszeugnisse und Qualifikationsberichte der Militärbehörden dürfen, soweit sie über das moralische Verhalten eines Angekl. Auskunft erteilen, nicht verlesen werden. U 7/12 09, G 57, 225, U 26/10 23, DR 28, 244; desgl. nicht Zeitungsartikel, welche sich auf den Leumund des Angekl. beziehen, U 16/2 94, E 25, 125; desgl. nicht eine gegen einen Beamten ergangene Disziplinar-Strafverfügung, in welcher die Gründe für die Feststellung, daß der Beamte sich der Achtung, die sein Beruf erfordert, unwürdig gezeigt habe, dargelegt werden, U 4/5 85, R 7, 276, oder ein seitens

Atteste[83]) über Körperverletzungen, welche nicht zu den schweren gehören,[84]) können verlesen werden.[85])

der Staatsanwaltschaft ergangener Bescheid, in welchem die Glaubwürdigkeit eines von dem Anzeigenden als falsch bezeichneten Zeugnisses dargelegt wird. U 22/9 93, E 24, 263. Dagegen ist die Verlesung eines das Instanzurteil aufhebenden Revisionsurteils in der erneuten Hauptverhandlung selbst dann zulässig, wenn in demselben ein Leumundszeugnis wiedergegeben ist. U 7/9 01, G 48, 365. Urteile in bürgerlichen Rechtsstreitigkeiten sind in ihrer eigenen Begründung kein Zeugnis i. S. des § 256 Abs. 1; die Verlesbarkeit regelt sich daher nach §§ 249 flg. U 2/5 24, DR 28, 884.

Dem Verlesen steht jedes im Erfolg ihm ähnliche Bekanntgeben gleich. U 8/12 02, DJZ 8, 82. U 28/8 13, G 61, 130.

83) Ärztliche Zeugnisse i. S. § 256 sind schriftl. Erklärungen eines nach den Vorschriften der Gewerbeordnung approbierten Arztes über seine Wahrnehmungen hinsichtlich einer Körperverletzung, mögen sie außergerichtlich abgegeben oder vom Gericht verlangt sein. U 8/7 89, E 19, 364. In das Attest mit aufgenommene Bekundungen Dritter über den Krankheitszustand des Verletzten, insbesondere auch Angaben des letzteren selbst über die Entstehung der Körperverletzung, dürfen nicht verlesen werden. U 10/3 98, G 46 199. U 10/3 03, DR 7, 216; wohl aber die in dem Attest angeführten Konsultationsgründe. U 8/11 06, DJZ 12, 299. Eine eidliche Bekräftigung der Zeugnisse ist nicht erforderlich. Die Verlesung protokollarischer oder sonstiger schriftlicher Erklärungen eines Arztes ist unstatthaft. U 13/4 80, R 1, 588. U 21/4 80, R 1, 633. U 5/5 82, E 6, 254. U 8/5 82, E 6, 620. U 29/3 86, E 14, 55. Im übrigen ist die Verlesbarkeit der ärztlichen Zeugnisse über nichtschwere Körperverletzungen nicht auf diejenigen Zeugnisse beschränkt, welche allein über die den Gegenstand der Anklage bildende Körperverletzung Auskunft geben. Die Verlesung derartiger Zeugnisse kann vielmehr auch erfolgen, wenn sie Körperverletzungen betreffen, welche der Angekl. von seiten des Verletzten oder anderer Personen erhalten hat. U 14/2 02, E 35, 162. Anders liegt die Sache, wenn Gegenstand des Verfahrens nicht eine Körperverletzung ist, welche zur Bestrafung gezogen werden soll, sondern eine andere Straftat (Verbrechen gegen die Sittlichkeit) zur Anklage steht. In solchen Fällen ist die Verlesung ärztlicher Zeugnisse über eine vorgefundene Verletzung des Körpers unzulässig. U 9/7 94, E 26, 38. U 21/4 80, R 1, 633.

84) Zu den schweren Körperverletzungen gehören nur die in den §§ 224 ff. StGB vorgesehenen vorsätzlichen Körperverletzungen mit schwerem Erfolge. U 5/2 80, E 1, 188. Daher dürfen ärztliche Zeugnisse über fahrlässige Körperverletzungen schweren Erfolges verlesen werden. U 27/11 06, E 39, 286. Nur darauf kommt es an, daß die Körperverletzung tatsächlich keine schwere war, nicht auf die dieserhalb vorliegende Beschuldigung U 6/3 08, DR 12, 246.

85) Der § 256 begründet kein Recht auf Verlesung der daselbst ge-

Ist das Gutachten einer kollegialen Fachbehörde eingeholt worden, so kann das Gericht die Behörde ersuchen, eines ihrer Mitglieder mit der Vertretung des Gutachtens in der Hauptverhandlung zu beauftragen und dem Gerichte zu bezeichnen.[86])

§ 257 (256). Nach der Vernehmung eines jeden Zeugen, Sachverständigen oder Mitangeklagten, sowie nach der Verlesung eines jeden Schriftstücks soll der Angeklagte befragt werden, ob er etwas zu erklären habe.[87])

§ 258 (257). Nach dem Schlusse der Beweisaufnahme[88])

---

nannten Schriftstücke; ob die Verlesung im einzelnen Fall angezeigt erscheint, unterliegt vielmehr gemäß § 244 lediglich dem Ermessen des Gerichts, sofern nicht etwa die Vorschrift des § 245 eine Ausnahme begründet. U 19/4 80, E 1, 383. Die Verlesung ärztlicher Zeugnisse ist im allgemeinen nur unter der Voraussetzung gestattet, daß eine Anklage aus §§ 223, 223a oder 230 StGB. den Gegenstand der Verhandlung bildet. U 1/12 04, DR 9, 49.

86) Die Vernehmung des betr. Mitgliedes der Fachbehörde hat dann aber stets nur den Zweck, eine mündliche Erläuterung des schriftl. Gutachtens herbeizuführen; die nach § 249 gebotene Verlesung des letzteren wird hierdurch nicht ersetzt. U 23/9 98, G 46, 422. U 30/5 06, DR 10, 814; DJZ 11, 1207. Für den Vertreter des Gutachtens genügt die Verweisung bzw. Berufung auf den von ihm als Mitglied der Fachbehörde geleisteten Eid. U 29/1 81, E 3, 326. Eine selbständige Auswahl des Vertreters steht dem Gericht nicht zu. U 23/3 11, E 44, 400.

87) Dem Angekl. ist also nicht nur Gelegenheit zur Stellung von Fragen an die Zeugen (§ 240 Abs. 2) zu geben, sondern es muß ihm gestattet werden, Äußerungen aller Art und Beweisanträge vorzubringen, zu welchen die Vernehmung der Zeugen usw. Anlaß gibt. U 26/10 08, G 46, 434. Im übrigen ist die Vorschrift des § 257 nur anweisender Natur; ihre Nichtbeobachtung kann nur dann einen Revisionsgrund abgeben, wenn dadurch dem Angekl. erhebliche Verteidigungsmomente entzogen sind. U 20/12 79, R 1, 165. U 15/1 80, R 1, 230. U 12/7 80, E 2, 202. U 7/1 87, E 15, 172 (schwerhöriger Angekl.). U 2/7 19, E 54, 110 (kein Recht des Angeklagten im Falle seiner Entfernung wegen ordnungswidrigen Benehmens). Vgl. jedoch U 29/1 09, E 42, 168 (niemals Revisionsgrund).

Dem Verteidiger gewährt § 257 kein Recht zur Abgabe von Erklärungen. U 3/2 11, E 44, 284.

88) Wenn in der Hauptsache Beweisaufnahme und bedingt Freisprechung beantragt ist, so kann die Verkündung der Ablehnung des Beweisantrages mit der Urteilsverkündung nicht verbunden werden,

erhalten[89]) die Staatsanwaltschaft und sodann der Angeklagte zu ihren Ausführungen und Anträgen das Wort.[90])

Der Staatsanwaltschaft steht das Recht der Erwiderung zu;[91]) dem Angeklagten gebührt das letzte Wort.[92])

Der Angeklagte ist, auch wenn ein Verteidiger für ihn gesprochen hat, zu befragen,[93]) ob er selbst noch etwas zu seiner Verteidigung anzuführen habe.[94])

---

ohne daß zwischen beiden dem Angekl. nochmals das Wort gegeben wird. U 29/4 90, E 20, 380. Wenn nach Hinweis auf den veränderten Gesichtspunkt ein Vertagungsantrag abgelehnt wird, so müssen die Prozeßbeteiligten noch einmal gehört werden. U 27/2 02, DR 6, 187. Bei Wiedereröffnung der Beweisaufnahme müssen StA und Angekl. nach Schluß der erneuten Beweisaufnahme ebenfalls wieder das Wort erhalten. U 27/3 84, R 6, 248. U 5/5 82, E 6, 254. U 26/6 02, DR 6, 465. Wenn dagegen ein neben dem Antrag auf Freisprechung bedingt gestellter Beweisantrag durch einen der Urteilsverkündung unmittelbar vorausgehenden Gerichtsbeschluß abgelehnt wird, bedarf es nach der Bekanntmachung des Ablehnungsbeschlusses keines nochmaligen Gehörs der Prozeßbeteiligten. U 2/1 04, DR 8, 51. U 21/1 09, DR 13, 779. U 4/11 20, E 55, 109. Ein Recht auf Unterbrechung der Vernehmung eines Zeugen, um an ihn Fragen zu stellen, hat der Verteidiger nicht. U 10/7 24, DR 28, 1607.

89) Das Wort muß erteilt werden, ohne Unterschied, ob die Berechtigten es ausdrücklich verlangt haben oder nicht. U 27/3 84, R 6, 248. U 28/10 87, R 9, 537. Auch dem Nebenkläger ist nach Schluß der Beweisaufnahme ohne besonderen Antrag von Amts wegen das Wort zu seinen Ausführungen zu erteilen. U 15/12 05, DR 10, 131, die Unterlassung begründet aber kein Beschwerderecht des Angeklagten. U 30/9 10, G 58, 440. Wegen des Verteidigers s. U 5/11 08, E 42, 51.

90) Staatsanwaltschaft und Angekl. können sich bei ihren Ausführungen auf Kommentare, Urteile der Gerichte und Erzeugnisse des Schrifttums, sowie auch auf Äußerungen der Tagespresse beziehen und geeignete Belegstellen auch vorlesen. U 27/9 83, R 5, 550. Ebenso auf die Prozeßgeschichte, insbes. den Inhalt der Anklageschrift. U 1/5 08, E 41, 259. Die StA. kann dabei einen ihr zur Ausbildung überwiesenen Referendar zuziehen. U 1/5 14, E 48, 237.

91) Das förmliche Recht der StA ist auf eine erste und eine erwidernde Ausführung beschränkt. Weitere Schlußausführungen der StA sind an sich nicht prozeßwidrig, unterliegen aber der gerichtlichen Sachleitung. U 6/10 84, E 11, 136. S. jedoch A. 94 zu § 258 Abs. 3.

92) d. h. gegenüber der Staatsanwaltschaft, nicht auch gegenüber seinem eigenen Verteidiger. U 23/3 85, R 7, 191.

93) Die Befragung kann mittels jeder Art von Aufforderung zur

§ 259 (258). Einem der Gerichtssprache nicht mächtigen Angeklagten müssen aus den Schlußvorträgen mindestens die Anträge der Staatsanwaltschaft und des Verteidigers durch den Dolmetscher[95]) bekannt gemacht werden.[96])

Dasselbe gilt von einem tauben Angeklagten, sofern nicht eine schriftliche Verständigung erfolgt.[97])

Äußerung geschehen, wofern sie mit einer förmlichen Befragung gleiche Bedeutung hat, insbesondere also auch durch ausdrückliche Verstattung zum letzten Wort. U 6/12 92, E 23, 319.

94) Das Wesentliche der Bestimmung des § 258 Abs. 3 besteht darin, daß der Angekl. neben dem Verteidiger zum Worte komme, nicht darin, daß dies unbedingt erst nach dem Verteidiger geschehe. U 23/3 85, R 7, 191. Ist kein Verteidiger aufgetreten, so finden nur Abs. 1 und 2 des § 258 Anwendung. U 6/12 92, E 23, 319. Im übrigen ist diese Vorschrift nicht eine bloße Anweisung, sondern eine wirkliche Rechtsnorm, deren Verletzung die Revision zu begründen geeignet ist. U 24/9 83, E 9, 69. Vgl. U 1/12 83, R 5, 749. Insbesondere muß der Angeklagte bei Vermeidung der Aufhebung des Urteils auch dann noch einmal zu einer Enderklärung verstattet werden, wenn er bei Gelegenheit des letzten Wortes noch einen Beweisantrag stellt und dieser vom Gericht abgelehnt wird. U 21/9 85, R 7, 519. U 3/7 94, E 26, 32. Dagegen ist eine erneute Befragung des Angekl. nach § 258 Abs. 3 nicht erforderlich, wenn nach seiner Befragung, ob er noch etwas zu seiner Verteidigung anzuführen habe, ein Hinweis auf die Veränderung des rechtl. Gesichtspunktes erfolgt und dem Angekl. hierauf noch Gelegenheit zur Verteidigung gegeben ist. U 2/6 05, DR 9, 374. — Das Schlußwort der Parteien nach § 258 hat sich in den durch §§ 261, 264 für die Urteilsfindung des Gerichts gezogenen Grenzen zu halten. U 19/6 05, DR 9, 437 (Benutzung des Schlußworts zu einer Beweisführung). — Unnötige, weitschweifige, den Fortgang der Verhandlung sachwidrig hemmende Ausführungen des Angeklagten oder des Verteidigers kann deshalb der Vorsitzende — vorbehaltlich der Entscheidung des Gerichts: § 238 Abs. 2 — durch Wortentziehung einschränken, U 11/2 82, R 4, 152. U 13/6 98, E 46, 337. U 9/4 86, R 8, 271 (Wortentziehung dem Verteidiger gegenüber). Der Angeklagte hat auf unbeschränkte Redefreiheit keinen Anspruch). U 7/2 24, DR 28, 1048. Der Staatsanwaltschaft gegenüber ist der Vorsitzende zu irgendwelchen Anordnungen, insbesondere zur Wortentziehung, nicht befugt, wegen eines s. Ans. nach dem Gesetze widersprechenden Verfahrens der StA kann er vielmehr gegebenenfalls nur die Verhandlung abbrechen. U 2/3 81, R 3, 96. Vgl. A. 14 zu § 238.

95) Wegen des Dolmetschers s. §§ 185, 186 GVG.

96) Die Art der Bekanntmachung steht im Ermessen des Vorsitzenden. U 7/1 87, E 15, 172 (schwerhöriger Angeklagter).

97) Die erfolgte Bekanntmachung der Anträge der StA und des

§ **260 (259).** Die Hauptverhandlung schließt mit der Erlassung des Urteils.[98]) Das Urteil kann nur auf Freisprechung, Verurteilung oder Einstellung des Verfahrens lauten.[99])

Verteidigers braucht im Protokoll nicht besonders festgestellt zu werden. U 23/8 07, DR 11, 1216. Es genügt jedoch die Protokollierung, daß Angekl. „nichts anführte" oder „nichts anzuführen hatte" und „er nicht zufrieden sei", um festzustellen, daß ihm bekannt war, worauf er nichts anzuführen hatte und womit er nicht zufrieden war. U 27/4 80, E. 1, 379.

98) Über den Zeitpunkt der Urteilsberatung s. U 1/12 08, E 42, 85, U 22/11 09, E 43, 51, U 21/11 12, E 46, 373, über den Abschluß der Urteilserlassung U 3/10 13, E 47, 323, über die Berichtigung eines Urteils U 14/11 21, E 56, 233.

99) Die Bestimmung des § 260 Abs. 1 bezweckt nicht, eine erschöpfende Regelung aller denkbaren Entscheidungsformeln der erstinstanzlichen Strafurteile zu geben. So kann die Urteilsformel z. B. auch auf „Unzulässigkeit der Strafverfolgung" lauten (Motive S. 143, §§ 4 ff. StGB). U 23/6 83, E 9, 14. U 18/12 82, E 7, 355 (Urteil auf Unzulässigkeit der Strafverfolgung wegen bereits erfolgter rechtskräftiger Aburteilung). Vgl. jedoch U 3/3 u. 13/3 08, E 41, 152 u. 167 (Einstellung). U 3/1 80, E 1, 44 (Urteil auf Unzulässigkeit der Strafverfolgung wegen Ehebruchs). U 2/5 95, E 27, 193 (Fassung der Urteilsformel, wenn beim Vorliegen zweier durch Zeitungsartikel gegen zwei verschiedene Personen verübter Beleidigungen bezüglich der einen der Tatbestand der Beleidigung verneint wird, bezüglich der anderen aber der erforderliche Strafantrag fehlt).

Eine Freisprechung kann sich stets nur auf die Tat, welche der Eröffnungsbeschluß im Auge hat und deren Strafbarkeit als solche beziehen, und eine Freisprechung von einem einzelnen rechtl. Gesichtspunkt kann niemals und namentlich dann nicht eintreten, wenn von einem anderen Gesichtspunkte aus Verurteilung erfolgt. U 16/11 80, E 3, 43. Vgl. U 7/10 80, E 3, 4. Desgl. ist es unzulässig, bezüglich eines Teiles der von der angeschuldigten Straftat umfaßten Objekte ein verurteilendes oder freisprechendes Urteil zu erlassen und bezüglich eines anderen Teiles die Verhandlung behufs weiterer Erhebungen zu vertagen. U 13/12 88, E 18, 297. Vergl. betreffend Tateinheit: U 13/10 83, R 5, 604 u. U 3/4 17, E 50, 351. Wenn einige Einzelhandlungen, welche der Eröffnungsbeschluß als Teile einer fortgesetzten Handlung betrachtet hat, nicht erwiesen werden, darf bei Verurteilung wegen der übrigen nicht auch auf Freisprechung wegen der ersteren erkannt werden. U 2/10 06, E 39, 146. U 25/3 19, E 53, 216. Anders, wenn der Eröffnungsbeschluß mehrere selbständige Handlungen annimmt, von denen nur einzelne Gegenstand der Verurteilung werden. U 25/11 18, DR 25, 1540. Über Freisprechung eines geisteskranken Angeklagten

Die Einstellung des Verfahrens ist auszusprechen, wenn bei einer nur auf Antrag zu verfolgenden strafbaren Handlung sich ergibt, daß der erforderliche Antrag nicht vorliegt, oder wenn der Antrag rechtzeitig zurückgenommen ist.[100])

§ 261 (260). Über das Ergebnis der Beweisaufnahme entscheidet das Gericht nach seiner freien, aus dem Inbegriffe der Verhandlung geschöpften Überzeugung.[1])

---

s. U 17/1 80, E 1, 149. Wenn ein Taubstummer angeklagt ist und eine Verständigung mit ihm durch den in der Hauptverhandlung zugezogenen Dolmetscher nicht gelingt, so ist nicht auf definitive Einstellung des Verfahrens durch Urteil zu erkennen, sondern endgültige Einstellung des Verfahrens durch Beschluß auszusprechen. U 10/11 80, E 3, 29. Auch eine die Unzuständigkeit aussprechende Entscheidung darf nicht in Urteilsform, sondern nur in Form eines Beschlusses ergehen. U 17/6 92, E 23, 155. A. 47 zu § 270.

100) Das Gericht kann wegen mangelnden Strafantrages oder wegen Zurücknahme desselben die Einstellung des Verfahrens aussprechen, ohne in die Verhandlung der Sache einzutreten. U 12/7 80, E 2, 221. Ist aber einmal diese Einstellung ausgesprochen, so wird damit endgültig die anderweite Strafverfolgung derselben Tat als Nichtantragsdelikt ausgeschlossen. U 13/3 88, R 10, 245. Dagegen steht das auf Einstellung lautende Urteil einer neuen Strafverfolgung des Angekl. nicht entgegen, wenn nach der Entscheidung noch ein rechtzeitiger Strafantrag gestellt wird. U 31/5 81, E 4, 211. U 13/7 81, R 3, 479. U 13/2 02, DR 6, 133. Enthält die zur Anklage gestellte Tat zugleich ein Antragsdelikt, so ist bei Entfallen jener und Mangel des Strafantrags nicht auf Freisprechung, sondern auf Einstellung zu erkennen, U 21/12 11, DR 16, 530; ebenso bei Rücknahme des Strafantrags und gleichzeitiger Verneinung der Schuldfrage hinsichtlich einer von Amts wegen verfolgbaren Straftat. U 12/11 12, E 46, 363.

Wenn sich bei Straftaten, die nach dem Eröffnungsbeschluß in Tatmehrheit zusammentreffen, in der Hauptverhandlung ergibt, daß bezüglich einer Tat der Antrag fehlt, so ist insoweit das Verfahren ausdrücklich in der Urteilsformel einzustellen. U 12/6 03, E 36, 275. Im übrigen ist das Gericht bei der Prüfung, ob ein wirksamer Strafantrag vorliegt, an die formalen Grundsätze der StPO über die Beweiserhebung oder die Feststellung der Schuldfrage nicht gebunden. U 16/6 81, E 4, 264. U 4/4 82, E 6, 161. U 2/2 85, E 12, 34. Insbes. bedarf es also auch zur Ablehnung eines von der StA gestellten Antrages auf Aussetzung der Hauptverhandl. behufs Beseitigung der Mängel des Strafantrages keines Gerichtsbeschlusses i. S. § 244. U 17/1 95, E 26, 374.

1) Das Gericht ist also zunächst an Zugeständnisse oder Aus-

gleiche (Kompromisse) usw. der Prozeßbeteiligten ebensowenig gebunden wie an die Feststellung anderer Behörden, z. B. der Verwaltungsbehörden in Steuersachen, soweit nicht für diese letzteren hinsichtlich der Höhe der umgangenen Steuer gesetzliche Ausnahmen bestehen. U 9/11 82, E 7,220. U 29/1 85, E 12,1. U 13/11 17, E 52,52 (betr. Steuerveranlagungsverfahren). Insbesondere ist das Gericht nicht an das Gutachten der Sachverständigen gebunden, namentlich auch nicht betr. der Frage, ob Geisteskrankheit vorliegt. U 30/11 81, E 7, 425. Auch aus der Tatsache, daß ein Zeuge von dem Rechte der Zeugnisverweigerung Gebrauch gemacht hat, kann das Gericht Schlußfolgerungen für den Beweis ziehen, U 22/5 20, E 55, 20; und insbesondere kann es auch ein unbeeidigtes Zeugnis bei der Urteilsfindung als Beweismittel heranziehen. U 19/2 94, E 25, 134; und ebenso die Angaben von Kindern und geisteskranken Zeugen u. Mitangekl. U 27/11 24, E 58, 396. Eine bei der Urteilsfindung stattgehabte versehentliche Benutzung einer uneidlichen Zeugenaussage als einer eidlichen begründet jedoch die Revision. U 13/11 02, G 50, 114. Zu dem Inbegriff der Verhandlung gehören außer den Ergebnissen der vorgeführten Beweismittel auch die unmittelbaren Wahrnehmungen und Eindrücke des Richters in der Hauptverhandlung selbst (Minenspiel, Gebärden, Verhalten bei der Aussage usw.). U 4/12 06, E 39, 303; desgl. Erklärungen, die sich auf eine Befreiung des Zeugen von der Pflicht der Verschwiegenheit beziehen oder die Verweigerung der Aussage zum Gegenstand haben. U 3/5 21, DR 25, 2292 u. U 22/5 20, E 55, 20. Zur Feststellung der Anklagetat kann das Gericht auch einer anderen Tat des Angekl. eine von einem früheren richterlichen Urteilsspruche abweichende Beurteilung angedeihen lassen. U 25. Mai/1. Juni 00, E 33, 303 (Heranziehung einer Tat, wegen deren der Angekl. früher freigesprochen war). Immer aber darf das Gericht seine Überzeugung nur aus den Ergebnissen der Hauptverhandl., nicht beliebig aus dem Vorverfahren oder anderen Gerichtsakten schöpfen, U 16/1 80, E 1, 82. U 15/11 87, E 16, 327, oder aus Urkunden, welche in der Hauptverhandlung nicht verlesen sind, U 31/5 80, E 2, 76. U 17/11 80, R 2, 523, oder aus einer Augenscheinseinnahme, die im Sitzungsprotokoll nicht erwähnt wird. U 6/11 06, E 39, 257. Es sei denn, daß etwa nur die Rechtzeitigkeit des gestellten Strafantrages in Frage steht, in welchem Fall es sich nur um eine verfahrensrechtliche Voraussetzung des Verfahrens handelt, bezügl. deren das Gericht auch das ihm vorliegende Aktenmaterial seiner Entscheidung zugrunde legen kann. U 4/7 02, DR 6, 487. Vgl. ferner U 13/2 12, E 45, 403 (Schreibversuche des Gerichts im Beratungszimmer). Unzulässig ist es auch, daß das Gericht sich der selbständigen Prüfung einer zur Anklage gestellten Tat durch Bezugnahme auf ein in einer anderen Strafsache erlassenes Urteil entzieht, U 22/6 00, E 33, 319.

Der Begriff der Gerichtskundigkeit (Notorietät) ist auch im Strafverfahren verwendbar. Als gerichtskundig sind alle Tatsachen zu bezeichnen, welche so allgemein bekannt sind, daß kein vernünftiger Grund, sie in Zweifel zu ziehen, vorhanden ist, insbesondere also auch Tat-

§ 262 (261). Hängt die Strafbarkeit einer Handlung von der Beurteilung eines bürgerlichen Rechtsverhältnisses ab, so entscheidet das Strafgericht auch über dieses nach den für das Verfahren und den Beweis in Strafsachen geltenden Vorschriften.[2])

---

sachen, welche amtlich zur Kenntnis des Gerichts gekommen und auch zur allgemeinen Kenntnis gelangt sind. U 15/11 87, E 16, 327. U 7/2 96, E 28, 171. U 4/12 91 u. 5/1 92, G 37, 439. U 1/5 00, G 47, 293. Dies gilt auch von den von der Regierung zu ihren Gesetzentwürfen beigegebenen Begründungen und den auf diese Entwürfe bezüglichen Verhandlungen der betr. gesetzgeb. Körperschaft, U 9/1 90, G 37, 439. Ob eine Tatsache gerichtskundig ist, untersteht im übrigen dem Ermessen des Gerichts. Die Gerichtskundigkeit ist kein Beweismittel und braucht daher nicht aus dem Ergebnis der Hauptverhandlung geschöpft zu werden. Deshalb kann auch nicht mit den Parteien darüber verhandelt werden, ob eine Tatsache gerichtskundig ist, wenngleich die für gerichtskundig erklärte Tatsache zum Gegenstande der Verhandlung gemacht werden muß. U 7/2 96, E 28, 171. Vgl. U 9/1 90, G 37, 439. U 12/4 02, DR 6, 300. U 5/3 06, DR 10, 575. Der Inhalt einer unzüchtigen Schrift ist durch die Bekanntschaft der Richter mit ihm nicht gerichtskundig, sondern muß stets verlesen werden. U 5/3 07, E 40, 54. Die Rüge, daß das Gericht gegen den Grundsatz in dubio pro reo verstoßen habe, enthält als Geltendmachung unrichtiger Beweiswürdigung keine zulässige Revisionsbegründung. U 2/10 18, E 52, 319.

Die Vermutung des Abs. 1 § 1362 BGB ist nur eine Beweisregel für den Zivilprozeß und befreit den Strafrichter nicht von der Verpflichtung, über die Wahrheit der im Zivilprozeßverfahren bis zum Beweise des Gegenteils als wahr geltenden Tatsachen sich seine Überzeugung selbst zu verschaffen. U 3/7 03, E 36, 332.

Dagegen sind für die Gerichte bindend in Preußen die Entscheidungen des früheren Heroldamts über die Befugnis zur Führung des Adelsprädikats. U 10/11 00, E 48, 33. Vgl. dazu Art. 109 der Reichsverfassung v. 11/8 19 und für Preußen das Gesetz über die Aufhebung der Standesvorrechte des Adels v. 23/6 20, (GesSammlg. S. 367).

2) Der § 262 Abs. 1 spricht den allgemeinen Grundsatz aus, daß der Strafrichter nach seiner Überzeugung auch über solche bürgerliche Rechtsverhältnisse zu entscheiden hat, von deren Vorhandensein oder Nichtvorhandensein die Strafbarkeit einer Handlung abhängt. Der Strafrichter ist also an das Urteil des Zivilrichters nicht gebunden, es sei denn, daß das letztere nicht bloß erläuternde, sondern rechtschaffende Natur hat, indem es, wie bei Teilungs-, Grenzscheidungs- und Erneuerungsklagen, auf Grund der vom Gesetz dem Richter beigelegten Befugnis neues Recht schafft, auch wo es vorher nicht bestanden. U 5/10 86, R 8, 583. U 25/1 89, E 18, 436 (Verwaltungsrecht). U 3/7 03, E 36,

Das Gericht ist jedoch befugt, die Untersuchung auszusetzen und einem der Beteiligten zur Erhebung der Zivilklage eine Frist zu bestimmen oder das Urteil des Zivilgerichts abzuwarten.[3])

§ 263 (262). Zu einer jeden dem Angeklagten nachteiligen Entscheidung, welche die Schuldfrage oder die Bemessung der Strafe betrifft, ist eine Mehrheit von zwei Dritteilen der Stimmen erforderlich.[4])

---

332 (Bedeutung der Vermutung des § 1362 Abs. 1 BGB. zur Feststellung des Pfandrechts des Vermieters).

3) Wo also in einer Untersuchungssache bürgerliche Rechtsverhältnisse vorgreifend (präjudiziell) für die Strafbarkeit der angeklagten Handlung sind, weil der Tatbestand der letzteren, ohne jene zu entscheiden, nicht festgestellt werden kann, da hat der Strafrichter die Befugnis und, unter Vorbehalt des ihm in Abs. 2 eingeräumten Rechtes, auch die Pflicht über jene Verhältnisse nach den Normen des Strafverfahrens zu entscheiden. Unbedingt notwendig wird die ausdrückliche Entscheidung einer für die Strafsache vorgreifenden streitigen Zivilfrage nur im Falle eines verurteilenden Erkenntnisses. U 11/6 81, E 4, 355. Im übrigen kann von der Ermächtigung zur Aussetzung der Untersuchung nach Absatz 2 nur in der ersten Instanz und in der Berufungsinstanz, nicht auch in der Revisionsinstanz Gebrauch gemacht werden. U 17/1 81, E 3, 253. Aussetzung muß erfolgen, wenn gesetzlich dem Strafrichter die Möglichkeit entzogen ist, über das bürgerliche Rechtsverhältnis zu entscheiden, z. B. ob ein Warenzeichen als Freizeichen oder sonst — § 8 Abs. 2 Nr. 2 WZG — nicht eingetragen werden durfte, U 17/10 10, DR 14, 3874. U 8/3 12, E 46, 21. U 25/9 14, E 48, 419; so auch in Patentsachen, falls ein Antrag seitens des Angekl. auf die Erteilung einer Frist zum Zwecke der Erhebung der Nichtigkeitsklage vorliegt, da darüber, ob ein Patent mit Unrecht erteilt sei, dem Strafrichter keine Entscheidung zusteht. U 24/10 82, E 7, 146. U 17/1 81, E 3, 253. Die Aussetzung des Strafverfahrens bis zur Erledigung des Steuerveranlagungsverfahrens in Preußen steht dagegen im Ermessen des Gerichts. U 13/11 17, E 52, 51. Ist die Nichtigkeit eines Patents erst nach Erlaß des Urteils erklärt worden, so ist dies bei sachlicher Beschwerde vom Revisionsgericht zu berücksichtigen. U 29/4 09, E 42, 340.

Darauf, daß ein Strafgericht keine Veranlassung gefunden hat, von der Befugnis des § 262 Abs. 2 Gebrauch zu machen, kann — abgesehen von Patentsachen (s. oben) — die Revision nicht gestützt werden. U 4/10 81, E 18, 123.

4) Bei der Feststellung der Schuldfrage hat das Gericht nicht zunächst über die rein sachlichen Tatbestandsmerkmale mit entscheidender Wirkung und alsdann erst über die inneren Tatbestandsmerkmale abzustimmen; für das Endergebnis darf vielmehr nicht die Abstimmung

Die Schuldfrage begreift auch solche von dem Strafgesetze besonders vorgesehene Umstände, welche die Strafbarkeit ausschließen,[5]) vermindern[6]) oder erhöhen.[7])

Die Schuldfrage begreift nicht die Voraussetzungen des Rückfalles und der Verjährung.[8])

§ 264 (263). Gegenstand der Urteilsfindung ist die in der Anklage[9]) bezeichnete Tat, wie sie sich nach dem Ergebnisse der Verhandlung darstellt.[10])

über einzelne Tatbestandsmerkmale, sondern nur die Abstimmung darüber entscheidend sein, ob der Angekl. der ihm zur Last gelegten Tat schuldig ist oder nicht, d. h. ob sämtliche sachlichen und inneren Merkmale der strafbaren Handlung vorliegen oder nicht. U 17/4 83, E 8, 218. Vgl. U 14/12 81, R 3, 797. Sonderentscheidungen: U 13/10 80, E 2, 380 (Abstimmung bei Vergehen gegen § 186 StGB); U 28/1 82, E 5, 404 (desgl. bei der Frage, ob Diebstahl oder Entwendung nach § 370 Nr. 5 StGB vorliegt); U 25/2 82, R 4, 198 (desgl. bei fahrlässigem Falscheid); U 17/4 83, E 8, 218 (desgl. bei Vergehen gegen §§ 323, 326 StGB.).

5) Der Erweis der Wahrheit der behaupteten ehrenkränkenden Tatsachen (§ 186 StGB) ist ein Strafausschließungsgrund, die Entscheidung über denselben fällt in das Gebiet der Schuldfrage. U 2/11 82, R 4, 783. Vgl. die in §§ 51 ff. StGB hervorgehobenen Strafausschließungsgründe und u. a. §§ 46, 163 Abs. 2, 204, 310 StGB.

6) Strafmilderungsgründe s. in den §§ 157, 158 StGB. (U 27/4 80, E 1, 423); § 213 StGB (U 8/6 86, E 14, 301); § 216 StGB (U 25/3 84, R 6, 225 u. U 11/1 95. E 26, 363). Auch ist bei einer Anklage aus § 242 StGB angenommen, daß die Frage, ob ein sogenannter Mundraub (§ 370 Nr. 5 StGB) vorliegt, einen vom Gesetz besonders vorgesehenen strafmildernden Umstand betrifft. U 28/1 82, E 5, 404.

7) Straferhöhungsgründe s. z. B. in den §§ 123 Abs. 2, 207, 221 Abs. 2 und 3, 223 Abs. 2, 223 a, 224, 225, 226, 243, 250 StGB u. a. Wegen Rückfalldiebstahls vgl. U 16/3 20, E 54, 274.

8) Die Schuldfrage begreift auch nicht die Frage nach mildernden Umständen; auch nicht die Frage, ob ein besonders leichter Fall vorliege (§ 57 StGB), U 10/2 82, E 6, 25; und auch nicht die Frage, ob der erforderliche Strafantrag vorhanden sei. U 12/7 80, E 2, 221. U 4/4 82, E 6, 161. U 1/5 84, R 6, 331; dagegen die Voraussetzungen des § 200 StGB, U 18/4 12, E 46, 73. Wegen der Verjährung s. U 28/11 92, E 23, 327.

9) In der Anklage d. h. im Eröffnungsbeschluß. U 8/3 81, E 3, 406.

10) Es wird also Gleichheit der den Gegenstand der Urteilsfindung und den der Anklage bildenden Tat gefordert, allerdings nicht in dem engen Sinne, daß dasselbe konkrete Tun die Grenze der Urteilsfindung

Das Gericht ist an die Beurteilung der Tat, welche dem Beschlusse über die Eröffnung des Hauptverfahrens zugrunde liegt, nicht gebunden.[11][12])

---

bestimmt, sondern es muß die strafb. Handlung nur denselben geschichtlichen Vorgang betreffen, wie sich solcher unter Berücksichtigung der etwa in der Hauptverhandlung hervorgetretenen Umstände, sowie neuer rechtl. Gesichtspunkte der Beurteilung des Gerichts darbietet. Insbesondere schließen auch Abänderungen in bezug auf Zeit (U 25/2 84, E 10, 149. U 29/8 81, R 3, 493. U 15/3 97, E 30, 11); Person des Verletzten (U 16/9 87, R 9, 430); Objekt der Tat (U 1/11 93, E 24, 370, U 27/6 17, E 51, 127) oder sonstige Nebenumstände die Gleichheit nicht notwendig aus. U 10/1 84, E 9, 420. U 5/5 84, E 12, 187. U 5/5 94, E 25, 334. Vgl. U 1/7 10, E 44, 28 (Verwertung der in der Anklage als Beweisgründe erwähnten Tatsachen zur Bestimmung der „Tat"); s. auch U 8/11 10, E 44, 116 u. U 30/9 12, E 46, 218. Bei einer Anklage wegen fortgesetzter Straftat hat das Gericht das gesamte Tun des Angekl. bis zum Zeitpunkt der Urteilsverkündung zum Gegenstand der Urteilsfindung zu machen. U 1/5 05, E 38, 39. Dagegen ist gegenüber einer von Anklage und Eröffnungsbeschluß allein umfaßten Einzelhandlung, die das Gericht als nicht strafbar bezeichnet, das durch Ausdehnung der Anschuldigung auf neu ermittelte Tätigkeitsakte festgestellte fortgesetzte Straftat eine andere Tat, die nur gemäß § 266 Gegenstand der Aburteilung werden kann. U 24/3 14, JW 43, 893. U 13/7 17, E 51, 182.

Über die Notwendigkeit der tatsächlichen Erschöpfung der Anklage durch den Inhalt des Urteils s. U 19/10 80, E 2, 360. U 28/12 80, E 3, 147. U 12/6 14, E 49, 350 (§ 10 Nr. 2 Nahrungsm.-Ges.). — Wenn die den Gegenstand der Untersuchung bildende Tat in Tateinheit auch die Merkmale einer der Gerichtsbarkeit der ordentlichen Gerichte entzogenen und derjenigen von Sondergerichten (Rheinschiffahrtsgericht) unterstellten Straftat enthält, darf das Gericht die Tat unter dem letzteren Gesichtspunkte der Verhandlung und Entscheidung nicht unterziehen, sondern muß sich für unzuständig erklären, (§ 14 Ziff. 1 GVG). U 18/10 00, E 33, 405.

11) Die in dem Eröffnungsbeschluß enthaltene rechtliche Beurteilung der Tat ist also für das erkennende Gericht ohne Bedeutung; das Gericht kann auf die in der Anklage bezeichnete Tat auch ein Strafgesetz anwenden, welches in dem Eröffnungsbeschluß nicht erwähnt, oder dessen Anwendbarkeit dort ausdrücklich verneint ist. U 27/4 80, R 1, 681. U 15/12 80, R 2, 637. U 15/4 82, R 4, 326. Hierbei ist das Gericht an die Anträge der Prozeßbeteiligten nicht gebunden, sondern hat die Tat von Amts wegen aus allen einschlagenden rechtl. Gesichtspunkten zu prüfen. Wieweit die Verhandlung und Urteilsfindung zu erstrecken ist, bleibt an sich Sache der tatsächl. Würdigung des einzelnen Falles, und die Nichterstreckung der Verhandlung und Feststellung auf

andere Gesichtspunkte kann nur dann die Revision begründen, wenn sie sich auf einen Rechtsirrtum zurückführen läßt, U 25/5 81, E 4, 192; oder wenn ein unmittelbarer Antrag eines Prozeßbeteiligten vorliegt, die Tat aus einem bestimmten anderen Gesichtspunkt zu prüfen. U 3/10 84, R 6, 594. U 16/12 81, R 3, 807. U 25/5 81, E 4, 192. U 20/5 80, R. 1, 798. U 3/5 80, E 1, 375. U 21/4 80, E 2, 15. U 28/4 80, E 2, 30. Vgl. U 8/12 81, E 5, 230 (Hervorhebung eines anderen rechtl. Gesichtspunktes seitens der StA). Jedenfalls hat das Gericht keine Verpflichtung zu einer verneinenden Äußerung über die vielfach unabsehbare Reihe von Möglichkeiten außerhalb des Kreises der festgestellten Tatsachen. U 22/9 85, R 7, 522.

Aus der Verpflichtung des erkennenden Gerichts, die zur Anklage gestellte Tat nach dem Ergebnisse der mündlichen Verhandlung aus jedem möglichen Gesichtspunkte zu beurteilen, ergibt sich das Verbot: „ne bis in idem" (Verbrauch der Strafklage) d. h. daß nach einem in einer Strafsache auf Verhandlung ergangenen, rechtskräftig gewordenen richterlichen Urteil der Gegenstand der zur Aburteilung gelangten Tat wider dieselbe Person nicht von neuem strafrechtlich verfolgt werden darf, soweit nicht die Bestimmungen über die Wiederaufnahme des Verfahrens abändernd einwirken. U 12/3 83, E 8, 135. U 30/9 90, E 21, 79. Es muß sich dabei um ein und dieselbe Tat handeln, d. h. Eröffnungsbeschluß und Urteil müssen das nämliche geschichtliche Vorkommnis (im weiteren Sinne) betreffen, das die Anklage zum Gegenstand hat. U 15/12 21, E 56, 324. Ob das Urteil auf Freisprechung, Verurteilung oder Einstellung des Verfahrens lautete, ist gleichgültig. U 28/1 87, E 15, 237; R 9, 99. Es ist aber daran festzuhalten, daß der Grundsatz des Strafverbrauchs stets eine über die Tat ergangene sachliche Entscheidung erheischt. U 21/5 89, E 19, 227. Von einem Erlöschen der Strafklage durch Verbrauch kann also nur dann die Rede sein, wenn eine rechtskräftige Entscheidung in der Sache selbst vorliegt, nicht aber auch schon dann, wenn nur eine Entscheidung über eine prozessuale Voraussetzung der Strafverfolgung ergangen, also z. B. auf Einstellung des Verfahrens wegen mangelnden Strafantrages erkannt ist. In solchem Falle ist, wenn der Strafantrag nachträglich rechtzeitig gestellt wird, eine neue Verfolgung zulässig. U 13/7 81, R 3, 479. Vgl. U 18/12 82, E 7, 355 (Bedenklich wegen der dort geforderten Formen des Wiederaufnahmeverfahrens, da in dem betr. Fall überhaupt kein Fall des § 362 vorliegt). Sodann muß das Urteil auf Grund einer Verhandlung ergangen sein, welche die Würdigung der Tat nach allen Richtungen gewährleistet. Die Anwendung der Grundsätze über Strafverbrauch ist deshalb ausgeschlossen bei Entscheidgn., welche, ohne die Ankl. materiell zu erledigen, sich auf deren formale Abweisung wegen Unzuständigkeit beschränken, U 8/10 94, E 26, 150; desgl. bei Einstellung eines Privatklageverfahrens wegen rechtzeitiger Zurücknahme der Privatklage, U 10/5 95, E 27, 216; desgl. bei amtsrichterlichen Strafbefehlen, U 21/12 83, E 9, 321, s. jedoch U 2/1 96, E 28, 83 u. U 25/3 20, E 54, 285 (die Unanfechtbarkeit eines wegen derselben Tat erlassenen

Strafbefehls schließt die nochmalige Verfolgung der Tat aus einem anderen rechtlichen Gesichtspunkte, der eine erhöhte Strafbarkeit begründet, nicht aus); insbesondere bei forstrichterlichen Strafbefehlen, U 14/12 86, E 15, 112; desgl. bei polizeilichen Strafverfügungen und bei Strafbescheiden der Verwaltungsbehörden, U 2/6 80, E 2, 211. U 2/10 83, R 5, 570. U 19/9 13, E 47, 306, s. jedoch U 19/12 01, E 34, 165. U 28/12 09, E 43, 163; desgl. bei Strafbescheiden eines Seeamts, U 23/11 91, E 22, 232. Durch die eingetretene Rechtskraft des betr. Urteils werden alle etwaigen Mängel desselben oder des vorangegangenen Verfahrens geheilt, so daß es bei dem Vorhandensein eines rechtskräftigen Urteils für die Anwendung des Strafverbrauchs ohne Belang ist, ob das Gericht ordnungsmäßig und insbesondere innerhalb seiner Zuständigkeit erkannt hat. U 27/5 81, E 4, 208. Vgl. U 23/12 80, E 3, 211. U 15/11 83, E 9, 324. Der Grundsatz des Strafverbrauchs beschränkt sich ferner auf solche Entscheidungen, welche die kriminelle Strafbarkeit der Tat zum Gegenstande haben, und findet also im Disziplinarstrafverfahren keine Anwendung. U des Ehrengerichtshofes 18/11 80, R 2, 535. Desgl. nicht bei Entscheidungen der Verwaltungsbehörde, wenn dieselbe zu der betr. Entscheidung nicht befugt war. U 6/11 80, E 3, 105.

Im einzelnen setzt die Anwendung des fragl. Grundsatzes zunächst die Gleichheit der Person des Beschuldigten voraus; aus der gegen einen anderen ergangenen Entscheidung kann weder gegen die Zulässigkeit, noch gegen die Art der Begründung der neuen Strafklage ein Anstand entnommen werden. U 7/10 84, R 6, 603. Alsdann wird insbesondere auch die Gleichheit der Tat erfordert, d. h. desjenigen geschichtlichen Vorganges, welcher bereits rechtskräftig abgeurteilt, ist. U 25/2 84, R 6, 145. Vgl. U 12/3 83, E 8, 135 u. U 15/11 86, E 15, 133. Ob solche Gleichheit vorliegt, hat das Gericht, welches über die neue Anklage entscheidet, selbständig zu beurteilen, ohne hierbei dadurch gebunden zu sein, daß ein früheres, rechtskräftig gewordenes Strafurteil ausdrücklich angenommen hat, es liege eine „andere Tat" vor. U 15/11 86, E 15, 133. U 30/9 90, E 21, 79. Vgl. U 21/11 01, E 35, 1.

Wo nun aber die Gleichheit der Tat vorhanden ist, steht einem neuen Prozeßverfahren der Grundsatz des Strafverbrauchs auch dann entgegen, wenn dasselbe aus einem bei der ersten Aburteilung nicht berücksichtigten oder aus einem in Tateinheit zusammentreffenden strafrechtlichen Gesichtspunkt eingeleitet werden soll. U 10/12 85, E 13, 146 u. betr. der Tateinheit: U 23/12 80, E 3, 210. U 22/1 83, R 5, 52. U 18/28. Dez. 93, E 25, 27. So kann z. B. ein wegen fahrlässiger Brandstiftung Verurteilter nicht nochmals wegen vorsätzlicher Verursachung desselben Brandes verfolgt werden. U 16/10 80, E 2, 347. Desgl. ist eine neue Anklage wegen Fahrlässigkeit unzulässig, wenn hinsichtlich derselben Tat wegen Vorsätzlichkeit Freisprechung erfolgt ist. U 21/12 80, E 3, 132. Desgl. ist die Erneuerung des Verfahrens wegen Beihilfe gegen einen Angekl. unzulässig, welcher bereits von der Täterschaft der nämlichen Tat rechtskräftig freigesprochen war. U 10/12 85, E 13, 146. Vgl. U 27/5 81, R 3, 343 (Aburteilung wegen eines durch öffentl. Mißhandlung eines anderen verübten groben Unfugs schließt die anderweite Verfolgung wegen Körperverletzung aus); U 17/11 92, E 23, 307 (Freisprechung von der Anklage des groben Unfugs wegen öffentlicher Äußerungen schließt die nochmalige Verfolgung derselben Äußerungen als Beleidigungen aus); U 12/1 83, R 5, 29 (Verurteilung wegen unbefugter Ausübung des Hebammengewerbes schließt die anderweite Verfolgung wegen fahrlässiger Tötung aus, wenn solche bei einer jener Verurteilung zugrunde liegenden Gewerbshandlung vorgenommen ist); U 12/3 83, E 8, 135 (Rechtskräftige Freisprechung von Hehlerei (§ 259 StGB) verbraucht die spätere Strafklage wider denselben Angeklagten wegen Diebstahls an derselben Sache); U 19/2 92, G 39, 436 (Raub und Hehlerei an derselben Sache können unter den Begriff der prozessualen Einheit der Tat gebracht werden); U 13/4 83, E 8, 292; R 5, 242 u. U. 12/3 85, E 12, 115 (Verbrauch der Strafklage bei Veranstaltung einer Lotterie); U 5/1 91, E 21, 276 (Wirkung des Strafverbrauchs gegenüber einer Druckschrift, welche mehrere Beleidigungen gegen verschiedene Personen enthält). — Im übrigen führt der Grundsatz des Strafverbrauchs immer nur dahin, daß der Angekl. wegen derselben Handlung, wegen welcher seine Freisprechung oder Verurteilung oder die Einstellung des Verfahrens erfolgte, nicht noch einmal vor Gericht gestellt werden darf, nicht aber dahin, daß nun für alle Zeiten eine Anklage gegen ihn wegen späterer gleichartiger Handlungen ausgeschlossen wäre. U 30/9 81, E 5, 101 (Spätere Verbreitung einer im ersten Urteil für nicht unzüchtig erklärten Schrift). U 30/9 81, E 5, 105 (Spätere gleichartige Vergehen gegen das Markenschutzgesetz). U 2/5 13, E 47, 154 (nach Verurteilung fortgesetzter Verstoß gegen § 64 GmbHG). Verbrauch tritt also nicht ein, wenn nicht mehr derselbe Vorgang, der abgeurteilt wurde, auch den Kern der neuen Anklage bildet. U 13/4 20, E 54, 299. U 3/1 22, DR 26, 914.

Bei Sammelvergehen werden alle Einzelfälle, welche in Gemäßheit des § 264 in den Kreis der richterlichen Entscheidung hätten gezogen werden können, durch das Urteil erledigt, das Gericht mag sie gekannt haben oder nicht. Einer weiteren Verfolgung der vor diesem Urteil verübten Einzelfälle steht Strafverbrauch entgegen. U 12/7 82, E 7, 33 (gewerbsmäßiges Jagen). U 7/7 81, R 3, 470. U 10/11 82, E 7, 229 (gewohnheitsmäßige Kuppelei). U 13/2 86, R 8, 134 (gewerbsmäßiger Wucher). U 9/12, 14 DJZ 19, 996 (gewerbsmäßiges Glücksspiel). Klarer kommt der Standpunkt des RG im Urteil v. 11/5 20, E 54, 33 zum Ausdruck: Strafverbrauch hinsichtlich aller Einzelhandlungen der Sammel- oder Fortsetzungstat (also auch der vor der Urteilsfällung liegenden aber unbekannt gebliebenen Einzelfälle) tritt nur ein, wenn wegen einer solchen Straftat eine Verurteilung erfolgt. Wird die Eigenschaft als Sammeltat oder der Fortsetzungszusammenhang verneint, so wird durch das Urteil die Strafklage wegen der einzelnen Zuwiderhandlungen nur hinsichtlich der Straftaten verbraucht, die vorgebracht und Gegenstand der Aburteilung geworden sind. Dieselben Rechtsgrundsätze gelten im Fall der Niederschlagung der Untersuchung auf Grund einer Amnestieverordnung. Vgl. auch E 23, 230; 24, 419; U 25/11 13, E 47, 397; U 16/10 17, E 51, 253 (Frage der Unterbrechung des Fortsetzungszusammenhanges bei verurteilendem und freisprechendem Erkenntnis). Über die Anwendung des Strafverbrauchs auf dem Gebiete der sog. fortgesetzten Tat s. ferner U 10/12 83, E 9, 344, U 4/11 86, E 15, 23, U 31/1 11, E 44, 392; U 8/12 14, JW 44, 721 (kein Verbrauch der Strafklage bei Fortsetzung nach verkündetem Strafurteil; U 21/12 15; DR 20, 365 (kein Verbrauch durch Urteile der ao. Kriegsgerichte in bezug auf Verbrechen des gemeinen Rechts, die mit dem zur kriegsgerichtlichen Zuständigkeit gehörigen Verbrechen in Tateinheit zusammentreffen); s. auch U 26/11 14, DR 19, 277 u. U 13/2 22 usw. DR 26, 916 bis 919, 1034. Beim Vorliegen von Tateinheit ist der Grundsatz des Strafverbrauchs auf alle Seiten einer strafrechtlich abgeurteilten Handlung dergestalt auszudehnen, daß die, gleichviel aus welchem Grunde, auf nur einen strafrechtlichen Gesichtspunkt beschränkte Strafklage die Handlung nach allen Seiten unbedingt umfaßt und jede erneute Verfolgung ausschließt. U 17/3 92, E 23, 7.

Wegen Fassung des Urteils bei Vorliegen von Strafverbrauch vgl. A. 99 zu § 260.

Der Einwand der rechtskräftig entschiedenen Sache ist auch noch in der Revisionsinstanz zulässig und wirksam, U 8/10 88, E 18, 272. U 7/1 96, E 28, 97; auch aus einer Verurteilung durch ein außerordentliches Kriegsgericht. U 24/10 19, DR 24, 3284; und zwar selbst dann, wenn die rechtskräftige Entscheidung später als die angefochtene ergangen ist. U 21/10 97, E 30, 340. U 26/1 15, E 49, 170. U 6/2 19, LZ 19, 602 (betr. Urt. der Kriegsgerichte).

12) Die Rechtshängigkeit der Strafklage bei einem Gericht steht ihrer Anhängigmachung wegen derselben einheitlichen Straftat bei einem anderen Gericht entgegen und es gebührt, wenn trotzdem zwei Gerichte mit der Sache befaßt worden sind, demjenigen die Entscheidung, bei welchem die Strafklage zuerst anhängig gemacht ist und zwar selbst dann, wenn es das Gericht niederer Ordnung ist. U 13/11 96, E 29, 174. Die wegen einer Sammeltat anhängige Strafklage begründet die Einrede der Rechtshängigkeit gegenüber der Anhängigmachung eines Einzelfalles. U 8/12 99, E 33, 11. Dagegen steht die Rechtshängigkeit eines Verfahrens wegen eines Einzelfalles der Eröffnung eines Verfahrens wegen der Sammeltat wenigstens dann nicht entgegen, wenn diesem noch andere als die bereits anhängigen Einzelfälle zugrunde liegen. U 14/2 08, E 41, 108. Ist ein Privatklageverfahren durch Beschluß eingestellt, so steht einem neuen Verfahren auf erhobene öffentliche Klage wegen der gegen den Beschluß möglichen fristlosen Beschwerde fortdauernde Rechtshängigkeit des eingestellten Privatklageverfahrens nicht entgegen. U 23/5 08, E 41, 277. Ist ein wegen einer gewerbs- oder gewohnheitsmäßigen oder fortgesetzten Straftat ergangenes Urteil vom Revisionsgericht aufgehoben und die Sache

§ 265 (264). [13]) Eine Verurteilung[14]) des Angeklagten auf Grund eines anderen als des in dem Beschlusse über die Eröffnung des Hauptverfahrens angeführten Strafgesetzes[15])

---

gemäß § 354 Abs. 2 in die Vorinstanz zurückverwiesen worden, so steht einem Strafverfahren wegen nach Erlaß des aufgehobenen Urteils begangener Einzelhandlungen Rechtshängigkeit nicht entgegen. U 23/6 09, E 42, 372. U 23/6 14, E 49, 353. Bei Einlegung der Berufung durch den Staatsanwalt zuungunsten des Angeklagten bildet das Berufungsurteil die Grenze der Rechtskraft, in den Fällen der §§ 331 u. 358 StPO. das erste Urteil U 28/9 17, E 51, 243 u. 255. Die durch einen noch nicht rechtskräftigen Strafbefehl eingetretene Rechtshängigkeit steht der Anhängigmachung eines neuen Strafverfahrens aus anderen rechtlichen Gesichtspunkten nicht entgegen; Verbindung beider Sachen nach § 237 ist zulässig. U 21/6 12, DR 16, 2779. Ein rechtskräftiger Strafbefehl verbraucht ebenfalls die Strafklage; nur dann steht die Rechtskraft des Strafbefehls der erneuten Verfolgung der Tat nicht entgegen, wenn sie unter einem neuen rechtlichen Gesichtspunkt erfolgt, der eine erhöhte Strafbarkeit begründet. U 25/10 20, DR 25, 433; E 52, 241; 54, 283; 56, 251. Bei fortgesetzten Handlungen steht ein rechtskräftig gewordener Strafbefehl der erneuten Aburteilung der Tateinheit insoweit nicht im Wege, als das neue Verfahren sich auf einen vom Strafbefehl nicht erfaßten Tatbestand erstreckt oder ihn aus rechtlichen Gesichtspunkten würdigt, die außerhalb der Zuständigkeit des Richters lagen, der den Strafbefehl erließ. U 12/10 20, DR 25, 432.

Wegen des Verfahrens, wenn infolge doppelter Anzeige derselben Tat zwei Strafklagen vor derselben Strafkammer anhängig sind, s. U 1/10 12, E 46, 214.

Ein nur auf Strafverbrauch gestützter Einwand berechtigt und verpflichtet das Revisionsgericht nicht, die Frage der Rechtshängigkeit von Amts wegen zu prüfen. U 11/1 04, E 37, 55. U 30/10 19, DR 24, 3285.

13) In den Fällen des § 422 (Strafbescheid einer Verwaltungsbehörde) findet die Vorschrift des § 265 keine Anwendung. U 29/4 81, E 4, 116, U 9/10 83, R 5, 586.

14) Unter Verurteilung i. S. § 265 ist nicht nur eine Verurteilung zu Strafe i. S. T. I Abschn. 1 StGB. zu verstehen. Die im § 265 vorgeschriebene Verweisung muß vielmehr auch erfolgen, wenn ein Angekl. infolge eines in der Hauptverhandl. neu hervorgetretenen rechtl. Gesichtspunktes unter Feststellung seiner Täterschaft wegen mangelnder Einsicht in die Strafbarkeit seiner Handlungen freigesprochen und gleichzeitig gegen ihn die Maßregel des § 56 Abs. 1 StGB (Verbringung in eine Erziehungs- oder Besserungsanstalt) erkannt werden soll. U 8/1 03, G 50, 125. DR 7, 84 s. jetzt § 47 Jugendgerichtsges. v. 16/2 23.

15) Die Notwendigkeit der Verweisung des Angeklagten auf die Veränderung des rechtlichen Gesichtspunktes tritt nicht schon bei jeder Abweichung von dem Verlaufe der Tat und deren gesetz-

lichen Merkmalen, wie der Eröffnungsbeschluß solche bezeichnet, sondern erst dann ein, wenn diese Abweichung der Tat selbst einen veränderten strafrechtl. Charakter aufprägt und deshalb von einer anderen, strengeren oder milderen, den Tatbestand oder die Strafe bestimmenden Norm beherrscht wird (U 30/11 81, E 5, 199: Verurteilung aus § 370 Nr. 5 statt aus § 242 StGB; U 31/3 82, R 4, 298: Anwendung des § 223a statt des § 224 StGB; U 12/6 81, E 6, 349: Fahrlässigkeit statt Vorsatz). Handelt es sich um einen veränderten Tatbestand, im Gegensatz zu bloßen Milderungen oder Erschwerungen (U 8/6 09, G 56, 324), so ist eine ausdrückliche Verweisung auf denselben nur geboten, wenn die Tat der Art oder der Gattung nach (einschließlich der geänderten Gestaltung, welche die Vorschriften des allgemeinen Teils des StGB herbeiführen) strafrechtlich eine andere wird, nicht aber, wenn die Tat strafrechtlich dieselbe bleibt, nach wie vor unter denselben Paragraphen oder denselben Abschnitt eines Paragraphen des StGB fällt, und nur von mehreren in demselben Deliktstatbestande als gleichwertig anerkannten Merkmalen das eine an die Stelle des anderen tritt. Verweisung auf den veränderten rechtl. Gesichtspunkt ist also z. B. nicht erforderlich: bei Ausspruch der Unbrauchbarmachung aus dem im Eröffnungsbeschluß nicht angeführten § 41 StGB. U 6/4 14, LZ 8, 1120; bei Nichtführung statt nur unordentlicher Führung von Handelsbüchern beim einfachen Bankerutt. U 1/3 81, E 3, 417; oder bei Zahlungseinstellung statt Konkurseröffnung im Falle des § 240 KO. U 29/5 03, E 36, 266. Vgl. ferner: U 30/1 14, LZ 8, 784 (Vornahme statt Verleitung in § 176 Nr. 3 StGB). U 15/3 07, DR 11, 524 (Ankündigung statt Anpreisung im § 184 Nr. 1 StGB). U 31/5 81, R 3, 350 (Verletzung einer Berufspflicht statt Verletzung einer Gewerbepflicht. § 230 StGB). U 28/10 02, G 50, 109. DR 6, 594 (Übertretung einer Berufspflicht statt Verletzung einer Amtspflicht). U 27/3 00, E 33, 224 (Widerstand gegen einen „Waldeigentümer oder einen von diesem bestellten Aufseher" statt gegen einen „Forstbeamten"). U 20/12 04, E 37, 353 (Eröffnung einer Tür oder eines Behältnisses. § 243 Nr. 3 StGB). U 23/11 06, DR 10, 1445 (falscher Schlüssel oder andere Werkzeuge). U 22/6 06, DR 10, 1016 (Erpressung durch Drohung statt durch Gewalt). U 27/11 85, E 13, 134 („Verbrechen" statt „Vergehen" im § 257 StGB). U 13/12 13, DR 17, 445 (§ 257 Abs. 1 statt § 258 StGB). U 16/9 97, G 45, 369 (§ 258 Ziff. 1 u. 2). U 5/4 07, E 40, 114 (Unterdrückung statt Vernichtung einer Urkunde). U 23/1 82, R 4, 62 (fälschliches Setzen eines Grenzsteins statt Verrückung desselben. § 274 StGB). U 15/3 98, E 31, 71 (Veranstaltung einer Lotterie statt einer Ausspielung. § 286 StGB). U 18/6 88, E 17, 440 (Ausbeutung der Notlage, des Leichtsinns oder der Unerfahrenheit bei strafbarem Wucher. § 302a StGB.) Anders liegt die Sache, wenn ein und dasselbe Strafgesetz mehrere strafrechtlich vollständig verschiedene Tatumstände umfaßt. So muß bei § 12 Nahrungsmittelges v. 14/5 79 die im § 265 angeordnete Verweisung erfolgen, wenn das Gericht statt „vorsätzlicher Herstellung gesundheitsschädlicher Nahrungsmittel", „wissentliches Verkaufen, Feilhalten und Inverkehrbringen" feststellen will. U 3/4 83, E 8, 149; nicht aber, wenn nur statt Verkaufens ein Inverkehrbringen angenommen werden soll. U 10/11 05, DR 9, 653. Dasselbe gilt von den im § 223a StGB zusammengefaßten Tatbeständen des Gebrauchs von Waffen, des hinterlistigen Überfalls usw. U 15/6 85, E 12, 379. Gebrauch eines Messers oder eines anderen gefährl. Werkzeuges im § 223a sind jedoch nur gleichwertige Erscheinungsformen des nämlichen Tatbestandes der Körperverletzung „mittels einer Waffe", so daß ein Hinweis auf § 265 hier nicht erforderlich ist. U 18/6 97, E 30, 176. Desgl. nicht, wenn bei einem aus § 14 Warenzeichengeſ erlassenen Eröffnungsbeschluß zugleich § 20 das. angewendet wird. U 17/2 14, E 48, 138.

Sonderentscheidungen: Verweisung auf den veränderten rechtl. Gesichtspunkt muß erfolgen: U. 9/1 83, R. 5, 23 (bei Annahme von Mittäterschaft statt alleiniger Täterschaft); U 16/2 92, E 22, 367. U 16/9 97, G 45, 370. U 27/11 02, E 36, 18. U 11/1 06, DR 10, 195 (Alleintäterschaft statt Mittäterschaft); U 14/7 04, DR 8, 507 (allein oder in Gemeinschaft mit einem anderen statt alleiniger Täterschaft); U 3/11 05, DR 9, 625 (allein oder mit einem anderen statt Mittäterschaft); U 19/3 83, R 5, 190 (Anstiftung statt Mittäterschaft); U 11/6 94, G 42, 241 (Teilnahme statt Mittäterschaft); U 14/6 94, E 25, 424 (Verurteilung aus § 48 StGB als Anstifter einer Zollhinterziehung statt als Anführer i. S. § 13 PrGeſ v. 23/1 38); U 27/10 84, R 6, 654 (Täterschaft statt Beihilfe); U 30/10 08, G 56, 75 (§ 257 Nr. 3 StGB statt Beihilfe); U 18/9 83, R 5, 536 (Versuch statt Vollendung); U 8/3 06, G 53, 177 (Vorsatz statt Fahrlässigkeit); U 15/2 00, E 33, 166 (Verw. bei erst in der Hauptverhandl. hervortretender Notwendigkeit der Anwendung des § 57 StGB); U 23/8 05, DR 9, 506 (nur Hinweis auf § 57, nicht auch auf § 56 StGB erforderlich). U 8/1 03, DR 7, 84 (Hinweis auf § 56 StGB, wenn der Angekl. wegen mangelnder Einsicht freigesprochen und gleichzeitig auf die Maßregel des Abs. 2 erkannt werden soll). U 6/7 80, R 2, 163 (reale statt idealer Konkurrenz); U 22/12 87, E 16, 437 (desgl.); U 17/1 84, E 9, 426 u. U. 1/11 86, R 8, 659 (Tatmehrheit statt einer fortgesetzten Tat); U 4/2 90, E 20, 226 (eine fortgesetzte Tat statt Tatmehrheit, wobei Hinweis auf § 73 StGB nicht genügt, U 1/7 10, G 58, 104; U 28/4 09, DR 6, 301 (Verurteilung wegen eines Antragsdelikts statt wegen eines Offizialdelikts); U 19/4 00, G 47, 286 (Anreizung statt Aufforderns im Falle des § 112 StGB); U 25/6 01, G 48, 359 (tätl. Angriff neben Widerstandsleistung); U 11/10 89, E 19, 401 (unbefugtes Verweilen statt widerrechtl. Eindringens nach § 123 StGB); U 5/11 89, E 20, 33. U 20/6 98, G 46, 340 u. U 16/19. März 99, E 32, 96 (§ 186 statt § 187 StGB); U 6/6 02, DR 6, 399 (Nichtanzeige eines beabsichtigten Verbrechens (§ 139 StGB) statt Beteiligung an der Ausführung der gleichen Tat); U 3/3 10, DR 14, 1470 (Beschimpfung der Gebräuche statt Verübung beschimpfenden Unfugs. § 166 StGB); U 29/11 04, DJZ 10, 268 (Wahlfälle des § 181a StGB); U 6/6 04, DR 8, 365 (Verbreiten unzüchtiger Schriften statt Verteilen. § 184 StGB; U 28/11 93, E 24, 432 (Beleidigung durch Verbreitung von Schriften statt öffentlicher Beleidigung); U 23/12 96, E 29, 281 (Öffentliche Beleidigung statt bloßer

Beleidigung aus § 185); U 21/3 02, DR 6, 245 (vier Beleidigungen statt einer); U 2/5 24, JW 53, 1768 (Totschlag statt Mord); U 29/3, 87, R 9, 204 (gemeinschaftliche, mittels gefährlichen Werkzeuges verübte Mißhandlung statt bloßer gemeinschaftlicher Mißhandlung); U 30/6 05, DR 9, 535 (§ 223 statt § 223a StGB); U 15/6 85, E 12, 379 (Waffen statt hinterlist. Überfall); U 11/3 07, DR 11, 524 (Messer und lebensgefährdende Behandlung statt Messer allein); U 10/11 98, G 46, 447 (fahrl. Körperverletzung aus § 230 Abs. 2 statt aus § 230 Abs. 1); U 21/3 02, DR 6, 245 (mehrere in Tatmehrheit zusammentreffende Beleidigungen statt einer Beleidigung); U 7/1 08, G 55, 226 (Entführung, um zur Ehe statt zur Unzucht zu bringen); U 15/4 80, E 1, 378 (Unterschlagung statt Diebstahls); U 19/12 81, E 5,249. U 20/4 22, JW 53, 1252 (Hehlerei statt Diebstahls, und zwar unter Hervorhebung, welche von den verschiedenen Tatbeständen des § 259 StGB in Frage kommen); U 14/3 95, E 27, 138 (gewohnheitsmäßige statt gewerbsmäßiger Hehlerei); U 9/9 05, DR 9, 535 (Hehlerei durch Ansichbringen statt durch Mitwirken zum Absatz); U 23/2 85, R 7, 138 (Diebstahl mittels Erbrechens eines Behältnisses statt mittels Einbruchs); U 6/5 98, G 46, 321 (D. mittels Einsteigens statt mittels Einbruchs); U 11/6 94, G 42, 241 (D. aus § 243 Nr. 3 statt aus § 243 Nr. 2); U 15/3 00, G 47, 167 (D. aus § 242 statt aus § 243 Nr. 2); U 28/4 02, G 49, 266 (Anwendung des § 247 StGB neben §§ 242, 244); U 21/9 06, DR 10, 1277 (Untreue statt Unterschlagung); U 20/11 05, DR 10, 67 (Rückfalldiebstahl statt Raub); U 15/11 87, R 9, 610. U 7/5 12, DR 16, 1864 (Verurteilung aus § 259 statt aus § 258 bez. § 260 StGB, s. jedoch auch U 10/6 15, LZ 9, 1458); U 13/12 87, R 9 722 (Anstiftung statt Hehlerei); U 9/6 02, DR 6, 354 (Hehlerei in bezug auf eine andere als die im Eröffnungsbeschlusse erwähnte Tat); U 22/4 04, G 51, 354. U 21/9 14, LZ. 9, 125 (Ansichbringen statt Verheimlichen bez. Mitwirken zum Absatz); U 9/4 98, E 17, 293 (einfache Unterschlagung statt Amtsunterschlagung); U 30/4 20, E 54, 322 (§ 257 StGB, persönliche neben sachlicher Begünstigung); U 24/2 03, DR 7, 188; U 25/6 06, DR 10, 947 (§ 266 Abs. 2 StGB. statt § 266 Abs. 1 Nr. 2); U 11/11 92, E 23, 279 (Fälschung einer Privaturkunde statt F. einer öffentlichen Urkunde); U 5/12, 02 E 36, 23 (Verurteilung aus §§ 270, 268 statt aus §§ 267, 268 StGB); U 24/3 93, E 24, 89 (Vernichtung einer „amtlich zugänglichen" statt einer „amtlich anvertrauten" Urkunde); U 31/1 05, DR 9, 139 (Unkenntlichmachung statt Wegnahme eines Grenzsteines); U 30/10 02, DR 6, 594 u. U 1/11 02, G 50, 109 (Wegnahme fremder Sachen zugunsten des Eigentümers statt Wegnahme eigener Sachen, § 289 StGB); U 16/9 02, DR 6, 514 (Vollstreckung einer der Art nach unzulässigen Strafe statt Vollstr. einer überhaupt nicht vollstreckbaren Strafe); U 23/1 91, E 21, 387 (unterlassene Bilanzziehung statt Nichtführung von Handelsbüchern); U 24/11 91, G 39, 336 (§ 286 statt § 284 StGB). U 20/12 95, E 28, 114 (Verurteilung aus § 136 Ziff. 8 statt aus §§ 135, 136 Ziff. 6 VerZollGes); U 3/7 08, G 55, 327 (Verurteilung aus §§ 136, 137 statt 134 VZG). U 4/10 10, G 58, 442 (Verurteilung aus UnlWettbewGes. § 4 Abs. 1 statt § 4 Abs. 2 das.). Bei Verurteilung aus § 258 Ziff. 2 StGB

darf nicht erfolgen, ohne daß der Angeklagte zuvor auf die Veränderung des rechtlichen Gesichtspunktes besonders hingewiesen und ihm Gelegenheit zur Verteidigung gegeben worden ist.[16])

statt wegen schweren Diebstahls genügt der allgemeine Hinweis nicht, daß der Angekl. wegen Begünstigung oder Hehlerei bestraft werden könnte; es muß besonderer Hinweis auf den Inhalt des § 258 Ziff. 2 erfolgen, U 15/10 86, R 8, 623; und bei Hinweis auf § 293 StGB muß dem Angekl. zur Kenntnis gebracht werden, welcher der verschiedenen dort aufgeführten Tatbestände in Betracht kommt. U 28/1 96, E 28, 150.

Behufs Erkennung auf die gesetzliche Nebenstrafe oder eine sonstige Nebenfolge einer strafb. Handlung ist die im § 265 vorgeschriebene Hinweisung nicht erforderlich, selbst wenn im Eröffnungsbeschluß die betr. Gesetzesbestimmung nicht angeführt ist. U 20/10 81, E 5, 137. U 7/2 84, E 10, 139. U 7/10 86, R 8, 601. U 5/10 00, E 33, 398. Dasselbe gilt, wenn auf eine Buße erkannt werden soll, ohne daß die die Buße zulassende Bestimmung im Eröffnungsbeschl. angeführt ist. U 2/6 05, DR 9, 374. Desgl. wenn die Strafbestimmung auf Grund deren die Verurteilung erfolgen soll, zwar im Eröffnungsbeschluß nicht ausdrücklich angeführt, die Annahme des betr. Tatbestandes aber sonst aus diesem Beschluß ausreichend zu ersehen ist. U 20/4 82, E 6, 169. Vgl. U 14/1 01, E 48, 114 (Nichtanführung des § 57 im Eröffnungsbeschluß bei jugendl. Angekl.).

Wegfall der im Eröffnungsbeschluß als rechtlich zusammentreffend angesehenen Vergehen ist als Veränderung des rechtl. Gesichtspunktes nicht anzusehen. U 12/4 04, E 37, 102.

16) Für die Beachtung des § 265 Abs. 1 ist weder eine Zeit, noch eine bestimmte Form angeordnet. Die Hinweisung kann deshalb in jedem Stadium der Hauptverhandl. erfolgen, solange das Urteil noch nicht erlassen ist, U 6/3 84, R 6, 174; U 21/4 80, R 1, 629, muß aber stets vom Gericht, bzw. von dem Vorsitzenden ausgehen. Bloße auf eine event. Veränderung des rechtl. Gesichtspunktes bezugnehmende Eventualanträge der Staatsanwaltschaft können diese gerichtliche Hinweisung nicht ersetzen, U 8/3 80, E 1, 254; jedoch kann die Hinweisung auch durch Bezugnahme auf den Antrag des StA. erfolgen. U 15/2 00, E 47, 161. Der Regel nach soll sich aber der Vorsitzende nicht auf einen allgemeinen Vorhalt beschränken, sondern den Angekl. ausdrücklich befragen, ob er dem veränderten rechtl. Gesichtspunkt gegenüber etwas zu seiner Verteidigung anzuführen habe, muß aber mindestens dem Angekl. zu solchen Erklärungen und weiteren Anträgen Zeit lassen und darf nicht auf die Hinweisung ohne Befragung des Angekl. sofort die Beratung oder Verkündung des Urteils folgen lassen. U 20/2 91, E 21, 372. U 25/4 94, E 25, 340. Bei Gesetzesparagraphen, welche mehrere Tatbestände zusammenfassen, kann außerdem die ausschließliche Benennung des Strafgesetzes nicht genügen, sondern

In gleicher Weise ist zu verfahren, wenn erst in der Verhandlung solche vom Strafgesetze besonders vorgesehene Umstände behauptet werden, welche die Strafbarkeit erhöhen.[17])

---

muß der einzelne in Frage kommende Tatbestand besonders hervorgehoben werden. U 28/1 96, E 28, 150; U 30/4 20, E 54, 323 (Verurteilung wegen persönlicher statt wegen sachlicher Begünstigung). Eine besondere Hinweisung kann unterbleiben, wenn bei einer erneuten Hauptverhandlung die Verlesung eines Urteils des Revisionsgerichts erfolgt, durch welches das erste Urteil unter Hinweisung auf einen bestimmten rechtl. Gesichtspunkt aufgehoben war, U 3/11 82, R 4, 786. U 26/5 91, E 39, 222. U 1/6 93, E 41, 262. U 2/6 02, E 49, 272 (Mitteilung der Gründe eines solchen Revisionsurteils); und es ist endlich auch, wenn bei der Hauptverhandl. der Angekl. auf die Veränderung des rechtl. Gesichtspunktes verwiesen und deshalb eine Vertagung der Sache beschlossen ist, in der erneuten Hauptverhandl. eine nochmalige Hinweisung nicht erforderlich. U 5/6 83, R 5, 405. U 14/7 85, R 7, 495. Andererseits wird der im § 265 vorgeschriebene Hinweis dadurch nicht entbehrlich, daß StA. und Verteidiger sich, ohne denselben abzuwarten, auf den veränderten rechtl. Gesichtspunkt eingelassen haben. U 5/11 89, E 20, 33.

Die Vorschrift des § 265 muß auch in den Fällen der §§ 231 Abs. 2, 232 und 233 StPO. beobachtet werden. U 16/19. März 99, E. 32, 96. U 20/2 85, E 12, 45. U 16/1 02, E 35, 66. Dagegen ist § 265 im objektiven Verfahren (§ 430ff.) nicht anwendbar. U 7/10 04, E 37, 270.

Bei einer im Wiederaufnahmeverfahren stattfindenden Hauptverhandl. bedarf es keiner Hinweisung, wenn solche bereits in der diesem Verfahren vorausgegangenen ersten Hauptverhandl. erfolgt war. U 3/4 02, DR 6, 245 u. U 17/2 22, E 57, 10 A. M. U 18/12 23, E 58, 52: Der Hinweis muß wiederholt werden. Eine besondere Form ist aber dafür nicht vorgeschrieben; Verlesung des früheren Urteils kann ausreichend sein.

Die erfolgte Hinweisung muß im Sitzungsprotokoll beurkundet werden; die bloße Angabe in den Gründen des Urteils, daß der Vorschrift des § 265 genügt sei, ist nicht ausreichend. U 14/6 80, R 2, 67. Vgl. U 12/4 80, R 1, 581.

Die Unterlassung der Hinweisung in denjenigen Fällen, in welchen sie nach dem Vorstehenden erforderlich ist, führt zur Aufhebung des Urteils. U 15/5 80, R 1, 789 u. a. Vgl. allerdings U 6/3 84, R 6, 714. U 8/3 80, E 1, 254. U 12/4 80, R 1, 581, wo die Aufhebung des Urteils infolge unterlassener Hinweisung von einer Beschränkung der Verteidigung oder einer sonstigen Beeinflussung der Entscheidung abhängig gemacht wird. Vgl. U 5/11 89, E 20, 33. U 13/4 92, E 23, 71. U 28/1 96, E 28, 150.

17) Vgl. z. B. §§ 223a, 224, 243, 244, 250, 265, 293 StGB.

Bestreitet der Angeklagte, unter der Behauptung, auf die Verteidigung nicht genügend vorbereitet zu sein, neu hervorgetretene Umstände,[18]) welche die Anwendung eines schwereren Strafgesetzes gegen den Angeklagten zulassen als des in dem Beschlusse über die Eröffnung des Hauptverfahrens angeführten, oder welche zu den im zweiten Absatze bezeichneten gehören, so ist auf seinen Antrag die Hauptverhandlung auszusetzen.[19])

Auch sonst hat das Gericht auf Antrag oder von Amts wegen die Hauptverhandlung auszusetzen, falls dies infolge der veränderten Sachlage zur genügenden Vorbereitung der Anklage oder der Verteidigung angemessen erscheint.[20])

Auf die in § 245 Abs. 2 bezeichneten Verhandlungen findet die Vorschrift des dritten Absatzes nicht Anwendung.

§ 266 (265).[21]) Wird der Angeklagte im Laufe der Haupt-

---

18) Unter den neu hervorgetretenen Umständen versteht das Gesetz nur solche Tatsachen oder tatsächliche Verhältnisse, die erst in der Hauptverhandlung zum Vorschein kommen. § 265 Abs. 3 findet keine Anwendung, wenn das Gericht nur bei der Beweiswürdigung aus dem gleichbleibenden Sachverhalt vom Eröffnungsbeschluß abweichende Schlüsse zieht. Dies gilt auch für neue Beweismittel. U 12/10 18, E 52, 250.

19) Wenn die Voraussetzungen des § 265 Abs. 3 sämtlich vorliegen, so hat der Angekl. einen unbedingten Anspruch auf Aussetzung der Hauptverhandlung. Fehlt jedoch auch nur eine dieser Voraussetzungen, so ist Abs. 3 nicht anwendbar. U 8/3 81, E 3, 402. U 29/11 79, E 1, 106.

20) Ob, abgesehen von den im § 265 Abs. 3 ausdrücklich hervorgehobenen Fällen, sonst nach der veränderten Sachlage zur Vorbereitung der Verteidigung die Aussetzung der Hauptverhandlung angemessen war, unterliegt nach der tatsächlichen Seite hin ausschließlich dem Ermessen des erkennenden Gerichts; soweit die Beantwortung dieser Frage durch rechtliche Erwägungen bedingt ist, unterliegt sie jedoch auch der Nachprüfung in der Revisionsinstanz. U 3/6 80, R 2, 20. U 29/11 79, E 1, 106. U 11/2 96, E 28, 124. In allen Fällen müssen aber, wenn nach erfolgter Hinweisung auf d. veränd. rechtl. Gesichtspunkt die vom Angekl. beantragte Vertagung abgelehnt wird, die Prozeßbeteiligten nach erfolgter Ablehnung noch einmal gehört werden. U 27/2 02, DR 6, 187.

21) Sog. Attraktion der konnexen Tatbestände. § 266 findet im Berufungsverfahren keine Anwendung, wenn eine neue Tat in Frage kommt, wohl aber, wenn es sich um diejenige Tat handelt, derentwegen das Verfahren schon im Gange war. U 3/12 08, E 42, 91 u. U 26/5 21, E 56, 113.

verhandlung noch einer anderen Tat beschuldigt, als wegen welcher das Hauptverfahren wider ihn eröffnet worden,[22]) so kann sie auf Antrag der Staatsanwaltschaft und mit Zustimmung des Angeklagten[23]) zum Gegenstande derselben Aburteilung gemacht werden.

Diese Bestimmung findet nicht Anwendung, wenn die Tat als ein Verbrechen sich darstellt oder ihre Aburteilung die Zuständigkeit des Gerichts überschreitet.[24])

§ **267 (266).** Wird der Angeklagte verurteilt, so müssen die Urteilsgründe die für erwiesen erachteten Tatsachen angeben, in welchen die gesetzlichen Merkmale der strafbaren Handlung gefunden werden.[25]) Insoweit der Beweis aus

---

22) Eine „andere Tat" i. S. § 266 ist nur eine von den im Eröffnungsbeschlusse erwähnten Straftaten verschiedene, selbständige Tat i. S. § 74 StGB. U 1/4 92, E 23, 33; U 28/9 17, E 51, 242. Daß die Beschuldigung gerade von der StA. ausgeht, bzw. von dieser formuliert werde, ist nicht erforderlich, U 1/4 92, E 23, 33; die andere Tat muß aber stets dem Angeklagten unter Hervorhebung ihrer gesetzl. Merkmale und des anzuwendenden Strafgesetzes genau bezeichnet werden. U 12/5 80, E 1, 432.

23) Die Zustimmung des Angeklagten ist an keine besondere Form geknüpft, sie muß aber unzweideutig zum Ausdruck gebracht sein und kann nicht schon darin gefunden werden, daß der Angekl. sich auf die neu erhobene Anklage ausläßt. U 2/1 00, G 47, 154. Anders früher U 12/3 89, G 37, 175. Im schöffengerichtl. (amtsgerichtlichen) Verfahren behält die Zustimmung des Angekl. ihre Wirkung auch für die Berufungsinstanz. U1/585, E 12, 164.

Wenn jemand entgegen § 266 noch wegen einer anderen Tat verurteilt wird, so genügt die Aufhebung dieses Teils des Urteils in der Revisionsinstanz, ohne daß es einer Freisprechung oder Einstellung bedarf. U 18/11 01, G 48, 443.

24) Die Tat muß sich nach dem Ergebnis der stattgehabten Verhandlung als ein Verbrechen darstellen. In diesem Falle darf die Aburteilung auch dann nicht erfolgen, wenn das verhandelnde Gericht für dieselbe an sich zuständig sein sollte. U 1/4 92, E 23, 33. Wenn die Aburteilung der „anderen Tat" die Zuständigkeit des Gerichts überschreitet, so darf weder diese Aburteilung, noch eine Verweisung der Tat vor das zuständige Gericht erfolgen. U 2/3 81, R 3, 91.

25) Nur die für erwiesen erachteten Tatsachen, in welchen die gesetzlichen Merkmale gefunden werden, müssen im Urteil angegeben werden. Die Angabe der Beweismittel ist nicht erforderlich, U 2/4 80, R 1, 532. U 14/5 80, R 1, 776. U 18/1 81, E 3, 202; insbesondere brauchen die Urteilsgründe auch den Wortlaut der der Entscheidung zugrunde liegenden

anderen Tatsachen gefolgert wird, sollen auch diese Tatsachen angegeben werden.[26])

Waren in der Verhandlung solche vom Strafgesetze besonders vorgesehene Umstände behauptet worden,[27]) welche die Strafbarkeit ausschließen,[28]) vermindern[29]) oder er-

---

Schriftstücke nicht zu enthalten; es genügt die Bezugnahme auf die bei den Akten befindlichen Schriftstücke. U 15/1 07, G 54, 290; dagegen wird Bezugnahme auf den Inhalt von bei den Akten befindlichen Schriftstücken nicht für zulässig gehalten im U 3/7 22, DR 26, 1746. Bei Verurteilung wegen Beleidigung durch einen Zeitungsartikel sind ebensowohl die in dem letzteren aufgestellten Behauptungen von Tatsachen, als auch die gebrauchten beleidigenden Ausdrücke selbst festzustellen. U 1/4 97, G 45, 125. Ein im Wiederaufnahmeverfahren ergehendes Urteil darf nicht lediglich auf die Sachdarstellung des früheren Urteils verweisen. U 12/4 23, JW 53, 1769.

26) Die bloße Feststellung der gesetzlichen, zum Tatbestande der betr. strafb. Handlung gehörigen Merkmale genügt nicht; es ist vielmehr stets, und zwar auch da, wo der Beweis sich ausschließlich auf ein Geständnis des Angekl. gründet, die spezielle Angabe der für erwiesen erachteten Tatsachen erforderlich, aus denen jene gesetzl. Merkmale gefolgert worden sind. U 14/5 80, E 1, 145. U 4/11 80, E 2, 419. U 5/2 04, DR 8, 145 (bei Verurteilung aus § 240 KO. ist spezielle Angabe der Mängel in den Handelsbüchern, welche die Übersicht des Vermögensstandes verhindern, erforderlich). U 10/3 14, DR 19, 278 (bei Verurteilung aus § 184 StGB genügt Hinweis auf die bei den Akten befindlichen Bilder nicht). Abstrakte Deliktsbegriffe müssen stets in ihre einzelnen gesetzl. Merkmale aufgelöst werden, so daß Feststellungen dahin, daß der Angekl. „entwendet" oder „unterschlagen" oder den „Versuch gemacht" habe, unzulässig sind. U 19/1 80, E 1, 152. U 30/9 80, R 2, 283. U 11/5 81, R 3, 292. Vgl. U 1/7 80, R 2, 150 (Zusammenrottung); U 14/6 80, R 2, 63 (Diebstahl); U 24/10 81, R 3, 636. U 22/1 83, R 5, 47 (Rückfall); U 8/1 81, E 55, 214 (Hehlerei). S. im allgemeinen über die Verpflichtung des Gerichts zur Auflösung von Rechtsbegriffen U 18/1 81, E 3, 201.

27) Daß in der Verhandlung Umstände i. S. § 267 Abs. 2 behauptet sind, kann, wenn in dem Urteil hierüber nichts vermerkt ist, nur durch das Protokoll, nicht durch einen Nachtrag des Vorsitzenden und des Gerichtsschreibers festgestellt werden. U 1/5 88, E 17, 346.

28) Vgl. hierüber A. 5 zu § 263. Nach § 267 Abs. 2 ist auch die Feststellung der Einsicht des jugendlichen Angekl. in die Strafbarkeit seiner Handlungen (§ 56 StGB.) zu behandeln. U 12/5 98, E 31, 161. vgl. aber U 24/2 03, E 36, 112; ebenso ein Beweisantrag über die Geisteskrankheit des Angeklagten. U 28/4 22, DR 26, 1486. Die Tatsachen, aus denen die zur Erkenntnis der Strafbarkeit erforderliche Einsicht gefolgert wird, brauchen jedoch nicht angegeben zu werden. U 19/6 02, DR 6, 440. Be-

höhen,[30]) so müssen die Urteilsgründe sich darüber aussprechen, ob diese Umstände für festgestellt oder für nicht festgestellt erachtet werden.[31])

Die Gründe des Strafurteils müssen ferner das zur Anwendung gebrachte Strafgesetz[32]) bezeichnen und sollen[33])

---

sonders festzustellen sind dagegen die Voraussetzungen des § 199 StGB. U 1/5 88, E 17, 346. U 11/6 07, DR 11, 844, und des § 233 StGB. U 24/11 98, E 31, 347. Desgl. die tatsächlichen Voraussetzungen der Notwehr, U 14/5 03, DJZ 9, 405 und der sinnlosen Trunkenheit. U 4/7 05, DR 9, 535.

29) Vgl. hierüber A. 6 zu § 263.

30) Wenn Umstände behauptet sind, welche die Strafbarkeit erhöhen, so ist der Ausspruch, daß dieselben nicht für festgestellt zu erachten, im Urteil so zu begründen, daß mindestens erhellt, ob die Tatsachen, in welchen der Strafschärfungsgrund liegen soll, nicht für erwiesen angesehen sind, oder ob aus Rechtsgründen, und aus welchen, in den für erwiesen erachteten Tatsachen der erschwerende Umstand nicht gefunden ist. U 25/3 82, E 6, 140. Vgl. U 3/12 79, E 1, 112; U 21/3 84, R 6, 213. Vgl. auch A. 7 zu § 263.

31) Unzulässig ist es, an Stelle der im § 267 vorgeschriebenen Feststellungen nur auf den Eröffnungsbeschluß zu verweisen, U 9/7 81, E 4, 382; oder auf den Inhalt der Anklageschrift, U 13/5 81, E 4, 137; oder auf das Protokoll der Hauptverhandlung, U 7/4 80, R 1, 558; oder auf die in einem anderen Urteil getroffenen Feststellungen. U 9/7 81, E 4, 367. U 10/6 97, E 30 144. U 1/6 04, G 51, 394. Dies gilt auch im Wiederaufnahmeverfahren, wenn das erk. Gericht zu demselben Ergebnis gelangt, wie das frühere Urteil. U 12/4 23, DJZ 29, 232. — Wahlweise Feststellung ist nur insoweit zugelassen, als es sich um gleichwertige Ausführungsarten derselben Straftat handelt, die keine verschiedenen Tatbestände darstellen. U 19/4 21, E 56, 35; U 13/7 17, E 51, 179; U 30/4 19, DR 23, 1231. Über die Entbehrlichkeit einer Feststellung über das Vorhandensein des rechtzeitigen Strafantrags bei Antragsdelikten U 21/4 80, R 1, 637. U 2/11 80, R 2, 430. — Über das Ergebnis eines auf Antrag des Angekl. aufgenommenen Entlastungsbeweises braucht sich das Urteil nur auszusprechen, wenn die Voraussetzungen des § 267 Abs. 2 vorliegen. U 5/10 86, R 8, 598.

32) Es bedarf nur der Bezeichnung derjenigen strafgesetzlichen Vorschriften, welche den gesetzl. Deliktsbegriff, unter den das Gericht die Tat stellt, nach irgendeiner Richtung bestimmen, also ein für den Tatbestand wesentliches Merkmal angeben. Die Vorschriften, welche vom Gericht nur zur allseitig richtigen Festsetzung der Strafe zu beachten waren (z. B. §§ 28, 29, 41, 74 StGB), brauchen nicht notwendig genannt zu werden, U 22/12 19, E 54, 204; wohl aber muß z. B. bei Annahme eines Versuchs der § 43 StGB, U 3/3 91, G 39, 70, und bei Annahme einer Mittäterschaft der § 47 StGB

die Umstände anführen, welche für die Zumessung der Strafe bestimmend gewesen sind.[34]) Macht das Strafgesetz die An-

---

angeführt werden. U 4/4 89, E 19, 213. U 9/11 99, E 32, 351. Bei einer Verurteilung wegen einer von mehreren gemeinschaftlich verübten Körperverletzung braucht dagegen neben § 223a nicht auch noch § 47 genannt zu werden, U 12/11 91, G 39, 310; desgl. nicht bei Verurteilung aus § 243 StGB neben diesem noch besonders § 242, U 17/3 98, G 46, 204; und bei Verurteilung zu einer Geldstrafe braucht das Urteil die Kasse, an welche die Geldstrafe fließen soll, nur dann zu bezeichnen, wenn die Zahlung an diese Kasse sich als ein wesentliches Moment des dem Täter für seine Tat zuzufügenden Übels darstellt (z. B. nicht nötig im Falle des § 146 GewO). U 14/6 87, E 16, 142. In allen Fällen bildet aber die Nichtangabe der Gesetzesparagraphen keinen unbedingten (§ 338 Nr. 7), sondern nur dann einen Aufhebungsgrund, wenn das Urteil auf dem Verstoße beruht. U 22/5 00, G 47, 374. Dies ist nicht anzunehmen, wenn im Eröffnungsbeschluß die im Urteil angewendeten gesetzl. Bestimmungen als das anzuwendende Strafgesetz benannt sind und die Schlußfeststellung des Urteils mit der Anklageformel und dem Wortlaut des angewendeten Strafgesetzes übereinstimmt. U 9/12 02, DR 7, 47.

Die Strafgesetze, auf Grund deren auf Einziehung erkannt wird, müssen stets angeführt werden. U 6/6 90, G 38, 203. Dagegen findet § 267 Abs. 3 auf die den Kostenpunkt regelnden Gesetzesvorschriften keine Anwendung, U 5/6 02, DR 6, 354; desgl. nicht bei Anwendung des § 20 Preßges, U 12/10 06, DR 10, 1277.

33) Das nur anweisende „sollen" macht diese Bestimmungen zu einer bloßen Ordnungsvorschrift, deren Nichteinhaltung nicht als Verletzung einer Rechtsnorm i. S. § 337 erscheint. U 10/2 82, E 6, 25.

34) Zu den Strafzumessungsgründen gehört auch die Feststellung, daß ein „besonders leichter Fall" (§ 57 Nr. 4 StGB) oder ein „minder schwerer Fall" (§§ 94, 96) vorliege. U 10/2 82, E 6, 25. Hartnäckiges Leugnen der erwiesenen Tat kann bei der Strafzumessung zu ungunsten des Angekl. verwertet werden. U 13/1 05, E 38, 207. U 18/1 22, DR 26, 695. Bei der Strafzumessung aus § 159 StGB darf die Erwägung, daß die Tat, zu der der Täter zu verleiten suchte, mit Zuchthaus bestraft wird, nicht verwendet werden. U 15/6 06, G 53, 294. Vgl. auch U 22/4 92, E 23, 91 u. U 7/1 11, E 44, 254. Wegen Unzulässigkeit bloßer Vermutungen und bloßen Verdachts als Strafzumessungsgründe s. U 19/11 14 u. 22/3 15, LZ 9, 434, 1031. U 28/3 23, JW 53, 320[41]. Dagegen ist die Berücksichtigung für erwiesen erachteter gleichartiger Straftaten, wegen deren keine Anklage erhoben war, zulässig. U 27/5 24, JW 53, 1771.

Bei einem auf eine Gesamtstrafe lautenden Urteil müssen die Gründe ergeben, welche Einzelstrafen für die einzelnen strafbaren Handlungen angenommen sind. U 20/9 80, E 2, 235. Die Überwei-

wendung einer geringeren Strafe von dem Vorhandensein mildernder Umstände im allgemeinen abhängig, so müssen die Urteilsgründe die hierüber getroffene Entscheidung ergeben, sofern das Vorhandensein solcher Umstände angenommen oder einem in der Verhandlung gestellten Antrage entgegen verneint wird.[35])

Verzichten alle zur Anfechtung Berechtigten auf Rechtsmittel, so genügt die Angabe der für erwiesen erachteten Tatsachen, in welchen die gesetzlichen Merkmale der strafbaren Handlung gefunden werden, und des zur Anwendung gebrachten Strafgesetzes; hierbei kann auf den Eröffnungsbeschluß Bezug genommen werden.[36])

Wird der Angeklagte freigesprochen, so müssen die Urteilsgründe ergeben, ob der Angeklagte für nicht überführt,[37]) oder ob und aus welchen Gründen die für er-

---

sung an die Landespolizeibehörde braucht nicht besonders begründet zu werden. U 9/8 02, DR 6, 487.

35) Die Stellung eines Antrags auf Zubilligung mildernder Umstände erfordert stets einen ausdrücklichen Ausspruch der Urteilsgründe, welcher durch die Festsetzung der ausgeworfenen Strafe und deren Begründung nicht ersetzt werden kann. U 13/1 03, DR 7, 109. Der Mangel eines solchen Ausspruchs begründet die Revision aber nur, wenn das Urteil darauf beruht, U 1/3 10, E 43, 297, kann jedoch auch vom Angekl. geltend gemacht werden, wenn nur der StA den Antrag gestellt hatte. U 4/1 12, E 45, 331. Als Antrag auf Zubilligung mild. U. ist es auch anzusehen, wenn in der Hauptverhandl. vom Staatsanwalt oder dem Angekl. oder seinem Verteidiger eine nur bei dem Vorhandensein mild. U. zulässige Strafe beantragt wird. U 24/2 02, DR 6, 158. U 6/3 06, DR 10, 513.

Bei Verneinung des Vorhandenseins mild. U. genügt die Begründung, daß der Fall nicht dazu angetan sei, das Vorhandensein solcher Umstände anzuerkennen. U 4/7 82, E 6, 433.

36) In Jugendsachen findet § 267 Abs. 4 keine Anwendung. § 47 Jugendgerichtsges. v. 16/2 23 (RGBl. I, 135, 152).

37) Die Gründe des freisprechenden Urteils dürfen sich nicht auf den allgemeinen Ausspruch beschränken, daß der Angekl. nicht für überführt erachtet sei, sondern es müssen auch hier die für erwiesen bzw. nicht erwiesen angenommenen Tatsachen insoweit bestimmt angegeben werden, daß eine rechtliche Nachprüfung möglich ist. U 22/5 80, E 2, 60. U 19/10 80, R 2, 352. U 3/12 81, E 5, 225. U 27/10 85, E 13, 30. § 267 Abs. 5 gilt auch für das sog. objektive Verfahren des § 430 (Einklebung von Abbildungen oder Schriften in die Urteilsurschrift ohne

wiesen angenommene Tat für nicht strafbar erachtet worden ist.[38])

§ 268 (267).[39]) Die Verkündung des Urteils erfolgt durch Verlesung der Urteilsformel[40]) und Eröffnung der Urteilsgründe am Schlusse der Verhandlung[41]) oder spätestens

nähere sprachliche Darlegung ihres Gedankeninhalts genügt nicht zur Feststellung von Tatsachen). U 12/12 07, E 41, 19.

38) Urteilsformel und Entscheidungsgründe sind als ein Ganzes aufzufassen, so daß die erstere in den letzteren ihre Ergänzung findet und es z. B. keine Revision begründet, wenn in der Urteilsformel das Vergehen, wegen dessen Verurteilung erfolgt, nur als vorsätzl. Körperverletzung bezeichnet ist, während die in den Gründen gegebene Feststellung auch die besondere Einordnung dieser Körperverletzung als einer in Ausübung des Amtes verübten umfaßt. U 22/10 80, E 2, 378.

39) Die Verkündung muß bei Vermeidung der Nichtigkeit öffentlich erfolgen (§ 173 GVG), U 30/1 80, E 1, 90. U 26/11 81, R 3, 743, und durch das Protokoll beurkundet werden. U 20/3 80, R 1, 496.

40) Der Zweck der Anordnung, daß die Urteilsformel verlesen werden soll, ist nur der, eine Übereinstimmung zwischen der verkündeten Urteilsformel und der Urteilsformel in der schriftlichen Urteilsausfertigung zu sichern. Wenn deshalb nicht behauptet werden kann, daß im einzelnen Falle ein Unterschied zwischen den beiden Urteilsformeln bestehe, so kann die bloße Tatsache der nicht erfolgten Verlesung einen Revisionsgrund nicht abgeben. U 21/12 80, E 3, 131. U 27/4 82, R 4, 398. S. dagegen einen Fall der Nichtigkeit wegen Unterlassung der Verlesung der Urteilsformel im U 16/4 85, R 7, 233. Jedenfalls ist es nicht erforderlich, daß die Urteilsformel protokolliert und aus dem Sitzungsprotokoll verlesen werde; es genügt, wenn dieselbe schriftlich festgestellt und auf Grund dieser Feststellung verlesen wird. U 24/4 82, R 4, 382. Vgl. U 15/5 07, DR 11, 844 u. U 3/10 13, E 47, 323 (Unterbrechung der Eröffnung der Urteilsgründe behufs Feststellung einer anderen Urteilsformel).

41) Mit der Verkündung des Urteils schließt die Verhandlung; das Gericht ist nicht berechtigt, nach dieser Verkündung, wenn auch vor dem förmlichen Schlusse der Sitzung durch den Vorsitzenden, die Verhandlung wieder aufzunehmen und das verkündete Urteil in einem Punkte abzuändern. U 22/11 81, E 5, 173. U 23/4 85, R 7, 245. U 3/5 09, E 42, 341. U 1/4 13, E 47, 115 (nachträgliche Änderung der Strafzumessungsgründe). Nur offensichtliche Schreib- oder Fassungsfehler in der verlesenen Urteilsformel können auch noch nach Verkündung des Urteils berichtigt werden. U 22/1 86, E 13, 267. U 12/3 89, G 37, 176. U 23/12 95, E 28, 81. U 6/3 96, E 28, 247. U 20/3 96, G 44, 50. U 12/6 96, G 44, 154. Ist nur ein Teil des beschlossenen Urteils verkündet, so muß die Verkündung vollendet, das Urteil so, wie es beschlossen, kundgegeben werden, und diese Ergänzung ist so lange zu-

mit Ablauf einer Woche nach dem Schlusse der Verhandlung.[42]) Die Eröffnung der Urteilsgründe geschieht durch Verlesung oder durch mündliche Mitteilung ihres wesentlichen Inhalts.[43])

---

lässig, als die Urteilsverkündung überhaupt zulässig ist, also jedenfalls binnen einer Woche. U 15/12 87, E 15, 271. Angeklagter und Verteidiger müssen anwesend sein, es sei denn, daß ein Fall des § 140 oder 231 Abs. 2 bzw. die Ausnahmefälle der §§ 232, 233, 277 ff., 387, 329, 330, 350 StPO vorliegen; der verhaftete Angeklagte muß vorgeführt werden. U 22/12 98, E 31, 338; U 2/1 22, DR 26, 696. Nach Beginn der Urteilsverkündung hat der Angekl. keinen Anspruch auf weiteres Gehör. U 7/11 22, E 57, 142.

42) Die Nichtbeachtung der einwöchigen Frist begründet an sich die Revision. Da es sich aber nicht um einen unbedingten Revisionsgrund (§ 338 StPO) handelt, ist zu prüfen, ob das Urteil möglicherweise darauf beruht. U 7/12 23, E 57, 423. — An dem besonderen Verkündungstermin müssen dieselben Richter teilnehmen, welche in der Hauptverhandlung mitgewirkt haben, ev. muß eine Wiederholung der Verhandlung stattfinden. Auch Staatsanwalt und Gerichtsschreiber müssen zugegen sein; die Anwesenheit des Angeklagten und seines Verteidigers ist nicht erforderlich. U 3/12 83, E 9, 341. U 11/12 80, E 3, 116. Der Verkündungstermin muß aber, wenn er nicht in der Hauptverhandlung selbst in Anwesenheit des Angekl. festgesetzt ist, dem letzteren durch eine ihm zuzustellende Ladung bekannt gemacht werden. U 22/1 97, G 45, 39. Beweisanträge, welche in diesem Termine bis zur Verkünd. des Urt. noch gestellt werden, müssen noch zugelassen, geprüft und gegebenenfalls erledigt werden. U 5/5 96, E 28, 340. U 3/3 96, G 44, 137. Vgl. jedoch U 16/6 06, DR 10, 947, wonach § 229 zu beachten ist, u. U 29/9 11, DJZ. 17, 100 für in der Zwischenzeit gestellte und abgelehnte Beweisanträge. Wegen eines Sonderfalls (angekündigte, vom Vorsitzenden aber verhinderte Antragstellung) s. U 26/2 12, JW 41, 946.

43) Auf die Nichtübereinstimmung der mündlich mitgeteilten Gründe mit den schriftlichen Urteilsgründen kann die Revision nicht gestützt werden. U 9/7 81, E 4, 382. U 25/2 82, R 4, 210.

Die Frage, worin der wesentliche Inhalt der Urteilsgründe bestehe, steht ausschließlich zum Ermessen des verkündenden Vorsitzenden und entzieht sich jeder Nachprüfung wie Anfechtung. U 25/2 82, R 4, 210.

Die gänzliche Unterlassung der Verkündung der Urteilsgründe kann die Revision nicht begründen, bewirkt aber, daß die Rechtsmittelfrist erst mit der Zustellung des Urteils beginnt. U 20/1 80, R 1, 249. U 6/2 80, E 1, 192. U 13/3 80, R 1, 467. U 1/6 80, E 2, 78. U 10/6 80, R 2, 51. U 25/8 80, E 2, 207.

Widerspruch über die erkannte Strafe in der Urteilsformel

War die Verkündung des Urteils ausgesetzt, so sind die Urteilsgründe vor ihr schriftlich festzustellen.[44])

§ 269. Das Gericht darf sich nicht für unzuständig erklären, weil die Sache vor ein Gericht niederer Ordnung gehöre.[45])

§ 270. Stellt sich nach dem Ergebnisse der Verhandlung die dem Angeklagten zur Last gelegte Tat als eine solche dar, welche die Zuständigkeit des Gerichts überschreitet,[46]) so spricht es durch Beschluß seine Unzuständigkeit aus und verweist die Sache an das zuständige Gericht.[47])

---

und den Gründen ist Revisionsgrund. U 2/2 04, DJZ 10, 507. U 22/11 12, E 46, 326.

44) Diese schriftliche Feststellung der Urteilsgründe muß von sämtlichen Richtern, die bei der Entscheidung mitgewirkt haben, vor der Verlesung unterschrieben werden. U 20/4 03, DJZ 8, 322. Die Unterlassung der vorherigen schriftlichen Feststellung der Urteilsgründe sowie der Mangel der Unterschrift sämtlicher Richter begründen die Revision. U 5/5 98, E 31, 140; dazu U 5/3 20, E 54, 256. Die Eröffnung der Urteilsgründe kann durch Verlesung oder mündliche Mitteilung ihres wesentlichen Inhalts erfolgen. U 14/11 87, R 9, 604.

45) Gleichgültig ist es, ob sich die Zuständigkeit des Gerichts niederer Ordnung erst durch die Ergebnisse der Hauptverhandl. herausstellte oder sich schon aus dem Eröffnungsbeschlusse ergab. U 29/4 87, E 16, 39. Die Zuständigkeit darf auch nicht deshalb abgelehnt werden, weil die Sache (Forstfrevel) in einem vor der Strafkammer (jetzt Schöffengericht oder Amtsrichter) nicht anzuwendenden besonderen Verfahren abgeurteilt werden müsse (§ 3 EG z. StPO). U 4/3 86, E 13, 383.

46) Bei der Unzuständigkeitserklärung hat sich das Gericht lediglich auf den Standpunkt des Richters zu stellen, der über die Eröffnung des Hauptverfahrens beschließt, so daß hinreichender Verdacht genügt. U 4/5 03, E 50, 284. U 6/12 10, DR 15, 267. Notwendig ist aber, daß verhandelt ist, ehe die Unzuständigkeit ausgesprochen wird, wobei es allerdings auf den Umfang der Verhandlung nicht ankommt. U 26/11 80, E 3, 70. Vgl. U 7/10 80, E 3, 4. U 18/9 08, E 41, 408. Hinsichtlich einer im Eröffnungsbeschluß nicht berücksichtigten selbständigen Straftat darf Verweisung an ein höheres Gericht nicht erfolgen. U 28/3 24, E 58, 126.

47) Die Entscheidung betr. der Unzuständigkeit muß stets in Form eines Beschlusses und nicht in Urteilsform erfolgen, selbst wenn eine Beweisaufnahme vorangegangen ist. U 17/6 92, E 23, 155. Für die Bekanntmachung des Beschlusses ist die Vorschrift des § 35 maßgebend. Der Beschluß muß also dem anwesenden Angekl. verkündet, bzw. wenn

Dieser Beschluß hat die Wirkung eines das Hauptverfahren eröffnenden Beschlusses[48]) und muß den Erfordernissen eines solchen entsprechen.[49])

Die Anfechtbarkeit des Beschlusses bestimmt sich nach den Vorschriften des § 210.[50])

---

derselbe bei der Verkündung nicht anwesend war, durch Zustellung bekannt gemacht werden. U 9/7 81, E 4, 373.

Das Gericht, an welches die Sache verwiesen ist, muß zunächst seine sachliche Zuständigkeit selbständig prüfen und ev. seinerseits die Verhandlung und Entscheidung der Sache an das zuständige Gericht weiter verweisen. U 6/4 03, G 50, 275. Erachtet es aber seine sachliche und örtliche Zuständigkeit für begründet, so muß es sich der sachlichen Entscheidung unbedingt unterziehen, selbst wenn der Verweisungsbeschluß hinsichtlich der Gleichheit der verwiesenen und der ursprünglich unter Anklage gestellten Tat einen Irrtum enthält, U 10/11 84, E 11, 253. U 14/10 13, E 47, 335, oder wenn das verweisende Gericht einen materiell oder prozessualisch unrichtigen Beschluß gefaßt, U 15/11 83, R 5, 691 u. U 31/1 11, E 44, 392, insbesondere den Verweisungsbeschluß nicht den Vorschriften des § 207 entsprechend gefaßt hat, da in solchem Falle dieser Beschluß durch Verlesung des Eröffnungsbeschlusses zu ergänzen ist. U 19/9 87, R 9, 439. S. unten A. 40. In der Hauptverhandl. vor dem Gerichte höherer Ordnung muß der Verweisungsbeschluß verlesen werden; die Unterlassung der Verlesung begründet die Revision. U 7/7 85, R 7, 473. Einen Sonderfall, in welchem abweichend entschieden wurde, s. im U 8/2 84, E 10, 230. Wegen des zuständigen Gerichts s. auch A. 71 Abs. 2 zu § 354.

48) Der Beschluß hat also auch die Wirkung, daß das Gericht, wenn es aus einem anderen als dem in demselben angeführten Strafgesetz verurteilen will, nach § 265 verfahren muß. U 18/2 87, R 9, 144. Bei Sammelvergehen erstreckt sich das Verfahren auch auf Handlungen, die erst nach dem Eröffnungsbeschlusse begangen sind. U 4/11 24, E 58, 370.

49) Wenn der Beschluß den Erfordernissen des § 207 nicht entspricht, so muß das zuständige aburteilende Gericht bei Beginn der Hauptverhandlung den mangelhaften Beschluß nach diesen Erfordernissen vervollständigen und dem Angekl. vorhalten, der seinerseits alsdann wegen der durch die verspätete Mitteilung über den Gegenstand des Hauptverfahrens herbeigeführten Beeinträchtigung seiner Verteidigung die Vertagung der Hauptverhandlung beantragen kann. U 10/4 83, R 5, 227. U 19/9 87, R 9, 439 (Ergänzung durch Verlesung des Eröffnungsbeschlusses).

50) Der Angeklagte kann den Unzuständigkeitsbeschluß in keinem Falle anfechten. U 2/2 81, E 3, 311. U 15/11 83, R 5, 692.

Ist der Beschluß von einem Amtsrichter oder einem Schöffengerichte ergangen, so kann der Angeklagte, falls nicht eine Voruntersuchung stattgefunden hat, innerhalb einer bei der Bekanntmachung des Beschlusses zu bestimmenden Frist[51]) die Vornahme einzelner Beweiserhebungen vor der Hauptverhandlung beantragen. Über den Antrag entscheidet der Vorsitzende des Gerichts, an welches die Sache verwiesen ist.[52])

§ 271. Über die Hauptverhandlung ist ein Protokoll aufzunehmen und von dem Vorsitzenden und dem Gerichtsschreiber zu unterschreiben.[53])

---

51) Die Unterlassung der Fristbestimmung kann die Revision nicht begründen, wenn der Angekl. dieselbe in der Hauptverhandl. nicht gerügt und auf Grund dessen nicht die Vertagung und Erhebung von Beweisen beantragt hat. U 6/11 85, R 7, 641. Mit Bestimmung der Frist wird auch diejenige des § 140 Abs. 4 in Lauf gesetzt. U 25/9 08, E 41, 414.

52) Über den Wegfall der Voruntersuchung, wenn die Sache von dem Schöffengericht (Amtsrichter) vor das Schwurgericht verwiesen wird, s. U 2/2 81, E 3, 311.

53) Bei einer mehrtägigen Verhandlung ist es zweckmäßig, an jedem Tage ein besonderes Protokoll aufzunehmen. Eine rechtliche Notwendigkeit für diese Form des Protokolls besteht jedoch nicht. U 1/7 97, E 30, 205. Eine besondere Frist, innerhalb welcher die Vollziehung des Protokolls stattfinden muß, ist nicht vorgeschrieben. Die Nachholung der Unterschrift des Vorsitzenden ist deshalb auch noch nach Einlegung eines Rechtsmittels für rechtlich zulässig und wirksam und selbst für notwendig zu erachten. U 18/2 86, E 13, 351. Änderungen und Zusätze des Protokolls sind zulässig, solange das Protokoll noch nicht vom Gerichtsschreiber und vom Vorsitzenden unterschrieben ist. U 20/3 83, R 5, 191. U 11/1 09, G 56, 95 (selbst nach Eingang einer Revisionsbeschwerde). Spätere Berichtigungen und Ergänzungen sind gestattet, wenn sie auf Grund übereinstimmender Erklärung des Vorsitzenden und des Gerichtsschreibers und nicht etwa erst nach Anbringung eines Rechtsmittels zu ungunsten der erhobenen Prozeßrüge gemacht sind. U 31/5 80, E 2, 76. U 13/10 90, E 21, 200. U 10/2 91, E 21, 323. BeschlVStrS 13/10 09, E 43, 1. Vgl. U 4/2 10, G 57, 396. Randbemerkungen zum Protokoll erfordern wie das letztere selbst die Unterschrift des Vorsitzenden und des Gerichtsschreibers. U 3/3 80, E 1, 241. U 22/12 80, R 2, 658. U 14/1 87, R 9, 55. Über Änderungen und Zusätze, welche der Vorsitzende in dem vom Gerichtsschreiber bereits unterschriebenen Protokollentwurf vorgenommen hat, s. U 27/11 91, E 22, 243. U 16/10 13, G 61, 341, über die Bedeutung des Unterpunktierens durchstrichener

Ist der Vorsitzende verhindert, so unterschreibt für ihn der älteste beisitzende Richter. Ist der Vorsitzende das einzige richterliche Mitglied des Gerichts, so genügt bei seiner Verhinderung die Unterschrift des Gerichtsschreibers.

§ 272. Das Protokoll über die Hauptverhandlung enthält:

1. den Ort und den Tag der Verhandlung;
2. die Namen der Richter, Geschworenen und Schöffen, des Beamten der Staatsanwaltschaft, des Gerichtsschreibers und des zugezogenen Dolmetschers;
3. die Bezeichnung der strafbaren Handlung nach der Anklage;
4. die Namen der Angeklagten, ihrer Verteidiger, der Privatkläger, Nebenkläger, gesetzlichen Vertreter, Bevollmächtigten und Beistände;
5. die Angabe, daß öffentlich verhandelt oder die Öffentlichkeit ausgeschlossen ist.[54])

Stellen für die Beweiskraft des Protokolls: U 19/4 95, E 27, 169 und über den Einfluß protokollierter Meinungsverschiedenheiten der Urkundspersonen U 20/11 02, G 50, 116, U 28/8 13 u. U 11/11 13, G 61, 130, 352; widersprechend U 12/7 12, G 60, 265.

Die Berichtigung eines fehlerhaften Protokolls müssen die Prozeßbeteiligten durch entsprechende Anträge bei dem Vorsitzenden herbeiführen, welcher sich der sachlichen Prüfung dieser Anträge nach Anhörung des Gerichtsschreibers nicht entziehen kann. Lehnt er die Prüfung ab, so ist Beschwerde zulässig. U 20/11 80, E 3, 47. Vgl. auch U 4/10 81, E 5, 44. U 21/12 14, DJZ 20, 316 (Berichtigung durch den Vorsitzenden allein). Die Berichtigung muß sich auf den ganzen Vorgang erstrecken und wirkt dann auch gegenüber einer bereits erhobenen Revisionsbeschwerde. U 15/12 13, DR 18, 875. Im übrigen kann die Revision nicht durch die formelle Mangelhaftigkeit des Protokolls als solche (Protokollrüge), sondern stets nur durch die Tatsache der Nichterfüllung der prozessualen Vorschriften selbst, die durch das Protokoll bewiesen werden sollen, begründet werden. U 8/6 80, R 2, 39. U 14/187, R 9, 55. U 29/1 09, E 42, 168. Insoweit nur hat auch die Fälschung des Protokolls für die Revisionsinstanz Bedeutung. U 14/12 82, E 7, 388.

54) Wenn die Öffentlichkeit ausgeschlossen ist, muß das Protokoll ersichtlich machen, in welcher Weise (§ 174 GVG) dies geschehen ist. U 11/2 84, E 10, 92. U 1/11 81, R 3, 677.

§ 273. Das Protokoll muß den Gang und die Ergebnisse der Hauptverhandlung im wesentlichen wiedergeben[55]) und die Beobachtung aller wesentlichen Förmlichkeiten ersichtlich machen, auch die Bezeichnung der verlesenen Schriftstücke[56]) sowie die im Laufe der Verhandlung gestellten Anträge,[57]) die ergangenen Entscheidungen[58]) und die Urteilsformel[59]) enthalten.[60])

---

55) Ergebnisse der Hauptverhandlung, welche im wesentlichen wiedergegeben werden müssen, sind nur solche Ergebnisse, welche nicht aus den Vernehmungen, d. h. den die Sache selbst betreffenden Aussagen, im Gegensatz zu den sonstigen durch Erklärung der zu vernehmenden Personen festzustellenden, für das Verfahren erheblichen Umständen, z. B. aus § 68 StPO, hervorgehen. U 10/2 80, E 1, 199. Insbesondere gehört also der Inhalt der Zeugenaussagen nicht zu den Förmlichkeiten, für welche das Sitzungsprotokoll über die Hauptverhandlung vor der Strafkammer die alleinige Beweisquelle bildet. U 13/2 85, R 7, 106. U 30/1 90, E 20, 220.

56) Nur die verlesenen Schriftstücke müssen bezeichnet werden, nicht auch solche, deren wesentlicher tatsächlicher Inhalt nur vom Vorsitzenden festgestellt ist. U 31/3 98, G 46, 211.

57) Bei Beweisanträgen müssen die behaupteten Tatsachen und die zum Beweise derselben vorgeschlagenen Beweismittel in das Protokoll aufgenommen werden. U 16/12 79, E 1, 32. U 3/7 05, DR 9, 569. U 22/12 05, DR 10, 195.

Bei Aufnahme der Anträge der Staatsanwaltschaft, insbesondere des Schlußantrages, brauchen die zur Begründung derselben gemachten Ausführungen in das Protokoll nicht aufgenommen zu werden. U 22/6 99, E 32, 239.

58) Zugleich mit den ergangenen Entscheidungen (Beschlüssen) müssen auch die Gründe derselben protokolliert werden. Vgl. U 2/3 80, E 1, 236; R 1, 410. Einer besonderen Beurkundung der erfolgten Verkündung einer Entscheidung bedarf es nicht, wenn der Erlaß der Entscheidung selbst beurkundet ist. U 7/9 80, R 2, 204.

59) Es genügt nicht, daß die Urteilsformel in dem dem Protokoll als Anlage beigefügten Urteil niedergeschrieben ist. Aber der Umstand allein, daß die Protokollniederschrift ihrem Inhalt nach mit einem erheblichen Mangel behaftet ist (Protokollrüge), kann nicht zur Aufhebung des Urteils führen, weil dieses nicht auf dem gerügten Protokollmangel, sondern auf der Hauptverhandlung beruht. U 8/4 24, E 58, 143. Wegen der Zulässigkeit der Ergänzung der Urteilsformel aus den Urteilsgründen s. jedoch U 22/10 80, E 2, 378. Eine von dem Angekl. sofort nach der Verkündung des Urteils in der Sitzung erklärte Revisionsanzeige braucht in das Protokoll nicht aufgenommen zu werden. Beschl 2/11 93, E 24, 355.

Aus der Hauptverhandlung vor dem Amtsrichter und dem Schöffengerichte sind außerdem die wesentlichen Ergebnisse der Vernehmungen in das Protokoll aufzunehmen.[61])

Kommt es auf die Feststellung eines Vorgangs in der Hauptverhandlung oder des Wortlauts einer Aussage oder einer Äußerung an,[62]) so hat der Vorsitzende die vollständige

---

60) Sonderentscheidungen: U 12/4 80, R 1, 581 (Notwendigkeit der Protokollierung der Hinweisung auf den veränderten rechtlichen Gesichtspunkt gemäß § 265); U 17/6 80, R 2, 79 (desgl. der Verlesung von Schriftstücken); vgl. auch U 31/5 80, R 1, 840; U 10/12 80, E 3, 100 (desgl. der Befragung der Zeugen und Sachverständigen über ihre persönlichen Verhältnisse); U 11/2 84, E 10, 93. U 1/11 81, R 1, 677 (desgl. der vorgeschriebenen Förmlichkeiten bei Ausschluß der Öffentlichkeit); U 22/5 80, R 1, 814 (Zulässigkeit einer der Vernehmung der Zeugen vorausgehenden Bemerkung, daß alle Zeugen beeidet seien); U 2/11 80, R 2, 430 u. U 16/6 81, R 3, 407 (Erwähnung des Strafantrages nicht erforderlich); U 15/6 83, R 5, 444 (Entbehrlichkeit der Feststellung der Voraussetzungen, unter denen die Berufung auf einen ein für allemal geleisteten Sachverständigeneid statthaft war); U 27/4 80, E 1, 379 (desgl. eines Vermerkes, daß der Dolmetscher der fremden Sprache mächtig war). U 4/3 02, E 35, 164 (Vorhaltungen des Vorsitzenden brauchen im Protokoll nicht beurkundet zu werden. Zulässigkeit einer Beweisaufnahme in der Revisionsinstanz über angeblich in der Hauptverhandlung gemachte, nicht beurkundete Vorhaltungen).

61) Das Protokoll über eine schöffengerichtl. Hauptverhandlung ist infolgedessen nicht nur ein zulässiges Beweismittel für die formalen Vorgänge in der Hauptverhandlung, sondern auch über die Ergebnisse der Vernehmungen selbst und kann deshalb z. B. in einem Meineidsverfahren zum Beweise der von einem Zeugen gemachten Aussagen verlesen werden. U 2/5 02, DR 6, 301.

Sind in Strafkammer- oder Schwurgerichtssachen Aussagen von Zeugen oder Sachverständigen in das Protokoll aufgenommen, so entbehrt dies für eine Prozeßbeschwerde nicht jeden Beweiswerts. U 10/6 10, E 43, 437.

62) Unter Vorgang ist ein in der Verhdlg. durch die Urkundsperson wahrgenommenes verfahrensrechtlich wichtiges Ereignis zu verstehen. Widersprüche zwischen früheren und späteren Aussagen der Zeugen oder Sachverständigen gehören nicht hierher, U 11/6 06, E 53, 290; desgl. nicht die erfolgte Zuziehung eines Dolmetschers. U 20/3 06, DJZ 11, 765. Ob der Wortlaut einer Aussage so erheblich ist, daß es der Protokollierung desselben bedarf, unterliegt allein dem Ermessen des Vorsitzenden, bzw. des Gerichts; die Prozeßbeteiligten haben kein Recht, die Protokollierung der bei der Zeugenvernehmung vorgekommenen Fragen und Antworten zu verlangen. U 17/12 81, E 5, 352.

Niederschreibung und Verlesung anzuordnen.[63]) In dem Protokoll ist zu bemerken, daß die Verlesung geschehen und die Genehmigung erfolgt ist, oder welche Einwendungen erhoben sind.[64])

§ 274. Die Beobachtung der für die Hauptverhandlung vorgeschriebenen Förmlichkeiten kann nur durch das Protokoll bewiesen werden.[65]) Gegen den diese Förmlich-

---

U 2/6 96, E 28, 394. Vgl. U 12/7 80, E 2, 202. U 17/2 88, R 10, 157. Durch die gemäß § 273 Abs. 3 erfolgte Feststellung wird der Wortlaut der Aussage voll bewiesen. U 28/1 09, E 42, 157.

63) Die Niederschreibung kann auch in einer Anlage des Protokolls geschehen. Auch diese Anlage ist von dem Vorsitzenden und dem Gerichtsschreiber zu unterschreiben. U 1/5 80, E 2, 34.

64) Verstoß gegen § 273 Abs. 3 kann die Aufhebung des Urteils nicht rechtfertigen. U 11/6 06, G 53, 290.

65) Unter den im § 274 erwähnten Förmlichkeiten sind diejenigen Vorgänge des Hauptverfahrens zu verstehen, welche für dessen Rechtsbeständigkeit von Einfluß sind (§ 273), insbesondere also auch die im Laufe der Hauptverhandlung gestellten Beweisanträge und die auf dieselben ergangenen Bescheide. U 20/5 98, E 31, 163. U 10/1 02, E 35, 61 (Stellung von Beweisanträgen durch die Urteilsgründe nicht beweisbar). U 1/2 06, DR 10, 454. Auch bei schöffengerichtlichen Sitzungsprotokollen gehört der Inhalt der Erklärungen des Angekl. nicht zu den unter die erhöhte Beweiskraft des § 274 fallenden Förmlichkeiten, es sei denn, daß es sich um eine gemäß § 273 Abs. 3 erfolgte wörtliche Niederschrift handelt. U 7/1 24, E 58, 58; U 18/11 24, E 58, 378. Auf einen Protokollvermerk über den Verzicht des Angekl. auf ein Rechtsmittel findet die lediglich für die Vorgänge in der eigentlichen Hauptverhandlung geschaffene Rechtsvermutung des § 274 nicht Platz, vielmehr ist eine derartige Verzichtserklärung in freier Beweiswürdigung zu beurteilen. Beschl 12/4 07, DR 11, 052. Nach dem Sinne des § 274 liefert das Protokoll nicht nur insofern einen lediglich durch Darlegung einer Fälschung wiederlegbaren Beweis, daß für feststehend erachtet werden muß, was das Protokoll als geschehen beurkundet, sondern auch insofern, daß als nicht geschehen anzusehen ist, worüber es schweigt, sofern es sich um einen Vorgang der ebengedachten Art handelt. U 28/1 80, E 1, 85. Vgl. U 31/5 80, E 2, 76. U 4/10 81, R 3, 586. U 13/3 83, E 8, 141. U 20/5 98, E 31 163. U 7/10 01, E 34, 385 (Nichtfeststellung der Entfernung des Vertreters des Nebenklägers vor der Urteilsverkündung). Besteht hinsichtlich eines Punktes im Protokoll zwischen den beiden Urkundspersonen eine Meinungsverschiedenheit, so greift in bezug auf diesen Punkt die Beweisregel des § 274 nicht platz. U 30/10 23, E 57, 396. Beweiskraft erhält das Sitzungsprotokoll erst dann, wenn es zu den Akten gelangt ist. U 1/5 88, R 10, 364. U 13/3 83,

keiten betreffenden Inhalt des Protokolls ist nur der Nachweis der Fälschung zulässig.[66])

§ 275. Das Urteil mit den Gründen ist binnen einer Woche nach der Verkündung zu den Akten zu bringen, falls es nicht bereits vollständig in das Protokoll aufgenommen worden ist.[67])

Es ist von den Richtern, welche bei der Entscheidung mitgewirkt haben, zu unterschreiben.[68]) Ist ein Richter

---

E 8, 141. Derselbe Zeitpunkt ist auch für die Wirksamkeit einer nachträglichen Ergänzung oder Berichtigung des Protokolls maßgebend. U 15/6 93, E 24, 214.

66) Die Fälschung setzt voraus, daß entweder das Protokoll als Ganzes falsch hergestellt, oder daß das an und für sich echte Protokoll demnächst in unbefugter Weise inhaltlich verändert, demselben insbesondere von den bei seiner Errichtung Beteiligten mit Bewußtsein ein unwahrer Inhalt gegeben wird. Wenn nur aus Mißverständnis oder Fahrlässigkeit unter der Autorität und Unterschrift des Vorsitzenden und des Gerichtsschreibers Vorgänge, welche sich zugetragen, aus dem Protokoll hinweggelassen, oder Vorgänge als wirkliche in das Protokoll eingetragen werden, welche sich überhaupt nicht oder in anderer Weise bei der Hauptverhandlung zugetragen haben, so steht dem Angekl. der Antrag auf Berichtigung bei dem Vorsitzenden offen. (S. A. 53 zu § 271). U 4/10 81, E 5, 44. U 27/3 05, DJZ 11, 817 (bei versehentlicher Unrichtigkeit des Protokolls ist Fälschung nicht anzunehmen).

Die Überklebung einer Stelle des Protokolls enthält eine schon ihrer Art nach unstatthafte Änderung des letzteren, die ihm hinsichtlich der an dieser Stelle niedergelegten Bekundungen jede Beweiskraft entzieht. U 8/6 00, G 47, 377.

Über die Bedeutung der Fälschung für die Revision s. U 14/12 82, E 7, 388 und A. 53 zu § 271. Das Reichsgericht kann Beweiserhebungen, welche den Inhalt eines echten Sitzungsprotokolls betreffen, nicht anordnen. U 20/12 89, E 20, 166.

67) Die Bestimmung des § 275 Abs. 1, welche sich übrigens auch auf die Unterschrift des Urteils durch die Richter bezieht (Abs. 2), U 14/7 85, R 7, 493, ist nur eine Ordnungsvorschrift, deren Nichtbeobachtung als Verletzung einer Rechtsnorm nicht angesehen werden kann. U 22/10 80, E 2, 378. U 28/1 82, R 4, 91. U 5/5 98, E 31, 140. U 24/11 98, E 31, 348.

68) Sowohl die Urteilsformel, als auch die Urteilsgründe müssen von den erkennenden Richtern unterschrieben werden. Die bloße Unterschreibung der Gründe durch sämtliche Richter, während die Unterschreibung der Urteilsformel nur durch den Vorsitzenden und den Gerichtsschreiber erfolgt ist, entspricht nicht der Vorschrift des § 275 Abs. 2, welche sich im übrigen nur auf Urteile, nicht auch auf Be=

verhindert,[69]) seine Unterschrift beizufügen, so wird dies unter Angabe des Verhinderungsgrundes[70]) von dem Vorsitzenden[71]) und bei dessen Verhinderung von dem ältesten beisitzenden Richter unter dem Urteile bemerkt.[72]) Der

---

schlüsse des Gerichts bezieht. U 26/5 80, R 1, 826. U 18/2 80, E 1, 210. U 29/4 80, E 1, 402. U 25/5 89, E 19, 233.

Die Unterschrift der Richter unter dem Urteil hat die Bedeutung der Feststellung und Beurkundung der Urteilsgründe. Offenbare Mängel des Ausdrucks für das erkennbar Gewollte (Rechenfehler, Schreibfehler) können zwar auch nach Vollziehung des Urteils jederzeit noch berichtigt werden, U 22/1 86, E 13, 269. U 23/12 95, E 28, 81. U 6/3 96, E 28, 247. U 20/3 96, G 44, 50. U 12/6 96, G 44, 154; dagegen können materielle Zusätze und Abänderungen, welche nach Unterschrift des Urteils durch die beisitzenden Richter vom Vorsitzenden oder von dem Urteilsfasser gemacht worden sind, selbst dann nicht als Urteilsgründe gelten, wenn der Vorsitzende oder die übrigen Richter nach erfolgter Rüge unter denselben bescheinigt haben, daß sie die Änderungen nachträglich genehmigen. U 21/11 85, E 13, 66. U 17/10 92, E 23, 261. U 12/12 95, E 28, 54. U 23/12 95, E 28, 81 (Änderungen bezügl. der Höhe der Einzelstrafen im Falle des § 74 StGB). U 7/11 10, E 44, 120. U 7/6 02, DR 6, 488 (Zulässigkeit der Abänderung eines bereits fertig gestellten und von allen beteiligten Richtern unterschriebenen Urteils mit durch neuerliche Unterschrift bezeugter Zustimmung sämtlicher Richter). U 23/9 19, E 54, 21 (desgl. solange die Feststellung der Urteilsbegründung eine innere Angelegenheit des Gerichts geblieben und das Urteil noch nicht zur Kenntnisnahme durch eine außerhalb des Gerichts stehende Person bestimmt war). Vgl. BeschlVStrS 18/4 94, E 25, 297, 309 u. U 6/3 96, E 28, 247 (Unzulässigkeit der Ergänzung eines verkündeten und den Parteien zugestellten Urteils durch einen nachträglichen Beschluß über einzelne Inzidenzpunkte oder Einreden des Angekl.).

69) Als hinreichender Verhinderungsgrund gilt auch die bereits erfolgte Rückkehr eines als Hilfsrichter zugezogenen, nicht am Gerichtssitze wohnenden Richters nach seinem Wohnort. U 9/12 86, R 8, 739.

70) Für die Angabe des Verhinderungsgrundes ist eine sakramentale Form im Gesetz nicht vorgesehen. U 6/11 91, G 39, 318.

71) Unter dem Vorsitzenden ist der Richter zu verstehen, welcher im vorliegenden Fall in der Hauptverhandlung und bei der Entscheidung den Vorsitz geführt hat. U 17/2 90, G 38, 48.

72) Die Unterschrift eines Richters kann jedoch jederzeit nachgeholt werden, U 29/9 87, R 9, 480, selbst wenn ihr Fehlen bereits mit der Revision gerügt ist. U 15/12 13, DR 18, 561; wegen des Laufs der Revisionsfrist in diesen Fällen s. U 12/11 15, DR 20, 156. Im übrigen findet § 275 Abs. 2 auch bei Verhinderung mehrerer Richter Anwendung, und es ist auch zulässig, daß ein Richter unter dem Urteile die Verhinderung

Unterschrift der Schöffen und der Geschworenen bedarf es nicht.

Die Bezeichnung des Tages der Sitzung, sowie die Namen der Richter, der Geschworenen, der Schöffen, des Beamten der Staatsanwaltschaft und des Gerichtsschreibers, welche an der Sitzung teilgenommen haben, sind in das Urteil aufzunehmen.[73])

Die Ausfertigungen und Auszüge der Urteile sind von dem Gerichtsschreiber zu unterschreiben und mit dem Gerichtssiegel zu versehen.[74])

7. Abschnitt. Verfahren gegen Abwesende.

§ 276 (318). Ein Beschuldigter gilt als abwesend, wenn sein Aufenthalt unbekannt ist oder, wenn er sich im Ausland[75]) aufhält und seine Gestellung vor das zuständige Gericht nicht ausführbar oder nicht angemessen erscheint.

§ 277 (319). Gegen einen Abwesenden kann eine Hauptverhandlung nur dann stattfinden, wenn die den Gegenstand der Untersuchung bildende Tat nur mit Geldstrafe[76]) oder Einziehung,[77]) allein oder in Verbindung miteinander, bedroht ist.[78])

---

aller übrigen an der Unterschriftsvollziehung bemerkt. U 9/1 94, S 42, 32. U 27/1 21, DR 25, 2490.

73) Die Bezeichnung der Person des Verletzten gehört nicht in die Urteilsformel, sondern als Bestandteil der konkreten Tatsachen in die Urteilsgründe. U 17/10 81, E 5, 134. Wohl aber muß in den Fällen, in denen einem Verletzten die Befugnis zur öffentl. Bekanntmachung der Urteilsformel zugesprochen wird, in dieser der Name des Verletzten genannt werden. AV. d. pr. JMin. v. 30. 4. 1925 (JMBl. S. 170).

74) Beglaubigte Abschriften der Urteile bedürfen der Beifügung des Gerichtssiegels nicht. U 5/7 83, E 9, 274. Wegen des zuständigen Gerichtsschreibers, insbes. bei Urteilen auswärtiger Strafk. s. Beschl. 13/2 14, E 48, 131.

75) Wegen des Begriffes „Ausland" s. A. 13 zu § 9.

76) Das Ungehorsamsverfahren wird dadurch nicht ausgeschlossen, daß für den Fall der Uneinbringlichkeit der Geldstrafe deren Umwandlung in Freiheitsstrafe vorgeschrieben ist. U 27/2 90, E 20, 290.

77) Einziehung begreift auch die in älteren Gesetzen (§ 135 Vereinszollges v. 1/7 69) angedrohte Konfiskation. U 27/2 90, E 20, 290.

78) Vgl. z. B. §§ 145, 276, 285, 364, 365 Abs. 1 StGB.

Für das Verfahren kommen die Vorschriften der §§ 278—284 zur Anwendung.

§ 278 (320). Ist der Aufenthalt des Angeklagten unbekannt oder die Befolgung der für Zustellungen im Ausland bestehenden Vorschriften unausführbar oder voraussichtlich erfolglos,[79] so wird der Angeklagte in der Weise zur Hauptverhandlung geladen, daß eine beglaubigte Abschrift der Ladung zwei Wochen an die Gerichtstafel des Gerichts erster Instanz angeheftet wird.

§ 279 (321).[80] Die Ladung muß enthalten:

die Angabe des Namens und, soweit dies bekannt, des Vornamens, Alters, Standes, Gewerbes und Wohnorts oder Aufenthaltsorts des Angeklagten, die Bezeichnung der dem Angeklagten zur Last gelegten strafbaren Handlung, sowie die Angabe des Tages und der Stunde der Hauptverhandlung.

Zugleich ist die Warnung hinzuzufügen, daß bei unentschuldigtem Ausbleiben des Angeklagten zur Hauptverhandlung werde geschritten werden.

§ 280 (322). In der Hauptverhandlung kann für den Angeklagten ein Verteidiger auftreten. Auch Angehörige des Angeklagten sind, ohne daß sie einer Vollmacht bedürfen, als Vertreter zuzulassen.

§ 281 (323). Die Zustellung des Urteils erfolgt nach Maßgabe der Bestimmungen des § 40 Abs. 2.

---

79) Die öffentliche Ladung des Angekl. ist nur für den Fall zulässig, daß die Befolgung der für Zustellungen im Auslande bestehenden Vorschriften unausführbar oder voraussichtlich erfolglos erscheint, nicht aber für den Fall, daß zwar diese Vorschriften ausführbar sind und den Erfolg des Zustellungsvollzuges haben, aber die im zugestellten Schriftstücke enthaltene Aufforderung voraussichtlich nicht befolgt werden wird. U 23/10 99, E 32, 306. Die für Zustellungen im Auslande bestehenden Vorschriften s. in den §§ 199—203 ZPO.

80) Der §279 bezieht sich nur auf die Fälle des § 278 Satz 1. Wo die persönliche Zustellung durch die zuständige Auslandsbehörde erfolgen kann oder erfolgt ist, genügt es, wenn die Ladung den allgemeinen Anforderungen der §§ 214 u. 232 entspricht. U 27/2 90, E 20, 290.

§ 282 (324). Die im § 280 bezeichneten Personen können von den dem Beschuldigten zustehenden Rechtsmitteln Gebrauch machen.

§ 283 (325). Insoweit es nach dem Ermessen des Richters zur Deckung der den Angeschuldigten möglicherweise treffenden höchsten Geldstrafe und der Kosten des Verfahrens erforderlich ist, können einzelne zum Vermögen des Angeschuldigten gehörige Gegenstände mit Beschlag belegt werden. Auf diese Beschlagnahme finden die Bestimmungen der Zivilprozeßordnung über die Vollziehung und die Wirkungen des dinglichen Arrestes entsprechende Anwendung.[81]) Die Beschlagnahme ist aufzuheben, wenn ihr Grund weggefallen ist.

§ 284 (326). Insoweit eine Deckung in Gemäßheit der vorstehenden Bestimmung nicht ausführbar erscheint, kann durch Beschluß des Gerichts das im Deutschen Reiche befindliche Vermögen des Angeschuldigten mit Beschlag belegt werden. Der Beschluß ist durch den Deutschen Reichsanzeiger und nach Ermessen des Gerichts auch durch andere Blätter zu veröffentlichen.

Verfügungen, welche der Angeschuldigte über sein mit Beschlag belegtes Vermögen nach der ersten durch den Deutschen Reichsanzeiger bewirkten Veröffentlichung des Beschlusses vornimmt, sind der Staatskasse gegenüber nichtig.

Die Beschlagnahme des Vermögens ist aufzuheben, sobald ihr Grund weggefallen oder die Deckung der Staatskasse durch eine Beschlagnahme in Gemäßheit des § 283 bewirkt ist.

Die Aufhebung der Beschlagnahme ist durch dieselben Blätter bekannt zu machen, durch welche die Beschlagnahme veröffentlicht worden ist.

§ 285 (327). In anderen als den im § 277 bezeichneten Fällen findet gegen einen Abwesenden eine Hauptverhandlung nicht statt. Das gegen den Abwesenden eingeleitete

---

81) Die Bestimmungen der ZPO. über die Vollziehung und die Wirkungen des dinglichen Arrestes s. das. in den §§ 929ff. Vgl. auch §§ 803ff. ZPO.

Verfahren hat die Aufgabe, für den Fall seiner künftigen Gestellung die Beweise zu sichern.

Für dieses Verfahren gelten die Bestimmungen der §§ 286—294.

§ 286 (328). Die Zulassung eines Verteidigers wird durch die Abwesenheit des Beschuldigten nicht ausgeschlossen. Zur Wahl eines Verteidigers sind auch Angehörige des Beschuldigten befugt.

Zeugen und Sachverständige sind eidlich zu vernehmen.

§ 287 (329). Dem abwesenden Beschuldigten steht ein Anspruch auf Benachrichtigung über den Fortgang des Verfahrens nicht zu.

Der Richter ist jedoch befugt, einem Abwesenden, dessen Aufenthalt bekannt ist, Benachrichtigungen zugehen zu lassen.

§ 288 (330). Der Abwesende, dessen Aufenthalt unbekannt ist, kann in öffentlichen Blättern zum Erscheinen vor Gericht oder zur Anzeige seines Aufenthaltsorts aufgefordert werden.

§ 289 (331). Stellt sich erst nach Eröffnung des Hauptverfahrens die Abwesenheit des Angeklagten heraus, so erfolgen die noch erforderlichen Beweisaufnahmen durch einen beauftragten oder ersuchten Richter.

§ 290 (332). Liegen gegen den Abwesenden, gegen welchen die öffentliche Klage erhoben ist, Verdachtsgründe vor, welche die Erlassung eines Haftbefehls rechtfertigen würden, so kann sein im Deutschen Reiche befindliches Vermögen durch Beschluß des Gerichts mit Beschlag belegt werden.[82])

§ 291 (333). Der die Beschlagnahme verhängende Beschluß ist durch den Deutschen Reichsanzeiger bekannt zu machen und kann nach dem Ermessen des Gerichts auch durch andere Blätter veröffentlicht werden.

§ 292 (334). Mit dem Zeitpunkt der ersten Bekanntmachung in dem Deutschen Reichsanzeiger verliert der An-

---

82) Abwesende, gegen die öffentl. Anklage wegen Fahnenflucht erhoben ist, können für fahnenflüchtig erklärt werden; § 12 Ges. betr. Aufhebung der MilGerichtsbarkeit v. 17/8 20, s. Anh. IV.

geschuldigte das Recht, über das in Beschlag genommene Vermögen unter Lebenden zu verfügen.

Der die Beschlagnahme verhängende Beschluß ist der Behörde mitzuteilen, welche für die Einleitung einer Pflegschaft über Abwesende zuständig ist. Diese Behörde hat eine Pflegschaft einzuleiten.

§ **293 (335).** Die Beschlagnahme ist aufzuheben, wenn ihre Gründe weggefallen sind.

Die Aufhebung der Beschlagnahme ist durch dieselben Blätter bekannt zu machen, durch welche die Beschlagnahme selbst veröffentlicht worden war.

§ **294 (336).** Auf das nach Erhebung der öffentlichen Klage eintretende Verfahren finden im übrigen die Vorschriften über die Voruntersuchung entsprechende Anwendung.

In dem nach Beendigung dieses Verfahrens ergehenden Beschlusse (§ 198) ist zugleich über die Fortdauer oder Aufhebung der Beschlagnahme zu entscheiden.

§ **295 (337).** Das Gericht kann einem abwesenden Beschuldigten sicheres Geleit erteilen; es kann diese Erteilung an Bedingungen knüpfen.

Das sichere Geleit gewährt Befreiung von der Untersuchungshaft, jedoch nur wegen der strafbaren Handlung, für welche dasselbe erteilt ist.

Es erlischt, wenn ein auf Freiheitsstrafe lautendes Urteil ergeht, wenn der Beschuldigte Anstalten zur Flucht trifft, oder wenn er die Bedingungen nicht erfüllt, unter welchen ihm das sichere Geleit erteilt worden ist.

---

3. Buch. Rechtsmittel.

1. Abschnitt. Allgemeine Bestimmungen.

§ **296 (338).** Die zulässigen Rechtsmittel gegen gerichtliche Entscheidungen[83]) stehen sowohl der Staatsanwaltschaft als dem Beschuldigten zu.[84])

83) Die zulässigen Rechtsmittel gegen gerichtliche Ent-

Die Staatsanwaltschaft kann von ihnen auch zugunsten des Beschuldigten Gebrauch machen.[85])

---

scheidungen sind: die Beschwerde (§§ 304 ff.), die Berufung (§§ 312 ff.) und die Revision (§§ 333 ff.). Die Wiedereinsetzung in den vorigen Stand (§ 44) hat nicht die Natur eines Rechtsmittels; die StA. ist daher auch nicht befugt (Abs. 2), von derselben zugunsten des Angekl. Gebrauch zu machen. Beschl. 26/5 91, E 21, 31.

84) Dem Angeklagten steht gegen ein freisprechendes Urteil im allgemeinen kein Rechtsmittel zu, namentlich nicht wegen Verletzung verfahrensrechtlicher Normen, durch welche sein Recht nicht benachteiligt wurde. Nur dann ist ihm die Anfechtung gestattet, wenn seine strafrechtl. Schuld bejaht, und er nur aus anderen Gründen (Kompensation, Verjährung usw.) freigesprochen ist. U 11/6 81, E 4, 355. U 18/9 84, R 6, 545. U 21/9 09, E 42, 399 (betr. Einstellung wegen Unzulässigkeit des Verfahrens). Vgl. auch U 12/11 12, E 46, 363. Im übrigen muß es als Recht jedes Angekl. angesehen werden, wegen derjenigen Straftat. deren er sich nach den getroffenen Feststellungen schuldig gemacht hat, und nicht wegen einer anderen, verurteilt zu werden. Die Befugnis, Revision mit der Beschwerde einzulegen, daß Angekl. wegen Unterschlagung statt wegen Diebstahls im wiederholten Rückfalle verurteilt sei, kann ihm deshalb nicht versagt werden, obwohl das Gesetz den Diebstahl mit schwererer Strafe als Unterschlagung bedroht. U 10/10 02, G 50, 104.

Minderjährige, welche überhaupt strafrechtlich verfolgt werden können, sind auch zur selbständigen Einlegung von Rechtsmitteln befugt. U 3/12 83, R 5, 754. Wegen Unzurechnungsfähigkeit nach § 54 StGB freigesprochene Angeklagte haben gegen das freisprechende Urteil kein Rechtsmittel. U 1/11 05, DR 9, 653.

Bedingte Erklärungen über ein Rechtsmittel sind unwirksam. U 27/7 81, R 3, 490 (Erklärung des StA., daß er die Revision nur für den Fall ergreife, daß die gleichzeitig angemeldete Revision des Angekl. für begründet befunden werde). Über die Anschließung an ein von dem Gegner eingelegtes Rechtsmittel s. A. 90 zu § 301. Über die Befugnis anderer Prozeßbeteiligter zur Einlegung von Rechtsmitteln s. §§ 390 (Privatkläger), 401 (Nebenkläger), 403 (Diejenigen, welche berechtigt sind, die Zuerkennung einer Buße zu verlangen), 426—429 (Verwaltungsbehörde), 432 (Einziehungs-Beteiligte). Vgl. auch §§ 298 (Befugnis des gesetzl. Vertreters zur Einlegung von Rechtsmitteln) und 304 Abs. 2 (Befugnis von Zeugen, Sachverständigen und anderen Personen zur Beschwerde gegen Beschlüsse und Verfügungen, durch welche sie betroffen werden).

85) Die Befugnis der Staatsanwaltschaft zur Einlegung von Rechtsmitteln zugunsten des Angeklagten ist abhängig von der Voraussetzung, daß eine gerichtliche Entscheidung in Frage

Gerichts geben, in dessen Gefängnis er sich befindet,[92]) und, falls das Gefängnis kein gerichtliches ist, des Amtsgerichts, in dessen Bezirke das Gefängnis liegt.

Zur Wahrung einer Frist genügt es, wenn innerhalb der Frist das Protokoll aufgenommen wird.[93])

§ **300 (342).** Ein Irrtum in der Bezeichnung des zulässigen Rechtsmittels ist unschädlich.[94])

§ **301 (343).** Jedes von der Staatsanwaltschaft eingelegte Rechtsmittel hat die Wirkung, daß die angefochtene Entscheidung auch zugunsten des Beschuldigten abgeändert oder aufgehoben werden kann.[95])

§ **302 (344).** Die Zurücknahme eines Rechtsmittels sowie der Verzicht auf die Einlegung eines Rechtsmittels kann auch vor Ablauf der Frist zu seiner Einlegung wirksam erfolgen. Ein von der Staatsanwaltschaft zugunsten

---

92) Dient ein Gefängnis mehreren Amtsgerichten zur Aufnahme der Untersuchungsgefangenen, so ist jeder Gerichtsschreiber eines der beteiligten Amtsgerichte zur Entgegennahme der Erklärungen zuständig. U 26/6 22, DR 26, 1621. Militärische Arrest- oder Strafanstalten sind keine gerichtlichen Gefängnisse. U 7/11 18, DR 23, 192.

93) Wenn der nicht auf freiem Fuße befindliche Angeklagte rechtzeitig seine Vorführung behufs Protokollierung seiner Revisionsanträge verlangt hat, hierzu aber erst nach Ablauf der Rechtsmittelfrist vorgeführt und vernommen ist, so liegt ein unabwendbarer Zufall i. S. § 44 vor, welcher die Wiedereinsetzung in den vorigen Stand rechtfertigt. U 2/1 80, R 1, 179.

94) Der bloße Antrag auf Erteilung einer Abschrift des Urteils kann jedoch nicht als Einlegung eines Rechtsmittels angesehen werden. Beschl 2/12 79, E 1, 110.

95) Durch § 301 ist die Zulässigkeit eines Anschlusses an das von der StA eingelegte Rechtsmittel nicht begründet. Wenn der Beschuldigte auch seinerseits neben der StA ein Rechtsmittel einlegen will, so muß er dies in selbständiger und den für das betr. Rechtsmittel bestehenden Vorschriften entsprechender Weise tun. U 9/2 80, E 1, 194.

Ein von der StA eingelegtes Rechtsmittel bezieht sich zugunsten des Angekl. auch auf das Rechtsmittel, von dem die Verwaltungsbehörde (Revision des Provinzialsteuerdirektors) Gebrauch gemacht hat, so daß, wenn das Rechtsmittel der StA nur auf Verschärfung der Strafe gerichtet ist, es dem Revisionsrichter zusteht, zu prüfen, ob auf den festgestellten Tatbestand eine Strafe überhaupt ausgesprochen werden durfte. U 9/11 91, E 22, 213. Auch auf das Rechtsmittel des Nebenklägers findet § 343 Anwendung. U 5/6 08, E 41, 349.

des Beschuldigten eingelegtes Rechtsmittel kann jedoch ohne dessen Zustimmung nicht zurückgenommen werden.

Der Verteidiger bedarf zur Zurücknahme einer ausdrücklichen Ermächtigung.[96])

96) Eine bestimmte Form ist weder für die Zurücknahme, noch für den Verzicht vorgeschrieben. Insbes. braucht der Verzicht nicht ausdrücklich als solcher bezeichnet zu sein; es genügt vielmehr, wenn die darauf bezügliche Absicht in unzweideutiger Weise zum Ausdruck gebracht ist, z. B. durch die Bitte des Verurteilten, die ihm auferlegte Strafe zur Vollstreckung zu bringen, U 1/6 80, E 2, 78, oder durch Beschränkung der unbeschränkt eingelegten Revision auf einen bestimmten Teil des Urteilsausspruchs in der Revisionsbegründung. U 22/1 07, E 39, 393. Desgleichen ist der in der Hauptverh. sofort nach Verkündung des Urteils erklärte und durch das Sitzungsprotokoll beurkundete Verzicht rechtsgültig. Die Rechtsvermutung des § 274 greift jedoch auf den betr. Protokollvermerk nicht Platz, vielmehr ist die protokollarische Verzichtserklärung in freier Beweiswürdigung zu beurteilen. Beschl 23/11 80, R 2, 562. Beschl 12/4 07, E 40, 133, DR 11, 652. Wegen Irrtums kann eine solche Verzichtserklärung nicht angefochten werden. U 20/10 22, DR 27, 814. Die Erklärung der Zurücknahme oder des Verzichts muß — abgesehen von dem Ausnahmefall des § 299 — bei demjenigen Gericht, bei welchem das betreffende Verfahren anhängig ist, und in diesem Verfahren abgegeben werden, U 5/10 99, E 32, 277, sei es zu Protokoll des Gerichtsschreibers oder mittels einer schriftlichen Erklärung, welche letztere auch vor einem Gefängnisbeamten abgegeben sein kann, in solchem Falle aber erst dann wirksam wird, wenn sie vom Verzichtenden unterschrieben (Handzeichen: U 6/5 81, R 3, 281) und mit seinem Willen an das Gericht gelangt ist. U 8/1 03, DR 7, 84. Bis zu diesem letzteren Zeitpunkt des Einlaufens bei Gericht kann der Verzicht widerrufen werden; von diesem Zeitpunkt an ist sowohl der Verzicht wie die Zurücknahme unwiderruflich. U 31/1 80, E 1, 92. U 21/2 80, R 1, 365. U 25/5 80, R 1, 826. U 3/3 80, R 1, 423 (Verzicht vor dem Gefängnisinspektor). U 29/1 84, R 6, 63 (Abgabe der Verzichtserklärung in der Botenmeisterei des Gerichts). Beschl 23/4 80, R 1, 650 (Unwiderruflichkeit). Für die schriftliche Zurücknahme bedarf es stets der eigenhändigen Unterschrift; die Unterzeichnung mit Namensstempel genügt nicht. U 14/9 01, E 34, 358. Vor Beginn der Einlegungsfrist kann ein Verzicht auf Rechtsmittel nicht rechtswirksam ausgesprochen werden. Beschl 1/6 80, E. 2, 80.

Eine Anfechtung der Zurücknahme der Revision wegen Irrtums ist unzulässig. Beschl 26/2 07, DR 11, 466.

Wenn mehrere Anschuldigungspunkte vorliegen, so kann die Zurücknahme oder der Verzicht auch auf einzelne derselben beschränkt werden. U 7/10 82, R 4, 732. Dagegen ist ein teilweiser Verzicht auf

§ **303 (345).** Wenn die Entscheidung über das Rechtsmittel auf Grund mündlicher Verhandlung stattzufinden hat, so kann die Zurücknahme nach Beginn der Hauptverhandlung[97]) nur mit Zustimmung des Gegners erfolgen.

2. Abschnitt. Beschwerde.

§ **304 (346).** Die Beschwerde ist gegen alle von den Gerichten in erster Instanz oder in der Berufungsinstanz erlassenen Beschlüsse und gegen die Verfügungen des Vorsitzenden, des Untersuchungsrichters, des Amtsrichters und eines beauftragten oder ersuchten Richters zulässig,[98]) soweit das Gesetz sie nicht ausdrücklich einer Anfechtung entzieht.[99])

Auch Zeugen, Sachverständige und andere Personen

---

die Anfechtung eines Urteils bezüglich einer und derselben Handlung wirkungslos. U 21/2 80, R 1, 366. — Auch ein minderjähriger, noch unter väterlicher Gewalt stehender Beschuldigter kann auf ein Rechtsmittel wirksam verzichten. Beschl 23/4 80, R 1, 650. — Die Zurücknahme des von einem hierzu bevollmächtigten Rechtsanwalt eingelegten Rechtsmittels gilt als endgültiger Verzicht, auch wenn noch von einem anderen, gleichfalls hierzu bevollmächtigten Rechtsanwalt für denselben Angekl. Revision eingelegt ist. U 24/4 93, E 24, 142. U 19/6 14, LZ 8, 1767. — Auch der gesetzliche Vertreter, welcher ein Rechtsmittel namens des Angekl. eingelegt hat, bedarf zur Zurücknahme desselben der Einwilligung des letzteren. U 22/5 96, E 28, 385.

97) Wegen des Beginns der Hauptverhandlung in der Berufungsinstanz s. § 324 und in der Revisionsinstanz § 351.

98) Gegen Urteile der Gerichte sind die Rechtsmittel der Berufung und der Revision zulässig; für alle übrigen Entscheidungen, soweit das Gesetz dieselben nicht einer Anfechtung überhaupt entzogen hat, ist die Beschwerde das zulässige Rechtsmittel. Für die Frage, ob jenes oder dieses Rechtsmittel zulässig sei, ist nicht der Inhalt, sondern die Form der anzufechtenden Entscheidung maßgebend. U 14/4 82, R 4, 322.

99) Die Fälle, in denen die Anfechtung einer gerichtl. Entscheidung ausdrücklich vollständig ausgeschlossen ist, s. in den §§ 28, 46 Abs. 2, 202 Abs. 4, 304 Abs. 3 (s. unten A. 1), 305 und 348 Abs. 2. Eine teilweise Ausschließung der Beschwerde ist ferner angeordnet in den §§ 182 Abs. 2, 201 Abs. 2, 210 Abs. 1, 270 Abs. 3. Vgl. §§ 41, 52 Abs. 4, 53 Abs. 2, GVG.

können gegen Beschlüsse und Verfügungen, durch welche sie betroffen werden, Beschwerde erheben.[100])

Gegen Beschlüsse und Verfügungen der Oberlandesgerichte und des Reichsgerichts findet eine Beschwerde nicht statt.[1])

§ **305 (347).** Entscheidungen der erkennenden Gerichte,[2]) welche der Urteilsfällung vorausgehen, unterliegen nicht der Beschwerde. Ausgenommen sind Entscheidungen über Verhaftungen, Beschlagnahmen oder Straffestsetzungen, sowie alle Entscheidungen, durch welche dritte Personen betroffen werden.

§ **306 (348).** Die Beschwerde wird bei dem Gerichte, von welchem oder von dessen Vorsitzenden die angefochtene Entscheidung erlassen ist, zu Protokoll des Gerichtsschreibers oder schriftlich eingelegt.[3]) Sie kann in dringenden Fällen auch bei dem Beschwerdegericht eingelegt werden.

---

100) Wegen der Zuständigkeit zur Entscheidung über das Rechtsmittel der Beschwerde s. §§ 73, 76—78 GVG (Strafkammer); 121 Nr. 2 ebenda (Oberlandesgericht); 137 ebenda (Reichsgericht) u. 181 ebenda (Oberlandesgericht als Beschwerdeinstanz betr. der in Ausübung der Sitzungspolizei ergangenen Entscheidungen).

1) Eine Ausnahme von dieser Regel findet auch nicht bei dem Verfahren über die Kostenfrage oder über die Festsetzung von Zeugen- oder Sachverständigen-Gebühren statt. Beschl 16/1 83, E 7, 420. Beschl 10/8 83, R 5, 527; und ebensowenig, wenn das OLG für die Erlassung des Beschlusses unzuständig war. U 19/10 20. E. 55, 100. Die einzige Ausnahme im § 159 GVG (Beschwerde an das Reichsgericht über einen die Rechtshilfe für unzulässig erklärenden Beschluß des Oberlandesgerichts).

2) D. h. die in der Zeit vom Eröffnungsbeschlusse bis zum Urteil ergehenden erstrichterlicher Entscheidungen, auch wenn ein innerer Zusammenhang mit der Urteilsfällung nicht ersichtlich ist. U 9/11 09, E 43, 179.

3) Als schriftliche Einlegung gilt auch die Anmeldung durch Telegramm, U 2/7 83, R 5, 481. U VerStraffen 6/3 83, E 8, 92; wobei jedoch vorausgesetzt wird, daß das Telegramm die Unterschrift des Beschwerdeführers enthält oder wenigstens urkundlich erkennen läßt, daß sie von demselben ausgeht. Die Behauptung des Beschwerdeführers, daß er selbst das Telegramm aufgegeben habe, kann den Mangel der Unterschrift nicht beseitigen. Beschl 21/2 88, R 10, 176. Beschl 18/2, 87, R 9, 144. Die Einlegung der Berufung zu Protokoll des

Erachtet das Gericht oder der Vorsitzende, dessen Entscheidung angefochten wird, die Beschwerde für begründet, so haben sie ihr abzuhelfen; anderenfalls ist die Beschwerde sofort, spätestens vor Ablauf von drei Tagen, dem Beschwerdegerichte vorzulegen.

Die vorstehenden Bestimmungen finden auch auf die Entscheidungen des Amtsrichters im Vorverfahren, des beauftragten oder ersuchten Richters und des Untersuchungsrichters Anwendung.

§ **307 (349).** Durch Einlegung der Beschwerde wird der Vollzug der angefochtenen Entscheidung nicht gehemmt.[4])

Jedoch kann das Gericht, der Vorsitzende oder der Richter, dessen Entscheidung angefochten wird, sowie auch das Beschwerdegericht anordnen, daß die Vollziehung der angefochtenen Entscheidung auszusetzen sei.

§ **308 (350).** Das Beschwerdegericht kann dem Gegner des Beschwerdeführers die Beschwerde zur schriftlichen Gegenerklärung mitteilen; es kann etwa erforderliche Ermittlungen anordnen oder selbst vornehmen.

§ **309 (351).** Die Entscheidung über die Beschwerde erfolgt ohne vorgängige mündliche Verhandlung, in geeigneten Fällen nach Anhörung der Staatsanwaltschaft.

Wird die Beschwerde für begründet erachtet, so erläßt das Beschwerdegericht zugleich die in der Sache erforderliche Entscheidung.[5])

§ **310 (352).** Beschlüsse, welche von dem Landgericht in der Beschwerdeinstanz erlassen sind, können, insofern sie Verhaftungen betreffen, durch weitere Beschwerde angefochten werden.

Gerichtsschreibers erfordert stets das persönliche Erscheinen des Beschwerdeführers an der Gerichtsstelle. Fernmündliche Mitteilung an den Gerichtsschreiber, daß Berufung eingelegt werde, genügt nicht. Beschl 11/12 05, E 38, 282.

4) Ausnahmen von der Regel des § 307 Abs. 1 s. im § 81 Abs. 3 und in den §§ 180, 181 Abs. 2 GVG.

5) Wegen Anhörung der Staatsanwaltschaft s. § 33. Als sachliche Entscheidung ist auch die Anordnung der Voruntersuchung anzusehen. U 14/10 98, E 46, 428.

Im übrigen findet eine weitere Anfechtung der in der Beschwerdeinstanz ergangenen Entscheidungen nicht statt.[6])

§ 311 (353). Für die Fälle der sofortigen Beschwerde[7]) gelten die nachfolgenden besonderen Bestimmungen.

Die Beschwerde ist binnen der Frist von einer Woche, welche mit der Bekanntmachung (§ 35) der Entscheidung beginnt, einzulegen. Die Einlegung bei dem Beschwerdegerichte genügt zur Wahrung der Frist, auch wenn der Fall für dringlich nicht erachtet wird.[8])

Das Gericht ist zu einer Abänderung seiner durch Beschwerde angefochtenen Entscheidung nicht befugt.[9])

3. Abschnitt. Berufung.*)

§ 312 (354). Die Berufung findet statt gegen die Urteile des Amtsrichters und des Schöffengerichts.[10])

§ 313. Ein Urteil des Amtsrichters kann nicht mit der Berufung angefochten werden, wenn es ausschließlich Übertretungen oder im Privatklageverfahren die im § 374 Nr. 1 bis 6 bezeichneten Vergehen zum Gegenstande hat und der Angeklagte entweder freigesprochen oder ausschließlich zu

6) Vgl. jedoch die Ausnahme im § 159 GVG.

7) Die Fälle der sofortigen Beschwerde s. in den §§ 28 Abs. 1, 46 Abs. 3, 81 Abs. 3, 122 Abs. 2, 182 Abs. 1, 183, 201 Abs. 2, 210 Abs. 2, 270 Abs. 3, 322 Abs. 2, 372, 415 Abs. 3, 423 Abs. 3, 462 Abs. 4, 469 Abs. 3 und im § 181 GVG.

8) Wegen Einlegung bei d. Beschwerdegericht s. § 306 Abs. 1.

9) Vgl. jedoch U 17/3 04, E 37, 112, das eine Ausnahme für die Fälle zuläßt, in denen es sich um einen außerhalb der Hauptverhandlung ergangenen Beschluß handelt und das Gericht, das ihn erlassen hat, nicht zuständig war, ohne daß bei der nachmaligen Wiederaufhebung noch vor der entscheidenden Hauptverhandlung eine sachliche Änderung des aufgehobenen Beschlusses in Frage kommt.

*) Zuständig zur Entscheidung über die Berufung ist die Strafkammer des Landgerichts. § 74 GVG. Vgl. § 78 ebenda wegen der bei einem Amtsgericht gebildeten Strafkammern, und wegen der Besetzung der Berufungskammern § 76 ebenda.

10) Die Berufung ist auch statthaft, wenn im Urteil keine Entscheidung in der Sache selbst, sondern z. B. nur wegen des Kostenpunktes getroffen ist. U 27/4 82, E 6, 237. Auch gegen die Urteile des großen Jugendgerichts findet Berufung statt.

Geldstrafe[10a]) verurteilt worden ist. Dies gilt nicht, wenn die Privatklage wegen einer durch die Presse begangenen Beleidigung erhoben worden ist.

§ **314 (355).** Die Berufung muß bei dem Gericht erster Instanz binnen einer Woche nach Verkündung des Urteils zu Protokoll des Gerichtsschreibers oder schriftlich[11]) eingelegt werden.

Hat die Verkündung des Urteils nicht in Anwesenheit des Angeklagten stattgefunden, so beginnt für diesen die Frist mit der Zustellung.[12])

§ **315 (356).** Der Beginn der Frist zur Einlegung der Berufung wird dadurch nicht ausgeschlossen, daß gegen ein auf Ausbleiben des Angeklagten ergangenes Urteil eine Wiedereinsetzung in den vorigen Stand[13]) nachgesucht werden kann.

Stellt der Angeklagte ein Gesuch um Wiedereinsetzung in den vorigen Stand, so wird die Berufung dadurch gewahrt, daß sie sofort für den Fall der Verwerfung jenes Gesuchs rechtzeitig eingelegt wird. Die weitere Verfügung in bezug auf die Berufung bleibt dann bis zur Erledigung des

---

10a) Ist neben Geldstrafe auf Nebenstrafe oder Nebenfolge (z. B. Einziehung, Unbrauchbarmachung usw.) erkannt, so ist die Berufung nicht ausgeschlossen. U BayObLG 4/3 24, DR 28, 1610. Nach U OLG Cassel 28/5 24, DR 28, 1608 liegt aber eine Verurteilnng „ausschließlich zu Geldstrafe" auch dann vor, wenn neben der auf Geld lautenden Hauptstrafe auf Einziehung eines Geldbetrages erkannt ist; desgl. wenn die Geldstrafe an die Stelle einer an sich verwirkten Freiheitsstrafe getreten ist. U OLG Kiel 9/4 24, DR 28, 1609.

11) Wegen der Zulässigkeit der Einlegung durch Telegramm s. A. 3 zu § 306. Wegen der Unzulässigkeit einer bedingten Einlegung der Berufung s. A. 84 zu § 296 und wegen des nicht auf freiem Fuß befindlichen Beschuldigten § 299.

12) Dasselbe gilt ganz allgemein für die Verwaltungsbehörde in dem Verfahren bei Zuwiderhandlungen gegen die Vorschriften über die Erhebung öffentlicher Abgaben und Gefälle (§ 429). Desgl. für den Nebenkläger, in dessen Abwesenheit die Urteilsverkündung stattgefunden hat. U 11/2 82, E 6, 28. Ein Verzicht auf die Zustellung ist unzulässig. U 5/12 79, R 1, 118.

13) Wegen dieser Wiedereinsetzung vgl. § 235.

Gesuchs um Wiedereinsetzung in den vorigen Stand ausgesetzt.

Die Einlegung der Berufung ohne Verbindung mit dem Gesuch um Wiedereinsetzung in den vorigen Stand gilt als Verzicht auf die letztere.

§ **316 (357).** Durch rechtzeitige Einlegung der Berufung wird die Rechtskraft des Urteils, soweit es angefochten ist,[14]) gehemmt.

Dem Beschwerdeführer, welchem das Urteil mit den Gründen noch nicht zugestellt war, ist es nach Einlegung der Berufung sofort zuzustellen.

§ **317 (358).** Die Berufung kann binnen einer weiteren Woche nach Ablauf der Frist zur Einlegung des Rechtsmittels oder, wenn zu dieser Zeit das Urteil noch nicht zugestellt war, nach dessen Zustellung bei dem Gericht erster Instanz zu Protokoll des Gerichtsschreibers oder in einer Beschwerdeschrift gerechtfertigt werden.

§ **318 (359).** Die Berufung kann auf bestimmte Beschwerdepunkte beschränkt werden. Ist dies nicht geschehen oder eine Rechtfertigung überhaupt nicht erfolgt, so gilt der ganze Inhalt des Urteils als angefochten.

§ **319 (360).** Ist die Berufung verspätet eingelegt, so hat das Gericht erster Instanz das Rechtsmittel als unzulässig zu verwerfen.

Der Beschwerdeführer kann binnen einer Woche nach Zustellung des Beschlusses auf die Entscheidung des Berufungsgerichts antragen. In diesem Falle sind die Akten an das Berufungsgericht einzusenden; die Vollstreckung des Urteils wird jedoch hierdurch nicht gehemmt.

§ **320 (361).** Ist die Berufung rechtzeitig eingelegt, so hat nach Ablauf der Frist zur Rechtfertigung der Gerichtsschreiber ohne Rücksicht darauf, ob eine Rechtfertigung stattgefunden hat oder nicht, die Akten der Staatsanwaltschaft vorzulegen. Diese stellt, wenn die Berufung von

---

14) Wegen der Beschränkung der Berufung auf bestimmte Beschwerdepunkte s. §§ 318, 327.

ihr eingelegt ist, dem Angeklagten die Schriftstücke über Einlegung und Rechtfertigung der Berufung zu.

§ 321 (362). Die Staatsanwaltschaft übersendet die Akten an die Staatsanwaltschaft bei dem Berufungsgerichte. Diese übergibt die Akten binnen einer Woche dem Vorsitzenden des Gerichts.

§ 322 (363). Erachtet das Berufungsgericht die Bestimmungen über die Einlegung der Berufung nicht für beobachtet, so kann es das Rechtsmittel durch Beschluß als unzulässig verwerfen. Anderenfalls entscheidet es darüber durch Urteil.

Der Beschluß kann durch sofortige Beschwerde angefochten werden.

§ 323 (364). Auf die Vorbereitung der Hauptverhandlung finden die Vorschriften der §§ 214, 216—225 Anwendung. In der Ladung ist der Angeklagte auf die Folgen des Ausbleibens ausdrücklich hinzuweisen.[15])

Die Ladung der in erster Instanz vernommenen Zeugen und Sachverständigen kann nur dann unterbleiben, wenn deren wiederholte Vernehmung zur Aufklärung der Sache nicht erforderlich erscheint

Neue Beweismittel sind zulässig.

Bei der Auswahl der zu ladenden Zeugen und Sachverständigen ist auf die von dem Angeklagten zur Rechtfertigung der Berufung benannten Personen Rücksicht zu nehmen.

§ 324 (365). Nachdem die Hauptverhandlung nach Vorschrift des § 243 Abs. 1 begonnen hat, hält ein Berichterstatter in Abwesenheit der Zeugen einen Vortrag über die Ergebnisse des bisherigen Verfahrens. Das Urteil erster Instanz ist stets zu verlesen.

Sodann erfolgt die Vernehmung des Angeklagten und die Beweisaufnahme.

§ 325 (366). Bei der Berichterstattung und der Be-

---

15) Wegen der Folgen des Ausbleibens s. §§ 329, 330.

weisaufnahme können Schriftstücke verlesen werden;[16]) Protokolle über Aussagen der in der Hauptverhandlung erster Instanz vernommenen Zeugen und Sachverständigen dürfen, abgesehen von den Fällen der §§ 251, 253 ohne die Zustimmung der Staatsanwaltschaft und des Angeklagten nicht verlesen werden, wenn die wiederholte Vorladung der Zeugen oder Sachverständigen erfolgt ist oder von dem Angeklagten rechtzeitig vor der Hauptverhandlung beantragt worden war.

§ 326 (367). Nach dem Schlusse der Beweisaufnahme werden die Staatsanwaltschaft sowie der Angeklagte und sein Verteidiger mit ihren Ausführungen und Anträgen, und zwar der Beschwerdeführer zuerst, gehört. Dem Angeklagten gebührt das letzte Wort.

§ 327 (368). Der Prüfung des Gerichts unterliegt das Urteil nur, soweit es angefochten ist.[17])

§ 328 (369). Insoweit die Berufung für begründet befunden wird, hat das Berufungsgericht unter Aufhebung des Urteils in der Sache selbst zu erkennen.

Leidet das Urteil an einem Mangel, welcher die Revision wegen Verletzung einer Rechtsnorm über das Verfahren begründen würde,[18]) so kann das Berufungsgericht unter Aufhebung des Urteils die Sache, wenn die Umstände des Falles es erfordern, zur Entscheidung an die erste Instanz zurückverweisen.

Hat das Gericht erster Instanz mit Unrecht seine Zuständigkeit angenommen,[19]) so hat das Berufungsgericht

---

16) Abgesehen von Satz 2 § 325 sind die Vorschriften der §§ 249 bis 256 auch für den Berufungsrichter maßgebend.

17) Vgl. §§ 316, 318.

18) Wegen der Mängel, welche die Revision wegen Verletzung einer Rechtsnorm über das Verfahren begründen würden, vgl. §§ 337, 338.

19) Die Worte „mit Unrecht" sind objektiv, nicht subjektiv zu verstehen. Das Gesetz begreift im § 328 Abs. 3 nicht bloß den Fall eines in erster Instanz untergelaufenen Rechtsirrtums über die Zuständigkeit, sondern auch den Fall einer Unzuständigkeit, die sich erst durch das Ergebnis der Beweisaufnahme in zweiter Instanz ergibt, wobei selbst-

unter Aufhebung des Urteils die Sache an das zuständige Gericht zu verweisen.[20])

§ **329 (370).** Ist bei dem Beginne der Hauptverhandlung weder der Angeklagte, noch in den Fällen, wo solches zulässig, ein Vertreter des Angeklagten erschienen und das Ausbleiben nicht genügend entschuldigt, so ist, insoweit der Angeklagte die Berufung eingelegt hat, diese sofort zu verwerfen, insoweit die Staatsanwaltschaft die Berufung eingelegt hat, über diese zu verhandeln oder die Vorführung oder Verhaftung des Angeklagten anzuordnen.

Der Angeklagte kann binnen einer Woche nach der Zustellung des Urteils die Wiedereinsetzung in den vorigen Stand unter den in den §§ 44, 45 bezeichneten Voraussetzungen beanspruchen.

§ **330 (371).** Ist von einer der im § 298 bezeichneten Personen die Berufung eingelegt worden, so hat das Gericht auch den Angeklagten zu der Hauptverhandlung vorzuladen und kann ihn bei seinem Ausbleiben zwangsweise vorführen lassen.

§ **331 (372).** War das Urteil nur von dem Angeklagten oder zu seinen Gunsten von der Staatsanwaltschaft oder von einer der im § 298 bezeichneten Personen angefochten worden, so darf das Urteil nicht zum Nachteile des Angeklagten abgeändert werden.[21])

---

verständlich die Gleichheit der in der ersten und in der zweiten Instanz zu beurteilenden Tat vorausgesetzt ist. U 22/4 82, E 6, 309. — Über die Notwendigkeit der Anwendung des § 328 Abs. 3 in denjenigen Fällen, wo das Schöffengericht (der Amtsrichter) wegen einer von der StA verfolgten Beleidigung oder Körperverletzung erkannt hat, s. U 13/3 84, E 10, 237.

20) Über die Verweisung der Sache an eine im Bezirke des Landgerichts gebildete auswärtige Strafkammer (U 21/11 16, E 50, 159 u. Anm. 57 zu § 78 GVG

21) Die Vorschrift des § 331 bedeutet nur, daß eine härtere Strafe, als die im angefochtenen Urteil erkannte, nicht verhängt werden darf. Dagegen ist das Berufungsgericht nicht behindert, nach dem Ergebnisse der Verhandlung die Tat anders als in erster Instanz geschehen ist, rechtlich zu beurteilen. U 15/11 83, E 9, 324. U 28/5 94, E 25, 397. U 17/6 02, DR 6, 400. Vgl. U 29/4 86, R 8, 319 (Vollendung statt Ver-

§ 332 (373). Im übrigen finden die im sechsten Abschnitte des zweiten Buchs über die Hauptverhandlung gegebenen Vorschriften Anwendung.

4. Abschnitt. Revision.

§ 333 (374). Die Revision findet statt gegen die Urteile der Landgerichte und der Schwurgerichte.[22])

---

such). — Die Verhängung einer härteren Strafe würde z. B. vorliegen, wenn das Berufungsgericht auf Veröffentlichungsbefugnis erkennen, U 1/11 06, DR 10, 1387, oder die früher ausgesprochene Anrechnung der Untersuchungshaft nicht beibehalten würde, U 4/12 80, R 2, 602, nicht aber, wenn das Berufungsgericht an Stelle einer in erster Instanz erkannten Freiheitsstrafe auf eine Geldstrafe erkennt, welche höher ist, als sie nach dem Umwandlungsmaßstabe des § 29 StGB sein könnte, wenn nur im übrigen nicht für die Geldstrafe eine höhere, als die früher erkannte Freiheitsstrafe als Ersatz eingestellt wird. U 12/7 80, E 2, 205. Bei mehreren Strafen kommt es darauf an, daß die gesamte Bestrafung (Gef. und Geld) im zweiten Urteil nicht härter ist als im ersten. U 23/6 24, DR 28, 1185.

Im übrigen findet der Grundsatz der teilweisen Rechtskraft auch dann Anwendung, wenn das Berufungsgericht nicht sofort selbst in der Sache erkennt, oder dieselbe an die vorige Instanz zurückverweist, sondern wegen sachlicher Unzuständigkeit des Vorderrichters dessen Urteil aufhebt und die Sache an ein Erstinstanzgericht höherer Ordnung verweist. U 24/5 83, E 8, 307. Dasselbe gilt für die Fälle, in denen das Privatklageverfahren auf Grund des § 389 eingestellt worden und dann auf erhobene öffentliche Klage zu urteilen ist, U 15/11 83, E 9, 324, und für den Fall, wo auf Berufung des Angekl. in der Berufungsinstanz gemäß § 418 in dem auf staatsanwaltschaftl. Anklage neu eingeleiteten Verfahren erkannt wird. U 22/1 03, E 50, 131. Wegen der Grenze der Rechtskraft s. U 28/9 17, E 51, 243 u. Anm. 12 zu § 264.

22) Die Revision ist unter den sonstigen Voraussetzungen gegen die Urteile der Landgerichte und Schwurgerichte (jetzt auch zu vgl. §§ 334, 335 StPO und §§ 121, 135 GVG) ganz allgemein, insbesondere auch dann statthaft, wenn in denselben keine Entscheidung in der Sache selbst, sondern z. B. nur eine Kostenentscheidung getroffen ist. U 14/4 82, R 4, 322. U 27/4 82, E 6, 237. U 22/10 83, R 5, 623. U 1/7 82, E 7, 12 (Abweisung eines Bußeanspruchs). Vgl. U 29/1 84, R 6, 57. Im übrigen kann der Angeklagte auch die Revision stets nur dann einlegen, wenn das Urteil in irgendeiner Weise in seinen Rechtskreis eingreift; gegen freisprechende Urteile also nur dann, wenn seine strafbare Schuld an sich anerkannt und die Zuerkennung einer Strafe nur durch besondere, daneben bestehende Umstände (Kom-

§ 334. Gegen die Urteile des Amtsrichters ist die Revision insoweit zulässig, als nach § 313 die Berufung ausgeschlossen ist.[22a]

§ 335. Ein Urteil, gegen das die Berufung zulässig ist, kann statt mit der Berufung mit der Revision angefochten werden.

Über die Revision entscheidet das Gericht, das zur Entscheidung berufen wäre, wenn die Revision nach durchgeführter Berufung eingelegt worden wäre.

Legt gegen das Urteil ein Beteiligter Revision und ein anderer Beteiligter Berufung ein, so wird, solange die Berufung nicht zurückgenommen oder als unzulässig verworfen ist, die Revision als Berufung behandelt. Die Revisionsanträge und deren Begründung sind gleichwohl in der vorgeschriebenen Form und Frist anzubringen und dem Gegner zuzustellen (§§ 344 bis 347). Gegen das Berufungsurteil findet Revision nach den allgemein geltenden Vorschriften statt.

§ 336 (375). Der Beurteilung des Revisionsgerichts unterliegen auch die Entscheidungen, welche dem Urteile vorausgegangen sind,[23] sofern es auf ihnen beruht.

---

pensation, Verjährung usw.) als ausgeschlossen erachtet wurde. U 11/6 81, E 4, 355. U 18/9 84, R 6, 545. U 30/1 85, R 7, 65. Beschränkung der Revision auf einen Teil der Entscheidung ist zulässig, falls der angefochtene Teil der Entsch. losgelöst von den nicht angegriffenen Teilen einer selbständigen Prüfung zugänglich ist, ohne ein erneutes Eingehen auf diese anderen Teile notwendig zu machen. U 3/7 24, E 58, 238.

Wegen der Zuständigkeit des Reichsgerichts und der Oberlandesgerichte zur Entscheidung über die Revision s. §§ 135, 121 GVG. Vgl. § 9 EGzGVG und wegen der Zuständigkeit § 348 StPO.

Das Urteil des Revisionsgerichts ist einer weiteren Anfechtung durch ein Rechtsmittel nicht unterworfen und erlangt deshalb mit seiner Verkündung Rechtskraft. U 1/4 80, R 4, 300.

22a) Wird gegen das Urteil des AR. unmittelbar Revision eingelegt, so ist in Preußen bei den nach Landesrecht strafbaren Handlungen das Kammergericht zuständig. U OLG Naumburg 1/10 24, DR 28, 1611.

23) Der Mangel einer gesetzl. vorgeschriebenen Voruntersuchung kann nur auf dem in den §§ 201 und 183 vorgeschriebenen Wege der

§ 337 (376). Die Revision[24]) kann nur darauf gestützt

---

sofortigen Beschwerde, dagegen nicht mehr im Wege der Revision geltend gemacht werden. Nur wenn einzelne ungesetzliche Akte der Voruntersuchung in der Hauptverhandl. gegen den Angekl. verwendet worden wären, würde in Frage kommen können, ob insofern das Urteil auf einer Gesetzesverletzung beruhe. U 2/3 81, R 3, 91. U 29/2 84, R 6, 161. Dagegen kann mit der Revision sowohl das gänzliche Fehlen eines Eröffnungsbeschlusses, als auch jeder wesentliche verfahrensrechtliche Mangel desselben angefochten werden. U 13/1 80, E 1, 66. U 29/1 84, E 10, 56. Vgl. U 24/6 80, E 2, 120 (Mitwirkung eines gesetzlich ausgeschlossenen Richters). U 8/10 83, R 5, 583 (Unvollständigkeit des Eröffnungsbeschlusses). Allerdings wird in den letztgedachten Fällen stets vorausgesetzt, daß der Angekl. den betr. Mangel des Eröffnungsbeschlusses in der Hauptverhandl. vergeblich gerügt hat. Vgl. U 23/10 84, R 6, 644. Das Fehlen der Unterschrift des Vorsitzenden ist kein wesentlicher Mangel. U 10/5 10, JW 40, 247.

24) Das Revisionsgericht hat sich auf die Prüfung der Rechtsfrage zu beschränken. In bezug auf die Tatfrage hat die StPO die freie Beweiswürdigung und die Feststellung des tatsächlichen Ergebnisses des Beweises in die Hand des Instanzrichters gelegt, dessen Annahmen in dieser Beziehung für das Revisionsgericht bindend sind. U 13/7 81, E 4, 388. Aus diesem Grunde kann auch die Strafzumessung nur dann zum Gegenstande der Revision gemacht werden, wenn sie sich nicht innerhalb der gesetzl. Strafandrohung hält oder von rechtsirrtümlichen Voraussetzungen ausgeht. Die Würdigung der für die Strafzumessung, insbesondere auch für die Annahme mildernder Umstände maßgebend gewesenen tatsächlichen Verhältnisse steht dem Revisionsrichter nicht zu, U 11/1 83, E 8, 76. U 22/4 92, E 23, 91. U 26/11 97, G 46, 36. U 19/6 80, R 2, 83; insbesondere kann auch die irrtümliche Anrechnung einer in Wirklichkeit nicht erlittenen Untersuchungshaft nicht zum Gegenstande einer Revisionsbeschwerde gemacht werden. U 9/11 80, R 2, 470. U 29/9 81, R 3, 561. AM U 23/10 80, R 2, 380. Bei Würdigung der tatsächlichen Voraussetzungen für die Anwendung einer Prozeßregel ist das Revisionsgericht durch die Feststellungen des Instanzrichters nicht schlechthin gebunden, sondern grundsätzlich zur freien Prüfung berechtigt und verpflichtet, z. B. bezüglich der Frage, ob ein Sachverständiger, der sein Gutachten auf den ein für allemal geleisteten Sachverständigeneid genommen hat, einen solchen Eid für Gutachten der in Rede stehenden Art in der Tat geleistet hat, U 17/7 81, E 4, 388; oder ob die Voraussetzungen eines gültigen Strafantrages vorliegen: U 4/4 82, E 6, 161; oder ob überhaupt die Strafverfolgung des Angekl. vor den ordentlichen Gerichten zulässig ist: U 27/3 85, R 7, 198; oder ob ein Zeuge, der sein Alter auf 16 Jahr angegeben hatte, nach dem Geburtszeugnisse aber erst 15 Jahr alt war, nach § 57 Nr. 1 beeidigt werden durfte. U 18/11 84, E 11, 261.

werden, daß das Urteil auf einer Verletzung des Gesetzes[25]) beruhe.[26])

Wegen der Prüfung des tatsächlichen Materials bei der Revision wegen unbegründeter Verwerfung eines Ablehnungsgesuchs s. A. 30 zu § 338 Nr. 3. — Auch diese Befugnis findet aber ihre Grenze an dem Gebiete, welches vom Gesetze dem freien Ermessen d. h. der auf Grund der Würdigung der konkreten Tatumstände gewonnenen Überzeugung des Instanzrichters überwiesen ist (§ 261). Dahin gehört z. B. auch die Frage, ob ein Zeuge wegen Verstandesschwäche nach § 57 Nr. 1 StPO nicht beeidigt werden durfte. U 18/11 84, E 11, 261. Wegen des Rückfalls s. U 2/6 80, R 2, 17, wegen der Wirksamkeit des Einwands des Strafverbrauchs in der Revisionsinstanz U 14/3 02, G 51, 195. U 30/9 02, E 35, 307 und wegen der Verjährung U 21/9 11, E 45, 158. Über den Fall des § 2 Abs. 2 StGB. U 14/6 17, E 51, 47.

25) Gesetz im Sinne der StPO und insbesondere des § 337 ist jede Rechtsnorm. § 7 EGzStPO. Das Wort „Rechtsnorm" ist im weitesten Sinne zu nehmen (Mot. S. 202, 203). Es fallen darunter nicht nur die ausdrücklichen Bestimmungen der Gesetze, sondern auch die aus dem Sinn und Zusammenhang der gesetzl. Vorschriften sich ergebenden Grundsätze, U 27/4 82, E 6, 237, insbes. also auch die Grundsätze des Gewohnheitsrechts. U 5/11 83, E 9, 299, nicht aber der Grundsatz „in dubio pro reo". U 11/1 09, DR 13, 783. Auch auf die Verletzung ausländischen Rechts kann die Revision gegründet werden, U 21/2 84, E 10, 285, und völkerrechtliche Verträge (Auslieferungsverträge) sind jedenfalls für denjenigen Staat Rechtsnormen i. S. § 337, der sie in den Formen seines Rechtes zum Gesetz erhoben hat. U 22/9 85, E 12, 381. U 3/10 90, E 21, 180. U 10/2 91, G 39, 65. Dagegen ist der Geschäftsverteilungsplan eines Gerichts keine Rechtsnorm i. S. § 337. U 6/9 00, G 47, 159. U 30/6 03, E 36, 321. Dasselbe gilt von Anweisungen und Instruktionen, durch welche nur die Obliegenheiten von Beamten ihrer vorgesetzten Behörde gegenüber geregelt werden (Instruktionen für Bahnbeamte), U 17/12 79, E 1, 125. U 12/9 81, DJZ 6, 336. U 26/10 18, E 53, 134. Auch behördliche Unfallverhütungsvorschriften sind keine Rechtsnormen i. S. § 337. U 12/2 04, DR 8, 145. U 9/10 17, E 52, 42.

26) Das Urteil beruht auf einer Verletzung des Gesetzes, wenn ohne diese Verletzung die Entscheidung nicht so hätte ergehen können, wie sie ergangen ist. Die unrichtige Anwendung einer Rechtsnorm ist zur Begründung der Revision nicht geeignet, wenn auch bei deren richtiger Anwendung das Gericht zu derselben Entscheidung gelangt sein würde. Der Erfolg des Rechtsmittels ist also durch einen Zusammenhang zwischen der Gesetzesverletzung und der Entscheidung selbst bedingt. U 18/2 80, E 1, 210. U 8/3 80, E 1, 254.

Das Gesetz ist verletzt, wenn eine Rechtsnorm[27]) nicht oder nicht richtig angewendet worden ist.

§ 338 (377). Ein Urteil ist stets als auf einer Verletzung des Gesetzes beruhend anzusehen:

1. wenn das erkennende Gericht nicht vorschriftsmäßig besetzt war;[28])
2. wenn bei dem Urteil ein Richter, Geschworener oder Schöffe mitgewirkt hat, welcher von der Ausübung des Richteramts kraft des Gesetzes ausgeschlossen war;[29])

---

27) Über den Begriff der Rechtsnorm s. oben A. 25 zu § 337 Abs. 1. Rechnungsversehen sind keine Verletzungen von Rechtsnormen i. S. § 337. U 2/1 88, R 10, 3.

28) Nur die unvorschriftsmäßige Besetzung des erkennenden Gerichts bildet einen unbedingten Revisionsgrund i. S. § 338 Nr. 1. Vorschriftswidrige Besetzung des Gerichts bei früheren Beschlußfassungen kann zur Begründung der Revision nur dienen, wenn nachgewiesen wird, daß das Urteil auf diesem Mangel beruht. U 29/9 80, E 2, 338. Die Gültigkeit der Amtshandlung eines Richters hängt von der vorherigen Leistung des Eides auf die Verfassung nicht ab. U 29/6 20, E 55, 56.

Unter vorschriftsmäßiger Besetzung des Gerichts ist zunächst nur die Besetzung desselben mit der gesetzl. Richterzahl zu verstehen. Sodann aber bezweckt § 338 Nr. 1 die Ausschließung solcher Personen von der Mitwirkung, die zum Richteramt überhaupt unfähig sind oder in dem betr. Gerichte nicht mitwirken dürfen. Ob die für die Bildung der betr. Strafkammer maßgebenden Dienstvorschriften, insbes. die das Verfahren regelnden Vorschriften der §§ 63, 64 GVG, gewahrt sind, ist gleichgültig, U 8/7 80, E 2, 195. U 16/10 80, E 3, 8 vgl. jedoch U 22/1 04, E 37, 59, und unerheblich ist es auch, daß an der Verhandl. und Entscheidung ein Richter teilgenommen hat, welcher beurlaubt war. U 14/11 90, E 38, 440. Vgl. U 22/4 84, E 10, 318 (Vorsitzender als Beisitzer). U 4/10 80, E 2, 311 (Zuziehung von Amtsrichtern zu den Sitzungen der Landgerichte). U 27/11 80, E 3, 236 (Zuziehung von Gerichtsassessoren im allg.). U 28/9 91, E 22, 134 (Zuziehung von Gerichtsassessoren, welche mit der kommiss. Wahrnehmung einer Amtsrichterstelle beauftragt sind, zur Hauptverh. der Strafkammer des Landgerichts). U 19/10 91, E 22, 168 (Zuziehung eines zum Hilfsrichter bei einem Amtsgericht bestellten Gerichtsassessors). U 13/11 91, E 22, 203 (Gerichtsass. als Beisitzer bei einer am Sitze des Amtsgerichts, dessen Richter er vertritt, gebildeten Strafkammer). U 28/1 95, E 26, 412 (Richter, der bereits zum Staatsanwalt ernannt, jedoch noch nicht im Besitz seines Anstellungsdekrets war).

29) Der § 338 Nr. 2 hat diejenigen Fälle im Auge, in welchen ein

3. wenn bei dem Urteil ein Richter, Geschworener oder Schöffe mitgewirkt hat, nachdem er wegen Besorgnis der Befangenheit abgelehnt war, und das Ablehnungsgesuch entweder für begründet erklärt war oder mit Unrecht verworfen worden ist;[30])
4. wenn das Gericht seine Zuständigkeit mit Unrecht angenommen hat;[31])
5. wenn die Hauptverhandlung[32]) in Abwesenheit der

Richter usw. wegen seiner relativen Unfähigkeit, gerade in der einzelnen konkreten Sache mitzuwirken, kraft Gesetzes ausgeschlossen ist (§§ 22, 23, 31, 32, StPO). U 21/9 80, E 2, 241. U 15/5 88, E 17, 375. Über die Anwendbarkeit des § 338 Nr. 2 in den Fällen des § 23 Abs. 2 u. 3 s. U 10/5 80, E 2, 209. Vgl. A. 40 zu § 23.

30) Das Revisionsgericht hat im Falle des § 338 Nr. 3 seine Prüfung auch auf das tatsächliche Material zu erstrecken, welches zur Begründung der Besorgnis der Befangenheit in erster Instanz vorgebracht ist. U 30/11 82, E 7, 340. U 22/1 86, R 8, 89. Neue, erst in der Revisionsinstanz angebrachte tatsächliche Anführungen müssen jedoch hierbei außer Erwägung bleiben. U 6/6 82, R 4, 527. Die politische Parteistellung eines Richters kann für sich allein die Besorgnis der Befangenheit nicht begründen; nur wenn besondere Umstände befürchten lassen, daß politische Gegensätzlichkeit auf die Unparteilichkeit gerade gegenüber dem Angeklagten nachteilig wirken können, besteht ein Ablehnungsgrund. U 29/6 20, E 55, 56. U 19/1 22, DR 26, 1029. Verwerfung mit Unrecht liegt vor, wenn die verwerfende Strafk. nicht vorschriftsmäßig besetzt war. U 27/10 14, E 49, 9. Im übrigen ist die Revision hier nur zulässig, wenn der Beschluß, durch welchen ein Ablehnungsgesuch für unbegründet erklärt worden ist, nach Eröffnung des Hauptverfahrens, also vom erkennenden Richter, erlassen ist. In allen anderen Fällen ist lediglich die sofortige Beschwerde das zulässige Rechtsmittel. U 27/9 82, E 7, 175. Über wirkliche oder blos vorgeschützte Besorgnis der Befangenheit U 19/10 23, JW 53, 1252.

31) Die örtliche Zuständigkeit kann zum Gegenstande richterlicher Prüfung in der Revisionsinstanz nur dann gemacht werden, wenn der Angeklagte den Einwand der Unzuständigkeit rechtzeitig erhoben hat und derselbe von dem Gerichte verworfen ist. U 20/11 80, E 3, 136. Sonderfälle s. im U 15/3 83, E 8, 248, U 17/5 83, E 8, 385 u. U 24/10 10, E 44, 137.

32) oder ein Teil der Hauptverhandlung, insbesondere ein Akt der Beweisaufnahme. U 28/3 88, R 10, 276. Fehlen eines Richters bei dem Aufruf der Zeugen ist bedeutungslos. U 25/6 06, DR 10, 1016.

Staatsanwaltschaft oder einer Person, deren Anwesenheit das Gesetz vorschreibt,[33]) stattgefunden hat;

6. wenn das Urteil auf Grund einer mündlichen Ver-

---

33) Wegen der Notwendigkeit der Anwesenheit der Staatsanwaltschaft und der Zulässigkeit der Vertretung derselben durch einen ihr zur Beschäftigung überwiesenen Gerichtsassessor s. § 226. Die StA muß insbesondere stets bei der Urteilsverkündung zugegen sein. U 11/10 83, E 9, 275. Wegen der Notwendigkeit der Anwesenheit des Gerichtsschreibers s. § 226; vgl. U 12/11 85, E 13, 76; des Angeklagten: §§ 230—234, 277, 285. Grundsätzlich ist die ununterbrochene Anwesenheit des Angeklagten während der ganzen Dauer der Hauptverhandlung notwendig. U 11/4 24, JW 53, 1763. Die Abwesenheit des Angeklagten beim Zeugenaufruf ist unschädlich. U 13/5 24, E 58, 180. Vgl. U 22/12 98, E 31, 398 (Gegenwart des Angeklagten bei der ausgesetzten Urteilsverkündung); U 20/6 07, E 40, 230 (desgleichen bei Ausführungen des Nebenklägers oder dessen Vertreters); U 12/2 09, E 42, 197 (desgleichen bei Augenscheinseinnahme durch das erkennende Gericht). Wenn bei mehreren Angeklagten die Hauptverhandl. in Abwesenheit eines Mitangekl. begonnen hat, so ist dies unschädlich, wenn nach seinem Erscheinen die Verhandlung soweit wiederholt wird, daß sie für die ihn betreffende Entscheidung die gesetzl. Grundlage einer vollständigen Hauptverhandlung bildet. U 16/6 03, E 50, 391; insbesondere muß die vor dem Erscheinen eines Mitangeklagten erfolgte Vernehmung der übrigen Angeklagten in seiner Gegenwart wiederholt werden. U 12/11 20, E 55, 168. Die Verletzung einer Rechtsnorm über das Verfahren begründet für einen Angeklagten auch in den Fällen des § 338 nur dann ein eigenes Rügerecht, wenn sie das Verfahren gegen ihn betrifft und wenn irgendwie durch den Rechtsverstoß die dem Beschwerdeführer durch die Prozeßordnung gewährleisteten Rechte beeinträchtigt werden. U 15/4 18, E 52, 189. Kein Revisionsgrund für den Angekl., wenn zugleich in unzulässiger Weise gegen einen abwesenden Mitangekl. verhandelt ist. U 2/1 06, E 38, 272. Zeitweise Abwesenheit des Verteidigers in den Fällen der notwendigen Verteidigung und des § 141 begründet die Revision, wenn nicht der betr. Teil der Verhandlung von neuem verhandelt wird. U 23/11 05, E 38, 216. U 28/6 10, E 44, 16. Vgl. U 6/6 96, E 28, 413, U 22/11 10, E 44, 215 u. A. 93 zu § 145, U 14/6 80, E 2, 104 u. U 16/2 23, E. 57, 265 (Abwesenheit des Verteidigers bei der Urteilsverkündung) und wegen des Privatklägers §§ 385, 387, 391. Der Nebenkläger gehört nicht zu denjenigen Personen, deren Anwesenheit in der Hauptverhandl. das Gesetz vorschreibt. U 20/2 96, E 28, 220. Wegen gleichzeitiger Anwesenheit aller Beteiligten bei Beweisaufnahmeakten s. U 21/2 11, DJZ 16, 876. Ob eine anwesende Person auch geistig verhandlungsfähig ist, hat allein der erkennende Richter zu beurteilen. U 1/10 23, E 57, 373.

§ 339 (378). Die Verletzung von Rechtsnormen, welche lediglich zugunsten des Angeklagten gegeben sind,[39]) kann von der Staatsanwaltschaft nicht zu dem Zwecke geltend gemacht werden, um eine Aufhebung des Urteils zum Nachteile des Angeklagten[40]) herbeizuführen.

§ 340. In den Fällen, in denen die Revision an Stelle der Berufung stattfindet (§ 334) oder statt der Berufung eingelegt wird (§ 335), kann die Revision wegen Verletzung einer Rechtsnorm über das Verfahren nur auf Verletzung der Vorschrift des § 358 gestützt werden.[41])

§ 341 (381). Die Revision muß bei dem Gerichte, dessen Urteil angefochten wird,[42]) binnen einer Woche nach Ver-

---

der Erteilung von Abschriften aus den Gerichtsakten U 16/10 23, DR 28, 84; oder die Ablehnung der Herbeiziehung von ganzen Akten ohne Bezeichnung der für den Urkundenbeweis in Betracht kommenden Stücke, da Akten als solche kein Beweismittel sind und der Antrag sich als Beweisermittlungsantrag kennzeichnet. U 4/3 24, JW 53, 1250; auch nicht die Ablehnung des Antrags auf Vernehmung eines bereits durch den ersuchten Richter vernommenen Zeugen. (Ermessen des Tatrichters) U 19/6 23, E 57, 322; über den Antrag des Angekl. auf Gegenüberstellung mit einem in seiner Abwesenheit kommissarisch vernommenen Zeugen muß aber vor der Urteilsverkündung durch Gerichtsbeschluß entschieden werden. U 12/2 24, E 58, 80. Auf unbeschränkte Redefreiheit hat der Angekl. keinen Anspruch. U 7/2 24, DR 28, 1048. Vgl. insbesondere auch die A. zu §§ 244 ff.

39) Zu den Rechtsnormen, welche lediglich zugunsten des Angeklagten gegeben sind, gehören insbesondere die Vorschrift des § 265 Abs. 1 betr. die Hinweisung des Angekl. auf den veränderten rechtlichen Gesichtspunkt, U 7/12 81, E 5, 218, nicht aber die Vorschriften über die Öffentlichkeit des Verfahrens. U 30/1 80, E 1, 90.

40) Zugunsten des Angeklagten kann jedoch die StA ihre Revision auch auf die im § 339 gedachte Verletzung gründen. U 7/12 81, E 5, 218.

41) Hierzu gehören auch die Vorschriften über die örtliche Zuständigkeit. U 27/4 09, JW 38, 523.

42) Wenn es sich um ein Urteil der bei einem Amtsgericht gebildeten Strafkammer handelt, so kann die Revision auch bei dem Landgericht des Bezirks eingelegt werden. U 4/6 80, R 2, 30. Anders früher: U 10/3 80, E 1, 267. Die Revision gegen ein schwurgerichtliches Urteil kann bei dem Vorsitzenden des Schwurgerichts nur so lange angebracht werden, als die betreffende Sitzungsperiode noch nicht abgelaufen ist. Nach dieser Periode muß die Revision bei der

kündung des Urteils[43]) zu Protokoll des Gerichtsschreibers oder schriftlich[44]) eingelegt werden.[45])

Strafkammer des Landgerichts eingelegt werden. Beschl 30/11 85, E 13, 156, jetzt zu vgl. § 83 GVG.

43) Wenn das Urteil ohne Gründe verkündet ist, so beginnt die einwöchige Frist erst mit dem Zeitpunkt der Zustellung des Urteils. U 6/2 80, E 1, 192. U 1/6 80, E 2, 78. Vgl. U 20/1 80, R 1, 249. Ebenso, wenn der Angeklagte nur einem Teil der Verkündung des Urteils beigewohnt hat. U 9/3 22, DR 26, 1488.

44) Die bloße Niederlegung der schriftlichen Revisionsanmeldung innerhalb der Geschäftsräume des Gerichts ist für sich allein nicht geeignet, die Frist zu wahren. Die Revisionsanmeldungsschrift muß vielmehr innerhalb der Frist an eine in Vertretung des Gerichts zur Empfangnahme befugte Person gelangen. Zu diesen Personen gehören vor allem die Gerichtsschreiber, und zwar können dieselben in Preußen die Revisionsanmeldung auch nach dem Schlusse der Dienststunden in ihrer Wohnung annehmen, U 7/2 98, E 31, 4; während in Bayern diese Annahme durch den Gerichtsschreiber nur auf der Gerichtsschreiberei erfolgen kann. Beschl 21/10 80, R 2, 369. U 7/2 98, E 31, 4. Insbesondere wird hier die Frist des § 341 auch dadurch nicht gewahrt, daß die Revisionseinlegung am letzten Tage der Frist nach Schluß der Dienststunden im Amtszimmer des Gerichtsschreibers in dessen Abwesenheit, aber in Gegenwart des Hausmeisters des Landgerichts niedergelegt wird. Beschl. 27/8 91, E 22, 124. — Bei Einlegung durch eingeschriebenen Brief ist die Frist gewahrt, wenn auch bloß der Postablieferungsschein rechtzeitig eingeht. U 10/3 11, E 44, 350. Eine Revisionsanmeldung ohne Unterschrift ist wirkungslos. U 18/2 87, R 9, 144. Eine schriftliche Revisionseinlegung ist jedoch angenommen in einem Falle, wo der Beschwerdeführer, ohne — des Sabbats wegen — selbst zu unterschreiben, in einer von dem Gefängnisbeamten aufgenommenen und von diesem unterschriebenen Verhandlung erklärt hatte, daß er die Revision einlege. U 9/3 88, E 17, 256. Einlegung der Revision durch die Staatsanwaltschaft erfordert Überreichung einer vom Oberstaatsanwalt oder seinem Vertreter unterzeichneten Einlegungserklärung. U 12/4 22, E 57, 280.

45) Der Angekl. kann nicht verlangen, daß die von ihm sofort nach Verkündung des Urteils in der Sitzung erklärte Einlegung der Revision von dem Gerichtsschreiber in das Sitzungsprotokoll oder in ein besonderes, sofort zu errichtendes Protokoll aufgenommen werde. Beschl. 2/11 93, E 24, 355. — Wegen der Zulässigkeit der Einlegung der Revision durch Telegramm und der Unwirksamkeit fernmündlicher Mitteilung an den Gerichtsschreiber s. A. 3 zu § 306. Wegen der Unzulässigkeit einer bedingten Einlegung der Revision s. A. 84 zu § 296 und wegen des nicht auf freiem Fuß befindlichen Beschuldigten § 299.

Ein Rechtsanwalt, der vorher nicht Verteidiger des Angekl.

Hat die Verkündung des Urteils nicht in Anwesenheit des Angeklagten stattgefunden, so beginnt für diesen die Frist mit der Zustellung.[46])

§ **342 (382).**[47]) Der Beginn der Frist zur Einlegung der Revision wird dadurch nicht ausgeschlossen, daß gegen ein auf Ausbleiben des Angeklagten ergangenes Urteil eine Wiedereinsetzung in den vorigen Stand nachgesucht werden kann.

Stellt der Angeklagte ein Gesuch um Wiedereinsetzung in den vorigen Stand, so wird die Revision dadurch gewahrt, daß sie sofort für den Fall der Verwerfung jenes Gesuchs rechtzeitig eingelegt und begründet wird. Die weitere Verfügung in bezug auf die Revision bleibt dann bis zur Erledigung des Gesuchs um Wiedereinsetzung in den vorigen Stand ausgesetzt.

Die Einlegung der Revision ohne Verbindung mit dem Gesuch um Wiedereinsetzung in den vorigen Stand gilt als Verzicht auf die letztere.

§ **343 (383).** Durch rechtzeitige Einlegung der Revision wird die Rechtskraft des Urteils, soweit es angefochten ist,[48]) gehemmt.

---

war, kann nur dann wirksam ein Rechtsmittel für den Angekl. einlegen, wenn er von diesem noch innerhalb der gesetzl. Einlegungsfrist hierzu beauftragt wird. Spätere Vorlegung der rechtzeitig erteilten Vollmacht ist unschädlich. U 9/6 02, DR 6, 377. U 21/11 12, E 46, 372.

46) Dasselbe gilt für den Nebenkläger, in dessen Abwesenheit die Verkündung des Urteils stattgefunden hat. U 11/2 82, E 6, 28; desgl. für die Verwaltungsbehörde in dem Verfahren bei Zuwiderhandlungen gegen die Vorschriften über die Erhebung öffentlicher Abgaben und Gefälle (§ 429). Wegen Berechnung der Einlegungsfrist für die Einziehungs-Beteiligte s. A. 76 zu § 432.

47) Vgl. § 315 und wegen der Wiedereinsetzung in den vorigen Stand § 235.

48) Wenn die Revision nur insoweit eingelegt ist, als auf Überweisung an die Landespolizeibehörde erkannt ist, so kann in der Revisionsbegründung nicht die Verurteilung wegen Landstreicherei selbst angefochten werden. U 21/7 06, DR 10, 1093. Anfechtung des Urteils nur wegen unrichtiger Anwendung des § 79 ist keine allgemeine materielle Revisionsbeschwerde, die zu einer Prüfung des Urteils im übrigen nötigt. U 29/5 06, DR 10, 814. Bei Beschränkung des Revisionsan-

Dem Beschwerdeführer, welchem das Urteil mit den Gründen noch nicht zugestellt war, ist es nach Einlegung der Revision zuzustellen.[49])

§ 344 (384). Der Beschwerdeführer hat die Erklärung abzugeben, inwieweit er das Urteil anfechte und dessen Aufhebung beantrage (Revisionsanträge),[50]) und die Anträge zu begründen.

Aus der Begründung muß hervorgehen, ob das Urteil wegen Verletzung einer Rechtsnorm über das Verfahren oder wegen Verletzung einer anderen Rechtsnorm angefochten wird. Ersterenfalls müssen die den Mangel enthaltenden Tatsachen angegeben werden.[51])

---

griffs auf eine erkannte Nebenstrafe kann die rechtlich nicht einwandfrei erfolgte Feststellung des Tatbestandes nicht gerügt werden. U 12/3 09, E 42, 241.

49) Auf diese Zustellung kann der Beschwerdeführer nicht verzichten. U 5/12 79, R 1, 118. Das Urteil ist nur nach einer rechtzeitigen Einlegung der Revision zuzustellen. Beschl 11/1 18, E 52, 77. Es muß mit den Gründen (Beschl 26/2 87, R 9, 161), in Ausfertigung oder wenigstens in beglaubigter Abschrift zugestellt werden. Die Zustellung einer einfachen Abschrift des Urteils genügt nicht. U 5/12 79, R 1, 118, U 5/7 83 E 9, 274. Wenn der Angeklagte seinen Verteidiger zur Empfangnahme der Urteilsausfertigung ausdrücklich ermächtigt hat, so kann die Zustellung wirksam auch an den Verteidiger erfolgen. Ein Recht auf diese Zustellung steht ihm jedoch nicht zu, und es ist deshalb auch in diesem Fall die Zustellung an den Beschwerdeführer selbst von gesetzl. Wirkung. U 20/11 82, R 4, 830. Beschl 10/3 82, E 6, 93. Beschl 8/1 84, R 6, 32. Hat dagegen die StA die Zustellung an den Verteidiger ausdrücklich angeordnet, so ist eine trotzdem an den Angekl. geschehene Zustellung unwirksam. U 1/4 13, E 47, 114. Die Vollmacht zum Empfang von Zustellungen muß nachgewiesen werden, sonst wird die Frist des Abs. 1 nicht in Lauf gesetzt. U 11/4 24, DR 28, 886. Wegen der Zustellung an den Verteidiger mehrerer Beschwerdeführer s. U 14/6 15, DR 19, 1914.

50) Neben dem eigentlichen Revisionsantrag gestellte Anträge bezüglich der materiellen Entscheidung, wie solche nach Ansicht des Beschwerdeführers vom Revisionsgericht zu treffen sein würde, sind ohne jeden Belang. U 16/11 80, E 3, 44. Beschränkung der Revision auf Anwendung des Geldstrafengesetzes ist zulässig. U 18/9 22, DR 27, 965.

51) Das Erfordernis der Begründung der Revisionsanträge bezweckt nur, die Richtung der Beschwerde außer Zweifel zu stellen. Eine bestimmte Formulierung ist deshalb vom Gesetz nicht vorge-

§ 345 (385). Die Revisionsanträge und deren Begründung sind spätestens binnen einer weiteren Woche nach Ablauf der Frist zur Einlegung des Rechtsmittels oder, wenn zu dieser Zeit das Urteil noch nicht zugestellt

schrieben; es genügt, wenn aus den Revisionserklärungen zu ersehen ist, inwieweit das Urteil angefochten und dessen Aufhebung beantragt wird. U 9/9 87, R 9, 420. U 25/11 10, E 44, 161. Die materielle Revisionsbeschwerde insbesondere ist genügend begründet, sobald behauptet ist, daß die Anwendung des Strafgesetzes auf das festgestellte Sachverhältnis fehlerhaft sei. U 2/12 81, E 5, 186. U 20/2 18, E 52, 146 (allgemeine Rüge der Verletzung des Strafrechts). Im Falle der Anfechtung wegen Verletzung einer Rechtsnorm über das Verfahren ist nur die Angabe der Tatsachen, welche den gerügten Mangel enthalten sollen, erforderlich, nicht auch die Angabe der verletzten Prozeßvorschrift, U 20/11 80, R 2, 543. Es müssen bestimmte Tatsachen unmittelbar behauptet werden, um dem Revisionsgericht dadurch die Prüfung zu ermöglichen, ob sie, wenn wesentlich, wahr sind oder nicht. U 27/3 24, DR 28, 1052. Vgl. U 26/5 14, E 48, 288 (Begründung von Prozeßbeschwerden im allgemeinen). Bloße Angabe der prozessualen Natur und Richtung des angeblichen Mangels genügt jedoch nicht, U 29/9 04, DJZ 11, 40. Ebensowenig kann das bloße Vorbringen des Angekl., daß er unschuldig verurteilt sei, als eine genügende Revisionsbegründung angesehen werden, Beschl 8/12 79, E 1, 257; desgl. nicht eine Anfechtung des Urteils „sowohl wegen Verletzung von Rechtsnormen über das Verfahren, als auch anderer Rechtsnormen". Beschl 12/12 81, R 3, 792. Eine nur bedingt erhobene Verfahrensrüge ist unzulässig. U 29/4 19, E 53, 50. Wegen Begründung der Beschwerde aus § 250 bzw. 268 Abs. 2 StPO s. U 11/7 00, E 33, 356 u. U 3/2 11, E 44, 308. Unzulässig ist es endlich auch, und zwar sowohl bei der Revision der StA als der des Angekl. (Beschl 22/2 97, E 29, 411), die Revisionsanträge lediglich durch Bezugnahme auf andere Schriftsätze, insbesondere auf die Begründung der gegen ein früheres in derselben Sache ergangenes Urteil mit Erfolg eingelegten Revision, zu begründen. U 1/10 86, E 14, 348. U 21/9 88, E 18, 95. Vgl. U 12/11 89, E 20, 42 (Unzulässigkeit der Verweisung auf einen, in nicht unterzeichneter Abschrift beigefügten Revisionsschriftsatz in einer anderen Sache). Beschl 22/2 97, E 29, 411 (Unzulässigkeit der Bezugnahme auf Ausführungen eines Provinzialsteuerdirektors). U 20/2 00, G 47. 163 (Desgl. auf die für einen Mitangekl. eingereichte Revisionsschrift), Beschl 9/6 02, DR 6, 400 (Unzulässigkeit der bloßen Bezugnahme auf frühere Revisionsanträge gegenüber einem in der Revisionsinstanz aufgehobenen und dadurch erledigten Urteil). Anders liegt der eine Anlage als genügend anerkennende Fall U 15/5 23, DR 27, 1403.

war, nach dessen Zustellung bei dem Gerichte, dessen Urteil angefochten wird, anzubringen.[52])

Seitens des Angeklagten kann dies nur in einer von dem Verteidiger[53]) oder einem Rechtsanwalt[54]) unterzeichneten[55]) Schrift[56]) oder zu Protokoll des Gerichtsschreibers[57]) geschehen.[58])

---

52) Die Frist läuft, selbst wenn das zugestellte Urteil die Unterschrift eines nicht beteiligten Richters trägt, U 13/6 11, G 59, 322, oder die Zustellung nicht durch die StA vermittelt ist, U 16/5 11, DR 15, 2412. Sie läuft auch während eines Stillstands der Rechtspflege. Die Folgen einer Fristversäumnis können nur durch Wiedereinsetzung in den vorigen Stand beseitigt werden. Beschl 19/9 19, E 53, 300 u. dazu U 28/4 24, E 58, 156. Aber nur die nach der rechtzeitigen Revisionseinlegung erfolgende Urteilszustellung setzt die Frist zur Begründung der Revision in Lauf. Beschl 11/1 18, E 52, 77. Für den nach Erlaß des Urteils zugelassenen Nebenkläger, dem jenes bereits vorher zugestellt war, beginnt die Frist erst mit Zustellung des Zulassungsbeschlusses. Beschl 29/11 07, DR 12, 75; s. auch Beschl 24/4 14, E 48, 235. Wegen der Urteilszustellung in Preußen ohne Beobachtung der im § 8 MinVerf 10/12 89 gegebenen Ordnungsvorschrift s. U 17/5 04, E 37, 156. Vgl. noch Beschl 3/2 14, LZ 8, 1136 (Übergabe an den Hausmeister des Gerichts in Anhalt).

53) Verteidiger i. S. § 345 ist nur der nach § 138 gewählte, bzw. gerichtsseitig als solcher genehmigte Verteidiger, nicht auch der Beistand des § 149. Beschl 30/12 82, E 7, 403. Ob der Verteidiger bereits als solcher in der Vorinstanz fungiert hat oder erst für die Revisionsinstanz gewählt ist, ist gleichgültig. U 23/6 96, E 28, 430. Im übrigen bedarf der Verteidiger, welcher die Revisionsschrift unterzeichnet, zur Stellung und Begründung der Revisionsanträge keiner besonderen Legitimation. U 13/1 81, E 3, 222.

Der Ehemann, der eine von seiner Ehefrau kraft eigenen Rechts eingelegte Revision in ihrem Namen rechtfertigt, bedarf ihrer Vollmacht. U 20/4 03, DR 7, 269.

54) Daß der Rechtsanwalt vorher Verteidiger des Angekl. war, ist nicht erforderlich. Eine von einem RA unterzeichnete Revisionsschrift genügt deshalb stets, wenn Bedenken gegen die Annahme, daß die Unterzeichnung im Auftrage des Angekl. geschehen, nicht vorliegen, und wenn insbesondere der Angekl. selbst die Revision angemeldet hat. Beschl 5/5 84, R 6, 355. U 24/1 87, E 15, 226. U 19/1 94, G 42, 37. Wenn der Angekl. selbst RA ist, so genügt es, wenn er allein die Revisionsschrift unterzeichnet. Beschl 29/8 82, R 4, 695. Vgl. U 21/7 06, DR 10, 1093 (Unterzeichnung der Begründung durch den Verteidiger nur um den Anschein zu erwecken, daß sie von ihm herrühre).

55) Notwendig ist die Unterzeichnung der Revisionsschrift durch den Verteidiger oder RA. Die bloße Beglaubigung oder Lega-

lisation der Unterschrift des Angekl. durch diese Personen genügt nicht, Beschl 21/9 83, E 9, 68. Beschl 10/8 83, R 5, 527. U 14/2 88, R 10, 149. Beschl 7/11 90, E 21, 159; und ebensowenig kann die Beifügung der besonders beurkundeten Unterzeichnung oder der Beweis, daß die Schrift von dem Verteidiger oder einem RA verfaßt und die Unterschrift nur versehentlich weggelassen sei, die vom Gesetz verlangte Unterzeichnung der Schrift selbst ersetzen. U 2/10 88, E 18, 103. Beschl 6/12 97, E 30, 366. Auch die Unterzeichnung eines vom Angekl. selbstverfaßten und geschriebenen Schriftstücks durch einen RA mit dem Vermerk, daß er die vorstehenden Anträge und Ausführungen zu den seinigen mache, genügt nicht. Beschl 30/4 07, G 54, 309. U 25/3 20, E 54, 282. Desgl. kann die nur von dem Angekl. selbst unterschriebene Revisionsbegründung keine Berücksichtigung finden, und zwar auch insoweit nicht, als sie in der von dem Verteidiger oder einem RA unterzeichneten weiteren Revisionsschrift in Bezug genommen wird. U 18/10 02, DR 6, 561.

Als Unterzeichnung i. S. § 345 Abs. 2 gilt nur die Unterzeichnung des vollen Namens; Zeichnung des Anfangsbuchstabens des Namens genügt nicht. U 25/1 04, E 37, 81.

56) Die Anbringung der Revisionsanträge und deren Begründung muß in einer Schrift geschehen. Formlose Schriftstücke, welche den von einem Rechtsanwalt unterzeichneten Revisionsanträgen beigefügt und in denselben als „integrierende Bestandteile" bezeichnet werden, können als Teile der Revisionsanträge nicht berücksichtigt werden. U 1/10 86, E 14, 348. Die Schrift muß im Urstück eingereicht werden. Der Formvorschrift des § 345 wird dadurch nicht genügt, daß nur eine beglaubigte Abschrift der zu den Akten der StA genommenen Urschrift der Revisionsbegründung an das Gericht gelangt. U 12/2 01, E 34, 137. Über die Unzulässigkeit von Zusätzen, welche die Bedeutung der Schrift als Revisionsschrift einschränken, s. Beschl 1/3 89, E 19, 95.

Auch die Begründung der Revision durch Telegramm ist zulässig. U 25/2 84, E 10, 166. Vgl. A. 3 zu § 306.

57) Der Gerichtsschreiber i. S. § 345 Abs. 2 ist nur der Gerichtsschreiber desjenigen Gerichts, dessen Urteil angefochten wird, abgesehen von dem Falle, wenn der Angekl. verhaftet ist. § 299. Beschl 16/9 82, E 7, 174. Beschl 6/12 12, DR 17, 301 (keine Zuständigkeit des vom Landgericht ersuchten amtsgerichtlichen Gerichtsschreibers). Die Anbringung und Begründung der Revisionsanträge zu Protokoll des Gerichtsschreibers muß in der Weise geschehen, daß der letztere die mündlichen Erklärungen des Beschwerdeführers in der Art zu Protokoll nimmt, daß er die ihm vorgetragenen Beschwerden nach Form und Inhalt prüft und so denselben einen klaren und angemessenen Ausdruck gibt. Beschl 8/8 18, E 52, 277. U 22/9 08, DJZ 14, 84. Unterschrift des Erklärenden, Beurkundung des Grundes für deren Unterbleiben, wie Verlesung und Genehmigung des Protokolls sind nicht erforderlich. U 23/12 13, E 48, 78. Der Gerichtsschreiber darf im Protokoll nicht auf eine von dem Beschwerdeführer verfaßte und überreichte Rechtfertigungsschrift ver-

§ **346 (386).** Ist die Revision verspätet eingelegt, oder sind die Revisionsanträge nicht rechtzeitig oder nicht in der im § 345 Abs. 2 vorgeschriebenen Form angebracht worden, so hat das Gericht, dessen Urteil angefochten wird, das Rechtsmittel durch Beschluß als unzulässig zu verwerfen.[59])

---

weisen oder einer solchen Schrift dadurch die Gestalt einer protokollarischen Erklärung geben, daß er die gewöhnliche Eingangs- bzw. Schlußformel eines Protokolls hinzufügt. Beschlüsse 8/7 80, R 2, 172. 17/9 80, R 2, 215. 19/10 80, E 2, 358. 30/11 80, E 2, 444. 23/2 81, E 4, 7. 18/9 85, E 12, 367. 3/5 86, R 8, 338. U 1/10 86, E 14, 348. Unzulässig sind ferner Revisionsanträge und deren Begründung, die der Beschwerdeführer dem Gerichtsschreiber lediglich wörtlich in die Feder diktiert. Beschl 9/5 95, E 27, 211. Vgl. hierzu U 24/11 10, DJZ 16, 476 (Erfordernisse für die Verwerfung gemäß § 349). Die Mitwirkung des Richters bei der Tätigkeit des Gerichtsschreibers ist unschädlich. U 21/9 05, DJZ 11, 84. Die Frist des § 345 ist nur dann gewahrt, wenn das Protokoll des Gerichtsschreibers noch innerhalb derselben zum Abschluß gelangt und von dem Gerichtsschreiber unterzeichnet ist. Beschl. 28/3 03, DR 7, 460. Im übrigen kann nicht nur der Angekl. selbst, sondern auch eine zu seiner Vertretung befugte Person die Revisionsanträge zu Protokoll des Gerichtsschreibers anbringen und begründen. Wie sonst ist allerdings auch hier die Wahl eines Bevollmächtigten von der Genehmigung des Gerichts abhängig, sofern eine andere Person als ein bei einem deutschen Gericht zugelassener Rechtsanwalt oder ein Rechtslehrer an einer deutschen Hochschule bevollmächtigt wird. Beschl 16/10 83, E 9, 78. Auch die Einziehungsbeteiligten (§ 431 Abs. 2) können die Revision zu Protokoll des Gerichtsschreibers begründen. U 7/4 05, DR 9, 286. Wegen des Privatklägers und des Nebenklägers s. jedoch § 390 Abs. 2.

58) Die Staatsanwaltschaft kann die Rechtfertigung der Revision in einfacher Schriftform bewirken. Diese wird aber nur durch einen von dem zuständigen Beamten der StA unterzeichneten Schriftsatz gewahrt. Beschl 12/2 01, E 34, 137. Der Ehemann, der eine von seiner Ehefrau selbständig eingelegte Revision im Namen seiner Ehefrau rechtfertigt, bedarf einer Vollmacht der letzteren. U 20/4 03, DR 7, 269. In Militärstrafsachen können Angeklagte Revisionsanträge und deren Begründung außer der im § 345 Abs. 2 StPO vorgeschriebenen Form mit gleicher Wirkung zu Protokoll eines Heeres-(Marine-)Anwalts oder eines bei einem solchen beschäftigten Sekretärs anbringen. § 11 Ges. betr. Aufhebung der Militärgerichtsbarkeit v. 17/8 20, s. Anh. IV.

59) Der § 346 gibt dem Gericht nicht die Befugnis, wegen der Form der Einlegung das Rechtsmittel durch Beschluß als unzulässig zu verwerfen; diese Befugnis hat das Gericht nur hinsichtlich der Form, in welcher die Revisionsanträge, worunter auch deren Be-

Der Beschwerdeführer[60]) kann binnen einer Woche nach Zustellung des Beschlusses auf die Entscheidung des Revisionsgerichts antragen. In diesem Falle sind die Akten an das Revisionsgericht einzusenden; die Vollstreckung des Urteils wird jedoch hierdurch nicht gehemmt.

§ **347 (387).** Ist die Revision rechtzeitig eingelegt, und sind die Revisionsanträge rechtzeitig und in der vorgeschriebenen Form angebracht, so ist die Revisionsschrift dem Gegner des Beschwerdeführers zuzustellen. Diesem steht frei, binnen einer Woche eine schriftliche Gegenerklärung einzureichen. Der Angeklagte kann letztere auch zu Protokoll des Gerichtsschreibers abgeben.

Nach Eingang der Gegenerklärung oder nach Ablauf der Frist erfolgt durch die Staatsanwaltschaft die Einsendung der Akten an das Revisionsgericht.

§ **348 (388).** Findet das Gericht, an welches die Einsendung der Akten erfolgt ist, daß die Verhandlung und Entscheidung über das Rechtsmittel zur Zuständigkeit eines

---

gründung zu verstehen ist, angebracht worden sind, während hinsichtlich der Einlegung von demselben nur geprüft werden soll, ob sie rechtzeitig geschah. Beschl 24/1 80, R 1, 266. Beschl 7/1 11, E 44, 263. Aus dem Wortsinn des Ausdrucks „verspätet" ergibt sich ferner, daß damit nur die zeitliche Versäumnis der im § 341 Abs. 1 vorgeschriebenen Einlegungsfrist gemeint ist, woraus folgt, daß die Entscheidung darüber, ob ein bindender Verzicht auf Einlegung eines Rechtsmittels vorliegt, welcher die Zulässigkeit einer späterhin eingelegten Revision ausschließt, nicht dem Instanzgericht, sondern nur dem Revisionsgericht zusteht. Beschl 21/6 86, R 8, 469. — Ist der Beschluß rechtskräftig, so kann das Gericht, das ihn erlassen hat, abgesehen von Wiederaufnahme, auch den auf irrigem Beschluß beruhenden Beschluß nicht wieder aufheben. Seine Anfechtung kann nur durch den im Abs. 2 erwähnten Antrag auf Entscheidung des Revisionsgerichts erfolgen. U 4/11 04, E 37, 292. Vgl. Beschl 22/9 05, E 38, 157 (Zurücknahme des Beschlusses ist rechtlich unwirksam) und Beschl. 4/7 19, E 53, 287.

60) Nur der Beschwerdeführer, dessen Revision als unzulässig verworfen ist, kann den Antrag auf die Entscheidung des Revisionsgerichts stellen, nicht auch die StA zugunsten des Angekl. Beschl 21/12 82, R 4, 889; auch nicht der gesetzl. Vertreter des Angeklagten. U 20/4 20, DR 24, 2978. Hat eine Ehefrau die Revision eingelegt, so ist der vom Ehemann nach § 346 Abs. 2 selbständig gestellte Antrag als unzulässig zu verwerfen. Beschl 25/3 05, E 38, 9.

anderen Gerichts gehöre, so hat es durch Beschluß seine Unzuständigkeit auszusprechen.

Dieser Beschluß, in welchem das zuständige Revisionsgericht zu bezeichnen ist, unterliegt einer Anfechtung nicht und ist für das in ihm bezeichnete Gericht bindend.[61])

Die Abgabe der Akten erfolgt durch die Staatsanwaltschaft.

§ 349 (389). Erachtet das Revisionsgericht die Bestimmungen über die Einlegung der Revision oder die über die Anbringung[62]) der Revisionsanträge nicht für beobachtet, so kann es das Rechtsmittel durch Beschluß als unzulässig verwerfen. Das gleiche ist der Fall, wenn das Reichsgericht über die Revision zu entscheiden hat und die Revision einstimmig für offensichtlich unbegründet erklärt wird.

Andernfalls wird über das Rechtsmittel durch Urteil entschieden.

§ 350 (390). Der Angeklagte oder auf dessen Verlangen der Verteidiger ist von dem Tage der Hauptverhandlung zu benachrichtigen. Der Angeklagte kann in dieser erscheinen oder sich durch einen mit schriftlicher Vollmacht versehenen Verteidiger vertreten lassen.

Der nicht auf freiem Fuße befindliche Angeklagte hat keinen Anspruch auf Anwesenheit.

61) Der Unzuständigkeitsbeschluß ist in allen Fällen nicht weiter anfechtbar und, vorausgesetzt, daß überhaupt ein zur Entscheidung in der Revisionsinstanz geeignetes Rechtsmittel vorliegt, für das in ihm bezeichnete Revisionsgericht bindend, mag letzteres die jenem Beschlusse zugrunde liegende Auffassung über die prozessuale Eigenschaft des angefochtenen Urteils teilen oder nicht. U 24/2 02, E 35, 157. Vgl. U 24/4 84, R 6, 298.

62) Auch wenn die Begründung der Revisionsanträge formell dem § 344 Abs. 2 nicht entspricht, kann das Revisionsgericht die Revision durch Beschluß als unzulässig verwerfen. Beschl 8/12 79, E 1, 257. Beschl 3/5 86, R 8, 336. Vgl. Beschl 8/7 89, EZ 24, 408. Eine solche Verwerfung durch Beschluß kann ferner auch in dem Falle erfolgen, in dem der Beschwerdeführer sein Rechtsmittel dem Wortlaute der Revisionsanträge nach auf Verletzung des Strafgesetzes stützt, in Wirklichkeit aber nur der Beweis der Täterschaft angefochten wird. Beschl 21/3 07, E 40, 99.

§ 351 (391). Die Hauptverhandlung beginnt mit dem Vortrag eines Berichterstatters.

Hierauf werden die Staatsanwaltschaft sowie der Angeklagte und sein Verteidiger mit ihren Ausführungen und Anträgen, und zwar der Beschwerdeführer zuerst, gehört. Dem Angeklagten gebührt das letzte Wort.

§ 352 (392). Der Prüfung des Revisionsgerichts unterliegen nur die gestellten Revisionsanträge und, insoweit die Revision auf Mängel des Verfahrens gestützt wird, nur die Tatsachen, welche bei Anbringung der Revisionsanträge bezeichnet worden sind.[63])

Eine weitere Begründung der Revisionsanträge, als die im § 344 Abs. 2 vorgeschriebene, ist nicht erforderlich und, wenn sie unrichtig ist, unschädlich.[64])

---

63) Die Frage, ob die Voraussetzungen zur gerichtlichen Haftnahme eines Angekl. im Einzelfalle gegeben sind, ist eine wesentlich tatsächliche und unterliegt deshalb nicht der Prüfung des Revisionsgerichts. Auch über die während des Revisionsverfahrens gestellten Anträge auf Untersuchungshaft hat daher nicht das Revisionsgericht, sondern das Instanzgericht zu entscheiden. Beschl 14/3 81, E 3, 421. Wenn lediglich die Zuerkennung oder Verweigerung der Veröffentlichungsbefugnis angefochten wird, unterliegt die Hauptstrafe nicht der Nachprüfung des Revisionsgerichts. U 18/1 04, G 51, 179. Über die Prüfung der Schuldfrage, wenn von der StA lediglich die Unvollständigkeit des erstrichterlichen Strafausspruchs gerügt wird, s. U 5/19. März 06, E 38, 394. U 27/9 07, E 40, 274 (beschränkte Prüfung bei ausschließlicher Rüge rechtskräftig entschiedener Sache); U 27/10 08, E 42, 30 (desgl. bei nur gerügter Unterlassung des Ausspruchs einer Einziehung); U 3/5 10, E 43, 363 (desgl. bei bloß wegen Fehlens des Strafantrags erfolgter Anfechtung); U 17/1 11, E 44, 294 (desgl. bei nur gerügter Verurteilung zu Buße); U 19/9 11, E 45, 149 (desgl. wenn nur die festgesetzte Hauptstrafe angefochten ist); U 27/6 13, E 47, 227 (desgl. bei auf die neben der Hauptstrafe zugelassene und erkannte Geldstrafe beschränkter Anfechtung); U 5/12 19, E 54, 180 (desgl. bei Beschränkung der Anfechtung des Urteils auf die Anwendung der Vorschriften über den strafschärfenden Rückfall). Im übrigen unterliegen nur ernstlich gemeinte Rügen der Prüfung des Revisionsgerichts. U 30/9 10, DJZ 16, 93. Zu richterlichen Anordnungen über die Beschlagnahme von Gegenständen und ihre Aufhebung während des Revisionsverfahrens bleibt die Strafkammer (das Schöffengericht) zuständig, wofern sie dazu während des Hauptverfahrens und der Hauptverhandlung zuständig war. U 24/11 19, E 54, 165.

64) Vgl. § 344 und A. 50, 51 dazu.

§ 353 (393). Insoweit die Revision für begründet erachtet wird, ist das angefochtene Urteil aufzuheben.

Gleichzeitig sind die dem Urteile zugrunde liegenden Feststellungen aufzuheben, sofern sie durch die Gesetzesverletzung betroffen werden, wegen deren die Aufhebung des Urteils erfolgt.[65])

---

65) Aus der Bestimmung des § 353 Abs. 2 ist nicht zu entnehmen, daß auch eine nur teilweise Aufhebung der über die Schuldfrage hinsichtlich einer bestimmten angeklagten Straftat handelnden Feststellungen erfolgen könne. Der Sinn der Vorschrift geht vielmehr dahin, daß, wenn die in der Revisionsinstanz gefundene Gesetzesverletzung nur in der unrichtigen Anwendung des Strafgesetzes auf die tatsächlichen Feststellungen liegt, die letzteren von der Aufhebung des Urteils auszunehmen und aufrecht zu halten sind, und daß ihre Aufhebung bloß dann erfolgen soll, wenn bei ihrem Zustandekommen selbst eine Gesetzesverletzung unterlief. Beruhte die Aufhebung des Urteils auf Mängeln im Verfahren, so sind nur diejenigen Teile des Verfahrens aufzuheben, welche dem gefundenen Mangel der Zeit nach folgten. U 30/6 80, E 2, 289. Vgl. U 16/1 80, E 1, 82. U 3/11 82, E 7, 176. Wenn das Urteil wegen ungenügender Feststellung des Rückfalls aufzuheben ist, so sind die Feststellungen des angefochtenen Urteils bezügl. der Schuldfrage aufrecht zu erhalten, dagegen die Feststellungen bezügl. des Rückfalls aufzuheben und insoweit eine neue Verhandlung und Entscheidung anzuordnen. U 23/10 99, E 32, 310. Wegen der Wirkung der Aufhebung bei Bankerott (§§ 239, 240 KO) s. U 16/1 06, E 38, 318.

Die von dem Revisionsgericht aufrechterhaltenen Feststellungen sind auch für die neue Verhandlung des Instanzgerichts bindend, so daß jede anderweite Tatbestandsfeststellung in der neuen Verhandlung ausgeschlossen ist. Eine neue Beweisaufnahme darf deshalb nur erfolgen, soweit Tatsachen dargetan werden sollen, welche (ohne die Schuldfrage zu berühren, U 10/12 07, E 55, 115), eine mildere Beurteilung der Straftat begründen können. U 6/6 03, DR 7, 406. U 3/11 82, E 7, 176. U 7/12 81, E 3, 319. U 27/7 83, E 9, 98 (Beweisaufnahme zur Feststellung früher nicht angenommener mild. Umstände).

Wenn wegen einer strafb. Handlung auf mehrere Strafen (Freiheitsstrafe und Geldstrafe) erkannt und nur betreffs einer Strafe eine Gesetzesverletzung vorgekommen ist, so muß trotzdem das gesamte Strafmaß aufgehoben werden. U 2/11 83, R 5, 663. Die nach § 74 StGB festzusetzenden Einzelstrafen bilden nicht unselbständige Faktoren für die Berechnung der Gesamtstrafe. In dem Falle, daß ein Angeklagter wegen mehrerer selbständiger Handlungen zu einer Gesamtstrafe verurteilt ist, auf die eingelegte Revision aber nur die Feststellung einer oder einzelner dieser Handlungen aufgehoben wird, bleiben daher die auf die anderen Feststellungen bezüglichen Einzelstrafen als solche

§ **354 (394).** Erfolgt die Aufhebung des Urteils nur wegen Gesetzesverletzung bei Anwendung des Gesetzes auf die dem Urteile zugrunde liegenden Feststellungen, so hat das Revisionsgericht in der Sache selbst zu entscheiden, sofern ohne weitere tatsächliche Erörterungen nur auf Freisprechung oder auf Einstellung[66]) oder auf eine absolut bestimmte Strafe[67]) zu erkennen ist,[68]) oder das Revisionsgericht in Übereinstimmung mit dem Antrage der Staatsanwaltschaft die gesetzlich niedrigste Strafe für angemessen erachtet.[69])

In anderen Fällen ist die Sache zur anderweiten Verhandlung und Entscheidung an das Gericht,[70]) dessen Urteil aufgehoben ist, oder an ein demselben deutschen Lande angehöriges, benachbartes Gericht gleicher Ordnung[71]) zurückzuverweisen.

---

regelmäßig bestehen; sie sind nur aufzuheben, wenn in concreto die Annahme begründet erscheint, daß die vorliegende Tatmehrheit schon die Bemessung der Einzelstrafen beeinflußt habe. VStrafsBeschl 18/4 94, E 25, 297 flg. Sobald die Summe der zur Bildung der Gesamtstrafe verbleibenden Einzelstrafen nicht erreicht ist, kann diese in gleicher Höhe wie früher festgesetzt werden. U 29/11 18, DR 23, 852.

66) Erweist sich die Rüge, daß der erforderliche Strafantrag fehle, als begründet, so kann trotzdem das Revisionsgericht die Einstellung des Verfahrens selbst dann nicht aussprechen, wenn aus den getroffenen tatsächlichen Feststellungen erhellt, daß das Instanzgericht zu Unrecht ein Antragsdelikt angenommen hat. U 11/4 02, E 49, 262.

67) Vgl. den Sonderfall einer absolut bestimmten Strafe (§§ 28, 78 Abs. 2 StGB) im U 17/1 90, E 20, 218.

68) Diesem Fall steht sachlich derjenige gleich, wo ohne weitere tatsächliche Erörterungen nur eine Verurteilung des Angekl. zu einer bestimmten Straftat ohne besondere Strafzuerkennung auszusprechen ist (Tateinheit von Urkundenfälschung und Betrug). U 17/5 81, E 4, 180.

69) Dieser Fall liegt jedoch dann nicht vor, wenn das Gesetz die gesetzlich niedrigste Strafe von der vorherigen Feststellung mildernder Umstände abhängig macht. U 19/10 80, E 2, 355. Wegen der niedrigsten Strafe, wenn neben Gefängnis Geldstrafe zugelassen ist, s. U 27/6 13, E 47, 227.

70) Gleichgültig ist es, ob die neue Hauptverhandl. vor der früher tätig gewesenen Strafkammer oder vor einer anderen Strafkammer dieses Gerichts stattfindet. U 9/4 81, R 3, 216.

71) Die bei einem Amtsgericht gebildeten Strafkammern (§ 78 GVG) sind vermöge ihres selbständigen Gerichtssitzes und ihrer besonderen örtlichen Zuständigkeit i. S. § 354 als von den Landgerichten

Die Zurückverweisung kann an ein Gericht niederer Ordnung erfolgen, wenn die noch in Frage kommende strafbare Handlung zu dessen Zuständigkeit gehört.

§ **355 (395).** Wird ein Urteil aufgehoben, weil das Gericht der vorigen Instanz sich mit Unrecht für zuständig erachtet hat, so verweist das Revisionsgericht gleichzeitig die Sache an das zuständige Gericht.[72])

§ **356 (396).** Die Verkündung des Urteils erfolgt nach Maßgabe des § 268.[73])

§ **357 (397).**[74]) Erfolgt zugunsten eines Angeklagten die Aufhebung des Urteils wegen Gesetzesverletzung bei Anwendung des Strafgesetzes,[75]) und erstreckt sich das Urteil,

---

und den unmittelbar zu diesen gehörigen, am Landgerichtssitze fungierenden Strafkammern verschiedene Gerichtskörper anzusehen. Wenn also das Urteil einer solchen bei einem Amtsgericht bestehenden Strafkammer aufgehoben wird, so ist die Sache an eine am Sitze des Landgerichts, zu welchem diese Strafkammer gehört, bestehende Strafkammer zu verweisen. Beschl 15/3 88, E 17, 230.

Erklärt sich nach Zurückverweisung an ein benachbartes Landgericht dessen Strafk. (jetzt Schöffengericht) gemäß § 270 für unzuständig, so hat sie die Sache an das Schwurgericht des eigenen Landgerichts zu verweisen. U 26/3 09, E 42, 263.

72) § 355 findet auf sachliche und örtliche Zuständigkeit (U 29/10 07, E 40, 354) und auch dann Anwendung, wenn die Aufhebung des Urteils nicht wegen Unzuständigkeit des Gerichts voriger Instanz, sondern wegen Gesetzesverletzung erfolgt, bei richtiger Anwendung des Gesetzes aber sich die Zuständigkeit eines anderen Gerichts (Schwurgerichts) ergibt. U 10/3 84, E 10, 192. U 10/11 84, R 6, 726.

73) Vgl. die Anmerkungen zu § 268.

74) § 357 setzt die Gleichheit der Tat sämtlicher Angekl. voraus und kann daher nur solchen nicht revidierenden Angekl. zustatten kommen, welche nach der erstrichterlichen Feststellung bei derjenigen Tat beteiligt sind, auf welche sich die Revision bezieht, und bezüglich deren das erste Urteil aufgehoben wird und auch nur aufgehoben werden kann; nicht aber (trotz vorliegender gleicher Gesetzesverletzung) auch solchen nicht revidierenden Angekl., die sich einer anderen, wenn auch in demselben Verfahren abgeurteilten Tat schuldig gemacht haben. U 5/5 82, E 6, 256. U 27/1 88, R 10, 74.

75) Dies ist z. B. auch der Fall, wenn statt auf Geldstrafe wegen Körperverletzung auf Festungshaft wegen Zweikampfs erkannt wird. U 6/3 83, R 5, 156. Desgl. bei Aufhebung wegen Verletzung des Grundsätze über den Strafverbrauch. U 28/12 09, E 43, 163. Ein Pro-

soweit es aufgehoben wird,[76]) noch auf andere Angeklagte, welche die Revision nicht eingelegt haben,[77]) so ist zu erkennen, als ob sie gleichfalls die Revision eingelegt hätten.[78])

§ **358 (398).** Das Gericht, an welches die Sache zur anderweiten Verhandlung und Entscheidung verwiesen ist, hat die rechtliche Beurteilung, welche der Aufhebung des Urteils zugrunde gelegt ist, auch seiner Entscheidung zugrunde zu legen.[79])

---

zeßverstoß, der nur in bezug auf die Person eines von mehreren Mitangeklagten oder in bezug auf das gegen diesen gerichtete Verfahren vorliegt, kann von einem anderen Mitangeklagten nicht geltend gemacht werden, wenn nicht auch das gegen diesen gerichtete Verfahren von dem gleichen Prozeßverstoß betroffen wird. U 15/4 18, E. 52, 189.

76) Ob diese Aufhebung des Urteils auf Revision eines Angeklagten oder auf Revision der Staatsanwaltschaft (zugunsten oder zuungunsten des Angekl.) erfolgt, ist gleichgültig. U 5/12 87, R 9, 693. U 11/9 00, E 33, 372.

77) § 357 kommt auch dem Mitangeklagten zustatten, welcher die Revision zwar eingelegt, aber in unzutreffender Weise nur auf Verletzung von Prozeßvorschriften gestützt hat, U 23/9 84, R 6, 557, oder dessen Revision als unzulässig verworfen ist. U 14/6 07, E 40, 219.

78) § 357 ist auch auf die in der Person eines Angekl. individuell begründeten Strafmilderungs- oder Straferschwerungsgründe (§ 57 StGB.) anzuwenden, sobald die letzteren mehreren an derselben Straftat beteiligten, unter Anwendung wesentlich derselben Strafnorm auf denselben Tatbestand abgeurteilten Angekl. in gleicher Weise zustatten kommen und bezüglich mehrerer Angekl. in gleicher Weise unbeachtet geblieben sind. U 5/12 87, E 16, 417. Zur Wirkung der Beschränkung des Rechtsmittels in anderen Fällen als § 357 s. U 30/11 23, E 58, 31.

Die von dem verurteilten Mitangeklagten bereits verbüßte Strafe ist auf die im neuen Urteil anderweit gegen ihn erkannte Strafe auch dann anzurechnen, wenn in der Formel desselben hierüber nichts gesagt ist. U 14/6 07, E 40, 219.

79) § 358 gestattet in dieser Beziehung keine Abweichung, auch dann nicht, wenn das Gericht, an welches die Sache zur anderweiten Verhandlung verwiesen war, seiner Entscheidung eine Beurteilung der Tat zugrunde legte, welche eine Veränderung des Instanzenzuges zur Folge hatte. U 6/10 91, E 22, 156. Wegen Anwendung des § 358 bei Sammeltaten s. U. 23/1 00, E 47, 157. U 8/3 04, DJZ 10, 699. Im übrigen ist jedoch das Instanzgericht nicht gehindert, von der aufhebenden Entscheidung des Reichsgerichts nicht berührte Fragen seiner völlig freien und selbständigen Beurteilung zu unter-

War das Urteil nur von dem Angeklagten oder zu seinen Gunsten von der Staatsanwaltschaft oder von einer der im § 298 bezeichneten Personen angefochten worden, so darf das neue Urteil eine härtere Strafe als die in dem ersteren erkannte nicht verhängen.[80])

---

4. Buch. Wiederaufnahme eines durch rechtskräftiges Urteil geschlossenen Verfahrens.*)

§ 359 (399). Die Wiederaufnahme eines durch rechts-

---

stellen. U 29/4 86, R 8, 319. Durch § 358 ist ferner auch das Revisionsgericht, welches nach vorher erfolgter Aufhebung des erstinstanzlichen Urteils über die Revision gegen das anderweit in erster Instanz erlassene Urteil zu entscheiden hat, an die jener Aufhebung zugrunde liegende rechtliche Beurteilung gebunden. Dies ist insbesondere auch dann der Fall, wenn das aufhebende Urteil von einem Oberlandesgericht erteilt wurde und zur Entscheidung über die anderweite Revision das Reichsgericht zuständig ist. U 24/5 82, E 6, 358. U 1/4 82, R 4, 300.

In der neuen Hauptverhandlung bedarf es der Verlesung der Gründe des Revisionsurteils nicht; das erkennende erstinstanzliche Gericht muß sich vielmehr von Amts wegen von der dem aufhebenden Urteil zugrunde liegenden rechtlichen Beurteilung Kenntnis verschaffen, ohne zu diesem Zweck eine prozeßordnungsmäßige Beweisaufnahme vorzunehmen. U 15/5 91, E 21, 436. U 9/6 93, G 41, 139.

80) § 358 Abs. 2 ist auch verletzt, wenn das neue Urteil zwar eine höhere Gesamtstrafe als die früher erkannte nicht ausspricht, jedoch die Einzelstrafen höher, als dies im aufgehobenen Urteil geschehen ist, bemißt. U 30/10 94, E 26, 167. U 18/9 02, DR 6, 514. Wegen der härteren Strafe s. § 331 und wegen der Gesamtstrafe auch A. 65 zu § 353. Vgl. U 3/2 99, E 32, 7 (inzwischen erfolgte Verbüßung der älteren Strafe). U 14/5 03, G 50, 288 (Bei Geldstrafe im neuen Urteil statt einer im ersten Urteil erkannten Gefängnisstrafe darf die der Geldstrafe im Fall der Nichtbeitreibung substituierte Gefängnisstrafe die Dauer der im ersten Urteil erkannten Strafe nicht überschreiten). U 3/12 07, E 40, 411 (Gefängnisstrafe statt früherer Zuchthausstrafe darf die für die Umwandlung der letzteren durch § 21 StGB. bedingte Zeitdauer nicht überschreiten). Das nur vom Angekl. angefochtene Urteil darf auch im Kostenpunkte nicht zu seinem Nachteil abgeändert werden. U 5/6 05, DJZ 11, 1013. Vgl. jedoch U 11/11 02, G 50, 113. Wegen Zuerkennung einer Buße s. U 17/1 11, E 44, 294. Wegen der Grenze der Rechtskraft s. U 28/9 17, E 51, 243 u. Anm. 12 zu § 264.

*) Das Gesetz, betreffend die Entschädigung der im

kräftiges Urteil geschlossenen Verfahrens zugunsten des Verurteilten findet statt:[81])

1. wenn eine in der Hauptverhandlung zu seinen Ungunsten als echt vorgebrachte Urkunde fälschlich angefertigt oder verfälscht war;
2. wenn durch Beeidigung eines zu seinen Ungunsten abgelegten Zeugnisses oder abgegebenen Gutachtens der Zeuge oder Sachverständige sich einer vorsätzlichen oder fahrlässigen Verletzung der Eidespflicht schuldig gemacht hat;
3. wenn bei dem Urteil ein Richter, Geschworener oder Schöffe mitgewirkt hat, welcher sich in Beziehung auf die Sache einer Verletzung seiner Amtspflichten schuldig gemacht hat, sofern diese Verletzung mit einer im Wege des gerichtlichen Strafverfahrens zu verhängenden öffentlichen Strafe bedroht und nicht vom Verurteilten selbst veranlaßt ist;
4. wenn ein zivilgerichtliches Urteil, auf welches das Strafurteil gegründet ist, durch ein anderes rechtskräftig gewordenes Urteil aufgehoben ist;
5. wenn neue Tatsachen oder Beweismittel beigebracht sind, welche allein oder in Verbindung mit den früher erhobenen Beweisen die Freisprechung des Angeklagten[82]) oder in Anwendung eines milderen Strafgesetzes eine geringere Bestrafung zu begründen geeignet sind.[83]) In den vor dem Amtsrichter oder

---

Wiederaufnahmeverfahren freigesprochenen Personen vom 20. Mai 1898 (RGBl 1898 S. 345) ist im Anhang V abgedruckt.

81) Von Wiederaufnahme des Verfahrens kann nur die Rede sein, wo ein Urteil in der Sache selbst beseitigt werden soll; die Tendenz des Wiederaufnahmegesuchs muß auf die Freisprechung von Schuld, nicht auf eine wiederholte Erörterung der Rechtsfrage (Zulässigkeit eines Rechtsmittels usw.) gerichtet sein. Beschl 13/6 89, E 19, 321.

82) Unter den Begriff der Freisprechung fällt auch eine auf Grund des § 55 StGB. ergehende Entscheidung, selbst wenn sie in die Formel der Einstellung des Verfahrens gekleidet wird. U 15/11 89, E 20, 46.

83) Es ist hier nicht erforderlich, daß der Angekl. die Tatsachen

dem Schöffengerichte verhandelten Sachen können nur solche Tatsachen oder Beweismittel beigebracht werden, welche der Verurteilte in dem früheren Verfahren einschließlich der Berufungsinstanz nicht gekannt hatte oder ohne Verschulden nicht geltend machen konnte.

§ **360 (400).** Durch den Antrag auf Wiederaufnahme des Verfahrens wird die Vollstreckung des Urteils nicht gehemmt.

Das Gericht kann jedoch einen Aufschub sowie eine Unterbrechung der Vollstreckung anordnen.

§ **361 (401).** Der Antrag auf Wiederaufnahme des Verfahrens wird weder durch die erfolgte Strafvollstreckung noch durch den Tod des Verurteilten ausgeschlossen.

Im Falle des Todes sind der Ehegatte, die Verwandten auf- und absteigender Linie sowie die Geschwister des Verstorbenen zu dem Antrage befugt.

§ **362 (402).** Die Wiederaufnahme eines durch rechtskräftiges Urteil geschlossenen Verfahrens zuungunsten des Angeklagten findet statt:

1. wenn eine in der Hauptverhandlung zu seinen Gunsten als echt vorgebrachte Urkunde fälschlich angefertigt oder verfälscht war;
2. wenn durch Beeidigung eines zu seinen Gunsten abgelegten Zeugnisses oder abgegebenen Gutachtens der Zeuge oder Sachverständige sich einer vorsätzlichen oder fahrlässigen Verletzung der Eidespflicht schuldig gemacht hat;
3. wenn bei dem Urteil ein Richter, Geschworener oder Schöffe mitgewirkt hat, welcher sich in Beziehung auf die Sache einer Verletzung seiner Amtspflichten schuldig gemacht hat, sofern diese Verletzung mit einer im Wege des gerichtlichen Strafverfahrens zu verhängenden öffentlichen Strafe bedroht ist;

---

oder Beweismittel bei den früheren Hauptverhandlungen nicht gekannt oder doch aus entschuldbaren Gründen nicht vorgebracht hat. U 12/10, 80, E 2, 324.

4. wenn von dem Freigesprochenen[84]) vor Gericht oder außergerichtlich ein glaubwürdiges Geständnis der strafbaren Handlung abgelegt wird.

§ **363 (403).** Eine Wiederaufnahme des Verfahrens zum Zwecke der Änderung der Strafe innerhalb des durch dasselbe Gesetz bestimmten Strafmaßes findet nicht statt.[85])

§ **364 (404).** Ein Antrag auf Wiederaufnahme des Verfahrens, welcher auf die Behauptung einer strafbaren Handlung gegründet werden soll, ist nur dann zulässig, wenn wegen dieser Handlung eine rechtskräftige Verurteilung ergangen ist, oder wenn die Einleitung oder Durchführung eines Strafverfahrens aus anderen Gründen als wegen Mangels an Beweis nicht erfolgen kann.

§ **365 (405).** Die allgemeinen Bestimmungen über Rechtsmittel finden auch bei dem Antrag auf Wiederaufnahme des Verfahrens Anwendung.[86])

§ **366 (406).** In dem Antrag müssen der gesetzliche Grund der Wiederaufnahme des Verfahrens sowie die Beweismittel angegeben werden.

Von dem Angeklagten und den im § 361 Abs. 2 bezeichneten Personen kann der Antrag nur mittels einer von dem Verteidiger oder einem Rechtsanwalt unterzeichneten Schrift oder zu Protokoll des Gerichtsschreibers angebracht werden.

§ **367 (407).** Über die Zulassung des Antrags auf Wiederaufnahme des Verfahrens entscheidet das Gericht,

---

84) Der Ausdruck „Freigesprochener" ist nur i. S. einer völligen Freisprechung zu verstehen. Die Wiederaufnahme des Verfahrens aus § 362 Ziff. 4 findet also keine Anwendung, wenn das nachherige Geständnis nur einen schwereren Gesichtspunkt der abgeurteilten Tat betrifft, wegen dessen der Angekl. nicht schuldig erklärt worden war. U 5/3 81, E 3, 399.

85) Wenn die Wiederaufnahme trotzdem aus irgendeinem Grunde tatsächlich angeordnet ist, so hat das mit der neuen Hauptverhandl. befaßte Gericht ganz die durch die §§ 155, 264 StPO. dem Gericht gewährte Stellung mit der alleinigen im § 373 Abs. 2 aufgestellten Beschränkung. U 5/4 97, E 45, 128.

86) Vgl. §§ 296—303.

dessen Urteil mit dem Antrag angefochten wird.[87]) Wird ein in der Revisionsinstanz erlassenes Urteil aus anderen Gründen als auf Grund des § 359 Nr. 3 oder des § 362 Nr. 3 angefochten, so entscheidet das Gericht, gegen dessen Urteil die Revision eingelegt war.

Die Entscheidung erfolgt ohne mündliche Verhandlung.

§ **368 (408).** Ist der Antrag nicht in der vorgeschriebenen Form[88]) angebracht, oder ist darin kein gesetzlicher Grund der Wiederaufnahme[89]) geltend gemacht oder kein geeignetes Beweismittel angeführt, so ist der Antrag als unzulässig zu verwerfen.

Anderenfalls ist er dem Gegner des Antragstellers unter Bestimmung einer Frist zur Erklärung zuzustellen.

§ **369 (409).**[90]) Wird der Antrag an sich für zulässig befunden, so beauftragt das Gericht mit Aufnahme der angetretenen Beweise, soweit dies erforderlich ist, einen Richter.

Dem Ermessen des Gerichts bleibt es überlassen, ob die Zeugen und Sachverständigen eidlich vernommen werden sollen.

Hinsichtlich der Berechtigung der Beteiligten zur An-

87) Die Strafkammer entscheidet, da eine mündliche Verhandlung hier nicht stattfindet, nach § 76 GVG. durch Beschluß in der Besetzung von drei Mitgliedern. U 1/6 81, R 3, 356. Wegen des Amtsrichters s. § 30 Abs. 2 GVG. und wegen des Oberlandesgerichts und des Reichsgerichts §§ 122, 138, 139 GVG. Die Richter, welche den Beschluß über die Wiederaufnahme fassen, können auch an der späteren Hauptverhandlung teilnehmen. U 23/9 81, E 4, 426.

88) Wegen der Form des Antrags s. § 366 Abs. 2.

89) Vgl. §§ 359, 362, 364.

90) Die Vorschrift des § 369 ist keine unbedingte Gebotsnorm, sondern stellt die Aufnahme des Beweises in das Ermessen des Gerichts. Das letztere kann deshalb, wenn es den Wiederaufnahmeantrag für zulässig befunden hat, ohne Aufnahme des angetretenen Beweises sofort die Erneuerung der Hauptverh. anordnen und in dieser den Beweis erheben. U 5/6 96, E 44, 145. Der Abs. 3 greift erst in dem Abschnitt des Verfahrens Platz, wenn der Antrag auf Wiederaufnahme für zulässig befunden ist, nicht auch schon in dem von der StA eingeleiteten vorbereitenden Verfahren. U 3/12 97, E 46, 39.

wesenheit bei der Beweisaufnahme kommen die für die Voruntersuchung gegebenen Vorschriften zur Anwendung.

Nach Schluß der Beweisaufnahme sind die Staatsanwaltschaft und der Angeklagte unter Bestimmung einer Frist zur ferneren Erklärung aufzufordern.

§ **370 (410).** Der Antrag auf Wiederaufnahme des Verfahrens wird ohne mündliche Verhandlung als unbegründet verworfen, wenn die darin aufgestellten Behauptungen keine genügende Bestätigung gefunden haben, oder wenn in den Fällen des § 359 Nr. 1, 2 oder des § 362 Nr. 1, 2 nach Lage der Sache die Annahme ausgeschlossen ist, daß die in diesen Bestimmungen bezeichnete Handlung auf die Entscheidung Einfluß gehabt hat.

Anderenfalls verordnet das Gericht die Wiederaufnahme des Verfahrens und die Erneuerung der Hauptverhandlung.[91])

§ **371 (411).** Ist der Verurteilte bereits verstorben, so hat ohne Erneuerung der Hauptverhandlung das Gericht nach Aufnahme des etwa noch erforderlichen Beweises[92])

---

91) Dieser Beschluß, durch welchen die Wiederaufnahme verordnet wird, eröffnet das Hauptverfahren und ist für dieses Verfahren als Eröffnungsbeschluß anzusehen. U 3/1 89, E 18, 417. Seine Verlesung in der Hauptverhandlung ist nicht notwendig, aber zulässig und gegebenenfalls zweckmäßig. U 9/5 21, DR 25, 2296. Das neu erkennende Gericht hat die Frage der Zulässigkeit des Wiederaufnahmeantrags nicht mehr zu prüfen, sondern nur in der Sache selbst zu entscheiden. U 30/6 81, E 4, 402. Vgl. im allgem. über die Bedeutung des im § 370 Abs. 2 vorgesehenen Beschlusses U 26/9 02, E 35, 350 (das neue Urteil besteht nicht zu Recht, wenn ihm ein Beschluß nach § 370 nicht vorausgegangen ist). — Die Bestimmung des Gerichts, vor welchem die Hauptverh. zu erneuern ist, richtet sich nach den für den einzelnen Fall maßgebenden Zuständigkeitsnormen. Es ist nicht erforderlich, daß die Erneuerung der Hauptverh. vor demselben Gericht oder doch vor einem Gericht derselben Ordnung erfolgt, von welchem in dem früheren Verfahren das Urteil erlassen worden ist. U 2/7 83, E 9, 34. Wegen der erneuten Hauptverhandlung s. § 373.

92) Zeugen und Sachverständige müssen eidlich vernommen werden; die Vorschrift des § 369 Abs. 2 findet hier keine Anwendung. U 22/9 96, E 29, 64. Die Prozeßbeteiligten sind von den Beweiserhebungsterminen zu benachrichtigen, U 15/4 98, G 46, 211;

entweder die Freisprechung zu erkennen oder den Antrag auf Wiederaufnahme abzulehnen.[93])

Auch in anderen Fällen kann das Gericht, bei öffentlichen Klagen jedoch nur mit Zustimmung der Staatsanwaltschaft, den Verurteilten sofort freisprechen, wenn dazu genügende Beweise bereits vorliegen.[94])

Mit der Freisprechung ist die Aufhebung des früheren Urteils zu verbinden.

Die Aufhebung ist auf Verlangen des Antragstellers durch den Deutschen Reichsanzeiger bekanntzumachen und kann nach dem Ermessen des Gerichts auch durch andere Blätter veröffentlicht werden.

§ 372 (412). Alle Entscheidungen, welche aus Anlaß eines Antrags auf Wiederaufnahme des Verfahrens von dem Gericht in erster Instanz erlassen werden, können mit der sofortigen Beschwerde angefochten werden.[95])

§ 373 (413). In der erneuten Hauptverhandlung ist entweder das frühere Urteil aufrecht zu erhalten[96]) oder unter seiner Aufhebung anderweit in der Sache zu erkennen.[97])

---

sie können aber auf die Beanstandung der Beweisaufnahme wegen unterlassener Benachrichtigung verzichten. U 18/4 05, DR. 9, 286.

93) Die Erneuerung der Hauptverh. gegen einen verstorbenen Verurteilten ist auch dann ausgeschlossen, wenn es sich bei dem Wiederaufnahmeverfahren um mehrere Verurteilte handelt, von welchen nur einer verstorben ist. U 29/4 84, E 10, 423.

94) Abs. 2 findet auch bei teilweiser Freisprechung und gleichzeitiger Neubildung einer Gesamtstrafe Anwendung; gegen die Entscheidung ist Revision zulässig. U 6/5 13, E 47, 166.

95) Andere Rechtsbehelfe, insbesondere die Revision sind unzulässig. U 30/6 81, E 4, 402. U 15/11 89, E 20, 46.

96) Der Ausdruck „aufrecht zu erhalten" ist sachlich bedeutungslos und nur aus einer unklaren sprachlichen Rücksicht von der Gesetzgebung gewählt worden. U 11/6 88, R 10, 430. In dem neuen Urteil können auch Feststellungen zuungunsten des Angekl. getroffen werden, die in dem früheren Urteil nicht enthalten waren. U 12/6 23, E 57, 317.

97) Auf die erneute Hauptverhandlung finden die Vorschriften des Abschn. 6 Buch II Anwendung. Das Gericht hat daher in unbeschränkter Anwendung der §§ 261, 264 aus den Ergebnissen

Ist die Wiederaufnahme des Verfahrens nur von dem Verurteilten oder zugunsten desselben von der Staatsanwaltschaft oder von einer der im § 298 bezeichneten Personen beantragt worden, so darf das neue Urteil eine härtere Strafe als die in dem früheren erkannte nicht verhängen.[98])

---

der Hauptverhandl. seine Überzeugung zu schöpfen und diese ohne Rücksicht auf die Bestimmung des § 359 zum Ausdruck zu bringen. U 27/3 85, E 12, 125. U 15/11 89, E 20, 46. Im übrigen ist es bei der erneuten Hauptverhandl. an den Beschluß, welcher die Wiederaufnahme des Verfahrens anordnet (§ 370 Abs. 2), gebunden, sollte auch in Wirklichkeit dieser Beschluß sich als unbegründet erweisen. Ohne alle Prüfung desselben muß es also sofort in die Verhandlung der Strafsache selbst eintreten. U 30/6 81, E 4, 402. Hierbei hat das Gericht sich nicht auf die Erörterung der Frage zu beschränken, ob die in der früheren Entscheidung als erwiesen zugrunde gelegten Tatsachen richtig sind, sondern die ganze Tat von neuem vollständig zu untersuchen und auf Grund der zu treffenden wiederholten Feststellung ihrer wesentlichen Merkmale über die Aufrechterhaltung oder Änderung des früheren Urteils sowohl bezügl. der Schuldfrage als der Straffrage selbständig zu entscheiden. U 12/10 80, E 2, 324. Vgl. U 4/12 82, R 4, 869. U 1/5 83, R 5, 300. U 25/1 98, E 30, 421.

Der ursprüngliche Eröffnungsbeschluß muß auch in der erneuten Hauptverhandl. zufolge § 243 Abs. 2 verlesen werden. Die Verlesung des Wiederaufnahmebeschlusses ist, wenn auch zweckmäßig, so doch nicht unbedingt notwendig, so daß die Nichtverlesung keine Rechtsnorm verletzt. U 23/9 81, E 4, 426. Die Verlesung des in dem ursprünglichen Verfahren ergangenen Strafurteils ist zulässig. U 19/1 82, E 5, 429.

Der Antrag auf Bestellung eines Verteidigers (§ 140 Abs. 2 Nr. 2), der nicht innerhalb der gesetzl. Frist gestellt war, kann in der erneuten Hauptverhandlung nicht nachgeholt werden. U 27/10 02, E 35, 409. In dem neuen Verfahren können frühere Mitverurteilte als Zeugen vernommen werden. U 7/11 04, G 52, 88.

Eine Freiheitsstrafe, welche auf Grund des im Wiederaufnahmeverfahren schließlich aufgehobenen Urteils bereits verbüßt ist, muß auf diejenige angerechnet werden, auf welche im Wiederaufnahmeverfahren erkannt wird, jedoch bedarf es eines ausdrücklichen Ausspruchs des erkennenden Gerichts darüber nicht. U 11/5 00, G 47, 296. Auf den in dem früheren Urteil verhängten Verlust der bürgerlichen Ehrenrechte (Nebenstrafe) kann erneut erkannt werden. U 8/6 23, E 57, 312.

Die im § 371 Abs. 4 vorgeschriebene Bekanntmachung findet im Falle des § 373 nicht statt. U 18/1 87, E 15, 188. U 14/12 08, E 42, 115.

98) Vgl. §§ 331 und 358 Abs. 2, insbes. A. 21 zu § 331.

5. Buch. Beteiligung des Verletzten bei dem Verfahren.

1. Abschnitt. Privatklage.*)

§ 374 (414). Im Wege der Privatklage können vom Verletzten verfolgt werden, ohne daß es einer vorgängigen Anrufung der Staatsanwaltschaft bedarf,

1. das Vergehen des Hausfriedensbruchs im Falle des § 123 des Strafgesetzbuchs;
2. die Vergehen der Beleidigung in den Fällen der §§ 185 bis 187, 189 des Strafgesetzbuchs, wenn nicht eine der im § 197 bezeichneten politischen Körperschaften beleidigt ist;
3. die Vergehen der Körperverletzung in den Fällen der §§ 223, 223a Abs. 1 und des § 230 des Strafgesetzbuchs, sofern nicht die Körperverletzung mit Übertretung einer Amts-, Berufs- oder Gewerbspflicht begangen worden ist;
4. das Vergehen der Bedrohung im Falle des § 241 des Strafgesetzbuchs;
5. das Vergehen der Verletzung fremder Geheimnisse im Falle des § 299 des Strafgesetzbuchs;
6. das Vergehen der Sachbeschädigung im Falle des § 303 des Strafgesetzbuchs;
7. alle nach dem Gesetze gegen den unlauteren Wettbewerb strafbaren Vergehen;
8. alle Verletzungen des literarischen, künstlerischen und gewerblichen Urheberrechts, soweit sie als Vergehen strafbar sind.

---

*) Wegen der Jugendlichen, d. h. der über 14 aber noch nicht 18 Jahre alten Personen (§ 1 Jugendgerichtsges. v. 16/2 23) s. § 38 Jugendgerichtsgesetz: „Privatklage gegen einen Jugendlichen ist unzulässig. Dies steht der Erhebung einer Widerklage nicht entgegen. Wegen einer strafbaren Handlung, die nach den allgemeinen Vorschriften im Wege der Privatklage verfolgt werden könnte, wird gegen einen Jugendlichen die öffentliche Klage auch dann erhoben, wenn ein berechtigtes Interesse des Verletzten dies rechtfertigt".

Die gleiche Befugnis steht denen zu, welchen in den Strafgesetzen das Recht, selbständig auf Bestrafung anzutragen, beigelegt ist.[99])

Hat der Verletzte einen gesetzlichen Vertreter, so wird die Befugnis zu Erhebung der Privatklage durch diesen und, wenn Korporationen, Gesellschaften und andere Personenvereine, welche als solche in bürgerlichen Rechtsstreitigkeiten klagen können, die Verletzten sind, durch dieselben Personen wahrgenommen, durch welche sie in bürgerlichen Rechtsstreitigkeiten vertreten werden.[100])

§ **375 (415).** Sind wegen derselben strafbaren Handlung mehrere Personen zur Privatklage berechtigt, so ist bei Ausübung dieses Rechts ein jeder von dem anderen unabhängig.

Hat jedoch einer der Berechtigten die Privatklage erhoben, so steht den übrigen nur der Beitritt zu dem eingeleiteten Verfahren, und zwar in der Lage zu, in welcher es sich zur Zeit der Beitrittserklärung befindet.[1])

Jede in der Sache selbst ergangene Entscheidung äußert zugunsten des Beschuldigten ihre Wirkung auch gegenüber solchen Berechtigten, welche die Privatklage nicht erhoben haben.[2])

---

99) Vgl. §§ 195, 196, 232 Abs. 3 StGB.

100) Auch der zum Anschluß als Nebenkläger (§ 395) berechtigte Minderjährige kann diese Befugnis mangels eigener Prozeßfähigkeit nur durch seinen gesetzlichen Vertreter ausüben. Beschl 26/1 04, E 37, 63.

1) Nach Beendigung des Verfahrens durch Zurücknahme von Privatklage und Strafantrag ist selbständige Verfolgung durch einen anderen Berechtigten zulässig. U 23/1 12, DR 16, 841.

2) Die Vorschrift des § 375 ist nicht auf den Fall beschränkt, wenn nur ein Verletzter und neben ihm noch andere zur Privatklage selbständig berechtigte Personen vorhanden sind, findet vielmehr auch dann Anwendung, wenn durch dieselbe Handlung mehrere Personen verletzt sind. U 25/2 81, E 3, 362. Eine im letzteren Falle auf Privatklage eines der Verletzten in der Sache selbst ergangene Entscheidung schließt sowohl die Erhebung einer neuen Privatklage, als auch die Verfolgung derselben Handlung durch die StA aus. U 3/3 81, E 3, 385. U 22/4 81, R 3, 240. Immer wird aber eine in der Sache selbst ergangene Entscheidung gefordert, in welcher eine

§ 376 (416). Die öffentliche Klage wird wegen der im § 374 bezeichneten strafbaren Handlungen von der Staatsanwaltschaft[3]) nur dann erhoben, wenn dies im öffentlichen Interesse liegt.[4])

§ 377 (417). In dem Verfahren auf erhobene Privatklage ist die Staatsanwaltschaft zu einer Mitwirkung nicht verpflichtet; es ist ihr jedoch der zur Hauptverhandlung bestimmte Termin bekannt zu machen.[5])

Aburteilung der Tat erfolgt. Entscheidungen, welche z. B. nur die prozessualen Voraussetzungen der Strafverfolgung betreffen (Einstellung wegen mangelnden Strafantrags), können eine neue Verfolgung des Beschuldigten auf Antrag eines anderen Berechtigten nicht hindern. U 13/7 81, R 3, 479.

3) Zuständigkeit: §§ 25, 74 GVG.

4) Der Verletzte kann die strafgerichtliche Verfolgung ebensowohl zunächst bei der StA. und im Falle der Ablehnung seitens der letzteren bei dem Gerichte, als auch, ohne vorherige Anrufung der StA, sofort bei dem Gerichte beantragen. Durch rechtzeitige Stellung des Strafantrags bei der StA wird die Antragsfrist (§ 61 StGB.) auch für den Fall gewahrt, daß die StA die Erhebung der öffentl. Klage ablehnt und nunmehr die Privatklage erhoben werden muß. U 4/3 81, E 3, 373. Wenn die StA die Verfolgung übernommen hat, so kann sie, falls im Laufe der Verhandlung die zur Anklage gestellte Tat sich als eine solche darstellt, deren Verfolgung im öffentl. Interesse nicht mehr geboten sein würde, nunmehr die Klage nicht wieder zurücknehmen (§ 156) oder die Einstellung des Verfahrens beantragen. Es muß vielmehr auch in diesem Fall die eröffnete Hauptverhandlung durch ein Urteil des zuständigen Gerichts ihren Abschluß finden. U 22/4 82, E 6, 310. U 2/10 84, E 11, 128. Andererseits sind die Bestimmungen über die Notwendigkeit eines Strafantrags auch für die Verfolgung durch die StA maßgebend, so daß die letztere z. B. nicht mehr eintreten kann, wenn vor Verkündung eines auf Strafe lautenden Erkenntnisses der Strafantrag zurückgenommen ist. U 14/4 80, R 1, 601. Vgl. U 20/4 83, E 8, 207.

5) Der Privatkläger kann die Privatklage nach § 391 zurücknehmen und damit auf das Recht zur Strafverfolgung durch Privatklage wirksam verzichten. Dadurch wird aber die Wirksamkeit des in der Privatklage liegenden Strafantrags nur berührt, insoweit dieser nach den gesetzl. Vorschriften zurückgenommen werden kann. Insoweit dies nicht der Fall, kann die StA. das in Frage stehende Delikt durch Erhebung der öffentl. Klage selbständig verfolgen, U 20/4 83, E 8, 207; und zwar selbst dann, wenn sie anfänglich wegen Mangels eines öffentl. Interesses es abgelehnt hatte, die Straftat

Auch kann die Staatsanwaltschaft in jeder Lage der Sache bis zum Eintritt der Rechtskraft des Urteils[6]) durch eine ausdrückliche Erklärung die Verfolgung übernehmen. In der Einlegung eines Rechtsmittels ist die Übernahme der Verfolgung enthalten.[7])

Übernimmt die Staatsanwaltschaft die Verfolgung, so richtet sich das weitere Verfahren nach den Bestimmungen, welche im zweiten Abschnitte dieses Buchs für den Anschluß des Verletzten als Nebenkläger gegeben sind.[8])

---

mittels öffentl. Klage zu verfolgen. U 13/3 02, G 49, 136. Vgl. jedoch U 6/12 87, E 16, 421 in A. 6.

6) Die Rechtskraft des Urteils bezeichnet lediglich den letzten Zeitpunkt, vor und bis zu welchem die StA die Verfolgung übernommen haben muß; im übrigen setzt § 377 Abs. 2 immer ein noch nicht beendigtes Verfahren auf erhobene Privatklage voraus. Die Übernahme durch die StA ist also unzulässig, wenn der Privatkläger gemäß § 391 die Privatklage zurückgezogen hat, oder wenn das Verfahren gemäß § 323 wegen Todes des Privatklägers eingestellt ist. U 6/12 87, E 16, 421.

7) Durch die Übernahme der Strafverfolgung seitens der Staatsanwaltschaft wird die Zuständigkeit des Schöffengerichts (jetzt Amtsrichters) für die bis dahin im Wege der Privatklage verfolgten Beleidigungen und Körperverletzungen beseitigt. Das Schöffengericht (der Amtsrichter) hat in diesem Fall das Privatklageverfahren durch Beschluß oder Urteil einzustellen und die Akten an die StA zur weiteren Veranlassung nach Maßgabe der infolge der veränderten Sachlage Platz greifenden Kompetenzvorschriften zu verfügen. Dies gilt auch dann, wenn die Übernahme der Strafverfolgung durch die StA erst nach Erlaß eines Urteils im Privatklageverfahren geschieht und der abweichende rechtliche Gesichtspunkt, unter welchem die Verfolgung im Wege des Privatklageverfahrens ausgeschlossen erscheint, erst in der Berufungsinstanz zur Geltung gebracht wird. U 13/3 84, E 10, 237. U 26/2 97, E 29, 422. Vgl. jedoch U 23/5 08, E 41, 277 u. U 14/6 12, E 46, 119. In dem neuen, von der StA nunmehr eingeleiteten Strafverfahren kann über die Rechtmäßigkeit des im Privatklageverfahren ergangenen Einstellungsbeschlusses nicht mehr befunden werden. U 21/11 02, E 36, 5. Wegen Festsetzung der Strafe s. U 23/9 09, E 42, 422.

8) Der Privatkläger erhält kraft dieser Übernahme die Rechte eines Nebenklägers, ohne daß es einer besonderen Anschlußerklärung bedarf. U 19/1 83, E 7, 437. U 20/2 96, E 28, 220. Er behält diese Stellung auch, wenn die Staatsanwaltschaft fernerhin die Verfolgung aus einem anderen rechtlichen Gesichtspunkt betreibt. U 11/4 18, DR 23, 695. Die Kosten des eingestellten Privatklageverfahrens fallen bei späterer Ver-

§ 378 (418). Der Privatkläger kann[9]) im Beistand eines Rechtsanwalts erscheinen oder sich durch einen mit schriftlicher Vollmacht versehenen Rechtsanwalt vertreten lassen. Im letzteren Falle können die Zustellungen an den Privatkläger mit rechtlicher Wirkung an den Anwalt erfolgen.[10])

§ 379 (419). Der Privatkläger hat für die der Staatskasse und dem Beschuldigten voraussichtlich erwachsenden Kosten unter denselben Voraussetzungen Sicherheit zu leisten, unter welchen in bürgerlichen Rechtsstreitigkeiten der Kläger auf Verlangen des Beklagten Sicherheit wegen der Prozeßkosten zu leisten hat.[11])

Die Sicherheitsleistung ist durch Hinterlegung in barem Gelde oder in Wertpapieren zu bewirken.

Für die Höhe der Sicherheit und die Frist zu ihrer Leistung sowie für die Bewilligung des Armenrechts gelten dieselben Bestimmungen wie in bürgerlichen Rechtsstreitigkeiten.[12])

§ 380 (420). Wegen Hausfriedensbruchs, Beleidigung, leichter vorsätzlicher oder fahrlässiger Körperverletzung, Bedrohung, Sachbeschädigung und Verletzung fremder Geheimnisse (§ 299 des Strafgesetzbuchs) ist die Erhebung

---

urteilung dem Angekl., nicht dem Privatkläger zur Last. Vgl. § 471 Abs. 3. U 24/10 01, E 48, 438.

9) Vgl. jedoch § 390 Abs. 2 und §§ 387 Abs. 3; 391 Abs. 2, 3.

10) Wegen der Zustellung s. §§ 176, 177 ZPO.

11) Wegen der Voraussetzungen, unter welchen im Zivilprozeß diese Sicherheit zu leisten ist, s. §§ 108—113 ZPO.

12) Die Bestimmungen über das Armenrecht in bürgerl. Rechtsstreitigkeiten s. in den §§ 114—127 ZPO. Insbesondere ist auf den Privatkläger auch die Vorschrift des § 119 ZPO anwendbar. Beschl 3/7 99, E 32, 352. Im übrigen hat die Bestimmung des § 379 Abs. 3 nur für die Voraussetzungen und die Wirkungen des dem Privatkläger zu bewilligenden Armenrechts Bedeutung. Der im § 304 ausgesprochene Grundsatz des Ausschlusses von Beschwerden gegen Entscheidungen der Oberlandesgerichte wird dadurch nicht berührt. Beschl 7/6 97, E 30, 143. — Der dem Privatkläger auf Grund der Bewilligung des Armenrechts zur unentgeltlichen Wahrnehmung seiner Rechte als Vertreter beigeordnete Rechtsanwalt hat gemäß § 2 Erstattungsges. v. $\frac{6.\ 2.}{13.\ 12.}$ 23 (RGBl. I, 103 u. 1188) Anspruch auf Zahlung von Gebühren aus der Staatskasse. Derselbe bedarf keiner schriftlichen Vollmacht des Privatklägers. U 25/7 94, E 26, 97.

der Klage erst zulässig, nachdem von einer durch die Landesjustizverwaltung zu bezeichnenden Vergleichsbehörde die Sühne erfolglos versucht worden ist. Der Kläger hat die Bescheinigung hierüber mit der Klage einzureichen.

Die Landesjustizverwaltung kann bestimmen, daß die Vergleichsbehörde ihre Tätigkeit von der vorherigen Einzahlung eines angemessenen Kostenvorschusses abhängig machen darf.

Die Vorschriften des Abs. 1, 2 finden keine Anwendung, wenn der amtliche Vorgesetzte gemäß den §§ 196, 232 Abs. 3 des Strafgesetzbuchs befugt ist, Strafantrag zu stellen.

Wohnen die Parteien nicht in demselben Gemeindebezirke, so kann nach näherer Anordnung der Landesjustizverwaltung von einem Sühneversuch abgesehen werden.[13])

§ 381 (421). Die Erhebung der Klage geschieht zu Protokoll des Gerichtsschreibers oder durch Einreichung einer Anklageschrift. Die Klage muß den im § 200 Abs. 1 bezeichneten Erfordernissen entsprechen. Mit der Anklageschrift sind zwei Abschriften einzureichen.

§ 382 (422). Ist die Klage vorschriftsmäßig[14]) erhoben, so teilt das Gericht sie dem Beschuldigten unter Bestimmung einer Frist zur Erklärung und der Staatsanwaltschaft zur Kenntnisnahme mit.

§ 383 (423). Nach Eingang der Erklärung des Beschuldigten oder Ablauf der Frist entscheidet das Gericht darüber, ob das Hauptverfahren zu eröffnen oder die Klage zurückzuweisen sei,[15]) nach Maßgabe der Bestimmungen,

---

13) Für Preußen vgl. § 36 der Schiedsmannsordnung vom 29. 3. 1879 in der Fassung vom 3. 12. 1924 (PrGS S. 751). Eines Sühneversuchs wegen der in § 380 StPO bezeichneten Strafsachen bedarf es bis auf weiteres nicht, wenn der Beschuldigte nicht in Preußen wohnt. (AusfVO v. 20. 12. 1024 zu V, JMBl 1925, S. 11.) In dem Verfahren auf öffentliche Klage bedarf es der Beifügung eines Sühneattestes nicht. U 4/3 81, E 3, 373; auch nicht bei Übernahme durch die StA. U 27/10 11, E 45, 222.

14) Vorschriftsmäßig d. h. gemäß §§ 380, 381, 200.

15) Das Gericht hat insbesondere schon jetzt zu prüfen, ob die Tat sich nach dem Inhalt der Klage überhaupt als eine solche darstellt, auf

welche bei einer von der Staatsanwaltschaft unmittelbar erhobenen Anklage Anwendung finden.[16])

§ 384 (424). Das weitere Verfahren richtet sich nach den Bestimmungen, welche für das Verfahren auf erhobene öffentliche Klage gegeben sind.

Vor dem Schwurgerichte kann eine Privatklagesache nicht gleichzeitig mit einer auf öffentliche Klage anhängig gemachten Sache verhandelt werden.

§ 385 (425). Insoweit in dem Verfahren auf erhobene öffentliche Klage die Staatsanwaltschaft zuzuziehen und zu hören ist, wird in dem Verfahren auf erhobene Privatklage der Privatkläger zugezogen und gehört.[17]) Desgleichen sind alle Entscheidungen, welche dort der Staatsanwaltschaft bekanntgemacht werden, hier dem Privatkläger bekanntzugeben.

Es werden jedoch die auf richterliche Anordnung ergehenden Ladungen nicht durch die Staatsanwaltschaft, sondern durch den Gerichtsschreiber bewirkt.

Zwischen der Zustellung der Ladung des Privatklägers zur Hauptverhandlung und dem Tage der letzteren muß eine Frist von mindestens einer Woche liegen.[18])

Das Recht der Akteneinsicht kann der Privatkläger nur durch seinen Anwalt ausüben.[19])

§ 386 (426). Der Vorsitzende des Gerichts bestimmt, welche Personen als Zeugen oder Sachverständige zur Hauptverhandlung geladen werden sollen.

welche das Privatklageverfahren Anwendung findet, und muß ev. die Sache sogleich nach der Anbringung zurückweisen. U 15/11 83, E 9, 324.

16) Vgl. §§ 202—204, 206, 207 Abs. 1. Wegen der Anfechtbarkeit des nach § 383 zu erlassenden Beschlusses vgl. § 210 und wegen der Wiederaufnahme der Klage § 211.

17) Der Privatkläger hat also auch ein Recht auf ununterbrochene Anwesenheit in der Hauptverhandl.; er ist hinsichtlich seiner Ziehung zum Hauptverfahren dem Staatsanwalt gleichgestellt, so daß auch die Bestimmungen der §§ 192, 246 StGB auf ihn nicht Anwendung finden können. U 9/3 94, E 25, 177. Als Zeuge darf der Privatkläger nicht vernommen werden. U 8/7 80, R 2, 174. Anders bei dem Nebenkläger, s. A. 36 Abs. 2 zu § 397.

18) Vgl. § 217 und die Anmerkungen dazu.

19) Vgl. § 147.

Dem Privatkläger wie dem Angeklagten steht das Recht der unmittelbaren Ladung zu.[20])

§ 387 (427). In der Hauptverhandlung kann auch der Angeklagte im Beistand eines Rechtsanwalts erscheinen oder sich auf Grund einer schriftlichen Vollmacht durch solchen vertreten lassen.

Die Bestimmung des § 139 findet auf den Anwalt des Klägers wie auf den des Angeklagten Anwendung.

Das Gericht ist befugt, das persönliche Erscheinen des Klägers sowie des Angeklagten anzuordnen, auch den Angeklagten vorführen zu lassen.

§ 388 (428). Hat der Verletzte die Privatklage erhoben, so kann der Beschuldigte bis zur Beendigung der Schlußvorträge (§ 258) in erster Instanz mittels einer Widerklage die Bestrafung des Klägers beantragen, wenn er von diesem gleichfalls durch ein Vergehen verletzt worden ist, das im Wege der Privatklage verfolgt werden kann und mit dem den Gegenstand der Klage bildenden Vergehen im Zusammenhange steht.[21])

Über Klage und Widerklage ist gleichzeitig zu erkennen.

Die Zurücknahme der Klage ist auf das Verfahren über die Widerklage ohne Einfluß.

§ 389 (429). Findet das Gericht nach verhandelter Sache, daß die für festgestellt zu erachtenden Tatsachen eine solche strafbare Handlung darstellen, auf welche das in diesem Abschnitte vorgeschriebene Verfahren keine Anwendung erleidet, so hat es durch Urteil, welches diese Tatsachen hervorheben muß, die Einstellung des Verfahrens auszusprechen.[22])

---

20) Wegen der unmittelbaren Ladung s. § 220.

21) Die Widerklage ist nur bei erhobener Privatklage, nicht auch gegenüber einer öffentlichen Klage zulässig. U 17/10 81, E 5, 134. U 4/5 83, R 5, 317.

Über den Begriff der wechselseitigen Beleidigungen vgl. U 4/6 80, E 2, 87, wo ausgeführt wird, daß dieselben (§ 198 StGB) mit den auf der Stelle erwiderten (§ 199 StGB) nicht wesensgleich sind, vielmehr auch zeitlich auseinander liegende Beleidigungen umfassen.

22) Das Gericht darf also nicht die Sache durch Beschluß an das

Die Verhandlungen sind in diesem Falle der Staatsanwaltschaft mitzuteilen.

§ **390 (430).** Dem Privatkläger stehen, vorbehaltlich des § 313, die Rechtsmittel zu, welche in dem Verfahren auf erhobene öffentliche Klage der Staatsanwaltschaft zustehen. Dasselbe gilt von dem Antrag auf Wiederaufnahme des Verfahrens in den Fällen des § 362. Die Bestimmung des § 301 findet auf das Rechtsmittel des Privatklägers Anwendung.

Revisionsanträge und Anträge auf Wiederaufnahme des durch ein rechtskräftiges Urteil geschlossenen Verfahrens kann der Privatkläger nur mittels einer von einem Rechtsanwalt unterzeichneten Schrift anbringen.[23])

Die in den §§ 320, 321, 347 angeordnete Vorlage und Einsendung der Akten erfolgt wie im Verfahren auf erhobene öffentliche Klage an und durch die Staatsanwaltschaft. Die Zustellung der Berufungs- und Revisionsschriften an den Gegner des Beschwerdeführers wird durch den Gerichtsschreiber bewirkt.

---

zuständige Gericht verweisen und damit eine Entscheidung treffen, durch welche das Privatklageverfahren in das öffentliche Verfahren übergeleitet und die StA gezwungen wird, die Strafverfolgung zu übernehmen. U 7/2 93, E 23, 416. U 9/7 12, E 46, 165. Wenn das Gericht der Vorschrift des § 389 zuwider in der Sache selbst erkennt, und dieses Urteil rechtskräftig wird, so darf eine neue Strafverfolgung wegen der nämlichen Handlung auch seitens der StA nicht stattfinden. U 23/6 83, E 9, 14. U 15/11 83, E 9, 324. Nach § 389 ist übrigens auch in dem Falle zu verfahren, wenn in einem bei dem Schöffengericht (jetzt vor dem Amtsrichter) schwebenden Privatklageverfahren die StA gemäß § 377 Abs. 2 die Strafverfolgung (z. B. durch Einlegung der Berufung) übernimmt. U 13/3 84, E 10, 237. U 26/2 97, E 29, 422. Widerklage förmlich abzulehnen und die betr. Tat dem öffentl. Verfahren zu überlassen, wenn dieserhalb bereits öffentl. Klage erhoben ist. U 11/7 01, DJZ 7, 102.

23) Die Unterzeichnung der Schrift durch einen Rechtsanwalt mit der Erklärung, daß sie ohne Verantwortung für die in der Schrift enthaltenen Ausführungen lediglich zur Wahrung des Rechtsmittels erfolgt sei, entspricht nicht den Erfordernissen des § 390. Beschl 2/4 89, E 19, 115.

§ 391 (431). Die Privatklage kann bis zur Verkündung des Urteils erster Instanz und, soweit zulässige Berufung eingelegt ist, bis zur Verkündung des Urteils zweiter Instanz zurückgenommen werden.[24])

Als Zurücknahme gilt es im Verfahren erster und, soweit der Angeklagte die Berufung eingelegt hat, im Verfahren zweiter Instanz, wenn der Privatkläger in der Hauptverhandlung weder erscheint noch durch einen Rechtsanwalt vertreten wird, oder in der Hauptverhandlung oder einem anderen Termine ausbleibt, obwohl das Gericht sein persönliches Erscheinen angeordnet hatte, oder eine Frist nicht einhält, welche ihm unter Androhung der Einstellung des Verfahrens gesetzt war.

Soweit der Privatkläger die Berufung eingelegt hat, ist sie im Falle der vorbezeichneten Versäumungen unbeschadet der Bestimmung des § 301 sofort zu verwerfen.

Der Privatkläger kann binnen einer Woche nach der Versäumung die Wiedereinsetzung in den vorigen Stand unter den in den §§ 44, 45 bezeichneten Voraussetzungen beanspruchen.

§ 392 (432). Die zurückgenommene Privatklage kann nicht von neuem erhoben werden.

§ 393 (433). Der Tod des Privatklägers hat die Einstellung des Verfahrens zur Folge.[25])

War jedoch die Privatklage darauf gestützt, daß der Beschuldigte wider besseres Wissen in Beziehung auf den anderen eine unwahre Tatsache behauptet oder verbreitet habe, welche ihn verächtlich zu machen oder in der öffentlichen Meinung herabzuwürdigen geeignet ist, so kann die Klage nach dem Tode des Klägers von den Eltern, den Kindern oder dem Ehegatten des letzteren fortgesetzt werden.

---

24) Wegen des Rechtes der Staatsanwaltschaft, die Strafverfolgung trotz Zurücknahme der Privatklage zu übernehmen, s. A. 5 zu § 377.

25) Wegen der Unzulässigkeit der Übernahme der Verfolgung durch die StA in diesem Fall s. U 6/12 87, E 16, 421 (A. 5 zu § 377).

Die Fortsetzung ist von dem Berechtigten bei Verlust des Rechtes binnen zwei Monaten, vom Tode des Privatklägers an gerechnet, bei Gericht zu erklären.

§ 394 (434). Die Zurücknahme der Privatklage und der Tod des Privatklägers sowie die Fortsetzung der Privatklage sind dem Beschuldigten bekannt zu machen.

2. Abschnitt. Nebenklage.

§ 395 (435). Wer nach Maßgabe der Bestimmung des § 374 als Privatkläger aufzutreten berechtigt ist,[26]) kann sich der erhobenen öffentlichen Klage in jeder Lage des Verfahrens als Nebenkläger anschließen.[27]) Der Anschluß kann behufs Einlegung von Rechtsmitteln auch nach ergangenem Urteile geschehen.[28])

---

26) Auch ein Mitangeklagter kann gegen den anderen als Nebenkläger in derselben Hauptverhandlung zugelassen werden. U 19/3 92, E 22, 421. Wenn eine mittels der Privatklage verfolgbare Beleidigung oder Körperverletzung mit einer Straftat anderer Art in Tateinheit zusammentrifft, so kann sich der Beleidigte bzw. Verletzte der wegen der zusammentreffenden Tat erhobenen öffentl. Klage anschließen. U 19/1 83, E 7, 437. U 21/6 86, R 8, 468. U 21/10 87, R 9, 524. Desgl. wenn es fraglich wird, ob die Tat überhaupt unter den einen Anschluß nicht rechtfertigenden rechtlichen Gesichtspunkt der Anklage oder lediglich unter einen solchen zu stellen ist, der den Anschluß begründet. U 25/2 10, E 43, 260. Handlungs- bzw. prozeßunfähige Personen müssen ihre verfahrensrechtlichen Tätigkeiten als Nebenkläger durch ihre gesetzlichen Vertreter ausüben. U 11/10 83, E 9, 125. Auch die einzelnen Mitglieder einer beleidigten Behörde oder politischen Körperschaft können sich, wie jene, nicht aber diese selbst, als Nebenkläger anschließen. U 7/11 92, E 23, 293. U 13/3 08, E 41, 168.

Für die Prozeßfrage der Zulassung eines Nebenklägers ist also nicht das Endurteil, sondern die Aktenlage im Zeitpunkt des Beschlusses auf die Anschlußerklärung maßgebend. U 5/6 93, E 24, 187.

27) Der Anschluß des Nebenklägers wird mit Zurücknahme des von der StA eingelegten Rechtsmittels hinfällig. Beschl 25/4 87, R 9, 283.

28) In der frist- und formgerechten Einlegung eines Rechtsmittels ist eine genügende Anschlußerklärung zu finden, sofern der Anschluß überhaupt zulässig ist. Beschl 6/5 02, DR 6, 329. U 13/1 82, E 5, 335. Beschl 23/3 82, E 6, 139. Das von dem Nebenkläger eingelegte Rechtsmittel ist innerhalb der für die StA laufenden Frist zu begründen. Beschl 25/4 87, R 9, 283.

Die gleiche Befugnis steht dem zu, welcher durch einen Antrag auf gerichtliche Entscheidung (§ 172) die Erhebung der öffentlichen Klage herbeigeführt hat,[29]) wenn die strafbare Handlung gegen sein Leben, seine Gesundheit, seine Freiheit, seinen Personenstand oder seine Vermögensrechte gerichtet war.[30])

§ **396 (436).** Die Anschlußerklärung ist bei dem Gerichte schriftlich[31]) einzureichen.[32])

---

29) Für die Befugnis zur Nebenklage ist die Nachprüfung des einem Beschluß aus § 175 vorausgegangenen Verfahrens unzulässig. U 16/6 10, E 44, 6.

30) Unter die gegen das Leben und die Gesundheit bzw. gegen die Freiheit gerichteten strafb. Handlungen sind hier auch die gegen die Sittlichkeit gerichteten strafb. Handlungen zu rechnen. U 5/6 93, E 24, 187. Daß die strafbaren Handlungen vorsätzlich zum Zwecke der Verletzung der im § 395 Abs. 2 bezeichneten Rechte begangen sind, ist nicht erforderlich; Fahrlässigkeit genügt. Beschl 29/5 88, R 10, 419.

Im objektiven Verfahren (§ 430) steht dem Beschädigten die Anschlußbefugnis nur zu, wenn er berechtigt ist, Buße zu verlangen, und zwar in demselben Verfahren. U 25/6 01, DJZ 7, 52. U 7/4 02, DR 6, 272.

31) Die Anschlußerklärung kann nur schriftlich erfolgen. U 18/5 03, E 36, 246; es genügt jedoch jede schriftliche Willenserklärung, aus welcher die Absicht hervorgeht, sich der öffentl. Klage als Nebenkläger anzuschließen. U 13/1 82, E 5, 335. U 15/2 95, G 43, 32. Auch ein die Unterschrift des Nebenklägers enthaltendes Telegramm genügt. Das die Anschlußerklärung einer Behörde (Verwaltungsbehörde) enthaltende Telegramm muß jedoch nicht nur die Bezeichnung der Behörde, sondern auch die Unterschrift der Beamten enthalten, welche rechtsgeschäftl. Willenserklärungen der Behörde abzugeben berufen sind. Beschl 21/9 93, E 24, 283.

32) Die Anschlußerklärung muß stets bei dem Gericht eingereicht werden. Einreichung bei der StA genügt dann nicht, wenn die Anschlußerklärung gelegentlich der Abgabe der staatsanwaltschaftl. Akten mit der Anklageschrift in den Gerichtseinlauf gekommen ist, U 21/6 00, G 47, 379, wohl aber, wenn sie von der StA durch besondere Verfügung dem Gericht zur zuständigen Behandlung vorgelegt wird. U 19/3 09, G 56, 227. Eine vor Gericht bzw. Gerichtsschreiber zu Protokoll gegebene Anschlußerklärung ist an sich nicht geeignet, die im § 396 Abs. 1 vorgeschriebene Form zu ersetzen, U 31/3 80, E 1, 285, jedoch wird dem Erfordernis der Schriftlichkeit dadurch genügt, daß der Anschlußberechtigte das betr. Protokoll des Gerichtsschreibers unterschreibt, Beschl 23/3 82, E 6, 139, oder dadurch, daß die Nebenklage zu Protokoll eines beauftragten Richters gegeben wird. U 29/11

Das Gericht[33]) hat über die Berechtigung des Nebenklägers zum Anschlusse nach Anhörung der Staatsanwaltschaft zu entscheiden.[34])

Zu einer Sicherheitsleistung ist der Nebenkläger nicht verpflichtet.[35])

§ **397 (437).** Der Nebenkläger hat nach erfolgtem Anschluß die Rechte des Privatklägers.[36])

83, E 9, 223. Eine nur mündlich in der Verhandlung abgegebene Anschlußerklärung ist wirkungslos. U 26/10 85, R 7, 616.

33) Wenn die Anschlußerklärung erst nach ergangenem Urteil behufs Einlegung eines Rechtsmittels erfolgt (§ 303 Abs. 1), so hat nicht diejenige Instanz, gegen deren Urteil das Rechtsmittel eingelegt wird, sondern nur das zur Entscheidung über das Rechtsmittel berufene Gericht über die Berechtigung zum Anschlusse des Nebenklägers zu entscheiden. Beschl 23/3 82, E 6, 139. U 10/5 83, R 5, 358.

34) Die Entscheidung muß bei Vermeidung der Nichtigkeit durch ausdrücklichen Beschluß gefällt werden. U 12/7 86, R 8, 532. Eine vorherige Anhörung des Angekl. über den Zulassungsantrag des Nebenklägers ist nicht erforderlich. U 5/2 06, DR 10, 454. Vor der Entscheidung darf das Gericht weitere Prozeßhandlungen nicht vornehmen. U 15/3 94, E 25, 186. Der Gerichtsbeschluß bestimmt den Zeitpunkt, von dem ab die §§ 395 ff. Anwendung zu finden haben. U 11/6 06, G 53, 291. Bei Zulassung der Nebenklage kommt es nur darauf an, ob die rechtliche Möglichkeit besteht, daß die den Gegenstand der Anklage bildende Tat unter demjenigen Gesichtspunkte abgeurteilt wird, auf den die Nebenklage gestützt ist. U 28/6 17, E 51, 129.

Dadurch, daß ein Richter bei dem Beschlusse über die Anschlußerklärung des Nebenklägers mitgewirkt hat, wird derselbe nicht unfähig, an dem Hauptverfahren teilzunehmen. U 16/2 83, E 8, 82.

35) Wegen der Verpflichtung des Nebenklägers zum Kostenvorschuß s. § 83 Gerichtskosten-Ges v. 21/12 22, 10/12 23 (Anhang I).

36) Wegen der Rechte des Privatklägers s. §§ 385 ff. Der Nebenkläger gehört nicht zu den Personen, deren Anwesenheit das Gesetz vorschreibt (§ 338 Ziff. 5). U 20/2 96, E 28, 220. Wenn er jedoch in der Hauptverhandl. anwesend ist, so muß ihm nach dem Schlusse der Beweisaufnahme neben der StA das Wort zu seinen Ausführungen und Anträgen von Amts wegen erteilt werden (§ 258). U 28/10 87, E 16, 253. Revisionsanträge und Anträge auf Wiederaufnahme des Verfahrens kann er ebenfalls nur mittels einer von einem Rechtsanwalt unterzeichneten Schrift anbringen. U 2/1 03, E 36, 75. Das im § 471 Abs. 1 dem Privatkläger gewährte Recht auf Ersatz der ihm erwachsenen notwendigen Auslagen steht auch dem Nebenkläger zu, und zwar selbst dann, wenn der von ihm geltend gemachte Anspruch auf Buße abgewiesen wird. U 27/4 82, E 6, 237. Der Richter ist nicht

§ 398 (438). Der Fortgang des Verfahrens wird durch den Anschluß nicht aufgehalten.[37])

Die bereits anberaumte Hauptverhandlung sowie andere Termine finden an den bestimmten Tagen statt, auch wenn der Nebenkläger wegen Kürze der Zeit nicht mehr geladen oder benachrichtigt werden konnte.[38])

§ 399 (439). Entscheidungen, welche schon vor dem Anschluß ergangen und der Staatsanwaltschaft bekannt gemacht waren, bedürfen keiner Bekanntmachung an den Nebenkläger.

Die Anfechtung solcher Entscheidungen steht auch dem Nebenkläger nicht mehr zu, wenn für die Staatsanwaltschaft die Frist zur Anfechtung abgelaufen ist.

§ 400 (440). Ist in der Hauptverhandlung[39]) weder der

---

verpflichtet, über diese Auslagen des Nebenklägers eine besondere Entscheidung zu treffen, es sei denn, daß er, weil nur teilweise den Anträgen des Nebenklägers entsprochen ist, von der Befugnis Gebrauch machen will, die Kosten zu teilen, oder daß er etwa aus sonstigen Gründen eine Abweichung von der Regel für gerechtfertigt erachtet. U 26/2 84, E 10, 114. Dagegen muß der Nebenkläger, falls ein von ihm allein eingelegtes Rechtsmittel sich als erfolglos erweist, seinerseits dem Angekl. die demselben durch das Rechtsmittel erwachsenen notwendigen Auslagen erstatten. U 11/3 84, R 6, 197. — Widerklage gegen den Nebenkläger ist unzulässig. U 22/10 96, E 29, 116.

Der Nebenkläger kann auch als Zeuge vernommen werden. U VerStraff 25/10 80, E 2, 384. (Wegen des Privatklägers s. dagegen A. 16 zu § 385). Geschieht dies, so muß er auch beeidigt werden, falls nicht gesetzliche Gründe für die Nichtbeeidigung (§§ 57, 58) vorhanden sind. U 20/11 80, E 3, 47.

37) Der Nebenkläger hat also kein Recht, die Sache bloß im Interesse seines Anspruchs hinzuhalten. Dagegen kann das Gericht von Amts wegen geeignete Erörterungen, insbesondere eine Beweisaufnahme wegen der beanspruchten Buße anordnen. U 20/2 88, R 10, 169.

38) Die Ladung bzw. Benachrichtigung des Nebenklägers erfolgt durch die StA. Die Anwendung des § 385 Abs. 2 ist ausgeschlossen. U 9/11 82, E 7, 220. Nur die Kürze der Zeit kann die Unterlassung der Ladung rechtfertigen. Unterbleiben der Ladung in anderen Fällen begründet die Revision. U 11/12 05, DR 10, 67.

39) Die Vorschrift des § 400 ist nicht auf den Fall der Abwesenheit des Nebenklägers und seines Anwaltes während der ganzen Hauptverhandl. zu beschränken, sondern ist auch auf den Fall anzuwenden, daß der Nebenkläger der Hauptverhandlung zwar am ersten Tage, an wel-

Nebenkläger noch ein Anwalt des Nebenklägers erschienen, so wird das Urteil dem ersteren zugestellt.[40])

§ **401 (441)** Der Rechtsmittel kann sich der Nebenkläger unabhängig von der Staatsanwaltschaft bedienen.[41])

Wird auf ein nur von dem Nebenkläger eingelegtes Rechtsmittel die angefochtene Entscheidung aufgehoben, so liegt der Betrieb der Sache wiederum der Staatsanwaltschaft ob.

§ **402 (442).** Die Anschlußerklärung verliert durch Wider-

---

chem der Straffall verhandelt wurde, bis zum Schlusse der Verhandlung, nicht aber auch in dem zur Verkündung des Urteils anberaumten besonderen Termin anwesend oder vertreten gewesen ist. U 11/2 82, E 6, 28.

40) Die Nebenklage gilt also in diesem Falle, abweichend vom § 391 Abs. 2, nicht als zurückgenommen. U 5/1 83, E 7, 476. U 29/11 83, E 9, 223. Die Rechtsmittelfrist beginnt erst mit der Zustellung des Urteils. U 11/2 82, E 6, 28.

41) Vgl. §§ 390, 397 Abs. 1. Wegen des Beginns der Rechtsmittelfrist für den Fall des § 400 s. A. 40. Wegen der Rechtsmittelfrist für die Verwaltungsbehörde, welche sich dem Verfahren als Nebenklägerin angeschlossen hat, s. § 429. Wegen der Anbringung der Revisionsanträge und Anträge auf Wiederaufnahme des Verfahrens s. § 390 Abs. 2. U 2/1 03, DR 7, 109, A. 36 zu § 397 Abs. 1. Bei Tateinheit kann der Nebenkläger das Rechtsmittel auch aus dem Teile des Urteils begründen, welcher sich lediglich mit der zur Anschlußberechtigung an sich nicht berechtigenden strafbaren Handlung befaßt. U 11/10 83, E 9, 125. Vgl. U 26/3 12, E 46, 45. Er kann die Revision auf unzulässige Ablehnung eines von der StA zu ungunsten des Angekl. gestellten Beweisantrags stützen, selbst wenn er sich letzterem nicht angeschlossen hat. U 10/10 13, E 61, 339. Auch kann der Nebenkläger wegen Abweisung seines Bußeantrags ein Rechtsmittel einlegen, selbst wenn hinsichtlich der Strafe rechtskräftig entschieden ist. U 1/7 82, E 7, 12. Im übrigen kann aus § 401 nur gefolgert werden, daß sich der Nebenkläger der gleichen Rechtsmittel wie die StA völlig unabhängig von der letzteren in selbständiger Weise bedienen kann, nicht aber, daß ihm in bezug auf Rechtsmittel weitergehende Befugnisse im Vergleich zur StA eingeräumt werden sollen. U 20/2 96, E 28, 220.

In Ansehung der freien Beurteilung der Tat wird dem Gericht durch den Umstand, daß die Berufung nur von dem Nebenkläger eingelegt ist, keine Schranke auferlegt. U 22/5 00, E 47, 373. U 23/12 07, E 55, 118.

Das Revisionsgericht hat, wenn der in erster Instanz zugelassene Nebenkläger die Revision einlegt, die Befugnis zum Anschluß an die öffentl. Klage zu prüfen und ist in dieser Prüfung durch den Beschluß erster Instanz nicht beschränkt. U 12/12 01, E 35, 25.

ruf[42]) sowie durch den Tod des Nebenklägers ihre Wirkung.[43])

§ **403 (443).** Die Befugnis, sich einer öffentlichen Klage nach den Bestimmungen der §§ 395—402 als Nebenkläger anzuschließen, steht auch dem zu, welcher berechtigt ist, die Zuerkennung einer Buße zu verlangen.[44])

42) Es wird hier eine ausdrückliche Erklärung des Widerrufs erfordert; das bloße Nichterscheinen des Nebenklägers oder eines Vertreters desselben in der Hauptverhandl. kann als ein stillschweigender Widerruf nicht angesehen werden. U 5/1 83, E 7, 376.

43) Die Anschlußerklärung kann jedoch, solange sie nicht den Antrag auf Buße enthält (§ 404 Abs. 2), auch nach erklärtem Widerruf in jeder Lage des Verfahrens erneuert werden. U 18/6 83, E 8, 384.

Bei einer Wiederaufnahme der Klage im Fall des § 211 bleibt der früher erfolgte Anschluß wirksam. U 16/12 09, E 43, 150.

44) Die Berechtigung, die Zuerkennung einer Buße zu verlangen, ist u. a. ausdrücklich anerkannt in den §§ 188, 231 StGB; jedoch kann nach U 22/5 85, E 12, 223 auch in den Fällen des § 340 StGB auf eine Buße erkannt werden. Dies ist ferner auch zulässig nach § 40 Ges betr. das Urheberrecht an Werken der Literatur und der Tonkunst v. 19/6 01; § 35 Kunstschutzges v. 9/1 07; § 14 Musterschutzges v. 11/1 76; § 36 Abs. 3 Patentges v. 7/4 91; § 18 Ges zum Schutz der Warenbezeichnungen v. 12/5 94; § 26 Ges gegen den unlauteren Wettbewerb v. 7/6 09. Eine Ortskrankenkasse kann sich einer öffentlichen Klage nicht als Nebenklägerin anschließen, um auf Grund des § 57 des Krankenversicherungsgesetzes v. 10/4 92 den Entschädigungsanspruch des Verletzten im Wege der Buße geltend zu machen. Beschl 30/3 96, E 28, 301.

Jeder, dem das Recht zusteht, eine Buße zu verlangen, kann sich der öffentlichen Klage als Nebenkläger anschließen, ohne Rücksicht darauf, ob er eine Bußeforderung erhebt und als Nebenkläger geltend machen will oder nicht. Er kann zwar die Buße nur bis zu dem im § 404 gedachten Zeitpunkte beantragen und deshalb den die Erlangung einer Buße bezweckenden Anschluß auch nur bis dahin erklären, kann aber die Anschlußerklärung auch noch später abgeben, wenn sie nicht dem Zwecke der Bußeforderung, sondern dem der Strafverfolgung des Schuldigen dient. U 10/5 83, R 5, 358. Vgl. U 13/1 82, E 5, 335. Im übrigen ist zwischen Erklärung des Anschlusses nur zum Zwecke der Buße und zwischen allgemeiner Anschlußerklärung behufs Beteiligung an der Strafverfolgung eine Unterscheidung nicht zu machen, so daß insbesondere aus § 404 Abs. 3 nicht zu folgern ist, daß dem Nebenkläger, welcher den Anschluß an das Strafverfahren nur zum Zwecke der Buße erklärt hat, gegen ein den Angekl. freisprechendes Urteil ein Rechtsmittel nicht zustehe. U 18/9 84, E 11, 90.

Das Recht, als gesetzlicher Vertreter eines unmündigen Ver-

Wer die Zuerkennung einer Buße in einem auf erhobene öffentliche Klage anhängigen Verfahren beantragen will, muß sich zu diesem Zwecke der Klage als Nebenkläger anschließen[45].)

§ 404 (444). Der Antrag auf Zuerkennung einer Buße kann bis zur Verkündung des Urteils erster Instanz[46]) gestellt werden.[47])

Der Antrag kann bis zur Verkündung des Urteils zurückgenommen, ein zurückgenommener Antrag nicht erneuert werden.[48])

---

letzten für diesen eine Buße zu beantragen, gibt auch die im § 403 Abs. 1 gewährte Befugnis zum Anschluß als Nebenkläger. U 11/10 83, E 9, 125.

45) Der Anschluß muß stets gemäß § 396 Abs. 1 durch Einreichung einer schriftlichen Anschlußerklärung bei dem Gerichte erfolgen. U 18/5 03, E 36, 246. Anträge auf Zuerkennung einer Buße, welche vor erfolgtem Anschluß bei der StA angebracht und später bei dem Gericht nicht erneuert sind, sind nicht zu berücksichtigen. U 7/11 90, E 21, 156.

46) Dies gilt auch dann, wenn das erste Urteil, welches die Zuerkennung einer Buße abgelehnt hatte, auf Revision des Angekl. aufgehoben und die Sache in die erste Instanz zurückgewiesen ist, U 25/4 87, R 9, 279. U 17/1 11, E 44, 294; ebenso im Wiederaufnahmeverfahren, das auf Betreiben des Angekl. angeordnet ist. U 24/10 07, E 41, 104.

47) Der Antrag auf Zuerkennung einer Buße ist an eine bestimmte Form nicht gebunden. U 26/10 85, R 7, 616; er kann also auch mündlich in der Hauptverhandlung (vor der Hauptverhandlung: U 7/11 99, E 32, 346) gestellt werden, aber nur dann, wenn zugleich den Vorschriften entsprochen ist, von deren Beobachtung die Erwerbung der Rechte eines Nebenklägers abhängt, d. i. den Vorschriften über die Anschlußerklärung (§ 396 Abs. 1). U 18/5 03, E 36, 246. Der Antrag kann auch mit der Anschlußerklärung verbunden werden. U 18/12 85, E 13, 186. Dagegen ist daran festzuhalten, daß der Anspruch auf Buße, wenn die Hauptsache spruchreif ist, den Abschluß des Strafverfahrens nicht aufhalten darf. Das Gericht ist also nicht verpflichtet, auf eine Buße zu erkennen, wenn der betr. Antrag zu spät vorgebracht wird oder die Verhandlung keinen Anhalt für die Bemessung des Bußanspruchs ergeben hat; bloße Unsicherheit der Festsetzung des Schadensbetrages ist jedoch kein Hindernis. U 3/3 82, R 4, 223. U 20/6 82, E 6, 398. U 9/3 88, E 17, 190. U 28/1 08, G 55, 228. Wegen der Wahrung der Frist vgl. auch U 18/12 85, E 13, 186.

48) Es wird hierbei ein an und für sich wirksamer Antrag unterstellt. Wenn derselbe der gesetzlichen Form entbehrte, so schließt die

Wird der Angeklagte freigesprochen oder das Verfahren eingestellt oder die Sache ohne Urteil erledigt, so gilt auch der Antrag ohne weitere Entscheidung für erledigt.[49])

Der Anspruch auf Buße kann von den Erben des Verletzten nicht erhoben oder fortgesetzt werden.[50])

§ **405 (445).** Der Nebenkläger hat den Betrag, welchen er als Buße verlangt, anzugeben.[51])

Auf einen höheren Betrag der Buße als den beantragten darf nicht erkannt werden.[52])

Zurücknahme desselben die Stellung eines neuen formgerechten Antrags nicht aus. U 31/3 80, E 1, 285.

Im übrigen fordert auch § 404 Abs. 2 eine ausdrückliche Erklärung der Zurücknahme; das bloße Nichterscheinen des Nebenklägers oder eines Vertreters desselben kann nicht als stillschweigende Zurücknahme angesehen werden, U 15/1 83, E 7, 376, und ebensowenig kann ein Verzicht auf den Anspruch auf Buße angenommen werden, wenn der in der Hauptverhandl. anwesende Nebenkläger den vorher schriftlich gestellten Antrag zu wiederholen unterlassen hat. U 7/11 99, E 32, 346.

Nur die Erneuerung des zurückgenommenen Antrags auf Buße ist ausgeschlossen. Die Anschlußerklärung kann erneuert werden. U 18/6 83, E 8, 384. Vgl. A. 43 zu § 402.

49) Vgl. A. 44 zu § 403 und wegen der selbständigen Anfechtbarkeit des den Anspruch auf Buße betreffenden Teils des Urteils: U 1/7 82, E 7, 12. S. A. 41 zu § 401.

50) Deshalb kann z. B. auch der Vater als gesetzlicher Vertreter seines Sohnes dessen Ansprüche auf Erlegung einer Buße wegen Körperverletzung nach dem Tode desselben nicht geltend machen. U 2/11 96, E 29, 140.

51) Der Angeklagte hat also ein gesetzliches Recht darauf, daß der Nebenkläger seinen Anspruch auf Buße ziffermäßig begrenzt. U 12/7 86, R 8, 532. Im übrigen kann der ursprünglich angegebene Betrag der verlangten Buße bis zur Verkündung des Urteils erster Instanz (§ 404 Abs. 1) erhöht werden. U 28/9 81, R 3, 544.

52) Durch den Vergleich des Verletzten mit einem Dritten über Zahlung einer Entschädigung wird der Anspruch des ersteren auf Buße gegen den Täter nicht ausgeschlossen. Es kann ein solcher Vergleich nur bei Bemessung der Buße in Betracht kommen. U 6/7 83, R 5, 507. Desgl. kann auch eine vom Angekl. außergerichtlich an den Verletzten gezahlte Entschädigung bei Bemessung der Buße berücksichtigt werden. U 29/11 83, E 9, 223 (Zahlung durch eine Unfallversicherungsgesellschaft). Bei Verurteilung mehrerer Personen wegen gemeinschaftlicher Körperverletzung darf die Zuerkennung einer Buße nicht von

§ **406 (446).** Die Bestimmungen der §§ 404, 405 finden auf den Fall entsprechende Anwendung, daß von dem die Buße Beanspruchenden die Privatklage erhoben wird.[53])

---

6. Buch. Besondere Arten des Verfahrens.

1. Abschnitt. Verfahren bei amtsrichterlichen Strafbefehlen.

§ **407 (447).** Bei Übertretungen und Vergehen kann die Strafe durch schriftlichen Strafbefehl des Amtsrichters ohne vorgängige Verhandlung festgesetzt werden, wenn die Staatsanwaltschaft schriftlich hierauf anträgt.

Durch einen Strafbefehl darf jedoch keine andere Strafe als Geldstrafe oder Freiheitsstrafe von höchstens drei Monaten sowie eine etwa verwirkte Einziehung oder die Bekanntmachung der Entscheidung festgesetzt werden.

Die Überweisung des Beschuldigten an die Landespolizeibehörde darf in einem Strafbefehle nicht ausgesprochen werden

Die Staatsanwaltschaft kann bei dem Antrag auf Erlaß des Strafbefehls zugleich den im § 25 Abs. 1 Nr. 2c des Gerichtsverfassungsgesetzes bezeichneten Antrag für den Fall stellen, daß der Amtsrichter die Sache zur Hauptverhandlung bringt oder der Beschuldigte Einspruch erhebt.

§ **408 (448).** Der Antrag ist auf eine bestimmte Strafe zu richten. Der Amtsrichter hat ihm zu entsprechen, wenn

---

der Ermittlung abhängig gemacht werden, wer von den Angekl. dem Antragsteller die fragliche Verletzung beigebracht hat. U 1/7 82, E 7, 12.

Beweisanträge betr. des Vorhandenseins u. der Höhe des Schadens unterliegen nicht den §§ 244, 245. U 17/1 11, E 44, 294.

53) Wegen der Kosten der Nebenklage vgl. U 13/1 87, E 15, 190. Danach fallen im Falle der Verurteilung des Angekl. und Nebenbeklagten demselben sämtliche Kosten zur Last, und zwar sowohl diejenigen des gerichtlichen Verfahrens (§ 465 Abs. 1), als auch die dem Nebenkläger erwachsenen notwendigen Auslagen (§ 471 Abs. 1 und § 397 Abs. 1). Im Falle der Freisprechung des Angekl. und Nebenbeklagten fallen die Kosten des Verfahrens (Gerichtskosten), vorbehaltlich der §§ 469, 472, der Staatskasse zur Last. Die ihm erwachsenen Auslagen hat der Nebenkläger aber selbst zu tragen.

der Erlassung des Strafbefehls Bedenken nicht entgegenstehen.

Findet der Amtsrichter Bedenken, die Strafe ohne Hauptverhandlung festzusetzen, so ist die Sache zur Hauptverhandlung zu bringen. Dasselbe gilt, wenn der Amtsrichter eine andere als die beantragte Strafe festsetzen will und die Staatsanwaltschaft bei ihrem Antrage beharrt.

§ **409 (449).** Der Strafbefehl muß außer der Festsetzung der Strafe die strafbare Handlung, das angewendete Strafgesetz und die Beweismittel bezeichnen, auch die Eröffnung enthalten, daß er vollstreckbar werde, wenn der Beschuldigte nicht binnen einer Woche nach der Zustellung bei dem Amtsgerichte schriftlich oder zu Protokoll des Gerichtsschreibers Einspruch erhebe.

Auf den Einspruch kann vor Ablauf der Frist verzichtet werden.

§ **410 (450).** Ein Strafbefehl, gegen welchen nicht rechtzeitig Einspruch erhoben worden ist, erlangt die Wirkung eines rechtskräftigen Urteils.[54])

---

54) Ein rechtskräftiger Strafbefehl hat bezüglich der Anfechtbarkeit und Vollstreckbarkeit die volle Wirkung eines rechtskräftigen Urteils. Dasselbe gilt bezüglich der Grundsätze vom Strafverbrauch, sofern die erneute Verhandlung nur denselben Tatbestand ergibt, wegen dessen schon in dem Strafbefehl die Strafe festgesetzt worden ist. U 25/3 20, E 54, 285. U 16/10 17, E 51, 251; U 12/10 18, DR 23, 379 (keine Einbeziehung der durch den Strafbefehl als selbständig geahndeten Straftat in eine den Gegenstand einer neuen Anklage bildende fortgesetzte Handlung). Dagegen wird durch einen ohne Einspruch gebliebenen amtsrichterlichen Strafbefehl die öffentliche Klage nicht verbraucht, welche eine in dem ersteren bezeichnete Übertretung als Vergehen oder Verbrechen verfolgt. Die wegen des später zur Anklage gestellten Vergehens auszusprechende Strafe ist jedoch alsdann unter Abzug der wegen der Übertretung durch den Strafbefehl festgesetzten Strafe zu verhängen. U 2/6 81, E 4, 243 (Strafbefehl aus § 367 Nr. 8 — öffentl. Klage aus § 222 StGB); U 21/12 83, E 9, 321. U 14/12 86, E 15, 112 (Strafbefehl aus PrForstdiebstahlsges v. 15/4 78 — öffentl. Klage aus § 242 StGB). Ebensowenig hindert ein anhängiges Strafbefehlsverfahren die gleichzeitige Durchführung des ordentl. Verfahrens wegen derselben Tat, wenn diese aus einem schwereren Strafgesetz verfolgt wird. U 8/12 21, E 56, 253; vgl. § 264 Anm. 11, 12. Über die Anwendbarkeit des Grundsatzes ne bis in idem auf eine

§ 411 (451). Bei rechtzeitigem Einspruch wird zur Hauptverhandlung geschritten, sofern nicht bis zu ihrem Beginn die Staatsanwaltschaft die Klage fallen läßt oder der Einspruch zurückgenommen wird.

Der Angeklagte kann sich in der Hauptverhandlung[54a]) durch einen mit schriftlicher Vollmacht versehenen Verteidiger vertreten lassen.

Bei der Urteilsfällung ist das Gericht an den in dem Strafbefehle enthaltenen Ausspruch nicht gebunden.

§ 412 (452). Bleibt der Angeklagte ohne genügende Entschuldigung in der Hauptverhandlung aus, und wird er auch nicht durch einen Verteidiger vertreten, so wird der Einspruch ohne Beweisaufnahme durch Urteil verworfen.

Ein Angeklagter, welchem gegen den Ablauf der Einspruchsfrist Wiedereinsetzung in den vorigen Stand gewährt worden war, kann sie nicht mehr gegen das Urteil beanspruchen.

2. Abschnitt. Verfahren nach vorangegangener polizeilicher Strafverfügung.*)

§ 413 (453). Wo nach den Bestimmungen der Landesgesetze die Polizeibehörden befugt sind, eine in den Straf-

rechtskräftig gewordene polizeil. Strafverfügung, sofern nach dem Ergebnis der Hauptverhandlung die Tat unter denselben rechtl. Gesichtspunkt fällt, von welchem die Strafverfügung ausgegangen ist, s. U 19/2 01, E 34, 165. U 21/9 18, E 52, 241 u. U 8/7 20, DR 24, 3288. Vgl. U 19/1 04, DJZ 10, 408 (Verbrauch der Strafklage, wenn in dem neuen Verfahren lediglich nach dem bereits im Strafbefehl angewendeten oder einem milderen Strafgesetz zu strafen wäre); U 18/9 19, DR 24, 255 (Schleichhandel). Über das Verfahren, wenn die in einem rechtskräftigen Strafbefehl festgesetzte Haftstrafe nicht vollzogen, und sodann im ordentlichen Verfahren die Verurteilung zu einer Gefängnisstrafe wegen eines in Tateinheit mit der Übertretung begangenen Vergehens erfolgt ist, s. U 11/1 17, E 50, 238.

54a) d. h. vor dem Schöffengericht. Für die Berufungsinstanz ist Abs. 2 nicht anwendbar, Beschl OLG Naumburg 12/4 20, Nbg. Anwaltszeitung S. 24.

*) Vgl. § 6 Nr. 3 EG z. StPO. und § 40 Jugendgerichtsgesetz v. 16/2 23: In einer Strafverfügung darf gegen einen Jugendlichen nur Geldstrafe und Einziehung festgesetzt werden.

gesetzen angedrohte Strafe durch Verfügung festzusetzen, erstreckt sich diese Befugnis nur auf Übertretungen.

Auch kann die Polizeibehörde keine andere Strafe als Haft bis zu vierzehn Tagen oder Geldstrafe und die Haft, welche für den Fall, daß die Geldstrafe nicht beigetrieben werden kann, an ihre Stelle tritt, sowie eine etwa verwirkte Einziehung verhängen.

Die Strafverfügung muß außer der Festsetzung der Strafe die strafbare Handlung, das angewendete Strafgesetz und die Beweismittel bezeichnen, auch die Eröffnung enthalten, daß der Beschuldigte, sofern er nicht eine nach den Gesetzen zugelassene Beschwerde an die höhere Polizeibehörde ergreife, gegen die Strafverfügung binnen einer Woche nach der Bekanntmachung bei der Polizeibehörde, welche diese Verfügung erlassen hat, oder bei dem zuständigen Amtsgericht auf gerichtliche Entscheidung antragen könne.[55])

Die Strafverfügung wirkt in betreff der Unterbrechung der Verjährung wie eine richterliche Handlung.[56]).

§ **414 (454).** Der Antrag auf gerichtliche Entscheidung kann bei der Polizeibehörde schriftlich oder mündlich, bei dem Amtsgerichte schriftlich oder zu Protokoll des Gerichtsschreibers angebracht werden.

Die Polizeibehörde übersendet, falls sie nicht die Strafverfügung zurücknimmt, die Akten an die zuständige Staatsanwaltschaft, welche sie dem Amtsrichter vorlegt.

---

55) Durch die polizeil. Strafverfügung wird, auch wenn sie unanfechtbar geworden, die öffentl. Klage, welche die in der Strafverfügung bezeichnete Übertretung als Vergehen oder Verbrechen kennzeichnet und verfolgt, grundsätzlich nicht verbraucht (Strafverfügung aus § 360 Nr. 11 — öffentliche Klage aus § 223a StGB). U 2/6 80, E 2, 212. U 2/6 81, R 3, 367. U 2/10 83, R 5, 570. Der Grundsatz des Strafverbrauchs findet jedoch auch auf eine unanfechtbar gewordene polizeil. Strafverf. Anwendung, sofern nach dem Ergebnis der Hauptverhandl. die Tat unter denselben rechtl. Gesichtspunkt fällt, von welchem die Strafverfügung ausgegangen ist. U 19/2 01, E 34, 165. In Preußen ist in dem auf die spätere öffentliche Klage ergehenden Urteil die polizeil. Strafverfügung nicht ausdrücklich aufzuheben; sie fällt vielmehr von selbst hinweg, und es ist die durch sie verhängte und vollzogene Strafe anzurechnen oder zurückzuzahlen. U 19/2 85, R 7, 132.

56) Vgl. § 68 StGB.

§ 415 (455). Gegen die Versäumung der Antragsfrist ist unter den in den §§ 44, 45 bezeichneten Voraussetzungen Wiedereinsetzung in den vorigen Stand zulässig. Das Gesuch ist bei einer der im § 414 Abs. 1 genannten Behörden anzubringen.

Über das Gesuch entscheidet der Amtsrichter.

Die Bestimmungen des § 46 Abs. 2, 3 finden hier gleichfalls Anwendung.

§ 416 (456). Ist der Antrag rechtzeitig angebracht, so wird zur Hauptverhandlung vor dem Amtsrichter geschritten, ohne daß es der Einreichung einer Anklageschrift oder einer Entscheidung über die Eröffnung des Hauptverfahrens bedarf.

Bis zum Beginne der Hauptverhandlung kann der Antrag zurückgenommen werden.

§ 417 (457). Das Verfahren vor dem Amtsrichter ist dasselbe wie im Falle einer von der Staatsanwaltschaft erhobenen und zur Hauptverhandlung verwiesenen Anklage.

Der Angeklagte kann sich durch einen mit schriftlicher Vollmacht versehenen Verteidiger vertreten lassen.

Bei der Urteilsfällung ist das Gericht an den Ausspruch der Polizeibehörde nicht gebunden.

§ 418 (458). Stellt sich nach dem Ergebnisse der Hauptverhandlung die Tat des Angeklagten als eine solche dar, bei welcher die Polizeibehörde zum Erlaß einer Strafverfügung nicht befugt war, so hat das Gericht die letztere durch Urteil aufzuheben, ohne in der Sache selbst zu entscheiden.[57])

---

57) Der § 418 beschränkt sich nicht auf den Fall, daß die Tat, wegen deren die Strafverfügung erlassen ist, schon nach der ihr in der letzteren von der Polizeibehörde gegebenen Beurteilung die im § 413 Abs. 1 bezeichnete Zuständigkeit der Polizeibehörden überschreitet, ist vielmehr so zu verstehen, daß die Aufhebung der polizeil. Strafverfügung durch das Gericht auch dann einzutreten hat, wenn sich nach dem Ergebnis der Hauptverhandlung die Tat als eine solche darstellt, deren Aburteilung an sich die schöffengerichtliche (amtsrichterliche) Zuständigkeit überschreiten würde. Das Schöffengericht (der Amtsrichter) darf daher auch in solchem Falle die Sache nicht unter Anwendung des § 270 unmittelbar an ein Gericht höherer Ordnung verweisen. Ist

3. Abschnitt. Verfahren bei Zuwiderhandlungen gegen die Vorschriften über die Erhebung öffentlicher Abgaben und Gefälle.*)

§ 419 (459). Strafbescheide der Verwaltungsbehörden wegen Zuwiderhandlungen gegen die Vorschriften über die Erhebung öffentlicher Abgaben und Gefälle dürfen nur Geldstrafen sowie eine etwa verwirkte Einziehung festsetzen.[58])

---

es trotzdem geschehen, so kann das Gericht höherer Ordnung nicht seinerseits nach § 418 verfahren, sondern muß in der Sache selbst erkennen. U 21/11 81, E 5, 244. U 15/11 83, R 5, 691. Vgl. U 10/11 84, E 11, 253. U 24/3 92, E 22, 423; U 11/5 94, G 42, 132. Im übrigen muß, wenn das Schöffengericht (der Amtsrichter) die Strafverfügung aufgehoben hat, behufs anderweiter Verfolgung der Sache eine Anklageschrift eingereicht und über die Eröffnung des Hauptverfahrens beschlossen werden. U 29/1 84, R 6, 60.

Der § 418 findet endlich auch in dem Falle Anwendung, wenn in der Berufungsinstanz das Berufungsgericht findet, daß die Unzuständigkeit der Polizeibehörde zum Erlaß der Strafverfügung vorgelegen hat. In diesem Fall ist für das Berufungsgericht die Anwendung des § 328 Abs. 3 ausgeschlossen. U 21/3 89, E 19, 167. U 2/2 22, E 56, 377.

Wenn die polizeiliche Strafverfügung durch Urteil aufgehoben wird, so können die bisdahin erwachsenen Prozeßkosten, über welche dieses Urteil Entscheidung zu treffen hat, nicht dem Angekl. auferlegt werden. U 23/12 01, DR 6, 51.

*) Unter den Zuwiderhandlungen gegen die Vorschriften über die Erhebung öffentlicher Abgaben und Gefälle sind nicht etwa alle gemeinen Straftaten, welche durch Gegenstand oder Tendenz eine Beziehung zu den im § 419 gedachten Vorschriften haben, sondern nur solche begriffen, welche zugleich in den bezüglichen Sondergesetzen ihre strafrechtliche Norm erhalten und hierdurch, im Gegensatz zu den durch das allgemeine Strafgesetz normierten, die Natur von Sonderdelikten erlangt haben. U 29/10 83, E 9, 236 (Betrug bei Erfüllung eines Fixationsvertrages). Die §§ 419 bis 429 treten für den Geltungsbereich der Reichsabgabenordnung außer Kraft (§ 449 RAO v. 13/12 19, RGBl S. 2097). Hinsichtlich des Vergehens des Bannbruchs s. U 11/7 21, E 56, 78.

58) Die Gültigkeit weitergehender landesgesetzl. Bestimmungen (z. B. sächs. Zollstrafges v. 3/4 38: Verpflichtung zur Nachentrichtung der hinterzogenen Abgaben) kann zwar, soweit sie das Verfahren im Verwaltungswege für derartige Zuwiderhandlungen regeln, zugegeben werden; derartige Bestimmungen können aber auf das Verfahren in den vor die ordentl. Gerichte gehörigen, nur den Vorschriften

Der Strafbescheid muß außerdem die strafbare Handlung, das angewendete Strafgesetz und die Beweismittel[59]) bezeichnen, auch die Eröffnung enthalten, daß der Beschuldigte, sofern er nicht eine nach den Gesetzen zugelassene Beschwerde an die höhere Verwaltungsbehörde ergreife, gegen den Strafbescheid binnen einer Woche nach der Bekanntmachung bei der Verwaltungsbehörde, welche ihn erlassen, oder bei der, welche ihn bekannt gemacht hat, auf gerichtliche Entscheidung antragen könne.

Der Strafbescheid wirkt in betreff der Unterbrechung der Verjährung wie eine richterliche Handlung.[60])

§ **420 (460).** Wird auf gerichtliche Entscheidung angetragen,[61]) so übersendet die Verwaltungsbehörde, falls sie nicht den Strafbescheid zurücknimmt, die Akten an die zuständige Staatsanwaltschaft, welche sie dem Gerichte vorlegt.

§ **421 (461).** Für die Wiedereinsetzung in den vorigen Stand finden die Bestimmungen des § 415 entsprechende Anwendung.

§ **422 (462).** Ist der Antrag rechtzeitig angebracht, so wird zur Hauptverhandlung geschritten, ohne daß es der Einreichung einer Anklageschrift oder einer Entscheidung über die Eröffnung des Hauptverfahrens bedarf.[62])

---

der StPO unterstellten Strafsachen, zu denen die zur gerichtl. Untersuchung u. Entscheidung gediehenen Steuer- und Zollstrafsachen gehören, keinen Einfluß äußern. U 13/10 99, E 32, 304.

59) Die Nichtangabe der Beweismittel macht den Strafbescheid nicht ungültig. U 23/2 88, E 17, 249.

60) Vgl. § 68 StGB. Handlungen des Richters, welche im steueramtl. Ermittlungsverfahren auf Ersuchen des Steueramtes vorgenommen werden, unterbrechen die Verjährung. U 11/5 86, R 8, 353.

61) Der Antrag auf gerichtliche Entscheidung braucht von dem Beschuldigten nicht persönlich gestellt oder unterschrieben zu werden, sondern kann auch, soweit dies nach den Vorschriften der StPO über die Einlegung von Rechtsmitteln zulässig ist, durch einen Vertreter (Verteidiger usw.) wirksam angebracht werden. U 29/2 03, E 36, 90. Eine besondere Form ist für den Antrag nicht vorgeschrieben. U 1/2 06, G 53, 169.

62) Die Einleitung eines Vorverfahrens (Anstellung von Ermittlungen) ist jedoch nicht ausgeschlossen, wenn dem Gericht die Sache noch nicht genügend aufgeklärt erscheint. U 23/2 88, E 17, 249.

Die Staatsanwaltschaft kann den im § 25 Abs. 1 Nr. 2c des Gerichtsverfassungsgesetzes vorgesehenen Antrag auch noch bei Vorlage der Akten an das Gericht stellen; auf Verlangen der Verwaltungsbehörde hat sie das zu tun.

Bis zum Beginne der Hauptverhandlung kann der Antrag zurückgenommen werden.

§ **423 (463).** Ist die in einem vollstreckbaren Strafbescheide festgesetzte Geldstrafe von dem Beschuldigten nicht beizutreiben und deshalb ihre Umwandlung in eine Freiheitsstrafe erforderlich, so ist diese Umwandlung nach Anhörung der Staatsanwaltschaft und des Beschuldigten durch gerichtliche Entscheidung auszusprechen, ohne daß der Strafbescheid einer Prüfung des Gerichts unterliegt.

Über die Umwandlung entscheidet der Amtsrichter.

Gegen die Entscheidung findet sofortige Beschwerde statt.

Nach eingeleitetem gerichtl. Verfahren hat das Gericht das tatsächliche Ergebnis auf Grund der mündl. Verhandlung seiner eigenen selbständigen Würdigung zu unterziehen und das so gefundene Ergebnis unabhängig von dem Strafbescheide der Verwaltungsbehörde zum Ausdruck zu bringen. U 4/6 83, E 8, 390. Vgl. U 23/2 88, E 17, 249. U 20/9 15, DR 19, 2630. Insbesondere ist die Vorentscheidung der Verwaltungsbehörde über die konkrete Abgabenpflicht für den Strafrichter weder überhaupt, noch auch für die Festsetzung der nach dem Betrage der hinterzogenen Gefälle zu berechnenden Strafe maßgebend, wenngleich bei Auslegung zweifelhafter Tarifstellen usw. unbedenklich der sachverständigen Ansicht der Verwaltungsbehörden auch im gerichtl. Strafverfahren rechtliche Bedeutung für die Beweiswürdigung nicht abzusprechen ist. U 9/11 82, E 9, 220.

In allen Fällen darf das gerichtl. Verfahren nur in dem Umfange des Strafbescheides stattfinden, so daß nur die in dem Strafbescheid bezeichneten Zuwiderhandlungen Gegenstand der Urteilsfällung sein können. Es ist z. B. nicht zulässig, daß in einem Verfahren, welches wegen Branntweinsteuerhinterziehung gegen den Brenner nach § 422 stattfindet, zugleich über die hilfsweise Haftung des Brennereiunternehmers von Amts wegen mitverhandelt und entschieden wird. U 30/5 93, E 24, 198. Im übrigen greifen auch im gerichtlichen Verfahren nach §§ 419 ff. die die Befugnisse wie Obliegenheiten des erkennenden Gerichts regelnden Normen in den §§ 155, 264 (Strafverbrauch) Platz. U 30/9 02, E 35, 368.

Wenn das Gericht aus einem anderen rechtl. Gesichtspunkte, als demjenigen, welcher dem Strafbescheid zugrunde lag, verurteilen will, so braucht es die Vorschrift des § 265 nicht zu beachten. U 29/4 81, E 4, 116.

§ **424 (464).** Hat die Verwaltungsbehörde einen Strafbescheid nicht erlassen und lehnt die Staatsanwaltschaft den an sie gerichteten Antrag auf Verfolgung ab, so ist die Verwaltungsbehörde befugt, selbst die Anklage zu erheben.[63])

In einem solchen Falle hat sie einen Beamten ihres Verwaltungszweiges oder einen Rechtsanwalt als ihren Vertreter zu bestellen und in der Anklage namhaft zu machen.

§ **425 (465).** Die Staatsanwaltschaft ist zu einer Mitwirkung in jeder Lage des Verfahrens berechtigt.

Bei der Hauptverhandlung muß sie vertreten sein; auch hat sie die gerichtlich angeordneten Ladungen dazu zu bewirken.

Alle im Laufe des Verfahrens ergehenden Entscheidungen sind ihr bekannt zu machen.

§ **426 (466).** Im übrigen regelt sich das Verfahren auf die von der Verwaltungsbehörde erhobene Anklage nach den für die Privatklage gegebenen Bestimmungen.

§ **427 (467).** Hat der Beschuldigte gegen einen Strafbescheid auf gerichtliche Untersuchung angetragen, oder hat die Staatsanwaltschaft die Anklage erhoben, so kann die Verwaltungsbehörde sich der Verfolgung anschließen,[64]) und sie

---

63) Zuständig zur Erhebung der Anklage und Anschlußerklärung ist nur die Verwaltungsbehörde, welche nach den einschlägigen landesgesetzl. Bestimmungen im einzelnen Fall zur Erlassung des Strafbescheides zuständig war oder, wenn nicht besondere Hindernisse im Wege gestanden hätten, zuständig gewesen wäre. U 29/3 06, E 38, 404. Im übrigen setzt die der Verwaltungsbehörde gewährte Befugnis zur Anklageerhebung voraus, daß dieser Behörde der Erlaß von Strafbescheiden nach der rechtlichen Natur des in Frage stehenden Vergehens überhaupt, wenn auch nur innerhalb der Schranken des § 419 Abs. 1, zusteht. U 29/10 83, E 9, 236. Trifft dies aber zu, so ist die Anklagebefugnis selbst dann nicht ausgeschlossen, wenn das Steuer- usw. Vergehen mit einem nach anderen Gesetzen, insbesondere nach dem StGB zu ahndenden Vergehen tateinheitlich zusammentrifft. U 27/10 85, E 13, 30. Nur in Ansehung der mit Steuerhinterziehungen sachlich zusammentreffenden Vergehen kann sich die Verwaltungsbehörde der Verfolgung nicht anschließen, es sei denn, daß die Annahme von Tatmehrheit auf einem Irrtum beruhte. U 26/2 92, E 22, 400.

64) Der Anschluß der Verwaltungsbehörde kann auch dann erfolgen, wenn mit der Zuwiderhandlung gegen die Abgabenvorschriften

hat alsdann gleichwie bei einer von ihr erhobenen Anklage einen Vertreter zu bestellen.[65])

In diesem Falle kommen die für den Anschluß des Verletzten als Nebenkläger gegebenen Bestimmungen zur Anwendung.[66])

§ **428 (468).** Wenn die Verwaltungsbehörde die Anklage erhoben oder sich der Verfolgung angeschlossen hat, so sind ihr das Urteil und alle sonstigen Entscheidungen zuzustellen, auch wenn sie bei deren Verkündung vertreten gewesen ist.[67])

§ **429 (469).** Die Fristen zur Einlegung von Rechtsmitteln beginnen für die Verwaltungsbehörde erst mit der Zustellung.

Zur Anbringung von Revisionsanträgen und zur Gegenerklärung auf solche steht der Verwaltungsbehörde eine Frist von einem Monat zu.[68])

---

eine andere ein Abgaben- oder Gefällegesetz nicht verletzende strafb. Handlung in Tateinheit zusammentrifft; der Anschluß ist aber hier auf die Verfolgung jener Zuwiderhandlung beschränkt und kann sich nicht auf die Anfechtung der Entscheidung über diese strafbare Handlung erstrecken. U 23/1 03, E 36, 83. Vgl. E 13, 30 und E 22, 400. Im übrigen muß der Anschluß bis zur rechtskräftigen Entscheidung der Sache geschehen. U 27/5 87, E 16, 13·. Über die Form der Anschlußerklärung s. A. 31 zu § 396.

65) Vgl. A. 63 zu § 424. Was dort von der Befugnis der Verwaltungsbehörde zur selbständigen Erhebung der Anklage gesagt ist, gilt auch von der Anschlußberechtigung des § 427. U 29/10 83, E 9, 236. Wegen des Vertreters s. § 424 Abs. 2.

66) Die für den Anschluß als Nebenkläger gegebenen Bestimmungen s. in den §§ 395—402. Dieselben kommen jedoch nur mit denjenigen Abänderungen zur Anwendung, welche die StPO in den §§ 428, 429 für den Anschluß der Verwaltungsbehörde vorgeschrieben hat. U 27/5 87, E 16, 130.

67) Die Zustellung muß auch erfolgen, wenn die Verwaltungsbehörde sich nach der Verkündung des Urteils rechtzeitig der Verfolgung angeschlossen hat. Bezüglich der Fristen gilt auch hier die Vorschrift zu § 429. U 27/5 87, E 16, 130. Der erst nach Ablauf einer Woche seit der Urteilsverkündung erklärte Anschluß ist rechtzeitig, sofern das Urteil gegenüber der Staatsanwaltschaft noch nicht rechtskräftig ist. U 3/12 09, E 43, 57.

68) Über das Erfordernis der Zustellung ergangener Entschei-

4. Abschnitt. Verfahren bei Einziehungen und Vermögensbeschlagnahmen.*)

§ 430 (477). In den Fällen, in welchen nach § 42 des Strafgesetzbuchs[69]) oder nach anderweiten gesetzlichen Bestimmungen auf Einziehung, Vernichtung oder Unbrauchbarmachung von Gegenständen selbständig erkannt werden kann,[70]) ist der Antrag, sofern die Entscheidung nicht in

---

bungen an die Verwaltungsbehörde und deren Befugnis, das Rechtsmittel als ein selbständiges zu verfolgen, s. Beschl 22/9 06, E 53, 447. Die Kosten des von ihr erfolglos eingelegten Rechtsmittels treffen die Staatskasse. U 1/12 09, E 42, 175.

*) In das Eigentum eingreifende Entscheidungen dürfen nicht getroffen werden, ohne daß dem unmittelbar Betroffenen die Möglichkeit gewährt ist, in dem vorausgegangenen Verfahren gehört zu werden. Die Vorschriften der §§ 430ff. bilden nur eine einzelne Anwendung dieses Grundsatzes und finden auf ähnliche Fälle keine Anwendung. U 27/1 82, E 5, 372.

69) Der § 42 StGB bestimmt: „Ist in den Fällen der §§ 40 und 41 die Verfolgung oder die Verurteilung einer bestimmten Person nicht ausführbar, so können die daselbst vorgeschriebenen Maßnahmen selbständig erkannt werden." Ist daher die Verfolgung oder Verurteilung einer bestimmten Person erfolgt, so ist ein weiteres Verfahren über die im Urteil aus Versehen oder anderen Gründen unterlassene Einziehung usw. ausgeschlossen. U 25/5 83, E 8, 349. Im übrigen sind die Maßnahmen der §§ 40 und 41 nicht nur dann zulässig, wenn der Verfolgung oder der Verurteilung tatsächliche Hindernisse im Wege stehen, sondern auch, wenn die Verurteilung des Täters nicht erfolgen kann, weil ein Verschulden desselben nicht nachzuweisen ist oder ein zur Freisprechung führender Strafausschließungsgrund vorliegt. Bei Antragsvergehen ist jedoch auch das im § 42 vorgesehene Verfahren unzulässig, wenn der Antragsberechtigte die Verfolgung der strafb. Handlung nicht in der gesetzl. Frist beantragt. U 25/9 84, E 11, 119. Vgl. U 22/12 84, R 6, 837 u. U 9/2 11, E 44, 315 (Zulässigkeit des objektiven Verfahrens nach rechtskräftigem Freispruch). U 3/11 19, E 54, 11 (nur förmliches, selbständiges Einziehungsverfahren im Falle der Niederschlagung des Strafverfahrens).

70) Die §§ 430—432 haben also ausschließlich für die Fälle Geltung, in denen eine Entscheidung über die Einziehung usw. nicht in Verbindung mit einem Urteil in der Hauptsache d. h. gegen einen bestimmten Angekl. erfolgt. U 11/10 01, E 34, 388. U 20/1 22, DR 26, 925. Anderweite reichsgesetzliche Bestimmungen über Einziehung usw. s. in den §§ 152, 295, 296a, 360 Abs. 2, 367 Abs. 2, 369 Abs. 2 StGB; §§ 42, 43, 46—48, 52 Ges betr. das Urheberrecht an Werken der Literatur und der Ton-

Verbindung mit einem Urteil in der Hauptsache erfolgt, seitens der Staatsanwaltschaft oder des Privatklägers bei dem Gerichte zu stellen, welches für den Fall der Verfolgung einer bestimmten Person zuständig sein würde.[71])

An die Stelle des Schwurgerichts tritt das Schöffengericht.

§ 431 (478). Die Verhandlung und Entscheidung erfolgt in einem Termine, auf welchen die Bestimmungen über die Hauptverhandlung entsprechende Anwendung finden.[72])

---

kunst v. 19/6 01; §§ 37 ff. Kunstschutzges v. 9/1 07; § 14 Ges betr. das Urheberrecht an Mustern und Modellen v. 11/1 76; § 15 Nahrungsmittelges v. 14/5 79; § 3 Abs. 3 Ges betr. die Küstenfrachtfahrt v. 22/5 81; §§ 19, 17 Warenzeichenges. v. 12/5 94; §§ 16 ff. Preistreiberei-Verordnung v. 13/7 23 usw. — Wegen der Zulässigkeit der Einziehung (Konfiskation) eines Gegenstandes, in bezug auf welchen eine Zollhinterziehung begangen ist, im Wege des objektiven Strafverfahrens s. U 9/27. April 91, E 21, 431 u. U 13/1 90, G 37, 440 (Einziehung einer bei Gelegenheit der Verübung einer Kontrebande beschlagnahmten Kuh). Eine besondere Art der Einziehung ist die Verfallerklärung U 4/6 17, E 51, 89. Wegen der Fälle des § 295 StGB s. U 17/1 19, DR 23, 697; wegen der Zulässigkeit der Einziehung verbotswidrig hergestellten Weines trotz gnadenweiser Niederschlagung des gegen den Hersteller gerichteten Strafverfahrens vgl. U 16/5 17, E 50, 386 u. 392.

71) Für die örtliche Zuständigkeit sind die Vorschriften der §§ 7 ff. maßgebend. U 5/6 08, DR 12, 437; s. auch U 28/1 87, E 15, 235. Wenn die strafbare Tat im Auslande begangen und ein Gerichtsstand in Gemäßheit der §§ 8 und 9 StPO nicht begründet ist, so ist auch hier das zuständige Gericht vom Reichsgericht zu bestimmen. Beschl 28/4 87, R 9, 290.

72) Wenn das Gericht den Antrag der StA, eine Sache im objektiven Verfahren einzuziehen, ablehnen will, so hat es nicht auf Einstellung des Verfahrens, sondern auf Zurückweisung des Antrags zu erkennen. Eine solche kann jedoch nicht schon deshalb erfolgen, weil das Gericht sich von der Unausführbarkeit der Verurteilung einer bestimmten Person noch nicht für überzeugt hält. Das Gericht hat zwar zu prüfen, ob der vollständige objektive und subjektive Tatbestand einer strafbaren Handlung vorliegt; für die Entscheidung darüber, ob der Erhebung der Anklage gegen eine bestimmte Person tatsächliche oder rechtliche Hindernisse entgegenstehen, ist dagegen ausschließlich die StA zuständig. U 5/4 83, E 8, 238. Die Zweckmäßigkeit der Maßregel ist, falls letztere zwingend vorgeschrieben ist, nicht zu prüfen. U 11/6 14, G 62, 159.

Im Falle eines von der StA gestellten, lediglich die Einziehung eines Gegenstandes verfolgenden Antrages ist für eine Nebenklage kein Raum, soweit nicht aus den besonderen Bestimmungen anderer

Personen, welche einen rechtlichen Anspruch auf den Gegenstand der Einziehung, Vernichtung oder Unbrauchbarmachung haben,[73]) sind, soweit dies ausführbar erscheint, zu dem Termine zu laden.[74])

Sie können alle Befugnisse ausüben, welche einem Angeklagten zustehen, sich auch durch einen mit schriftlicher Vollmacht versehenen Verteidiger vertreten lassen. Durch ihr Nichterscheinen wird das Verfahren und die Urteilsfällung nicht aufgehalten.

§ 432 (479). Die Rechtsmittel gegen das Urteil stehen der Staatsanwaltschaft,[75]) dem Privatkläger und den im § 431 bezeichneten Personen zu.[76])

Gesetze, z. B. aus § 47 Ges betr. das Urheberrecht an Werken der Literatur usw. v. 19/6 01 ein anderes sich ergibt. U 7/4 02, DR 6, 272.

73) Die Beteiligten im objektiven Einziehungsverfahren (Einziehungsbeteiligten) sind also nicht diejenigen Personen, die ein Interesse an der Einziehung, sondern die, die Interesse gegen diese Maßregel, ein besseres Recht an dem Gegenstande, einen Gegenanspruch gegen die Einziehung haben. Deshalb ist z. B. der Fiskus, welcher die Einziehung falscher Münzen beansprucht, nicht zu den im § 431 Abs. 2 gedachten Personen zu rechnen. U 20/12 88, E 13, 299. Die Pfändung und Überweisung eines Herausgabeanspruches gewährt die Rechte eines Einziehungsbeteiligten nach § 431 Abs. 2, 3 nicht. Beschl 6/2 22, E 56, 379.

74) Ein Anspruch auf eine von Amts wegen zu bewirkende Zustellung der Anklage (Antrag der Staatsanwaltschaft) steht den Einziehungsbeteiligten nicht zu, U 26/5 93, E 24, 197, und ebensowenig braucht den bei der Urteilsverkündung vertretenen Einziehungsbeteiligten das Urteil durch Zustellung bekannt gemacht zu werden. Beschl 12/7 01, E 34, 331. Vgl. U 20/1 85, E 11, 414.

75) Auch wenn dem Antrag der StA entsprechend auf Einziehung erkannt war. U 8/12 13, E 48, 26.

76) Auch Einziehungsbeteiligten, welche weder zur Verhandlung geladen, noch sonst prozessualisch tätig gewesen sind, oder als solche unberechtigt zugelassenen Personen, stehen gegen das Einziehungsurteil die entsprechenden Rechtsmittel zu. Für diese Personen beginnt jedoch die Frist zur Einlegung des Rechtsmittels bereits mit der Verkündung des Urteils. U 26/1 85, E 11, 414. U 5/6 13, DR 17, 2026. Bevormundete Einziehungsbeteiligte können die Rechtsmittel nur durch ihren Vormund einlegen. Beschl 25/7 96, E 29, 52. Im übrigen wird das Einziehungsurteil gegen diejenigen Interessenten, welche nach § 431 Abs. 2 hätten zugezogen werden sollen, jedoch in Wirklichkeit nicht zugezogen sind, nicht vollstreckbar. U 27/1 82 E 5, 372.

§ **433 (480).** Auf die im § 93 des Strafgesetzbuchs vorgesehene Beschlagnahme des Vermögens eines Angeschuldigten finden die Bestimmungen der §§ 291—293 Anwendung.

5. Abschnitt. Besondere Vorschriften über das Verfahren bei militärischen Straftaten für Strafsachen gegen Angehörige der Reichswehr und für Militärstrafsachen.*)

§ **434.** Eine Militärgerichtsbarkeit besteht nur für Strafverfahren in Kriegszeiten und gegen die Angehörigen der Reichsmarine, die an Bord von in Dienst gestellten Kriegsschiffen eingeschifft sind.

Soweit eine Militärgerichtsbarkeit nicht besteht, gelten für militärische Straftaten sowie für Strafsachen gegen Angehörige der Reichswehr und für Militärstrafsachen die folgenden besonderen Vorschriften:

1. Titel. Vorschriften für militärische Straftaten.

§ **435.** Die Entscheidung, ob eine militärische Straftat gemäß § 3 des Einführungsgesetzes zum Militärstrafgesetzbuche disziplinarisch zu ahnden ist, steht dem militärischen Disziplinarvorgesetzten, sofern aber ein Untergebener oder eine nicht der Reichswehr angehörige Person verletzt ist, der Staatsanwaltschaft zu. Gegen die Verfügung der Staatsanwaltschaft, durch welche die Straftat der disziplinarischen Ahndung überwiesen wird, kann der Verletzte binnen einer Woche nach Zustellung die Entscheidung des Landgerichts anrufen.

Örtliche Unzuständigkeit des Gerichts können auch die Einziehungsbeteiligten nur unter der Voraussetzung des § 16 rügen, U 4/5 14, DR 18, 2360; gegen ein den Einziehungsantrag zurückweisendes Urteil haben sie kein Rechtsmittel. Beschl 18/9 14, DR 19, 411.

Wegen der Pflicht zur Tragung der Kosten im Einziehungsverfahren s. U 15/5 85, E 12, 198. U 29/10 85, E 13, 20. U 10/2 88, R 10, 131. S. A. 90 zu § 465.

*) Vgl. hierzu das Ges. betr. Aufhebung der Militärgerichtsbarkeit v. 17/8 20 (RGBl S. 1579) im Anhang IV, dessen Vorschriften zum Teil in den 5. Abschnitt des 6. Buches StPO eingearbeitet sind.

Die Behörde, bei der eine Anzeige oder ein Strafantrag eingegangen ist, hat dem Disziplinarvorgesetzten sofort Nachricht zu geben. Ist das Hauptverfahren eröffnet, so ist die Straftat gerichtlich abzuurteilen. Der militärische Disziplinarvorgesetzte hat stets das Recht, gerichtliche Aburteilung zu verlangen.

§ **436.** Bei militärischen Vergehen finden die Vorschriften des § 153 Abs. 2, 3 über die Befugnis, von der Erhebung der öffentlichen Klage abzusehen oder das Verfahren einzustellen, keine Anwendung.

§ **437.** Ein Abwesender, gegen den die öffentliche Klage wegen Fahnenflucht erhoben ist, kann durch Beschluß des Gerichts für fahnenflüchtig erklärt werden.

Für die Bekanntmachung und die Aufhebung des Beschlusses gelten die §§ 291, 293.

2. Titel. Vorschriften für Strafsachen gegen Angehörige der Reichswehr und für Militärstrafsachen.

§ **438.** In Strafverfahren gegen Angehörige der Reichswehr gelten die besonderen Vorschriften der §§ 439 bis 441.

§ **439.** Ein Gerichtsstand ist auch bei dem Gerichte begründet, in dessen Bezirke sich der Standort des Truppenteils befindet, dem der Beschuldigte angehört.

§ **440.** Von der Festnahme ist der vorgesetzten Dienstbehörde unverzüglich Nachricht zu geben.

§ **441.** Von der Einleitung der Strafverfolgung, der Eröffnung des Hauptverfahrens und der Anberaumung einer Hauptverhandlung ist der höheren Kommandobehörde des Beschuldigten Nachricht zu geben. Von dem Eingang der Nachricht über die Einleitung einer Strafverfolgung an ist eine Versetzung des Beschuldigten aus dem Bereiche der Strafverfolgungsbehörde nur noch mit deren Zustimmung zulässig.

Bei militärischen Verbrechen und Vergehen ist außerdem der höheren Kommandobehörde des Beschuldigten die Verfügung der Staatsanwaltschaft über die Ablehnung der

Strafverfolgung oder die Einstellung des Verfahrens nebst den Gründen zuzustellen. Die Zustellung kann durch Vorlage der Akten erfolgen.

In den Fällen des Abs. 2 stehen die Rechte des Verletzten nach § 172 auch dem Befehlshaber der höheren Kommandobehörde zu. Der Antrag auf gerichtliche Entscheidung kann statt von einem Rechtsanwalte von einem Heeres- (Marine-) Anwalt unterzeichnet werden. Die §§ 176, 177 finden auf den von dem Befehlshaber gestellten Antrag keine Anwendung.

Was unter „höhere Kommandobehörde" zu verstehen ist, bestimmt der Reichswehrminister.

§ **442.** In Militärstrafsachen gelten die besonderen Vorschriften der §§ 443 bis 448.

Militärstrafsachen sind Strafverfahren, die von Angehörigen der Reichswehr während ihrer Zugehörigkeit zur Reichswehr oder zum bisherigen aktiven Heere oder zur bisherigen aktiven Marine begangene Straftaten betreffen.

§ **443.** Die militärischen Vorgesetzten haben die gleichen Rechte und Pflichten wie die Polizei- und Sicherheitsbeamten, welche als Hilfsbeamte der Staatsanwaltschaft deren Anordnungen Folge zu leisten haben. Sie sind insbesondere verpflichtet, die Ersuchen der Staatsanwaltschaft, des Untersuchungsrichters und der Gerichte auszuführen.

Untersuchungshandlungen dürfen sie ohne Ersuchen nur vornehmen, wenn diese keinen Aufschub gestatten.

§ **444.** Anzeigen strafbarer Handlungen und Anträge auf Strafverfolgung können auch bei den Disziplinarvorgesetzten des Beschuldigten angebracht werden. Mündliche Anzeigen und Anträge sind zu Protokoll zu nehmen.

Der Disziplinarvorgesetzte hat von der Anzeige oder dem Antrag die Staatsanwaltschaft oder, wenn die schleunige Vornahme einer richterlichen Untersuchungshandlung erforderlich erscheint, den Amtsrichter sofort zu benachrichtigen. Das gleiche gilt, wenn sich sonst der Verdacht einer strafbaren Handlung ergibt. Die Pflicht zur Benachrichtigung entfällt, wenn der militärische Vorgesetzte das Recht hat, die strafbare Handlung disziplinarisch zu ahnden.

§ **445.** Die Anordnung der Untersuchungshaft ist beim Vorliegen dringenden Tatverdachts auch dann zulässig, wenn die Aufrechterhaltung der militärischen Disziplin dies fordert.

In diesem Falle hat das Gericht nach Ablauf je eines Monats zu prüfen, ob der Haftbefehl aufrechtzuerhalten ist; die Dauer der Untersuchungshaft ist auf die Strafe voll anzurechnen.

§ **446.** Als Verteidiger können mit ihrer Zustimmung auch Offiziere und gewählte Vertreter der Soldaten gewählt oder auf Antrag des Beschuldigten bestellt werden.

Den im § 144 Abs. 2 bezeichneten Justizbeamten stehen die bei den Heeres- (Marine-) Anwälten beschäftigten Sekretäre gleich.

§ **447.** Erklärungen über die Einlegung oder die Rechtfertigung von Rechtsmitteln, Gesuche auf Wiedereinsetzung in den vorigen Stand, Anträge auf Wiederaufnahme des Verfahrens, Einsprüche gegen Strafbefehle sowie Anträge auf gerichtliche Entscheidung gegenüber einer polizeilichen Strafverfügung kann der Beschuldigte oder Verurteilte auch zu Protokoll des nächsten mit Disziplinarstrafgewalt versehenen Vorgesetzten, eines Heeres- (Marine-) Anwalts oder eines bei einem solchen beschäftigten Sekretärs, ferner, wenn er sich in militärischem Gewahrsame befindet, zu Protokoll des mit der Aufsicht über das Gefängnis betrauten Offiziers oder Beamten anbringen. Revisionsanträge und deren Begründung können jedoch von dem Angeklagten außer in der Form des § 345 Abs. 2 nur zu Protokoll eines Heeres- (Marine-) Anwalts oder eines bei einem solchen beschäftigten Sekretärs angebracht werden.

In den Fällen des Abs. 1 genügt es zur Wahrung einer Frist, wenn innerhalb der Frist das Protokoll aufgenommen wird.

§ **448.** Die Revision kann auch darauf gestützt werden, daß eine allgemeine militärische Dienstvorschrift nicht oder nicht richtig angewendet worden ist.

7. Buch. Strafvollstreckung und Kosten des Verfahrens.

1. Abschnitt. Strafvollstreckung.*)

§ **449 (481).** Strafurteile sind nicht vollstreckbar, bevor sie rechtskräftig geworden sind.

§ **450 (482).** Auf die zu vollstreckende Freiheitsstrafe ist unverkürzt[77]) die Untersuchungshaft anzurechnen, welche der Angeklagte erlitten hat, seit er auf Einlegung eines Rechtsmittels verzichtet oder das eingelegte Rechtsmittel zurückgenommen hat, oder seitdem die Einlegungsfrist abgelaufen ist, ohne daß er eine Erklärung abgegeben hat.[78])

§ **451 (483).**[79]) Die Strafvollstreckung erfolgt durch die Staatsanwaltschaft auf Grund einer von dem Gerichtsschreiber zu erteilenden, mit der Bescheinigung der Vollstreckbarkeit versehenen, beglaubigten Abschrift der Urteilsformel.

Den Amtsanwälten steht die Strafvollstreckung nur insoweit zu, als die Landesjustizverwaltung sie ihnen übertragen hat.

---

*) Wegen der Vollstreckung der Ordnungsstrafen s. § 36 StPO und insbesondere § 179 GVG. Wegen der Rechtshilfe bei der Strafvollstreckung s. §§ 162—164 GVG. Wegen der Strafvollstreckung in Jugendsachen vgl. § 36 Jugendgerichtsgesetz v. 16/2 23.

77) Unverkürzt, d. h. ohne Rücksicht auf die Art der Freiheitsstrafe und das im § 21 StGB sonst geordnete Wertverhältnis der einzelnen Freiheitsstrafen. U 17/5 83, E 8, 385.

78) Die gegen einen in Strafhaft befindlichen Angekl. wegen eines anderen Delikts verhängte Untersuchungshaft unterbricht die Strafhaft, wenn nicht die Strafvollstreckungsbehörde mit der Fortsetzung des Strafvollzuges im Untersuchungsgefängnis einverstanden ist. U 6/11 80, R 2, 456. Wegen der Anrechnung eines schon verbüßten Teils einer früher erkannten Freiheitsstrafe auf eine später zu erkennende Gesamtfreiheitsstrafe vgl. U 17/5 83, E 5, 585.

79) Die Strafvollstreckung umfaßt im allgemeinen auch die Pflicht zur Kontrolle des richtigen Vollzuges der erkannten Strafe. U 1/6 97, E 30, 135. — U 26/1 93, E 23, 403 (Vollstreckung des Verweises durch die Staatsanwaltschaft). — Für militärgerichtliche Urteile s. § 23 des Ges, betr. Aufhebung der Militärgerichtsbarkeit, v. 17/8 20 im Anh. IV.

Für die zur Zuständigkeit der Amtsgerichte gehörigen Sachen kann durch Anordnung der Landesjustizverwaltung die Strafvollstreckung den Amtsrichtern übertragen werden.

§ **452 (484).** In Sachen, in denen das Reichsgericht in erster Instanz erkannt hat, steht das Begnadigungsrecht dem Reiche zu.[80])

§ **453 (485).** Todesurteile bedürfen zu ihrer Vollstreckung keiner Bestätigung. Die Vollstreckung ist jedoch erst zulässig, wenn die Entschließung der zur Ausübung des Gnadenrechts berufenen Stelle ergangen ist, von dem Begnadigungsrechte keinen Gebrauch machen zu wollen.

An schwangeren oder geisteskranken Personen darf ein Todesurteil nicht vollstreckt werden.

§ **454 (486).** Die Vollstreckung der Todesstrafe erfolgt in einem umschlossenen Raume.

Bei der Vollstreckung müssen zwei Mitglieder des Gerichts erster Instanz, ein Beamter der Staatsanwaltschaft, ein Gerichtsschreiber und ein Gefängnisbeamter zugegen sein. Der Gemeindevorstand des Orts, wo die Hinrichtung stattfindet, ist aufzufordern, zwölf Personen aus den Vertretern oder aus anderen achtbaren Mitgliedern der Gemeinde abzuordnen, um der Hinrichtung beizuwohnen. Außerdem ist einem Geistlichen von dem Religionsbekenntnisse des Verurteilten und dem Verteidiger und nach dem Ermessen des die Vollstreckung leitenden Beamten auch anderen Personen der Zutritt zu gestatten.

Über den Hergang ist ein Protokoll aufzunehmen, welches von dem Beamten der Staatsanwaltschaft und dem Gerichtsschreiber zu unterzeichnen ist.

Der Leichnam des Hingerichteten ist seinen Angehörigen auf ihr Verlangen zur einfachen, ohne Feierlichkeiten vorzunehmenden Beerdigung zu verabfolgen.

§ **455 (487).** Die Vollstreckung einer Freiheitsstrafe ist aufzuschieben, wenn der Verurteilte in Geisteskrankheit verfällt.

---

80) Vgl. Art. 49 der Reichsverfassung: „Der Reichspräsident übt für das Reich das Begnadigungsrecht aus."

Dasselbe gilt bei anderen Krankheiten, wenn von der Vollstreckung eine nahe Lebensgefahr für den Verurteilten zu besorgen steht.

Die Strafvollstreckung kann auch dann aufgeschoben werden, wenn sich der Verurteilte in einem körperlichen Zustande befindet, bei welchem eine sofortige Vollstreckung mit der Einrichtung der Strafanstalt unverträglich ist.

§ **456 (488).** Auf Antrag des Verurteilten kann die Vollstreckung aufgeschoben werden, sofern durch die sofortige Vollstreckung dem Verurteilten oder seiner Familie erhebliche, außerhalb des Strafzwecks liegende Nachteile erwachsen.

Der Strafaufschub darf den Zeitraum von vier Monaten nicht übersteigen.

Seine Bewilligung kann an eine Sicherheitsleistung oder andere Bedingungen geknüpft werden.

§ **457 (489).** Die Staatsanwaltschaft ist befugt, behufs Vollstreckung einer Freiheitsstrafe einen Vorführungs- oder Haftbefehl[81]) zu erlassen, wenn der Verurteilte auf die an ihn ergangene Ladung zum Antritt der Strafe sich nicht gestellt hat oder der Flucht verdächtig ist.

Auch kann von der Staatsanwaltschaft zu demselben Zwecke ein Steckbrief erlassen werden, wenn der Verurteilte flüchtig ist oder sich verborgen hält.

Diese Befugnisse stehen im Falle des § 451 Abs. 3 auch dem Amtsrichter zu.

§ **458 (490).** Wenn über die Auslegung eines Strafurteils oder über die Berechnung der erkannten Strafe Zweifel entstehen, oder wenn Einwendungen gegen die Zulässigkeit der Strafvollstreckung erhoben werden, so ist die Entscheidung des Gerichts herbeizuführen.[82])

Dasselbe gilt, wenn nach Maßgabe des § 455 Einwendungen gegen die Ablehnung eines Antrags auf Aufschub der Strafvollstreckung erhoben werden.

---

81) Die Vorzeigung des Haftbefehls bei der Verhaftung ist nicht erforderlich. U 4/6 86, R 8, 425.

82) Betr. militärgerichtl. Urteile s. § 23 Ges v. 17/8 20 im Anh. IV.

Der Fortgang der Vollstreckung wird hierdurch nicht gehemmt; das Gericht kann jedoch einen Aufschub oder eine Unterbrechung der Vollstreckung anordnen.

§ **459 (491).** Kann eine verhängte Geldstrafe nicht beigetrieben werden und ist die Festsetzung der für diesen Fall eintretenden Freiheitsstrafe unterlassen worden, so ist die Geldstrafe nachträglich von dem Gericht in die entsprechende Freiheitsstrafe umzuwandeln.

§ **460 (492).** Ist jemand durch verschiedene rechtskräftige Urteile zu Strafen verurteilt worden, und sind dabei die Vorschriften über die Zuerkennung einer Gesamtstrafe (§ 79 des Strafgesetzbuchs) außer Betracht geblieben, so sind die erkannten Strafen durch eine nachträgliche gerichtliche Entscheidung auf eine Gesamtstrafe zurückzuführen.[83])

83) Das Verfahren nach § 460 ist unabhängig von etwaigen Anträgen des Verurteilten von Amts wegen einzuleiten. U 6/7 81, E 5, 1. Hierbei ist zu beachten, daß der § 460 keine Ermächtigung für das Gericht enthält, beim Vorliegen verschiedener rechtskräftiger Urteile den § 79 StGB außer Betracht und Anwendung zu lassen. Wenn also die tatsächliche und rechtliche Möglichkeit für das Gericht gegeben ist, auf eine Gesamtstrafe zu erkennen, so muß eine solche sofort verhängt werden, und darf ihre Bildung nicht einer nachträglichen Entscheidung überlassen werden. Vgl. U 22/6 80, E 2, 198. U 20/2 83, E 8, 62. U 27/7 83, R 5, 522. U 2/5 Jan. 86, R 8, 3. U 1/11 86, E 15, 29. Dagegen kann das Gericht in den Fällen des § 79 StGB die Entscheidung über Bildung der Gesamtstrafe einem nach § 460 einzuleitenden Verfahren vorbehalten, wenn ein gegen den Angekl. ergangenes Strafurteil noch nicht rechtskräftig geworden ist. U 6/7 81, E 5, 1. U 4/10 81, R 3, 592. U 14/3 87, R 9, 177. Es ist jedoch auch statthaft, mit Bezug auf das noch nicht rechtskräftige Urteil eine Gesamtstrafe auszusprechen und hierbei den Wortlaut des Urteils so zu fassen, daß er auch für den Fall der Abänderung des früheren Urteils Bestimmung trifft. U 31/1 82, R 4, 102. Ist die früher erkannte Strafe in der Verbüßung begriffen, so ist zu erkennen, daß die früher auferlegte Strafe für in Wegfall tretend erklärt und bei Festsetzung der Gesamtstrafe zugleich ausgesprochen wird, daß auf diese letztere die zur Zeit der eintretenden Rechtskraft des Urteils auf Grund des ersten Urteils bereits verbüßte und eventuell umzuwandelnde Strafe in Abrechnung zu bringen sei. U 2/5. Jan. 86, R 8, 3. Über die Berechnung, wenn in einem der Einzelurteile eine Gesamtstrafe enthalten ist, vgl. U 13/5 82, E 6, 283.

Wegen der Zuständigkeit des Gerichts s. § 462 Abs. 3.

§ **461 (493).** Ist der Verurteilte nach Beginn der Strafvollstreckung wegen Krankheit in eine von der Strafanstalt getrennte Krankenanstalt gebracht worden, so ist die Dauer des Aufenthalts in der Krankenanstalt in die Strafzeit einzurechnen, wenn nicht der Verurteilte mit der Absicht, die Strafvollstreckung zu unterbrechen, die Krankheit herbeigeführt hat.

Die Staatsanwaltschaft hat im letzteren Falle eine Entscheidung des Gerichts herbeizuführen.

§ **462 (494).** Die bei der Strafvollstreckung notwendig werdenden gerichtlichen Entscheidungen (§§ 458—461) werden von dem Gericht erster Instanz[84]) ohne mündliche Verhandlung erlassen.

Vor der Entscheidung ist der Staatsanwaltschaft und dem Verurteilten Gelegenheit zu geben, Anträge zu stellen und zu begründen.

Kommt es auf die Festsetzung einer Gesamtstrafe an (§ 460), und waren die verschiedenen hierdurch abzuändernden Urteile von verschiedenen Gerichten erlassen, so steht die Entscheidung dem Gerichte zu, welches die schwerste Strafart oder bei Strafen gleicher Art die höchste Strafe erkannt hat,[85]) falls hiernach aber mehrere Gerichte zuständig sein würden, dem, dessen Urteil zuletzt ergangen ist. War das hiernach maßgebende Urteil von einem Gerichte höherer Instanz erlassen, so setzt das Gericht erster Instanz, und war eines der Strafurteile von dem Reichsgericht oder einem Oberlandesgericht in erster Instanz erlassen, das Reichsgericht oder das Oberlandesgericht die Gesamtstrafe fest.

---

84) Als Gericht erster Instanz gilt hier der Amtsrichter (§ 30 Abs. 2 GVG), die Strafkammer in der Besetzung mit drei Richtern, und zwar auch dann, wenn das Schwurgericht erkannt hat (§§ 76, 82 GVG), und ein durch die Geschäftsverteilung bestimmter Strafsenat des Reichsgerichts (§ 137 GVG).

85) Wenn von verschiedenen Gerichten jedes für sich auf eine Gesamtstrafe erkannt hat, so richtet sich bei Strafen gleicher Art die Zuständigkeit des Gerichts, von welchem die Entscheidung zu erlassen ist, nicht nach der höchsten Gesamtstrafe, sondern nach der erkannten höchsten Einzelstrafe. Beschl 21/12 99, E 33, 23.

Gegen diese Entscheidungen findet, insofern sie nicht von dem Reichsgericht oder einem Oberlandesgericht erlassen sind, sofortige Beschwerde statt.[86])

§ 463 (495). Die Vollstreckung der über eine Vermögensstrafe oder eine Buße ergangenen Entscheidung erfolgt nach den Vorschriften über die Vollstreckung der Urteile der Zivilgerichte.[87])

2. Abschnitt. Kosten des Verfahrens.

§ 464 (496). Jedes Urteil, jeder Strafbefehl und jede eine Untersuchung einstellende Entscheidung muß darüber Bestimmung treffen, von wem die Kosten des Verfahrens zu tragen sind.[88])

Die Höhe der Kosten und Auslagen, die ein Beteiligter einem anderen Beteiligten zu erstatten hat, wird auf Antrag eines Beteiligten durch den Gerichtsschreiber festgesetzt. Auf das Verfahren und auf die Vollstreckung der Entscheidung finden die Vorschriften der Zivilprozeßordnung entsprechende Anwendung.[89])

---

86) Mit der sofortigen Beschwerde sind nur solche Entscheidungen anzufechten, welche materiell einen Ausspruch über die Festsetzung der Gesamtstrafe enthalten. Beschlüsse des Gerichts, durch welche dasselbe sich für unzuständig erklärt, nach Maßgabe der §§ 460, 462 eine Gesamtstrafe festzusetzen, unterliegen dem an eine Frist nicht gebundenen Rechtsmittel der einfachen Beschwerde. Beschl 19/6 99, E 32, 234.

87) Nach § 400 gelten bei der Vollstreckung von Vermögensstrafen und Bußen sämtliche Bestimmungen der ZPO über die Zwangsvollstr., insbes. also auch die Vorschriften der letzteren über das Verfahren, welches der mit der Vollstreckung betraute Gerichtsvollzieher einzuhalten hat. Der bloße schriftliche Auftrag der StA an den Gerichtsvollzieher kann die Stelle einer vollstreckb. Ausfertigung des Urteils (§§ 724, 755 ZPO) nicht vertreten. U 20/3 80, E 1, 233. U 7/1 99, E 31, 421.

88) Vgl. hierzu insbesondere wegen der Höhe und der Berechnung der Kosten, wegen der Auslagen und wegen des Kostenvorschusses und der Kostenzahlung die Bestimmungen des Gerichtskostengesetzes vom 21/12 22, 23/12 23 (Anhang I). — Wegen der Kosten des Strafverfahrens, wenn es sich lediglich um die Einziehung gemißbrauchter Einmaischungsgeräte handelt, s. U 10/2 88, E 17, 114.

89) §§ 103 ff. ZPO.

§ **465 (497).** Die Kosten, mit Einschluß der durch die Vorbereitung der öffentlichen Klage und die Strafvollstreckung entstandenen, hat der Angeklagte[90]) zu tragen, wenn er zu Strafe verurteilt wird.[91])

Stirbt ein Verurteilter vor eingetretener Rechtskraft des Urteils, so haftet sein Nachlaß nicht für die Kosten.[92])

§ **466 (498).** Wenn ein Angeklagter in einer Unter-

---

90) Angeklagter ist nur der Angeschuldigte, gegen welchen die Eröffnung des Hauptverfahrens beschlossen ist; auf die Einziehungsbeteiligten findet § 465 keine Anwendung. U 29/10 85, E 13, 19. Die Kosten des Einziehungsverfahrens erster Instanz sind deshalb in allen Fällen der Staatskasse aufzuerlegen. Eine gesetzliche Bestimmung über die Verpflichtung der Einziehungsbeteiligten zur Kostentragung enthält nur § 473, falls nämlich von denselben ein Rechtsmittel eingelegt ist. U 15/5 85, R 7, 297. U 10/2 88, E 17, 114. U 15/2 92, E 22, 351.

91) Ein Jugendlicher, gegen den gemäß §§ 6 u. 9 Abs. 4 Jugendgerichtsges. von Strafe abgesehen worden ist, steht für die Pflicht zur Tragung der Auslagen einem Angeklagten gleich, der zur Strafe verurteilt worden ist; § 41 Jugendgerichtsges. v. 16/2 23. Zu den Kosten i. S. § 465 gehören auch die der Voruntersuchung, selbst wenn die letztere auf Grund eines anderen strafrechtlichen Gesichtspunktes als des in dem Eröffnungsbeschluß angenommenen geführt ist. U 1/11 88, R 10, 609. Vgl. U 24/3 92, E 22, 426. U 25/9 93, G 41, 284. Auch die Kosten einer etwaigen Revisionsinstanz muß der verurteilte Angekl. tragen, Beschl 27/3 88, R 10, 271; desgl. die Kosten, welche durch eine Vertagung der Hauptverhandlung veranlaßt sind, sobald sie nicht vom Gericht der Person zur Last gelegt sind, deren Schuld die Vertagung notwendig gemacht hat, U 5/6 96, G 44, 148; wie denn überhaupt die Kosten, welche durch ein Verschulden von Zeugen, Sachverständigen oder eines Verteidigers entstanden sind (§§ 51, 70, 77, 145), dem Angekl. nicht zur Last zu legen sind. Dagegen muß der Angekl. die Kosten tragen, welche, abgesehen von diesen durch besondere Bestimmungen der StPO getroffenen Fällen, durch eine Verschuldung dritter Personen oder durch unrichtige Behandlung der Sache erwachsen sind. U 5/4 06, DJZ 11, 968. Die Bestimmung des § 102 ZPO über die Verurteilung der Gerichtsschreiber, gesetzl. Vertreter, Rechtsanwälte und anderen Bevollmächtigten sowie der Gerichtsvollzieher zur Tragung derjenigen Kosten, welche sie durch grobes Verschulden veranlaßt haben, findet auf das Strafverfahren keine Anwendung; dem Angekl. bleibt es überlassen, den etwa begründeten Regreß an jene Personen auf Erstattung der betr. Kosten zu nehmen. U 24/3 80, E 1, 334. U 1/12 85, R 7, 710.

92) Desgleichen ist in solchem Fall ein Rechtsmittel seitens der Erben wegen des Kostenpunktes unzulässig. U 10/3 85, R 7, 163.

suchung, welche mehrere strafbare Handlungen umfaßt,[93]) nur in Ansehung eines Teils derselben verurteilt wird, durch die Verhandlung der übrigen Straffälle aber besondere Kosten[94]) entstanden sind, so ist er von deren Tragung zu entbinden.[95])

Mitangeklagte, welche in bezug auf dieselbe Tat[96])

93) Der § 466 Abs. 1 umfaßt sowohl den Fall, wenn ein Angekl., dem mehrere sachlich zusammentreffende Straftaten zur Last gelegt sind, nur in Ansehung eines Teiles derselben verurteilt wird, als auch den weiteren Fall, wenn eine gegen mehrere Personen geführte Untersuchung mehrere Straftaten zum Gegenstande hat, die Verurteilung aber nicht gegen alle wegen aller Fälle, sondern gegen die einen nur wegen dieser, gegen die anderen nur wegen jener erfolgt. U 15/10 96, E 29, 106. Einem Mitangeklagten dürfen also die besonderen Kosten, die in verbundenen Strafsachen durch die Verhandlung von solchen Straftaten entstanden sind, bei denen nicht er selbst, sondern lediglich andere Angekl. beteiligt sind, nicht zur Last gelegt werden. U 21/10 97, E 30, 287. Im übrigen betrifft § 466 Abs. 1 nur die Fälle der Tatmehrheit; wenn es sich um die Verletzung mehrerer Strafgesetze durch eine und dieselbe strafbare Handlung, also um eine Tateinheit handelt, so findet, wenn die Verurteilung nur aus einem jener Strafgesetze erfolgt, die Vorschrift des § 466 Abs. 1 keine Anwendung. U 10/3 85, E 12, 87. U 13/10 83, R 5, 604. U 26/11 86, E 15, 105. U 19/2 00, E 33, 142; G 47, 161 (Anwendbarkeit des § 466 Abs. 1, wenn bei Verneinung der Gewerbs- und Gewohnheitsmäßigkeit und Annahme realer Konkurrenz einzelne Fälle des Wuchers nicht erwiesen werden). Wegen der Anwendbarkeit des § 466 Abs. 1 bei fortgesetzten Vergehen s. U 6/4 07, DR 11, 588.

94) Unter den „besonderen Kosten" sind nur die nicht zu den Gebühren zu rechnenden Auslagen zu verstehen. U 6/5 92, G 40, 56. U 9/11 96, E 29, 146. Das Gesetz unterscheidet nicht, ob diese besonderen Kosten durch Beweismittel entstanden sind, welche der Angekl. vorgeschlagen hatte und welche für die Sache Erhebliches ergaben, oder ob die vorgeführten Belastungszeugen zugleich als Entlastungszeugen dienten oder nicht. Es kommt nur darauf an, ob die Kosten „besondere", d. h. solche sind, welche ihrem Entstehungsgrunde nach als ausschließlich zu den Kosten der betreffenden Straffälle gehörig erkennbar sind. U 8/2 81, E 3, 343.

95) Es dürfen dem Angekl. also in diesem Falle — vorbehaltlich der Bestimmung im § 467 Abs. 1 — die durch die Verhandlung der übrigen Straffälle entstandenen besonderen Kosten überhaupt nicht, auch nicht zu einem Bruchteile auferlegt werden. U 22/1 00, E 33, 83.

96) Über den Begriff „dieselbe Tat" i. S. § 466 s. im allg. U

zu Strafe verurteilt sind,[97]) haften für die Auslagen als Gesamtschuldner.[98]) Dies gilt nicht von den durch die Strafvollstreckung oder die Untersuchungshaft entstandenen Kosten.

§ **467 (499).** Einem freigesprochenen[99]) oder außer Verfolgung gesetzten Angeschuldigten[100]) sind nur solche Kosten aufzuerlegen, welche er durch eine schuldbare Versäumnis verursacht hat.[1])

18/11 90, E 21, 164. Die wegen Begünstigung oder Hehlerei gemeinschaftlich mit dem Täter verurteilten Personen sind i. S. § 466 Abs. 2 als Mitangeklagte anzusehen, welche „in bezug auf dieselbe Tat" zu Strafe verurteilt wurden. U 28/5 85, E 12, 226. U 29/10 85, R 7, 624. Dasselbe gilt von den wegen aktiver und passiver Bestechung (§§ 332 und 333 StGB) verurteilten Personen. U 23/9 87, R 9, 457. Desgl. für die Fälle der Schlägerei i. S. § 227 StGB. Alle Beteiligten wirken hier bei „derselben Tat" mit. U 18/11 90, E 21, 164. Anders: bei „wechselseitigen Körperverletzungen". U 10/2 83, E 17, 116. U 18/11 90, E 21, 164. Mehrere in bezug auf dieselbe öffentliche Beleidigung Verurteilte haften für die Kosten der öffentl. Bekanntmachung als Gesamtschuldner. U 4/10 04, E 37, 267. Mehrere als Mittäter wegen einer fortgesetzten Handlung verurteilte Angekl. haften nach § 466 Abs. 2 gemeinsam für die Kosten, auch wenn ein Angekl. bei Einzelhandlungen nicht beteiligt war. U 31/5 06, DJZ 11, 1208. Auch bei Fahrlässigkeit mehrerer Gesamthaftung. DR 20, 157.

97) Bei Mitangeklagten, welche nicht in bezug auf dieselbe Tat verurteilt sind, ist wegen der Auslagen des Verfahrens aus § 465 zu erkennen. U 18/11 90, E 21, 164.

98) Die Gesamtverbindlichkeit von Mitangeklagten zum Tragen von Auslagen braucht im Urteil nicht besonders ausgesprochen zu werden; sie folgt aus der Verurteilung der mehreren Mitangeklagten in die Kosten von selbst. U 2/2 80, E 1, 93.

99) Unter dem „freigesprochenen Angeschuldigten" ist i. S. § 467 jeder Angesch. zu verstehen, der, ohne zu Strafe verurteilt zu sein, aus der Verhandlung hervorgeht (Einstellung des Verfahrens). U 10/12 89, E 20, 118.

100) Die Einziehungsbeteiligten gehören nicht zu den im § 467 bezeichneten Angeschuldigten. U 15/2 92, E 22, 351.

1) Die Vorschrift ist zwingend. U 18/12 14, E 49, 58. In welchen Beziehungen eine die Kostentragungspflicht begründende schuldbare Versäumnis des Angekl. vorliege, hat das Gericht im Urteil zu bezeichnen. U 7/1 84, E 10, 33.

Die dem Angeschuldigten erwachsenen notwendigen Auslagen können der Staatskasse auferlegt werden.[2])

§ **468 (500).** Bei wechselseitigen Beleidigungen oder Körperverletzungen[3]) wird die Verurteilung eines oder beider Teile in die Kosten dadurch nicht ausgeschlossen, daß einer oder beide für straffrei erklärt werden.[4])

---

2) Die Vorschrift des § 467 Abs. 2 ist nur unverbindlich. Für ihre Anwendung sind lediglich Billigkeitserwägungen maßgebend. U 1/3 04, G 51, 193. U 6/11 05, G 53, 70. Vgl. U 16/6 96, G 44, 157. Auch die Frage, welche Auslagen als notwendige zu erachten sind, unterliegt deshalb lediglich dem Ermessen des Gerichts. Als notwendige Auslagen können insbesondere angesehen werden: die von dem Angekl. gezahlten Zeugengebühren, U 29/1 84, R 6, 57. U 28/9 87, R 9, 476; die Kosten der Verteidigung, auch wenn eine solche nach § 140 nicht notwendig war. U 29/6 82, E 6, 429. Vgl. U 29/11 83, R 5, 743 (Ermessen des Gerichts auch hinsichtlich der Kosten der notwendigen Verteidigung). Aber nur bare Vermögensaufwendungen gelten als Aufwendungen, nicht auch entgangener Arbeitsverdienst. U 10/4 22, DR 26, 1036. Wenn das Gericht von der Ermächtigung des § 467 Abs. 2 Gebrauch macht, so braucht es sich in dem Urteil nicht auf den allgemeinen Ausspruch, „daß die erwachsenen notwendigen Auslagen der Staatskasse aufzuerlegen seien", zu beschränken, sondern es kann auch bereits im Urteil aus den erwachsenen Auslagen einzelne Bestandteile ausscheiden und auf diese die Erstattungspflicht der Staatskasse begrenzen. U 7/1 84, E 10, 33 (s. daselbst auch über die Erstattung der Kosten, welche durch die Wahl mehrerer Verteidiger von seiten der mehreren Angekl. entstanden sind). Wird der Antrag des freigesprochenen Angekl., die ihm erwachsenen notwendigen Auslagen der Staatskasse aufzuerlegen, im Urteil ablehnend beschieden, so ist eine weitere Begründung nicht erforderlich. U 6/11 05, G 53, 70. Die über die Erstattungspflicht der Staatskasse nach § 467 Abs. 2 ergehenden Entscheidungen sind der Nachprüfung des Revisionsgerichts entzogen. U 10/7 84, R 6, 533. U 25/11 84, R 6, 760. U 9/10 93, G 41, 383. Vgl. auch U 12/6 11, E 45, 62.

3) Wegen des Begriffes der wechselseitigen Beleidigungen und Körperverletzungen s. U 4/6 80, E 2, 87.

4) Die Vorschrift des § 468 soll nur der Annahme vorbeugen, daß der Grundsatz des § 467 auch in den Fällen der §§ 199 und 233 StGB Platz greifen müsse. In einem Strafverfahren wegen wechselseitiger Körperverletzungen i. S. § 223a StGB, welche nicht ausgleichbar sind, können daher jedem Angekl. nur die Kosten des gegen ihn selbst gerichteten Verfahrens im Falle der Verurteilung auferlegt werden. U 6/5 02, DR 6, 329. Im übrigen kann auch im Falle des § 468 die Verurteilung zur Tragung der Kosten nur einem Angeklagten gegenüber ausgesprochen werden. U 19/3 86, R 8, 211. Das Rechtsmittel

§ 469 (501). Ist ein, wenn auch nur außergerichtliches Verfahren[5]) durch eine wider besseres Wissen gemachte oder auf grober Fahrlässigkeit beruhende Anzeige veranlaßt worden, so kann das Gericht dem Anzeigenden, nachdem er gehört worden, die der Staatskasse und dem Beschuldigten erwachsenen Kosten auferlegen.

War noch kein Gericht mit der Sache befaßt, so erfolgt die Entscheidung auf den Antrag der Staatsanwaltschaft durch das Gericht, welches für die Eröffnung des Hauptverfahrens zuständig gewesen wäre.

Gegen die Entscheidung findet sofortige Beschwerde statt.[6])

§ 470 (502). Erfolgt eine Einstellung des Verfahrens wegen Zurücknahme des Antrags, durch welchen es bedingt war,[7]) so hat[8]) der Antragsteller die Kosten zu tragen[9].)

---

gegen die gemäß § 468 erfolgende Verurteilung ist nicht, wie im § 469, die Beschwerde, sondern, je nach der Form der ergangenen Entscheidung, die Berufung oder die Revision, und zwar auch dann, wenn unzulässigerweise ein anderer als der Angekl. in die Kosten verurteilt ist. Beschl 5/1 86, E 13, 211.

5) Vgl. §§ 160—166.

6) Gegen die Entscheidung findet auch dann nur die sofortige Beschwerde (§ 311) statt, wenn sie äußerlich mit dem über die erhobene Anklage gefällten Urteil verbunden ist. U 2/11 82, E 7, 233. Beschl 7/5 20, E 54, 330.

7) Bedingung für Einleitung und Fortführung eines Strafverfahrens ist der Strafantrag nur dann, wenn eine nur auf Antrag verfolgbare Straftat, und nur eine solche, Gegenstand des Strafverfahrens ist. Die Bestimmung des § 470 findet deshalb keine Anwendung, wenn das Verfahren nicht nur wegen des Antragsdelikts, betreffs dessen der Antrag zurückgenommen wurde, sondern auch wegen eines tateinheitlich zusammentreffenden Offizialdelikts, wegen dessen freigesprochen wurde, eröffnet war. U 22/10 83, R 5, 623. U 10/11 90, E 38, 438. Vgl. U 11/6 06, DR 10, 870 (Zurücknahme des Antrags wegen Genußmittelentwendung in einem Falle, wo wegen Diebstahls Anklage erhoben war). Im übrigen ist § 470 auch anwendbar, wenn das Verfahren durch den Strafantrag des amtlichen Vorgesetzten nach § 196 StGB veranlaßt war. Die Kosten sind in diesem Falle der von ihm vertretenen öffentl.-rechtl. juristischen Person aufzuerlegen. U 10/5 00, E 47, 295.

8) Die Vorschrift des § 470 ist eine zwingende, das Gericht darf nicht wegen besonderer Umstände, insbesondere wegen eines etwa unter den Beteiligten getroffenen anderweiten Abkommens über den Kostenpunkt

§ 471 (503). In einem Verfahren auf erhobene Privatklage hat der Verurteilte auch die dem Privatkläger[10]) erwachsenen notwendigen Auslagen zu erstatten.[11])

Das Gericht kann, wenn den Anträgen des Privatklägers nur zum Teil entsprochen ist, die im Verfahren entstandenen Auslagen sowie die dem Privatkläger und dem Beschuldigten erwachsenen notwendigen Auslagen angemessen verteilen.

---

von ihr absehen. U 4/7 92, E 23, 197. Vgl. jedoch U 4/1 83, E 7, 409 (Prüfung, inwieweit die Kosten durch den Antrag veranlaßt sind).

9) Gegen die nach § 470 ergehende Entscheidung stehen den Beteiligten die je nach der Form der letzteren zulässigen Rechtsmittel zu; insbes. also dem in die Kosten verurteilten Antragsteller selbst, U 22/10 83, R 5, 623, und der Staatsanwaltschaft, wenn eine ungerechtfertigte Verurteilung der Staatskasse in die Kosten erfolgt ist. U 20/3 84, E 10, 210. U 14/4 82, R 4, 322. Desgl. kann die StA zugunsten des Antragstellers ein Rechtsmittel einlegen. U 4/1 83, E 7, 409.

10) Auch die dem Nebenkläger erwachsenen notwendigen Auslagen (§ 471 Abs. 1 u. 5. U 17/3 04, DR 8, 229) muß der Verurteilte erstatten, selbst wenn ein von dem ersteren erhobener Anspruch auf Buße zurückgewiesen wird; U 27/4 82, E 6, 237. U 2/10 83, R 5, 572. U 3/5 98, G 46, 317, es sei denn, daß eine gemäß § 427 zugelassene Verwaltungsbehörde „Nebenkläger" ist. U 30/6 14, E 48, 340. Voraussetzung der Erstattungspflicht ist aber, daß der Nebenkläger nicht zu Unrecht (§§ 395, 397) zugelassen ist, U 15/1 04, G 51, 179, u. daß Verurteilung wegen einer gegen den Nebenkläger als Verletzten gerichteten Tat erfolgt ist. U 13/3 08, E 41, 168. Im übrigen greift § 471 in dem auf öffentliche Klage eingeleiteten Verfahren nicht Platz. Insoweit ein solches Verfahren zur Verurteilung führt, hat der Verurteilte gemäß § 465 die Kosten zu tragen, und zwar auch dann, wenn in dem auf öffentl. Klage eingeleiteten Verfahren jemand als Nebenkläger zugelassen wird. U 1/7 98, E 31, 230. Im Fall der Freisprechung treffen die Kosten die Staatskasse, auch wenn das Hauptverfahren erst auf Beschwerde des Nebenklägers eröffnet war. U 2/12 07, E 40, 409. Gleiches gilt im Einziehungsverfahren U 16/12 12, E 46, 358.

11) Die Verurteilung des Angeklagten in die Kosten des Verfahrens begründet zugleich die im § 471 gedachte Erstattungspflicht des Verurteilten, ohne daß das Gericht verpflichtet ist, über die letztere noch eine besondere Entscheidung zu treffen; es sei denn, daß das Gericht, weil nur teilweise den Anträgen des Privatklägers oder Nebenklägers entsprochen ist, die Kosten teilen will, oder etwa aus sonstigen Gründen eine Abweichung von der Regel für gerechtfertigt erachtet. U 26/2 84, E 10, 114. U 28/2 11, E 44, 333 (§ 199 StGB).

Wird der Beschuldigte außer Verfolgung gesetzt oder freigesprochen, oder wird das Verfahren eingestellt, so fallen dem Privatkläger[12]) die Kosten des Verfahrens sowie die dem Beschuldigten erwachsenen notwendigen Auslagen zur Last.

Mehrere Privatkläger haften als Gesamtschuldner.[13]) Das gleiche gilt hinsichtlich der Haftung mehrerer Beschuldigter für die dem Privatkläger erwachsenen notwendigen Auslagen.

Die nach den Bestimmungen dieses Paragraphen zu erstattenden Auslagen umfassen auch die Entschädigung für die durch notwendige Reisen oder durch die notwendige Wahrnehmung von Terminen entstandene Zeitversäumnis; die für die Entschädigung von Zeugen geltenden Vorschriften finden entsprechende Anwendung. Hat sich der Gegner der erstattungspflichtigen Partei eines Rechtsanwalts bedient, so sind die Gebühren und Auslagen des Anwalts insoweit inbegriffen, als solche nach der Bestimmung des § 91 der Zivilprozeßordnung die unterliegende Partei der obsiegenden zu erstatten hat.[14])

---

12) Der **Nebenkläger** hat im Falle des § 471 Abs. 2 keine Kosten zu tragen. Nur wenn er selbständig ein Rechtsmittel ergreift, das sich als erfolglos erweist, muß auch er dem Angeklagten die diesem durch das Rechtsmittel erwachsenen Auslagen erstatten. U 11/3 84, R 6, 197; anders bei Erfolglosigkeit des von einer Verwaltungsbehörde (§ 427) allein und selbständig eingelegten Rechtsmittels. U 1/4 12, E 46, 56.

13) Wegen der **Gesamtverbindlichkeit** s. A. 98 zu § 466 Abs. 2.

14) Die Bestimmung des § 91 ZPO lautet:

„Die unterliegende Partei hat die Kosten des Rechtsstreits zu tragen, insbesondere die dem Gegner erwachsenen Kosten zu erstatten, soweit dieselben zur zweckentsprechenden Rechtsverfolgung oder Rechtsverteidigung notwendig waren. Die Kostenerstattung umfaßt auch die Entschädigung des Gegners für die durch notwendige Reisen oder durch die notwendige Wahrnehmung von Terminen entstandene Zeitversäumnis; die für die Entschädigung von Zeugen geltenden Vorschriften finden entsprechende Anwendung.

Die Gebühren und Auslagen des Rechtsanwalts der obsiegenden Partei sind in allen Prozessen zu erstatten, Reisekosten eines auswärtigen Rechtsanwalts jedoch nur insoweit, als die Zuziehung zur zweckentsprechenden Rechtsverfolgung oder Rechtsverteidigung notwendig war. Die Kosten mehrerer Rechtsanwälte sind nur insoweit zu erstatten,

§ 472 (504).[15]) Wird in dem Falle des § 175 der Angeschuldigte außer Verfolgung gesetzt oder freigesprochen, oder das Verfahren eingestellt, so finden auf den Antragsteller die Bestimmungen des § 471 Abs. 2—5 entsprechende Anwendung. Das Gericht kann jedoch nach Befinden der Umstände den Antragsteller von der Tragung der Kosten ganz oder teilweise entbinden.

Vor der Entscheidung über den Kostenpunkt ist der Antragsteller zu hören, sofern er nicht als Nebenkläger aufzutreten berechtigt war.

§ 473 (505).[16]) Die Kosten[17]) eines zurückgenommenen oder erfolglos eingelegten Rechtsmittels[18]) treffen den, der es eingelegt hat.[19]) War das Rechtsmittel von der

als sie die Kosten eines Rechtsanwalts nicht übersteigen, oder als in der Person des Rechtsanwalts ein Wechsel eintreten mußte."

15) Vgl. den Sonderfall im U 1/10 94, E 26, 129.

16) Vgl. §§ 61ff. Gerichtskostengesetz (Anhang I).

17) Zu den Kosten gehören auch die dem Angeklagten erwachsenen notwendigen Auslagen, obwohl sie hier nicht ausdrücklich erwähnt sind. Dies gilt insbes. auch für das Privatklageverfahren. Der Privatkläger, welcher ein Rechtsmittel erfolglos eingelegt hat, muß also die dem Angekl. dadurch entstandenen notwendigen Auslagen erstatten. Dasselbe gilt nach § 397 Abs. 1 auch für den Nebenkläger. U 11/3 84, R 6, 197. Im übrigen bezieht sich § 473 Abs. 1 nur auf die Kosten des Rechtsmittels und nicht etwa auf die sämtlichen Kosten des Verfahrens seit Einlegung der Revision, also einschließlich der Kosten erster Instanz nach Zurückverweisung der Sache an diese. U 1/6 97, E 30, 128.

18) Ein Rechtsmittel ist erfolglos eingelegt, wenn eine für den Beschwerdeführer in der Sache selbst ergangene günstigere Entscheidung nicht erreicht ist. Die bloße Aufhebung des angefochtenen Urteils auf die Revision, sei es des Angekl. oder der StA, ist kein Erfolg i. S. § 473. U 15/1 89, E 18, 347. Wenn das von der StA lediglich zugunsten des Angeklagten eingelegte Rechtsmittel Erfolg hat, sind die Kosten des Rechtsmittels lediglich der Staatskasse aufzuerlegen. U 18/2 98, E 31, 21. Desgl. wenn auf Rechtsmittel des Nebenklägers Änderung des Urteils zu gunsten des Angekl. erfolgt. U 5/6 08, E 41, 349.

19) Die Kosten eines Rechtsmittels, welches ein Rechtsanwalt für den Angekl. ohne Vollmacht hierzu eingelegt hat, sind dem Rechtsanwalt aufzuerlegen. U 28/9 06, DR 10, 1277. Der Vormund des Angekl. haftet für die ihm auferlegten Kosten des nach § 298 verfolgten Rechtsmittels nur mit dem Vermögen des Mündels. Beschl 9/7 12,

Staatsanwaltschaft eingelegt, so können die dem Beschuldigten erwachsenen notwendigen Auslagen der Staatskasse auferlegt werden. Hatte das Rechtsmittel teilweisen Erfolg, so kann[20]) das Gericht die Gebühr ermäßigen und die entstandenen Auslagen angemessen verteilen.

Dasselbe gilt von den Kosten, welche durch einen Antrag auf Wiederaufnahme des durch ein rechtskräftiges Urteil geschlossenen Verfahrens verursacht worden sind.[21])

Die Kosten der Wiedereinsetzung in den vorigen Stand fallen dem Antragsteller zur Last, soweit sie nicht durch einen unbegründeten Widerspruch des Gegners entstanden sind.

§ **474 (506).** In den zur Zuständigkeit des Reichsgerichts in erster Instanz gehörigen Sachen[22]) sind die von der Staatskasse zu tragenden Kosten der Reichskasse aufzuerlegen.

E 46, 138. Die Kosten eines vom Finanzamt als Nebenkläger gemäß § 432 RAbgO, § 401 StPO. eingelegten erfolglosen Rechtsmittels sind der Staatskasse des Landes aufzuerlegen, vor dessen Gerichten das Steuerstrafverfahren stattgefunden hat. Nur die Auslagen verbleiben dem Reich. U 29/5 23, DR 27, 1404.

20) Ob und in welcher Weise die Kostenverteilung angezeigt ist, unterliegt dem richterlichen Ermessen, welches mit der Revision nicht anzufechten ist. U 13/3 84, E 10, 237. U 15/1 89, E 18, 347. Vgl. U 2/11 11, E 45, 268 (Kostenentscheidung im Rechtsmittelverfahren bei teilweiser Anfechtung seitens des Angekl. mit vollem Erfolg).

21) Wegen der Bestimmung der Kostenpflicht in diesem Falle s. U 6/12 89, E 20, 115. .

22) Vgl. § 134 Nr. 1 GVG.

III.

Einf.Ges. zum Gerichtsverfassungsgesetze.

Vom 27. Januar 1877.

(RGBl. S. 77).

In der Fassung des Gesetzes betr. Änderungen des GVG u. der StPO vom 17. Mai 1898 (RGBl S. 252).

---

§ 1. Das Gerichtsverfassungsgesetz tritt im ganzen Umfange des Reichs an einem durch Kaiserliche Verordnung mit Zustimmung des Bundesrats festzusetzenden Tage, spätestens am 1. Oktober 1879, gleichzeitig mit der im § 2 des Einführungsgesetzes der Zivilprozeßordnung vorgesehenen Gebührenordnung in Kraft.

§ 2. Die Vorschriften des Gerichtsverfassungsgesetzes finden nur auf die ordentliche streitige Gerichtsbarkeit und deren Ausübung Anwendung.[1])

§ 3. Die Gerichtsbarkeit in bürgerlichen Rechtsstreitigkeiten und Strafsachen, für welche besondere Gerichte zugelassen sind,[2]) kann den ordentlichen Landesgerichten[3]) durch die Landesgesetzgebung übertragen werden. Die Übertragung darf nach anderen als den durch das Gerichtsverfassungsgesetz vorgeschriebenen Zuständigkeitsnormen erfolgen.[4])

---

1) Die für Angelegenheiten der nichtstreitigen Gerichtsbarkeit (Grundbuch-, Nachlaß-, Vormundschaftssachen usw.) gegebenen landesgesetzlichen Vorschriften sind daher durch das GVG nicht berührt. Insbes. sind in Preußen auch die das Querulieren betreffenden Strafvorschriften der §§ 30, 31 Allg. GO (III, 1) nicht aufgehoben. U 28/12 83, E 9, 357.

2) Vgl. hierüber § 13 GVG.

3) Vgl. hierüber § 12 ebenda.

4) Vgl. § 3 Abs. 2 EG z. StPO.

Auch kann die Gerichtsbarkeit letzter Instanz in den vorerwähnten Sachen auf Antrag des betreffenden Bundesstaates mit Zustimmung des Bundesrats durch Kaiserliche Verordnung dem Reichsgerichte übertragen werden.

Insoweit für bürgerliche Rechtsstreitigkeiten ein von den Vorschriften der Zivilprozeßordnung abweichendes Verfahren gestattet ist, kann die Zuständigkeit der ordentlichen Landesgerichte durch die Landesgesetzgebung nach anderen als den durch das Gerichtsverfassungsgesetz vorgeschriebenen Normen bestimmt werden.

§ 4. Durch die Vorschriften des Gerichtsverfassungsgesetzes über die Zuständigkeit der Behörden wird die Landesgesetzgebung nicht gehindert, den betreffenden Landesbehörden jede andere Art der Gerichtsbarkeit, sowie Geschäfte der Justizverwaltung zu übertragen. Andere Gegenstände der Verwaltung dürfen den ordentlichen Gerichten nicht übertragen werden.

§ 5 veraltet.

§ 6. Unberührt bleiben die bestehenden landesgesetzlichen Vorschriften über die Zuständigkeit der Schwurgerichte für die durch die Presse begangenen strafbaren Handlungen.

§ 7. Die Militärgerichtsbarkeit,[5]) sowie das landesgesetzlich den Standesherren gewährte Recht auf Austräge werden durch das Gerichtsverfassungsgesetz nicht berührt.

§ 8.[6]) Durch die Gesetzgebung eines Bundesstaates, in welchem mehrere Oberlandesgerichte errichtet werden, kann die Verhandlung und Entscheidung der zur Zuständigkeit des Reichsgerichts gehörenden Revisionen in bürgerlichen Rechtsstreitigkeiten einem obersten Landesgerichte zugewiesen werden.

---

5) Vgl. Ges. betr. Aufhebung der Militärgerichtsbarkeit v. 17/8 20 (RGBl. S. 1579) im Anhang IV. Ferner Art. 109 der Reichsverfassung v. 11/8 19; desgl. für Preußen: Ges. über die Aufhebung der Standesvorrechte des Adels v. 23/6 20 (GesSammlg. S. 367). S. auch § 434ff. StPO.

6) Die jetzige Fassung beruht auf Ges v. 22/5 10 und v. 20/2 11.

Diese Vorschrift findet jedoch auf bürgerliche Rechtsstreitigkeiten, welche zur Zuständigkeit des Reichs-Oberhandelsgerichts gehören oder durch besondere Reichsgesetze dem Reichsgerichte zugewiesen werden, keine Anwendung,[7]) es sei denn, daß für die Entscheidung im wesentlichen Rechtsnormen in Betracht kommen, die in Landesgesetzen enthalten sind.

§ **9.** Durch die Gesetzgebung eines Bundesstaates, in welchem mehrere Oberlandesgerichte errichtet werden, kann die Verhandlung und Entscheidung der zur Zuständigkeit der Oberlandesgerichte gehörenden Revisionen und Beschwerden in Strafsachen ausschließlich einem der mehreren Oberlandesgerichte oder an Stelle eines solchen Oberlandesgerichts dem obersten Landesgerichte zugewiesen werden.

§ **10.** Die allgemeinen, sowie die in den §§ 126, 132, 133, 134, 183 Abs. 1 enthaltenen besonderen Vorschriften des Gerichtsverfassungsgesetzes finden auf die obersten Landesgerichte als Behörden der ordentlichen streitigen Gerichtsbarkeit entsprechende Anwendung. Das gleiche gilt, sofern ein Zivilsenat des obersten Landesgerichts von der Entscheidung eines anderen Zivilsenats oder der vereinigten Zivilsenate abweichen will, in Ansehung der Vorschriften der §§ 137, 139 des Gerichtsverfassungsgesetzes.

Die Besetzung der Senate bestimmt sich in Strafsachen nach § 124, in bürgerlichen Rechtsstreitigkeiten nach § 140 des Gerichtsverfassungsgesetzes.

Auf die Besetzung der Zivilsenate des obersten Landesgerichts findet in Grundbuchsachen, sowie in den nach § 199 des Gesetzes über die Angelegenheiten der freiwilligen Gerichtsbarkeit dem obersten Landesgerichte zugewiesenen Angelegenheiten der § 124 des Gerichtsverfassungsgesetzes Anwendung.

§ **11.** Die landesgesetzlichen Bestimmungen, durch welche die strafrechtliche oder zivilrechtliche Verfolgung öffentlicher

7) Vgl. hierzu § 1 Ges über den Sitz des Reichsgerichts v. 11/4 77: „Auf denjenigen Bundesstaat, in dessen Gebiet das Reichsgericht seinen Sitz hat, findet § 8 des EG z. GVG keine Anwendung."

Beamten [8]) wegen der in Ausübung oder in Veranlassung der Ausübung ihres Amts vorgenommenen Handlungen an besondere Voraussetzungen gebunden ist, treten außer Kraft.

Unberührt bleiben die landesgesetzlichen Vorschriften, durch welche die Verfolgung der Beamten entweder im Falle des Verlangens einer vorgesetzten Behörde oder unbedingt an die Vorentscheidung einer besonderen Behörde gebunden ist, mit der Maßgabe:

1. daß die Vorentscheidung auf die Feststellung beschränkt ist, ob der Beamte sich einer Überschreitung seiner Amtsbefugnisse oder der Unterlassung einer ihm obliegenden Amtshandlung schuldig gemacht habe;
2. daß in den Bundesstaaten, in welchen ein oberster Verwaltungsgerichtshof besteht, die Vorentscheidung diesem, in den anderen Bundesstaaten dem Reichsgerichte zusteht. [9])

§ **12** ist aufgehoben.

§ **13.** Die Bestimmungen über das Richteramt im § 8 des Gerichtsverfassungsgesetzes treten in denjenigen Staaten, in welchen Vorschriften für die richterliche Entscheidung über die Enthebung eines Richters vom Amte oder über die Versetzung eines Richters an eine andere Stelle oder in Ruhestand nicht bestehen, nur gleichzeitig mit der landesgesetzlichen Regelung der Disziplinarverhältnisse der Richter in Wirksamkeit.

§ **14** veraltet.

§ **15.** Durch Kaiserliche Verordnung kann auf Antrag

---

8) Zu den öffentlichen Beamten im Sinne des § 11 gehören in Mecklenburg die Geistlichen. Beschl 7/5 88, R 10, 385.

9) Unter dem Reichsgericht ist hier nicht die Plenarversammlung der vereinigten Senate, sondern ein einzelner Senat zu verstehen. Beschl 26/9 87, E 16, 197. Beschl 2/11 99, E 32, 322. Die Entscheidung des Reichsger. und das sie vorbereitende Verfahren erfolgt nach den Vorschriften der StPO, insbes. nach den §§ 202ff. Beschl 26/9 87, E 16, 197.

Wegen der Zuständigkeit des obersten Verwaltungsgerichts in Hessen s. U 24/5 97, E 30, 126.

eines Bundesstaates und mit Zustimmung des Bundesrats die Verhandlung und Entscheidung derjenigen Sachen, welche nach den bisherigen Prozeßgesetzen von dem obersten Landesgerichte zu erledigen gewesen wären, dem Reichsgerichte zugewiesen werden.

§ **16.** Behufs Erledigung der nach Vorschrift des vorstehenden Paragraphen dem Reichsgerichte zugewiesenen Sachen können mit Zustimmung des Bundesrats durch Kaiserliche Verordnung bei dem Reichsgerichte Hilfssenate eingerichtet werden.

Der Reichskanzler bestimmt die Zusammensetzung der Hilfssenate und die Verteilung der Geschäfte derselben.

Mit der Wahrnehmung der richterlichen Geschäfte in den Hilfssenaten können nur Mitglieder des Reichsgerichts und Mitglieder der früheren obersten Gerichte oder der Oberlandesgerichte beauftragt werden.

Die Anordnung ist für ein nicht zum Reichsgerichte gehörendes Mitglied bis zu dem Zeitpunkte unwiderruflich, in welchem die Wahrnehmung seiner Tätigkeit in dem Hilfssenate nicht mehr erforderlich ist.

§ **17.** Auf Antrag eines Bundesstaates und mit Zustimmung des Bundesrats kann durch Kaiserliche Verordnung die Verhandlung und Entscheidung der im § 17 des Gerichtsverfassungsgesetzes bezeichneten Streitigkeiten dem Reichsgerichte zugewiesen werden.

Für diejenigen Bundesstaaten, in denen die im § 17 des Gerichtsverfassungsgesetzes bezeichneten Behörden bestehen und nach Maßgabe der Vorschriften im § 17 Nr. 1—4 einer Veränderung ihrer Einrichtung und des Verfahrens bedürfen, kann die Veränderung, sofern sie nicht bis zum Inkrafttreten dieses Gesetzes landesgesetzlich getroffen ist, durch landesherrliche Verordnung eingeführt werden.

§ **18.** Die am Tage des Inkrafttretens des Gerichtsverfassungsgesetzes bei den Landesgerichten anhängigen Sachen können den ordentlichen Landesgerichten ohne Rücksicht auf die im Gerichtsverfassungsgesetze bestimmten Grenzen der Zuständigkeit durch die Landesgesetzgebung zugewiesen werden.

§ **19** veraltet.

§ **20.** Bei der ersten Einrichtung der Landgerichte, der Oberlandesgerichte und der bei einem Amtsgerichte gebildeten Strafkammern und während der Dauer des ersten Geschäftsjahres erfolgen die Geschäftsverteilung und die Bestimmung der Mitglieder der Kammern und Senate sowie der regelmäßigen Vertreter der Mitglieder durch die Landesjustizverwaltung.

§§ **21, 22** sind veraltet.

IV.

Gesetz, betr. d. Geltung d. Ger.Verf.Ges. in Helgoland.

Vom 4. Juni 1893 (RGBl S. 193).

Art. I. Die §§ 25, 26, 40, 43, 44, 86, 87 des Gerichtsverfassungsgesetzes vom 27. Januar 1877 gelten für Helgoland mit folgenden Maßgaben:

Zu § 25. Für den Bezirk von Helgoland wird ein Schöffengericht mit dem Sitze daselbst gebildet.

Zu § 26. Die Schöffen werden aus den Einwohnern der Insel entnommen.

Zu § 40. Für den Bezirk von Helgoland tritt ein besonderer Ausschuß auf der Insel zusammen.

Der Ausschuß besteht aus dem Amtsrichter als Vorsitzenden und einem von der Landesregierung zu bestimmenden Staatsverwaltungsbeamten, sowie zwei Vertrauensmännern als Beisitzern.

Die Vertrauensmänner werden aus den Einwohnern der Insel gewählt.

Zur Beschlußfähigkeit des Ausschusses genügt die Anwesenheit des Vorsitzenden, des Staatsverwaltungsbeamten und eines Vertrauensmannes.

Zu § 43. Die erforderliche Zahl von Hauptschöffen und Hilfsschöffen wird durch die Landes-Justizverwaltung bestimmt.

Zu § 44. Die Namen der erwählten Hauptschöffen und Hilfsschöffen werden in gesonderte Verzeichnisse aufgenommen (Jahresliste).

Zu § 86. Die Zahl der auf den Bezirk von Helgoland entfallenden Geschworenen wird durch die Landes-Justizverwaltung bestimmt.

Zu § 87. Der Ausschuß (§ 40) hat gleichzeitig diejenigen Personen aus der Urliste auszuwählen, welche er zu Geschworenen für das nächste Geschäftsjahr vorschlägt. Die Vorschläge sind nach dem dreifachen Betrage der auf Helgoland verteilten Zahl der Geschworenen zu bemessen.

Art. II. Dieses Gesetz tritt am 1. Januar 1894 in Kraft.

V.

Gerichtsverfassungsgesetz.

Vom 27. Januar 1877.

(RGBl 1877 S. 41) in der Fassung vom 22. März 1924 (RGBl I S. 299).

---

1. Titel. Richteramt.

§ 1. Die richterliche Gewalt wird durch unabhängige, nur dem Gesetz unterworfene Gerichte ausgeübt.[1])

§ 2. Die Fähigkeit zum Richteramte wird durch die Ablegung zweier Prüfungen erlangt.

Der ersten Prüfung muß ein dreijähriges Studium der Rechtswissenschaften auf einer Universität vorangehen. Von dem dreijährigen Zeitraume sind mindestens drei Halbjahre dem Studium auf einer deutschen Universität zu widmen.

Zwischen der ersten und zweiten Prüfung muß ein Zeitraum von drei Jahren liegen, welcher im Dienste bei den Gerichten und bei den Rechtsanwälten zu verwenden ist, auch zum Teil bei der Staatsanwaltschaft verwendet werden kann.

---

1) Aus § 1 GVG., Art. 102 RVerf. 1919 sowie Art. 2 Abs. 1 RVerf. 1871 und Art. 13 Abs. 1 RVerf. 1919 folgt, daß der Richter berechtigt und verpflichtet ist, die landesrechtlichen Normen jeder Art — einschl. solcher der Landesverfassungen und verfassungändernder Gesetze — daraufhin zu prüfen, ob sie nicht in der Form oder sachlich gegen ein Reichsgesetz, gegen eine Rechtsverordnung des Reichs oder gegen Reichsgewohnheitsrecht verstoßen, und daß er ihnen, wenn dies zutrifft, die Anwendung versagen muß. Der Richter ist ferner berechtigt und verpflichtet, die von den Organen der Verwaltung erlassenen Rechtsverordnungen vor ihrer Anwendung auf ihre förmliche und sachliche Rechtmäßigkeit zu prüfen. U 15/12 21, E 56, 179 flg.

In den einzelnen deutschen Ländern kann bestimmt werden, daß der für das Universitätsstudium oder für den Vorbereitungsdienst bezeichnete Zeitraum verlängert wird, oder daß ein Teil des letzteren Zeitraums, jedoch höchstens ein Jahr, im Dienste bei Verwaltungsbehörden zu verwenden ist oder verwendet werden darf.

§ 3. Wer in einem deutschen Lande die erste Prüfung bestanden hat, kann in jedem anderen Lande zur Vorbereitung für den Justizdienst und zur zweiten Prüfung zugelassen werden.

Die in einem deutschen Lande auf die Vorbereitung verwendete Zeit kann in jedem anderen Lande angerechnet werden.

§ 4. Zum Richteramte befähigt ist ferner jeder ordentliche öffentliche Lehrer des Rechts an einer deutschen Universität.

§ 5. Wer in einem deutschen Lande die Fähigkeit zum Richteramte erlangt hat, ist, soweit dieses Gesetz keine Ausnahme bestimmt, zu jedem Richteramt innerhalb des Deutschen Reichs befähigt.

§ 6.[1a]) Die Ernennung der Richter erfolgt auf Lebenszeit.

§ 7. Die Richter beziehen in ihrer richterlichen Eigenschaft ein festes Gehalt mit Ausschluß von Gebühren.[2])

§ 8. Richter können wider ihren Willen nur kraft richterlicher Entscheidung und nur aus den Gründen und unter den Formen, welche die Gesetze bestimmen, dauernd oder zeitweise ihres Amtes enthoben oder an eine andere Stelle oder in den Ruhestand versetzt werden. Die Gesetzgebung kann Altersgrenzen festsetzen, bei deren Erreichung Richter in den Ruhestand treten.

Die vorläufige Amtsenthebung, welche kraft Gesetzes eintritt, wird hierdurch nicht berührt.

1a) Die §§ 6—9 sprechen nur von ständig angestellten Richtern, wie auch die §§ 2—5 nur die Bedingungen der Bekleidung eines dauernd verliehenen Richteramtes betreffen. U 13/11 80, E 3, 231.

2) Der § 7 bezieht sich nur auf Gebühren, welche von den Parteien gezahlt werden, und nur auf ständige Richter. U 13/11 80, E. 3, 231 (Gewährung einer widerruflichen Vergütung an einen zur Aushilfe herangezogenen Auditeur).

Bei einer Veränderung in der Einrichtung der Gerichte oder ihrer Bezirke können unfreiwillige Versetzungen an ein anderes Gericht oder Entfernungen vom Amte unter Belassung des vollen Gehalts durch die Landesjustizverwaltung verfügt werden.

§ **9.** Wegen vermögensrechtlicher Ansprüche der Richter aus ihrem Dienstverhältnis, insbesondere auf Gehalt, Wartegeld oder Ruhegehalt darf der Rechtsweg nicht ausgeschlossen werden.

§ **10.** Die landesgesetzlichen Bestimmungen über die Befähigung zur zeitweiligen Wahrnehmung richterlicher Geschäfte bleiben unberührt.[3])

§ **11.** Auf Handelsrichter, Schöffen und Geschworene finden die Bestimmungen der §§ 2—9 keine Anwendung.

2. Titel. Gerichtsbarkeit.

§ **12.** Die ordentliche streitige Gerichtsbarkeit wird durch Amtsgerichte und Landgerichte, durch Oberlandesgerichte und durch das Reichsgericht ausgeübt.

§ **13.** Vor die ordentlichen Gerichte gehören alle bürgerlichen Rechtsstreitigkeiten und Strafsachen, für welche nicht entweder die Zuständigkeit von Verwaltungsbehörden oder Verwaltungsgerichten begründet ist[4]) oder reichsgesetzlich besondere Gerichte bestellt[5]) oder zugelassen sind.[6])

---

3) Wegen der Eignung eines hamburgischen Referendars oder Assessors zu einer beschränkten amtsrichterlichen Vertretung s. U 11/3 86, E 13, 408 und wegen Zuziehung eines Auditeurs bzw. eines Rechtsanwalts (Bremen) als Hilfsrichter U 13/11 80, R 2, 508. U 19/4 09, E 42, 295.

4) Vgl. §§ 34ff. Ges über das Postwesen des Deutschen Reichs v. 28/10 71 (RGBl S. 347); § 122 SeemannsO; § 6 Ges betr. die Verpflichtung der Kauffahrteischiffe zur Mitnahme heimzuschaffender Seeleute v. 2/6 02 (RGBl S. 212).

Ein Strafverfahren von Verwaltungsbehörden ist zugelassen bei Übertretungen (§§ 413 ff. StPO) und bei Zuwiderhandlungen gegen die Vorschriften über die Erhebung öffentlicher Abgaben und Gefälle (§§ 419 ff StPO).

5) Wegen der Kriegsgerichte und Standgerichte vgl. § 16 GVG und Art. 68 und 105 Reichsverfassung (s. unten A. 8).

§ 14. Als besondere Gerichte werden zugelassen:

1. Rhein- und Elbschiffahrtsgerichte für die in Staatsverträgen bezeichneten Angelegenheiten der Schiffahrt auf dem Rhein und auf der Elbe;[7])
2. Gerichte, welchen die Entscheidung von bürgerlichen Rechtsstreitigkeiten bei der Ablösung von Gerechtigkeiten oder Reallasten, bei Separationen, Konsolidationen, Verkoppelungen, gutsherrlich-bäuerlichen Auseinandersetzungen und dergleichen obliegt;
3. Gemeindegerichte, insoweit ihnen die Entscheidung über vermögensrechtliche Ansprüche obliegt, deren Gegenstand in Geld oder Geldeswert die Summe von sechzig Goldmark nicht übersteigt, jedoch mit der Maßgabe, daß gegen die Entscheidung der Gemeindegerichte innerhalb einer gesetzlich zu bestimmenden Frist sowohl dem Kläger wie dem Beklagten die Berufung auf den ordentlichen Rechtsweg zusteht, und daß der Gerichtsbarkeit des Gemeindegerichts, als Kläger oder Beklagter, nur Personen unterworfen werden dürfen, welche in der Gemeinde den Wohnsitz, eine Nieder-

---

6) Als besondere Gerichte sind zugelassen die im § 14 erwähnten Gerichte, sowie die Gerichte für das Verfahren gegen Minister wegen Verfassungsverletzung (Staatsgerichtshöfe). S. hierzu Art. 59 der Reichsverfassung v. 11/8 19 u. das Gesetz über den Staatsgerichtshof v. 9/7 21 (RGBl. S. 905) nebst der Bekanntmachung, betreffend die Geschäftsordnung des Staatsgerichtshofs v. 6/12 21 (RGBl. S. 1535). Hierher gehören ferner die im § 17 erwähnten Behörden zur Entscheidung von Kompetenzkonflikten zwischen Gerichten und Verwaltungsbehörden oder Verwaltungsgerichten, sowie im weiteren Sinne die Disziplinargerichte (Universitätsgerichte, Disziplinargerichtshöfe usw.).

7) Wegen der Rheinschiffahrtsgerichte vgl. Rheinschiffahrtsordnung v. 31/3 31 (preuß. GS S. 73) und Revid. Rheinschiffahrts-Akte v. 17/10 80 (ebenda S. 814). Vgl. den Sonderfall im U 18/10 00, E 33, 405.

Wegen der Elbschiffahrtsgerichte vgl. Reichsges. betr. die Elbschiffahrtsakte vom 22. 2. 1922, vom 22. 3. 1923 (RGBl. II, 183) und Reichsges. betr. das Zusatzübereinkommen zur Elbschiffahrtsakte vom 27. 1. 1923, vom 14. 12. 1923 (RGBl. II, 485) sowie das Preuß. Gesetz über die Elbschiffahrtsgerichte vom 4. 6. 1924 (GS. 543).

lassung oder im Sinne der §§ 16, 20 der Zivilprozeßordnung den Aufenthalt haben;

4. Gewerbegerichte.

§ **15.** Die Gerichte sind Staatsgerichte.

Die Privatgerichtsbarkeit ist aufgehoben; an ihre Stelle tritt die Gerichtsbarkeit des deutschen Landes, in welchem sie ausgeübt wurde. Präsentationen für Anstellungen bei den Gerichten finden nicht statt.

Die Ausübung einer geistlichen Gerichtsbarkeit in weltlichen Angelegenheiten ist ohne bürgerliche Wirkung. Dies gilt insbesondere bei Ehe- und Verlöbnissachen.

§ **16.** Ausnahmegerichte sind unstatthaft. Niemand darf seinem gesetzlichen Richter entzogen werden. Die gesetzlichen Bestimmungen über Kriegsgerichte und Standgerichte werden hiervon nicht berührt.[8])

§ **17.** Die Gerichte entscheiden über die Zulässigkeit des Rechtswegs.

Die Landesgesetzgebung kann jedoch die Entscheidung von Streitigkeiten zwischen den Gerichten und den Verwaltungsbehörden oder Verwaltungsgerichten über die Zulässigkeit des Rechtswegs besonderen Behörden nach Maßgabe der folgenden Bestimmungen übertragen:

1. Die Mitglieder werden für die Dauer des zur Zeit ihrer Ernennung von ihnen bekleideten Amts oder, falls sie zu dieser Zeit ein Amt nicht bekleiden, auf Lebenszeit ernannt. Eine Enthebung vom Amte kann

---

8) Vgl. Art. 48 Abs. 2 der Reichsverf. v. 11/8 19: „Der Reichspräsident kann, wenn im Deutschen Reiche die öffentliche Sicherheit und Ordnung erheblich gestört oder gefährdet wird, die zur Wiederherstellung der öffentlichen Sicherheit und Ordnung nötigen Maßnahmen treffen, erforderlichenfalls mit Hilfe der bewaffneten Macht einschreiten. Zu diesem Zwecke darf er vorübergehend die in den Artikeln 114, 115, 117, 118, 123, 124 und 153 festgesetzten Grundrechte ganz oder zum Teil außer Kraft setzen" und Art. 105 gleichlautend mit § 16 GVG. Betr. Bayern vgl. noch III, § 5 des Bündnisvertrages v. 23/11 70 (BGBl 1871 S. 9) und § 7 Ges v. 22/4 71 betr. die Einführung Norddeutscher Bundesgesetze in Bayern (RGBl S. 87).

nur unter denselben Voraussetzungen wie bei den Mitgliedern des Reichsgerichts stattfinden.

2. Mindestens die Hälfte der Mitglieder muß dem Reichsgericht oder dem obersten Landesgericht oder einem Oberlandesgericht angehören. Bei Entscheidungen dürfen Mitglieder nur in der gesetzlich bestimmten Anzahl mitwirken. Diese Anzahl muß eine ungerade sein und mindestens fünf betragen.

3. Das Verfahren ist gesetzlich zu regeln. Die Entscheidung erfolgt in öffentlicher Sitzung nach Ladung der Parteien.

4. Sofern die Zulässigkeit des Rechtswegs durch rechtskräftiges Urteil des Gerichts feststeht, ohne daß zuvor auf die Entscheidung der besonderen Behörde angetragen war, bleibt die Entscheidung des Gerichts maßgebend.

§ **18.** Die inländische Gerichtsbarkeit erstreckt sich nicht auf die Chefs und Mitglieder der bei dem Deutschen Reiche beglaubigten Missionen. Sind diese Personen Staatsangehörige eines der deutschen Länder, so sind sie nur insofern von der inländischen Gerichtsbarkeit befreit, als das Land, dem sie angehören, sich der Gerichtsbarkeit über sie begeben hat.

Die Chefs und Mitglieder der bei einem deutschen Lande beglaubigten Missionen sind der Gerichtsbarkeit dieses Landes nicht unterworfen. Dasselbe gilt von den Mitgliedern des Reichsrats, welche nicht von dem Lande abgeordnet sind, in dessen Gebiete der Reichsrat seinen Sitz hat.

§ **19.** Auf die Familienglieder, das Geschäftspersonal der im § 18 erwähnten Personen und auf solche Bedienstete derselben, welche nicht Deutsche sind, finden die vorstehenden Bestimmungen Anwendung.

§ **20.** Durch die Bestimmungen der §§ 18, 19 werden die Vorschriften über den ausschließlichen dinglichen Gerichtsstand in bürgerlichen Rechtsstreitigkeiten nicht berührt.

§ **21.** Die im Deutschen Reiche angestellten Konsuln sind der inländischen Gerichtsbarkeit unterworfen, sofern nicht in Verträgen des Deutschen Reichs mit anderen

Mächten Vereinbarungen über die Befreiung der Konsuln von der inländischen Gerichtsbarkeit getroffen sind.[9])

3. Titel. Amtsgerichte.

§ 22. Den Amtsgerichten stehen Einzelrichter vor.

Ein Amtsrichter kann zugleich Mitglied oder Direktor bei dem übergeordneten Landgericht sein.

Die allgemeine Dienstaufsicht kann von der Landesjustizverwaltung dem Präsidenten des übergeordneten Landgerichts übertragen werden. Geschieht dies nicht, so ist, wenn das Amtsgericht mit mehreren Richtern besetzt ist, einem von ihnen von der Landesjustizverwaltung die allgemeine Dienstaufsicht zu übertragen;[10]) ist die Zahl der Richter höher als fünfzehn, so kann die Dienstaufsicht zwischen mehreren von ihnen geteilt werden.

Jeder Amtsrichter erledigt die ihm obliegenden Geschäfte, soweit dieses Gesetz nichts anderes bestimmt, als Einzelrichter.

§ 23. Betrifft die Zuständigkeit der Amtsgerichte in bürgerlichen Rechtsstreitigkeiten.

§ 24. In Strafsachen sind die Amtsgerichte zuständig für:

1. Übertretungen;
2. Vergehen;
3. folgende Verbrechen:
   a) die Verbrechen, die mit Gefängnis oder Festungshaft oder mit Zuchthaus von höchstens zehn Jahren allein oder in Verbindung mit anderen Strafen oder mit Nebenfolgen bedroht sind,[11]) soweit für sie nicht das Reichsgericht zuständig ist; ausge-

---

9) Vgl. § 11 StPO. Über die inländische Gerichtsbarkeit gegen fremde Konsuln und die Bedeutung der persönlichen Straflosigkeit der Konsuln von Verhaftung und Gefangenhaltung s. U 27/1 88, E 17, 51.

10) Der Inbegriff der aus der allgemeinen Dienstaufsicht eines einzelnen von mehreren Amtsrichtern fließenden Zuständigkeiten ist reichsgesetzlich des näheren nicht festgelegt, sondern der Feststellung durch die Landesjustizverwaltung überlassen. Vgl. für Preußen U 2/1 83, E 7, 404 und für Württemberg U 17/3 84, E 11, 163.

11) Unter der Einziehung sind auch diejenigen Fälle inbegriffen, in denen Gegenstände oder deren Wert nach dem Strafgesetz für verfallen zu erklären sind. U 27/2 85, E 12, 75.

nommen sind die Verbrechen des Meineids in den Fällen der §§ 153 bis 155 des Strafgesetzbuchs. Für die Bestimmung der angedrohten Strafe bleibt der § 53 des Militärstrafgesetzbuchs außer Betracht;

b) die Verbrechen des Widerstandes im Falle des § 119, der Falschmünzerei in den Fällen der §§ 146, 147, 149, der Notzucht im Falle des § 177, des Rückfalldiebstahls im Falle des § 244, des Raubes in den Fällen der §§ 249, 250, des räuberischen Diebstahls und der räuberischen Erpressung in den Fällen der §§ 252 und 255, wenn die Strafe aus den §§ 249, 250 zu entnehmen ist, der Rückfallhehlerei im Falle des § 261 Abs. 1 und der schweren Körperverletzung im Amte im Falle des § 340 Abs. 2 des Strafgesetzbuchs;

c) die Verbrechen des militärischen Diebstahls im Falle des § 138 Abs. 2 des Militärstrafgesetzbuchs, des betrügerischen Bankrotts in den Fällen der §§ 239, 244 der Konkursordnung und der Unterschlagung fremder Wertpapiere in den Fällen der §§ 11, 12 Abs. 2 Nr. 2 des Gesetzes, betreffend die Pflichten der Kaufleute bei Aufbewahrung fremder Wertpapiere, vom 5. Juli 1896 (Reichsgesetzblatt S. 183, 194).

§ 25. Der Amtsrichter entscheidet allein:

1. bei Übertretungen;
2. bei Vergehen,
   a) wenn sie im Wege der Privatklage verfolgt werden;
   b) wenn die Tat mit keiner höheren Strafe als Gefängnis von höchstens sechs Monaten, allein oder in Verbindung mit anderen Strafen oder mit Nebenfolgen, bedroht ist;
   c) wenn die Staatsanwaltschaft es bei Einreichung der Anklageschrift[11a]) oder, falls es einer Anklageschrift

11a) Die Anträge über die Art oder die Besetzung des Gerichts können bis zur Eröffnung des Hauptverfahrens zurückgenommen, geändert oder nachgeholt werden. U 16/2 25, pr. JMBl. S. 187.

nicht bedarf, bei der mündlichen Erhebung der Anklage beantragt.

Die Staatsanwaltschaft soll den im Abs. 1 Nr. 2c bezeichneten Antrag nur stellen, wenn zu erwarten ist, daß auf keine schwerere Strafe als Gefängnis von höchstens einem Jahre, allein oder in Verbindung mit anderen Strafen oder mit Nebenfolgen, erkannt werden wird.

Erhebt bei Zuwiderhandlungen gegen die Vorschriften über die Erhebung öffentlicher Abgaben und Gefälle die Verwaltungsbehörde die öffentliche Klage, so kann sie den Antrag in gleicher Weise stellen wie die Staatsanwaltschaft.

§ **26.** Der Amtsrichter allein entscheidet ferner bei den Verbrechen des schweren Diebstahls und der Hehlerei sowie bei solchen strafbaren Handlungen, die nur wegen Rückfalls Verbrechen sind, wenn die Staatsanwaltschaft es bei Einreichung der Anklageschrift oder, falls es einer Anklageschrift nicht bedarf, bei der mündlichen Erhebung der Anklage beantragt.

Der Beschuldigte kann während der für die Erklärung auf die Anklageschrift gesetzten Frist oder, falls ohne schriftlich erhobene Anklage zur Hauptverhandlung geschritten wird, bis zum Beginne seiner Vernehmung zur Sache widersprechen. Er ist bei der Mitteilung der Anklageschrift oder, falls ohne schriftlich erhobene Anklage zur Hauptverhandlung geschritten wird, vor dem Beginne seiner Vernehmung zur Sache über sein Recht zum Widerspruche zu belehren.

§ **27 (24).** Im übrigen wird die Zuständigkeit und der Geschäftskreis der Amtsgerichte durch die Vorschriften dieses Gesetzes und der Prozeßordnungen bestimmt.

4. Titel. Schöffengerichte.

§ **28 (25).** Für die Verhandlung und Entscheidung der zur Zuständigkeit der Amtsgerichte gehörenden Strafsachen werden, soweit nicht der Amtsrichter allein entscheidet (§§ 25, 26), bei den Amtsgerichten Schöffengerichte gebildet.[12]

---

12) Die Schöffengerichte sind auch die Jugendgerichte. §§ 17ff.

§ 29 (26). Die Schöffengerichte bestehen aus dem Amtsrichter als Vorsitzenden und zwei Schöffen. Mindestens ein Schöffe muß ein Mann sein.

Ein zweiter Amtsrichter ist zuzuziehen, falls die Staatsanwaltschaft es bei Einreichung der Anklageschrift beantragt. Die Staatsanwaltschaft soll den Antrag nur stellen, wenn die Zuziehung eines zweiten Amtsrichters nach Umfang und Bedeutung der Sache notwendig erscheint.[12])

§ 25 Abs. 3 findet entsprechende Anwendung.

§ 30. Insoweit das Gesetz nicht Ausnahmen bestimmt, üben die Schöffen während der Hauptverhandlung das Richteramt im vollen Umfang und mit gleichem Stimmrechte wie die Amtsrichter aus und nehmen auch an den im Laufe einer Hauptverhandlung zu erlassenden Entscheidungen teil, welche in keiner Beziehung zu der Urteilsfällung stehen, und welche auch ohne vorgängige mündliche Verhandlung erlassen werden können.[13])

Die außerhalb der Hauptverhandlung erforderlichen Entscheidungen werden von dem Amtsrichter erlassen.

§ 31. Das Amt eines Schöffen ist ein Ehrenamt.[14]) Es kann nur von Deutschen[15]) versehen werden.

§ 32. Unfähig zu dem Amte eines Schöffen sind:[16])

Jugendgerichtsgesetz v. 16/2 23 (RGBl. I, S. 135). § 25 GVG. findet also auf Jugendsachen keine Anwendung. — Wohl aber gilt § 29 Abs. 2 auch für Jugendgerichte. U 20/10 24, E 58, 332.

13) Vgl. jedoch die für die Entscheidung über Ausschließung oder Ablehnung von Schöffen im § 31 Abs. 2 StPO gegebene Ausnahmebestimmung. Wegen der Abstimmung s. § 197.

14) Wegen der entsprechenden Anwendung der §§ 31—57 für die Geschworenen vgl. § 84. Wegen der Vergütung der Reisekosten s. § 55.

15) Wegen des Begriffes „Deutscher" s. Art. 109ff. ReichsVerf und das Reichs- und Staatsangehörigkeitsgesetz v. 22/7 13 (RGBl. S. 583). Daß der betr. Geschworene (Schöffe) auch der deutschen Sprache mächtig sei, ist nicht erforderlich. U 7/1 98, E 30, 399. Besitz einer außerdeutschen Staatsangehörigkeit neben der deutschen begründet keine Unfähigkeit. U 11/3 24, JW 53, 1529.

16) Wegen der Streichung des unfähigen Schöffen in der Jahresliste s. § 52 Abs. 1.

1. Personen, welche die Befähigung infolge strafgerichtlicher Verurteilung verloren haben;[17])
2. Personen, gegen welche das Hauptverfahren wegen eines Verbrechens oder Vergehens eröffnet ist, das die Aberkennung der bürgerlichen Ehrenrechte oder der Fähigkeit zur Bekleidung öffentlicher Ämter zur Folge haben kann;
3. Personen, welche infolge gerichtlicher Anordnung in der Verfügung über ihr Vermögen beschränkt sind.

§ 33. Zu dem Amte eines Schöffen sollen nicht berufen werden:[18])

1. Personen, welche zur Zeit der Aufstellung der Urliste das dreißigste Lebensjahr noch nicht vollendet haben;[19])
2. Personen, welche zur Zeit der Aufstellung der Urliste den Wohnsitz in der Gemeinde noch nicht zwei volle Jahre haben;
3. Personen, welche für sich oder ihre Familie Armenunterstützung aus öffentlichen Mitteln empfangen oder in den drei letzten Jahren, von Aufstellung der Urliste zurückgerechnet, empfangen haben;
4. Personen, welche wegen geistiger oder körperlicher Gebrechen zu dem Amte nicht geeignet sind.

§ 34. Zu dem Amte eines Schöffen sollen ferner nicht berufen werden:

1. der Reichspräsident und der Präsident eines deutschen Landes;
2. die Mitglieder der Reichsregierung oder einer Landesregierung (Staatsministerium, Senat);

---

17) Vgl. §§ 31, 34 ff., 358 StGB.

18) Vgl. § 52 Abs. 2. Gegen die Berufung von Beamten der Reichsfinanzverwaltung zum Schöffen- u. Geschworenenamt bestehen keine Bedenken. AV. d. Pr. JMin. v. 15. 5. 24 (pr. JMBl. S. 223).

19) Wenn trotzdem eine als Schöffe einberufene Person das 30. Lebensjahr noch nicht erreicht hat, so wird sie dadurch doch nicht unfähig, die Verrichtungen eines Schöffen auszuüben. U 6/10 85, R 7, 554. U 12/9 90, JW 19, 345.

3. Reichsbeamte, welche jederzeit einstweilig in den Ruhestand versetzt werden können;[20])
4. Staatsbeamte, welche auf Grund der Landesgesetze jederzeit einstweilig in den Ruhestand versetzt werden können;
5. richterliche Beamte und Beamte der Staatsanwaltschaft;
6. gerichtliche und polizeiliche Vollstreckungsbeamte;
7. Religionsdiener und Mitglieder solcher religiösen Vereinigungen, die satzungsgemäß zu gemeinsamem Leben verpflichtet sind.

Die Landesgesetze können außer den vorbezeichneten Beamten höhere Verwaltungsbeamte bezeichnen, welche zu dem Amte eines Schöffen nicht berufen werden sollen.

§ 35. Die Berufung zum Amte eines Schöffen dürfen ablehnen:

1. Mitglieder des Reichstags, des Reichsrats, des Reichswirtschaftsrats, eines Landtags oder eines Staatsrats;
2. Personen, welche im letzten Geschäftsjahr die Verpflichtung eines Geschworenen oder an wenigstens fünf Sitzungstagen die Verpflichtung eines Schöffen erfüllt haben;
3. Ärzte, Krankenpfleger und Hebammen;
4. Apotheker, welche keine Gehilfen haben;
5. Personen, welche das fünfundsechszigste Lebensjahr zur Zeit der Aufstellung der Urliste vollendet haben oder es bis zum Ablauf des Geschäftsjahrs vollenden würden;
6. Frauen, welche glaubhaft machen, daß ihnen die Fürsorge für ihre Familie die Ausübung des Amtes in besonderem Maße erschwert.

§ 36. Der Vorsteher einer jeden Gemeinde[21]) oder eines landesgesetzlich der Gemeinde gleichstehenden Verban-

20) Vgl. § 25 Reichsbeamtenges v. 12/5 07 (RGBl S. 245).

21) Unter dem Vorsteher einer Gemeinde ist die nach den Einrichtungen der einzelnen Bundesstaaten zur Leitung der Gemeindeangelegenheiten berufene Person zu verstehen; in Hessen demnach — neben den Vorstehern der einzelnen Gemeinden — auch der mehreren Gemeinden vorgesetzte Bürgermeister. U 11/11 86, R 8, 697.

des hat alljährlich ein Verzeichnis der in der Gemeinde wohnhaften Personen, welche zu dem Schöffenamte berufen werden können, aufzustellen (Urliste).

Die Urliste ist in der Gemeinde eine Woche lang zu jedermanns Einsicht auszulegen. Der Zeitpunkt der Auslegung ist vorher öffentlich bekannt zu machen.

Die Landesjustizverwaltung kann für eine Gemeinde anordnen:

a) daß in einer von der Landesjustizverwaltung im voraus bestimmten Reihenfolge in die Urliste für das einzelne Jahr ein nach den Anfangsbuchstaben der Namen oder der Straßen oder nach beiden Gesichtspunkten beschränkter Teil der Personen aufzunehmen ist, die zum Schöffenamte berufen werden können. Die Anordnung soll so getroffen werden, daß die aufzustellende Urliste mindestens die sechsfache Zahl der aus ihr auszuwählenden Personen umfaßt. Die Reihenfolge darf erst geändert werden, wenn sämtliche Anfangsbuchstaben durchlaufen worden sind. Ist eine Gemeinde in mehrere Amtsgerichtsbezirke geteilt, so kann die Anordnung auf die zu den einzelnen Bezirken gehörenden Teile der Gemeinde beschränkt werden;

b) daß der Auswahl der Schöffen ein für die Gemeinde anderweit aufgestelltes amtliches Verzeichnis der Einwohner zugrunde gelegt wird.

Im Falle des Abs. 3 Buchstabe a gilt die beschränkte Urliste, im Falle des Abs. 3 Buchstabe b das amtliche Verzeichnis als Urliste im Sinne dieses Gesetzes.

§ **37.** Gegen die Richtigkeit oder Vollständigkeit der Urliste kann innerhalb der einwöchigen Frist schriftlich oder zu Protokoll Einsprache erhoben werden.

§ **38.** Der Gemeindevorsteher sendet die Urliste nebst den erhobenen Einsprachen und den ihm erforderlich erscheinenden Bemerkungen an den Amtsrichter des Bezirkes.

Wird nach Absendung der Urliste ihre Berichtigung erforderlich, so hat der Gemeindevorsteher hiervon dem Amtsrichter Anzeige zu machen.

§ **39.** Der Amtsrichter stellt die Urlisten des Bezirkes zusammen und bereitet den Beschluß über die Einsprachen vor. Er hat die Beachtung der Vorschriften des § 36 Abs. 2 zu prüfen und die Abstellung etwaiger Mängel zu veranlassen.

§ **40.** Bei dem Amtsgerichte tritt alljährlich ein Ausschuß zusammen.

Der Ausschuß besteht aus dem Amtsrichter als Vorsitzenden und einem von der Landesregierung zu bestimmenden Staatsverwältungsbeamten, sowie sieben Vertrauenspersonen als Beisitzern.

Die Vertrauenspersonen werden aus den Einwohnern des Amtsgerichtsbezirkes gewählt.[22])

Die Wahl erfolgt nach näherer Bestimmung der Landesgesetze durch die Vertretungen der Kreise, Ämter, Gemeinden oder dergleichen Verbände; wenn solche Vertretungen nicht vorhanden sind, durch den Amtsrichter. Letzterer hat die Vertrauensmänner vornehmlich aus den Vorstehern der vorbezeichneten Verbände zu wählen.

Zur Beschlußfähigkeit des Ausschusses genügt die Anwesenheit des Vorsitzenden, des Staatsverwaltungsbeamten und dreier Vertrauenspersonen. Der Ausschuß faßt seine Beschlüsse nach der absoluten Mehrheit der Stimmen. Bei Stimmengleichheit entscheidet die Stimme des Vorsitzenden.

§ **41.** Der Ausschuß entscheidet über die gegen die Urliste erhobenen Einsprachen. Die Entscheidungen sind zu Protokoll zu vermerken. Beschwerde findet nicht statt.

§ **42.** Aus der berichtigten Urliste wählt der Ausschuß für das nächste Geschäftsjahr:

1. die erforderliche Zahl[23]) von Schöffen;
2. die erforderliche Zahl der Personen, welche in der von dem Ausschuß festzusetzenden Reihenfolge an

---

22) Wegen der Reisekosten der Vertrauensmänner und wegen der gegen die letzteren zulässigen Ordnungsstrafen vgl. §§ 55, 56.

23) Wegen der erforderlichen Zahl s. § 43.

Die Schöffen leisten den Eid, indem jeder einzeln die Worte spricht:

„ich schwöre es, so wahr mir Gott helfe."

Der Schwörende soll bei der Eidesleistung die rechte Hand erheben.

Ist ein Schöffe Mitglied einer Religionsgesellschaft, welcher das Gesetz den Gebrauch gewisser Beteuerungsformeln an Stelle des Eides gestattet, so wird die Abgabe einer Erklärung unter der Beteuerungsformel dieser Religionsgesellschaft der Eidesleistung gleichgeachtet.

Über die Beeidigung wird von dem Gerichtsschreiber ein Protokoll aufgenommen.

§ **52.** Wenn die Unfähigkeit[26]) einer als Schöffe in die Jahresliste aufgenommenen Person eintritt oder bekannt wird, so ist ihr Name von der Liste zu streichen.

Ein Schöffe, bei dem nach seiner Aufnahme in die Jahresliste andere Umstände eintreten oder bekannt werden, bei deren Vorhandensein eine Berufung zum Schöffenamte nicht erfolgen soll, ist zur Dienstleistung ferner nicht heranzuziehen.[27])

Die Entscheidung erfolgt durch den Amtsrichter nach Anhörung der Staatsanwaltschaft und des beteiligten Schöffen.

Beschwerde findet nicht statt.

§ **53.** Ablehnungsgründe[28]) sind nur zu berücksichtigen, wenn sie innerhalb einer Woche, nachdem der beteiligte Schöffe von seiner Einberufung in Kenntnis gesetzt worden ist, von ihm geltend gemacht werden. Sind sie später entstanden oder bekannt geworden, so ist die Frist erst von diesem Zeitpunkt zu berechnen.

Der Amtsrichter entscheidet über das Gesuch nach Anhörung der Staatsanwaltschaft. Beschwerde findet nicht statt.

§ **54.** Der Amtsrichter kann einen Schöffen auf dessen

---

26) Wegen der Unfähigkeit eines Schöffen s. §§ 31, 32.

27) Wegen der Personen, welche zu dem Amte eines Schöffen nicht berufen werden sollen, s. §§ 33, 34.

28) Wegen der Ablehnungsgründe s. § 35.

Antrag wegen eingetretener Hinderungsgründe von der Dienstleistung an bestimmten Sitzungstagen entbinden.

Die Entbindung des Schöffen von der Dienstleistung kann davon abhängig gemacht werden, daß ein anderer für das Dienstjahr bestimmter Schöffe für ihn eintritt.

Der Antrag und die Bewilligung sind aktenkundig zu machen.

§ 55. Die Schöffen und die Vertrauenspersonen des Ausschusses erhalten eine angemessene Entschädigung für den ihnen durch ihre Dienstleistung entstehenden Verdienstausfall und den mit der Dienstleistung verbundenen Aufwand sowie Ersatz der Fahrkosten. Ist durch die Dienstleistung eine Vertretung des zum Schöffen oder zur Vertrauensperson Berufenen notwendig geworden, so können die Kosten der Vertretung nach billigem Ermessen erstattet werden.29)

Die Höhe der Aufwandsentschädigung und der Fahrkosten sowie die Höchst- und Mindestgrenzen der Entschädigung für den Dienstausfall bestimmt die Reichsregierung mit Zustimmung des Reichsrats durch allgemeine Anordnung.

Entschädigung und Fahrkosten werden nur auf Verlangen gewährt. Der Anspruch erlischt, wenn das Verlangen nicht binnen drei Monaten nach Beendigung der Dienstleistung bei dem Gerichte, bei dem die Dienstleistung stattgefunden hat, gestellt worden ist. Beschwerden über die Höhe der Entschädigung und der Fahrkosten werden im Aufsichtsweg entschieden.

§ 56. Schöffen und Vertrauenspersonen des Ausschusses, welche ohne genügende Entschuldigung30) zu den Sitzungen

---

29) Wegen der Geschworenen s. § 84.

30) Die in öffentl. Dienstverhältnissen befindlichen unmittelbaren oder mittelbaren Staatsbeamten können ihr Nichterscheinen mit Versagung des Urlaubs seitens ihrer Vorgesetzten nicht entschuldigen. Beschl 22/5 80, R 1, 810. Wegen der Bestrafung des Vorschützens unwahrer Tatsachen als Entschuldigung s. § 138 StGB., welcher lautet: „Wer als Zeuge, Geschworener oder Schöffe berufen, eine unwahre Tatsache als Entschuldigung vorschützt, wird mit Gefängnis bis zu zwei Monaten bestraft. Dasselbe gilt usw. Die auf das Nichterscheinen gesetzten Ordnungsstrafen werden durch vorstehende Strafbestimmung nicht ausgeschlossen."

nicht rechtzeitig sich einfinden oder ihren Obliegenheiten in anderer Weise sich entziehen, sind zu einer Ordnungsstrafe in Geld sowie in die verursachten Kosten zu verurteilen.

Die Verurteilung wird durch den Amtsrichter nach Anhörung der Staatsanwaltschaft ausgesprochen. Erfolgt nachträglich genügende Entschuldigung, so kann die Verurteilung ganz oder teilweise zurückgenommen werden. Gegen die Entscheidungen findet Beschwerde von seiten des Verurteilten nach den Vorschriften der Strafprozeßordnung statt.[31])

§ 57. Bis zu welchem Tage die Urlisten aufzustellen und dem Amtsrichter einzureichen sind, der Ausschuß zu berufen und die Auslosung der Schöffen zu bewirken ist, wird durch die Landesjustizverwaltung bestimmt.

§ 58. Durch Anordnung der Landesjustizverwaltung kann für den Bezirk mehrerer Amtsgerichte einem von ihnen die Entscheidung der Strafsachen ganz oder zum Teil zugewiesen werden.

Die Landesjustizverwaltung bestimmt die für dieses Gericht erforderliche Zahl von Haupt- und Hilfsschöffen und die Verteilung der Zahl der Hauptschöffen auf die einzelnen Amtsgerichtsbezirke.

Die übrigen Vorschriften dieses Titels finden entsprechende Anwendung.

5. Titel. Landgerichte.

§ 59 (58). Die Landgerichte werden mit einem Präsidenten und der erforderlichen Anzahl von Direktoren[32]) und Mitgliedern besetzt. Von der Ernennung eines Direktors

---

31) Zur Entscheidung über diese Beschwerde ist nach § 73 die Strafkammer des Landgerichts zuständig. Die einschlagenden Vorschriften der StPO s. in den §§ 306ff. daselbst.

32) Mit der Gegenüberstellung der Direktoren und Mitglieder soll nur darauf hingewiesen werden, daß den ersteren unbeschadet ihrer Richtereigenschaft noch die besonderen Verrichtungen als Vorsitzende und Mitglieder des Präsidiums überwiesen worden sind. Es ist also nicht ausgeschlossen, daß die einmal zu Direktoren ernannten Richter auch unter dem Vorsitze eines anderen Richters als bloße Mitglieder eines Kollegiums tätig werden können. U 31/1 81, E 3, 310.

kann abgesehen werden, wenn der Präsident den Vorsitz in den Kammern allein führen kann

Die Direktoren und die Mitglieder können gleichzeitig Amtsrichter im Bezirke des Landgerichts sein.

§ **60 (59).** Bei den Landgerichten werden Zivil- und Strafkammern gebildet.[33])

§ **60 (61).** Bei den Landgerichten sind Untersuchungsrichter nach Bedürfnis zu bestellen.

Die Bestellung erfolgt durch die Landesjustizverwaltung auf die Dauer eines Geschäftsjahrs.[34])

§ **62 (61).** Den Vorsitz im Plenum führt der Präsident,[35]) den Vorsitz in den Kammern führen der Präsident und die Direktoren.[36]) Den Vorsitz in der kleinen Strafkammer (§ 76 Abs. 2) kann auch ein Mitglied des Landgerichts führen, das vom Präsidium auf die Dauer eines Geschäftsjahrs bestimmt wird.

Vor Beginn des Geschäftsjahrs bestimmt der Präsident die Kammer, welcher er sich anschließt. Über die Verteilung des Vorsitzes in den übrigen Kammern entscheiden der Präsident und die Direktoren nach Stimmenmehrheit; im Falle der Stimmengleichheit gibt die Stimme des Präsidenten den Ausschlag.[37])

§ **63 (62).**[38]) Vor Beginn des Geschäftsjahrs werden

---

33) Über die Zulässigkeit der Teilung einer bei einem Landgericht bestehenden Strafkammer in verschiedene Abteilungen mit besonderen Vorsitzenden s. U 10/10 80, E 2, 230.

34) Über die Bestellung des Untersuchungsrichters bei dem Reichsgericht s. § 186 StPO.

35) Wegen der Vertretung des Präsidenten s. § 66 Abs. 2.

36) Unter den Direktoren sind nur die endgültig zu solchen ernannten Personen, nicht auch solche Mitglieder des Landgerichts zu verstehen, denen von der Landesjustizverwaltung nur die Dienstverrichtungen eines ordentlichen Vorsitzenden oder eines Direktors beigelegt sind. U 11/6 88, E 18, 9.

37) Änderungen des über den Vorsitz ergangenen Beschlusses darf der Präsident nicht selbständig vornehmen. U 1/5 06, E 38, 416.

38) Die Vorschriften des § 63 beziehen sich nur auf die ordentlichen Mitglieder der Landgerichte und die regelmäßige Vertretung, U 4/10 80, E 2, 311, gebieten aber nicht, daß jedes Mitglied

auf seine Dauer die Geschäfte unter die Kammern derselben Art verteilt und die ständigen Mitglieder der einzelnen Kammern sowie für den Fall ihrer Verhinderung[39]) die regelmäßigen Vertreter bestimmt.[40]) Jeder Richter kann zum Mitglied mehrerer Kammern bestimmt werden.

Die getroffene Anordnung kann im Laufe des Geschäftsjahrs nur geändert werden, wenn dies wegen eingetretener Überlastung einer Kammer oder infolge Wechsels[41]) oder dauernder Verhinderung[42]) einzelner Mitglieder des Gerichts erforderlich wird.

§ **64 (63).** Die im vorstehenden Paragraphen bezeichneten Anordnungen erfolgen durch das Präsidium.[43])

---

einer Kammer zugeteilt wird (dauernde Verhinderung durch Betrauung mit Justizverwaltungsgeschäften). U 15/3 12, E 46, 254. Die Vorschriften der §§ 63—70 erfordern stets für jede Ersetzung eines ordentlichen Mitgliedes einer Strafkammer durch Stellvertreter oder Hilfsrichter eine ordnungsmäßige Berufung durch die hierzu bestimmten Organe der Justizverwaltung. Eine auf privater persönlicher Abmachung beruhende freiwillige Vertretung ist gesetzlich unzulässig. U 22/1 85, R 7, 41.

39) Eine Verhinderung liegt auch dann vor, wenn ein regelmäßiges Mitglied der erkennenden Strafkammer für den Sitzungstag zur Teilnahme an den Verhandlungen einer anderen Kammer, welcher jenes Mitglied als Vertreter angehört, durch den Landgerichtspräsidenten einberufen wird. U 5/5 80, E 2, 51.

Es genügt in dieser Beziehung, daß für die ständigen Mitglieder eine nach Zahl und Personen abgegrenzte Reihe anderer Mitglieder des Gerichts in der Weise als regelmäßige Stellvertreter bestimmt werden, daß jeder als regelmäßiger Stellv. an die Stelle eines jeden der verhinderten ständigen Mitglieder zu treten befugt ist. U 29/4 07, DR 11, 716.

40) Die Verwendung eines einem Landgericht durch die Justizverwaltung zur ständigen Vertretung eines dauernd verhinderten Mitgliedes überwiesenen Assessors ist durch das Präsidium (§ 64) zu regeln. U 14/7 04, DR 8, 507. U 16/9 04, G 51, 408. U 8/11 04, E 37, 300.

41) Ob der Wechsel in der Person der Gerichtsmitglieder auf der Ausscheidung eines Mitgliedes oder dem Eintritt eines neuen, wenn auch nur zeitweise und außerplanmäßig ernannten Mitgliedes beruht, ist gleichgültig. U 9/5 90, E 20, 385.

42) Als dauernde Verhinderung i. S. § 63 Abs. 2 kann auch eine nur zeitweise, in ihrer Dauer feststellbare Verhinderung (bestimmter Urlaub) angesehen werden. Die Unmöglichkeit des Wiedereintritts wird nicht erfordert. U 9/5 90, E 20, 385.

43) Das Präsidium kann die im § 63 bezeichnete Anordnung nur für die Zukunft treffen; die nachträgliche Genehmigung

Das Präsidium wird durch den Präsidenten als Vorsitzenden, die Direktoren und das dem Dienstalter nach, bei gleichem Dienstalter das der Geburt nach älteste Mitglied gebildet; ist kein Direktor ernannt, so besteht das Präsidium aus dem Präsidenten und den beiden ältesten Mitgliedern. Das Präsidium entscheidet nach Stimmenmehrheit; im Falle der Stimmengleichheit gibt die Stimme des Präsidenten den Ausschlag.

§ **65 (64).** Der Präsident kann bestimmen, daß einzelne Untersuchungen von dem Untersuchungsrichter, dessen Bestellung mit dem Ablaufe des Geschäftsjahrs erlischt, zu Ende geführt werden, sowie daß in einzelnen Sachen, in welchen während des Geschäftsjahrs eine Verhandlung bereits stattgefunden hat, die Kammer in ihrer früheren Zusammensetzung auch nach Ablauf des Geschäftsjahrs verhandle und entscheide.[44])

§ **66 (65).** Im Falle der Verhinderung des ordentlichen Vorsitzenden führt den Vorsitz in der Kammer das Mitglied der Kammer, welches dem Dienstalter nach und bei gleichem Dienstalter der Geburt nach das älteste ist.[45]) Für

---

einer Anordnung des Präsidenten durch das Präsidium kennt das Gesetz nicht. Auch kann das Präsidium den Präsidenten nicht ermächtigen, nach seinem freien Ermessen die in den §§ 63, 64 vorgesehenen Anordnungen zu treffen. U 27/5 92, E 23, 167. Beurkundung der Beschlüsse ist nicht Voraussetzung ihrer Rechtsgültigkeit. U 21/12 12, G 60, 426.

Auch die Bildung der Ferien-Kammern und -Senate muß durch das Präsidium erfolgen. U 22/1 04, E 37, 59. U 4/3 04, DJZ 10, 178. Über die Zulässigkeit der Zuziehung von Amtsrichtern als Ergänzungsrichter einer Ferienstrafkammer s. U 22/3 07, E 40, 84.

44) Über die Anwendbarkeit des § 65 auch bei Änderung der Geschäftsverteilung innerhalb des Geschäftsjahres u. auf Ferienkammern s. U 24/8 06, G 53, 445 bzw. U 7/12 08, G 56, 85.

45) Unter dem Mitgliede, welchem die Vertretung des ordentlichen Vorsitzenden im Vorsitz zufällt, ist das älteste ständige Mitglied der Kammer zu verstehen. Eintretende Stellvertreter kommen hierbei nicht in Betracht, selbst wenn sie ein höheres Dienstalter als das älteste ordentliche Mitglied der Kammer haben, U 2/3 80, E 1, 238. U 29/4 92, E 23, 99, und dies gilt insbesondere von den als Hilfsrichter zugezogenen Amtsrichtern oder Gerichtsassessoren, welche, da

den Vorsitzenden der kleinen Strafkammer bestimmt das Präsidium den regelmäßigen Ve.treter vor Beginn des Geschäftsjahrs.

Der Präsident wird in seinen übrigen durch dieses Gesetz bestimmten Geschäften, wenn ein Direktor zu seinem ständigen Vertreter ernannt ist, durch diesen, sonst durch den Direktor vertreten, welcher dem Dienstalter nach und bei gleichem Dienstalter der Geburt nach der älteste ist. Ist kein Direktor ernannt, so wird der Präsident, wenn nicht ein Mitglied des Landgerichts zu seinem ständigen Vertreter ernannt ist, durch das Mitglied vertreten, welches dem Dienstalter nach und bei gleichem Dienstalter der Geburt nach das älteste ist.

§ **67 (66).** Im Falle der Verhinderung des regelmäßigen Vertreters eines Mitglieds wird ein zeitweiliger Vertreter durch den Präsidenten bestimmt.[46])

---

sie nicht wirkliche Mitglieder des zuständigen Landgerichts sind, zur Vertretung des ordentlichen Vorsitzenden der Kammer niemals befugt sind. U 23/2 20, E 54, 253. Für den Fall, daß in Verhinderung des ordentlichen Vorsitzenden auch das dienstälteste Mitglied an der Führung des Vorsitzes verhindert ist, hat das diesem nächstälteste ständige Mitglied und so weiter das jeweilig dienstlich verfügbare älteste Mitglied als zur Vertretung im Vorsitze berufen zu gelten und den Vorsitz zu übernehmen. U 20/12 88, E 18, 302. U 29/4 92, E 23, 99. U 31/5 94, E 25, 389.

Wenn der ordentliche Vorsitzende nur an der Führung des Vorsitzes (z. B. durch Heiserkeit), nicht aber an der Tätigkeit als Beisitzer behindert ist, so kann er auch als Beisitzer mitwirken. U 22/4 84, E 10, 318. U 29/4 92, E 23, 99. Er darf aber dann nicht einzelne Teile der Beweisaufnahme über die Grenze des § 240 StPO hinaus und abgesehen von dem bloßen Vorlesen von Aktenstücken einem beisitzenden Richter übertragen. U 1/11 83, R 5, 653. Vgl. U 29/9 80, E 2, 343 (Vertretung des Vorsitzenden vor Eröffnung des Hauptverfahrens durch den Landgerichtspräsidenten).

46) Wegen der Verhinderung s. A. 39 zu § 63. Auch Überlastung kann einen Hinderungsgrund i. S. § 67 abgeben. U 6/2 00, E 47, 159. Zu den Mitgliedern des Landgerichts, die im Falle der Verhinderung des regelmäßigen Vertreters eines Mitgliedes als zeitweilige Vertreter zu bestimmen sind, gehören auch der Präsident und die Direktoren des Landgerichts. U 21/9 03, E 36, 379. U 19/1 09, E 56, 212 (Hilfsrichter). Der nach § 66 Abs. 2 berufene Vertreter des

§ 68 (67). Die Bestimmungen der §§ 62—67 finden auf die Kammern für Handelssachen keine Anwendung.

§ 69 (68). Innerhalb der Kammer verteilt der Vorsitzende die Geschäfte auf die Mitglieder.

§ 70 (69). Soweit die Vertretung eines Mitglieds nicht durch ein Mitglied desselben Gerichts möglich ist, wird sie auf den Antrag des Präsidiums durch die Landesjustizverwaltung geordnet.[47]

Die Beiordnung eines nichtständigen Richters[48] darf, wenn sie auf eine bestimmte Zeit erfolgte, vor Ablauf dieser Zeit, wenn sie auf unbestimmte Zeit erfolgte, solange das Bedürfnis, durch welches sie veranlaßt wurde, fortdauert, nicht widerrufen werden. Ist mit der Vertretung eine Entschädigung verbunden,[49] so ist diese für die ganze Dauer im voraus festzustellen.

Präsidenten ist auch dessen Vertreter in Ausübung des ihm durch § 67 beigelegten Rechtes, einen zeitweiligen Vertreter zu bestimmen. U 30/1 02, DR 6, 158.

Die Übertragung einer vorläufigen und vorbehaltlich der Genehmigung des Präsidenten erfolgenden Bestimmung an den Kammervorsitzenden ist unzulässig. U 17/3 08, E 41, 184.

47) Zu den Mitgliedern, die zur Vertretung heranzuziehen sind, bevor die Einberufung eines Nichtmitgliedes zulässig ist, gehören auch der Präsident und die Direktoren des Landgerichts. U 21/9 03, E 36, 379. Ob die Vertretung durch ein Mitglied desselben Gerichts nicht möglich und deshalb das Bedürfnis der Beiordnung eines Hilfsrichters wirklich vorhanden war, unterliegt nicht der Prüfung der Revisionsinstanz, da diese Prüfung sich lediglich auf die Zahl der mitwirkenden Richter und auf die Frage zu beschränken hat, ob die Richter zur Wahrnehmung der Geschäfte sämtlich überhaupt und bei dem betreffenden Landgericht die Befähigung und die gesetzlich vorgeschriebene Berufung hatten. U 13/11 80, E 3, 231.

48) Darüber, welche Personen als Hilfsrichter dem Landgericht zugeordnet werden können, entscheidet die Landesgesetzgebung. Vgl. § 10 und U 4/10 80, E 2, 311 (Amtsrichter in Baden); U 27/11 89, E 3, 241 (Gerichtsassessoren in Preußen); U 22/2 81, R 3, 68 (desgl.); U 12/5 92, E 23, 119 (desgl.); U 18/9 99, E 32, 284 (Amtsrichter in Lübeck-Oldenburg).

49) Daß mit der Beiordnung von Hilfsrichtern die Festsetzung einer Entschädigung für diese Dienstleistung verbunden sein muß, ist aus § 70 Abs. 2 nicht zu entnehmen. U 19/6 80, R 2, 80.

Unberührt bleiben die landesgesetzlichen Bestimmungen, nach welchen richterliche Geschäfte nur von ständig angestellten Richtern wahrgenommen werden können, sowie die, welche die Vertretung durch ständig angestellte Richter regeln.[50])

§§ 71, 72 (70, 71) betreffen die Zuständigkeit der Zivilkammer, einschl. der Kammer für Handelssachen, in bürgerlichen Rechtsstreitigkeiten.

§ 73 (72).[51]) Die Strafkammern[52]) sind zuständig für die die Voruntersuchung und deren Ergebnisse betreffenden Entscheidungen, welche nach den Vorschriften der Strafprozeßordnung von dem Gerichte zu erlassen sind; sie entscheiden über Beschwerden gegen Verfügungen des Untersuchungsrichters und des Amtsrichters sowie gegen Entscheidungen des Amtsrichters und der Schöffengerichte.[53]) Die Bestimmungen über die Zuständigkeit der Oberlandesgerichte und des Reichsgerichts werden hierdurch nicht berührt.[54])

Die Strafkammern erledigen außerdem die in der Strafprozeßordnung den Landgerichten zugewiesenen Geschäfte.

§ 74 (73). Die Strafkammern sind als erkennende Gerichte zuständig für die Verhandlung und Entscheidung über das Rechtsmittel der Berufung gegen die Urteile des Amtsrichters und des Schöffengerichts.[55])

§ 75 betrifft die Besetzung der Zivilkammern.

---

50) Wegen der Hilfsrichter bei den Oberlandesgerichten und bei dem Reichsgericht s. §§ 118, 132. Ein Landgerichtspräsident, dem landesrechtlich die Einberufung eines Amtsrichters zur Aushilfe beim Landgericht übertragen ist, darf die Bestimmnng des abzuordnenden Richters nicht dem Amtsgerichtsvorstand überlassen (Bayern). U 6/3 23, E 57, 269.

51) Vgl. zu § 73: U 29/4 80, E 1, 402 (Zur Rechtsgültigkeit von Beschlüssen gehört nicht notwendig die Unterschrift der sämtlichen bei der Fassung derselben mitwirkenden Richter) und U 4/10 80, E 2, 311 (Zuziehung von Amtsrichtern zu den Sitzungen des Landgerichts).

52) in der Besetzung von drei Mitgliedern: § 76.

53) Vgl. jedoch die abweichenden Bestimmungen der §§ 159, 181.

54) Vgl. § 137.

55) Wegen der Berufung vgl. §§ 312 ff. StPO.

§ 76 (77). Die Strafkammern entscheiden außerhalb der Hauptverhandlung in der Besetzung von drei Mitgliedern mit Einschluß des Vorsitzenden.[56])

In der Hauptverhandlung ist die Strafkammer besetzt:

mit dem Vorsitzenden und zwei Schöffen (kleine Strafkammer), wenn sich die Berufung gegen ein Urteil des Amtsrichters richtet;

mit drei Richtern mit Einschluß des Vorsitzenden und zwei Schöffen (große Strafkammer), wenn sich die Berufung gegen ein Urteil des Schöffengerichts richtet.

§ 77. Für die Schöffen der Strafkammer gelten entsprechend die Vorschriften über die Schöffen des Schöffengerichts mit folgender Maßgabe:

Die Landesjustizverwaltung verteilt die Zahl der erforderlichen Hauptschöffen auf die zum Bezirke des Landgerichts gehörenden Amtsgerichtsbezirke. Die Hilfsschöffen wählt der Ausschuß bei dem Amtsgericht, in dessen Bezirk das Landgericht seinen Sitz hat. Hat das Landgericht seinen Sitz außerhalb seines Bezirkes, so bestimmt die Landesjustizverwaltung, welcher Ausschuß der zum Bezirke des Landgerichts gehörigen Amtsgerichte die Hilfsschöffen wählt. Die Namen der gewählten Hauptschöffen und der Hilfsschöffen werden von dem Amtsrichter dem Landgerichtspräsidenten mitgeteilt. Der Landgerichtspräsident stellt die Namen der Hauptschöffen zur Jahresliste der Hauptschöffen zusammen.[56a])

An die Stelle des Amtsrichters tritt für die Auslosung der Reihenfolge, in der die Hauptschöffen an den einzelnen ordentlichen Sitzungen der Strafkammer teilnehmen, und für die Streichung eines Schöffen von der Jahresliste d s

---

56) Wie die von den Kammern in dieser Besetzung gefaßten Beschlüsse zu beurkunden sind, ist nicht vorgeschrieben, sondern der Regelung durch die Geschäftsordnung überlassen. Insbesondere ist nicht vorgeschrieben, daß die Gerichtsbeschlüsse von allen beschließenden Richtern unterzeichnet werden müssen. U 18/2 80, E 1, 210. U 29/4 80, E 1, 402.

56a) Sind mehrere Strafkammern an verschiedenen Gerichtsorten eingerichtet, so ist mit Rücksicht auf § 78 Abs. 3 für jede eine getrennte Jahresliste aufzustellen.

Landgerichts der Landgerichtspräsident; im übrigen tritt an die Stelle des Amtsrichters der Vorsitzende der Strafkammer.

Niemand soll für dasselbe Geschäftsjahr zugleich als Schöffe für das Schöffengericht und für die Strafkammer bestimmt werden. Ist dies dennoch geschehen, oder ist jemand für dasselbe Geschäftsjahr in mehreren Bezirken zu diesen Ämtern bestimmt worden, so hat der Einberufene das Amt zu übernehmen, zu welchem er zuerst einberufen wird.

§ 78.[57]) Durch Anordnung der Landesjustizverwaltung kann wegen großer Entfernung des Landgerichtssitzes bei einem Amtsgerichte für den Bezirk eines oder mehrerer Amtsgerichte eine Strafkammer gebildet und ihr für diesen Bezirk die gesamte Tätigkeit der Strafkammer des Landgerichts oder ein Teil dieser Tätigkeit zugewiesen werden.[58])

Die Besetzung einer solchen Strafkammer erfolgt aus Mitgliedern des Landgerichts oder Amtsrichtern des Bezirkes, für welchen die Kammer gebildet wird. Der Vorsitzende wird ständig, die Amtsrichter werden auf die Dauer des Geschäftsjahrs durch die Landesjustizverwaltung berufen, die übrigen Mitglieder werden nach Maßgabe des § 63 durch das Präsidium des Landgerichts bezeichnet.[59])

Die Landesjustizverwaltung verteilt die Zahl der erforderlichen Hauptschöffen auf die zum Bezirke der Strafkammer gehörenden Amtsgerichtsbezirke. Die Hilfsschöffen

57) Der § 78 betrifft die Bildung auswärtiger Strafkammern zur Abhilfe für dauernde oder regelmäßig wiederkehrende und im voraus zu berechnende Bedürfnisse. Dadurch wird nicht ausgeschlossen, daß die Strafkammer des Landgerichts aus besonderen Zweckmäßigkeitsgründen die Hauptverhandlung in einer Strafsache außerhalb des Sitzes des Landgerichts, jedoch innerhalb des Bezirkes des letzteren, abhält. U 20/11 84, E 11, 352. Vgl. übrigens § 91. Die auswärtigen Strafkammern haben hinsichtlich der örtlichen Zuständigkeit gegenüber den Strafkammern am Sitze des Landgerichts als verschiedene Gerichte zu gelten. U 21/11 16, E 50, 159.

58) Wegen der Einlegung der Revision gegen Urteile der bei den Amtsgerichten gebildeten Strafkammern s. A. 42 zu § 341 StPO.

59) Über die Befugnis der Landesjustizverwaltung in Preußen, dem ständig berufenen Vorsitzenden der Strafkammer bei einem Amtsgerichte generell einen Stellvertreter für einen Verhinderungsfall zu bestellen, s. U 8/1 84, E 9, 387.

wählt der Ausschuß bei dem Amtsgerichte, bei dem die auswärtige Strafkammer gebildet worden ist. Die im § 77 dem Landgerichtspräsidenten zugewiesenen Geschäfte nimmt der Vorsitzende der Strafkammer wahr.

6. Titel. Schwurgerichte.

§ 79. Für die Verhandlung und Entscheidung von Strafsachen treten bei den Landgerichten nach Bedarf Schwurgerichte zusammen.

§ 80. Die Schwurgerichte sind zuständig für die Verbrechen, welche nicht vor das Reichsgericht oder vor das Amtsgericht gehören.[60])

§ 81. Das Schwurgericht besteht aus drei Richtern mit Einschluß des Vorsitzenden[61]) und sechs Geschworenen.

§ 82. Die Richter und die Geschworenen entscheiden über die Schuld- und Straffrage gemeinschaftlich; während der Hauptverhandlung üben die Geschworenen das Richteramt im gleichen Umfang wie die Schöffen aus.

Außerhalb der Hauptverhandlung entscheiden während der Tagung die richterlichen Mitglieder des Schwurgerichts; außerhalb der Tagung entscheidet die Strafkammer des Landgerichts.[62])

§ 83. Vor Beginn des Geschäftsjahrs ernennt der Präsident des Oberlandesgerichts für jede Tagung des Schwurgerichts aus der Zahl der Mitglieder des Oberlandesgerichts oder der in seinem Bezirk angestellten Richter einen Vorsitzenden des Schwurgerichts.

In gleicher Weise ernennt der Präsident des Landgerichts für jede Tagung des Schwurgerichts aus der Zahl der Mitglieder des Landgerichts und der in seinem Bezirk angestellten

---

60) Vgl. jedoch auch § 6 EGzGVG.: „Unberührt bleiben die bestehenden landesgesetzlichen Vorschriften über die Zuständigkeit der Schwurgerichte für die durch die Presse begangenen strafbaren Handlungen."

61) Wegen der Ernennung des Vorsitzenden und der übrigen richterlichen Mitglieder des Schwurgerichts s. § 83.

62) Vgl. § 76.

Amtsrichter einen Stellvertreter des Vorsitzenden, die übrigen richterlichen Mitglieder und ihre Stellvertreter.[63])

Wird im Laufe des Geschäftsjahrs eine Schwurgerichtstagung erforderlich, für die richterliche Mitglieder nicht ernannt worden sind, so können sie nachträglich ernannt werden. Ebenso können nachträglich Stellvertreter ernannt werden, wenn eine Vertretung erforderlich wird und die regelmäßigen Vertreter verhindert sind.

Solange noch nicht bestimmt ist, wann das Schwurgericht zusammentritt, erledigt der Vorsitzende der Strafkammer des Landgerichts die in diesem Gesetze und in der Strafprozeßordnung dem Vorsitzenden zugewiesenen Geschäfte. Das gleiche gilt, nachdem die Tagung geschlossen ist.

§ 84. Für die Geschworenen gelten die auf die Schöffen bezüglichen Vorschriften der §§ 31 bis 57, 77 entsprechend mit den sich aus dem Abs. 2 und den §§ 85 bis 90 ergebenden Maßgaben.[64])

Mindestens die Hälfte der zu einer Tagung heranzuziehenden Geschworenen müssen Männer sein.

§ 85. Die Zahl der Hauptgeschworenen ist so zu bestimmen, daß voraussichtlich jeder Hauptgeschworene nur zu einer

---

63) Auch die Direktoren der Landgerichte gehören zu den richterlichen Mitgliedern und können deshalb zu Mitgliedern (Beisitzern) des Schwurgerichts bestimmt werden. U 31/1 81, E 3, 310. Dasselbe gilt von den zur Aushilfe bei einem Landgericht in gesetzlicher Weise berufenen Hilfsrichtern. U 20/5 80, R 1, 807. Für den Fall der Unmöglichkeit einer Aushilfe aus der Reihe der Mitglieder des Landgerichts kann der Landgerichtspräsident auch Amtsrichter des Landgerichtsbezirks zu den Sitzungen des Schwurgerichts heranziehen. U 5/7 94, E 26, 94. Ist der Schwurgerichtsvorsitzende und sein für die Dauer der Sitzungsperiode bestimmter Stellvertreter tatsächlich verhindert, so kann der Landgerichtspräsident dem jeweiligen Bedürfnis entsprechend einen anderen Stellvertreter ernennen. U 12/8 07, E 40, 268.

64) Insbesondere findet auch die Vorschrift des § 35 Nr. 2 auf das Geschworenenamt Anwendung, ohne daß ein Unterschied zwischen dem Amte eines Hauptgeschworenen oder eines Hilfsgeschworenen gemacht wird. U 24/9 85, E 12, 373. Vgl. U 25/4 12, E 46, 77 (Unfähigkeit zum Geschworenenamt bez. des Gesellschafters einer offenen Handelsgesellschaft während des ausschließlich über das Gesellschaftsvermögen eingeleiteten Konkurses).

Tagung des Schwurgerichts im Geschäftsjahr herangezogen wird.

§ 86. Die Reihenfolge, in der die Hauptgeschworenen an den Tagungen des Schwurgerichts teilnehmen, wird für das ganze Geschäftsjahr im voraus durch Auslosung bestimmt; der Präsident des Landgerichts setzt die Geschworenen von der Auslosung mit dem Hinzufügen in Kenntnis, daß ihnen darüber, ob und zu welchem Tage sie einberufen werden, eine weitere Nachricht zugehen werde.

§ 87. Der Präsident des Landgerichts bestimmt, wann das Schwurgericht zusammentritt, und ordnet die Einberufung der Hauptgeschworenen für die einzelne Tagung nach der Reihenfolge ihrer Auslosung an; zwischen der Zustellung der Ladung und dem Beginne der Tagung soll eine Frist von zwei Wochen liegen.[65])

§ 88. Der Präsident des Landgerichts entscheidet über die von den Geschworenen vorgebrachten Ablehnungsgründe[66]) sowie darüber, ob ein Geschworener ferner zur Dienstleistung heranzuziehen ist.

§ 89 (95). Erstreckt sich eine Tagung des Schwurgerichts über den Endtermin des Geschäftsjahrs hinaus, so bleiben die Geschworenen, welche dazu einberufen sind, bis zum Schlusse der Tagung zur Mitwirkung verpflichtet.

§ 90 (97). Niemand soll für dasselbe Geschäftsjahr als Geschworener und als Schöffe bestimmt werden.

Ist dies dennoch geschehen, oder ist jemand für dasselbe Geschäftsjahr in mehreren Bezirken zu diesen Ämtern bestimmt worden, so hat der Einberufene das Amt zu übernehmen, zu welchem er zuerst einberufen wird.

§ 91 (98). Die Strafkammer des Landgerichts kann bestimmen, daß einzelne Sitzungen des Schwurgerichts nicht

---

65) Die Ladung der Geschworenen erfolgt durch die Staatsanwaltschaft: § 214 StPO.

66) Der LGPr. entscheidet nur über die Ablehnungsgründe. Über die Hinderungsgründe entscheidet der Vorsitzende des Schwurgerichts nach §§ 84, 77 Abs. 3 Halbs. 2, 54 GVG.

am Sitze des Landgerichts, sondern an einem anderen Orte innerhalb des Schwurgerichtsbezirks abzuhalten seien.[67])

Wird in einem solchen Falle die Zuziehung anderer als der zunächst berufenen Geschworenen erforderlich, so werden die Hilfsschöffen des für den Sitzungsort zuständigen Schöffengerichts nach Maßgabe des § 49 herangezogen.

§ 92 (99). Die Landesjustizverwaltung kann bestimmen, daß die Bezirke mehrerer Landgerichte zu einem Schwurgerichtsbezirke zusammengelegt und die Sitzungen des Schwurgerichts bei einem der Landgerichte abgehalten werden.

In diesem Falle hat das Landgericht, bei welchem die Sitzungen des Schwurgerichts abgehalten werden, und dessen Präsident die ihnen in den §§ 82—91 zugewiesenen Geschäfte für den Umfang des Schwurgerichtsbezirkes wahrzunehmen.

Die Mitglieder des Schwurgerichts mit Einschluß des Stellvertreters des Vorsitzenden können aus der Zahl der im Bezirke des Schwurgerichts angestellten Richter bestimmt werden.

Die Zahl der erforderlichen Hauptgeschworenen wird auf sämtliche Amtsgerichte des Schwurgerichtsbezirkes verteilt.

7. Titel. Kammern für Handelssachen. §§ 93—114.

8. Titel. Oberlandesgerichte.[68])

§ 115 (119). Die Oberlandesgerichte werden mit einem Präsidenten und der erforderlichen Anzahl von Senatspräsidenten und Räten besetzt.

§ 116 (120). Bei den Oberlandesgerichten werden Zivil- und Strafsenate gebildet.

---

67) Diese Vorschrift ist auch für Verhandlungen vor den Strafkammern anwendbar. U 20/11 84, E 11, 352. U 23/2 92, E 22, 396. Vgl. § 78 A. 57.

68) Vgl. hierzu wegen der Länder mit mehreren Oberlandesgerichten § 9 EGzGVG. Vgl. auch § 172 StPO.

§ **117 (121).** Die Bestimmungen der §§ 62—69 finden mit der Maßgabe Anwendung, daß zu dem Präsidium stets die beiden ältesten Mitglieder des Gerichts zuzuziehen sind.

§ **118 (122).** Zu Hilfsrichtern dürfen nur ständig angestellte Richter berufen werden.

§ **119** betrifft bürgerliche Rechtsstreitigkeit.

§ **120.** Die Oberlandesgerichte sind zur Verhandlung und Entscheidung in erster und letzter Instanz in den Strafsachen zuständig, die gemäß § 134 Abs. 2 von dem Oberreichsanwalt an die Landesstaatsanwaltschaft abgegeben werden, oder in denen das Reichsgericht gemäß § 134 Abs. 3 bei Eröffnung des Hauptverfahrens die Verhandlung und Entscheidung dem Oberlandesgericht überweist. In den von dem Oberreichsanwalt an die Landesstaatsanwaltschaft abgegebenen Sachen trifft das Oberlandesgericht auch die im § 73 Abs. 1 bezeichneten Entscheidungen.

Für den Gerichtsstand gelten in diesen Fällen die allgemeinen Vorschriften. Sind jedoch in einem Lande mehrere Oberlandesgerichte errichtet, so können die im Abs. 1 den Oberlandesgerichten zugewiesenen Aufgaben durch die Landesjustizverwaltung einem oder einigen der Oberlandesgerichte oder dem Obersten Landesgericht übertragen werden. Durch Vereinbarung der beteiligten Landesjustizverwaltungen können diese Aufgaben dem hiernach zuständigen Gericht eines Landes auch für das Gebiet eines anderen Landes übertragen werden.

§ **121 (123).** Die Oberlandesgerichte sind in Strafsachen ferner zuständig für die Verhandlung und Entscheidung über die Rechtsmittel:

1. der Revision gegen
   a) die mit der Berufung nicht anfechtbaren Urteile des Amtsrichters;
   b) die Urteile der kleinen Strafkammer;
   c) die Urteile der großen Strafkammer, wenn in erster Instanz das mit einem Richter und zwei Schöffen besetzte Schöffengericht entschieden hat;
   d) die Urteile der großen Strafkammer und der

Schwurgerichte, wenn die Revision ausschließlich auf die Verletzung einer in den Landesgesetzen enthaltenen Rechtsnorm gestützt wird;[69])

2. der Beschwerde gegen strafrichterliche Entscheidungen, soweit nicht die Zuständigkeit der Strafkammer oder des Reichsgerichts begründet ist.

§ **122 (124).** Die Senate der Oberlandesgerichte entscheiden, soweit nicht nach den Vorschriften der Prozeßgesetze an Stelle des Senats der Einzelrichter zu entscheiden hat, in der Besetzung von drei Mitgliedern mit Einschluß des Vorsitzenden.

Die Strafsenate sind in der Hauptverhandlung erster Instanz mit fünf Mitgliedern einschließlich des Vorsitzenden zu besetzen.

9. Titel. Reichsgericht.

§ **123 (125).** Der Sitz des Reichsgerichts wird durch Gesetz bestimmt.[70])

§ **124 (126).** Das Reichsgericht wird mit einem Präsidenten und der erforderlichen Anzahl von Senatspräsidenten und Räten besetzt.

§ **125 (127).** Der Präsident, die Senatspräsidenten und Räte werden auf Vorschlag des Reichsrats von dem Reichspräsidenten ernannt.

Zum Mitglied des Reichsgerichts kann nur ernannt werden, wer die Fähigkeit zum Richteramt in einem deutschen Lande erlangt und das fünfunddreißigste Lebensjahr vollendet hat.

Das Dienstalter der Mitglieder des Reichsgerichts richtet sich nach der Ernennung. Auf das Dienstalter ist die Zeit

---

69) Vgl. § 135 GVG und § 344 StPO. Wenn von mehreren Angeklagten der eine die Revision gegen ein Urteil erster Instanz auf Verletzung des Reichsrechts, der andere nur auf Verletzung des Landesrechts stützt, so ist das Reichsgericht zur Entscheidung über die Revision beider Angeklagter zuständig. U 8/1 97, G 45, 29.

70) Vgl. Ges über den Sitz des Reichsgerichts vom 11/4 77 (RGBl S. 415) § 2: „Das Reichsgericht erhält seinen Sitz in Leipzig."

anzurechnen, die das Mitglied als Reichsanwalt, als Rechtsanwalt beim Reichsgericht oder als ordentlicher öffentlicher Lehrer des Rechtes an einer deutschen Universität tätig gewesen ist.

§§ **126—129, 133** enthalten Bestimmungen über die Enthebung der Reichsgerichtsmitglieder vom Amte und ihre Versetzung in den Ruhestand, sowie über die Zuständigkeit des Reichsgerichts in bürgerlichen Rechtsstreitigkeiten).

§ **130 (132).** Bei dem Reichsgerichte werden Zivil- und Strafsenate gebildet. Ihre Zahl bestimmt der Reichsminister der Justiz.

§ **131 (133).** Die Bestimmungen der §§ 62 bis 69 finden mit der Maßgabe Anwendung, daß zu dem Präsidium die vier ältesten Mitglieder des Gerichts zuzuziehen sind.

§ **132 (134).** Die Zuziehung von Hilfsrichtern ist unzulässig.

§ **134 (136).** In Strafsachen ist das Reichsgericht zuständig für die Untersuchung und Entscheidung in erster und letzter Instanz in den Fällen des Hochverrats, des Landesverrats[71]) und des Kriegsverrats gegen das Reich sowie der Verbrechen gegen die §§ 1, 3 des Gesetzes gegen den Verrat militärischer Geheimnisse vom 3. Juni 1914 (Reichsgesetzblatt S. 195).

In Landesverratssachen sowie bei Verbrechen gegen die §§ 1, 3 des Gesetzes gegen den Verrat militärischer Geheimnisse kann der Oberreichsanwalt die Strafverfolgung an die Landesstaatsanwaltschaft abgeben. Es sollen nur Strafsachen von minderer Bedeutung abgegeben werden.

Das Reichsgericht kann in den im Abs. 2 bezeichneten Sachen bei der Eröffnung des Hauptverfahrens die Ver-

---

71) Hochverrat und Landesverrat s. §§ 80—93 StGB. Das Vergehen gegen § 139 StGB (Unterlassung der Anzeige von dem Vorhaben eines Hochverrats und Landesverrats) gehört nicht hierher. Vgl. auch Anm. 80 zu § 452 StPO wegen des Begnadigungsrechtes in den Fällen des § 134 Abs. 1. Wegen weiterer ausschließlicher Zuständigkeit s. § 18 Ges. v. 3/6 14 (RGBl. 195); vgl. A. 74 zu § 137. Wegen des Verfahrens vgl. § 28 des Ges betr. Aufhebung der Militärgerichtsbarkeit v. 17/8 20; s. Anh. IV.

handlung und Entscheidung dem Oberlandesgericht überweisen, wenn der Oberreichsanwalt es bei der Einreichung der Anklageschrift beantragt; auf den Antrag findet Abs. 2 Satz 2 entsprechende Anwendung.

§ 135 (136). In Strafsachen ist das Reichsgericht ferner zuständig zur Verhandlung und Entscheidung über das Rechtsmittel der Revision gegen die Urteile der Schwurgerichte und der großen Strafkammer, soweit nicht die Zuständigkeit der Oberlandesgerichte begründet ist.[72])

§ 136 (137).[73]) Will in einer Rechtsfrage ein Zivilsenat von der Entscheidung eines anderen Zivilsenats oder der vereinigten Zivilsenate, oder ein Strafsenat von der Entscheidung eines anderen Strafsenats oder der vereinigten Strafsenate abweichen, so ist über die streitige Rechtsfrage im ersteren Falle eine Entscheidung der vereinigten Zivilsenate, im letzteren Falle eine solche der vereinigten Strafsenate einzuholen.

Einer Entscheidung der Rechtsfrage durch das Plenum bedarf es, wenn ein Zivilsenat von der Entscheidung eines Strafsenats oder der vereinigten Strafsenate, oder ein Strafsenat von der Entscheidung eines Zivilsenats oder der vereinigten Zivilsenate, oder ein Senat von der früher eingeholten Entscheidung des Plenums abweichen will.

Die Entscheidung der Rechtsfrage durch die vereinigten Senate oder das Plenum ist in der zu entscheidenden Sache bindend. Sie erfolgt in allen Fällen ohne vorgängige münd. Verhandlung.

---

72) Wenn ein Oberlandesgericht trotz mangelnder Zuständigkeit als Revisionsgericht erkannt hat, darf das Reichsgericht über die an sich nach § 135 vor dasselbe gehörige Revision nicht entscheiden, da dem oberlandesgerichtlichen Urteil durch den Mangel der Zuständigkeit die Bedeutung eines der Rechtskraft fähigen Urteils nicht entzogen wird. Beschl 5/5 91, E 22, 113. Vgl. U 23/6 83, E 9, 20. U 15/11 83, E 9, 331. Unzuständig ist das Reichsgericht, wenn Verletzung reichsrechtlicher Vorschriften nur zum Schein gerügt ist. Beschl 17/6 07, E 40, 221.

73) Der Wortlaut des § 137 beruht auf dem Ges, betr. die Abänderung des § 137 des GVG, v. 17/3 86 (RGBl S. 61), sowie dem Ges v. 17/5 98 betr. Änderungen des GVG u. d. StPO (RGBl S. 254).

Vor der Entscheidung der vereinigten Strafsenate oder der des Plenums sowie in Ehe- und Entmündigungssachen und in Rechtsstreitigkeiten, welche die Feststellung des Rechtsverhältnisses zwischen Eltern und Kindern oder die Anfechtung einer Todeserklärung zum Gegenstande haben, ist der Oberreichsanwalt mit seinen schriftlichen Anträgen zu hören.

Soweit die Entscheidung der Sache eine vorgängige mündliche Verhandlung erfordert, erfolgt sie durch den erkennenden Senat auf Grund einer erneuten mündlichen Verhandlung, zu welcher die Prozeßbeteiligten von Amts wegen unter Mitteilung der ergangenen Entscheidung der Rechtsfrage zu laden sind.

§ 137. Einer der Strafsenate, der durch den Geschäftsverteilungsplan bestimmt wird, erledigt alle richterlichen Geschäfte in den Strafsachen, die zur Zuständigkeit des Reichsgerichts in erster und letzter Instanz gehören, mit Einschluß der Geschäfte, die im § 73 Abs. 1 der Strafkammer des Landgerichts zugewiesen sind.[74]

§ 138 (139). Zur Fassung von Plenarentscheidungen und von Entscheidungen der vereinigten Zivil- oder Strafsenate, ist die Teilnahme von mindestens zwei Dritteilen aller Mitglieder mit Einschluß des Vorsitzenden erforderlich.

Die Zahl der Mitglieder, welche eine entscheidende Stimme führen, muß eine ungerade sein.

Ist die Zahl der anwesenden Mitglieder eine gerade, so hat der Rat, welcher dem Dienstalter nach, und bei gleichem Dienstalter der, welcher der Geburt nach der jüngere ist,

---

74) Die Vorschrift des § 18 Ges gegen den Verrat militärischer Geheimnisse v. 3/6 14 (RGBl S. 195): „Bei Verbrechen gegen die §§ 1, 3 ist das Reichsgericht für die Untersuchung und Entscheidung in erster und letzter Instanz ausschließlich zuständig. Die Militärgerichtsbarkeit wird hierdurch nicht berührt. Die Geschäfte, die im § 72 Abs. 1 GVG der Strafkammer des Landgerichts zugewiesen sind, erledigt der erste Strafsenat des Reichsgerichts. Das Hauptverfahren findet vor dem zweiten Strafsenate statt.“; ist durch die Neufassung der §§ 134 und 137 überholt.

oder, wenn dieser Berichterstatter ist, der nächstältere kein Stimmrecht.

§ **139 (140).** Die Senate des Reichsgerichts entscheiden in der Besetzung von fünf Mitgliedern mit Einschluß des Vorsitzenden. Der Strafsenat, dem die erstinstanzlichen Sachen zugewiesen sind, entscheidet außerhalb der Hauptverhandlung in einer Besetzung von drei Mitgliedern mit Einschluß des Vorsitzenden.

§ **140 (141).** Der Geschäftsgang wird durch eine Geschäftsordnung geregelt, welche das Plenum auszuarbeiten und dem Reichsrat zur Bestätigung vorzulegen hat.

10. Titel. Staatsanwaltschaft.

§ **141 (142).** Bei jedem Gerichte soll eine Staatsanwaltschaft bestehen.[74a)]

§ **142 (143).** Das Amt der Staatsanwaltschaft wird ausgeübt:

1. bei dem Reichsgerichte durch einen Oberreichsanwalt und durch einen oder mehrere Reichsanwälte;
2. bei den Oberlandesgerichten, den Landgerichten und den Schwurgerichten durch einen oder mehrere Staatsanwälte;
3. bei den Amtsgerichten und den Schöffengerichten durch einen oder mehrere Amtsanwälte.

Die Zuständigkeit der Amtsanwälte erstreckt sich nicht auf das amtsrichterliche Verfahren zur Vorbereitung der öffentlichen Klage in den Strafsachen, welche zur Zuständigkeit anderer Gerichte als der Amtsgerichte gehören.

§ **143 (144).** Die örtliche Zuständigkeit der Beamten der Staatsanwaltschaft wird durch die örtliche Zuständigkeit des Gerichts bestimmt, für welches sie bestellt sind.

Ein unzuständiger Beamter der Staatsanwaltschaft hat sich den innerhalb seines Bezirks vorzunehmenden Amts-

---

74a) Es kann aber ein Staatsanwalt für mehrere Gerichte bestellt werden und zwar auch unter Beschränkung auf eine Gruppe von Geschäften. U 14/3 24, E 58, 105.

handlungen zu unterziehen, bei denen Gefahr im Verzuge obwaltet.

Können die Beamten der Staatsanwaltschaft verschiedener Länder sich nicht darüber einigen, wer von ihnen die Verfolgung zu übernehmen hat, so entscheidet der ihnen gemeinsam vorgesetzte Beamte der Staatsanwaltschaft und in Ermangelung eines solchen der Oberreichsanwalt.

§ 144 (145). Besteht die Staatsanwaltschaft eines Gerichts aus mehreren Beamten, so handeln die dem ersten Beamten beigeordneten Personen als dessen Vertreter; sie sind, wenn sie für ihn auftreten, zu allen Amtsverrichtungen desselben ohne den Nachweis eines besonderen Auftrags berechtigt.[75])

§ 145 (146). Die ersten Beamten der Staatsanwaltschaft bei den Oberlandesgerichten und den Landgerichten sind befugt, bei allen Gerichten ihres Bezirks die Amtsverrichtungen der Staatsanwaltschaft selbst zu übernehmen oder mit ihrer Wahrnehmung einen anderen als den zunächst zuständigen Beamten zu beauftragen.[76])

Amtsanwälte können das Amt der Staatsanwaltschaft nur bei den Amtsgerichten und den Schöffengerichten versehen.

§ 146 (147). Die Beamten der Staatsanwaltschaft haben den dienstlichen Anweisungen ihres Vorgesetzten nachzukommen.

---

75) Die Bearbeitung von Jugendsachen ist tunlichst in den Händen bestimmter Beamter der Staatsanwaltschaft zu vereinigen; § 21 Jugendgerichtsges. v. 16/2 23. Wegen der Zulässigkeit der Vertretung der Staatsanwaltschaft durch die ihr zur Beschäftigung überwiesenen Gerichtsassessoren (Hamburg) oder einen der Staatsanwaltschaft eines anderen Gerichts angehörigen StA s. U 11/11 89, E 20, 40, bzw. U 11/10 10, E. 44, 75.

76) In den verschiedene Staatsgebiete umfassenden Oberlandesgerichtsbezirken sind die ersten Beamten der StA unter Wahrung des § 145 Abs. 2 befugt, jedem in dem OLG-Bezirke tätigen Beamten der StA die Wahrnehmung der Geschäfte der letzteren bei jedem Gerichte des Bezirks zu übertragen, ohne Rücksicht darauf, ob der beauftragte Beamte der Justizhoheit des Staates für seine Person untersteht, zu welchem dieses Gericht gehört. U 20/5 86, R 8, 369.

In den Sachen, für welche das Reichsgericht in erster und letzter Instanz zuständig ist, haben alle Beamte der Staatsanwaltschaft den Anweisungen des Oberreichsanwalts Folge zu leisten.

§ **147 (148).** Das Recht der Aufsicht und Leitung steht zu:

1. dem Reichsminister der Justiz hinsichtlich des Oberreichsanwalts und der Reichsanwälte;
2. der Landesjustizverwaltung hinsichtlich aller staatsanwaltlichen Beamten des betreffenden Landes;
3. den ersten Beamten der Staatsanwaltschaft bei den Oberlandesgerichten und den Landgerichten hinsichtlich aller Beamten der Staatsanwaltschaft ihres Bezirkes.

§ **148 (149).** Der Oberreichsanwalt und die Reichsanwälte sind nichtrichterliche Beamte.

Zu diesen Ämtern sowie zu dem Amte eines Staatsanwalts können nur zum Richteramte befähigte Beamte ernannt werden.

§ **149 (150).** Der Oberreichsanwalt und die Reichsanwälte werden auf Vorschlag des Reichsrats vom Reichspräsidenten ernannt. Für die Versetzung in den Ruhestand und das zu gewährende Ruhegehalt finden die Vorschriften des § 128 entsprechende Anwendung.

Der Oberreichsanwalt und die Reichsanwälte können durch Verfügung des Reichspräsidenten jederzeit mit Gewährung des gesetzlichen Wartegeldes einstweilig in den Ruhestand versetzt werden.

§ **150 (151).** Die Staatsanwaltschaft ist in ihren Amtsverrichtungen von den Gerichten unabhängig.

§ **151 (152).** Die Staatsanwälte dürfen richterliche Geschäfte nicht wahrnehmen. Auch darf ihnen eine Dienstaufsicht über die Richter nicht übertragen werden.[77])

77) Die Vorschrift des § 152 gilt in Preußen auch für die einer StA zur Beschäftigung oder als Hilfsarbeiter überwiesenen Gerichtsassessoren. U 19/10 86, R 8, 634.

§ 152 (153). Die Beamten des Polizei- und Sicherheitsdienstes sind Hilfsbeamte der Staatsanwaltschaft und sind in dieser Eigenschaft verpflichtet, den Anordnungen der Staatsanwälte bei dem Landgerichte ihres Bezirkes und der diesen vorgesetzten Beamten Folge zu leisten.[78])

Die nähere Bezeichnung der Beamtenklassen, auf welche diese Bestimmung Anwendung findet, erfolgt durch die Landesregierungen.

11. Titel. Gerichtsschreiber.

§ 153 (154). Bei jedem Gerichte wird eine Gerichtsschreiberei eingerichtet. Die Geschäftseinrichtung bei dem Reichsgerichte wird durch den Reichsminister der Justiz, bei den Landesgerichten durch die Landesjustizverwaltung bestimmt.[79])

12. Titel. Zustellungs- und Vollstreckungsbeamte.

§ 154 (155). Die Dienst- und Geschäftsverhältnisse der mit den Zustellungen, Ladungen und Vollstreckungen zu betrauenden Beamten (Gerichtsvollzieher) werden bei dem Reichsgerichte durch den Reichsminister der Justiz, bei den Landesgerichten durch die Landesjustizverwaltung bestimmt.

§ 155 (156). Der Gerichtsvollzieher ist von der Ausübung seines Amts kraft Gesetzes ausgeschlossen:

I. in bürgerlichen Rechtsstreitigkeiten:

1. wenn er selbst Partei oder gesetzlicher Vertreter usw.

---

78) Der Zweck des § 152 Abs. 1 ist lediglich der, die StA in den Stand zu setzen, den Beamten der Sicherheitspolizei unmittelbar Aufträge und Befehle erteilen zu können. Dadurch werden aber die Polizeibeamten nicht Beamte der StA in dem Sinne, daß sie als Mitglieder oder Vertreter der StA als Behörde betrachtet werden könnten. Ein bei Beamten des Polizei- und Sicherheitsdienstes nur mündlich angebrachter Strafantrag hat deshalb keine Wirksamkeit (§ 156 StPO). U 23/11 80, E 3, 55.

79) Wegen der Ausschließung und Ablehnung des Gerichtsschreibers s. § 31 StPO und die A dazu.

II. in Strafsachen:[80])
1. wenn er selbst durch die strafbare Handlung verletzt ist;
2. wenn er der Ehegatte des Beschuldigten oder Verletzten ist oder gewesen ist;
3. wenn er mit dem Beschuldigten oder Verletzten in dem vorstehend unter Nr. I. 3 bezeichneten Verwandtschafts- oder Schwägerschaftsverhältnisse steht.[81])

13. Titel. Rechtshilfe.

§ 156 (157). Die Gerichte haben sich in bürgerlichen Rechtsstreitigkeiten und in Strafsachen Rechtshilfe zu leisten.[82])

§ 157 (158). Das Ersuchen um Rechtshilfe ist an das Amtsgericht zu richten, in dessen Bezirk die Amtshandlung vorgenommen werden soll.

§ 158 (159). Das Ersuchen darf nicht abgelehnt werden. Das Ersuchen eines nicht im Instanzenzuge vorgesetzten Gerichts ist jedoch abzulehnen, wenn dem ersuchten Gerichte die örtliche Zuständigkeit mangelt oder die vorzunehmende Handlung nach dem Rechte des ersuchten Gerichts verboten ist.

§ 159 (160).[83]) Wird das Ersuchen abgelehnt[84]) oder wird

---

80) Vgl. § 22 Nr. 1—3 StPO.

81) § 155 Nr. I. 3 lautet:
„Der Gerichtsvollzieher ist von der Ausübung seines Amts kraft Gesetzes ausgeschlossen: 3. wenn eine Person Partei ist, mit welcher er in gerader Linie verwandt, verschwägert oder durch Annahme an Kindes Statt verbunden, in der Seitenlinie bis zum dritten Grade verwandt oder bis zum zweiten Grade verschwägert ist, auch wenn die Ehe, durch welche die Schwägerschaft begründet ist, nicht mehr besteht."

82) Darüber, welche Prozeßhandlungen der Rechtshilfe unterliegen, s. Beschl 27/7 12, E 46, 174. Den Ersuchen auswärtiger Finanz- und Hauptzollämter um eidl. Zeugenvernehmung ist stattzugeben. Erl. d. RMin. d. F. v. 2. 11. 22 (pr. JMBl. 1923 S. 43). Die §§ 156 ff. regeln nur die Rechtshilfe zwischen deutschen Gerichten. Die Frage, ob einem ausländischen Gericht Rechtshilfe zu leisten ist, ist von der Justizverwaltung zu entscheiden. OLG Hamburg 14/2 24, DR 28, 703.

83) Die Vorschrift des § 159 betrifft nur diejenigen Fälle, in denen

der Vorschrift des § 158 Abs. 2 zuwider dem Ersuchen stattgegeben, so entscheidet das Oberlandesgericht, zu dessen Bezirk das ersuchte Gericht gehört. Eine Anfechtung dieser Entscheidung findet nur statt, wenn sie die Rechtshilfe für unzulässig erklärt und das ersuchende und das ersuchte Gericht den Bezirken verschiedener Oberlandesgerichte angehören. Über die Beschwerde entscheidet das Reichsgericht.

Die Entscheidungen erfolgen auf Antrag der Beteiligten oder des ersuchenden Gerichts ohne vorgängige mündliche Verhandlung.

§ **160 (161).** Die Herbeiführung der zum Zwecke von Vollstreckungen, Ladungen und Zustellungen erforderlichen Handlungen erfolgt nach Vorschrift der Prozeßordnungen ohne Rücksicht darauf, ob die Handlungen in dem Lande, welchem das Prozeßgericht angehört, oder in einem anderen deutschen Lande vorzunehmen sind.[85]

---

die Leistung von Rechtshilfe i. S. §§ 156 ff. GVG, d. h. die Rechtshilfe unter den ordentlichen Gerichten in bürgerl. Rechtsstreitigkeiten und in Strafsachen in Frage steht, U 12/7 87, R 9, 418; sie findet also keine entsprechende Anwendung, wenn eine Disziplinarbehörde gerichtl. Hilfe in Anspruch nimmt. Beschl 21/10 89, E 19, 438. Vgl. Beschl 29/7 91, E 22, 111. Im einzelnen ist zu bemerken, daß die im § 159 vorgesehene Beschwerde keine Anwendung findet, wenn in einer schöffengerichtl. Strafsache der zur Strafvollstreckung zuständige Amtsrichter einen anderen Amtsrichter, in dessen Bezirk der Verurteilte wohnt, um den Vollzug der vom Schöffengericht erkannten Freiheitsstrafe ersucht und sodann zwischen den beiden, in verschiedenen Oberlandesgerichtsbezirken angestellten Amtsrichtern über die Strafvollstreckung Meinungsverschiedenheiten entstehen. In solchem Fall kann, soweit nicht etwa die Voraussetzungen des § 458 StPO zutreffen und deshalb das dort angeordnete gerichtl. Verfahren einzutreten hat, nur eine Beschwerde im Dienstaufsichtswege in Betracht kommen. Beschl 9/12 89, E 20, 101.

84) Der Ausdruck „Ablehnung" umfaßt auch den Fall, wenn über die Ausführung des Ersuchens Streit entsteht, da jede dem Ersuchen nicht völlig entsprechende Ausführung eine teilweise Ablehnung enthält. Ein Ersuchen um Rechtshilfe ist daher als abgelehnt anzusehen, wenn demselben im übrigen entsprochen, die Tragung der erwachsenen Kosten (§ 164) jedoch abgelehnt wird. Beschl 13/2 93, E 24, 1.

85) Das von Gericht zu Gericht gestellte Ersuchen um Vollstreckung eines Haftbefehles bildet keinen Akt der Rechtshilfe, zu dessen Ausführung das ersuchte Gericht verpflichtet ist, da der Fall

§ **161 (162).** Gerichte, Staatsanwaltschaften und Gerichtsschreiber können wegen Erteilung eines Auftrags an einen Gerichtsvollzieher die Mitwirkung des Gerichtsschreibers des Amtsgerichts in Anspruch nehmen, in dessen Bezirke der Auftrag ausgeführt werden soll. Der von dem Gerichtsschreiber beauftragte Gerichtsvollzieher gilt als unmittelbar beauftragt.

§ **162 (163).** Eine Freiheitsstrafe, welche die Dauer von sechs Wochen nicht übersteigt, ist in dem Lande zu vollstrecken, in welchem der Verurteilte sich befindet.

§ **163 (164).** Soll eine Freiheitsstrafe in dem Bezirk eines anderen Gerichts vollstreckt oder ein in dem Bezirk eines anderen Gerichts befindlicher Verurteilter zum Zwecke der Strafverbüßung ergriffen und abgeliefert werden, so ist die Staatsanwaltschaft bei dem Landgerichte des Bezirks um die Ausführung zu ersuchen.

§ **164 (165).** Im Falle der Rechtshilfe unter den Behörden verschiedener deutscher Länder sind die baren Auslagen, welche durch eine Ablieferung oder Strafvollstreckung entstehen, der ersuchten Behörde von der ersuchenden zu erstatten.

Im übrigen werden Kosten der Rechtshilfe von der ersuchenden Behörde nicht erstattet.

Ist eine zahlungspflichtige Partei vorhanden, so sind die Kosten von ihr durch die ersuchende Behörde einzuziehen und der eingezogene Betrag der ersuchten Behörde zu übersenden.

Stempel-, Einregistrierungsgebühren oder andere öffentliche Abgaben, welchen die von der ersuchenden Behörde übersendeten Schriftstücke (Urkunden, Protokolle) nach dem Rechte der ersuchten Behörde unterliegen, bleiben außer Ansatz.

§ **165 (166).** Für die Höhe der den geladenen Zeugen und Sachverständigen gebührenden Beträge sind die Bestim-

---

der Rechtshilfe nur vorliegt, wenn ein Gericht die Vornahme einer Handlung verlangt, für die eine richterliche Handlung erforderlich ist, zu solchen Handlungen aber die Vollstreckung eines richterlich angeordneten Haftbefehls nicht gehört. Beschl 22/12 94, E 26, 338.

mungen maßgebend, welche bei dem Gerichte gelten, vor welches die Ladung erfolgt.

Sind die Beträge nach dem Rechte des Aufenthaltsorts der geladenen Personen höher, so können die höheren Beträge gefordert werden.

Bei weiterer Entfernung des Aufenthaltsorts der geladenen Personen ist ihnen auf Antrag ein Vorschuß zu bewilligen.

§ **166 (167).** Ein Gericht darf Amtshandlungen außerhalb seines Bezirkes ohne Zustimmung des Amtsgerichts des Ortes nur vornehmen, wenn Gefahr im Verzuge obwaltet. In diesem Falle ist dem Amtsgerichte des Ortes Anzeige zu machen.

§ **167 (168).** Die Sicherheitsbeamten eines deutschen Landes sind ermächtigt, die Verfolgung eines Flüchtigen auf das Gebiet eines anderen deutschen Landes fortzusetzen und den Flüchtigen daselbst zu ergreifen.[86])

Der Ergriffene ist unverzüglich an das nächste Gericht oder die nächste Polizeibehörde des Landes, in welchem er ergriffen wurde, abzuführen.

§ **168 (169).** Die in einem deutschen Lande bestehenden Vorschriften über die Mitteilung von Akten einer öffentlichen Behörde an ein Gericht dieses Landes kommen auch dann zur Anwendung, wenn das ersuchende Gericht einem anderen deutschen Lande angehört.

---

86) Der Begriff der *Verfolgung* umfaßt auch hier alle die Maßnahmen, welche auf die Ergreifung der als Täter ins Auge gefaßten Person abzielen und ihrer Natur nach geeignet sind, diese zu ermöglichen, zu erleichtern oder zu sichern. U 13/12 97, E 30, 386. *Insbesondere* sind die *Forstschutzbeamten* berechtigt, die wegen Verübung eines Jagd- oder Forstfrevels auf frischer Tat verdächtigen Personen über die Grenze in ein fremdes Bundesgebiet zu verfolgen und daselbst behufs Feststellung ihrer Persönlichkeit zu ergreifen. U 9/12 86, R 8, 735. Dagegen sind sie nicht berechtigt, dort *Durchsuchungen oder Beschlagnahmen* vorzunehmen. U 19/11 94, E 26, 211.

14. Titel. Öffentlichkeit und Sitzungspolizei.

§ 169 (170). Die Verhandlung[87]) vor dem erkennenden Gerichte, einschließlich der Verkündung der Urteile[88]) und Beschlüsse, ist öffentlich.[89])

§ 170 (171). In Ehesachen[90]) ist die Öffentlichkeit auszuschließen, wenn eine der Parteien es beantragt.

§ 171 (172). In dem auf die Klage wegen Anfechtung oder Wiederaufhebung der Entmündigung einer Person wegen

---

87) Die Beratung und Abstimmung des Gerichts erfolgt jedoch nicht öffentlich: § 193.

88) Wegen der öffentlichen Verkündung der Urteile s. noch die besondere Bestimmung des § 174 Abs. 2.

89) Die Bedeutung der Öffentlichkeit besteht darin, daß der Regel nach jedermann aus dem Publikum Zutritt zu den Gerichtssälen haben soll, in denen die Gerichte Recht sprechen. U 8/7 92, E 23, 219. Dieser Grundsatz der Öffentlichkeit der vor dem erkennenden Gericht stattfindenden Verhandlungen führt jedoch nicht dahin, daß immer und unter allen Umständen für jedermann, mit Ausnahme etwa der im § 175 gedachten Personen, der Zutritt zu der Verhandlung ermöglicht gewesen sein müsse, und tatsächliche Hindernisse, welche sich dem entgegenstellen, stets als eine dem Gericht zur Last fallende Beschränkung der Öffentlichkeit sich darstellen. Es ist deshalb eine Anordnung des Landgerichtspräsidenten zulässig, daß der Eintritt zu den Strafkammerverhandlungen nur gegen besondere Einlaßkarten gestattet sein soll, U 5/2 04, DR 8, 145. U 10/6 06, G 53, 443; oder daß nicht mehr Personen zugelassen werden sollen, als Sitzplätze vorhanden sind. U 20/1 06, DR 10, 260; oder daß Maßnahmen zum Schutze des Gerichtsgebäudes getroffen werden. U 30/1 20, E 54, 225. Schließung der Türen bzw. die Zurückweisung weiterer Zuhörer wegen Überfüllung des Zuhörerraums, U 20/10 80, R 2, 360. U 9/4 89, G 37, 186, bei Augenscheinseinnahme wegen Enge der zu besichtigenden Räume, U 3/10 13, E 47, 322. U 5/2 18, E 52, 137 (Grubenfahrt). U 1/10 80, E 2, 301 (Mißgriffe des Gerichtsdieners in bezug auf die Öffentlichkeit). U 21/3 82, R 4, 268 (desgl.). U 11/4 92, G 40, 44 u. U 8/7 92, E 23, 219 (Unkenntnis des Gerichts von Schließung der Türen). Einzelne im Sitzungssaale anwesende Personen können jedenfalls nicht ohne besondere Rechtfertigung einer solchen Maßregel aus §§ 175, 177 GVG entfernt werden. U 13/8 97, E 30, 244. Wegen der Revision bei Verletzung der Vorschriften über die Öffentlichkeit des Verfahrens s. § 338 Nr. 6 StPO und wegen der Beurkundung der Tatsache, ob öffentlich verhandelt oder die Öffentlichkeit ausgeschlossen ist, s. § 272 Nr. 5 StPO.

90) Wegen des Verfahrens in Ehesachen s. §§ 606 ff. ZPO.

Geisteskrankheit oder wegen Geistesschwäche eingeleiteten Verfahren (§§ 664, 679 der Zivilprozeßordnung) ist die Öffentlichkeit während der Vernehmung des Entmündigten auszuschließen, auch kann auf Antrag einer der Parteien die Öffentlichkeit der Verhandlung überhaupt ausgeschlossen werden.

Das Verfahren wegen Entmündigung oder Wiederaufhebung der Entmündigung (§§ 645—663, 675—678 der Zivilprozeßordnung) ist nicht öffentlich.

§ 172 (173). In allen Sachen kann durch das Gericht für die Verhandlung oder für einen Teil davon die Öffentlichkeit ausgeschlossen werden,[91] wenn sie eine Gefährdung der öffentlichen Ordnung,[92] insbesondere der Staatssicherheit,[93] oder eine Gefährdung der Sittlichkeit besorgen läßt.[94]

§ 173 (174). Die Verkündung des Urteils[95] erfolgt in jedem Falle öffentlich.[96]

---

91) Der Ausschluß der Öffentlichkeit gilt für alle dem betreffenden Verhandlungsabschnitt angehörenden Prozeßhandlungen. U 29/4 10, E 43, 367.

92) Eine Gefährdung der öffentlichen Ordnung liegt auch dann vor, wenn die Öffentlichkeit von der Zuhörerschaft zu fortwährenden Störungen der Verhandlung oder zur Erschwerung der Wahrheitsermittelung gemißbraucht wird. U 10/5 97, E 30, 104.

93) Gefährdung des Staatswohles ist nicht gleichbedeutend mit Gefährdung der Staatssicherheit und enthält auch nicht notwendig eine Gefährdung der öffentl. Ordnung. U 24/8 00, E 47, 383.

94) Aus dem Sitzungsprotokoll muß der Grund zu ersehen sein, der zur Ausschließung der Öffentlichkeit Veranlassung gegeben hat. U 0/12 87, R 9, 715. U 30/5 90, E 38, 195. Die tatsächliche Begründung unterliegt lediglich dem Ermessen des erkennenden Gerichts. U 21/1 95, E 26, 395.

95) Die Verkündung des Urteils umfaßt nach § 268 StPO nicht nur die Verlesung der Urteilsformel, sondern auch die Eröffnung der Urteilsgründe, soweit nicht § 173 Abs. 2 entgegensteht. U 6/5 90, E 20, 383.

96) Wenn in einer Sache, für deren Verhandlung die Öffentlichkeit ausgeschlossen war, das Urteil versehentlich vor Wiederherstellung der Öffentlichkeit verkündet ist, so kann dieser Mangel durch nochmalige Verkündung des Urteils in öffentl. Sitzung innerhalb desselben Hauptverfahrens beseitigt werden. U 18/4 93, E 41, 45. Die gänzliche Verletzung der Vorschrift des § 173 Abs. 1 begründet stets die Revision. U 30/1 80, E 1, 90. U 26/11 81, R 3, 743.

Durch einen besonderen Beschluß des Gerichts kann für die Verkündung der Urteilsgründe oder eines Teiles davon die Öffentlichkeit ausgeschlossen werden, wenn sie eine Gefährdung der Staatssicherheit oder eine Gefährdung der Sittlichkeit besorgen läßt.[97])

§ 174 (175). Die Verhandlung über die Ausschließung der Öffentlichkeit[98]) findet in nicht öffentlicher Sitzung statt,

---

97) Der Beschluß über Ausschließung der Öffentlichkeit für die Verkündung der Urteilsgründe (§ 173 Abs. 2) muß bei Vermeidung der Aufhebung des Urteils öffentlich verkündet werden. U 31/1 02, E 35, 103. U 7/6 04, G 51, 399. Er darf nicht schon bei Beginn der Verhandlung, sondern erst dann gefaßt werden, wenn auf Grund der letzteren die Entscheidung und deren Gründe feststehen. U 4/2 10, E 43, 300.

98) Die im § 174 vorgesehene Verhandlung muß, gleichviel ob ein bezügl. Antrag seitens der Beteiligten vorliegt oder nicht (U 5/11 89, E 20, 52), sowohl in den Fällen des § 172 als im Falle des § 173 Abs. 2 stattfinden. U 31/1 02, E 35, 103. Sie soll den Prozeßbeteiligten zur Abgabe einer Erklärung in erkennbarer Weise Gelegenheit geben und erfordert daher das Gehör aller Prozeßbeteiligten, insbesondere auch des Nebenklägers bzw. seines Vertreters. U 10/5 97, E 30, 104. U 5/7 95, G 43, 242. U 13/3 22, E 57, 26. Eine ausdrückliche Aufforderung der Beteiligten ist nicht erforderlich; es genügt, wenn dem Angekl. zum Bewußtsein gebracht wird, daß ihm zur Abgabe einer Erklärung hierüber Gelegenheit gegeben ist. U 1/3 05, E 37, 437. U 24/10 13, E 47, 342. Daß neben dem Angekl. auch dessen Verteidiger gehört werden muß, ist nicht vorgeschrieben. U 16/2 06, DR 10, 390. Ob über den gänzlichen oder über einen nur teilweisen Ausschluß der Öffentl. verhandelt werden soll, braucht vom Gericht nicht ausdrücklich erkennbar gemacht zu werden. U 22/4 02, E 35, 216. Bei mehreren Angeklagten muß jedem derselben das rechtliche Gehör über Anträge auf Ausschließung der Öffentlichkeit gewährt werden, und muß auch derjenige Angekl. zurückgeführt gehört werden, welcher nach § 247 StPO. zum Abtreten aus dem Sitzungszimmer veranlaßt ist. Die bloße Anhörung des Verteidigers genügt in diesem Falle nicht. Die Beobachtung dieser Förmlichkeiten muß bei Vermeidung der Nichtigkeit des Urteils im Sitzungsprotokoll beurkundet werden. U 9/1 80, E 1, 50. U 9/11 80, R 2, 480. U 1/11 81, R 3, 677. U 11/2 84, E 10, 92 u. U 2/10 88, E 18, 138. U 29/10 89, E 20, 21. U 4/11 02, G 50, 111, DR 6, 594. Die Tatsache, daß zuwider der Vorschrift des § 174 Abs. 1 über die Ausschließung der Öffentlichkeit in öffentlicher Sitzung verhandelt worden ist, kann die Revision nicht begründen. U 23/4 80, R 1, 652. U 22/1 81, E 3, 295. U 29/3 82, R 4, 286. Im übrigen kann ein Verstoß gegen § 174 dadurch geheilt werden, daß unter Ausschei-

wenn ein Beteiligter es beantragt oder das Gericht es für angemessen erachtet.[99]) Der Beschluß, welcher die Öffentlichkeit ausschließt, muß öffentlich verkündet werden. Bei der Verkündung ist anzugeben, ob die Ausschließung wegen Gefährdung der öffentlichen Ordnung, insbesondere wegen Gefährdung der Staatssicherheit, oder ob sie wegen Gefährdung der Sittlichkeit erfolgt.[100])

Ist die Öffentlichkeit wegen Gefährdung der Staatssicherheit ausgeschlossen, so kann das Gericht den anwesenden Personen die Geheimhaltung von Tatsachen, welche durch die Verhandlung, durch die Anklageschrift oder durch andere amtliche Schriftstücke des Prozesses zu ihrer Kenntnis gelangen, zur Pflicht machen. Der Beschluß ist in das Sitzungsprotokoll aufzunehmen. Gegen ihn findet Beschwerde statt. Die Beschwerde hat keine aufschiebende Wirkung.[1])

---

dung des mit Verletzung des § 174 Verhandelten die bezüglichen Verhandlungen wiederholt werden. U 26/9 02, E 35, 353.

99) In allen anderen Fällen muß die betr. Verhandlung in öffentlicher Sitzung erfolgen. U 29/10 89, E 20, 21. Vgl. übrigens § 175 Abs. 2, dessen Bestimmung auch dann Anwendung findet, wenn über den Antrag auf Ausschließung der Öffentlichkeit verhandelt werden soll. U 12/6 00, E 33, 311.

100) Die Gründe, aus welchen die Öffentlichkeit ausgeschlossen ist, müssen mitverkündet und im Protokoll oder in einem ausdrücklich als Protokollbeilage bezeichneten besonderen Aktenstück angegeben werden. Nichtangabe der Gründe der Ausschließung begründet die Revision. U 1/11 81, R 3, 677. U 9/12 87, R 9, 715. U 12/4 94, E 25, 248. U 7/3 02, DR 6, 217. Vgl. U 30/1 03, DJZ 9, 250. U 2/7 07, DR 11, 1084.

Zur Wiederherstellung der Öffentlichkeit einer Gerichtsverhandlung bedarf es wenigstens in den Fällen keines besonderen Gerichtsbeschlusses, in denen von vornherein die Ausschließung der Öffentl. nur für einen bestimmten Teil der Hauptverhandlung durch Gerichtsbeschluß angeordnet war. U 1/12 02, DR 7, 23.

1) Vgl. hierzu die Art. II und III des Ges v. 5/4 88, betr. die unter Ausschluß der Öffentlichkeit stattfindenden Gerichtsverhandlungen (RGBl S. 133), welche lauten:

Artikel II: Wer die nach § 175 (jetzt 174) Absatz 2 des Gerichtsverfassungsgesetzes ihm auferlegte Pflicht der Geheimhaltung durch unbefugte Mitteilung verletzt, wird mit Geldstrafe bis zu eintausend Mark oder mit Haft oder mit Gefängnis bis zu sechs Monaten bestraft.

§ 175 (176). Der Zutritt zu öffentlichen Verhandlungen kann [2]) unerwachsenen [3]) und solchen Personen versagt werden, welche sich nicht im Besitze der bürgerlichen Ehrenrechte befinden, oder welche in einer der Würde des Gerichts nicht entsprechenden Weise erscheinen.

Zu nicht öffentlichen Verhandlungen kann der Zutritt einzelnen Personen vom Gerichte gestattet werden. Einer Anhörung der Beteiligten bedarf es nicht.

Die Ausschließung der Öffentlichkeit steht der Anwesenheit der die Dienstaufsicht führenden Beamten der Justizverwaltung bei den Verhandlungen vor dem erkennenden Gerichte nicht entgegen.

§ 176 (177). Die Aufrechthaltung der Ordnung in der Sitzung liegt dem Vorsitzenden ob.[4])

§ 177 (178). Parteien, Beschuldigte, Zeugen, Sachverständige oder bei der Verhandlung nicht beteiligte

---

Artikel III: Soweit bei einer Gerichtsverhandlung die Öffentlichkeit wegen Gefährdung der Staatssicherheit ausgeschlossen war, dürfen Berichte über die Verhandlung durch die Presse nicht veröffentlicht werden. Das gleiche gilt auch nach der Beendigung des Verfahrens in betreff der Veröffentlichung der Anklageschrift oder anderer amtlicher Schriftstücke des Prozesses.

Zuwiderhandlungen unterliegen der im Artikel II bestimmten Strafe.

Vgl. hierzu U 29/12 05, E 38, 303 (unter Berichten über die Verhandlung sind auch Berichte über Teile der Verhandlung zu verstehen).

2) Die Zurückweisung der im § 175 Abs. 1 erwähnten Personen steht lediglich im Ermessen des Vorsitzenden, bzw. des Gerichts. Der Umstand, daß Kinder der Hauptverhandlung beigewohnt haben, kann deshalb die Revision nicht begründen. U 21/3 82, R 4, 268.

3) Vgl. hierzu U 30/6 13, E 47, 374.

4) Sitzung bedeutet i. S. § 176 nicht nur das Sitzungszimmer, sondern auch, wenn eine vom erkennenden Gericht ausgeführte Augenscheinseinnahme stattfindet, den Ort der letzteren. U 10/12 96, E 44, 386. Über die Befugnisse des Vorsitzenden gegenüber der Staatsanwaltschaft: § 258 StPO und über das Rügerecht des Vorsitzenden gegen Rechtsanwälte: U. des Ehrengerichtshofes v. 1/11 86, R 8, 657. Über die Befugnis des Richters, nötigenfalls bei Ausführung der von ihm in Ausübung der Sitzungspolizei angeordneten Maßregeln persönlich mitzuwirken, s. U 10/17. Jan. 87, E 15, 227.

Personen, welche den zur Aufrechthaltung der Ordnung erlassenen Befehlen nicht gehorchen, können auf Beschluß des Gerichts aus dem Sitzungszimmer entfernt, auch zur Haft abgeführt und während einer in dem Beschlusse zu bestimmenden Zeit, welche vierundzwanzig Stunden nicht übersteigen darf, festgehalten werden.[5])

§ 178 (179). Das Gericht kann gegen Parteien, Beschuldigte, Zeugen, Sachverständige oder bei der Verhandlung nicht beteiligte Personen, welche sich in der Sitzung einer Ungebühr schuldig machen, vorbehaltlich der strafgerichtlichen Verfolgung, eine Ordnungsstrafe in Geld oder bis zu drei Tagen Haft festsetzen und sofort vollstrecken lassen.[6])

§ 179 (181). Die Vollstreckung der vorstehend bezeichneten Ordnungsstrafen hat der Vorsitzende unmittelbar zu veranlassen.

§ 180 (182). Die in den §§ 176—179 bezeichneten Befugnisse stehen auch einem einzelnen Richter bei der Vornahme von Amtshandlungen außerhalb der Sitzung zu.

§ 181 (183). Ist in den Fällen der §§ 178 und 180 eine Ordnungsstrafe festgesetzt, so findet binnen der Frist von einer Woche nach der Bekanntmachung der Entscheidung Beschwerde statt, sofern die Entscheidung nicht von dem Reichsgericht oder einem Oberlandesgerichte getroffen ist.[7])

---

5) Die Entfernung der Parteien usw. kann nicht von dem Vorsitzenden allein angeordnet werden; es bedarf vielmehr stets eines Gerichtsbeschlusses. U 28/2 80, E 20, 273. Im übrigen darf durch die Entfernung einzelner die Ordnung störender, bei der Verhandlung nicht beteiligter Zuhörer die Öffentlichkeit des Verfahrens, welche von der Anwesenheit bestimmter Personen im Zuhörerraum nicht abhängig ist, nicht berührt werden. U 21/3 82, R 4, 268. U 13/8 97, E 30, 244. U 26/4 00, G 47, 290. Über die verfahrensrechtliche Stellung des wegen ordnungswidrigen Benehmens entfernten Angeklagten vgl. U 2/7 19, E 54, 110.

6) Als Ungebühr i. S. § 178 ist auch ein Erscheinen im trunkenen Zustande anzusehen. U 13/10 02, E 35, 398. Wegen der Beschwerde in den Fällen des § 178 s. § 181.

Wegen der disziplinaren Verfolgung eines Rechtsanwalts s. §§ 62ff. Rechtsanwalts-O v. 1/7 78 (RGBl S. 177).

7) Vgl. § 304 Abs. 3 StPO.

Die Beschwerde hat in dem Falle des § 178 keine aufschiebende Wirkung, in dem Falle des § 180 aufschiebende Wirkung.

Über die Beschwerde entscheidet das Oberlandesgericht.

§ 182 (184). Ist eine Ordnungsstrafe wegen Ungebühr festgesetzt, oder eine Person zur Haft abgeführt, oder eine bei der Verhandlung beteiligte Person entfernt worden, so ist der Beschluß des Gerichts und dessen Veranlassung in das Protokoll aufzunehmen.

§ 183 (185). Wird eine strafbare Handlung in der Sitzung begangen, so hat das Gericht den Tatbestand festzustellen und der zuständigen Behörde das darüber aufgenommene Protokoll mitzuteilen. In geeigneten Fällen ist die vorläufige Festnahme des Täters zu verfügen.

15. Titel. Gerichtssprache.

§ 184 (186). Die Gerichtssprache ist deutsch.[8])

§ 185 (187). Wird unter Beteiligung von Personen verhandelt,[9]) welche der deutschen Sprache nicht mächtig sind,[10]) so ist ein Dolmetscher zuzuziehen.[11]) Die Führung

8) Die Verlesung einer in einer fremden Sprache abgefaßten Urkunde ohne Übersetzung gibt einen Revisionsgrund. U 28/5 95, E 27, 268.

9) Zur „Verhandlung" gehört auch schon der Aufruf der Zeugen und Sachverständigen (§ 243 Abs. 1). Auch bereits zu diesem Verhandlungsakt muß ein Dolmetscher zugezogen werden, wenn der Angekl. der deutschen Sprache nicht mächtig ist. U 11/9 00, G 47, 384.

10) Nicht schon die Ausländereigenschaft, sondern nur die der betr. Person mangelnde Kenntnis der deutschen Sprache begründet die Notwendigkeit der Zuziehung eines Dolmetschers. Ob dieses Erfordernis vorliegt, unterliegt im einzelnen Falle dem tatsächlichen Ermessen des Gerichts. U 10/1 80, E 1, 137. U 6/7 03, DR 7, 435; G 50, 394.

Die plattdeutsche oder niederdeutsche Mundart gehört, wie andere deutsche Mundarten, zur deutschen Sprache. Von einer eigentlichen Verdolmetschung derartiger Spracheigentümlichkeiten kann also nicht die Rede sein. Ob und inwieweit aber das Gericht Veranlassung findet, zum besseren Verständnis solcher Mundarten oder einzelner Ausdrücke derselben Sachverständige oder Sprachkundige gutachtlich zuzuziehen, steht in seinem Ermessen, U 11/3 86, R 8, 160;

eines Nebenprotokolls in der fremden Sprache findet nicht statt; jedoch sollen Aussagen und Erklärungen in fremder Sprache, wenn und soweit der Richter dies mit Rücksicht auf die Wichtigkeit der Sache für erforderlich erachtet, auch in der fremden Sprache in das Protokoll oder in eine Anlage niedergeschrieben werden. In den dazu geeigneten Fällen soll dem Protokoll eine durch den Dolmetscher zu beglaubigende Übersetzung beigefügt werden.[12])

Die Zuziehung eines Dolmetschers kann unterbleiben, wenn die beteiligten Personen sämtlich der fremden Sprache mächtig sind.

---

wie es denn auch befugt ist, zur Vermittelung des Verständnisses der Aussage eines Zeugen, dessen Ausdrucksweise infolge eines Fehlers der Sprachorgane nicht überall genügend verstanden werden kann, eine an seine Redeweise gewöhnte Person als Dolmetscher zuzuziehen. U 27/2 00, E 33, 181.

11) Ist die Zuziehung eines Dolmetschers notwendig, so muß sie von Amts wegen erfolgen, selbst wenn die Prozeßparteien auf die Zuziehung verzichten. Andererseits haben im Falle des § 185 Abs. 2 oder wenn sonst kein Grund zur Zuziehung eines Dolmetschers vorliegt, die Prozeßparteien kein Recht darauf, daß die geladenen und erschienenen Dolmetscher gehört werden, sofern nicht auf ihre Vernehmung verzichtet wird. Der § 245 StPO ist in bezug auf die Notwendigkeit der Zuziehung von Dolmetschern nicht maßgebend. U 26/1 86, R 8, 97. Die Zuziehung des Dolmetschers muß im Protokoll beurkundet werden, wenn auch nicht besonders bei jedem Abschnitt der Verhandlung, in welchem er mitgewirkt hat. Daß der Dolmetscher der fremden Sprache mächtig gewesen ist, und seine Tätigkeit als solcher ausgeübt hat, bedarf dagegen keiner ausdrücklichen Feststellung im Protokolle, sondern beruht in der Vermutung für das gesetzmäßige Verfahren des Gerichts, welches ihn zugezogen hat, und wird nicht dadurch widerlegt, daß er auch Dolmetscher für eine andere Sprache, und daß für die in Rede stehende ein anderer besonderer Dolmetscher vereidet ist. U 27/4 80, E 1, 397. Vgl. U 20/6 10, E 43, 441.

12) In fremder Sprache abgefaßte, als Beweismittel dienende Schriftstücke können zum Gegenstand der Hauptverhandlung nur mittels Übertragung durch einen persönlich zu vernehmenden und zu beeidigenden Dolmetscher gemacht werden. U 2/7 83, E 9, 51. U 9/4 23, JW 53, 707. Die Vernehmung des Dolmetschers kann der Regel nach durch Verlesung einer vorher von ihm gefertigten Übersetzung nicht ersetzt werden. U 19/4 94, E 25, 353. U 9/4 95, E 27, 161. U 2/10 03, E 36, 371 (Ausnahmefall: Übersetzung durch einen amtl. Dolmetscher in Amtsakten).

§ 186 (188). Zur Verhandlung mit tauben oder stummen Personen ist, sofern nicht eine schriftliche Verständigung erfolgt, eine Person als Dolmetscher zuzuziehen, mit deren Hilfe die Verständigung in anderer Weise erfolgen kann.[13])

§ 187 (189). Ob einer Partei, welche taub ist, bei der mündlichen Verhandlung der Vortrag zu gestatten sei, bleibt dem Ermessen des Gerichts überlassen.

Dasselbe gilt in Anwaltsprozessen von einer Partei, die der deutschen Sprache nicht mächtig ist.

§ 188 (190). Personen, welche der deutschen Sprache nicht mächtig sind, leisten Eide in der ihnen geläufigen Sprache.

§ 189 (191). Der Dolmetscher hat einen Eid dahin zu leisten:

daß er treu und gewissenhaft übertragen werde.

Ist der Dolmetscher für Übertragungen der betreffenden Art im allgemeinen beeidigt, so genügt die Berufung auf den geleisteten Eid.[14])

§ 190 (192). Der Dienst des Dolmetschers kann von dem Gerichtsschreiber wahrgenommen werden. Einer besonderen Beeidigung bedarf es nicht.[15])

---

13) Schriftliche Verständigung ist nicht nur eine solche, welche beiderseits schriftlich, also durch Niederschreiben der Fragen und Antworten erfolgt; es genügt z. B. auch, wenn einer tauben Person schriftliche Fragen zur mündlichen Beantwortung vorgelegt werden. U 18/11 98, E 31, 313. U 14/8 03, E 36, 355 (Notwendigkeit verständlicher Mitteilung der Zeugenaussagen an einen tauben Angekl.). Wegen der Beeidigung von stummen Personen s. § 64 StPO, wegen schwerhöriger oder mit Sprachfehlern behafteter Personen, auf die sich § 186 an sich nicht bezieht, U 7/1 15, LZ 9, 711 u. U 27/2 00, E 33, 181.

14) Berufung auf den geleisteten Eid genügt auch, wenn der Dolmetscher in demselben Hauptverfahren und für dieselbe Tätigkeit wiederholt als Dolmetscher zugezogen wird. U 16/11 06, DR 10, 1445.

15) Aus dem Gegensatz der §§ 189 und 190 ergibt sich, daß jeder Dolmetscher, welcher nicht der Gerichtsschreiber ist, in jeder einzelnen Sache entweder beeidigt werden oder die Richtigkeit der Übertragung auf den von ihm im allgemeinen geleisteten Eid versichern muß. Unter dem „Gerichtsschreiber" ist nur der im Termine als Protokollführer diensttuende Beamte zu verstehen. Wenn also neben diesem

§ 191 (193). Auf den Dolmetscher finden die Bestimmungen über Ausschließung und Ablehnung der Sachverständigen entsprechende Anwendung.[16]) Die Entscheidung erfolgt durch das Gericht oder den Richter, von welchem der Dolmetscher zugezogen ist.

16. Titel. Beratung und Abstimmung.

§ 192 (194). Bei Entscheidungen dürfen Richter nur in der gesetzlich bestimmten Anzahl mitwirken.

Bei Verhandlungen von längerer Dauer kann der Vorsitzende die Zuziehung von Ergänzungsrichtern anordnen, welche der Verhandlung beizuwohnen und im Falle der Verhinderung eines Richters für ihn einzutreten haben.[17])

Gerichtsschreiber ein anderer Gerichtsschreiber als Dolmetscher auftritt, so muß dieser nach § 189 beeidigt werden. U 22/10 80, E 2, 373. Vgl. U 24/6 85, R 7, 426.

16) Vgl. § 406 ZPO und § 74 StPO. Diese Bestimmungen sprechen nicht von einer Ausschließung von Sachverständigen, sondern nur davon, daß ein Sachverständiger aus denselben Gründen, welche zur Ablehnung eines Richters berechtigen, abgelehnt werden kann. Die Fassung des § 191 beruht also auf einem Redaktionsversehen, und es sind somit auch die Gründe, welche die Ausschließung des Richters bedingen (§ 22 StPO), hinsichtlich der Sachverständigen und Dolmetscher nur als Ablehnungsgründe (§ 24 Abs. 1 StPO) wirksam, allerdings mit der Maßgabe, daß einem auf dieselben gestützten Ablehnungsgesuche ohne Rücksicht auf die sonstige Sachlage stattzugeben ist. U 26/8 85, R 7, 501.

Die Bestimmungen der §§ 72 ff. StPO über die Vernehmung der Sachverständigen sind, soweit sie zwingender Natur sind, für Dolmetscher nicht maßgebend. Insbesondere ist es nicht erforderlich, daß dem Dolmetscher vor seiner Zuziehung Personalfragen vorgelegt werden, wodurch allerdings nicht ausgeschlossen ist, daß das Gericht erforderlichenfalls dem Dolmetscher Fragen über Umstände vorlegen kann, welche seine Glaubwürdigkeit betreffen. U 19/3 86, R 8, 204.

17) In welchen Fällen eine Verhinderung anzunehmen und in welcher Weise deren Voraussetzungen festzustellen, ist im Gesetz nicht vorgeschrieben. Rechtlich ist es gleichgültig, ob die Verhinderung eine verschuldete oder unverschuldete, eine dauernde oder nur zeitweilige, eine kürzere oder längere ist. Die tatsächlichen Verhältnisse müssen in dieser Beziehung entscheiden. U 14/9 97, E 30, 227. Eine ausdrückliche Aufforderung an den Angeklagten zur Erklärung über

Die vorstehenden Bestimmungen finden auch auf Schöffen und Geschworene Anwendung.

§ 193 (195). Bei der Beratung und Abstimmung dürfen außer den zur Entscheidung berufenen Richtern[18]) nur die bei demselben Gerichte zu ihrer juristischen Ausbildung beschäftigten Personen[19]) zugegen sein, soweit der Vorsitzende deren Anwesenheit gestattet.[20])

§ 194 (196). Der Vorsitzende leitet die Beratung, stellt die Fragen und sammelt die Stimmen.

---

einen entsprechenden Antrag eines Richters usw. schreibt das Gesetz nicht vor. U 23/11 82, E 7, 284.

Der Ergänzungsrichter hat dieselben Rechte wie die anderen beisitzenden Richter. U 20/4 95, E 27, 172.

18) Wegen der zur Entscheidung berufenen Richter s. §§ 76, 81, 122.

19) Zu den „zu ihrer juristischen Ausbildung beschäftigten Personen" gehören in Preußen die Referendare, U 6/4 94, E 25, 237, welchen die Anwesenheit bei der Beratung und Abstimmung auch dann vom Vorsitzenden gestattet werden kann, wenn sie in der Sache als Gerichtsschreiber mitgewirkt haben. U 8/10 88, E 18, 161. Desgl. in Hessen die zu ihrer weiteren Ausbildung bei einem hess. Gericht beschäftigten Assessoren, U 25/7 94, E 26, 42; nicht aber in Preußen die Assessoren, welche den Landgerichten zur unentgeltlichen Beschäftigung überwiesen sind, U 6/4 94, E 25, 237, und ebenso nicht in Sachsen die Personen, welche die zweite juristische Staatsprüfung bestanden haben (Assessoren), sofern sie nicht selbst bei der Verhandlung als Richter mitgewirkt haben. U 21/9 95, G 43, 377. Eine vorübergehende Anwesenheit des Gerichtsschreibers bei der Beratung und Abstimmung des erkennenden Gerichts kann überhaupt nicht zur Aufhebung des Urteils führen. Das Verbot der Anwesenheit anderer Personen richtet sich hauptsächlich gegen die Anwesenheit der zur Dienstaufsicht berufenen Personen. U 12/11 88, R 10, 640.

20) Der Zweck des § 193 wird auch dann erfüllt, wenn die Richter sich zur Beratung und Abstimmung nicht in ein besonderes Zimmer zurückziehen, sondern wenn die Beratung usw. — z. B. bei Beschlüssen über einfache, eine nähere Erörterung nicht erfordernde Anträge — im Sitzungssaal unter solchen Vorkehrungen vor sich geht, daß die dabei nicht beteiligten im Saale anwesenden Personen nichts davon vernehmen können. U 23/2 92, E 22, 396 (Abtretenlassen des Publikums). U 14/9 97, E 30, 226. U 21/11 12, E 46, 373.

Meinungsverschiedenheiten über den Gegenstand, die Fassung und die Reihenfolge der Fragen oder über das Ergebnis der Abstimmung entscheidet das Gericht.

§ **195 (197).** Kein Richter, Schöffe oder Geschworener darf die Abstimmung über eine Frage verweigern, weil er bei der Abstimmung über eine vorhergegangene Frage in der Minderheit geblieben ist.[21])

§ **196 (198).** Die Entscheidungen erfolgen, soweit das Gesetz nicht ein anderes bestimmt,[22]) nach der absoluten Mehrheit der Stimmen.

Bilden sich in Beziehung auf Summen, über welche zu entscheiden ist, mehr als zwei Meinungen, deren keine die Mehrheit für sich hat, so werden die für die größte Summe abgegebenen Stimmen den für die zunächst geringere abgegebenen so lange hinzugerechnet, bis sich eine Mehrheit ergibt.

Bilden sich in einer Strafsache, von der Schuldfrage abgesehen, mehr als zwei Meinungen, deren keine die erforderliche Mehrheit für sich hat, so werden die dem Beschuldigten nachteiligsten Stimmen den zunächst minder nachteiligen so lange hinzugerechnet, bis sich die erforderliche Mehrheit ergibt. Bilden sich in der Straffrage zwei Meinungen, ohne daß eine die erforderliche Mehrheit für sich hat, so gilt die mildere Meinung. Ergibt sich in dem mit zwei Richtern und zwei Schöffen besetzten Schöffengerichte, von der Schuld- und Straffrage abgesehen, Stimmengleichheit, so gibt die Stimme des Vorsitzenden den Ausschlag.[23])

---

21) Aus der Bestimmung des § 195 ist nicht zu folgern, daß der Richter hinsichtlich der Frage, worin er überstimmt worden war, sich bei der weiteren Abstimmung auf den Standpunkt der Mehrheit zu stellen habe; er ist also z. B. an sich berechtigt, nachdem er anfangs für Vorsatz gestimmt hatte, nachher gegen Fahrlässigkeit zu stimmen, und ist in dieser Beziehung nur vor seinem eigenen Gewissen verantwortlich. U 25/2 82, R 4, 198.

22) Vgl. § 263 StPO.

23) Über die Leitung der Abstimmung in dem Falle, wo nach dem Ergebnisse der Verhandlung das Vorhandensein eines im Strafgesetze besonders vorgesehenen, die Strafbarkeit vermindernden Umstandes in Frage kommt, s. U 28/1 82, E 5, 404.

§ **197 (199).** Die Richter stimmen nach dem Dienstalter, bei gleichem Dienstalter nach dem Lebensalter, Handelsrichter, Schöffen und Geschworene nach dem Lebensalter; der jüngere stimmt vor dem älteren. Die Schöffen und Geschworenen stimmen vor den Richtern. Wenn ein Berichterstatter ernannt ist, so stimmt er zuerst. Zuletzt stimmt der Vorsitzende.

§ **198 (200).** Schöffen und Geschworene sind verpflichtet, über den Hergang bei der Beratung und Abstimmung Stillschweigen zu beobachten.

17. Titel. Gerichtsferien.

§ **199 (201).** Die Gerichtsferien beginnen am 15. Juli und endigen am 15. September.

§ **200 (202).** Während der Ferien werden nur in Feriensachen Termine abgehalten und Entscheidungen erlassen.

Feriensachen sind:

1. Strafsachen;

2.—9. betreffen Zivilsachen.

§ **201 (201).** Zur Erledigung der Feriensachen können bei den Landgerichten Ferienkammern, bei den Oberlandesgerichten und dem Reichsgerichte Feriensenate gebildet werden.

§ **202 (204).** Auf das Kostenfestsetzungsverfahren, das Mahnverfahren, das Zwangsvollstreckungsverfahren und das Konkursverfahren sind die Ferien ohne Einfluß.

Das Zustandekommen der gerichtlichen Entscheidung mittels der gesetzlich erforderlichen Stimmenmehrheit bildet ein der Öffentlichkeit entzogenes, durch die Kontrolle sämtlicher Richter geschütztes Internum. Es ist deshalb auch in dem Strafurteil das Stimmenverhältnis, auf welchem die Feststellungen des Gerichts beruhen, nicht anzugeben. U 15/6 80, R 2, 70. Vgl. U 20/1 80, R 1, 250.

Anhang.

I. Auszug aus dem Gerichtskostengesetz.

Vom 21. Dezember 1922/13. Dezember 1923/13. Februar 1924.

(RGBl 1923 I S. 12, 1187; 1924 I S. 135.)

1. Abschnitt. Allgemeine Bestimmungen.

§ 1. In den vor die ordentlichen Gerichte gehörigen Rechtssachen,[1]) auf welche die Zivilprozeßordnung, die Strafprozeßordnung[2]) oder die Konkursordnung Anwendung findet, werden Gebühren und Auslagen der Gerichte nur nach Maßgabe dieses Gesetzes erhoben.

§ 2. Eine Erhebung von Stempeln und anderen Abgaben neben den Gebühren findet nicht statt.

Urkunden, von denen im Verfahren Gebrauch gemacht wird, sind nur insoweit einem Stempel oder einer anderen Abgabe unterworfen, als sie es ohne diesen Gebrauch sein würden.

Urkunden, welche im Verfahren errichtet werden, bleiben, soweit ihr Inhalt über den Gegenstand des Verfahrens hinausgeht, den allgemeinen Vorschriften über Erhebung von Stempeln oder anderen Abgaben unterworfen.

§ 3. In einem weiteren Umfang, als die Prozeßordnungen[3]) und dieses Gesetz[4]) es gestatten, darf die Tätigkeit der Gerichte von der Sicherstellung oder Zahlung der Gebühren oder Auslagen nicht abhängig gemacht werden.

---

1) Vgl. §§ 12, 13 GVG.
2) Vgl. § 3 EGzStPO.
3) Vgl. § 176 StPO.
4) Vgl. §§ 84 Abs. 2, 85.

§ 4.[5]) Über Erinnerungen des Zahlungspflichtigen oder der Staatskasse gegen den Ansatz von Gebühren oder Auslagen entscheidet das Gericht der Instanz gebührenfrei.[6]) Die Entscheidung kann von dem Gerichte, welches dieselbe getroffen hat, sowie von dem Gerichte der höheren Instanz von Amts wegen geändert werden.

Gegen die Entscheidung findet Beschwerde nach Maßgabe des § 567 Abs. 2 und der §§ 568 bis 575 der Zivilprozeßordnung, in Strafsachen nach Maßgabe der §§ 304 bis 310 der Strafprozeßordnung statt.[7])

Die Einlegung von Erinnerungen oder Beschwerden kann durch Erklärung zum Protokolle des Gerichtsschreibers oder schriftlich ohne Mitwirkung eines Anwalts erfolgen.

§ 5. Eine Nachforderung von Gerichtskosten wegen irrigen Ansatzes ist nur zulässig, wenn der berichtigte Ansatz vor Ablauf des nächsten Kalenderjahrs nach rechtskräftiger oder endgültiger Erledigung des Verfahrens dem Zahlungspflichtigen eröffnet ist.

§ 6. Gebühren und Auslagen, die bei richtiger Behandlung der Sache nicht entstanden wären, sind niederzuschlagen. Das gleiche gilt von Auslagen, die durch eine von Amts wegen veranlaßte Verlegung eines Termins oder Vertagung einer Verhandlung oder durch eine für begründet befundene Beschwerde entstanden sind. Für abweisende Bescheide sowie im Falle der Zurücknahme eines Antrags kann Gebühren- und Auslagenfreiheit gewährt werden, wenn der

---

5) Die Anwendung des § 4 des Gerichtskostengesetzes ist nicht auf die Fälle beschränkt, in welchen die Höhe angesetzter Gebühren oder die Notwendigkeit angesetzter Auslagen den Gegenstand der Erinnerung bilden. Jene Gesetzesstelle bezieht sich vielmehr auf alle Fälle, in denen durch Erinnerung, event. im Beschwerdewege, geltend gemacht wird, daß Kosten unter Verletzung von Normen des Gerichtskostengesetzes angesetzt seien; namentlich also auf die Fälle, in denen eine Verletzung von (sei es unmittelbar ausgesprochenen, sei es mittelbar durch Bezugnahme im § 88 einbegriffenen) Bestimmungen der 6. und 7. Abschnitte jenes Gesetzes gerügt wird. Beschl 15/2 86 (PrJustMinBl 86, S. 161).

6) Vgl. wegen der Schreibgebühren § 71.

7) Wegen der Kosten einer erfolglos eingelegten Beschwerde vgl. § 473 Abs. 1 StPO.

Antrag auf nicht anzurechnender Unkenntnis der Verhältnisse oder auf Unwissenheit beruht.

Über die Ausübung der im Abs. 1 vorgesehenen Befugnisse entscheidet das Gericht. Solange nicht das Gericht entschieden hat, können die gleichen Anordnungen im Verwaltungswege getroffen werden. Eine im Verwaltungswege getroffene Anordnung kann nur im Verwaltungswege geändert werden.

§ 7. Die Mindestgebühr beträgt 0,50 Reichsmark. Pfennigbeträge sind auf volle 10 Reichspfennig aufzurunden.

2. Abschnitt. Gebühren in bürgerlichen Rechtsstreitigkeiten. §§ 8—39 (49).

3. Abschnitt. Gebühren im Konkursverfahren. §§ 40—48 (50—58).

4. Abschnitt. Gebühren in Strafsachen.

§ 49 (59). In Strafsachen gibt die rechtskräftig erkannte Strafe[8]) den Maßstab für die Höhe der Gerichtsgebühren aller Instanzen.

Ist auf Geldstrafe und für den Fall, daß sie nicht beigetrieben werden kann, auf Freiheitsstrafe erkannt, so bestimmt sich die Gebühr nach der Höhe der ersteren. Ist in Anwendung des § 3 des Gesetzes zur Erweiterung des Anwendungsgebietes der Geldstrafe und zur Einschränkung der kurzen Freiheitsstrafen vom 21. Dezember 1921 (RGBl. S. 1604) auf Geldstrafe an Stelle der verwirkten Freiheitsstrafe erkannt, so bestimmt sich die Gebühr nach der Geldstrafe.

Ist neben einer Freiheitsstrafe auf Geldstrafe erkannt, so wird die Gebühr von jeder Strafe besonders berechnet.

---

8) Die nach § 60 StGB. auf die erkannte Strafe anzurechnende Untersuchungshaft (§ 450 StPO) ist nicht mit in Berechnung zu ziehen. Mot. S. 87. Wenn gegen einen Angekl. in erster Instanz wegen mehrerer selbständiger Straftaten gesonderte Strafen erkannt sind und der Angekl. die erstinstanzliche Verurteilung nur bei einzelnen dieser Straffälle mittels der Revision, und zwar ohne Erfolg, angefochten hat, so sind bei Feststellung der Gebühr für die Revisionsinstanz nur die Strafen in denjenigen Straffällen maßgebend, welche in die Revisionsinstanz gelangt sind. Beschl VerStrafS 20/2 95. E 27, 58.

Ist auf Einziehung, Verfallserklärung oder Unbrauchbarmachung erkannt, so ist der Wert der Gegenstände, auf die sich die Entscheidung bezieht, im Sinne dieser Vorschrift als Geldstrafe anzusehen. Besteht der Gegenstand nicht in einem Geldbetrage, so setzt das Gericht den Wert fest.

§ 50 (60). Im Falle des § 79 des Strafgesetzbuchs bestimmt sich die Gebühr für das neue Verfahren durch den Betrag, um welchen die Gesamtstrafe die früher erkannte Strafe übersteigt.

Im Falle des § 460 der StPO ist eine besondere Gebühr nicht zu erheben.

§ 51 (61). Betrifft eine Strafsache mehrere Angeschuldigte, so ist die Gebühr von jedem Verurteilten besonders nach Maßgabe der gegen ihn erkannten Strafe zu erheben.[9])

§ 52 (62). Für das Verfahren in erster Instanz werden erhoben:

im Falle einer Freiheitsstrafe bis zu einer Woche einschließlich	3	Reichsmark
von mehr als einer Woche bis zu einem Monat einschließlich	6	„
von mehr als einem Monat bis zu sechs Monaten einschließlich	15	„
von mehr als sechs Monaten bis zu einem Jahre einschließlich	30	„
von mehr als einem Jahre bis zu zwei Jahren einschließlich	75	„
von mehr als zwei Jahren bis zu fünf Jahren einschließlich	150	„
im Falle einer schwereren Strafe	300	„

9) Dies gilt auch dann, wenn mehrere Angekl. solidarisch zu einer Geldstrafe als Gesamtschuldner verurteilt sind. Beschl 8/7 90, E 21, 61. Gegen jeden einzelnen Angekl. ist in solchem Falle die Gebühr nach Maßgabe der erkannten Gesamtstrafe festzusetzen. Beschl 9/10 99, E 32, 282. Wegen der Haftung mehrerer Mitangeklagter für die Auslagen vgl. § 466 Abs. 2 StPO. S. auch § 41 Jug. Ger. Ges. v. 16/2 23: Ein Angeklagter, gegen den gemäß § 6 und § 9 Abs. 4 von Strafe abgesehen worden ist, steht für die Pflicht zur Tragung der Auslagen einem Angeklagten gleich, der zu Strafe verurteilt worden ist.

Ist auf eine Geldstrafe erkannt, so werden 20 v. H. des Betrags der erkannten Strafe erhoben.

Ist der zur Kostentragung verurteilte Beschuldigte[10]) für straffrei erklärt, so beträgt die Gebühr 3 Reichsmark, und ist ausschließlich auf den Verlust der bürgerlichen Ehrenrechte überhaupt oder einzelner bürgerlicher Ehrenrechte erkannt, so beträgt die Gebühr 75 Reichsmark.

§ 53 (63). In dem Verfahren bei amtsrichterlichen Strafbefehlen wird die Hälfte der Sätze des § 52 erhoben.

Hat gemäß § 411 Abs. 1 der Strafprozeßordnung eine Hauptverhandlung stattgefunden oder wird der gegen den Strafbefehl erhobene Einspruch wegen Ausbleibens des Angeklagten in der Hauptverhandlung durch Urteil verworfen (StPO § 412), so erhöht sich die Gebühr auf die vollen Sätze des § 52.

§ 54 (64). Im Falle des § 211 Abs. 2 der StPO wird die Hälfte der Sätze des § 52 erhoben.[11])

§ 55 (65). Die Sätze des § 52 werden für die Berufungsinstanz sowie für die Revisionsinstanz erhoben, wenn in der Instanz eine Hauptverhandlung stattgefunden hat.[12])

Wird das Rechtsmittel vor Beginn der Hauptverhandlung zurückgenommen oder durch Beschluß verworfen (StPO §§ 319, 322, 346, 349), so wird ein Viertel der Gebühr erhoben.

Wird das Rechtsmittel nach Beginn der Hauptverhandlung zurückgenommen, oder wird die Berufung wegen Ausbleibens des Angeklagten in der Hauptverhandlung verworfen (StPO § 329), so wird die Hälfte der Gebühr erhoben.

§ 56 (67). Wird ein Antrag auf Wiederaufnahme des Verfahrens als unzulässig oder unbegründet verworfen

---

10) Fassung nach § 48 Jugendgerichtsges. v. 16/2 23 (RGBl. I S. 141).

11) § 211 (n. F. § 212) Abs. 2 StPO ist weggefallen.

12) Für den Kostenansatz in der Revisionsinstanz ist schlechthin die durch das Revisionsurteil rechtskräftig gewordene Strafe zugrunde zu legen, ohne Unterschied, ob die Revisionsanträge Beseitigung der ganzen Strafe oder nur eines Teiles oder der neben der Hauptstrafe erkannten Nebenstrafen beanspruchen. Beschl 5/1 89, E 18, 369.

oder abgelehnt, so wird die Hälfte der, im § 52 bestimmten Gebühr erhoben.

Wird die Wiederaufnahme des Verfahrens angeordnet (§ StPO § 370), so wird, wenn das frühere Urteil aufrechterhalten wird, die volle im § 52 bestimmte Gebühr erhoben. Führt die Wiederaufnahme zu einer Aufhebung des früheren Urteils, so gilt für die Gebührenerhebung das neue Verfahren mit dem früheren Verfahren zusammen als eine Instanz

§ **57 (69).** Werden in den Fällen der §§ 174 und 175 der StPO nach Maßgabe der §§ 177 und 472 derselben dem Antragsteller[13]) die Kosten auferlegt, so beträgt die Gebühr:

wenn es sich um eine Übertretung handelt 10 Reichsmark,
wenn es sich um ein Vergehen handelt . 20 " ,
wenn es sich um ein Verbrechen handelt . 40 " .

Das gleiche gilt im Falle des § 469 der StPO.

Im Falle des § 176 Abs. 2 der StPO. ist die Hälfte der vorstehenden Sätze zu erheben.

§ **58.** Wird das Verfahren nach Eröffnung des Hauptverfahrens infolge Zurücknahme des Antrags, durch den es bedingt war, eingestellt, so wird die im § 57 Abs. 1 bestimmte Gebühr erhoben. Das Gericht kann sie bis zu einem Viertel ermäßigen oder beschließen, daß von der Erhebung einer Gebühr abgesehen werde.

§ **59 (70).** Für das Verfahren auf erhobene Privatklage[14]) gelten, sofern der Beschuldigte zu einer Strafe verurteilt wird, unbeschadet der Vorschriften des § 60 Abs. 2 und des § 63 die §§ 49 bis 52, 55, 56.

§ **60.** Wird in dem Verfahren auf erhobene Privatklage der Beschuldigte freigesprochen oder für straffrei erklärt, so wird für das Verfahren in jeder Instanz eine Gebühr von 30 Reichsmark erhoben.

---

13) Wegen der Haftung mehrerer Antragsteller vgl. §§ 87, 88 und §§ 471 Abs. 4, 472 StPO.

14) Vgl. §§ 374 ff. StPO. Wegen der Vorschußpflicht im Verfahren auf erhobene Privatklage vgl. §§ 83, 84.

Die im Abs. 1 bestimmte Gebühr kommt für die Berufungsinstanz sowie für die Revisionsinstanz auch dann zur Erhebung, wenn das von dem Privatkläger eingelegte Rechtsmittel auf Grund einer Hauptverhandlung verworfen wird. Wird das Rechtsmittel vor Beginn der Hauptverhandlung zurückgenommen oder durch Beschluß verworfen (Strafprozeßordnung §§ 319, 322, 346, 349, 384), so wird eine Gebühr von 8 Reichsmark erhoben. Wird das Rechtsmittel nach Beginn der Hauptverhandlung zurückgenommen oder die Berufung gemäß § 391 Abs. 3 der Strafprozeßordnung verworfen, so wird eine Gebühr von 15 Reichsmark erhoben.

§ **61 (72).** Wird die Privatklage zurückgewiesen oder erledigt sich das Verfahren vor Beginn der Hauptverhandlung durch Zurücknahme der Klage oder Einstellung, so wird eine Gebühr von 8 Reichsmark erhoben. Tritt die Erledigung erst nach Beginn der Hauptverhandlung ein, so beträgt die Gebühr 15 Reichsmark.

Tritt die Erledigung in der Berufungs- oder Revisionsinstanz ein, so kommen für diese Instanz die im Abs. 1 bestimmte Gebühr und für jede der voraufgegangenen Instanzen eine Gebühr von 15 Reichsmark zur Erhebung.

§ **62.** Die in den §§ 60, 61 bestimmten Gebühren werden für das Verfahren auf erhobene Widerklage nur erhoben, wenn es nach Zurücknahme der Privatklage oder Einstellung des Verfahrens über die Privatklage selbständig fortgesetzt wird. Das gleiche gilt, wenn ausschließlich gegen die auf die Widerklage ergangene Entscheidung von dem Widerkläger Berufung oder Revision eingelegt ist.

§ **63 (77).** Wird die Wiederaufnahme eines Privatklageverfahrens von dem Privatkläger beantragt, so wird, wenn der Antrag als unzulässig oder unbegründet verworfen wird, eine Gebühr von 15 Reichsmark erhoben.

Wird die Wiederaufnahme des Verfahrens auf Antrag des Privatklägers angeordnet, so findet, sofern auf eine höhere Strafe erkannt wird, die Vorschrift des § 56 Abs. 2 Satz 2 Anwendung, anderenfalls wird eine Gebühr von 30 Reichsmark erhoben.

§ 64 (73). Sind in einem Privatklageverfahren mehrere Personen als Beschuldigte beteiligt, so werden hinsichtlich einer jeden die in den §§ 60 bis 63 bestimmten Gebühren besonders, jedoch für jede Instanz höchstens der dreifache Betrag der im § 60 Abs. 1 bestimmten Gebühr erhoben.[15])

§ 65. Die von der Verwaltungsbehörde erhobene Klage (Strafprozeßordnung § 424) ist nicht als Privatklage im Sinne dieses Gesetzes zu erachten.

§ 66 (74). Werden dem Nebenkläger Kosten auferlegt, so sind die Sätze zu erheben, welche nach Maßgabe der §§ 60, 61, 63, 64 zu erheben sein würden, wenn er als Privatkläger das Rechtsmittel eingelegt oder die Wiederaufnahme des Verfahrens beantragt hätte.[16])

§ 67 (75). Für das Verfahren in den Fällen der §§ 430 bis 432 der Strafprozeßordnung[17]) beträgt die Gebühr in jeder Instanz 30 Reichsmark.

§ 68. Die in den §§ 60 bis 63, 67 bestimmten Gebühren kann das Gericht bis auf 2 Reichsmark herabsetzen oder bis auf das Zwanzigfache erhöhen.

§ 69. Für die Zurückweisung einer Beschwerde wird, sofern sie sich gegen eine Entscheidung der im § 56 Abs. 1 oder im § 63 Abs. 1 bezeichneten Art richtet, die dort bestimmte Gebühr, im übrigen eine Gebühr von 1 Reichsmark erhoben.

---

15) Vgl. § 471 Abs. 4 StPO.

16) Zwischen einem selbständigen und einem unselbständigen Rechtsmittel des Nebenklägers wird nicht unterschieden; von dem Nebenkläger, welchem die Kosten des von ihm eingelegten Rechtsmittels auferlegt sind, ist also die Gebühr nach § 66 auch dann zu erheben, wenn zugleich die StA das Rechtsmittel eingelegt hatte. Beschl. 11/4 02, E 35, 187. Wegen der Vorschußpflicht des Nebenklägers s. §§ 83, 84.

17) Der § 67 bestimmt nicht, wann und gegen wen die Gebühr zur Anwendung kommen soll. In den Mot. ist anerkannt, daß für das Verfahren in den Fällen der §§ 430 bis 432 StPO „der Regel nach in Ermangelung eines Kostenpflichtigen eine Gebühr nicht zum Ansatze kommen kann", jedoch ein Maßstab für die Gebührenerhebung in den Fällen als erforderlich bezeichnet, „wenn einem der Beschlagnahme-Beteiligten (§ 431 StPO) die Kosten eines Rechtsmittels (§ 473 StPO) oder auch Kosten erster Instanz auferlegt werden." U 15/5 85, E 12, 198.

Die Gebühr wird von dem Beschuldigten nur erhoben, wenn er rechtskräftig zu einer Strafe verurteilt ist.

§ 70 (78). Für das Verfahren zur Vollstreckung einer über eine Vermögensstrafe, eine Buße oder über Erstattung von Kosten ergangenen Entscheidung (Strafprozeßordnung §§ 463, 464) werden Gebühren nach Maßgabe der Vorschriften des zweiten Abschnitts besonders erhoben.

5. Abschnitt. Auslagen.

§ 71 (79). Schreibgebühren werden für solche Ausfertigungen und Abschriften erhoben, die nur auf Antrag erteilt werden, usw. (interessiert nicht für das Strafverfahren);

Die Schreibgebühr beträgt für die Seite, welche zweiunddreißig Zeilen von durchschnittlich fünfzehn Silben enthält, 0,20 Reichsmark, auch wenn die Herstellung auf mechanischem Wege stattgefunden hat. Jede angefangene Seite wird als voll berechnet. Für Schriftstücke, die in fremden Sprachen abgefaßt sind, für Schriftstücke in tabellarischer Form sowie für Verzeichnisse, Listen, Rechnungen, Handzeichnungen und dergleichen kann die Höhe der Schreibgebühr von der Landesjustizverwaltung anderweit bestimmt werden.[18])

§ 72. An baren Auslagen werden ferner erhoben:

1. Postgebühren:
   a) für die auf Antrag erfolgende Übersendung von Ausfertigungen und Abschriften,
   b) für Ladungen von Zeugen und Sachverständigen;
2. Telegraphengebühren und die im Fernverkehre zu entrichtenden Fernsprechgebühren;
3. die durch Einrückung einer Bekanntmachung in öffentliche Blätter entstehenden Kosten;
4. die an Zeugen und Sachverständige zu zahlenden Gebühren;[19])

---

18) S. auch Abrundungsverordnung v. 31/10 23 (RGBl. I S. 1049) und § 72 Abs. 2.

19) Vgl. Gebührenordnung für Zeugen und Sachverständige v. 13/3 22 (RGBl I S. 242) [Anhang II].

5. die bei Geschäften außerhalb der Gerichtsstelle den Gerichtsbeamten zustehenden Tagegelder und Reisekosten sowie die Kosten für die Bereitstellung von Geschäftsräumen;
6. die an andere Behörden oder Beamte[20]) oder an Rechtsanwälte[21]) für deren Tätigkeit zu zahlenden Beträge;
7. die Kosten eines Transports von Personen, Tieren und Sachen sowie der Verwahrung von Sachen und der Verwahrung und Fütterung von Tieren;
8. die Haftkosten nach Maßgabe der für die Strafhaft geltenden landesgesetzlichen Vorschriften.[22])

§ 73. Für die von Amts wegen bewirkten Zustellungen werden unbeschadet der Vorschrift des § 72 Nr. 1b nur diejenigen baren Auslagen erhoben, welche durch die Zustellung im Ausland oder bei der öffentlichen Zustellung durch Bekanntmachung in öffentlichen Blättern entstehen.

Wird ein Zeuge oder Sachverständiger ohne Inanspruchnahme der Post geladen, so wird als Auslagen der Betrag der Postgebühren erhoben, der entstanden sein würde, wenn durch die Post zugestellt worden wäre.

6. Abschnitt. Kostenzahlung und Kostenvorschuß.

§ 74 (81) betr. die Fälligkeit der Gebühr in bürgerlichen Rechtsstreitigkeiten und im Konkursverfahren.

§ 75 (93). Im übrigen werden die Gebühren sowie die Auslagen fällig, sobald eine unbedingte Entscheidung über die Kosten ergangen ist oder das Verfahren oder die Instanz durch Vergleich, Zurücknahme oder anderweite Erledigung beendet ist.

---

20) Vgl. §§ 81, 83 Abs. 3, 92, 150 StPO.

21) Vgl. § 150 StPO und Gebührenordnung für Rechtsanwälte v. 20/5 98 (RGBl S. 692) usw. sowie das Ges. über die Erstattung von Rechtsanwaltsgebühren in Armensachen vom 6. 2./13. 12. 1923 (RGBl. I S. 103 u. 1188).

22) Vgl. § 70 Abs. 2 StPO.

(§ 96). In Strafsachen werden die Gebühren und Auslagen, die dem verurteilten[23]) Beschuldigten zur Last fallen, erst mit der Rechtskraft des Urteils fällig.[24])

§ 76 (97). Die Schreibgebühren sowie die Postgebühren für die auf Antrag erfolgende Übersendung von Ausfertigungen und Abschriften werden sofort nach Aushändigung oder Absendung der Schriftstücke fällig.

Die Anfertigung kann von der vorherigen Zahlung eines die Kosten deckenden Betrages abhängig gemacht werden.

§ 77 betr. die Schuldner in bürgerl. Rechtsstreitigkeiten.

§ 78 betr. die Schuldner im Konkursverfahren.

§ 79 (86). Schuldner der Gebühren und Auslagen ist ferner derjenige, dem durch eine unbedingte gerichtliche Entscheidung die Kosten des Verfahrens auferlegt sind, oder der sie durch eine vor dem Gericht abgegebene oder ihm mitgeteilte Erklärung übernommen hat.

§ 80. Schuldner der Schreibgebühren sowie der Postgebühren für die auf Antrag erfolgende Übersendung von Ausfertigungen und Abschriften ist der Antragsteller oder die Partei, die es unterlassen hat, einem von Amts wegen zuzustellenden Schriftsatz die erforderliche Zahl von Abschriften beizufügen.

§ 81. Die durch gerichtliche Entscheidung begründete Verpflichtung zur Zahlung von Gebühren und Auslagen erlischt, soweit die Entscheidung aufgehoben oder abgeändert wird. Bereits gezahlte Beträge werden, soweit der Kostenansatz bestehen bleibt, nicht zurückgezahlt.

§ 82 (91). Mehrere Kostenschuldner haften als Gesamtschuldner.

Soweit einer Partei die Kosten durch gerichtliche Entscheidung auferlegt oder von ihr durch eine vor dem Gericht

---

23) Wegen der dem freigesprochenen Beschuldigten zur Last fallenden Auslagen vgl. §§ 467, 468, 701 StPO. und § 75.

24) Stirbt ein Verurteilter vor eingetretener Rechtskraft des Urteils so haftet sein Nachlaß nicht für die Kosten, § 465 Abs. 2 StPO.

abgegebene oder ihm mitgeteilte Erklärung übernommen sind, soll die Haftung der anderen Partei nur geltend gemacht werden, wenn eine Zwangsvollstreckung in das bewegliche Vermögen der ersteren erfolglos geblieben ist oder aussichtslos erscheint.

§ 83. In Strafsachen hat der Privatkläger oder derjenige, der als Privatkläger oder Nebenkläger[25]) eine Berufung oder eine Revision einlegt oder eine Wiederaufnahme des Verfahrens beantragt, einen Gebührenvorschuß in Höhe der halben im § 60 Abs. 1 bestimmten Gebühr für die Instanz zu zahlen. Der § 64 findet entsprechende Anwendung. Der Widerkläger ist zur Zahlung eines Gebührenvorschusses nicht verpflichtet.

Der gleiche Gebührenvorschuß ist im Falle des § 67 zu zahlen.

Sofern nicht dem Privatkläger das Armenrecht bewilligt ist oder Gebührenfreiheit zusteht, soll auf Grund der erhobenen Privatklage vor Zahlung des Gebührenvorschusses keine gerichtliche Handlung vorgenommen werden, es sei denn, daß glaubhaft gemacht wird, daß die Verzögerung dem Privatkläger einen nicht oder nur schwer zu ersetzenden Nachteil bringen würde.

§ 84. Bei jedem Antrag auf Vornahme einer Handlung, mit der bare Auslagen verbunden sind, hat der Antragsteller einen zu ihrer Deckung ausreichenden Vorschuß zu zahlen. Das Gericht kann die Vornahme der Handlung von der vorherigen Zahlung des Vorschusses abhängig machen.

Diese Vorschußpflicht besteht in Strafsachen nur für den Privatkläger, den Widerkläger sowie für den Nebenkläger, der Berufung oder Revision eingelegt hat.

§ 85. Ausländer,[26]) die als Kläger auftreten, haben unbeschadet der Verpflichtung zur Zahlung der Prozeßgebühr in erster Instanz sowie in der Berufungsinstanz einen Vorschuß in Höhe der doppelten Gebühr, in der Revisionsinstanz einen solchen in Höhe der einfachen Gebühr zu leisten.

---

25) Ob der Nebenkläger das Rechtsmittel allein oder neben dem Staatsanwalt einlegt, ist gleichgültig. Beschl 11/4 02, E 35, 188.

26) Wegen des Begriffs „Ausländer" s. Anm. 13 zu § 9 StPO.

Diese Verpflichtung tritt nicht ein:

1. wenn in dem Staate, dem der Kläger angehört, ein Deutscher im gleichen Falle in bezug auf Vorauszahlung oder Sicherstellung der Gerichtskosten einem Inländer gleichgestellt ist;
2. bei Klagen im Urkunden- und Wechselprozesse;
3. bei Widerklagen;
4. bei Klagen, die infolge einer öffentlichen Aufforderung erhoben werden;
5. bei Klagen aus Rechten, die im Grundbuch eingetragen sind;
6. wenn dem Kläger das Armenrecht bewilligt ist.

Diese Verpflichtung besteht auch dann, wenn im Laufe des Rechtsstreits der Kläger die Eigenschaft eines Deutschen verliert oder die Voraussetzung, unter welcher der Kläger von der Verpflichtung befreit war, wegfällt.

Unter den gleichen Voraussetzungen hat ein Ausländer, der als Privatkläger auftritt oder als Nebenkläger Berufung oder Revision einlegt, den doppelten Gebührenvorschuß (§ 83) zu zahlen.[27])

Vor Zahlung des gemäß Abs. 1, 3, 4 zu erhebenden Vorschusses soll der Ausländer zur Verhandlung nicht zugelassen werden, sofern nicht glaubhaft gemacht wird, daß die Verzögerung dem Ausländer einen nicht zu ersetzenden Nachteil bringen würde.

§ 86. Die Verpflichtung zur Zahlung der vorzuschießenden Beträge bleibt bestehen, auch wenn die Kosten des Verfahrens einem anderen auferlegt oder von einem anderen übernommen sind. Die Vorschrift des § 82 Abs. 2 findet entsprechende Anwendung.

§ 87 (91). Besteht eine Partei aus mehreren Personen, so haften sie in Ermangelung einer gerichtlichen Entscheidung über die Kostenverteilung als Gesamtschuldner.

§ 88 (92). Durch die §§ 74 bis 87 wird eine nach den Vorschriften des bürgerlichen Rechtes oder den Vorschriften der Zivilprozeßordnung § 100 Abs. 4, § 788, der Konkursordnung

27) Vgl. § 379 StPO.

§§ 57 bis 60, 142 oder der Strafprozeßordnung § 466 Abs. 2, 471 Abs. 4, 472 begründete Verpflichtung zur Zahlung entstandener Gebühren und Auslagen nicht berührt.[28])

§ **89 (97a).** Die Landesjustizverwaltung kann anordnen, daß die Entrichtung von Kosten durch Marken zu erfolgen hat.

7. Abschnitt. Schlußbestimmungen.

§ **90.** Von Zahlung der Gebühren sind befreit:
das Reich in dem Verfahren vor den Landesgerichten,
die Länder in dem Verfahren vor dem Reichsgericht.

Die landesgesetzlichen Vorschriften, welche für gewisse Rechtssachen oder gewisse Personen in dem Verfahren vor den Landesgerichten Gebührenfreiheit gewähren, werden durch dieses Gesetz nicht berührt.

Für das Verfahren vor dem Reichsgericht kann die Befreiung von Gebühren durch Verordnung der Reichsregierung mit Zustimmung des Reichsrats gewährt werden.

Soweit demjenigen, welchem die Gebührenfreiheit zusteht, Kosten des Verfahrens auferlegt oder von ihm übernommen werden, sind Gebühren überhaupt nicht zu erheben und erhobene zurückzuzahlen.

§ **91.** Die Behörden haben einander zum Zwecke der Einziehung von Gebühren und Auslagen nach näherer Bestimmung der von der Reichsregierung mit Zustimmung des Reichsrats zu erlassenden Anweisung Beistand zu leisten.

II. Gebührenordnung für Zeugen und Sachverständige.

Vom 13. März 1922 (RGBl I S. 242).

In der Fassung des Ges v. 24. Oktober 1922 (RGBl I S. 806) und der Verordnung vom 21. Dezember 1923 (RGBl I S. 1239).

---

§ **1.** In den vor die ordentlichen Gerichte gehörigen Rechtssachen, auf welche die Zivilprozeßordnung, die Straf-

28) Wegen Haftung des Vaters während Bestehens der elterlichen Gewalt für Kosten eines erfolglosen Rechtsmittels des Sohnes s. Beschl 16/7 11, E 45, 407.

prozeßordnung oder die Konkursordnung Anwendung findet, erhalten die Zeugen und Sachverständigen Gebühren nach Maßgabe der folgenden Bestimmungen.[1])

§ **2.** Der Zeuge erhält eine Entschädigung für die erforderliche Zeitversäumnis im Betrage von 5—75 Reichspfennig auf jede angefangene Stunde.[2])

Die Entschädigung ist unter Berücksichtigung des von dem Zeugen versäumten Erwerbes zu bemessen und für jeden Tag auf nicht mehr als zehn Stunden zu gewähren. Ob eine Erwerbsversäumnis stattgefunden hat, ist nach freiem Ermessen unter Berücksichtigung der Lebensverhältnisse und der regelmäßigen Erwerbstätigkeit des Zeugen zu beurteilen. Bis zu der im Abs. 1 bestimmte Höchstgrenze ist der volle Verdienstausfall zu ersetzen.

Personen, welche durch einfache Handarbeit, Handwerksarbeit oder geringeren Gewerbebetrieb ihren Unterhalt suchen, oder sich in gleichen Verhältnissen mit solchen Personen befinden, erhalten die nach dem geringsten Satze zu bemessende Entschädigung auch dann, wenn die Versäumnis eines Erwerbes nicht stattgefunden hat.

§ **3.** Der Sachverständige erhält für seine Leistung eine Vergütung nach Maßgabe der erforderlichen Zeitversäumnis im Betrage bis zu 1,50 Reichsmark für jede angefangene Stunde.[2]) Ist die Leistung besonders schwierig, so darf der Betrag bis zu 3 Reichsmark für jede angefangene Stunde erhöht werden.

Die Vergütung ist unter Berücksichtigung der Erwerbsverhältnisse des Sachverständigen zu bemessen.

Außerdem sind dem Sachverständigen die auf die Vorbereitung des Gutachtens verwendeten Kosten, sowie die für eine Untersuchung verbrauchten Stoffe und Werkzeuge zu vergüten.

§ **4.** Besteht für die aufgetragene Leistung ein üblicher Preis, so ist dem Sachverständigen auf Verlangen dieser und für die außerdem stattfindende Teilnahme an Terminen die

1) Vgl. §§ 71 (Zeugen) und 84 (Sachverständige) StPO und § 165 GVG.

2) Vgl. auch § 5.

im § 3 Abs. 1 Satz 1 und Abs. 2 geregelte Vergütung zu gewähren.

Beschränkt sich die Tätigkeit des Sachverständigen auf die Teilnahme an Terminen, so erhält er lediglich die im § 3 bestimmte Vergütung.

§ **4a** betrifft bürgerliche Rechtsstreitigkeiten.

§ **5.** Als versäumt gilt für den Zeugen oder Sachverständigen auch die Zeit, während welcher er seine gewöhnliche Beschäftigung nicht wieder aufnehmen kann.[3])

§ **6.** Mußte der Zeuge oder Sachverständige außerhalb seines Aufenthaltsorts einen Weg bis zur Entfernung von mehr als 2 Kilometer zurücklegen, so ist ihm außer den nach §§ 2 bis 5 zu bestimmenden Beträgen eine Entschädigung für die Reise und für den durch die Abwesenheit von dem Aufenthaltsorte verursachten Aufwand nach Maßgabe der folgenden Bestimmungen zu gewähren.

§ **7.** Soweit nach den persönlichen Verhältnissen des Zeugen oder Sachverständigen oder nach äußeren Umständen die Benutzung von Transportmitteln für angemessen zu erachten ist, sind als Reiseentschädigung die nach billigem Ermessen in dem einzelnen Falle erforderlichen Kosten zu gewähren. In anderen Fällen beträgt die Reiseentschädigung für jedes angefangene Kilometer des Hinwegs und des Rückwegs 5 Reichspfennig.

§ **8.** Die Entschädigung für den durch Abwesenheit von dem Aufenthaltsorte verursachten Aufwand ist nach den persönlichen Verhältnissen des Zeugen oder Sachverständigen zu bemessen. Der Höchstsatz bemißt sich nach dem Satze, der den Reichsbeamten der Stufe III (§ 2 Abs. 2 der Reisekostenverordnung für die Reichsbeamten (RGBl. 1921 S. 1345, 1923 I S. 981)) als Tagegeld zusteht.

Die Vorschriften der genannten Verordnung, nach denen bei Reisen, die an demselben Kalendertag angetreten und beendet werden, sich das Tagegeld vermindert oder ein Tagegeld nicht gewährt wird, gelten entsprechend.

---

3) Vgl. §§ 2, 3.

§ **9.** Mußte der Zeuge oder Sachverständige innerhalb seines Aufenthaltsorts einen Weg bis zu einer Entfernung von mehr als 2 Kilometer zurücklegen, so ist ihm für den ganzen zurückgelegten Weg eine Reiseentschädigung nach den Vorschriften des § 7 zu gewähren.

§ **10.** Konnte der Zeuge oder Sachverständige den erforderlichen Weg ohne Benutzung von Transportmitteln nicht zurücklegen, so sind die nach billigem Ermessen erforderlichen Kosten auch außer den in den §§ 6, 9 bestimmten Fällen zu gewähren.

§ **11.** Abgaben für die erforderliche Benutzung eines Weges sind in jedem Falle zu erstatten.

§ **12.** Bedarf der Zeuge wegen jugendlichen Alters oder wegen Gebrechen eines Begleiters, so sind die Entschädigungen für beide zu gewähren.

§ **12a.** Notwendige bare Auslagen, soweit sie nicht den durch den Aufenthalt außerhalb der Wohnung verursachten Aufwand betreffen, können dem Zeugen oder Sachverständigen nach billigem Ermessen erstattet werden. Dies gilt namentlich von den Kosten für eine notwendige Vertretung.

§ **13.** Soweit für gewisse Arten von Sachverständigen besondere Taxvorschriften bestehen, welche an dem Orte des Gerichts, vor welches die Ladung erfolgt, und an dem Aufenthaltsorte des Sachverständigen gelten, kommen lediglich diese Vorschriften in Anwendung. Gelten solche Taxvorschriften nur an einem dieser Orte, oder gelten an demselben verschiedene Taxvorschriften, so kann der Sachverständige die Anwendung der ihm günstigeren Bestimmungen verlangen.

In den Fällen des Abs. 1 kann der Sachverständige, wenn er nicht öffentlicher Beamter ist, an Stelle der Gesamtvergütung nach den Taxvorschriften die Berechnung der Gesamtvergütung nach den Vorschriften dieses Gesetzes beanspruchen.

Dolmetscher erhalten Entschädigung als Sachverständige nach den Vorschriften dieses Gesetzes, sofern nicht ihre Leistungen zu den Pflichten eines von ihnen versehenen Amtes gehören.

§ 14. Öffentliche Beamte erhalten Tagegelder und Reisekosten nach Maßgabe der für Dienstreisen geltenden Vorschriften, falls sie zugezogen werden:

1. als Zeugen über Umstände, von denen sie in Ausübung ihres Amtes Kenntnis erhalten haben;
2. als Sachverständige, wenn sie aus Veranlassung ihres Amtes zugezogen werden und die Ausübung der Wissenschaft, der Kunst oder des Gewerbes, deren Kenntnis Voraussetzung der Begutachtung ist, zu den Pflichten des von ihnen versehenen Amtes gehört.

Soweit allgemeine Vorschriften für Dienstreisen nicht erlassen sind, kann die oberste Verwaltungsbehörde über die Gewährung der den öffentlichen Beamten in den Fällen des Abs. 1 den Gerichten gegenüber zustehenden Tagegelder und Reisekosten besondere Vorschriften erlassen.

Werden nach den Vorschriften dieses Paragraphen Tagegelder und Reisekosten gewährt, so findet eine weitere Vergütung an den Zeugen oder Sachverständigen nicht statt.

Die vorstehenden Bestimmungen finden auf Personen des Soldatenstandes entsprechende Anwendung.

Auf Beamte der Gemeinden (Gemeindeverbände) finden die allgemeinen Vorschriften für Dienstreisen insoweit keine Anwendung, als die oberste Verwaltungsbehörde Bestimmungen über die Höhe der ihnen den Gerichten gegenüber zustehenden Tagegelder und Reisekosten erlassen hat.

Die oberste Verwaltungsbehörde kann die ihr durch Abs. 2 und Abs. 5 gegebene Befugnis zum Erlasse der bezeichneten Bestimmungen auf andere Behörden übertragen.

§ 15. Ist ein Sachverständiger für die Erstattung von Gutachten im allgemeinen beeidigt, so können die Gebühren für die bei bestimmten Gerichten vorkommenden Geschäfte durch Übereinkommen bestimmt werden.

§ 16. Die Gebühren der Zeugen und Sachverständigen werden nur auf Verlangen derselben gewährt.[4] Der An-

---

4) Die dem Zeugen oder Sachverständigen zu zahlende Gesamtvergütung wird auf volle 5 Goldpfennig aufgerundet. — Das Wertverhältnis der Goldmark zur Reichswährung bestimmt sich nach den

spruch erlischt, wenn das Verlangen binnen 3 Monaten nach Beendigung der Zuziehung oder Abgabe des Gutachtens bei dem zuständigen Gerichte nicht angebracht wird.

§ 17. Die einem Zeugen oder Sachverständigen zu gewährenden Beträge werden durch gerichtlichen Beschluß festgesetzt, wenn der Zeuge oder Sachverständige oder die Staatskasse eine richterliche Festsetzung beantragt oder das Gericht sie für angemessen hält. Der Ansatz kann von Amts wegen berichtigt werden, wenn die Beträge aus der Staatskasse gezahlt und dieser nicht erstattet sind. Für die Festsetzung und die Berichtigung ist das Gericht oder der Richter zuständig, vor welchem die Verhandlung stattgefunden hat, und für die Berichtigung auch das Gericht der höheren Instanz.

Gegen die richterliche Entscheidung findet Beschwerde nach Maßgabe des § 567 Abs. 2, der §§ 568 bis 575 der Zivilprozeßordnung sowie des § 4 Abs. 3 des Gerichtskostengesetzes, in Strafsachen nach Maßgabe der §§ 304 bis 310 der Strafprozeßordnung statt.[5])

---

vom Reichsminister der Finanzen bekanntgegebenen, am Tage der Auszahlung geltenden Goldumrechnungssatze (§ 2 der Durchführungsbestimmungen zur Aufwertungsverordnung v. 13/10 23, RGBl. I S. 951). Vgl. Art. II u. III der 5. VO. über die Gebühren für Zeugen und Sachverständige v. 21/12 23 (RGBl. I S. 1239).

5) Die Einschränkung des Beschwerderechts im § 17 Abs. 2 umfaßt auch das Berichtigungsverfahren (Abs. 1). Ist im letzteren Verfahren eine Entscheidung ergangen, so kann diese nur unter den Beschränkungen des Abs. 2 angefochten werden. Eine Entscheidung des Oberlandesgerichts, durch welche in einer Strafsache ein Antrag auf Berichtigung einer Festsetzung von Zeugen- oder Sachverständigengebühren abgelehnt wird, kann also mit der Beschwerde nicht weiter angefochten werden. Beschl 16/1 83, E 7, 420.

III. Verordnung über die Entschädigung der Schöffen, Geschworenen und Vertrauenspersonen

vom 18. März 1924 (RGBl. I S. 282).

§ 1. Schöffen, Geschworene und Vertrauenspersonen des zur Auswahl der Schöffen und Geschworenen berufenen Ausschusses erhalten als Entschädigung für den ihnen durch ihre Dienstleistung entstehenden Verdienstausfall für jede angefangene Stunde der durch die Dienstleistung versäumten Arbeitszeit einen Betrag von 0,05 bis zu 0,75 Reichsmark. Die Höhe der Entschädigung ist im Einzelfall unter Berücksichtigung der regelmäßigen Erwerbstätigkeit festzusetzen. Die Entschädigung ist für höchstens zehn Stunden für den Tag zu gewähren.

§ 2.[1]) Schöffen, Geschworene und Vertrauenspersonen erhalten außerdem

1. für jeden Tag der Dienstleistung ein Tagegeld,
2. für jedes durch die Dienstleistung notwendig gewordene Nachtquartier ein Übernachtungsgeld

nach den Sätzen, die ein Reichsbeamter der Stufe I (vgl. § 2 Abs. 2 der Reisekostenverordnung für die Reichsbeamten vom 14. Oktober 1921 — Reichsgesetzblatt S. 1345 —) für eine Dienstreise erhält. Ob das gewöhnliche Tage- und Übernachtungsgeld oder das für teure Orte zu zahlende zu gewähren ist, entscheidet sich nach dem Orte, an dem der Schöffe, Geschworene oder die Vertrauensperson die Dienste zu leisten hat.

Als der Tag der Dienstleistung im Sinne des Abs. 1 gilt jeder Tag, an dem der Schöffe, der Geschworene oder die Vertrauensperson dienstlich am Sitzungsorte des Gerichts anwesend ist.

---

1) Zu §§ 2 u. 3 vgl. für Preußen AV. d. JM. v. 26. 5. 25 über die Entschädigung der Schöffen und Geschworenen bei Wahrnehmung der außerhalb des Sitzes des Gerichts stattfindenden Hauptverhandlungstermine der Schöffen- und Schwurgerichte (JMBl. S. 200).

Ob überhaupt und in welcher Höhe Tage- und Übernachtungsgeld zu gewähren ist, bestimmt sich nach den gleichen Vorschriften wie bei Dienstreisen der Reichsbeamten.

§ 3. Schöffen, Geschworene und Vertrauenspersonen erhalten als Fahrkosten

1. bei Wegestrecken, die auf Eisenbahnen, Schiffen oder sonstigen öffentlichen regelmäßigen Verkehrsmitteln zurückgelegt werden oder hätten zurückgelegt werden können, den für die Beförderung zu zahlenden Fahrpreis, jedoch bei Benutzung von Eisenbahnen, Kleinbahnen oder Schiffen nicht mehr als den Fahrpreis für die dritte Wagenklasse oder die zweite Schiffsklasse, einschließlich der Kosten für Beförderung und Versicherung des notwendigen Gepäcks;
2. bei Wegestrecken, die nicht auf diese Art zurückgelegt werden können, für jedes angefangene Kilometer des Hin- und Rückwegs 0,05 Reichsmark. Ist der Schöffe, der Geschworene oder die Vertrauensperson durch besondere Umstände genötigt, sich eines Fuhrwerkes zu bedienen, so sind die dadurch erwachsenen Unkosten in angemessenen Grenzen zu ersetzen; dies gilt auch dann, wenn ein eigenes Fuhrwerk benutzt worden ist.

   Die Fahrkosten werden nur erstattet, wenn die Wohnung des Schöffen, des Geschworenen oder der Vertrauensperson von der Stelle, wo die Dienste zu leisten sind, mehr als zwei Kilometer entfernt ist.

§ 4. Die Fahrkosten werden auch für die Reise gewährt, die der Schöffe, der Geschworene oder die Vertrauensperson während der Tagung nach dem Wohnort und zurück macht. Sie dürfen jedoch die Höhe der Bezüge nicht übersteigen, die der Schöffe, der Geschworene oder die Vertrauensperson erhalten haben würde, wenn der Schöffe, der Geschworene oder die Vertrauensperson am Sitzungsorte geblieben wäre.

§ 5. Die Gesamtsumme der dem Schöffen, dem Geschworenen oder der Vertrauensperson zu gewährenden Entschädigung (§§ 1 bis 4) ist auf volle fünf Reichspfennige aufzurunden.

§ **6** ist hinfällig geworden.

§ **7.** Diese Verordnung tritt mit dem 1. April 1924 in Kraft. Mit dem gleichen Zeitpunkt tritt die Verordnung über die Entschädigung der Schöffen, Geschworenen und Vertrauenspersonen vom 8. Juli 1922 (Reichsgesetzbl. I S. 561) in der Fassung der Verordnungen vom 29. Juli 1922 (Reichsgesetzbl. I S. 673), vom 10. November 1922 (Reichsgesetzbl. I S. 847, vom 13. Januar 1923 (Reichsgesetzbl. I S. 57), vom 27. März 1923 (Reichsgesetzbl. I S. 220), vom 5. Juli 1923 (Reichsgesetzbl. I 632) und vom 18. August 1923 (Reichsgesetzbl. I S. 811) außer Kraft.

IV. Auszug aus dem Gesetz, betreffend Aufhebung der Militärgerichtsbarkeit

vom 17. August 1920 (RGBl. S. 1579).

Artikel I.

§ **1.** Die Militärgerichtsbarkeit wird, abgesehen von den Strafverfahren in Kriegszeiten und gegen die an Bord von in Dienst gestellten Kriegsschiffen eingeschifften Angehörigen der Reichsmarine, aufgehoben.

In allen Fällen, in denen das Militärstrafgesetzbuch oder die militärische Disziplinarstrafordnung strengen Arrest vorsieht, tritt an dessen Stelle die Strafe des mittleren Arrestes.[1])

Artikel II.

§ **2.** Soweit die Aufhebung erfolgt, gelten die nachfolgenden Bestimmungen:

§ **3.** Auf die bisher der Militärgerichtsbarkeit unterworfenen Personen[2]) finden, soweit dieses Gesetz nicht

---

1) Für Preußen vgl. AllgVerf des JM v. 3/7 21 (JMBl. S. 373; u. v. 25/11 21 (JMBl. S. 590).

2) Vgl. § 1 der Militärstrafgerichtsordnung v. 1. 12. 1898 (RGBl S. 1189) und § 434 ff. StPO.

etwas anderes bestimmt, die allgemein gültigen Vorschriften über die Zuständigkeit der Gerichte und das Strafverfahren Anwendung.

§ 34 Ziffer 9 des Gerichtsverfassungsgesetzes[3]) wird aufgehoben.

§ **4.** Die Schöffengerichte sind auch zuständig für die mit Arrest bedrohten strafbaren Handlungen.[4])

Die Strafkammern[4a]) sind auch zuständig für die mit Gefängnis oder Festungshaft von mehr als fünf Jahren bedrohten strafbaren Handlungen sowie für das Verbrechen des militärischen Diebstahls nach § 138 Abs. 2 des Militärstrafgesetzbuchs.

Das Reichsgericht ist auch zuständig für das Verbrechen des gegen das Reich gerichteten Kriegsverrats.

Wo sich die Zuständigkeit nach der Strafdrohung richtet, bleibt § 53 des Militärstrafgesetzbuchs[5]) außer Betracht.

§ **5.** In Strafverfahren gegen Angehörige der Wehrmacht ist ein Gerichtsstand auch bei dem Gerichte begründet, in dessen Bezirk sich der Standort ihres Truppenteils befindet.

§ **6.** In Militärstrafsachen können Anzeigen strafbarer Handlungen und Anträge auf Strafverfolgung (§ 158 Abs. 1 und 2 der Strafprozeßordnung) auch bei den Disziplinarvorgesetzten des Beschuldigten schriftlich oder mündlich angebracht werden. Mündliche Anzeigen oder Anträge sind zu Protokoll zu nehmen. Der Disziplinarvorgesetzte hat von dem Antrag, der Anzeige oder dem Verdacht einer strafbaren Handlung die Staatsanwaltschaft oder, wenn die schleunige Vornahme richterlicher Untersuchungshand-

3) Betr. Nichtberufung aktiver Militärpersonen zu dem Amte eines Schöffen.

4) Jetzt der Amtsrichter gemäß § 25 GVG. Auch gegen Personen, die zur Zeit der Aburteilung bereits aus dem Heer ausgeschieden sind, können Arreststrafen ausgesprochen werden. U 13/6 21, DR 25, 2936.

4a) Jetzt das Schöffengericht gemäß §§ 24, 28 GVG.

5) § 53 MilStGB v. 20. 6. 72 lautet: Wo dieses Gesetz eine erhöhte Freiheitsstrafe androht, kann dieselbe das Doppelte der für das betreffende Verbrechen oder Vergehen angedrohten Freiheitsstrafe erreichen; sie darf jedoch den gesetzlich zulässigen Höchstbetrag der zu verhängenden Strafart nicht übersteigen (§§ 16, 17, 24).

lungen erforderlich erscheint, den Amtsrichter sofort zu benachrichtigen. Diese Pflicht zur Benachrichtigung entfällt dann, wenn der militärische Vorgesetzte das Recht hat, die strafbare Handlung disziplinarisch zu sühnen (vgl. § 7 Abs. 1).

Unter Militärstrafsachen im Sinne dieses Gesetzes sind Strafsachen zu verstehen, die von Angehörigen der Wehrmacht[6]) während ihrer Zugehörigkeit zur Wehrmacht oder zum bisherigen aktiven Heere oder zur bisherigen aktiven Marine begangene Straftaten betreffen.

§ 7. Die Entscheidung, ob eine militärische Straftat gemäß § 3 des Einführungsgesetzes zum Militärstrafgesetzbuche[7]) disziplinarisch zu ahnden ist, steht dem militärischen Disziplinarvorgesetzten, sofern aber ein Untergebener oder eine nicht der Wehrmacht angehörige Person verletzt ist, der Staatsanwaltschaft zu. Gegen die Verfügung der Staatsanwaltschaft, durch welche die Straftat der disziplinarischen Ahndung überwiesen wird, kann der Verletzte binnen einer Woche nach Zustellung die Entscheidung des Landgerichts anrufen.

Die Behörde, bei der eine Anzeige oder ein Strafantrag eingegangen ist, hat dem Disziplinarvorgesetzten sofort Nachricht zu geben. Ist das Hauptverfahren eröffnet, so

---

6) Vgl. Reichswehrgesetz v. 23/3 21 (RGBl. S. 329) § 1: „Die Wehrmacht der Deutschen Republik ist die Reichswehr. Sie wird gebildet aus dem Reichsheer und der Reichsmarine. . . . Zu den Soldaten gehören die Offiziere aller Gattungen usw.

7) § 3 EG MilStGB lautet:

Eine Bestrafung in Gemäßheit des Militär-Strafgesetzbuches kann nur auf Grund eines gerichtlichen Erkenntnisses erfolgen.

In leichteren Fällen können im Disziplinarwege geahndet werden:

1. Vergehen wider die §§ 64, 89 Abs. 1, 90, 91 Abs. 1, 92, 121 Abs. 1, 137, 141 Abs. 1, 146, 151;
2. Vergehen wider § 114, wenn die strafbare Handlung nur in dem Borgen von Geld oder in der Annahme von Geschenken ohne Vorwissen des gemeinschaftlichen Vorgesetzten besteht.

Jedoch darf im Disziplinarwege keine andere Freiheitsstrafe, als Arrest festgesetzt werden, und die Dauer desselben vier Wochen gelinden Arrestes oder Stubenarrestes, drei Wochen mittleren Arrestes oder vierzehn Tage strengen Arrestes nicht übersteigen.

ist die Straftat gerichtlich abzuurteilen. Der militärische Disziplinarvorgesetzte hat stets das Recht, gerichtliche Aburteilung zu verlangen.

§ 8. In Strafsachen gegen Angehörige der Wehrmacht ist der höheren Kommandobehörde des Beschuldigten von der Einleitung einer Strafverfolgung, von der Eröffnung des Hauptverfahrens und der Anberaumung einer Hauptverhandlung Nachricht zu geben.[8]) Von dem Eingang der Nachricht über die Einleitung einer Strafverfolgung an ist eine Versetzung des Beschuldigten aus dem Bereiche der Strafverfolgungsbehörde nur noch mit deren Zustimmung zulässig.

Soweit es sich um militärische Verbrechen oder Vergehen handelt, ist ferner der Beschluß über Ablehnung der Strafverfolgung oder Einstellung des Verfahrens nebst Gründen der höheren Kommandobehörde des Beschuldigten zuzustellen. Die Zustellung kann durch Zusendung der Akten erfolgen.

In den Fällen des Abs. 2 stehen auch dem Befehlshaber der bezeichneten Kommandobehörde die Rechte des Verletzten gemäß § 172 der Strafprozeßordnung zu. Der Antrag auf gerichtliche Entscheidung kann statt von einem Rechtsanwalt von einem Heeres-(Marine-)Anwalt unterzeichnet

8) Für Preußen vgl. hierzu die AllgVerf des JM v. 20/7 21, 27/1 21 u. 23/9 20 (JMBl. 1921 S. 399 bzw. 89 u. 1920 S. 508).

„Höhere Kommandobehörde“ sind:

1. Das Reichswehrministerium für seine Angehörigen und für die in Berlin garnisonierenden Marineangehörigen,
2. die Gruppenkommandos für die Angehörigen ihres Stabes,
3. die Kavalleriedivisionen für die Angehörigen ihres Befehlsbereichs,
4. die Kommandos der Marinestation der Ost- und Nordsee für die Angehörigen ihres Befehlsbereichs,
5. die Wehrkreiskommandos für die Angehörigen ihres Befehlsbereichs sowie für diejenigen in ihrem örtlichen Bezirk untergebrachten Angehörigen der Wehrmacht, die nicht unter 1 bis 4 fallen.

Den Angehörigen eines Truppenteils oder einer Behörde stehen die Kommandierten gleich.

werden. Die §§ 176 und 177 der Strafprozeßordnung finden keine Anwendung.

Was unter „höherer Kommandobehörde" zu verstehen ist, bestimmt der Reichswehrminister.

§ 9. In Militärstrafsachen ist die Verhaftung auch zulässig, wenn neben dem Vorhandensein dringender Verdachtsgründe die Aufrechterhaltung der militärischen Disziplin sie fordert.

Auf diese Haft finden die Vorschriften der Untersuchungshaft [9]) Anwendung. Die Haftdauer ist auf die Strafe voll anzurechnen.

Das Gericht hat nach Ablauf je eines Monats zu prüfen, ob die Verhaftung aufrechtzuerhalten ist.

Die militärischen Vorgesetzten haben in Militärstrafsachen die Befugnisse und Pflichten derjenigen Polizei- und Sicherheitsbeamten, die den Anordnungen der Staatsanwaltschaft Folge zu leisten haben, und sind verpflichtet, die Ersuchen der Staatsanwaltschaft, des Untersuchungsrichters und der Gerichte auszuführen.[10]) Sie dürfen ohne Ersuchen nur die keinen Aufschub gestattenden Untersuchungshandlungen vornehmen.

Von der Festnahme eines Angehörigen der Wehrmacht ist der vorgesetzten Dienstbehörde unverzüglich Nachricht zu geben.

§ 10. In Militärstrafsachen können als Verteidiger außer den in der Strafprozeßordnung (§§ 138, 139, 144) bezeichneten Personen mit ihrer Zustimmung auch Offiziere und gewählte Vertreter der Soldaten gewählt oder auf Antrag des Angeklagten von Amts wegen bestellt werden. Den Justizbeamten im Sinne des § 144 der Strafprozeßordnung stehen die bei den Heeres- (Marine-) Anwälten beschäftigten Sekretäre gleich.

§ 11. In Militärstrafsachen können Beschuldigte oder Verurteilte Erklärungen über die Einlegung oder Recht-

---

9) Vgl. §§ 112ff. StPO.

10) Für Preußen vgl. hierzu die AllgVerf des JM v. 10/10 21 betr. das Verhältnis der Polizei zur Wehrmacht (JMBl. S. 524).

fertigung von Rechtsmitteln sowie Anträge auf Wiedereinsetzung in den vorigen Stand oder Wiederaufnahme des Verfahrens, Einsprüche gegen Strafverfügungen oder Strafbefehle auch zu Protokoll des nächsten mit Disziplinarstrafgewalt versehenen Vorgesetzten, eines Heeres- (Marine-) Anwalts oder eines bei einem solchen beschäftigten Sekretärs, ferner, wenn sie sich in militärischem Gewahrsam befinden, zu Protokoll des mit der Aufsicht über das Gefängnis betrauten Offiziers oder Beamten abgeben. Revisionsanträge und deren Begründung (§§ 344, 345 der Strafprozeßordnung) können Angeklagte jedoch außer in der im § 345 Abs. 2 der Strafprozeßordnung vorgeschriebenen Form mit gleicher Wirkung nur zu Protokoll eines Heeres- (Marine-) Anwalts oder eines bei einem solchen beschäftigten Sekretärs anbringen.

Zur Wahrung einer Frist genügt es, wenn innerhalb dieser das Protokoll aufgenommen wird.

Eine Gesetzesverletzung, auf die das Rechtsmittel der Revision gestützt werden kann, ist auch vorhanden, wenn eine allgemeine militärische Dienstvorschrift nicht oder nicht richtig angewendet worden ist.

§ 12. Abwesende, gegen die öffentliche Anklage wegen Fahnenflucht erhoben ist, können durch Beschluß des für die Vermögensbeschlagnahme gemäß § 290 der Strafprozeßordnung zuständigen Gerichts für fahnenflüchtig erklärt werden.

Bekanntgabe und Aufhebung des Beschlusses über die Fahnenfluchtserklärung erfolgen unter entsprechender Anwendung der §§ 291, 293 der Strafprozeßordnung.

§ 13. § 15 des Militärstrafgesetzbuchs und § 45 desselben Gesetzes, soweit er auf § 15 verweist, werden aufgehoben. Arreststrafen sind auf Ersuchen der bürgerlichen Strafvollstreckungsbehörden von den Militärbehörden zu vollstrecken, ebenso sonstige Freiheitsstrafen bis zu sechs Wochen, solange die Verurteilten Militärpersonen sind.

§ 14. § 50 Abs. 4, § 69 Abs. 5, § 77 Abs. 2 der Strafprozeßordnung (a. F.) und § 380 Abs. 4, § 390 Abs. 4, § 409

Abs. 3 der Zivilprozeßordnung werden aufgehoben. Vorführungen von Militärpersonen erfolgen jedoch nach wie vor durch die Militärbehörde.

§§ 15 bis 17.[11])

§ 18. Über Gebührenansprüche der vor dem Heeres-(Marine-) Anwalt erschienenen Zeugen oder Sachverständigen wird im Verwaltungswege Bestimmung getroffen.

Artikel III.

Übergangs- und Schlußbestimmungen.

§ 19. Die zur Zeit des Inkrafttretens dieses Gesetzes vor Militärgerichten schwebenden Verfahren gehen in der Lage, in der sie sich in dieser Zeit befinden, auf die bürgerlichen Strafverfolgungsbehörden oder Gerichte über.

Ist im militärgerichtlichen Verfahren bereits die Anklage erhoben oder eine Strafverfügung zugestellt, so bedarf es der Eröffnung des Hauptverfahrens nicht. An die Stelle des Beschlusses über diese Eröffnung tritt die militärgerichtliche Anklage- oder Strafverfügung.[12]) In den Fällen des § 29 des Gerichtsverfassungsgesetzes in der Fassung des Artikel I des Gesetzes vom 21. Oktober 1917 gilt das Hauptverfahren als vor dem Schöffengericht eröffnet, wenn der Staatsanwalt dies bei Übersendung der Akten beantragt.

Ist bereits ein militärgerichtliches Urteil ergangen, so treten für den Fall seiner Anfechtung, wenn die sachliche Zuständigkeit der Strafkammern, Schwurgerichte oder des Reichsgerichts gegeben ist, diese Gerichte an die Stelle der Oberkriegsgerichte. Sie entscheiden nach den Vorschriften über das Verfahren in erster Instanz. Das militärgerichtliche Urteil ist zu verlesen. An die Stelle des Reichs-

---

11) §§ 15—17 behandeln die Stellung der Heeres- und Marineanwälte.

12) Die Anklageverfügung muß verlesen werden, soweit die Vorschriften über das Verfahren in erster Instanz Platz greifen (§ 19 Abs. 3). Die Unterlassung der Verlesung führt aber nicht unbedingt zur Aufhebung des Urteils. Die Gesichtspunkte aus E 8, 144; 23, 310; 54, 293; 55, 159; 10, 232 sind zu berücksichtigen. U 10/2 22, E. 57, 7 u. DR 26, 1344.

militärgerichts tritt das Reichsgericht. Wenn die Berufung gegen ein kriegsgerichtliches Urteil nicht innerhalb der gesetzlichen Frist oder nicht auf dem vorgeschriebenen Wege eingelegt ist, so ist das Verfahren durch Beschluß einzustellen. Die Entscheidung kann der Hauptverhandlung vorbehalten bleiben. Gegen den Beschluß ist sofortige Beschwerde zulässig. War das Urteil nur vom Angeklagten oder zugunsten des Angeklagten angefochten, so darf eine härtere Strafe, als die in dem angefochtenen Urteil erkannte, nicht verhängt, auch dürfen die einer Gesamtstrafe zugrunde liegenden Einzelstrafen nicht höher, als in dem angefochtenen Urteil geschehen, bemessen werden. Ist das Urteil nur in der Straffrage angegriffen, so tritt an die Stelle des Schwurgerichts die Strafkammer.

Ist in den Fällen, in denen bereits ein militärgerichtliches Urteil ergangen ist, die sachliche Zuständigkeit der Schöffengerichte gegeben, so treten an die Stelle der Oberkriegsgerichte die Strafkammern als Gerichte zweiter Instanz. Für das Verfahren sind die Bestimmungen der Strafprozeßordnung über die Berufung gegen die schöffengerichtlichen Urteile maßgebend.

§ **20.** Zur Entscheidung über Anträge auf Wiederaufnahme eines durch ein rechtskräftiges militärgerichtliches Urteil geschlossenen Verfahrens ist das Landgericht (Strafkammer) zuständig, in dessen Bezirk sich der Wohnsitz oder in Ermangelung eines solchen der Aufenthaltsort des Angeklagten zur Zeit des Antrags befindet. Hat der Angeklagte im Deutschen Reiche weder Wohnsitz noch Aufenthalt, so wird das zuständige Landgericht vom Reichsgerichte bestimmt.

In dem die Wiederaufnahme des Verfahrens und die Erneuerung der Hauptverhandlung anordnenden Beschluß ist zugleich das Gericht zu bezeichnen, bei dem diese stattfinden soll. Ist das angefochtene Urteil in einer höheren Instanz ergangen, so erfolgt die Bezeichnung des Gerichts durch das Reichsgericht.

§ **21.** Das Gesetz über die Entschädigung der im Wiederaufnahmeverfahren freigesprochenen Personen vom 20. Mai

1898 (RGBl S. 345) findet auf die im militärgerichtlichen Verfahren verurteilten Personen mit folgender Maßgabe entsprechende Anwendung:

An die Stelle der Staatskasse tritt die Reichskasse und an die Stelle der obersten Behörde der Landesjustizverwaltung die oberste Militärverwaltungsbehörde. Der Anspruch auf Entschädigung ist bei der Staatsanwaltschaft des Landgerichts zu erheben, in dessen Bezirk der Antragsteller seinen Wohnsitz oder in Ermangelung eines solchen seinen Aufenthalt hat. Hat er im Deutschen Reiche weder Wohnsitz noch Aufenthalt, so wird das zuständige Landgericht vom Reichsgerichte bestimmt.

§ 22. § 10 des Gesetzes, betreffend die Entschädigung für unschuldig erlittene Untersuchungshaft, vom 14. Juli 1904 (RGBl S. 321) erhält folgende Fassung:

„Soweit die Untersuchungshaft im militärgerichtlichen Verfahren stattgefunden hat, tritt an die Stelle der Staatskasse die Reichskasse und an die Stelle der obersten Behörde der Landesjustizverwaltung die oberste Militärverwaltungsbehörde. Der Antrag auf Geltendmachung eines Entschädigungsanspruchs gemäß § 6 Abs. 1 ist bei der Staatsanwaltschaft des Landgerichts zu stellen, in dessen Bezirk der Antragsteller seinen Wohnsitz oder in Ermangelung eines solchen seinen Aufenthalt hat. Hat er im Deutschen Reiche weder Wohnsitz noch Aufenthalt, so wird das zuständige Landgericht vom Reichsgerichte bestimmt."

§ 23. Die Vollstreckbarkeitsbescheinigung gemäß § 451 Abs. 1 der Strafprozeßordnung erteilt, wenn das zu vollstreckende Urteil ein militärgerichtliches ist, der Gerichtsschreiber des Landgerichts, in dessen Bezirk die Strafe vollstreckt wird.

Die bei der Strafvollstreckung notwendig werdenden gerichtlichen Entscheidungen (§§ 458—461 der Strafprozeßordnung) werden, wenn das der Strafvollstreckung zugrunde liegende Urteil ein militärgerichtliches ist, gemäß § 462 der

Strafprozeßordnung von der Strafkammer des Landgerichts erlassen, in dessen Bezirk die Strafe vollstreckt wird.

§ 24. Für das Verfahren in Kriegszeiten und gegen die an Bord von Kriegsschiffen eingeschifften Angehörigen der Reichsmarine (§ 1 dieses Gesetzes) gelten bis zur anderweiten Regelung die bisherigen Bestimmungen. Beim Aufhören dieser Verhältnisse findet § 19 entsprechende Anwendung. Die §§ 433 Abs. 2 und 435 Abs. 2 der Militärstrafgerichtsordnung bleiben unberührt. Nur tritt an die Stelle des Gerichtsherrn des immobilen Verbandes die zuständige Staatsanwaltschaft.

Findet in Kriegszeiten oder gegen die an Bord von in Dienst gestellten Kriegsschiffen eingeschifften Angehörigen der Reichsmarine, da die Voraussetzungen der §§ 5 oder 6 des Einführungsgesetzes zur Militärstrafgerichtsordnung nicht vorliegen, das ordentliche Verfahren statt, so tritt bis zur anderweiten Regelung das Reichsgericht an die Stelle des Reichsmilitärgerichts.

§ 25. Wegen der dem Reichsmilitärgerichte durch Gesetz oder Verordnung übertragenen besonderen Geschäfte trifft der Reichspräsident Bestimmung.

§ 26. . . . .
Besondere Schöffengerichte, Strafkammern oder Strafsenate zur Aburteilung militärischer Straftaten dürfen nicht gebildet werden.

. . . .

§ 28. Das Verfahren wegen strafbarer Handlungen, durch welche Leib oder Leben von nicht der Wehrmacht angehörigen Personen verletzt ist, wegen Hoch- und Landesverrats sowie wegen der damit zusammenhängenden strafbaren Handlungen — § 3 der Reichsstrafprozeßordnung — richtet sich von der Verkündung dieses Gesetzes an nach dessen Vorschriften. Im übrigen tritt das Gesetz am 1. Oktober 1920 in Kraft.

Ausführungsbestimmungen erläßt die Reichsregierung mit Zustimmung des Reichsrats.

V. Gesetz, betr. die Entschädigung der im Wiederaufnahmeverfahren freigesprochenen Personen.

Vom 20. Mai 1898 (RGBl S. 345).[1])

§ 1. Personen, welche im Wiederaufnahmeverfahren freigesprochen oder in Anwendung eines milderen Strafgesetzes mit einer geringeren Strafe belegt werden, können Entschädigung aus der Staatskasse verlangen, wenn die früher erkannte Strafe ganz oder teilweise gegen sie vollstreckt worden ist. Das Wiederaufnahmeverfahren muß die Unschuld des Verurteilten bezüglich der ihm zur Last gelegten Tat oder bezüglich eines die Anwendung eines schwereren Strafgesetzes begründenden Umstandes ergeben oder doch dargetan haben, daß ein begründeter Verdacht gegen den Angeklagten nicht mehr vorliegt.

Außer dem Verurteilten haben diejenigen, denen gegenüber er kraft Gesetzes unterhaltspflichtig war, Anspruch auf Entschädigung.[2])

Der Anspruch auf Entschädigung ist ausgeschlossen, wenn der Verurteilte die frühere Verurteilung vorsätzlich herbeigeführt oder durch grobe Fahrlässigkeit verschuldet hat.

Die Versäumung der Einlegung eines Rechtsmittels ist nicht als eine Fahrlässigkeit zu erachten.

§ 2. Gegenstand des dem Verurteilten zu leistenden Ersatzes ist der für ihn durch die Strafvollstreckung entstandene Vermögensschaden.[3])

1) Betr. Anwendung dieses Gesetzes auf die im militärgerichtlichen Verfahren verurteilten Personen vgl. § 21 des Ges. betr. Aufhebung der Militärgerichtsbarkeit v. 17. 8. 20 im Anhang IV.

2) Die gesetzlichen Bestimmungen über die Unterhaltspflicht sind enthalten in den §§ 1601—1615 BGB.

3) Als Vermögensschaden ist jede Verschlechterung der wirtschaftl. Lage, welche sich in Geldwert ausdrücken läßt, anzusehen. Vgl. §§ 249 ff. BGB. Amtsverlust zufolge Aberkennung der bürgerl. Ehrenrechte wird nicht entschädigt, wenn sich nachträglich Geistesstörung herausgestellt hat; ebensowenig die Kosten eines in gleichem Falle nachfolgenden Scheidungsprozesses. U 15/12 19, DR 24, 1384.

Unterhaltsberechtigten ist insoweit Ersatz zu leisten, als ihnen durch die Strafvollstreckung der Unterhalt entzogen worden ist.

§ 3. Die Entschädigung wird aus der Kasse desjenigen Bundesstaats gezahlt, bei dessen Gerichte das Strafverfahren in erster Instanz anhängig war.

Bis zum Betrage der geleisteten Entschädigung tritt die Kasse in die Rechte ein, welche dem Entschädigten gegen Dritte um deswillen zustehen, weil durch deren rechtswidrige Handlungen seine Verurteilung herbeigeführt war.

§ 4. Über die Verpflichtung der Staatskasse zur Entschädigung wird durch besonderen Beschluß des im Wiederaufnahmeverfahren erkennenden Gerichts Bestimmung getroffen.

Der Beschluß ist von dem Gerichte gleichzeitig mit dem Urteile zu fassen, aber nicht zu verkünden, sondern durch Zustellung bekannt zu machen. Der Beschluß unterliegt nicht der Anfechtung durch Rechtsmittel. Er tritt außer Kraft, wenn das Urteil aufgehoben wird.

§ 5. Wer auf Grund des die Verpflichtung der Staatskasse zur Entschädigung aussprechenden Beschlusses einen Anspruch geltend macht, hat diesen Anspruch bei Vermeidung des Verlustes binnen drei Monaten nach Zustellung des Beschlusses durch Antrag bei der Staatsanwaltschaft zu verfolgen. Der Antrag ist bei der Staatsanwaltschaft desjenigen Landgerichts zu stellen, in dessen Bezirke das Urteil ergangen ist.

Über den Antrag entscheidet die oberste Behörde der Landesjustizverwaltung. Eine Ausfertigung der Entscheidung ist dem Antragsteller nach den Vorschriften der Zivilprozeßordnung zuzustellen.

Gegen die Entscheidung ist die Berufung auf den Rechtsweg zulässig. Die Klage ist binnen einer Ausschlußfrist von drei Monaten nach Zustellung der Entscheidung zu erheben. Für die Ansprüche auf Entschädigung sind die Zivilkammern der Landgerichte ohne Rücksicht auf den Wert des Streitgegenstandes ausschließlich zuständig.

Bis zur endgültigen Entscheidung über den Antrag ist der Anspruch weder übertragbar, noch der Pfändung unterworfen.

§ 6. In den zur Zuständigkeit des Reichsgerichts in erster Instanz gehörigen Sachen ist statt der Staatskasse die Reichskasse ersatzpflichtig.

In diesen Fällen tritt an die Stelle der Staatsanwaltschaft des Landgerichts die Staatsanwaltschaft bei dem Reichsgericht, an die Stelle der obersten Behörde der Landesjustizverwaltung der Reichskanzler.

VI. Gesetz, betr. die Entschädigung für unschuldig erlittene Untersuchungshaft.

Vom 14. Juli 1904 (RGBl S. 321).

---

§ 1. Personen, die im Strafverfahren freigesprochen oder durch Beschluß des Gerichts außer Verfolgung gesetzt sind, können für erlittene Untersuchungshaft Entschädigung aus der Staatskasse verlangen, wenn das Verfahren ihre Unschuld ergeben oder dargetan hat, daß gegen sie ein begründeter Verdacht nicht vorliegt.

Außer dem Verhafteten haben diejenigen, denen gegenüber er kraft Gesetzes unterhaltspflichtig war, Anspruch auf Entschädigung.

§ 2. Der Anspruch auf Entschädigung ist ausgeschlossen, wenn der Verhaftete die Untersuchungshaft vorsätzlich herbeigeführt oder durch grobe Fahrlässigkeit verschuldet hat. Die Versäumung der Einlegung eines Rechtsmittels ist nicht als eine Fahrlässigkeit zu erachten.

Der Anspruch kann ausgeschlossen werden, wenn die zur Untersuchung gezogene Tat des Verhafteten eine grobe Unredlichkeit oder Unsittlichkeit in sich geschlossen hat oder in einem die freie Willensbestimmung ausschließenden Trunkenheitszustande begangen worden ist oder wenn aus den Tatumständen erhellt, daß der Verhaftete die Verübung eines Verbrechens oder Vergehens vorbereitet hatte.

Der Anspruch kann auch dann ausgeschlossen werden, wenn der Verhaftete zur Zeit der Verhaftung sich nicht im Besitze der bürgerlichen Ehrenrechte befand oder unter Polizeiaufsicht stand oder wenn gegen den Verhafteten auf Grund des § 181a oder des § 362 des StGB innerhalb der letzten zwei Jahre auf Überweisung an die Landespolizeibehörde rechtskräftig erkannt worden ist. Das gleiche gilt, wenn der Verhaftete mit Zuchthaus bestraft worden ist und seit der Verbüßung der Strafe drei Jahre noch nicht verflossen sind.

§ 3. Gegenstand des dem Verhafteten zu leistenden Ersatzes ist der für ihn durch die Untersuchungshaft entstandene Vermögensschaden. Hat vor dem Erlasse des Haftbefehls eine Vorführung oder eine vorläufige Festnahme stattgefunden, so erstreckt sich der Entschädigungsanspruch auch auf die dem Haftbefehle vorausgegangene Zeit der Haft.

Unterhaltsberechtigten ist insoweit Ersatz zu leisten, als ihnen durch die Verhaftung der Unterhalt entzogen worden ist.

§ 4. Über die Verpflichtung der Staatskasse zur Entschädigung wird von dem Gerichte gleichzeitig mit seinem den Verhafteten freisprechenden Urteile durch besonderen Beschluß Bestimmung getroffen.[1])

Wird auf ein gegen das Urteil eingelegtes Rechtsmittel von neuem auf Freisprechung erkannt, so ist von dem erkennenden Gerichte nach Maßgabe des Abs. 1 von neuem Beschluß zu fassen.

Der Beschluß ist nicht zu verkünden, sondern durch Zustellung bekannt zu machen, sobald das freisprechende Urteil rechtskräftig geworden ist. Er unterliegt nicht der Anfechtung durch Rechtsmittel. Wird die Entschädigungsverpflichtung der Staatskasse ausgesprochen, so soll der Beschluß auch den Unterhaltsberechtigten, die nicht dem

---

1) Für Preußen: In dem Beschluß ist die Staatsangehörigkeit des verhaftet Gewesenen anzugeben. AV d. JM v. 17/2 22 (JMBl. S. 53). Vgl. § 12.

Hausstande des Verhafteten angehören, mitgeteilt werden, sofern ihr Aufenthalt dem Gerichte bekannt ist.

Diese Vorschriften finden entsprechende Anwendung, wenn der Verhaftete durch Beschluß des Gerichts außer Verfolgung gesetzt wird.[2])

§ 5. Der die Entschädigungsverpflichtung der Staatskasse aussprechende Beschluß tritt außer Kraft, wenn zuungunsten des Freigesprochenen die Wiederaufnahme des Verfahrens angeordnet oder wenn gegen den außer Verfolgung Gesetzten nach Wiederaufnahme der Klage das Hauptverfahren eröffnet wird. War die Entschädigung schon gezahlt, so kann das Gezahlte zurückgefordert werden.

§ 6. Wer auf Grund des die Entschädigungsverpflichtung der Staatskasse aussprechenden Beschlusses einen Anspruch geltend macht, hat diesen Anspruch bei Vermeidung des Verlustes binnen sechs Monaten nach Zustellung des Beschlusses durch Antrag bei der Staatsanwaltschaft des Landgerichts zu verfolgen, in dessen Bezirke das Verfahren in erster Instanz anhängig war.

Über den Antrag entscheidet die oberste Behörde der Landesjustizverwaltung. Eine Ausfertigung der Entscheidung ist dem Antragsteller nach den Vorschriften der Zivilprozeßordnung zuzustellen.

Gegen die Entscheidung ist die Berufung auf den Rechtsweg zulässig. Die Klage ist binnen einer Ausschlußfrist von drei Monaten nach Zustellung der Entscheidung zu erheben. Für die Ansprüche auf Entschädigung sind die Zivilkammern der Landgerichte ohne Rücksicht auf den Wert des Streitgegenstandes ausschließlich zuständig.

Bis zur rechtskräftigen Entscheidung über den Antrag ist der Anspruch nicht übertragbar.

§ 7. Die Entschädigung wird aus der Kasse des Bundes-

---

2) Die Wiederaufnahme eines Verfahrens wegen Entschädigung für unschuldig erlittene Untersuchungshaft ist unzulässig. Beschl. 23/10 19, E. 53, 350. Selbständige Anfechtung des bei der Außerverfolgungsetzung oder Freisprechung ergangenen Entschädigungsablehnungsbeschlusses findet nicht statt. Beschl 3/12 06, E 39, 291.

staats gezahlt, bei dessen Gerichte das Strafverfahren in erster Instanz anhängig war.

Bis zum Betrage der geleisteten Entschädigung tritt die Kasse in die Rechte ein, welche dem Entschädigten gegen Dritte um deswillen zustehen, weil durch deren rechtswidrige Handlungen die Untersuchungshaft herbeigeführt war.

§ 8. Ist zuungunsten des Freigesprochenen die Wiederaufnahme des Verfahrens beantragt oder gegen den außer Verfolgung Gesetzten die Klage wieder aufgenommen worden, so kann die Entscheidung der obersten Behörde der Landesjustizverwaltung (§ 6 Abs. 2) sowie die Zahlung der Entschädigung (§ 7 Abs. 1) ausgesetzt werden.

§ 9. In den zur Zuständigkeit des Reichsgerichts in erster Instanz gehörigen Sachen ist statt der Staatskasse die Reichskasse ersatzpflichtig.

In diesen Fällen tritt an die Stelle der Staatsanwaltschaft des Landgerichts die Staatsanwaltschaft bei dem Reichsgericht, an die Stelle der obersten Behörde der Landesjustizverwaltung der Reichskanzler.

§ 10. Soweit die Untersuchungshaft im militärgerichtlichen Verfahren stattgefunden hat, tritt an die Stelle der Staatskasse die Reichskasse und an die Stelle der obersten Behörde der Landesjustizverwaltung die oberste Militärverwaltungsbehörde. Der Antrag auf Geltendmachung eines Entschädigungsanspruchs gemäß § 6 Abs. 1 ist bei der Staatsanwaltschaft des Landgerichts zu stellen, in dessen Bezirk der Antragsteller seinen Wohnsitz oder in Ermangelung eines solchen seinen Aufenthalt hat. Hat er im Deutschen Reiche weder Wohnsitz noch Aufenthalt, so wird das zuständige Landgericht vom Reichsgerichte bestimmt.[3])

§ 11. In den zur Zuständigkeit der Konsulargerichte[4]) gehörigen Sachen findet dieses Gesetz mit folgenden Maßgaben Anwendung:

3) Die jetzige Fassung des § 10 beruht auf § 22 des Ges. betr. Aufhebung der Militärgerichtsbarkeit v. 17. 8. 20; s. Anhang IV.

4) Vgl. Ges. betr. die Überleitung von Rechtsangelegenheiten der Konsulargerichtsbarkeit v. 1. 7. 1921 (RGBl. S. 805).

An die Stelle der Staatsanwaltschaft des Landgerichts tritt der Konsul. Für die Ansprüche auf Entschädigung ist das Reichsgericht in erster und letzter Instanz zuständig.

§ 12. Die Vorschriften dieses Gesetzes finden auf Angehörige eines auswärtigen Staates nur insoweit Anwendung, als nach einer im Reichsgesetzblatt enthaltenen Bekanntmachung durch die Gesetzgebung dieses Staates oder durch Staatsvertrag die Gegenseitigkeit verbürgt ist.

VII. Auszug aus dem Gesetz zum Schutze der Republik.

Vom 21. Juli 1922 (RGBl I S. 585).

Abschn. I §§ 1—11 enthalten Strafbestimmungen.

II. Staatsgerichtshof zum Schutze der Republik.

§ 12. Bei dem Reichsgerichte wird ein Staatsgerichtshof zum Schutze der Republik errichtet.

Der Gerichtshof entscheidet in einer Besetzung von neun Mitgliedern. Drei von ihnen sind Mitglieder des Reichsgerichts. Die übrigen sechs Mitglieder brauchen nicht die Fähigkeit zum Richteramte zu haben. Entscheidungen außerhalb der Hauptverhandlung ergehen in der Besetzung von drei Mitgliedern, von denen mindestens eins dem Reichsgerichte nicht angehört. Die Mitglieder werden vom Reichspräsidenten für die Dauer der Geltung dieses Gesetzes ernannt. Für die ordentlichen Mitglieder sind Stellvertreter zu ernennen. Die notwendigen ergänzenden Anordnungen trifft der Reichsminister der Justiz mit Zustimmung des Reichsrats.[1])

Anklagebehörde ist die Reichsanwaltschaft. Der § 146 Abs. 2 und der § 152 des Gerichtsverfassungsgesetzes gelten entsprechend. Auf das Verfahren finden die Vorschriften über das Verfahren vor den Strafkammern entsprechende Anwendung. Der Reichsminister der Justiz kann mit Zu-

---

1) Vgl. Verordnung des Reichsministers der Justiz über den Staatsgerichtshof zum Schutze der Republik. Vom 29/7 22 (RGBl. I S. 673).

stimmung des Reichsrats besondere Vorschriften erlassen.[1]) Die gesetzlichen Bestimmungen über die Öffentlichkeit und Mündlichkeit der Hauptverhandlung, die Ausschließung und Ablehnung der Gerichtspersonen, die Verhaftung, die Verteidigung, das Verfahren gegen Nichtanwesende, den Umfang der Beweisaufnahme und die Vorschriften des § 263 der Strafprozeßordnung dürfen nicht zum Nachteil des Beschuldigten geändert werden. Gegen die Entscheidungen des Staatsgerichtshofs finden Rechtsmittel nicht statt.

§ 13. Der Staatsgerichtshof ist zuständig für die in den §§ 1 bis 8 dieses Gesetzes bezeichneten Handlungen, gleichgültig, ob sie nach diesem Gesetz oder anderen Gesetzen strafbar sind, für Hochverrat sowie für Tötung und Tötungsversuch, begangen gegen Mitglieder einer früheren republikanischen Regierung. Soweit diese Taten ausschließlich gegen die verfassungsmäßig festgestellte republikanische Staatsform eines Landes, die Mitglieder einer im Amte befindlichen oder einer früheren republikanischen Regierung eines Landes oder gegen Landesfarben gerichtet sind, ist die Zuständigkeit des Staatsgerichtshofs nur begründet, wenn die Landesregierung oder der Verletzte bei dem Oberreichsanwalte vor der Eröffnung des Hauptverfahrens die Einleitung oder Übernahme des Verfahrens beantragt.

Der Staatsgerichtshof ist ferner zuständig für Handlungen, die mit den nach Abs. 1 zu seiner Zuständigkeit gehörenden Handlungen im tatsächlichen Zusammenhange stehen.

Der Oberreichsanwalt kann eine Untersuchung an die zuständige Staatsanwaltschaft abgeben. Der Staatsgerichtshof kann eine bei ihm anhängig gewordene Untersuchung auf Antrag des Oberreichsanwalts zum ordentlichen Verfahren verweisen.

S. Anh. VIIa. Ferner ist bei dem Staatsgerichtshof z. Schutze der Republik ein süddeutscher Senat gebildet, dessen Mitglieder im Einvernehmen mit den beteiligten Landesregierungen ernannt werden und dem 3 bayerische Laienrichter und eine entsprechende Anzahl bayerischer Reichsgerichtsäte angehören sollen. (Arch. f. öffentl. R. Bd. 43, S. 334ff.).

Diese Vorschriften sind auch anzuwenden auf die vor dem Inkrafttreten dieses Gesetzes begangenen strafbaren Handlungen. Ist in der Sache bereits ein Urteil ergangen, gegen das die Revision zulässig ist, so entscheiden über die Revision die ordentlichen Gerichte.

III. Verbotene Vereinigungen.

§ 14. Versammlungen, Aufzüge und Kundgebungen können verboten werden, wenn bestimmte Tatsachen vorliegen, die die Besorgnis rechtfertigen, daß in ihnen Erörterungen stattfinden, die den Tatbestand einer der in den §§ 1 bis 8 bezeichneten strafbaren Handlungen bilden.

Vereine und Vereinigungen, in denen Erörterungen der bezeichneten Art stattfinden oder die Bestrebungen dieser Art verfolgen oder die die Erhebung einer bestimmten Person auf den Thron betreiben, können verboten und aufgelöst werden.

Im Falle des Verbots ist dem Veranstalter auf Antrag sofort ein kostenfreier Bescheid mit Angabe der Gründe zu erteilen.

§ 15. Die Vorschriften des § 14 Abs. 1 finden keine Anwendung auf Versammlungen der Wahlberechtigten zur Betreibung der Wahlen des Reichstags, des Reichspräsidenten, der Volksvertretung eines Landes oder einer kommunalen oder sonstigen öffentlich-rechtlichen Körperschaft vom Tage der amtlichen Bekanntmachung des Wahltags bis zur Beendigung der Wahlhandlung. Das gleiche gilt für Versammlungen zur Betreibung von Abstimmungen und Eintragungen, die zur Feststellung des Willens der Bevölkerung auf Grund der Reichsverfassung und der Verfassungsgesetze der Länder stattfinden.

§ 16. Versammlungen, auch der im § 15 genannten Art, in denen Zuwiderhandlungen gegen die §§ 1 bis 8 vorkommen und geduldet werden, können durch Beauftragte der Polizeibehörde aufgelöst werden.

§ 17. Zuständig für Maßnahmen nach § 14 sind die Landeszentralbehörden oder die von ihnen bestimmten Stellen.

Der Reichsminister des Innern kann die Landeszentralbehörden um die Anordnung einer solchen Maßnahme ersuchen. Glaubt die Landeszentralbehörde einem solchen Ersuchen nicht entsprechen zu können, so teilt sie dies unverzüglich auf telegraphischem oder telephonischem Wege, spätestens aber am zweiten Tage nach Empfang des Ersuchens dem Reichsminister des Innern mit und ruft gleichzeitig auf demselben Wege die Entscheidung des Staatsgerichtshofs zum Schutze der Republik an. Entscheidet dieser für die Anordnung, so hat die Landeszentralbehörde die erforderlichen Maßnahmen sofort zu treffen.

Gegen eine Anordnung nach §§ 14, 15 ist binnen zwei Wochen vom Tage der Zustellung oder Veröffentlichung ab die Beschwerde zulässig; sie hat keine aufschiebende Wirkung. Die Beschwerde ist bei der Stelle einzureichen, gegen deren Anordnung sie gerichtet ist. Diese hat sie unverzüglich an die Landeszentralbehörde abzugeben. Die Landeszentralbehörde kann der Beschwerde außer im Falle des Abs. 2 abhelfen; andernfalls hat sie die Beschwerde unverzüglich dem Staatsgerichtshofe zum Schutze der Republik zur Entscheidung vorzulegen. Gegen eine Entscheidung der Landeszentralbehörde, die der Beschwerde abhilft, kann der Reichsminister des Innern die Entscheidung des Staatsgerichtshofs zum Schutze der Republik anrufen.

Das Verfahren vor dem Staatsgerichtshofe regelt der Reichsminister des Innern mit Zustimmung des Reichsrats. Insbesondere kann er Vorschriften über die Zulässigkeit vorläufiger Entscheidungen erlassen.[2])

§ 18. Im Falle der Auflösung eines Vereins oder einer Vereinigung kann das Vermögen des Vereins oder der Vereinigung zugunsten des Reichs beschlagnahmt und eingezogen werden.

§ 19 enthält Strafbestimmungen für Vergehen gegen § 14.

---

2) Vgl. VO. des Reichsministers der Justiz v. 1/8 22 (RGBl. I S. 675) abgedruckt im Anhang VII b.

IV. Beschlagnahme und Verbot von Druckschriften.

§ 20. Die Vorschriften des Gesetzes über die Presse vom 7. Mai 1874 (Reichsgesetzbl. S. 65) über die Beschlagnahme von Druckschriften (§§ 23ff. des Gesetzes) finden auch auf die in §§ 1 bis 8 dieses Gesetzes bezeichneten strafbaren Handlungen mit der Maßgabe Anwendung, daß der Staatsanwaltschaft gegen den Beschluß des Gerichts, der die vorläufige Beschlagnahme aufhebt, die sofortige Beschwerde mit aufschiebender Wirkung zusteht.

§ 21. Wird durch den Inhalt einer periodischen Druckschrift die Strafbarkeit einer der in den §§ 1 bis 8 bezeichneten Handlungen begründet, so kann die periodische Druckschrift, wenn es sich um eine Tageszeitung handelt, bis auf die Dauer von vier Wochen, in anderen Fällen bis auf die Dauer von sechs Monaten verboten werden. Auf die Zuständigkeit und das Verfahren finden die Vorschriften des § 17 Anwendung.[3])

Das Verbot umfaßt auch jede angeblich neue Druckschrift, die sich sachlich als die alte darstellt.

§ 22 enthält Strafvorschriften.

V. Mitglieder vormals landesherrlicher Familien.

§ 23. Mitgliedern solcher Familien, von denen ein Angehöriger bis November 1918 in einem ehemaligen deutschen Bundesstaate regiert hat, kann, wenn sie ihren Wohnsitz oder dauernden Aufenthalt im Ausland haben, von der Reichsregierung das Betreten des Reichsgebiets untersagt oder der Aufenthalt auf bestimmte Teile oder Orte des Reichs beschränkt werden, falls die Besorgnis gerechtfertigt ist, daß andernfalls das Wohl der Republik gefährdet wird. Im Falle der Zuwiderhandlung können sie durch Beschluß

---

3) Maßgebend für die Ordnung der Zuständigkeit in §§ 21, 17 ist § 7 Abs. 2 StPO. U 9/3 23, E 57, 137.

der Reichsregierung aus dem Reichsgebiet ausgewiesen werde.

Jede der vorbezeichneten Anordnungen ist mit schriftlichen Gründen zu versehen und den Betroffenen zuzustellen. Binnen zwei Wochen nach Zustellung kann der Betroffene die Entscheidung des Staatsgerichtshofs zum Schutze der Republik anrufen. Das Verfahren regelt der Reichsminister des Innern mit Zustimmung des Reichsrats.[4])

VI. Schlußbestimmungen.

§§ 24, 25 sind ohne Interesse für das Verfahren.

§ 26 ersetzt durch die Verordnung vom 23. Juli 1922.

§ 27. Dieses Gesetz tritt mit dem Tage der Verkündung in Kraft. Den Zeitpunkt, mit dem der Staatsgerichtshof zum Schutze der Republik errichtet wird, bestimmt der Reichsminister der Justiz. Bis zu diesem Zeitpunkt bleibt der auf Grund der Verordnung des Reichspräsidenten vom 26. Juni 1922 (RGBl. I S. 521) errichtete Staatsgerichtshof bestehen;[5]) seine Zuständigkeit bestimmt sich vom Inkrafttreten dieses Gesetzes ab nach dessen Vorschriften. Mit der Errichtung des neuen Staatsgerichtshofs gehen die bei dem bisherigen Staatsgerichtshof anhängigen Sachen in der Lage, in der sie sich befinden, auf den neuen Staats-

4) Vgl. VO des Reichsministers des Innern v. 1/8 22 (RGBl. S. 675), abgedruckt im Anhang VIIb.

5) Vgl. hierzu die Verordnung zur Aufhebung der Verordnung zum Schutze der Republik. Vom 23/7 22 (RGBl. I S. 630): Die Verordnung zum Schutze der Republik vom 26/6 22 (RGBl. I S. 521) und die Zweite Verordnung zum Schutze der Republik vom 29/6 22 (RGBl. I S. 532) werden unbeschadet der Bestimmungen der §§ 26, 27 des Gesetzes zum Schutze der Republik v. 21/7 22 (RGBl. I S. 585) aufgehoben.

Die Gültigkeit der auf Grund der Verordnungen erlassenen Anordnungen wird hierdurch nicht berührt, doch richtet sich das Beschwerde- und Strafverfahren nach den hierüber im Gesetze zum Schutze der Republik erlassenen Vorschriften, desgleichen die Zusammensetzung des Staatsgerichtshofs von dem im § 27 des Gesetzes zum Schutze der Republik bezeichneten Zeitpunkt an.

gerichtshof über. Das Nähere wegen der Überleitung bestimmt der Reichsminister der Justiz.

Das Gesetz tritt nach Ablauf von fünf Jahren außer Kraft.

VIIa. Verordnung über den Staatsgerichtshof zum Schutze der Republik.

Vom 29. Juli 1922 (RGBl I S. 673).*)

---

§ 1. Auf den Staatsgerichtshof zum Schutze der Republik finden die Bestimmungen des 13. bis 16. Titels des Gerichtsverfassungsgesetzes mit folgenden Maßgaben entsprechende Anwendung:

1. Das Ersuchen um Rechtshilfe darf nicht abgelehnt werden.
2. Der Gerichtshof kann an jedem Orte innerhalb des Deutschen Reiches Amtshandlungen durch einen beauftragten Richter vornehmen lassen.
3. Wenn ein Berichterstatter ernannt ist, so gibt er zuerst seine Stimme ab; der Vorsitzende stimmt zuletzt; im übrigen stimmen die nichtrichterlichen Mitglieder vor den richterlichen Mitgliedern.

§ 2. Die Mitglieder des Staatsgerichtshofs und die Stellvertreter haben vor ihrer Dienstleistung in öffentlicher Sitzung des Staatsgerichtshofs, an der der Oberreichsanwalt und ein Gerichtsschreiber teilnehmen, einen Eid zu leisten.

Mitglieder und Stellvertreter schwören, daß sie die ihnen anvertrauten Obliegenheiten eines Mitglieds des Staatsgerichtshofes zum Schutze der Republik treu und gewissenhaft erfüllen und ihre Stimme nach bestem Wissen und Gewissen abgeben werden. Der Eid kann in der religiösen Form des § 51 des Gerichtsverfassungsgesetzes oder in nichtreligiöser Form geleistet werden.

---

*) Auf Grund des § 12 Abs. 2 Satz 7 und Abs. 3 Satz 4 des Gesetzes zum Schütze der Republik v. 21/7 22 (RGBl. I S. 585); vgl. S. 404.

Über die Eidesleistung ist ein Protokoll aufzunehmen, das von dem Vorsitzenden, den Mitgliedern oder Stellvertretern, die den Eid geleistet haben, und dem Gerichtsschreiber zu unterschreiben ist.

§ 3. Die zur Erledigung der Geschäfte des Staatsgerichtshofs erforderlichen Gerichtsschreiberei-, Kanzlei- und Unterbeamten beruft der Präsident des Reichsgerichts.

Der Präsident des Reichsgerichts trifft die erforderlichen Anordnungen über die Geschäftsräume und Geschäftsbedürfnisse des Staatsgerichtshofs.

Die ergänzenden Bestimmungen über den Geschäftsgang und die Geschäftsverteilung trifft der Vorsitzende des Staatsgerichtshofs.

§ 4. Auf das Verfahren in den zur Zuständigkeit des Staatsgerichtshofs gehörenden Sachen finden, soweit nachstehend nichts anderes bestimmt ist, die Vorschriften der Strafprozeßordnung über die zur Zuständigkeit der Strafkammern gehörenden Sachen entsprechende Anwendung.

§ 5. Die nach den Vorschriften der Strafprozeßordnung im vorbereitenden Verfahren dem Amtsrichter obliegenden Geschäfte können auch durch einen besonderen Ermittlungsrichter des Staatsgerichtshofs vorgenommen werden, den der Reichsminister der Justiz ernennt.

Soweit nach der Strafprozeßordnung die Verfügungen des Amtsrichters einer Beschwerde unterliegen, gilt dies auch für die Verfügungen des Ermittlungsrichters. Über die Beschwerde gegen Verfügungen des Amtsrichters und des Ermittlungsrichters entscheidet der Staatsgerichtshof. Das gleiche gilt für die nach § 20 des Gesetzes zum Schutze der Republik zugelassene Beschwerde.

§ 6. Die Verteidigung ist in allen Sachen notwendig, die vor dem Staatsgerichtshofe zu verhandeln sind.

Der bestellte Verteidiger darf die Übernahme der Verteidigung nicht ablehnen.

§ 7. Die Voruntersuchung wird durch einen Untersuchungsrichter des Staatsgerichtshofs geführt, den der Reichsminister der Justiz ernennt. Der Vorsitzende des Staatsgerichtshofs kann im einzelnen Falle einen anderen Untersuchungsrichter bestimmen; zum Untersuchungsrichter kann jedes Mitglied eines deutschen Gerichts und jeder Amtsrichter bestimmt werden.

§ 8. Der Ermittlungsrichter und der Untersuchungsrichter des Staatsgerichtshofs werden auf die Dauer eines Geschäftsjahrs ernannt.

§ 9. Ein Beschluß über die Eröffnung des Hauptverfahrens ergeht nicht. Die nach § 148 Abs. 2, 3 der Strafprozeßordnung an die Eröffnung des Hauptverfahrens geknüpften Wirkungen treten mit der Einreichung der Anklageschrift ein. Die Wirkungen, die nach der Strafprozeßordnung an die Verlesung des Eröffnungsbeschlusses geknüpft sind, treten mit dem Beginne der Vernehmung des Angeklagten zur Sache (§ 243 Abs. 3 der Strafprozeßordnung) ein.

§ 10. Nach Ablauf der gemäß § 201 der Strafprozeßordnung bestimmten Frist beraumt der Vorsitzende Termin zur Hauptverhandlung an. Hat der Angeschuldigte eine Voruntersuchung oder einzelne Beweiserhebungen beantragt oder hat er Einwendungen gegen die Hauptverhandlung erhoben, so entscheidet der Staatsgerichtshof; das gleiche gilt, wenn der Vorsitzende gegen die Hauptverhandlung Bedenken hat.

§ 11. Auf die von dem Staatsgerichtshof erkannten Strafen und auf ihre Vollstreckung finden die Vorschriften über die von dem Reichsgericht in erster Instanz erkannten Strafen und deren Vollstreckung entsprechende Anwendung.

§ 12. Die Kosten des Staatsgerichtshofs einschließlich der Kosten der Untersuchungshaft und der Strafvollstreckung trägt das Reich; die Verpflichtung des Verurteilten und dritter Personen zur Tragung der Kosten wird hierdurch nicht berührt. Soweit der Verurteilte oder dritte Personen zur Tragung der Kosten verpflichtet sind, fließen die von ihnen gezahlten Kosten in die Reichskasse.

In den zur Zuständigkeit des Staatsgerichtshofs gehörenden Sachen finden das Gerichtskostengesetz und die Gebührenordnung für Zeugen und Sachverständige entsprechende Anwendung. Die Gebühren der Rechtsanwälte bestimmen sich nach den Vorschriften der Gebührenordnung für Rechtsanwälte, die für die vor dem Reichsgericht in erster Instanz zu verhandelnden Sachen gelten.

Die Vorschriften des Gesetzes, betreffend die Entschädigung der im Wiederaufnahmeverfahren freigesprochenen Personen, vom 20. Mai 1898 (Reichsgesetzbl. S. 345) und des Gesetzes, betreffend die Entschädigung für unschuldig erlittene Untersuchungshaft, vom 14. Juli 1904 (Reichsgesetzbl. S. 321) finden entsprechende Anwendung.

§ 13. Die Verordnung tritt gleichzeitig mit der Verordnung in Kraft, durch die der Reichsminister der Justiz gemäß § 27 des Gesetzes zum Schutze der Republik den Staatsgerichtshof zum Schutze der Republik für errichtet erklärt.

VIIb. **Verordnung über das Verfahren vor dem Staatsgerichtshofe zum Schutze der Republik in Verwaltungssachen.**

Vom 1. August 1922 (RGBl I S. 675).*)

Ziffer I

Die Entscheidungen des Staatsgerichtshofs zum Schutze der Republik

1. über Beschwerden
   a) gegen Verbote von Versammlungen, Aufzügen oder Kundgebungen und gegen Auflösungen von Vereinen oder Vereinigungen (§§ 14, 15 des Gesetzes),
   b) gegen Verbote von Druckschriften (§ 21 des Gesetzes),
   c) gegen Anordnungen auf Grund des § 23 des Gesetzes gegenüber Mitgliedern vormals landesherrlicher Familien;

---

*) Auf Grund des § 17 Abs. 4 und § 23 Abs. 2 des Gesetzes zum Schutze der Republik v. 21/7 22 (RGBl. I S. 585); vgl. S. 407, 409.

2. auf Anrufung seitens der Landeszentralbehörde oder des Reichsministers des Innern in den Fällen des § 17 Abs. 2 Satz 2 und Abs. 3 Satz 5 des Gesetzes,

erfolgen vorbehaltlich der Ziffer IV in der im § 12 Abs. 2 Satz 1 bis 3 des Gesetzes vorgeschriebenen Besetzung.

Beschlüsse, die lediglich zur Vorbereitung der Entscheidung dienen und nicht in einer Sitzung des mit neun Mitgliedern besetzten Staatsgerichtshofs gefaßt werden, ergehen in der im § 12 Abs. 2 Satz 4 bestimmten Besetzung.

Ziffer II

Die Entscheidungen ergehen in der Regel ohne vorherige mündliche Verhandlung auf Grund der von den Beteiligten vorgelegten Unterlagen. Den Beteiligten ist, soweit Äußerungen von ihnen noch nicht vorliegen, Gelegenheit zur Äußerung gegeben.

Der Staatsgerichtshof kann eine mündliche Verhandlung anordnen, zu der alsdann die Beteiligten zu laden sind.

Die Beteiligten können sich in dem Verfahren vertreten lassen.

Ziffer III

Der Staatsgerichtshof ist befugt, von Amts wegen weitere Erhebungen anzustellen, insbesondere Zeugen und Sachverständige eidlich zu vernehmen. Die Vorschriften der Strafprozeßordnung finden entsprechend Anwendung.

Die Gerichte sind zur Rechtshilfe nach den Bestimmungen des Titel 13 des Gerichtsverfassungsgesetzes verpflichtet.

Ziffer IV

In dringenden Fällen kann der Staatsgerichtshof zum Schutze der Republik eine vorläufige Entscheidung erlassen. Diese ergeht in der im § 12 Abs. 2 Satz 4 des Gesetzes vorgesehenen Besetzung. Die Entscheidung kann in den Fällen der Ziffer I 1a und b für endgültig erklärt werden, wenn kein Mitglied widerspricht; jedoch steht den Beteiligten die Anrufung des Staatsgerichtshofs in voller Besetzung innerhalb einer Frist von zwei Wochen nach Zustellung der Entscheidung frei.

Ziffer V

Alle endgültigen Entscheidungen des Staatsgerichtshofs sowie die vorläufigen Entscheidungen nach Ziffer IV sind schriftlich zu begründen und den Beteiligten zuzustellen.

VIII. Gesetz über beschränkte Auskunft aus dem Strafregister und die Tilgung von Strafvermerken.

Vom 9. April 1920 (RGBl S. 507) in der Fassung der Verordnung vom 6. Februar 1924 (RGBl I S. 46).

§ 1. Über Verurteilungen, die in das Strafregister aufgenommen sind, ist nach Ablauf einer bestimmten Frist nur noch beschränkt Auskunft zu erteilen.

Ist nach Eintritt des Zeitpunkts, von dem ab nur beschränkt Auskunft zu erteilen ist, eine weitere Frist abgelaufen, so wird der Vermerk im Strafregister getilgt.

Diese Vorschriften gelten, unbeschadet der Bestimmungen des § 8, nicht für Verurteilungen zum Tode und zu Zuchthaus.

§ 2. Bei mehreren Verurteilungen einer Person ist über alle Verurteilungen unbeschränkt Auskunft zu erteilen, solange über eine der Verurteilungen unbeschränkt Auskunft erteilt werden muß. Die Tilgung eines Vermerkes im Strafregister darf bei mehreren Verurteilungen einer Person erst erfolgen, wenn für alle Verurteilungen die Voraussetzungen der Tilgung vorliegen.

Lautet die Verurteilung, über die unbeschränkt Auskunft erteilt werden muß oder die im Strafregister noch nicht getilgt werden kann, nur auf Verweis oder auf Geldstrafe allein oder in Verbindung miteinander oder mit Nebenstrafen, so finden die Vorschriften des Abs. 1 keine Anwendung.[1])

1) Zur Auslegung des § 2 Abs. 2 s. U 13/2 21, E 56, 279; desgl. des § 2 U 16/3 22, E 56, 307. Nach der Allg. Verf. der Pr. JM. v. 4. 11. 1924 (JMBl. S. 386) sind die auf Grund des § 27b StGB. festgesetzten Geldstrafen nur in demselben Umfange wie sonstige Geldstrafen

§ 3. Hat der Verurteilte die bürgerlichen Ehrenrechte oder einzelne Rechte oder Fähigkeiten verloren, so kommen ihm die Vergünstigungen des § 1 nicht zugute, solange er diese Rechte und Fähigkeiten nicht wiedererlangt hat.

Das gleiche gilt, solange über einen Verurteilten eine Steckbriefnachricht im Strafregister niedergelegt ist.

Die Vergünstigungen des § 1 kommen einem Verurteilten für eine Verurteilung solange nicht zugute, als sich aus dem Inhalt des Strafregisters ergibt, daß die Vollstreckung noch nicht erledigt ist.

§ 4. Über Verurteilungen, die der beschränkten Auskunft unterliegen, wird nur den Gerichten, den Behörden der Staatsanwaltschaft sowie auf ausdrückliches Ersuchen den obersten Reichs- oder Landesbehörden Auskunft erteilt. Ist hiernach Auskunft zu erteilen, so ist darin besonders hervorzuheben, daß die Verurteilung der beschränkten Auskunft unterliegt.

Soweit über eine Verurteilung, die der beschränkten Auskunft unterliegt, keine Auskunft erteilt werden darf, sind Anfragen in gleicher Weise zu beantworten wie in den Fällen, in denen ein Vermerk nicht vorhanden ist.

Diese Vorschriften gelten entsprechend für die Auskunft aus den polizeilichen Listen; bei der Ausstellung polizeilicher Führungszeugnisse bleiben Verurteilungen, die der beschränkten Auskunft unterliegen, außer Betracht.

§ 5. Ein Vermerk, der im Strafregister zu tilgen ist, wird aus dem Register entfernt und vernichtet; enthält das Register außerdem Vermerke, die bestimmungsgemäß darin verbleiben müssen, so wird der zu tilgende Vermerk unkenntlich gemacht. Ebenso wird der Vermerk über die Verurteilung aus den polizeilichen Listen entfernt oder darin unkenntlich gemacht.

Ist der Vermerk über eine Verurteilung im Strafregister getilgt worden, so gilt die Verurteilung nicht mehr als Be-

---

der Strafregisterbehörde mitzuteilen und unterliegen sie für die Auskunftsbeschränkung und die Tilgung den für Geldstrafen bestimmten Fristen. Vgl. OLG. Kiel in pr. JWBl. 1924 S. 285.

strafung im Sinne solcher Vorschriften, die für den Fall, daß der Täter bereits bestraft ist, eine schwerere Strafe oder andere Rechtsnachteile androhen.[2])

§ 6. Die Frist, nach deren Ablauf beschränkt Auskunft zu erteilen ist,[3]) beträgt

1. fünf Jahre, wenn auf Verweis oder auf Geldstrafe oder auf Freiheitsstrafe von höchstens drei Monaten, allein oder in Verbindung miteinander oder mit Nebenstrafen, erkannt worden ist, mit Ausnahme der Fälle, in denen auf Überweisung an die Landespolizeibehörde oder auf die Zulässigkeit von Polizeiaufsicht erkannt worden ist;
2. zehn Jahre in allen übrigen Fällen.

Die Frist der Nr. 1 beginnt mit dem im Strafregister vermerkten Tage der Verurteilung.

Die Frist der Nr. 2 beginnt mit dem Tage, an dem die Strafe vollstreckt, verjährt oder erlassen ist; ist auf Überweisung an die Landespolizeibehörde oder auf die Zulässigkeit von Polizeiaufsicht erkannt worden, so beginnt die Frist erst, wenn diese Maßregeln erledigt sind. Ist die Strafe nach einer Probezeit erlassen, so wird deren Dauer, auf volle Monate abgerundet, auf die Frist der Nr. 2 angerechnet.

War der Verurteilte zur Zeit der Tat noch nicht achtzehn Jahre alt, so verkürzt sich die Frist von fünf Jahren auf drei Jahre und die Frist von zehn Jahren auf sechs Jahre.

§ 7. Die Frist, nach deren Ablauf ein Strafvermerk zu tilgen ist, beträgt

1. fünf Jahre, wenn auf Verweis oder auf Geldstrafe oder auf Haft oder auf Gefängnis oder Festungshaft

---

2) Eine Verurteilung, deren Vermerk im Strafregister nach § 5 Abs. 2 getilgt worden ist, kann zur Begründung einer Rückfallstrafe nicht mehr herangezogen werden. U 3/7 21, E 56, 68. Entscheidend ist hier der Zeitpunkt der tatsächlichen Tilgung des Vermerks, nicht der der Tilgungsreife. U 7/7 21, E 56, 76.

3) Über Anwendung der kürzeren oder der längeren Fristen des § 6 s. U 16/3 22, E 56, 307.

von höchstens einer Woche, allein oder in Verbindung miteinander oder mit Nebenstrafen, erkannt worden ist, mit Ausnahme der Fälle, in denen auf Überweisung an die Landespolizeibehörde oder auf die Zulässigkeit von Polizeiaufsicht erkannt worden ist;

2. zehn Jahre in allen übrigen Fällen.

Die Frist beginnt mit dem Tage, von dem ab nur noch beschränkt Auskunft zu erteilen ist.

War der Verurteilte zur Zeit der Tat noch nicht achtzehn Jahre alt, so verkürzt sich die Frist von fünf auf drei Jahre und die Frist von zehn Jahren auf sechs Jahre.

§ 8. Die Landesjustizverwaltung kann in Fällen, in denen die Voraussetzungen der beschränkten Auskunft oder der Tilgung nicht vorliegen, diese Maßnahmen anordnen, wenn dadurch staatliche Interessen nicht gefährdet werden.

Hat der Verurteilte die bürgerlichen Ehrenrechte oder einzelne Rechte oder Fähigkeiten verloren, so sollen die Maßnahmen nicht angeordnet werden, solange er diese Rechte und Fähigkeiten nicht wiedererlangt hat.

Zuständig für die Anordnung ist die oberste Justizverwaltungsbehörde des Landes, in dessen Bezirk das Strafregister geführt wird, und für das Register, das beim Reichsjustizministerium geführt wird, der Reichsminister der Justiz.

Wird angeordnet, daß eine Verurteilung der beschränkten Auskunft unterliegen soll, so beginnt die Frist für die Tilgung des Strafvermerkes mit dem Tage der Anordnung.

§ 9. Vermerke über Verurteilungen im Ausland sind im Sinne dieses Gesetzes Vermerken über Verurteilungen im Inland gleichzuachten.

§ 10. Bei der Verwertung von Auszügen aus ausländischen Strafregistern ist so zu verfahren, wie wenn die in dem Auszug enthaltenen Vermerke in einem inländischen Strafregister enthalten wären. Die Vorschriften des § 11 Abs. 2 sind entsprechend anzuwenden.

§ 11. Das Gesetz tritt mit dem 1. Juli 1920 in Kraft.

Bei Verurteilungen, die schon vor dem Inkrafttreten dieses Gesetzes in das Strafregister aufgenommen worden sind, berechnen sich die Fristen so, wie wenn das Gesetz schon zur Zeit der Aufnahme des Vermerkes in das Register in Kraft gewesen wäre.[4]) Ist in den Fällen des § 6 Nr. 2 aus dem Register nicht zu ersehen, wann die Strafe vollstreckt worden ist, so ist die Frist vom Tage der Verurteilung an zu berechnen; sie verlängert sich jedoch in diesem Falle um die Dauer der erkannten Freiheitsstrafe. Das gleiche gilt in den Fällen des § 6 Nr. 2, wenn nach dem Inhalt des Registers anzunehmen ist, daß eine Strafe erst nach einer Probezeit erlassen worden ist, und die Dauer dieser Probezeit aus dem Register nicht zu ersehen ist. Ist aus dem Register nicht zu ersehen, ob der Verurteilte zur Zeit der Tat schon achtzehn Jahre alt war, so sind die kürzeren Fristen anzuwenden, wenn der Verurteilte zur Zeit der Verurteilung noch nicht neunzehn Jahre alt war; andernfalls greifen die längeren Fristen Platz.

Verurteilungen, die vor dem Inkrafttreten dieses Gesetzes im Strafregister gelöscht worden sind, unterliegen der beschränkten Auskunft. Die Frist für ihre Tilgung beginnt mit dem Tage, an dem die Löschung angeordnet worden ist.[5])

Bei Geldstrafen, die schon vor dem 1. Mai 1923 in das Strafregister aufgenommen worden sind, berechnen sich die Fristen so, wie wenn das Gesetz vom 9. April 1920 in der Fassung der Verordnung vom 6. Februar 1924 schon zur Zeit der Aufnahme des Vermerks in das Register in Kraft gewesen wäre.[6])

---

4) Hier ist maßgebend der Fristenablauf, die Tilgungsreife, nicht der tatsächliche Vollzug der Tilgung im Register. U 26/10 23, E 57, 390; U 6/1 22, JW 53, 307[17].

5) Die Fristberechnung des Abs. 3 hat nur einzutreten, wenn sie für den Verurteilten günstiger ist, als die Berechnung nach dem allgemeinen Grundsatze des Abs. 2. Ausgangspunkt der Tilgungsfrist ist also nach § 7 Abs. 2 zunächst der Tag, von dem ab nur noch beschränkte Auskunft zu erteilen ist, der Tag der Löschung aber nur dann, wenn er vor dem nach § 7 Abs. 2 bestimmten Zeitpunkt liegt. U 7/7 21, E 56, 77.

1) Der letzte Abs. betrifft die Auskunft über Verurteilungen zu Geldstrafe im § 2 Abs. 2, § 6 Abs. 1 Nr. 1, § 7 Abs. 1 Nr. 1. Vgl. Art. X Abs. 2 der Verordnung v. 6/2 24 (RGBl. I S. 47).

Sachregister.

(Die Zahlen verweisen auf die Paragraphen der Strafprozeßordnung, bzw. der besonders bezeichneten Gesetze.)

A.

B.

H.

J.

K.

L.

M.

S.

V.

W.

Z.

G. Pätz'sche Buchdr. Lippert & Co. G. m. b. H., Naumburg a. d. S.

Die neuen oder abgeänderten Bestimmungen sind in fetter Schrift, die aufgehobenen in lateinischer Schrift gesetzt.

Gerichtsverfassungsgesetz.

Aus dem Ausführungsgesetz zu dem Gesetz gegen gefährliche Gewohnheitsverbrecher und über Maßregeln der Sicherung und Besserung. Vom 24. Nov. 1933 Art. 1 Ziff. 2 (RGBl. 1933 I S. 1000).

(In Kraft ab 1. Januar 1934.)

§ 171a. **Die Öffentlichkeit kann für die Hauptverhandlung oder für einen Teil davon ausgeschlossen werden, wenn das Verfahren die Unterbringung des Beschuldigten in einer Heil- oder Pflegeanstalt neben einer Strafe oder ausschließlich zum Gegenstand hat.**

Strafprozeßordnung.

Aus dem Ausführungsgesetz zu dem Gesetz gegen gefährliche Gewohnheitsverbrecher und über Maßregeln der Sicherung und Besserung. Vom 24. Nov. 1933 Art. 2 Ziff. 1 (RGBl. 1933 I S. 1000).

(In Kraft ab 1. Januar 1934.)

§ 5a. **Die sachliche Zuständigkeit der Gerichte wird durch die Strafschärfung für gefährliche Gewohnheitsverbrecher (§ 20 a des Strafgesetzbuchs) nicht berührt.**

Strafprozeßordnung.

Aus dem Ausführungsgesetz zu dem Gesetz gegen gefährliche Gewohnheitsverbrecher und über Maßregeln der Sicherung und Besserung. Vom 24. Nov. 1933 Art. 2 Ziff. 2 (RGBl. 1933 I S. 1000).

(In Kraft ab 1. Januar 1934.)

§ 80a. **Ist damit zu rechnen, daß die Unterbringung des Beschuldigten in einer Heil- oder Pflegeanstalt, einer Trinkerheilanstalt oder einer Entziehungsanstalt oder seine Entmannung angeordnet werden wird, so soll schon im Vorverfahren einem Sachverständigen Gelegenheit zur Vorbereitung des in der Hauptverhandlung zu erstattenden Gutachtens gegeben werden.**

Die neuen oder abgeänderten Bestimmungen sind in fetter Schrift, die aufgehobenen in lateinischer Schrift gesetzt.

Strafprozeßordnung.

Aus dem Ausführungsgesetz zu dem Gesetz gegen gefährliche Gewohnheitsverbrecher und über Maßregeln der Sicherung und Besserung. Vom 24. Nov. 1933 Art. 2 Ziff. 3 (RGBl. 1933 I S. 1000).

(In Kraft ab 1. Januar 1934.)

§ 81 Abs. 1 und 2:

Zur Vorbereitung eines Gutachtens über den Geisteszustand des **Beschuldigten** kann das Gericht auf Antrag eines Sachverständigen nach Anhörung des Verteidigers anordnen, daß der **Beschuldigte** in eine öffentliche **Heil- oder Pflegeanstalt** gebracht und dort beobachtet **wird. Im vorbereitenden Verfahren entscheidet das Gericht, das für die Eröffnung des Hauptverfahrens zuständig wäre.**

Dem **Beschuldigten,** welcher einen Verteidiger nicht hat, ist ein solcher zu bestellen.

Strafprozeßordnung.

Aus dem Ausführungsgesetz zu dem Gesetz gegen gefährliche Gewohnheitsverbrecher und über Maßregeln der Sicherung und Besserung. Vom 24. Nov. 1933 Art. 2 Ziff. 4 (RGBl. 1933 I S. 1000).

(In Kraft ab 1. Januar 1934.)

§ 81a. Eine körperliche Untersuchung des Beschuldigten darf zur Feststellung von Tatsachen angeordnet werden, die für das Verfahren von Bedeutung sind. Andere Personen dürfen ohne ihre Einwilligung nur untersucht werden, wenn festgestellt werden muß, ob sich an ihrem Körper eine bestimmte Spur oder Folge einer strafbaren Handlung befindet.

Entnahme von Blutproben und andere Eingriffe, die nach den Regeln der ärztlichen Kunst zu Untersuchungszwecken vorgenommen werden, sind ohne Einwilligung des zu Untersuchenden zulässig, wenn kein Nachteil für seine Gesundheit zu besorgen ist.

Die Anordnung steht dem Richter, bei Gefahr im Verzug auch der Staatsanwaltschaft und den Polizei- und Sicherheits-

Die neuen oder abgeänderten Bestimmungen sind in fetter Schrift, die aufgehobenen in lateinischer Schrift gesetzt.

(Noch Strafprozeßordnung § 81 a).

beamten zu, die als Hilfsbeamte der Staatsanwaltschaft ihren Anordnungen Folge zu leisten haben.

§ 81b. Soweit es für die Zwecke der Durchführung des Strafverfahrens oder für die Zwecke des Erkennungsdienstes notwendig ist, dürfen Lichtbilder und Fingerabdrücke des Beschuldigten auch gegen seinen Willen aufgenommen und Messungen oder ähnliche Maßnahmen an ihm vorgenommen werden.

Strafprozeßordnung.

Aus dem Ausführungsgesetz zu dem Gesetz gegen gefährliche Gewohnheitsverbrecher und über Maßregeln der Sicherung und Besserung. Vom 24. Nov. 1933 Art. 2 Ziff. 5 (RGBl. 1933 I S. 1000).

(In Kraft ab 1. Januar 1934.)

§ 113. Ist die Tat nur mit Haft oder mit Geldstrafe bedroht, so darf die Untersuchungshaft nur wegen Verdachts der Flucht und nur dann verhängt werden, wenn der Angeschuldigte zu den in § 112 Nr. 2 oder 3 bezeichneten Personen gehört, oder wenn er unter Polizeiaufsicht steht, oder wenn es sich um eine Übertretung handelt, wegen deren die **Unterbringung in einem Arbeitshaus angeordnet** werden kann.

Strafprozeßordnung.

Aus dem Ausführungsgesetz zu dem Gesetz gegen gefährliche Gewohnheitsverbrecher und über Maßregeln der Sicherung und Besserung. Vom 24. Nov. 1933 Art. 2 Ziff. 6 (RGBl. 1933 I S. 1000).

(In Kraft ab 1. Januar 1934.)

§ 126a. Sind dringende Gründe für die Annahme vorhanden, daß jemand eine mit Strafe bedrohte Handlung im Zustand der Zurechnungsunfähigkeit oder der verminderten Zurechnungsfähigkeit begangen hat und daß seine Unterbringung in einer Heil- oder Pflegeanstalt angeordnet werden

Die neuen oder abgeänderten Bestimmungen sind in fetter Schrift, die aufgehobenen in lateinischer Schrift gesetzt.

(Noch Strafprozeßordnung § 126 a).

wird, so kann das Gericht durch Unterbringungsbefehl seine einstweilige Unterbringung anordnen, wenn die öffentliche Sicherheit es erfordert. Die Tatsachen, die diese Annahme rechtfertigen, sind aktenkundig zu machen.

Für die einstweilige Unterbringung gelten die §§ 114 bis 116, 124 bis 126 entsprechend. Hat der Unterzubringende einen gesetzlichen Vertreter, so ist der Beschluß auch diesem bekanntzumachen. Die Freilassung gegen Sicherheitsleistung ist unzulässig.

Der Unterbringungsbefehl ist aufzuheben, wenn der in ihm angegebene Grund der Unterbringung weggefallen ist oder wenn das Gericht im Urteil die Unterbringung in einer Heil- oder Pflegeanstalt nicht anordnet. Durch Einlegung eines Rechtsmittels darf die Freilassung nicht verzögert werden.

Strafprozeßordnung.

Aus dem Ausführungsgesetz zu dem Gesetz gegen gefährliche Gewohnheitsverbrecher und über Maßregeln der Sicherung und Besserung. Vom 24. Nov. 1933 Art. 2 Ziff. 7 (RGBl. 1933 I S. 1001).

(In Kraft ab 1. Januar 1934.)

§ 127 Abs. 2:

Die Staatsanwaltschaft und die Polizei- und Sicherheitsbeamten sind auch dann zur vorläufigen Festnahme befugt, wenn die Voraussetzungen eines Haftbefehls **oder eines Unterbringungsbefehls** vorliegen und Gefahr im Verzug obwaltet.

Strafprozeßordnung.

Aus dem Ausführungsgesetz zu dem Gesetz gegen gefährliche Gewohnheitsverbrecher und über Maßregeln der Sicherung und Besserung. Vom 24. Nov. 1933 Art. 2 Ziff. 8 (RGBl. 1933 I S. 1001).

(In Kraft ab 1. Januar 1934.)

§ 128 Abs. 2:

Hält der Amtsrichter die Festnahme nicht für gerechtfertigt oder ihre Gründe für beseitigt, so verordnet er die Freilassung.

Die neuen oder abgeänderten Bestimmungen sind in fetter Schrift, die aufgehobenen in lateinischer Schrift gesetzt.

(Noch Strafprozeßordnung § 128 Abs. 2).

Anderenfalls erläßt er einen Haftbefehl **oder einen Unterbringungsbefehl,** auf welchen die Bestimmungen des § 126 Anwendung finden.

Strafprozeßordnung.

Aus dem Ausführungsgesetz zu dem Gesetz gegen gefährliche Gewohnheitsverbrecher und über Maßregeln der Sicherung und Besserung. Vom 24. Nov. 1933 Art. 2 Ziff. 9 (RGBl. 1933 I S. 1001).

(In Kraft ab 1. Januar 1934.)

§ 129. Ist gegen den Festgenommenen bereits die öffentliche Klage erhoben, so ist er entweder sofort oder auf Verfügung des Amtsrichters, welchem er zunächst vorgeführt worden, dem zuständigen Gericht oder Untersuchungsrichter vorzuführen, und haben diese spätestens am Tage nach der Vorführung über Freilassung, **Verhaftung oder einstweilige Unterbringung** des Festgenommenen zu entscheiden.

Strafprozeßordnung.

Aus dem Ausführungsgesetz zu dem Gesetz gegen gefährliche Gewohnheitsverbrecher und über Maßregeln der Sicherung und Besserung. Vom 24. Nov. 1933 Art. 2 Ziff. 10 (RGBl. 1933 I S. 1001).

(In Kraft ab 1. Januar 1934.)

§ 131. Auf Grund eines Haftbefehls **oder eines Unterbringungsbefehls** können **die Staatsanwaltschaft oder der Richter einen Steckbrief erlassen,** wenn der **Beschuldigte** flüchtig ist oder sich verborgen hält.

Ohne **Haft- oder Unterbringungsbefehl** ist eine steckbriefliche Verfolgung nur **zulässig, wenn ein Festgenommener entweicht** oder sich sonst der Bewachung entzieht. **In diesen Fällen kann auch die Polizeibehörde einen Steckbrief erlassen.**

In dem Steckbrief ist der Verfolgte zu bezeichnen und soweit möglich zu beschreiben. Die Tat, deren er verdächtig ist, sowie Ort und Zeit ihrer Begehung sind anzugeben.

Die §§ 114b, **114c** gelten entsprechend.

Die neuen oder abgeänderten Bestimmungen sind in fetter Schrift, die aufgehobenen in lateinischer Schrift gesetzt.

Strafprozeßordnung.

Aus dem Ausführungsgesetz zu dem Gesetz gegen gefährliche Gewohnheitsverbrecher und über Maßregeln der Sicherung und Besserung. Vom 24. Nov. 1933 Art. 2 Ziff. 11 (RGBl. 1933 I S. 1001).

(In Kraft ab 1. Januar 1934.)

§ 140 Abs. 2:

In anderen Sachen ist die Verteidigung notwendig, wenn **zu erwarten ist, daß die Unterbringung in einer Heil- oder Pflegeanstalt, die Sicherungsverwahrung oder die Entmannung angeordnet oder die Berufsausübung untersagt werden wird oder wenn** der Angeschuldigte taub oder stumm ist.

Strafprozeßordnung.

Aus dem Ausführungsgesetz zu dem Gesetz gegen gefährliche Gewohnheitsverbrecher und über Maßregeln der Sicherung und Besserung. Vom 24. Nov. 1933 Art. 2 Ziff. 12 (RGBl. 1933 I S. 1001).

(In Kraft ab 1. Januar 1934.)

§ 145 neuer **Abs. 2** *(bish. Abs. 2 wird Abs. 3, bish. Abs. 3 wird Abs. 4):*

Ergibt sich erst im Laufe der Hauptverhandlung, daß die Verteidigung notwendig ist, so hat der Vorsitzende dem Angeklagten einen Verteidiger zu bestellen. Abs. 1 Satz 2 gilt entsprechend.

Strafprozeßordnung.

Aus dem Ausführungsgesetz zu dem Gesetz gegen gefährliche Gewohnheitsverbrecher und über Maßregeln der Sicherung und Besserung. Vom 24. Nov. 1933 Art. 2 Ziff. 13 (RGBl. 1933 I S. 1001).

(In Kraft ab 1. Januar 1934.)

§ 148 Abs. 1:

Dem verhafteten **oder einstweilig untergebrachten** Beschuldigten ist schriftlicher und mündlicher Verkehr mit dem Verteidiger gestattet.

Die neuen oder abgeänderten Bestimmungen sind in fetter Schrift, die aufgehobenen in lateinischer Schrift gesetzt.

Strafprozeßordnung.

Aus dem Ausführungsgesetz zu dem Gesetz gegen gefährliche Gewohnheitsverbrecher und über Maßregeln der Sicherung und Besserung. Vom 24. Nov. 1933 Art. 2 Ziff. 14 (RGBl. 1933 I S. 1001).

(In Kraft ab 1. Januar 1934.)

§ 149. Der gesetzliche Vertreter eines Angeschuldigten ist nach Einreichung der Anklageschrift als Beistand zuzulassen und auf sein Verlangen zu hören. **Zeit und Ort der Hauptverhandlung sollen ihm rechtzeitig mitgeteilt werden.**

Abs. 1 Satz 1 gilt für den Ehemann einer Angeschuldigten entsprechend.

Im vorbereitenden Verfahren unterliegt die Zulassung solcher Beistände dem [richterlichen] Ermessen **der Staatsanwaltschaft, in der Voruntersuchung dem Ermessen des Untersuchungsrichters.**

Strafprozeßordnung.

Aus dem Ausführungsgesetz zu dem Gesetz gegen gefährliche Gewohnheitsverbrecher und über Maßregeln der Sicherung und Besserung. Vom 24. Nov. 1933 Art. 2 Ziff. 15 (RGBl. 1933 I S. 1001).

(In Kraft ab 1. Januar 1934.)

§ 154. Von Erhebung der öffentlichen Klage kann abgesehen werden, wenn die Strafe **oder die Maßregel der Sicherung und Besserung,** zu der die Verfolgung führen kann, neben einer Strafe **oder Maßregel der Sicherung und Besserung, die gegen den Beschuldigten** wegen einer anderen Tat rechtskräftig **verhängt** worden ist oder die er wegen einer anderen Tat zu erwarten hat, nicht ins Gewicht fällt.

Ist die öffentliche Klage bereits erhoben, so kann das Gericht auf Antrag der Staatsanwaltschaft das Verfahren vorläufig einstellen.

Ist das Verfahren mit Rücksicht auf eine wegen einer anderen Tat bereits rechtskräftig erkannte Strafe **oder Maßregel der Sicherung und Besserung** vorläufig eingestellt worden, so kann es, falls nicht inzwischen Verjährung eingetreten ist, wieder

Die neuen oder abgeänderten Bestimmungen sind in fetter Schrift, die aufgehobenen in lateinischer Schrift gesetzt.

(Noch Strafprozeßordnung § 154).

aufgenommen werden, wenn die rechtskräftig erkannte Strafe **oder Maßregel der Sicherung und Besserung** nachträglich in Wegfall kommt.

Ist das Verfahren mit Rücksicht auf eine wegen einer anderen Tat zu erwartende Strafe **oder Maßregel der Sicherung und Besserung** vorläufig eingestellt worden, so kann es, falls nicht inzwischen Verjährung eingetreten ist, binnen drei Monaten nach Rechtskraft des wegen der anderen Tat ergehenden Urteils wiederaufgenommen werden.

Hat das Gericht das Verfahren vorläufig eingestellt, so bedarf es zur Wiederaufnahme eines Gerichtsbeschlusses.

Strafprozeßordnung.

Aus dem Ausführungsgesetz zu dem Gesetz gegen gefährliche Gewohnheitsverbrecher und über Maßregeln der Sicherung und Besserung. Vom 24. Nov. 1933 Art. 2 Ziff. 16 (RGBl. 1933 I S. 1001).

(In Kraft ab 1. Januar 1934.)

§ 154a. Von der Erhebung der öffentlichen Klage kann abgesehen werden, wenn der Beschuldigte wegen der Tat einer ausländischen Regierung ausgeliefert wird.

Dasselbe gilt, wenn er wegen einer anderen Tat einer ausländischen Regierung ausgeliefert wird und die Strafe oder die Maßregel der Sicherung und Besserung, zu der die inländische Verfolgung führen kann, neben der Strafe oder der Maßregel der Sicherung und Besserung, die gegen ihn im Ausland rechtskräftig verhängt worden ist oder die er im Ausland zu erwarten hat, nicht ins Gewicht fällt.

Von der Erhebung der öffentlichen Klage kann auch abgesehen werden, wenn der Beschuldigte auf Grund eines Strafurteils aus dem Reichsgebiet verwiesen wird.

Ist in den Fällen **der Abs. 1 bis 3** die öffentliche Klage bereits erhoben, so stellt das Gericht auf Antrag der Staatsanwaltschaft das Verfahren vorläufig ein. § 154 Abs. 3 bis 5 gilt mit der Maßgabe entsprechend, daß die Frist im Abs. 4 ein Jahr beträgt.

Die neuen oder abgeänderten Bestimmungen sind in fetter Schrift, die aufgehobenen in lateinischer Schrift gesetzt.

Strafprozeßordnung.

Aus dem Ausführungsgesetz zu dem Gesetz gegen gefährliche Gewohnheitsverbrecher und über Maßregeln der Sicherung und Besserung. Vom 24. Nov. 1933 Art. 2 Ziff. 17 (RGBl. 1933 I S. 1001).

(In Kraft ab 1. Januar 1934.)

§ 160 Abs. 3:

Die Ermittlungen der Staatsanwaltschaft sollen sich auch auf die Umstände erstrecken, die für die Strafbemessung und für die Anordnung oder Zulassung von Maßregeln der Sicherung und Besserung von Bedeutung sind.

Strafprozeßordnung.

Aus dem Ausführungsgesetz zu dem Gesetz gegen gefährliche Gewohnheitsverbrecher und über Maßregeln der Sicherung und Besserung. Vom 24. Nov. 1933 Art. 2 Ziff. 18 (RGBl. 1933 I S. 1001).

(In Kraft ab 1. Januar 1934.)

§ 207 Abs. 2:

Das Gericht hat zugleich von Amts wegen über die Anordnung oder Fortdauer der Untersuchungshaft **oder der einstweiligen Unterbringung** zu beschließen.

Strafprozeßordnung.

Aus dem Ausführungsgesetz zu dem Gesetz gegen gefährliche Gewohnheitsverbrecher und über Maßregeln der Sicherung und Besserung. Vom 24. Nov. 1933 Art. 2 Ziff. 19 (RGBl. 1933 I S. 1001).

(In Kraft ab 1. Januar 1934.)

§ 233a. Wenn ohne den Angeklagten verhandelt worden ist, dürfen gegen ihn keine Maßregeln der Sicherung und Besserung angeordnet oder für zulässig erklärt werden.

Die neuen oder abgeänderten Bestimmungen sind in fetter Schrift, die aufgehobenen in lateinischer Schrift gesetzt.

Strafprozeßordnung.

Aus dem Ausführungsgesetz zu dem Gesetz gegen gefährliche Gewohnheitsverbrecher und über Maßregeln der Sicherung und Besserung. Vom 24. Nov. 1933 Art. 2 Ziff. 20 (RGBl. 1933 I S. 1002).

(In Kraft ab 1. Januar 1934.)

§ 246a. Ist damit zu rechnen, daß die Unterbringung des Angeklagten in einer Heil- oder Pflegeanstalt, einer Trinkerheilanstalt oder einer Entziehungsanstalt oder seine Entmannung angeordnet werden wird, so ist in der Hauptverhandlung ein Arzt als Sachverständiger über den geistigen und körperlichen Zustand des Angeklagten zu vernehmen. Hat der Sachverständige den Angeklagten nicht schon früher untersucht, so soll ihm dazu vor der Hauptverhandlung Gelegenheit gegeben werden.

Strafprozeßordnung.

Aus dem Ausführungsgesetz zu dem Gesetz gegen gefährliche Gewohnheitsverbrecher und über Maßregeln der Sicherung und Besserung. Vom 24. Nov. 1933 Art. 2 Ziff. 21 (RGBl. 1933 I S. 1002).

(In Kraft ab 1. Januar 1934.)

§ 260. Die Hauptverhandlung schließt mit der Erlassung des Urteils. Das Urteil **lautet** auf Freisprechung, Verurteilung, **Anordnung oder Zulassung einer Maßregel der Sicherung und Besserung** oder Einstellung des Verfahrens.

Wird auf Untersagung der Berufsausübung erkannt, so ist im Urteil der Beruf, das Gewerbe oder der Gewerbezweig, dessen Ausübung untersagt wird, genau zu bezeichnen.

Die Einstellung des Verfahrens ist auszusprechen, wenn bei einer nur auf Antrag zu verfolgenden strafbaren Handlung sich ergibt, daß der erforderliche Antrag nicht vorliegt, oder wenn der Antrag rechtzeitig zurückgenommen ist.

Die neuen oder abgeänderten Bestimmungen sind in fetter Schrift, die aufgehobenen in lateinischer Schrift gesetzt.

Strafprozeßordnung.

Aus dem Ausführungsgesetz zu dem Gesetz gegen gefährliche Gewohnheitsverbrecher und über Maßregeln der Sicherung und Besserung. Vom 24. Nov. 1933 Art. 2 Ziff. 22 (RGBl. 1933 I S. 1002).

(In Kraft ab 1. Januar 1934.)

§ 263 Abs. 1:

Zu einer jeden dem Angeklagten nachteiligen Entscheidung, **die** die Schuldfrage, die Bemessung der Strafe, **die Anordnung einer Nebenstrafe oder Nebenfolge oder die Anordnung oder Zulassung einer Maßregel der Sicherung und Besserung** betrifft, ist eine Mehrheit von zwei **Dritteln** der Stimmen erforderlich.

Strafprozeßordnung.

Aus dem Ausführungsgesetz zu dem Gesetz gegen gefährliche Gewohnheitsverbrecher und über Maßregeln der Sicherung und Besserung. Vom 24. Nov. 1933 Art. 2 Ziff. 23 (RGBl. 1933 I S. 1002).

(In Kraft ab 1. Januar 1934.)

§ 265 Abs. 2:

In gleicher Weise ist zu verfahren, wenn **sich** erst in der Verhandlung solche vom Strafgesetz besonders **vorgesehenen Umstände ergeben, die** die Strafbarkeit erhöhen **oder die Anordnung oder Zulassung einer Maßregel der Sicherung und Besserung rechtfertigen.**

Strafprozeßordnung.

Aus dem Ausführungsgesetz zu dem Gesetz gegen gefährliche Gewohnheitsverbrecher und über Maßregeln der Sicherung und Besserung. Vom 24. Nov. 1933 Art. 2 Ziff. 24 (RGBl. 1933 I S. 1002).

(In Kraft ab 1. Januar 1934.)

§ 267 Abs. 6:

Die Urteilsgründe müssen auch ergeben, weshalb eine Maßregel der Sicherung und Besserung angeordnet oder für zulässig erklärt oder einem in der Verhandlung gestellten Antrag entgegen nicht angeordnet oder nicht für zulässig erklärt worden ist.

Die neuen oder abgeänderten Bestimmungen sind in fetter Schrift, die aufgehobenen in lateinischer Schrift gesetzt.

Strafprozeßordnung.

Aus dem Ausführungsgesetz zu dem Gesetz gegen gefährliche Gewohnheitsverbrecher und über Maßregeln der Sicherung und Besserung. Vom 24. Nov. 1933 Art. 2 Ziff. 25 (RGBl. 1933 I S. 1002.)

(In Kraft ab 1. Januar 1934.)

§ 270 Abs. 1:

Stellt sich nach dem Ergebnisse der Verhandlung die dem Angeklagten zur Last gelegte Tat als eine solche dar, welche die Zuständigkeit des Gerichts überschreitet, so spricht es durch Beschluß seine Unzuständigkeit aus und verweist die Sache an das zuständige Gericht. **Hält der Amtsrichter die Strafschärfung für gefährliche Gewohnheitsverbrecher, die Unterbringung in einer Heil- oder Pflegeanstalt, einer Trinkerheilanstalt oder einer Entziehungsanstalt, die Sicherungsverwahrung, die Entmannung oder die Untersagung der Berufsausübung für angezeigt, so hat er die Sache an das Schöffengericht zu verweisen, sofern nicht ein Gericht höherer Ordnung zuständig ist.**

Strafprozeßordnung.

Aus dem Ausführungsgesetz zu dem Gesetz gegen gefährliche Gewohnheitsverbrecher und über Maßregeln der Sicherung und Besserung. Vom 24. Nov. 1933 Art. 2 Ziff. 26 (RGBl. 1933 I S. 1002).

(In Kraft ab 1. Januar 1934.)

§ 299 Abs. 1:

Der nicht auf freiem Fuß befindliche Beschuldigte kann die Erklärungen, **die** sich auf Rechtsmittel beziehen, zu Protokoll der Geschäftsstelle des **Amtsgerichts geben, in dessen Bezirk die Anstalt liegt, wo er auf behördliche Anordnung verwahrt wird.**

Die neuen oder abgeänderten Bestimmungen sind in fetter Schrift, die aufgehobenen in lateinischer Schrift gesetzt.

Strafprozeßordnung.

Aus dem Ausführungsgesetz zu dem Gesetz gegen gefährliche Gewohnheitsverbrecher und über Maßregeln der Sicherung und Besserung. Vom 24. Nov. 1933 Art. 2 Ziff. 27 (RGBl. 1933 I S. 1002).

(In Kraft ab 1. Januar 1934.)

§ 305. Entscheidungen der erkennenden Gerichte, welche der Urteilsfällung vorausgehen, unterliegen nicht der Beschwerde. Ausgenommen sind Entscheidungen über Verhaftungen, **die einstweilige Unterbringung,** Beschlagnahmen oder Straffestsetzungen, sowie alle Entscheidungen, durch welche dritte Personen betroffen werden.

Strafprozeßordnung.

Aus dem Ausführungsgesetz zu dem Gesetz gegen gefährliche Gewohnheitsverbrecher und über Maßregeln der Sicherung und Besserung. Vom 24. Nov. 1933 Art. 2 Ziff. 28 (RGBl. 1933 I S. 1002).

(In Kraft ab 1. Januar 1934.)

§ 310 Abs. 1:

Beschlüsse, welche von dem Landgericht in der Beschwerdeinstanz erlassen sind, können, insofern sie Verhaftungen **oder die einstweilige Unterbringung** betreffen, durch weitere Beschwerde angefochten werden.

Strafprozeßordnung.

Aus dem Ausführungsgesetz zu dem Gesetz gegen gefährliche Gewohnheitsverbrecher und über Maßregeln der Sicherung und Besserung. Vom 24. Nov. 1933 Art. 2 Ziff. 29 (RGBl. 1933 I S. 1002).

(In Kraft ab 1. Januar 1934.)

§ 331 Abs. 2:

Diese Bestimmung steht der Anordnung der Unterbringung in einer Heil- oder Pflegeanstalt, einer Trinkerheilanstalt oder einer Entziehungsanstalt durch das Berufungsgericht nicht entgegen.

Die neuen oder abgeänderten Bestimmungen sind in fetter Schrift, die aufgehobenen in lateinischer Schrift gesetzt.

Strafprozeßordnung.

Aus dem Ausführungsgesetz zu dem Gesetz gegen gefährliche Gewohnheitsverbrecher und über Maßregeln der Sicherung und Besserung. Vom 24. Nov. 1933 Art. 2 Ziff. 30 (RGBl. 1933 I S. 1002).

(In Kraft ab 1. Januar 1934.)

§ 358 Abs. 2:

War das Urteil nur von dem Angeklagten oder zu seinen Gunsten von der Staatsanwaltschaft oder von einer der im § 298 bezeichneten Personen angefochten worden, so darf das neue Urteil eine härtere Strafe als die in dem ersteren erkannte nicht verhängen. **Die Anordnung der Unterbringung in einer Heil- oder Pflegeanstalt, einer Trinkerheilanstalt oder einer Entziehungsanstalt wird dadurch nicht ausgeschlossen.**

Strafprozeßordnung.

Aus dem Ausführungsgesetz zu dem Gesetz gegen gefährliche Gewohnheitsverbrecher und über Maßregeln der Sicherung und Besserung. Vom 24. Nov. 1933 Art. 2 Ziff. 31 (RGBl. 1933 I S. 1002).

(In Kraft ab 1. Januar 1934.)

§ 359 Abs. 2:

Unter den Voraussetzungen des Abs. 1 Nr. 5 ist die Wiederaufnahme des Verfahrens zugunsten des Verurteilten auch zulässig, wenn die beigebrachten Tatsachen oder Beweismittel allein oder in Verbindung mit den früher erhobenen Beweisen die Feststellung einer Tat oder einer früheren Verurteilung, auf die das Gericht die Anordnung einer Maßregel der Sicherung und Besserung gegründet hat, als unrichtig erscheinen lassen.

Die neuen oder abgeänderten Bestimmungen sind in fetter Schrift, die aufgehobenen in lateinischer Schrift gesetzt.

Strafprozeßordnung.

Aus dem Ausführungsgesetz zu dem Gesetz gegen gefährliche Gewohnheitsverbrecher und über Maßregeln der Sicherung und Besserung. Vom 24. Nov. 1933 Art. 2 Ziff. 32 (RGBl. 1933 I S. 1002).

(In Kraft ab 1. Januar 1934.)

§ 363. Eine Wiederaufnahme des Verfahrens **zu dem Zweck, eine andere Strafbemessung oder eine Änderung der Entscheidung über Maßregeln der Sicherung und Besserung auf Grund desselben Strafgesetzes herbeizuführen,** findet nicht statt.

Eine Wiederaufnahme des Verfahrens zu dem Zweck, eine Milderung der Strafe wegen verminderter Zurechnungsfähigkeit herbeizuführen, ist gleichfalls ausgeschlossen.

Strafprozeßordnung.

Aus dem Ausführungsgesetz zu dem Gesetz gegen gefährliche Gewohnheitsverbrecher und über Maßregeln der Sicherung und Besserung. Vom 24. Nov. 1933 Art. 2 Ziff. 33 (RGBl. 1933 I S. 1002).

(In Kraft ab 1. Januar 1934.)

§ 371 Abs. 3:

Mit der Freisprechung ist die Aufhebung des früheren Urteils zu verbinden. **War lediglich auf eine Maßregel der Sicherung und Besserung erkannt, so tritt an die Stelle der Freisprechung die Aufhebung des früheren Urteils.**

Strafprozeßordnung.

Aus dem Ausführungsgesetz zu dem Gesetz gegen gefährliche Gewohnheitsverbrecher und über Maßregeln der Sicherung und Besserung. Vom 24. Nov. 1933 Art. 2 Ziff. 34 (RGBl. 1933 I S. 1003).

(In Kraft ab 1. Januar 1934.)

§ 373 Abs. 2:

Ist die Wiederaufnahme des Verfahrens nur von dem Verurteilten oder zugunsten desselben von der Staatsanwaltschaft oder von einer der im § 298 bezeichneten Personen beantragt worden, so darf das neue Urteil eine härtere Strafe als die in dem früheren erkannte nicht verhängen. **Die Anordnung der Unterbringung in einer Heil- und Pflegeanstalt, einer Trinkerheilanstalt oder einer Entziehungsanstalt wird dadurch nicht ausgeschlossen.**

Die neuen oder abgeänderten Bestimmungen sind in fetter Schrift, die aufgehobenen in lateinischer Schrift gesetzt.

Strafprozeßordnung.

Aus dem Ausführungsgesetz zu dem Gesetz gegen gefährliche Gewohnheitsverbrecher und über Maßregeln der Sicherung und Besserung. Vom 24. Nov. 1933 Art. 2 Ziff. 35 (RGBl. 1933 I S. 1003).

(In Kraft ab 1. Januar 1934.)

§ 384 Abs. 1:

Das weitere Verfahren richtet sich nach den Bestimmungen, welche für das Verfahren auf erhobene öffentliche Klage gegeben sind. **Jedoch dürfen Maßregeln der Sicherung und Besserung nicht angeordnet oder für zulässig erklärt werden.**

Strafprozeßordnung.

Aus dem Ausführungsgesetz zu dem Gesetz gegen gefährliche Gewohnheitsverbrecher und über Maßregeln der Sicherung und Besserung. Vom 24. Nov. 1933 Art. 2 Ziff. 36 (RGBl. 1933 I S. 1003).

(In Kraft ab 1. Januar 1934.)

§ 407 Abs. 3:

Maßregeln der Sicherung und Besserung dürfen in einem Strafbefehl nicht angeordnet oder für zulässig erklärt werden.

Strafprozeßordnung.

Aus dem Ausführungsgesetz zu dem Gesetz gegen gefährliche Gewohnheitsverbrecher und über Maßregeln der Sicherung und Besserung. Vom 24. Nov. 1933 Art. 2 Ziff. 37 (RGBl. 1933 I S. 1003).

(In Kraft ab 1. Januar 1934.)

3a. Abschnitt.

Sicherungsverfahren.

§ 429a. **Liegen Anhaltspunkte dafür vor, daß der Beschuldigte eine mit Strafe bedrohte Handlung im Zustand der Zurechnungsunfähigkeit begangen hat, und führt die Staatsanwaltschaft das Strafverfahren wegen der Zurechnungsunfähigkeit des Beschuldigten nicht durch, so kann sie den Antrag stellen, die Unterbringung des Beschuldigten in**

(Noch Strafprozeßordnung 3a. Abschnitt).

einer Heil- oder Pflegeanstalt selbständig anzuordnen (Sicherungsverfahren).

§ 429b. Für das Sicherungsverfahren gelten sinngemäß die Vorschriften über das Strafverfahren, soweit nichts anderes bestimmt ist.

Der Antrag steht der öffentlichen Klage gleich. An die Stelle der Anklageschrift tritt eine Antragsschrift, die den Erfordernissen der Anklageschrift entsprechen muß. Wird im Urteil die Unterbringung nicht angeordnet, so ist auf Ablehnung des Antrags zu erkennen.

Wäre für das Strafverfahren das Reichsgericht oder das Oberlandesgericht in erster Instanz oder das Schwurgericht zuständig, so tritt für das Sicherungsverfahren die große Strafkammer an ihre Stelle.

§ 429c. Ist im Sicherungsverfahren das Erscheinen des Beschuldigten vor Gericht wegen seines Zustandes unmöglich oder aus Gründen der öffentlichen Sicherheit oder Ordnung unangebracht, so kann das Gericht die Hauptverhandlung durchführen, ohne daß der Beschuldigte zugegen ist.

In diesem Falle ist der Beschuldigte vor der Hauptverhandlung durch einen beauftragten Richter unter Zuziehung eines Sachverständigen zu vernehmen. Von dem Vernehmungstermin sind die Staatsanwaltschaft, der Beschuldigte, der Verteidiger und der gesetzliche Vertreter zu benachrichtigen. Ihrer Anwesenheit bei der Vernehmung bedarf es nicht.

Erfordert es die Rücksicht auf den Zustand des Beschuldigten oder ist eine ordnungsmäßige Durchführung der Hauptverhandlung sonst nicht möglich, so kann das Gericht im Sicherungsverfahren nach der Vernehmung des Beschuldigten zur Sache die Hauptverhandlung durchführen, auch wenn der Beschuldigte nicht oder nur zeitweise zugegen ist.

Soweit eine Hauptverhandlung ohne den Beschuldigten stattfindet, können seine früheren Erklärungen, die in einem richterlichen Protokoll enthalten sind, verlesen werden. Das

Die neuen oder abgeänderten Bestimmungen sind in fetter Schrift, die aufgehobenen in lateinischer Schrift gesetzt.

(Noch Strafprozeßordnung 3 a. Abschnitt).

Protokoll über die Vorvernehmung nach Abs. 2 Satz 1 ist zu verlesen.

§ 429 d. Ergibt sich im Sicherungsverfahren nach der Eröffnung des Hauptverfahrens die Zurechnungsfähigkeit des Beschuldigten und ist das Gericht für das Strafverfahren nicht zuständig, so spricht es durch Beschluß seine Unzuständigkeit aus und verweist die Sache an das zuständige Gericht. § 270 Abs. 2, 3 gilt entsprechend.

Ergibt sich im Sicherungsverfahren nach der Eröffnung des Hauptverfahrens die Zurechnungsfähigkeit des Beschuldigten und ist das Gericht auch für das Strafverfahren zuständig, so ist der Beschuldigte auf die veränderte Rechtslage hinzuweisen und ihm Gelegenheit zur Verteidigung zu geben. Behauptet er, auf die Verteidigung nicht genügend vorbereitet zu sein, so ist auf seinen Antrag die Hauptverhandlung auszusetzen. Ist auf Grund des § 429 c in Abwesenheit des Beschuldigten verhandelt worden, so sind diejenigen Teile der Hauptverhandlung zu wiederholen, bei denen der Beschuldigte nicht zugegen war.

§ 429 e. Ist ein Deutscher im Ausland wegen eines Verbrechens oder vorsätzlichen Vergehens zu Freiheitsstrafe verurteilt worden und liegen bei ihm die Voraussetzungen vor, die bei seiner Verurteilung im Inland die Anordnung der Sicherungsverwahrung oder der Entmannung gerechtfertigt hätten, so kann die Staatsanwaltschaft den Antrag stellen, die Maßregel nachträglich anzuordnen (nachträgliches Sicherungsverfahren).

Auf das Verfahren findet § 429 b entsprechende Anwendung.

Die neuen oder abgeänderten Bestimmungen sind in fetter Schrift, die aufgehobenen in lateinischer Schrift gesetzt.

Strafprozeßordnung.

Aus dem Ausführungsgesetz zu dem Gesetz gegen gefährliche Gewohnheitsverbrecher und über Maßregeln der Sicherung und Besserung. Vom 24. Nov. 1933 Art. 2 Ziff. 38 (RGBl. 1933 I S. 1003).

(In Kraft ab 1. Januar 1934.)

§ 456a. **Die Vollstreckungsbehörde kann von der Vollstreckung einer Freiheitsstrafe oder einer Maßregel der Sicherung und Besserung absehen,** wenn der Verurteilte wegen einer anderen Tat einer ausländischen Regierung ausgeliefert **oder wenn er auf Grund eines Strafurteils aus dem Reichsgebiet verwiesen** wird.

Kehrt der Ausgelieferte oder der Ausgewiesene zurück, so kann die Vollstreckung nachgeholt werden. Für die Nachholung einer Maßregel der Sicherung und Besserung gilt § 42 g des Strafgesetzbuchs entsprechend.

Strafprozeßordnung.

Aus dem Ausführungsgesetz zu dem Gesetz gegen gefährliche Gewohnheitsverbrecher und über Maßregeln der Sicherung und Besserung. Vom 24. Nov. 1933 Art. 2 Ziff. 39 (RGBl. 1933 I S. 1004).

(In Kraft ab 1. Januar 1934.)

§ 456b. **Eine mit Freiheitsentziehung verbundene Maßregel der Sicherung und Besserung, die neben einer Freiheitsstrafe angeordnet ist, wird erst vollzogen, wenn die Freiheitsstrafe verbüßt, bedingt ausgesetzt oder erlassen ist. Jedoch kann die Unterbringung in einer Heil- oder Pflegeanstalt, einer Trinkerheilanstalt oder einer Entziehungsanstalt ganz oder teilweise vor der Freiheitsstrafe vollzogen werden.**

§ 456c. **Der zur Entmannung notwendige ärztliche Eingriff wird in einer Krankenanstalt von einem für das deutsche Reich approbierten Arzt ausgeführt. Die Landesjustizverwaltung bestimmt die Krankenanstalten und Ärzte, denen die Ausführung der Entmannung übertragen werden kann. Wenn**

(Noch Strafprozeßordnung).

der ausführende Arzt nicht beamteter Arzt ist, ist zur Ausführung ein beamteter Arzt zuzuziehen.

Die Anwendung unmittelbaren Zwanges ist zulässig, soweit andere Maßnahmen nicht ausreichen.

§ 456d. Das Gericht kann beim Erlassen des Urteils auf Antrag oder mit Einwilligung des Verurteilten das Inkrafttreten der Untersagung der Berufsausübung durch Beschluß aufschieben, wenn das sofortige Inkrafttreten des Verbots für den Verurteilten oder seine Angehörigen eine erhebliche, außerhalb seines Zwecks liegende, durch späteres Inkrafttreten vermeidbare Härte bedeuten würde. Hat der Verurteilte einen gesetzlichen Vertreter, so ist dessen Einwilligung erforderlich. § 462 Abs. 4 gilt entsprechend.

Die Vollstreckungsbehörde kann unter denselben Voraussetzungen die Untersagung der Berufsausübung aussetzen.

Der Aufschub und die Aussetzung können an die Leistung einer Sicherheit oder an andere Bedingungen geknüpft werden. Aufschub und Aussetzung dürfen den Zeitraum von sechs Monaten nicht übersteigen.

Die Zeit des Aufschubs und der Aussetzung wird auf die für das Berufsverbot festgesetzte Frist nicht angerechnet.

Strafprozeßordnung.

Aus dem Ausführungsgesetz zu dem Gesetz gegen gefährliche Gewohnheitsverbrecher und über Maßregeln der Sicherung und Besserung. Vom 24. Nov. 1933 Art. 2 Ziff. 40 (RGBl. 1933 I S. 1004).

(In Kraft ab 1. Januar 1934.)

§ 458 Abs. 2 und 3:

Das Gericht entscheidet ferner, wenn in den Fällen der §§ 455, 456, 456d Abs. 2 Einwendungen gegen die Entscheidung der Vollstreckungsbehörde erhoben werden oder wenn die Vollstreckungsbehörde anordnet, daß an einem Ausgelieferten oder aus dem Reichsgebiet Verwiesenen die Vollstreckung einer

Die neuen oder abgeänderten Bestimmungen sind in fetter Schrift, die aufgehobenen in lateinischer Schrift gesetzt.

(Noch Strafprozeßordnung § 458 Abs. 2 und 3).

Strafe oder einer Maßregel der Sicherung und Besserung nachgeholt werden soll, und Einwendungen gegen diese Anordnung erhoben werden.

Der Fortgang der Vollstreckung wird hierdurch nicht gehemmt; das Gericht kann jedoch einen Aufschub oder eine Unterbrechung der Vollstreckung anordnen. **In den Fällen des § 456d Abs. 2 kann das Gericht eine einstweilige Anordnung treffen.**

Strafprozeßordnung.

Aus dem Ausführungsgesetz zu dem Gesetz gegen gefährliche Gewohnheitsverbrecher und über Maßregeln der Sicherung und Besserung. Vom 24. Nov. 1933 Art. 2 Ziff. 41 (RGBl. 1933 I S. 1004).

(In Kraft ab 1. Januar 1934.)

§ 463a. Die Vorschriften über die Strafvollstreckung finden auf die Vollstreckung von Maßregeln der Sicherung und Besserung sinngemäß Anwendung, soweit nichts anderes bestimmt ist.

Bei der Unterbringung in einer Heil- oder Pflegeanstalt ist der Aufschub der Vollstreckung auf Grund des § 455 Abs. 1, bei der Sicherungsverwahrung der Aufschub auf Grund des § 456 nicht zulässig.

§ 462 findet auch auf die nach den §§ 42f bis 42h des Strafgesetzbuchs zu treffenden Entscheidungen Anwendung.

Strafprozeßordnung.

Aus dem Ausführungsgesetz zu dem Gesetz gegen gefährliche Gewohnheitsverbrecher und über Maßregeln der Sicherung und Besserung. Vom 24. Nov. 1933 Art. 2 Ziff. 42 (RGBl. 1933 I S. 1004).

(In Kraft ab 1. Januar 1934.)

§ 465 Abs. 1:

Die Kosten des Verfahrens hat der Angeklagte insoweit zu tragen, als sie durch das Verfahren wegen einer Tat entstanden

Die neuen oder abgeänderten Bestimmungen sind in fetter Schrift, die aufgehobenen in lateinischer Schrift gesetzt.

(Noch) Strafprozeßordnung § 465 Abs. 1).

sind, wegen deren er verurteilt oder eine Maßregel der Sicherung und Besserung gegen ihn angeordnet oder zugelassen wird. Zu den Kosten des Verfahrens gehören auch die durch die Vorbereitung der öffentlichen Klage entstandenen sowie die Kosten der Vollstreckung einer Strafe, Nebenstrafe oder Nebenfolge oder einer vom Gericht angeordneten oder zugelassenen Maßregel der Sicherung und Besserung.

Strafprozeßordnung.

Aus dem Ausführungsgesetz zu dem Gesetz gegen gefährliche Gewohnheitsverbrecher und über Maßregeln der Sicherung und Besserung. Vom 24. Nov. 1933 Art. 2 Ziff. 43 (RGBl. 1933 I S. 1004).

(In Kraft ab 1. Januar 1934.)

§ 466. Mitangeklagte, **gegen die in bezug auf dieselbe Tat auf Strafe erkannt oder eine Maßregel der Sicherung und Besserung angeordnet oder zugelassen wird,** haften für die Auslagen als Gesamtschuldner. Dies gilt nicht **für die durch die Vollstreckung, die Untersuchungshaft oder die einstweilige Unterbringung** entstandenen Kosten.

Strafprozeßordnung.

Aus dem Ausführungsgesetz zu dem Gesetz gegen gefährliche Gewohnheitsverbrecher und über Maßregeln der Sicherung und Besserung. Vom 24. Nov. 1933 Art. 2 Ziff. 44 (RGBl. 1933 I S. 1004).

(In Kraft ab 1. Januar 1934.)

§ 467 Abs. 3:

Diese Bestimmungen gelten nicht, wenn gegen den Angeschuldigten die Unterbringung in einer Heil- oder Pflegeanstalt angeordnet wird.

Die neuen oder abgeänderten Bestimmungen sind in fetter Schrift, die aufgehobenen in lateinischer Schrift gesetzt.

Strafprozeßordnung.

Aus dem Gesetz zur Einschränkung der Eide im Strafverfahren. Vom 24. Nov. 1933 Art. I (RGBl. 1933 I S. 1008).

(In Kraft ab 1. Januar 1934.)

§ 57. Vor der Vernehmung sind die Zeugen zur Wahrheit zu ermahnen und darauf hinzuweisen, daß sie ihre Aussage zu beeidigen haben, wenn keine im Gesetz bestimmte oder zugelassene Ausnahme vorliegt. Hierbei sind sie über die Bedeutung des Eides und die strafrechtlichen Folgen einer unter Eid unrichtig oder unvollständig erstatteten Aussage zu belehren.

§ 58. Die Zeugen sind einzeln und in Abwesenheit der später abzuhörenden Zeugen zu vernehmen.

Eine Gegenüberstellung mit anderen Zeugen oder mit dem Beschuldigten im Vorverfahren ist zulässig, wenn es für das weitere Verfahren geboten erscheint.

§ 59. Die Zeugen sind einzeln und nach ihrer Vernehmung zu vereidigen.

Die Vereidigung erfolgt, soweit nichts anderes bestimmt ist, in der Hauptverhandlung.

§ 60. Von der Vereidigung ist abzusehen

1. **bei Personen, die zur Zeit der Vernehmung das sechzehnte Lebensjahr noch nicht vollendet haben oder die wegen mangelnder Verstandesreife oder wegen Verstandesschwäche vom Wesen und der Bedeutung des Eides keine genügende Vorstellung haben;**
2. **bei Personen, die nach den Bestimmungen der Strafgesetze unfähig sind, als Zeugen eidlich vernommen zu werden;**
3. **bei Personen, die der Tat, welche den Gegenstand der Untersuchung bildet, oder der Beteiligung an ihr oder der Begünstigung oder Hehlerei verdächtig oder deswegen bereits verurteilt sind.**

§ 61. Von der Vereidigung kann nach dem Ermessen des Gerichts abgesehen werden

Die neuen oder abgeänderten Bestimmungen sind in fetter Schrift, die aufgehobenen in lateinischer Schrift gesetzt.

(Noch) Strafprozeßordnung § 61).

1. **bei Personen, die zur Zeit der Vernehmung zwar das sechzehnte, aber noch nicht das achtzehnte Lebensjahr vollendet haben;**
2. **beim Verletzten, seinem Verlobten und Ehegatten sowie bei Personen, die im Sinne des § 52 Abs. 1 Nr. 3 seine Angehörigen sind;**
3. **beim Verlobten und Ehegatten des Beschuldigten sowie bei Personen, die im Sinne des § 52 Abs. 1 Nr. 3 seine Angehörigen sind;**
4. **bei jedem Zeugen hinsichtlich der Auskünfte auf Fragen über solche Tatsachen, die ihm, seinem Verlobten, seinem Ehegatten oder einer Person, die sein Angehöriger im Sinne des § 52 Abs. 1 Nr. 3 ist, die Gefahr strafgerichtlicher Verfolgung zuziehen oder zur Unehre gereichen würden;**
5. **wenn alle Mitglieder des Gerichts die Aussage für unerheblich oder für offenbar unglaubhaft halten, und wenn nach ihrer Überzeugung auch unter Eid eine erhebliche oder eine wahre Aussage nicht zu erwarten ist;**
6. **wenn die Staatsanwaltschaft, der Angeklagte und der Verteidiger auf sie verzichten.**

§ 62. Im Verfahren wegen einer Übertretung und im Privatklageverfahren werden Zeugen nur vereidigt, wenn es das Gericht mit Rücksicht auf die Bedeutung der Aussage oder zur Herbeiführung einer wahren Aussage für notwendig hält.

§ 63. Der Verlobte und der Ehegatte des Beschuldigten sowie Personen, die im Sinne des § 52 Abs. 1 Nr. 3 seine Angehörigen sind, haben das Recht, die Beeidigung des Zeugnisses zu verweigern; darüber sind sie zu belehren.

§ 64. Unterbleibt die Vereidigung eines Zeugen nach den §§ 60 bis 63, so ist der Grund dafür im Protokoll anzugeben.

§ 65. Im vorbereitenden Verfahren ist die Vereidigung nur zulässig, wenn Gefahr im Verzug ist, oder wenn der Eid als Mittel zur Herbeiführung einer wahren Aussage über

Die neuen oder abgeänderten Bestimmungen sind in fetter Schrift, die aufgehobenen in lateinischer Schrift gesetzt.

(Noch Strafprozeßordnung § 65).

einen für das weitere Verfahren erheblichen Punkt erforderlich erscheint.

Im vorbereitenden Verfahren wegen einer Übertretung ist die Vereidigung unzulässig.

§ 66. In der Voruntersuchung ist die Vereidigung nur zulässig, wenn

1. Gefahr im Verzug ist oder

2. der Eid als Mittel zur Herbeiführung einer wahren Aussage über einen für das weitere Verfahren erheblichen Punkt erforderlich erscheint oder

3. der Zeuge voraussichtlich am Erscheinen in der Hauptverhandlung verhindert sein wird oder

4. dem Zeugen das Erscheinen in der Hauptverhandlung wegen des damit verbundenen Zeitverlustes oder wegen der Schwierigkeit der Verkehrsverhältnisse nicht zugemutet werden kann.

§ 66a. Wird ein Zeuge außerhalb der Hauptverhandlung vereidigt, so ist der Grund der Vereidigung im Protokoll anzugeben.

§ 66b. Wird ein Zeuge durch einen beauftragten oder ersuchten Richter vernommen, so entscheidet zunächst dieser über die Vereidigung.

Die Vereidigung muß, soweit sie zulässig ist, erfolgen, wenn es in dem Auftrag oder in dem Ersuchen des Gerichts verlangt wird. Der vernehmende Richter kann die Vereidigung jedoch aussetzen und einer neuen Entschließung des beauftragenden oder ersuchenden Gerichts vorbehalten, wenn bei der Vernehmung Tatsachen hervortreten, die nach den §§ 61 bis 63 zu uneidlicher Vernehmung berechtigen würden. Diese Tatsachen sind in das Protokoll aufzunehmen.

Die Vereidigung darf nicht erfolgen, wenn die uneidliche Vernehmung verlangt wird.

§ 66c. Die Vereidigung erfolgt in der Weise, daß der Richter an den Zeugen die Worte richtet:

Die neuen oder abgeänderten Bestimmungen sind in fetter Schrift, die aufgehobenen in lateinischer Schrift gesetzt.

(Noch Strafprozeßordnung § 66 c).

„Sie schwören bei Gott dem Allmächtigen und Allwissenden, daß Sie nach bestem Wissen die reine Wahrheit gesagt und nichts verschwiegen haben"

und der Zeuge hierauf die Worte spricht:

„Ich schwöre es, so wahr mir Gott helfe".

Der Schwörende soll bei der Eidesleistung die rechte Hand erheben.

§ 66d. Stumme leisten den Eid in der Weise, daß sie die Worte:

„Ich schwöre bei Gott dem Allmächtigen und Allwissenden, daß ich nach bestem Wissen die reine Wahrheit gesagt und nichts verschwiegen habe"

niederschreiben und unterschreiben. Stumme, die nicht schreiben können, leisten den Eid mit Hilfe eines Dolmetschers durch Zeichen.

§ 66 e. Gibt ein Zeuge an, daß er Mitglied einer Religionsgesellschaft sei, der das Gesetz den Gebrauch gewisser Beteuerungsformeln an Stelle des Eides gestattet, so steht eine unter der Beteuerungsformel dieser Religionsgesellschaft abgegebene Erklärung der Eidesleistung gleich.

Strafprozeßordnung.

Aus dem Gesetz zur Einschränkung der Eide im Strafverfahren. Vom 24. Nov. 1933 Art. II Ziff. 1 (RGBl. 1933 I S. 1009).

(In Kraft ab 1. Januar 1934.)

§ 68a. Fragen nach Tatsachen, die dem Zeugen, seinem Verlobten, seinem Ehegatten oder einer Person, die im Sinne von § 52 Abs. 1 Nr. 3 sein Angehöriger ist, zur Unehre gereichen können, sollen nur gestellt werden, wenn es unerläßlich ist.

Der Zeuge soll nach Vorstrafen nur gefragt werden, wenn ihre Feststellung notwendig ist, um über das Vorliegen der Voraussetzungen des § 60 Nr. 2, 3 zu entscheiden oder um seine Glaubwürdigkeit zu beurteilen.

Die neuen oder abgeänderten Bestimmungen sind in fetter Schrift, die aufgehobenen in lateinischer Schrift gesetzt.

Strafprozeßordnung.

Aus dem Gesetz zur Einschränkung der Eide im Strafverfahren. Vom 24. Nov. 1933 Art. II Ziff. 2 (RGBl. 1933 I S. 1010).

(In Kraft ab 1. Januar 1934.)

§ 79. Der Sachverständige kann nach dem Ermessen des Gerichts vereidigt werden. Auf Antrag der Staatsanwaltschaft, des Angeklagten oder des Verteidigers ist er zu vereidigen.

Der Eid ist nach Erstattung des Gutachtens zu leisten; er geht dahin, daß der Sachverständige das Gutachten unparteiisch und nach bestem Wissen und Gewissen erstattet habe.

Ist der Sachverständige für die Erstattung von Gutachten der betreffenden Art im allgemeinen vereidigt, so genügt die Berufung auf den geleisteten Eid.

Strafprozeßordnung.

Aus dem Gesetz zur Einschränkung der Eide im Strafverfahren. Vom 24. Nov. 1933 Art. II Ziff. 3 (RGBl. 1933 I S. 1010).

(In Kraft ab 1. Januar 1934.)

§ 193 Abs. 2:

Dasselbe gilt, wenn ein Zeuge oder Sachverständiger vernommen werden soll, **dessen Erscheinen in der Hauptverhandlung für eine längere oder ungewisse Zeit Krankheit oder Gebrechlichkeit oder andere nicht zu beseitigende Hindernisse entgegenstehen, oder dem das Erscheinen in der Hauptverhandlung wegen des damit verbundenen Zeitverlustes oder wegen der Schwierigkeit der Verkehrsverhältnisse nicht zugemutet werden kann.**

Die neuen oder abgeänderten Bestimmungen sind in fetter Schrift, die aufgehobenen in lateinischer Schrift gesetzt.

Strafprozeßordnung.

Aus dem Gesetz zur Einschränkung der Eide im Strafverfahren. Vom 24. Nov. 1933 Art. 2 Ziff. 4 (RGBl. 1933 I S. 1010)

(In Kraft ab 1. Januar 1934.)

§ 223. **Wenn dem Erscheinen eines Zeugen oder Sachverständigen in der Hauptverhandlung für eine längere oder ungewisse Zeit Krankheit oder Gebrechlichkeit oder andere nicht zu beseitigende Hindernisse entgegenstehen, so kann das Gericht seine Vernehmung durch einen beauftragten oder ersuchten Richter anordnen.** [Die Vernehmung erfolgt, soweit die Beeidigung zulässig ist, eidlich].

Dasselbe gilt, wenn **einem Zeugen oder Sachverständigen das Erscheinen in der Hauptverhandlung wegen des damit verbundenen Zeitverlustes oder wegen der Schwierigkeit der Verkehrsverhältnisse nicht zugemutet werden kann.**

Die Vernehmung hat eidlich zu erfolgen, soweit nicht Ausnahmen vorgeschrieben oder zugelassen sind.

Gerichtsverfassungsgesetz.

Aus dem Ausführungsgesetz zu dem Gesetz gegen gefährliche Gewohnheitsverbrecher und über Maßregeln der Sicherung und Besserung. Vom 24. Nov. 1933 Art. 1 Ziff. 1 (RGBl. 1933 I S. 1000).

(In Kraft ab 1 Januar 1934.)

§ 26a. **In den Fällen des § 25 Abs. 1 Nr. 2c und des § 26 soll die Staatsanwaltschaft den Antrag nicht stellen, wenn die Strafschärfung für gefährliche Gewohnheitsverbrecher, die Anordnung der Unterbringung in einer Heil- oder Pflegeanstalt, einer Trinkerheilanstalt oder einer Entziehungsanstalt, der Sicherungsverwahrung oder der Entmannung oder die Untersagung der Berufsausübung zu erwarten ist.**

Die abgeänderten oder neuen Bestimmungen sind **fett** gedruckt, die gestrichenen *lateinisch*.

Strafprozeßordnung.

Aus dem Gesetz zur Abänderung der Strafprozeßordnung vom 27. Dez. 1926, Buchst. A 1. (RGBl. 1926 I Nr. 70 S. 529.) (In Kraft seit 13. Januar 1927.)

§ 53. Zur Verweigerung des Zeugnisses sind ferner berechtigt:

1. Geistliche über das, was ihnen bei Ausübung der Seelsorge anvertraut ist;
2. Verteidiger des Beschuldigten über das, was ihnen in dieser ihrer Eigenschaft anvertraut ist;
3. Rechtsanwälte und Ärzte über das, was ihnen bei Ausübung ihres Berufs anvertraut ist.
4. **Redakteure, Verleger und Drucker einer periodischen Druckschrift sowie die bei der technischen Herstellung der Druckschrift beschäftigten Personen über die Person des Verfassers oder Einsendung einer Veröffentlichung strafbaren Inhalts, wenn ein Redakteur der Druckschrift als Täter bestraft ist oder seiner Bestrafung kein rechtliches Hindernis entgegensteht.**

Die unter Nr. 2, 3 bezeichneten Personen dürfen das Zeugnis nicht verweigern, wenn sie von der Verpflichtung zur Verschwiegenheit entbunden sind.

Die abgeänderten oder neuen Bestimmungen sind fett gedruckt, die gestrichenen lateinisch.

Strafprozeßordnung.

Aus dem Gesetz zur Abänderung der Strafprozeßordnung vom 27. Dez. 1926, Buchst. A 2. (RGBl. 1926 I Nr. 70 S. 529.)
(In Kraft seit 13. Januar 1927.)

§ **114**. Die Verhaftung erfolgt auf Grund eines schriftlichen Haftbefehls des Richters.

In dem Haftbefehl ist der Angeschuldigte genau zu bezeichnen und die ihm zur Last gelegte strafbare Handlung sowie der Grund der Verhaftung anzugeben.

Der Haftbefehl ist dem Angeschuldigten, wenn möglich, bei der Verhaftung bekanntzumachen. Geschieht dies durch Verkündung, so ist der Angeschuldigte darauf hinzuweisen, daß ihm auf Verlangen eine Abschrift erteilt wird. Ist die Bekanntmachung bei der Verhaftung nicht erfolgt, so ist dem Angeschuldigten vorläufig mitzuteilen, welcher strafbaren Handlung er verdächtig ist. Die Bekanntmachung ist in diesem Falle unverzüglich nachzuholen.

Strafprozeßordnung.

Aus dem Gesetz zur Abänderung der Strafprozeßordnung vom 27. Dez. 1926, Buchst. A 2. (RGBl. 1926 I Nr. 70 S. 529.)
(In Kraft seit 13. Januar 1927.)

§ **114 a. Dem Verhafteten ist Gelegenheit zu geben, Angehörige und, soweit er daran ein wesentliches Interesse hat, andere Personen von der Verhaftung zu benachrichtigen, sofern der Zweck der Untersuchung nicht gefährdet wird; auf Verlangen des Verhafteten ist die Benachrichtigung von Amts wegen zu bewirken.**

Die abgeänderten oder neuen Bestimmungen sind fett gedruckt, die gestrichenen lateinisch.

Strafprozeßordnung.

Aus dem Gesetz zur Abänderung der Strafprozeßordnung vom 27. Dez. 1926, Buchst. A 2. (RGBl. 1926 I Nr. 70 S. 529.)
(In Kraft seit 13. Januar 1927.)

§ 114 b. Wird der Angeschuldigte auf Grund des Haftbefehls ergriffen, so ist er unverzüglich, spätestens am Tage nach der Ergreifung, dem zuständigen Richter vorzuführen.

Der Richter hat den Angeschuldigten unverzüglich, spätestens am nächsten Tage, über den Gegenstand der Beschuldigung zu vernehmen.

Bei der Vernehmung ist der Angeschuldigte auf die ihn belastenden Umstände hinzuweisen. Die Vernehmung soll ihm Gelegenheit geben, die Verdachtsgründe zu beseitigen und die Tatsachen geltend zu machen, die zu seinen Gunsten sprechen.

Strafprozeßordnung.

Aus dem Gesetz zur Abänderung der Strafprozeßordnung vom 27. Dez. 1926, Buchst. A 2. (RGBl. 1926 I Nr. 70 S. 529.)
(In Kraft seit 13. Januar 1927.)

§ 114 c. Kann der Angeschuldigte nicht spätestens am Tage nach der Ergreifung vor den zuständigen Richter gestellt werden, so ist er auf sein Verlangen unverzüglich, spätestens am Tage nach der Ergreifung, dem nächsten Amtsrichter vorzuführen.

§ 114 b Abs. 2, 3 gilt entsprechend.

Ergibt sich bei der Vernehmung, daß der Haftbefehl aufgehoben oder der Ergriffene nicht die in dem Haftbefehle bezeichnete Person ist, so ist der Ergriffene freizulassen.

Die abgeänderten oder neuen Bestimmungen sind **fett** gedruckt, die gestrichenen lateinisch.

Strafprozeßordnung.

Aus dem Gesetz zur Abänderung der Strafprozeßordnung vom 27. Dez. 1926, Buchst. A 2. (RGBl. 1926 I Nr. 70 S. 529.)
(In Kraft seit 13. Januar 1927.)

§ 114 d. Befindet sich der Angeschuldigte auf Grund eines Haftbefehls, der wegen eines Verbrechens oder Vergehens erlassen ist, in Haft, so wird auf seinen Antrag nach mündlicher Verhandlung darüber entschieden, ob der Haftbefehl aufrechtzuerhalten oder aufzuheben oder ob eine Anordnung gemäß § 117 zu treffen ist.

Der Termin zur mündlichen Verhandlung darf ohne Zustimmung des Angeschuldigten nicht über eine Woche nach dem Eingang des Antrags hinaus anberaumt werden.

Hat bereits eine mündliche Verhandlung nach Abs. 1, 2 oder nach § 115 a stattgefunden, so entscheidet das Gericht über Anträge auf nochmalige mündliche Verhandlung nach freiem Ermessen.

Strafprozeßordnung.

Aus dem Gesetz zur Abänderung der Strafprozeßordnung vom 27. Dez. 1926, Buchst. A 2. (RGBl. 1926 I Nr. 70 S. 529.)
(In Kraft seit 13. Januar 1927.)

§ 115. Bei der Bekanntmachung des Haftbefehls ist der Angeschuldigte darauf hinzuweisen, daß er gegen den Haftbefehl Beschwerde einlegen kann. Ist der Haftbefehl wegen eines Verbrechens oder Vergehens erlassen, so ist der Angeschuldigte ferner darauf hinzuweisen, daß er, statt Beschwerde einzulegen, eine mündliche Verhandlung gemäß § 114 d beantragen kann.

Die abgeänderten oder neuen Bestimmungen sind **fett** gedruckt, die gestrichenen *lateinisch*.

Strafprozeßordnung.

Aus dem Gesetz zur Abänderung der Strafprozeßordnung vom 27. Dez. 1926, Buchst. A 2. (RGBl. 1926 I Nr. 70 S. 529.) (In Kraft seit 13. Januar 1927.)

§ **115 a. Solange der Angeschuldigte sich in Untersuchungshaft befindet, hat das Gericht innerhalb bestimmter Fristen von Amts wegen zu prüfen, ob die Haft aufrechtzuerhalten ist (Haftprüfungsverfahren).**

Die Prüfung findet zum ersten Male statt, wenn die Untersuchungshaft zwei Monate gedauert hat.

Läßt das Gericht den Angeschuldigten nicht frei, so bestimmt es zugleich, wann das Haftprüfungsverfahren zu wiederholen ist; die Frist soll in der Regel mindestens drei Wochen und darf nicht mehr als drei Monate betragen. Dasselbe gilt bei einer jeden Wiederholung des Haftprüfungsverfahrens.

Auf Antrag des Angeschuldigten wird im Haftprüfungsverfahren nach mündlicher Verhandlung entschieden; auf dieses Recht ist der Angeschuldigte hinzuweisen. Stellt der Angeschuldigte den Antrag nicht, so ist er vor der Entscheidung zu hören; hat er einen Verteidiger, so ist auch der Verteidiger zu hören.

Hatte der Angeschuldigte während des Laufes der im Abs. 2 bestimmten Frist gegen den Haftbefehl Beschwerde erhoben oder gemäß § 114 d mündliche Verhandlung beantragt oder ist gemäß § 207 Abs. 2 die Fortdauer der Untersuchungshaft angeordnet worden, so beginnt die Frist mit der Bekanntmachung der Entscheidung, in der die Haft aufrechterhalten wird, an den Angeschuldigten von neuem zu laufen. Ergeht eine solche Entscheidung während des Laufes einer gemäß Abs. 3 vom Gerichte bestimmten Frist, so hat das Gericht eine neue Frist zu bestimmen.

Die abgeänderten oder neuen Bestimmungen sind **fett** gedruckt, die gestrichenen lateinisch.

Strafprozeßordnung.

Aus dem Gesetz zur Abänderung der Strafprozeßordnung vom 27. Dez. 1926, Buchst. A 2. (RGBl. 1926 I Nr. 70 S. 529.)
(In Kraft seit 13. Januar 1927.)

§ 115 b. Nach der Eröffnung des Hauptverfahrens findet eine mündliche Verhandlung über den Haftbefehl nicht mehr statt.

Strafprozeßordnung.

Aus dem Gesetz zur Abänderung der Strafprozeßordnung vom 27. Dez. 1926, Buchst. A 2. (RGBl. 1926 I Nr. 70 S. 529.)
(In Kraft seit 13. Januar 1927.)

§ 115 c. Für den Antrag auf mündliche Verhandlung gelten die für Rechtsmittel gegebenen Vorschriften der §§ 297 bis 300, 302 Abs. 2, 447 Abs. 1 entsprechend.

Neben einem Antrag auf mündliche Verhandlung ist eine Beschwerde über den Haftbefehl nicht zulässig. Eine bereits eingelegte Beschwerde gilt mit der Anberaumung des Termins zur mündlichen Verhandlung als zurückgenommen.

Die abgeänderten oder neuen Bestimmungen sind **fett** gedruckt, die gestrichenen lateinisch.

Strafprozeßordnung.

Aus dem Gesetz zur Abänderung der Strafprozeßordnung vom 27. Dez. 1926, Buchst. A 2. (RGBl. 1926 I Nr. 70 S. 529.) (In Kraft seit 13. Januar 1927.)

§ 115 d. Von Ort und Zeit der mündlichen Verhandlung sind die Staatsanwaltschaft sowie der Angeschuldigte und der Verteidiger zu benachrichtigen.

Der Angeschuldigte ist zu der Verhandlung vorzuführen, es sei denn, daß er auf die Anwesenheit in der Verhandlung verzichtet hat oder daß der Vorführung weite Entfernung oder Krankheit des Angeschuldigten oder andere nicht zu beseitigende Hindernisse entgegenstehen. Wird der Angeschuldigte zur mündlichen Verhandlung nicht vorgeführt, so muß ein Verteidiger seine Rechte in der Verhandlung wahrnehmen.

Hat bis zum Beginne der mündlichen Verhandlung die Untersuchungshaft des Angeschuldigten seit der Verhaftung drei Monate gedauert, so ist ein Verteidiger zu der Verhandlung auch zuzuziehen, wenn der Angeschuldigte dazu vorgeführt wird.

Hat der Angeschuldigte noch keinen Verteidiger gewählt, so ist ihm ein Verteidiger für die Verhandlung zu bestellen. §§ 143 bis 145, 446 gelten entsprechend.

In der mündlichen Verhandlung sind die anwesenden Beteiligten zu hören. Art und Umfang der Beweisaufnahme bestimmt das Gericht, ohne durch Anträge, Verzichte oder frühere Beschlüsse gebunden zu sein. Über die Verhandlung ist ein Protokoll aufzunehmen, auf das die Vorschriften der §§ 271 bis 273 entsprechende Anwendung finden.

Die Entscheidung ist am Schlusse der mündlichen Verhandlung zu verkünden. Ist dies nicht möglich, so ist die Entscheidung spätestens binnen einer Woche zu erlassen.

Die abgeänderten oder neuen Bestimmungen sind **fett** gedruckt, die gestrichenen *lateinisch*.

Strafprozeßordnung.

Aus dem Gesetz zur Abänderung der Strafprozeßordnung vom 27. Dez. 1926, Buchst. A 2. (RGBl. 1926 I Nr. 70 S. 529.)
(In Kraft seit 13. Januar 1927.)

§ 124. Die auf die Untersuchungshaft, einschließlich der Sicherheitsleistung, bezüglichen Entscheidungen werden von dem zuständigen Gericht erlassen.

In der Voruntersuchung ist der Untersuchungsrichter zur Erlassung des Haftbefehls und mit Zustimmung der Staatsanwaltschaft auch zur Aufhebung eines solchen sowie zur Freilassung des Angeschuldigten gegen Sicherheitsleistung befugt. Versagt die Staatsanwaltschaft diese Zustimmung, so hat der Untersuchungsrichter, wenn er die beanstandete Maßregel anordnen will, unverzüglich, spätestens binnen vierundzwanzig Stunden, die Entscheidung des Gerichts nachzusuchen.

Die gleiche Befugnis hat nach Eröffnung des Hauptverfahrens in dringenden Fällen der Vorsitzende des erkennenden Gerichts.

Auch die mündliche Verhandlung über den Haftbefehl (§§ 114 d, 115 a) findet vor dem zuständigen Gerichte statt. In der Voruntersuchung entscheidet im Falle des § 114 d der Untersuchungsrichter, ohne an die Stellungnahme der Staatsanwaltschaft gebunden zu sein; in den Fällen des § 115 a entscheidet nicht der Untersuchungsrichter, sondern das Gericht.

Strafprozeßordnung.

Aus dem Gesetz zur Abänderung der Strafprozeßordnung vom 27. Dez. 1926, Buchst. A 2. (RGBl. 1926 I Nr. 70 S. 529.)
(In Kraft seit 13. Januar 1927.)

§ 126. Ist die öffentliche Klage noch nicht erhoben, so ist der Haftbefehl aufzuheben, wenn die Staatsanwaltschaft es beantragt. Gleichzeitig mit dem Antrag kann sie anordnen, daß der Beschuldigte freigelassen werde.

Die abgeänderten oder neuen Bestimmungen sind **fett** gedruckt, die gestrichenen *lateinisch*.

Strafprozeßordnung.

Aus dem Gesetz zur Abänderung der Strafprozeßordnung vom 27. Dez. 1926, Buchst. A 2. (RGBl. 1926 I Nr. 70 S. 529.)
(In Kraft seit 13. Januar 1927.)

§ 131. Auf Grund eines Haftbefehls können von dem Richter sowie von der Staatsanwaltschaft Steckbriefe erlassen werden, wenn der zu Verhaftende flüchtig ist oder sich verborgen hält.

Ohne vorgängigen Haftbefehl ist eine steckbriefliche Verfolgung nur dann statthaft, wenn ein Festgenommener aus dem Gefängnis entweicht oder sonst sich der Bewachung entzieht. In diesem Falle sind auch die Polizeibehörden zur Erlassung des Steckbriefs befugt.

Der Steckbrief soll, soweit dies möglich, eine Beschreibung des zu Verhaftenden enthalten und die ihm zur Last gelegte strafbare Handlung sowie das Gefängnis bezeichnen, in welches die Ablieferung zu erfolgen hat.

Die §§ 114b, 114c gelten entsprechend.

Strafprozeßordnung.

Aus dem Gesetz zur Abänderung der Strafprozeßordnung vom 27. Dez. 1926, Buchst. A 2. (RGBl. 1926 I Nr. 70 S. 529.)
(In Kraft seit 13. Januar 1927.)

§ 132 fällt fort.

Strafprozeßordnung.

Aus dem Gesetz zur Abänderung der Strafprozeßordnung vom 27. Dez. 1926, Buchst. A 2. (RGBl. 1926 I Nr. 70 S. 529.)
(In Kraft seit 13. Januar 1927.)

§ 148. Dem verhafteten Beschuldigten ist schriftlicher und mündlicher Verkehr mit dem Verteidiger gestattet.

Solange das Hauptverfahren nicht eröffnet ist, kann der Richter schriftliche Mitteilungen zurückweisen, falls deren Einsicht ihm nicht gestattet wird.

Die abgeänderten oder neuen Bestimmungen sind **fett** gedruckt, die gestrichenen *lateinisch*.

(Noch zur Strafprozeßordnung § 148).

Bis zu demselben Zeitpunkt kann der Richter, sofern die Verhaftung nicht lediglich wegen Verdachts der Flucht gerechtfertigt ist, anordnen, daß **Unterredungen mit dem Verteidiger in seiner Gegenwart oder in Gegenwart eines beauftragten oder ersuchten Richters stattfinden.**

Strafprozeßordnung.

Aus dem Gesetz zur Abänderung der Strafprozeßordnung vom 27. Dez. 1926, Buchst. A 2. (RGBl. 1926 I Nr. 70 S. 529.)
(In Kraft seit 13. Januar 1927.)

§ 200. Die Anklageschrift hat die dem Angeschuldigten zur Last gelegte Tat unter Hervorhebung ihrer gesetzlichen Merkmale und des anzuwendenden Strafgesetzes zu bezeichnen sowie die Beweismittel und das Gericht, vor welchem die Hauptverhandlung stattfinden soll, anzugeben.

In den vor dem Reichsgerichte, den Oberlandesgerichten oder den Schwurgerichten zu verhandelnden Strafsachen sind außerdem die wesentlichen Ergebnisse der stattgehabten Ermittelungen in die Anklageschrift aufzunehmen. Das gleiche gilt in den vor dem Schöffengericht oder dem Amtsrichter zu verhandelnden Strafsachen, wenn ein Verbrechen den Gegenstand der Anklage bildet **oder wenn eine Voruntersuchung stattgefunden hat. In anderen Sachen können die wesentlichen Ergebnisse der Ermittlungen in die Anklageschrift aufgenommen werden.**

Die abgeänderten oder neuen Bestimmungen sind **fett** gedruckt, die gestrichenen lateinisch.

Strafprozeßordnung.

Aus dem Gesetz zur Abänderung der Strafprozeßordnung vom 27. Dez. 1926, Buchst. A 2. (RGBl. 1926 I Nr. 70 S. 529.) (In Kraft seit 13. Januar 1927.)

§ 201. Der Vorsitzende des Gerichts hat die Anklageschrift dem Angeschuldigten mitzuteilen und ihn zugleich aufzufordern, sich innerhalb einer zu bestimmenden Frist zu erklären, ob er die Vornahme einzelner Beweiserhebungen vor der Hauptverhandlung beantragen oder Einwendungen gegen die Eröffnung des Hauptverfahrens vorbringen wolle. Diese Vorschrift findet in den vor dem Schöffengericht oder dem Amtsrichter zu verhandelnden Sachen nur Anwendung, wenn ein Verbrechen den Gegenstand der Anklage bildet **oder wenn es sich um Vergehen handelt, bei denen das Ergebnis der Ermittlungen in die Anklageschrift aufgenommen worden ist; hat in diesen Fällen** keine Voruntersuchung stattgefunden, so ist der Angeschuldigte zugleich zur Erklärung darüber aufzufordern, ob er eine Voruntersuchung beantragen wolle.

Über die Anträge und Einwendungen beschließt das Gericht. Beantragt der Angeschuldigte eine Voruntersuchung, so hat der Amtsrichter die Akten mit dem Antrag des Angeschuldigten durch Vermittelung der Staatsanwaltschaft dem Landgerichte zur Entscheidung darüber vorzulegen, ob eine Voruntersuchung zu eröffnen sei. Eine Anfechtung der Beschlüsse findet nur nach Maßgabe der Bestimmungen im § 182 Abs. 1 und § 183 statt.

Die abgeänderten oder neuen Bestimmungen sind **fett** gedruckt, die gestrichenen *lateinisch*.

Strafprozeßordnung.

Aus dem Gesetz zur Abänderung der Strafprozeßordnung vom 27. Dez. 1926, Buchst. A 2. (RGBl. 1926 I Nr. 70 S. 529.)
(In Kraft seit 13. Januar 1927.)

§ 218. Neben dem Angeklagten ist der bestellte Verteidiger stets, der gewählte Verteidiger dann zu laden, wenn die Wahl dem Gerichte angezeigt worden ist. **§ 217 gilt entsprechend.**

Strafprozeßordnung.

Aus dem Gesetz zur Abänderung der Strafprozeßordnung vom 27. Dez. 1926, Buchst. A 2. (RGBl. 1926 I Nr. 70 S. 529.)
(In Kraft seit 13. Januar 1927.)

§ 245. Die Beweisaufnahme ist auf die sämtlichen vorgeladenen Zeugen und Sachverständigen sowie auf die anderen herbeigeschafften Beweismittel zu erstrecken, es sei **denn, daß die Beweiserhebung zum Zwecke der Prozeßverschleppung beantragt ist. Dies gilt auch dann, wenn die Ladung und das Erscheinen der Zeugen oder Sachverständigen oder die Herbeischaffung der anderen Beweismittel erst während der Hauptverhandlung erfolgt.** Von der Erhebung einzelner Beweise kann jedoch abgesehen werden, wenn die Staatsanwaltschaft und der Angeklagte hiermit einverstanden sind.

In Verhandlungen vor dem Amtsrichter, den Schöffengerichten und den Landgerichten, die eine Übertretung betreffen oder auf erhobene Privatklage erfolgen, bestimmt das Gericht den Umfang der Beweisaufnahme, ohne hierbei durch Anträge, Verzichte oder frühere Beschlüsse gebunden zu sein.

Die abgeänderten oder neuen Bestimmungen sind **fett** gedruckt, die gestrichenen lateinisch.

Strafprozeßordnung.

Aus dem Gesetz zur Abänderung der Strafprozeßordnung vom 27. Dez. 1926, Buchst. A 2. (RGBl. 1926 I Nr. 70 S. 529.)
(In Kraft seit 13. Januar 1927.)

§ 268. Die Verkündung des Urteils erfolgt durch Verlesung der Urteilsformel und Eröffnung der Urteilsgründe am Schlusse der Verhandlung oder spätestens mit Ablauf einer Woche nach dem Schlusse der Verhandlung. Die Eröffnung der Urteilsgründe geschieht durch Verlesung oder durch mündliche Mitteilung ihres wesentlichen Inhalts. **Die Verlesung der Urteilsformel hat in jedem Falle der Mitteilung der Urteilsgründe voranzugehen.**

War die Verkündung des Urteils ausgesetzt, so sind die Urteilsgründe vor ihr schriftlich festzustellen.

Ist der Angeklagte bei der Verkündung anwesend und ist gegen das Urteil ein Rechtsmittel zulässig, so soll er über die Einlegung des Rechtsmittels belehrt werden.

Strafprozeßordnung.

Aus dem Gesetz zur Abänderung der Strafprozeßordnung vom 27. Dez. 1926, Buchst. A 2. (RGBl. 1926 I Nr. 70 S. 529.)
(In Kraft seit 13. Januar 1927.)

§ 340. In den Fällen, in denen die Revision [gestrich.: an Stelle der Berufung stattfindet (§ 334) oder] statt der Berufung eingelegt wird (§ 335), kann die Revision wegen Verletzung einer Rechtsnorm über das Verfahren nur auf Verletzung der Vorschrift des § 358 gestützt werden.

Die abgeänderten oder neuen Bestimmungen sind fett gedruckt, die gestrichenen lateinisch.

Strafprozeßordnung.

Aus dem Gesetz zur Abänderung der Strafprozeßordnung vom 27. Dez. 1926, Buchst. A 2. (RGBl. 1926 I Nr. 70 S. 529.)
(In Kraft seit 13. Januar 1927.)

§ **445.** Die Anordnung der Untersuchungshaft ist beim Vorliegen dringenden Tatverdachts auch dann zulässig, wenn die Aufrechterhaltung der militärischen Disziplin dies fordert.

In diesem Falle findet das Haftprüfungsverfahren (§ 115 a) zum ersten Male bereits nach Ablauf eines Monats statt; die Dauer der Untersuchungshaft ist auf die Strafe voll anzurechnen.

Gesetz zur Abänderung der Strafprozeßordnung.

Vom 22. Dezember 1925.

(RGBl. I S. 475).

Der Reichstag hat das folgende Gesetz beschlossen, das mit Zustimmung des Reichsrats hiermit verkündet wird:

1. § 245 Abs. 2 der Strafprozeßordnung erhält folgende Fassung:

   In Verhandlungen vor dem Amtsrichter, den Schöffengerichten und den Landgerichten, die eine Übertretung betreffen oder auf erhobene Privatklage erfolgen, bestimmt das Gericht den Umfang der Beweisaufnahme, ohne hierbei durch Anträge, Verzichte oder frühere Beschlüsse gebunden zu sein.

2. Im § 313 der Strafprozeßordnung werden die Worte: „oder im Privatklageverfahren die im § 374 Nr. 1 bis 6 bezeichneten Vergehen" sowie der Satz 2 gestrichen.

FSC
www.fsc.org
MIX
Papier | Fördert
gute Waldnutzung
FSC® C083411

Kolibri 360 GmbH
Ferdinand-Jühlke-Straße 7
99095 Erfurt, Deutschland
produktsicherheit@kolibri360.de